Histoire de la virilité
sous la direction de A. Corbin, J.-J. Courtine et G. Vigarello
2. Le triomphe de la virilité. Le XIXᵉ siècle
Volume dirigé par A. Corbin

男らしさの歴史

A・コルバン／J-J・クルティーヌ／G・ヴィガレロ監修

II　男らしさの勝利——19世紀

A・コルバン編／小倉孝誠監訳

寺田寅彦・寺田光徳・真野倫平・和田光昌訳

藤原書店

HISTOIRE DE LA VIRILITÉ
(Série de trois volumes dirigé par Alain CORBIN, Jean-Jacques COURTINE et Georges VIGARELLO):

Tome 2. Le triomphe de la virilité. Le XIXe siècle

Sous la direction d'Alain CORBIN

第Ⅰ部　自然主義をとおして見た男らしさ

フランソワ・ルモワーヌ（1688-1737）「ペルセウスとアンドロメダ」

ギリシア神話でゼウスの子ペルセウスは、エチオピアの女王アンドロメダを海の怪獣から救って、妻とする。危険に立ち向かう雄々しさ、勇気、力は男らしさの不可欠の要素とされた。医学、生理学、博物学が、男らしさの規範を社会的な表象システムとして流布させる。（ロンドン、ウォレス・コレクション）

19 世紀末の版画に描かれた新婚初夜のようす。男には、それにふさわしい雰囲気の中で、妻を性的快楽に導くことが求められ、医者たちはそのための忠告を惜しまなかった。個人蔵。

第II部　男らしさの規範——教化の制度と方法

第 1 章　「男らしさへの旅」としての子ども時代

ピエール=オーギュスト・ルノワール（1841-1919）
「シャルパンティエ夫人とその子供たち」

1878 年。出版業者シャルパンティエの妻の横に座るのが当時 3 歳の息子ポール。犬の背に座る 6 歳の長女ジョルジェットと衣装は同じ。（ニューヨーク、メトロポリタン美術館）

ピエール=オーギュスト・ルノワール「遊ぶクロード・ルノワール」

1905年頃。クロードが鉛の兵隊を戦わせて遊んでいる。
（パリ、オランジュリー美術館）

エヴァ・ゴンザレス（1849-83）
「部隊の子供あるいはラッパ手」

1870年。少年を軍事に取りこむことは19世紀を通して重要なテーマだった。（ヴィルヌーヴ=シュル=ロット、ガジャック美術館）

ルイ=レオポルド・ボワイー
（1761-1845）
「私の小さな兵士たち」

1809年。画家の3人の息子たちが兵士に扮する。（ドゥエー、シャルトルーズ美術館）

第2章　軍隊と男らしさの証明

エピナル版画「軍人の子弟」

19 世紀末。エピナル版画は行商人によって販売された大衆向けの彩色版画。19 世紀にこのジャンルを確立した版画作家ジャン＝シャルル・ペルランの工房がロレーヌ地方の都市エピナルにあったことからこのように呼ばれる。軍隊や戦争を主題にした作品も多く、19 世紀におけるナポレオン神話の創生に大きな役割を果たしたといわれる。

シャルル・クレ「陸軍幼年学校における身体訓練の視察」

1888 年。フランシスコ・アモロス大佐（1770-1848）が考案したアモロス式体操は 1831 年にラ・フレッシュ陸軍幼年学校に導入され、教育の重要な要素となった。そこでは戦場の障害物を模したさまざまな道具が用いられた。19 世紀末にはスウェーデン式体操の影響により柔軟性と敏捷性のための運動が重視された。シャルル・クレのこの作品は 1889 年のサロンにおいて、ナショナリズムと反独感情の高揚を背景に大きな注目を集めた。（ラ・フレッシュ、国立陸軍幼年学校）

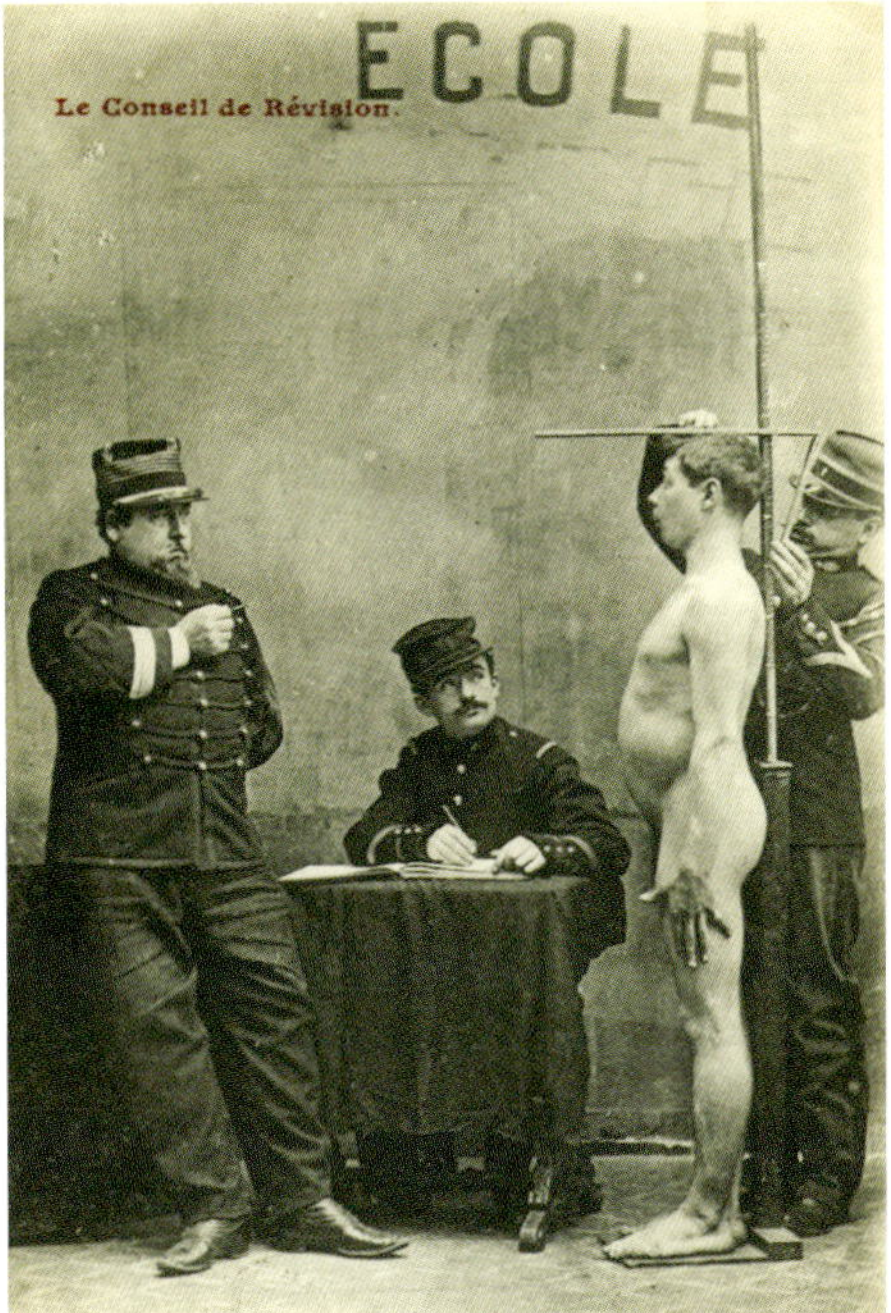

徴兵検査　「こら、身をかがめるな！
それだけでかけりゃ木偶の坊には十分だ」

徴兵審査における医師の検診は男らしさの証明を与える機関となった。それに合格して新兵になった者は体力と勇気を備えた男性としての資格を獲得した。そこではとりわけ高い身長と、大きい肩と胸と、盛り上がった筋肉が求められた。（絵葉書、20 世紀）

第Ⅲ部　男らしさを誇示する絶好の機会

第１章　決闘、そして男らしさの名誉を守ること

デルレードとクレマンソーの決闘（1892 年 12 月）

デルレードは、1892 年 12 月、パナマ事件に関して非難したクレマンソーとも決闘した。クレマンソーは「決闘好き」で、「共和国のなかに決闘を起こす自由も含まれている」と考えた。（『プチ・ジュルナル』紙 1893 年 1 月 7 日号表紙）

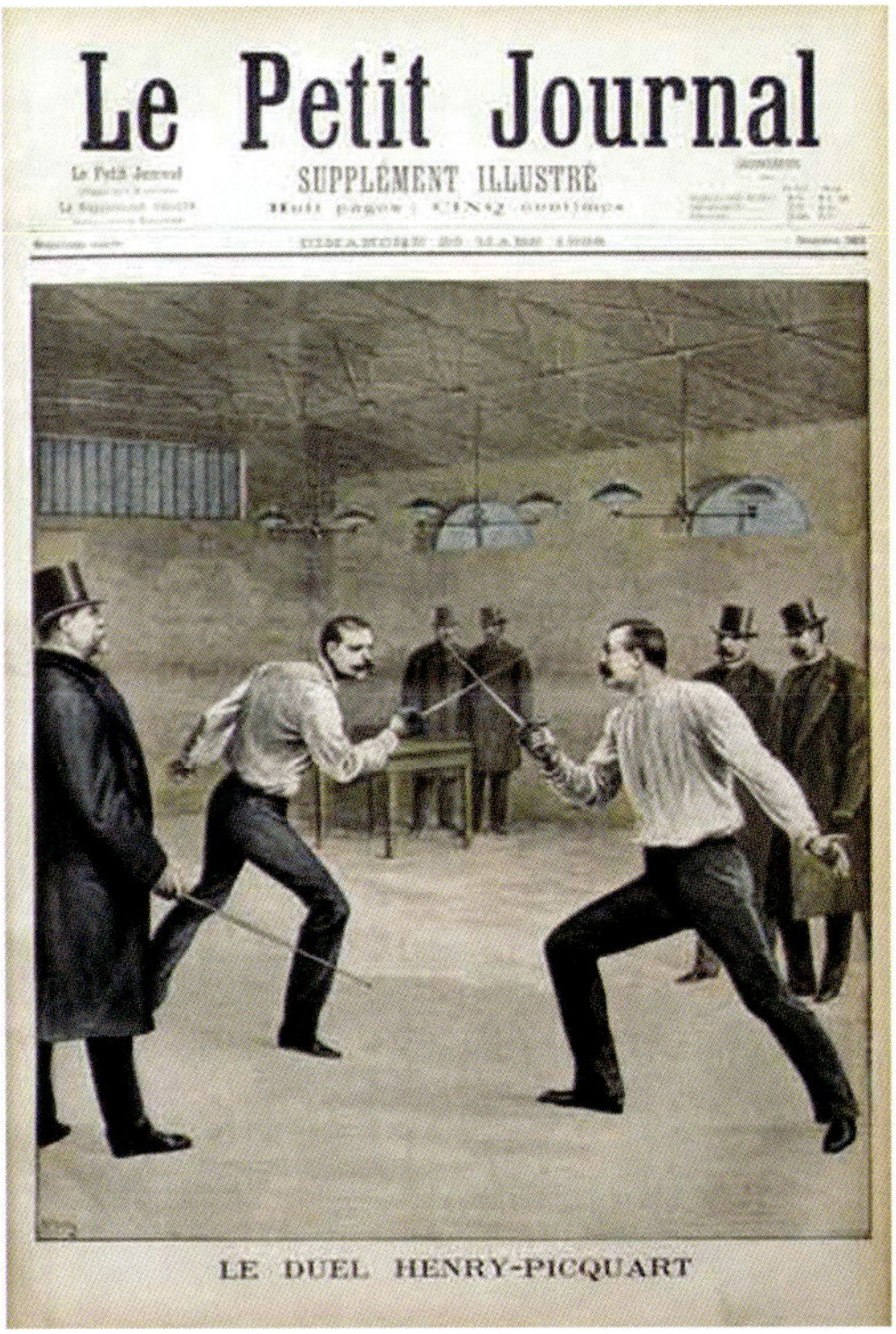

アンリとピカールの決闘（1898 年 3 月）

19 世紀末のフランスを二分させたと言われるドレフュス事件で、ユダヤ人将校ドレフュスのスパイ容疑をめぐって対立した 2 人の将校の決闘。（『プチ・ジュルナル』紙 1898 年 3 月 20 日号）

イリヤ・レーピン「オネーギンとレンスキーの決闘」

1899 年。プーシキンの小説と、チャイコフスキーによるオペラ化で知られる。決闘に必要なものは、危険に立ち向かう勇気、冷静さや自制心であり、決闘するものはそれを証立てなければならない。

第２章　性的エネルギーを示す必然性

ウスタッシュ・ロルセー（1822-1871）
「愛国の歌と卑猥な歌」

石版画。居酒屋での集まりは、男たちにとって卑猥な歌を歌ったり、猥談をするのに恰好の機会だった。民衆の男たちにとって、それもまた男らしさの規範の一部である。

ニコラ・ウスターシュ・モーラン
（1799-1850）「ショミエール」

1834 年。ショミエールは当時パリにあった大衆的なダンス場で、若者たちの出会いの空間だった。着飾った若い女性はグリゼット（お針子）で、学生や青年にとって恰好の恋と欲望の対象だった。（パリ、カルナヴァレ美術館）

コンスタンタン・ギース（1802-92）が描いた 19 世紀半ばの娼家の内部。将校や兵士は、娼家の常連客である。当時の男たちにとって、娼婦は性的快楽を手ほどきしてくれる女たちだった。ギースはボードレールによって「現代生活の画家」として高く評価された画家である。（パリ、カルナヴァレ美術館）

トゥールーズ＝ロートレック
（1864-91）
「ムーラン街のサロンにて」

1894 年。パリにあった有名な娼館の内部。当時の男たちにとって、性的な男らしさを学ぶという意味で、娼館は大きな役割を果たしていた。（アルビ、トゥールーズ＝ロートレック美術館）

トゥールーズ＝ロートレック
「二人の娼婦」

1894 年。医療検診を受ける娼婦。性病禍の予防のため、娼婦は定期的な検診を課された。性的な男らしさを保護するために、女の身体が管理されたのである。（ワシントン、ナショナル・ギャラリー）

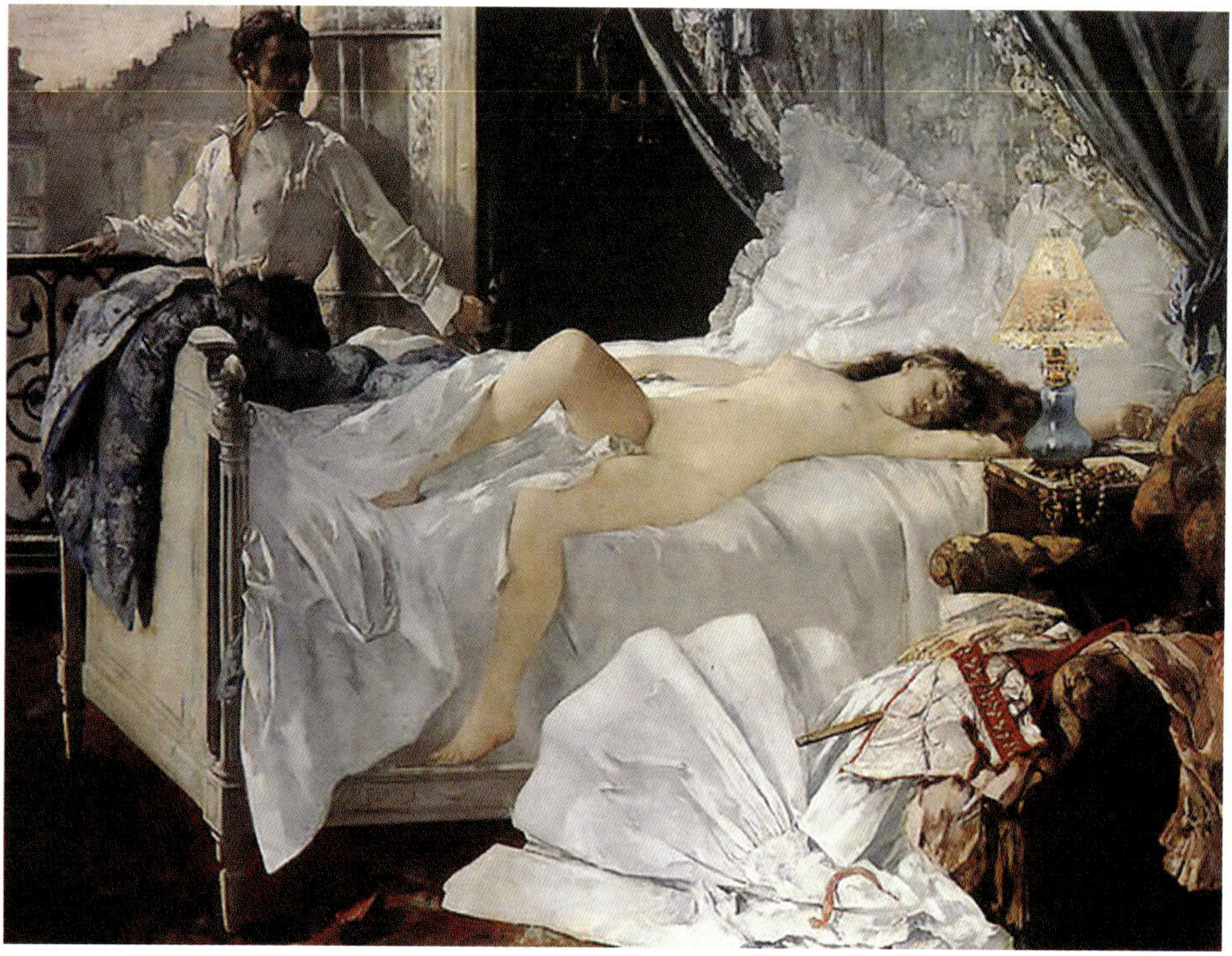

アンリ・ジェルヴェックス（1852-1929）「ローラ」

アルフレッド・ド・ミュッセの長詩「ローラ」に着想されたジェルヴェックスの代表作。虚無的な青年ローラが、高級娼婦とホテルの部屋で一夜を過ごした朝の情景である。バルザックの『娼婦の栄光と悲惨』、デュマ・フィスの『椿姫』、ゾラの『ナナ』、エドモン・ド・ゴンクールの『娼婦エリザ』など、娼婦が登場する文学作品は多い。（ボルドー美術館）

ジャン・ベロー
(1849-1935)
「アンバサドゥールでの夕食」

アンバサドゥールはシャン=ゼリゼ大通りにあったカフェ・コンセール。ブルジョワ男性が高級娼婦を相手に快楽の時をすごす。ベローはパリの上流階級の生活を描いて人気を博した風俗画家で、作家プルーストが高く評価した。
(パリ、カルナヴァレ美術館)

ジャン・ベロー「誘惑」

人気のない通りで、男が若い女に声をかけている。相手は娼婦ではないが、男からすれば自分の男らしさを試す機会なのだろう。(パリ、装飾美術館)

上流階級の男女が、快い部屋のソファで交接している場面。男が人妻を誘惑しているのだろうか。ズボンを下ろしただけで、シャツもチョッキも身につけたままの男は、急いで事に及ぼうとしている。ここでは性的な男らしさとはみずからの欲望の充足を求めることであり、女への配慮や洗練とは無縁である。『危険な歳月』、作者不詳の1890年の作品。

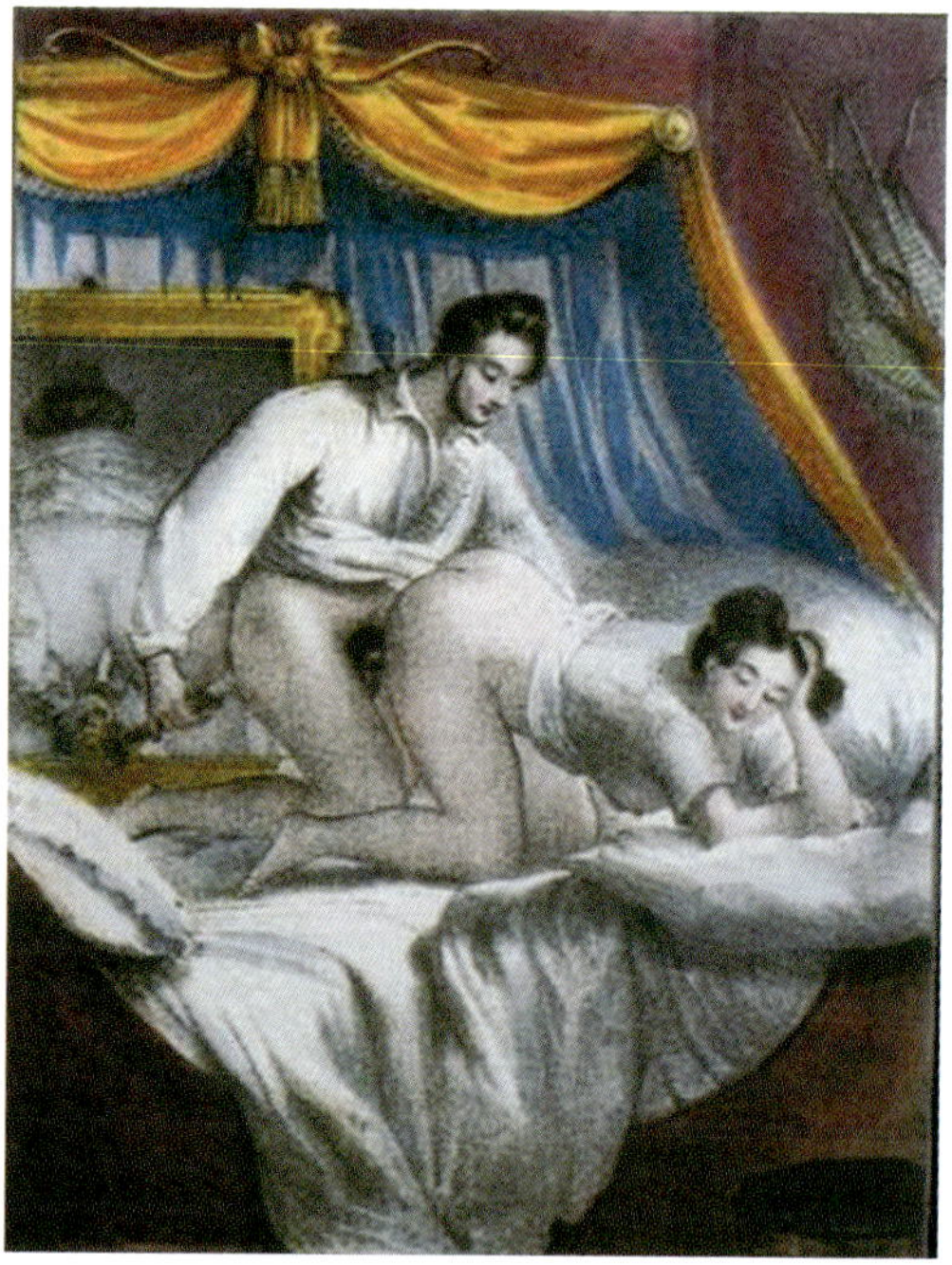

男女の快楽の共有を示すと同時に、ベッドでの男の性的パフォーマンスが強調されている。背後に鏡が置かれ、そこに裸体が写っていることでエロティシズムが増幅される。風俗画で人気を博したアシール・ドゥヴェリア（1800-1857）の作品。

1833年ブリュッセルで出版された、ミュッセのエロティック小説『ガミアニ』の挿絵。ガミアニ伯爵夫人がみずからの性体験を露骨に語る作品で、19世紀をつうじてよく読まれた。当時の男たちの性的妄想を伝えてくれる。

トマ・クチュール
(1815-79)
「ジュール・ミシュレの肖像」

ミシュレ（1798-1874）は『フランス革命史』などで名高い19世紀フランスを代表する歴史家。ミシュレ、スタンダール、メリメ、フロベールなど19世紀の文学者たちは、手紙や日記のなかで性生活について語り、しばしば自分の性的パフォーマンス（男らしさの要素）を誇示した。（パリ、カルナヴァレ美術館）

クレマンチーヌ・ポレ
「ミシュレの年若い妻アテナイス
(1826-99)」

1855年。ミシュレに熱愛された。
（モントーバン、アングル美術館）

第Ⅳ部　男らしさの表象の社会的変動

第１章　軍人の男らしさ

F－J・カザノヴァ／ドヴィス
「クロスターカンペンの戦いにおけるダサスの死」

1760 年のクロスターカンペンの戦いにおいて、オーヴェルニュ連隊の大尉であった騎士ダサスは敵軍に捕らえられ、声を出せば殺すと脅かされた。しかし彼は友軍に警告するために「来い、オーヴェルニュ軍よ、敵だ！」と叫んで殺された。この騎士は味方のために自らを犠牲にする英雄的兵士のモデルとなった。

ピエール・ペイロン（1744-1814）「アウステルリッツの戦いにおけるヴァリュベール将軍の最期」

1808年。1805年のアウステルリッツの戦いで大腿部に重傷を負ったヴァリュベール将軍は、他の負傷兵と運命を分かち合うため戦場を去ることを拒否した。戦場における英雄的な死は絵画において繰り返し取り上げられたテーマであり、とりわけナポレオン体制下においては軍隊の戦意高揚のために同様の作品が数多く制作された。

オラース・ヴェルネ（1789-1863）「農民兵士」

1820年。戦時には戦闘に、平時には農耕に身を捧げる農民兵士は、18世紀以降、兵士のひとつの理想的モデルとなった。それは19世紀には兵士ショーヴァンという人物像の中に結晶した。それは第一帝政期の愛国的兵士であり、「ショーヴィニスム」（盲目的愛国心）の語源となった。オラース・ヴェルネは戦争画家で、とりわけアルジェリア征服戦争を主題にした一連の作品で知られる。

ロジャー・フェントン（1819-69）
「ズワーブ兵の将校と兵士」

1855年。イギリス人のロジャー・フェントンはクリミア戦争の報道員となり、撮影機材を備えた特製の馬車に乗って兵士や戦場を撮影した。ズワーブ兵は北アフリカにおけるフランス軍歩兵部隊で、独特の軍服によって知られる。1830年にアルジェリアでカビリア人を中心に編成されたが、第二帝政下はフランス人によって編成された。

ジュール・モンジュ（1855-1934）「大隊の最後の兵士」

1894年、『プチ・ジュルナル』紙による複製。ジュール・モンジュは第三共和政時代に活躍した戦争画家。この作品では、大隊のただ一人の生存者が最後の力を振り絞って壁に血で書き記す。「第二ズワーブ隊万歳！」

アルフォンス・ド・ヌヴィル（1836-85）「最後の弾薬」

1873年。1870年の普仏戦争のスダンの戦いにおいて、バゼイユの宿屋に立てこもったフランス兵たちは、圧倒的な敵軍に対して最後の弾薬が尽きるまで戦った。この場面を描いたヌヴィルの《最後の弾薬》は愛国的ヒロイズムの象徴として高く評価された。宿屋は後にスダンの戦いを記念する「最後の弾薬の館」に改装され、1階にこの作品が展示された。
（バゼイユ、最後の弾薬の館）

第２章　労働者の男らしさ

アンドレ・ジル（1840-85）
「シュブリームの典型ランティエ」

1878 年。ドニ•プロの『崇高なるもの（シュブリーム）』は、「真の労働者」と彼を「おべっか使い」扱いする「シュブリーム」を対極に置いた。ゾラの『居酒屋』ではアルコールで誘惑してクーポー一家を破滅させるシュブリームのランティエが描かれている。（ゾラ『居酒屋』の挿絵）

ポール・シニャック（1863-1935）
「労働者（解体業者）」

1897 〜 99 年頃。エミール・ヴェラーレンの詩「曙光」に触発されて、シニャックは労働者の理想化された力を表現した。ここでは労働者の力強さによって古きブルジョワ社会が解体されることも含意されている。（ナンシー美術館）

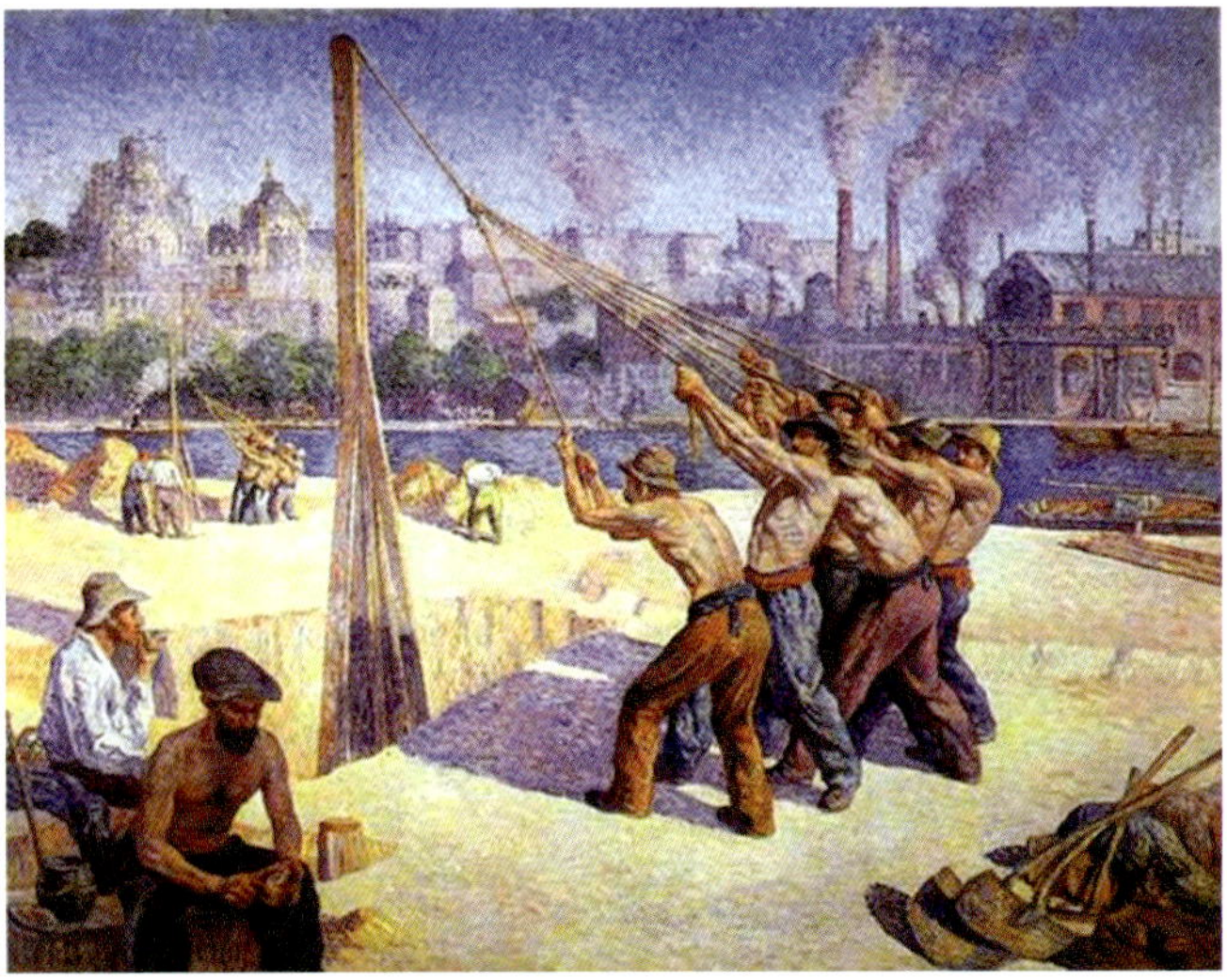

マクシミリアン・リュス
（1858-1941）
「杭打ち」

1902-05 年。スーラやシニャックとともに新印象派の画家として点描画法を駆使したリュスは、反ブルジョワ思想に傾倒していたことから彼ら以上に労働者や戦争を題材にした多くの作品を描いている。（パリ、オルセー美術館）

フォード・マドックス・ブラウン（1821-93）「労働」

1852-65 年。19 世紀は労働を讃えた。画面中央に描かれた土木作業員の力は崇高化されて表現されている。しかし反面では彼らの肉体労働における身体の労苦は伝わりがたい。画家にとって労働の崇高さと厳しさとを両立させるのはなかなか思い通りにはならない。（マンチェスター・アートギャラリー）

スラン（ベルギー）のガラス工場で働く子供

1841 年の調査によるとベルギーの工場労働者の 4 人に 1 人が 16 歳以下の子供であった。しかも彼らは大人と同じように 1 日平均 12 時間働いた。したがって、疲労困憊して眠り込む彼らの姿を目にするのもまれではなかった。（ブリュッセル、CARHOP コレクション）

オリヴィエ・ペラン（1761-1832）「司祭の学校」

このデッサンは、1810 年頃。19 世紀初期から、司祭は、村で子供にたいして威厳のある人物として描かれる。スータンをまくり上げ、裾をポケットに入れた姿は、のちに見られる司祭の慎ましさとは異なる。（*La Galerie bretonne*、パリ、1835-38 年より）

レオ・タクシルとペパン
『反教権主義的アルバム』

出版年未詳。未開人に捕らえられた宣教師が、王妃の前で左脚を高く上げ、股をあらわにするシャユ踊りを披露する。

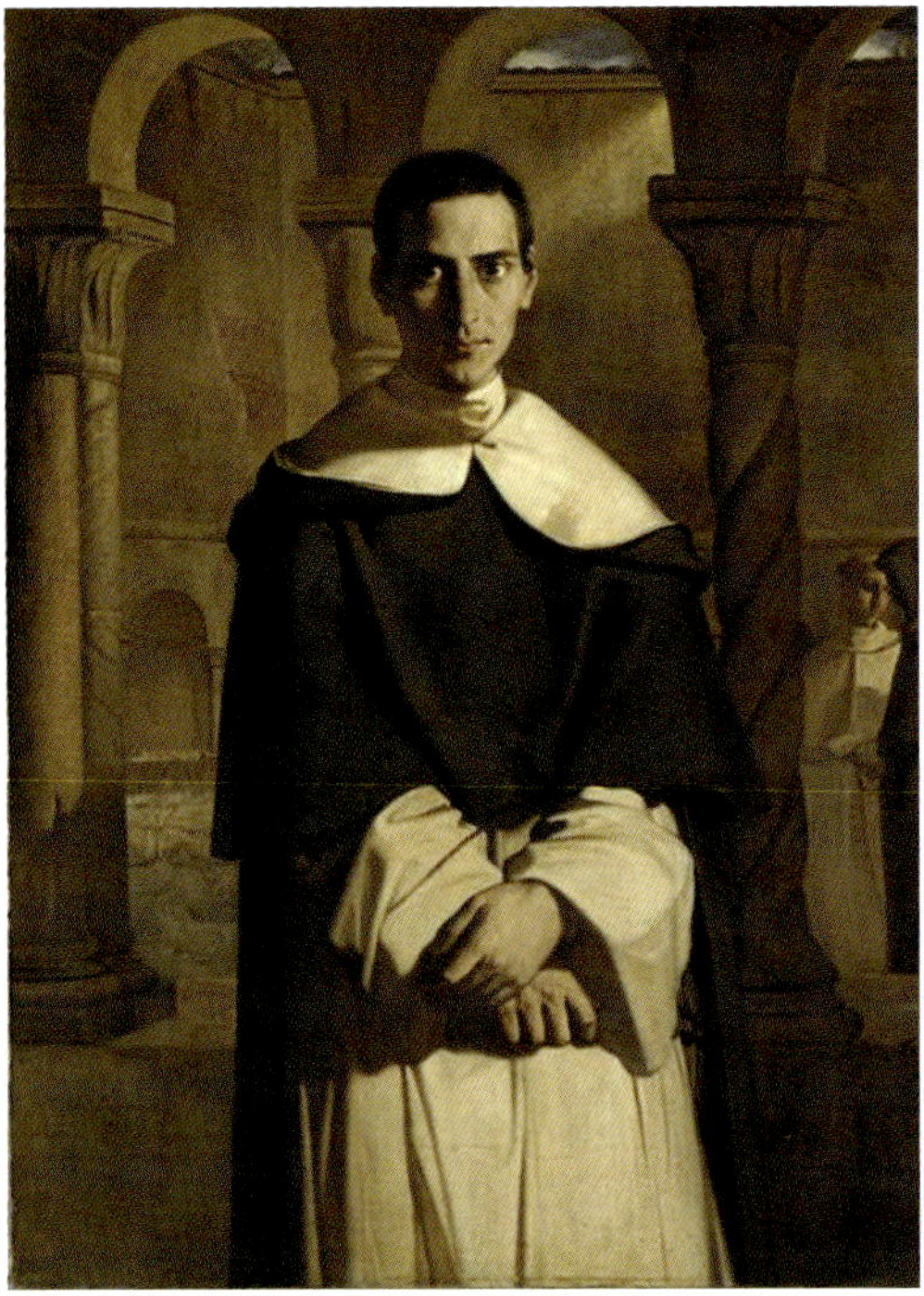

テオドール・シャセリオー（1819-56）「ドミニコ会の神父ラコルデール師」

1840年。ロマン主義的自由主義者で、説教者として有名だった。司祭には、節度を守り、情念と気質を抑制する、派手でない、「もう一つ別の」男らしさが求められる。
（パリ、ルーヴル美術館）

第４章　スポーツの挑戦と男らしさの体験

チュービンゲンの学生決闘（メンズーア）

1831年、作者不詳。ドイツでよく行われていた剣による学生決闘（メンズーア）には、2人の決闘者の外に決闘の公平さを確保し致命的結果を回避させるための監視人が付くようになった。これが後にフェンシングとして競技化されていく始まりである。

自転車競争

19 世紀末、作者不詳。ブルジョワの娯楽機械だった自転車は世紀末から 20 世紀にかけてトゥール・ド・フランスを頂点に競技化されるにいたり、男たちが華麗なパフォーマンスを発揮するこよない機会を提供することになった。
（フランス国立図書館電子図書館「ガリカ」）

19 世紀のボクシング

作者不詳。中央でチームカラーのパンツ姿をした 2 人のボクサーが闘う。彼らとチームを組む控えのボクサーが 2 人ずつ交替に備え、そして監督か審判役も 2 人ずつ両側で監視している。リングを取り巻く観衆の多くは応援に駆け付けたボクサーたちの同郷人か職場の同僚であろう。この絵画にも乱闘から競技へとボクシングが進化していく過程がうかがえる。

ギュスターヴ・クールベ
(1819-77)
「レスラー」

1853年。映画のクローズアップショットを想起させる技法で、画家は世紀半ばに2人のレスラーが格闘する様子を描写している。彼らはルールを尊重してグレコ=ローマンスタイルで格闘し、遠景ではスタンドを埋める観客が2人の闘いを見つめる。2人の男の格闘はすでにレスリング競技として確立され、祭りで集客する興行として挙行されている。(ブダペスト美術館)

ミーハー女たちの競争

女たちの競争のスタートである。彼女らはみんな帽子をかぶり、胸飾り付きのシャツを着用し、ブーツ履きという出で立ちである。特徴的なのはイギリスのフェミニスト、アメリー・ブルーマーに由来する彩り鮮やかなブルマーを着けていることである。騎馬像や騎馬警官の監視の下に展開されたレースだが、女性解放キャンペーンの一面も垣間見ることができる。
(『プチ・ジュルナル』紙1903年11月8日号)

ギュスターヴ・カイユボット（1848-94）「イエール川のカヌー」

1877年。この絵の作者カイユボットを含めて、印象派の画家たちはセーヌ川やその支流でボート遊びに興ずる人々の姿をよく描いた。モーパッサンはその頃にボート遊びに熱中したことでよく知られている作家の一人である。このモーパッサンやゾラなどは同時代の画家たちのようにボート遊びに興ずるとともに、それを題材にしたいくつかの短編も書いている。
（ミルウォーキー美術館）

第V部　男らしさを訓練する異国の舞台

第1章　旅の男らしい価値

ジュール・ヴェルヌ
『十五歳の冒険船長』表紙

男装しているジャンヌ・デューラフォワ

ジャンヌ・デューラフォワは1851年に生まれ、1870年に土木局技師と結婚したが、1880年代に夫婦はペルシャの考古学調査に2回参加し、そのうち1回ではスーサの発掘調査を編成することになった。これらの探査のおかげでジャンヌは評判となった。髪を短く切り、ズボンをはくことが習慣となったが、これらの奇行は彼女の探検記の人気を確実なものにするのに一役買った。（Joseph Uzanne, *Figures contemporaines tirées de l'Album Mariani*, Librairie Henri Floury, Paris, vol VI, 1901）

第２章　18世紀終わりから第一次世界大戦までの植民地状況における男らしさ

オラース・ヴェルネ（1789-1863）「イスリーの戦い」

イスリーの戦いとは、1844年8月14日にモロッコ・アルジェリア国境付近で起こった戦いであり、元帥のトマ・ビュジョー率いるフランス軍がモロッコ軍を破った。中央にはサルタンの権力の象徴である傘を閉じる男が地面に立ち、ビュジョーは騎乗で描かれ、勝者であることが表されている。これは植民地状況におけるフランスの男らしい軍人モデルの輝かしい象徴であった。
（ヴェルサイユ、ヴェルサイユ宮殿）

エドワード・リンリイ・サンボーン
（1844-1910）
「セシル・ローズ」

征服するということは男らしい行為である。セシル・ローズはアフリカを支配し、大陸をまたぐ巨人として描かれている。タイトルには「ローズの巨像（The Rhodes Colossus）」とあるが、これはエーゲ海のロドス島にあった巨像（Colossus of Rhodes）との言葉遊びである。
（『パンチ』誌、1892年12月10日付）

第VI部　男らしさという重荷

第１章　男らしさの要請、不安と苦悩の源

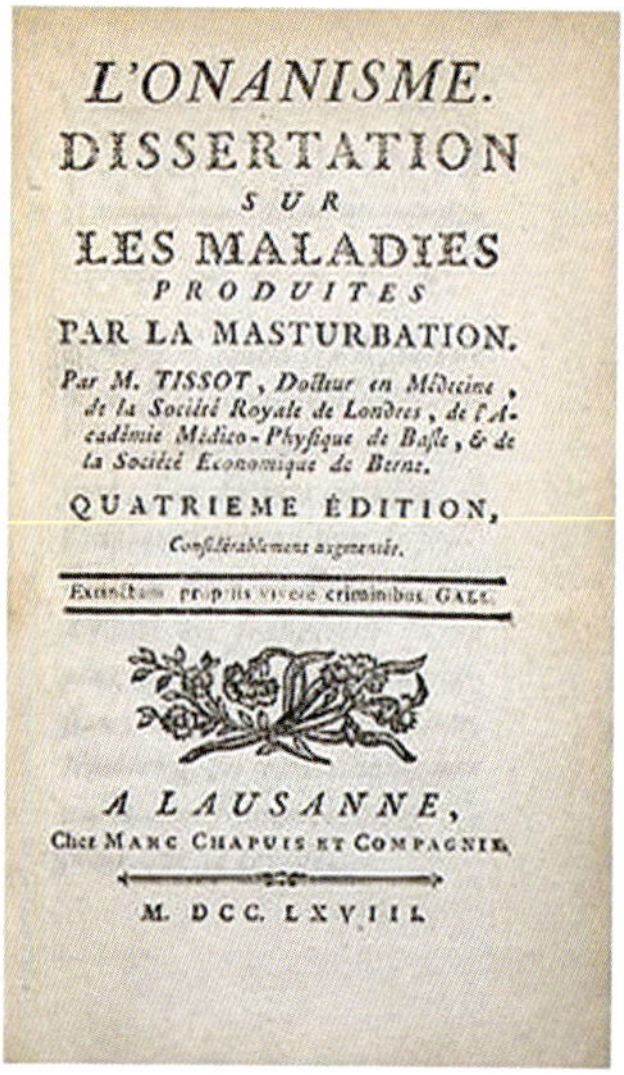

L'ONANISME.
DISSERTATION
SUR
LES MALADIES
PRODUITES
PAR LA MASTURBATION.

Par M. TISSOT, Docteur en Médecine, de la Société Royale de Londres, de l'Académie Médico-Physique de Basle, & de la Société Economique de Berne.

QUATRIEME ÉDITION,
Considérablement augmentée.

Extinctum propriis vivere criminibus. GALL.

A LAUSANNE,
Chez MARC CHAPUIS ET COMPAGNIE.
M. DCC. LXVIII.

サミュエル・ティソ
『オナニスム』第４版
（1768）の扉

「自慰によって引き起こされる病理に関する論考」という副題に明らかなように、ティソは自慰の有害性に警告を発した。その影響は 19 世紀に入っても続く。

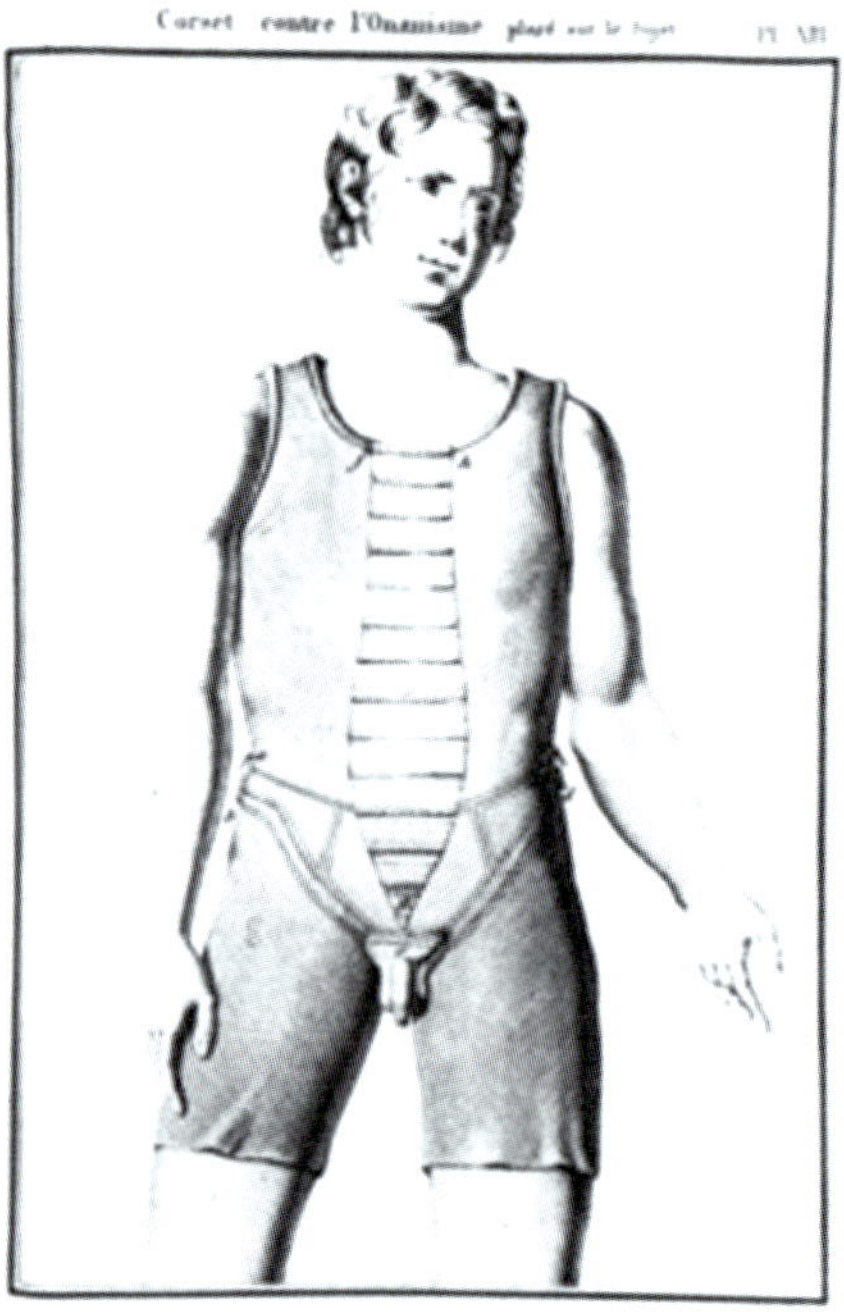

少年のオナニーを防止するために考案された一種のコルセット。親の監視だけでは不十分な場合、このような人工的装置が使われた。当時は、過度のオナニーが子どもの成長を阻害し、時には死をもたらすと考えられていた。

リチャード・クーパー「梅毒」

1910年。クーパーはイギリスの画家。19世紀後半から20世紀初頭にかけて、男らしさを脅かす梅毒をはじめとする性病禍が広がり、人々を不安に陥れた。それは単に個人の病というだけでなく、家族、さらには社会にとっての脅威と認識された。

エチェヴェリー（1867-1950）「めまい」

1903年。上流階級の邸宅で舞踏会が催されている（場面の右端）中、分厚いカーテンで仕切られた人目につかない別室でキスを交わす男女。柔らかいソファは、女が男の欲望に身をゆだねるのに恰好の場を提供する。20世紀初頭、フラートと呼ばれる戯れの恋愛の儀式は、それまでの荒々しい男らしさではなく、微妙な駆け引き、洗練、優雅なしぐさを男たちに課すようになった。（パリ、カルナヴァレ美術館）

フェリシアン・ロップス（1833-98）
「ポルノクラート」

1879年。ベルギーの画家・版画家フェリシアン・ロップスの代表作。目隠しをされた女の盲目的な邪欲が男=豚を引き回す、という寓意である。19世紀末、それまで男の世界だった教育、芸術、労働などの領域に女たちが進出することで、力や逞しさだけに依拠する旧来の男らしさは価値が低下する。その男らしさの危機の意識が、このような「女性嫌悪」の表象を生みだした。

第２章　同性愛と男らしさ

ヴィルヘルム・フォン・グレーデン男爵

右上 1895-1900 年頃、左上 1902 年、下 1900 年。ベル・エポックは古代と男らしい美青年の古代的な姿を当世風にしたのであり、ヴィルヘルム・フォン・グレーデン男爵に親しい青少年の体を引き立てた。

オットー・ディクス
(1891-1969)
「マッチ売り」

1920年。ディクスはドイツの画家。第一次世界大戦で腕と脚と視力を失い、いまは哀れなマッチ売りとして歩道に座る傷痍軍人の姿が、なまなましく描かれている。この絵は、近代戦争において従来の男らしさなど何の意味もないことを雄弁に語っている。ディクスはみずから前線に赴き、多くの戦争画を残した。
（シュツットガルト美術館）

フリッツ・エルラー
「戦時公債募集のポスター」

1917年。エルラーはドイツの画家・版画家。武装した最前線の兵士、死を賭して祖国のために戦う兵士の表情をつうじて、戦場における新たな男らしさの神話が紡ぎだされる。エルラーは後に、ヒトラーお気に入りの画家となる。

日本の読者へ

一九五五年、私はまだ日本映画を知らなかった。この年、黒沢明の『羅生門』を観て日本映画を発見した。たしかに古い時代の物語とはいえ、私は突然、自分にとってまったく異質な男らしさを描く強烈なイメージと対面したのだった。それ以来、日本映画に見られる男らしさの表象には絶えず魅了されてきた。それと同時にそうした表象が、西洋人の心性と行動を形づくっていた男らしさのイメージとどれほど異なるか、その隔たりに気づいたものだった。優れた研究者たちの知識の成果である本書は、この西洋の男らしさを論じたものである。

もちろん西洋世界においても、男らしさと戦いの場面は密接に結びついているが、そのあり方は日本と違う。本書において日本の読者は、男らしさが展開する他の次元や場面を数多く見いだすだろう。たとえば男らしさを教えこむ方法の変化、男らしさという概念そのもののせいで男たちの両肩に重くのしかかった苦しみや負担、といったものである。

西洋において男らしさは基本的な概念であり、世紀をつうじてその歴史を跡づけられることを示すのも、本書の目的のひとつである。他方、「男性性《マスキュリニテ》」という語がフランスで登場するのは十九世紀になってからにすぎない。

この点で時代錯誤に陥らないよう注意したい。

私自身は、出版社から十九世紀に関する第Ⅱ巻の監修を依頼されたのだが、これはとても嬉しいことだった。西洋ではこの時代こそ、子供の頃から男性に課される男らしさの規範が頂点に達した時代だと考えているからである。

本書の日本語版が刊行されると知って、私も他の著者もたいへん喜んでいる。異なる文脈とはいえ、日本でもこの男らしさという概念が重要だということをわれわれは意識しているからである。

アラン・コルバン

（小倉孝誠訳）

序文

　男らしさは古くからの伝統を刻印されている。それは単に男性的であるということではなく、男性の本質そのものであり、男性の最も完全な部分ではないにしても、その最も「高貴な」部分を指す。男らしさとは徳であり、完成ということになる。フランス語の男らしさ virilité という語の由来になっているローマ時代の virilitas は、「精力的な」夫という明瞭に定義された性的特質を有しており、いまだに規範であり続けている。精力的な夫とは体が頑強で生殖能力が高いというだけでなく、同時に冷静で、たくましくてかつ慎み深く、勇敢でかつ節度ある夫という意味である。男 vir は単なる男性 homo ではなく、男らしい男 viril は単なる男性 homme ではなく、それ以上のものなのだ。それは力強さと徳の理想、自信と成熟、確信と支配力を示す。男は挑戦するものだという伝統的な状況がそこから生まれる。男は「自己制御」と同じくらい「完璧さ」や優越性を目指さなければならない。そしてまた性的影響力と心理的影響力が結びつき、肉体的な力と精神的な力が結びつき、腕力とたくましさが勇気や「偉大さ」を伴う、というように多くの長所が交錯している。それはたとえばアレクサンドロス大王からカエサルまで、テセウスからポンペイウスまで、プルタルコスが記述した偉人たちのような、一般に知られた英雄列伝の中で具体的に示されている。しかもこれは厳しい伝統であって、男の完璧さはつねに何らかの欠落によって脅かされているのだ。たとえば自信の中に巧妙に紛れ込む懐疑、期待していた成功を無に帰すかもしれないひそかな亀裂といったようなものである。フランスの田舎で魔法使いが結婚初夜の男にまじないをかけて不能にするという伝承は、伝統的に長男が次男に味わわせようとする挫折感と無関係ではない。完璧な男らしさというのは、必然的にさまざまな要求と対峙することになる。精力絶倫にも幻想はあるし、力強さも脆弱さと無縁ではない。前提とされる男の優越性には不安が伴っているのである。

より複雑な伝統であるこの男の優越性は、いかなる点においても男らしさを硬直した歴史の中に閉じこめることはできない。その特徴は時と共に再構成されていく。商業社会と軍事社会は同じような男らしさの理想を持つことはできないし、宮廷人と騎士は同じような男らしさの理想を持つことはできない。たとえば宮廷人は、戦いの際に昔から必要とされてきた朴訥な価値観と、優雅な洗練という価値観をあわせ持たなければならない。宮廷人は同時代人からときには女性化していると非難されたことがあるが、支配力や勇気を失ったことはない。彼が名誉にとても固執することや、剣を手にして躊躇せず冷静に死に立ち向かうそのありさまは、現代人から見れば時代遅れに思われるが、宮廷人にとっての男らしさの理想も変化していった。もちろん宮廷人はためらうことがない。ブラントーム〔十六世紀フランスの軍人、作家〕が描いた十六世紀の宮廷人たちは、徹底的な男らしさを理想化した。性的な力強さは女性にたいする絶対的な影響力と結びつくと考えられていたし、洗練された自己表現は戦いの場で期待される勇気をまったく損なわないと考えられていた。男らしさは、それ自体が再考と手直しの対象になったとはいえ、ここでは義務として課され、外部に露出する。

本書が跡付けるのは、西洋社会におけるこのような男らしさの理想の変遷であり、男としての完璧さへの期待、文化と時代性によってそれ自体が変貌していく影響力と支配のモデルにほかならない。われわれの企図が跡付けるのは、歴史を持たないと思われていたものに歴史を導入しようとする意志である。つまり日常的な慣習行動と社会的紐帯の中枢に位置する歴史、一つの社会、さらには一つの政治と経済の特徴を明らかにしてくれるような歴史である。それはまた、西洋社会の考古学自体において古代以来、社会階層によって、さまざまな下位文化によって、あるいはまた都市住民の理想なのか農民の理想なのか、戦士の理想なのか教養人の理想なのかによって、男らしさというものがどれほど多様性に富むかを示そうとする意志にもとづいている。男らしさは不可避的に人類学の対象であると同時に、歴史的なものなのだ。

残されたのはきわめて現代的な問いかけである。その問いかけは男らしさの内容そのものに関わり、本書がなぜ編まれたかを部分的に説き明かしてくれる。今日、男らしさはいかなる意味でも無条件の影響力をふるうことはできない。たしかに男性支配は残存しているが、その意味を失いつつあり、他方で男女平等が進展している。たとえば女性にたいする男性の「権威」にはいかなる根拠もありえないし、男らしさの減退や女性化を表わす表象にたいして、雄々しい男が有するとされる優越性にはいかなる根拠もない。かつては当然と考えられていたことが、現在では滑稽に近いものとなる。男らしさのモデルは忘れられ、消滅し、つまらない郷愁の対象になる定めであり、ついには「男らしさ」という言葉そのものが無意味になるかもしれない。だからこそ本書では、西洋の歴史に踏み込んで長い行程を辿ってみたのである。西洋の歴史において男らしさの伝統は数多くの変化を経た後に、今日では、崩壊した理想を守る時代錯誤的で硬直したようなどこかの保存場所に保管されているのかもしれないし、あるいは新たなアイデンティティを創出し、さらなる変貌を遂げていくのかもしれない。

アラン・コルバン／ジャン＝ジャック・クルティーヌ／ジョルジュ・ヴィガレロ

（小倉孝誠訳）

男らしさの歴史　Ⅱ　目次

第2章　性的エネルギーを示す必然性……………………アラン・コルバン（小倉孝誠訳）　167

第IV部　男らしさの表象の社会的変動 …… 209

第Ⅴ部　男らしさを訓練する異国の舞台

《他刊目次》

第Ⅲ巻　男らしさの危機？――20―21世紀……………ジャン＝ジャック・クルティーヌ編（岑村傑監訳）

男らしさの歴史

II　男らしさの勝利——19世紀

凡例

一　原文でイタリックの書名は『　』、作品名は「　」で括った。

一　原文の引用符《　》は「　」で示した。但し、訳文において意味のまとまりを示すために「　」を用いたところもある。

一　訳注は、短いものは〔　〕に入れて割注とし、長い訳注については〔　〕内に数字を付して、各論文の終わりに置いた。

一　原注に挙げられた参考文献（いわゆる「古典的著作」は原則として除く）で邦訳があるものについては、分かる限りで紹介した。

一　原書には多数の図版がついているが、種々の理由からそのまま採録できなかった。その代わり、訳者の判断で本文と関連の深い図版を独自に選んで収めた。

一　読みやすさを考慮して、訳者の判断で原著にはない小見出しを適宜付した。目次にも記載されている。

第II巻序文

アラン・コルバン
（小倉孝誠訳）

この第Ⅱ巻で扱われる時代は、男らしさの美徳が最大限に影響力をふるった時代である。男らしさを形成する表象と価値と規範の体系がじつに強力に支配したので、誰も実際にその体系に疑義を差しはさむことができなかった。当初は、博物学者が強調した男女の性的二形性、革命軍やナポレオン軍の偉業、古代の英雄たちへの頻繁な言及により、ごく幼い頃から男子に教えこまれる規範が普及していく。勇気、さらには英雄主義、祖国のための自己犠牲、栄光の探求、挑戦は何であれ受けて立つべきだという態度が男性たちに課される。そして法体系は、家族内における男の権威を強化した。

その後、生理学者たちがこの価値体系の確立に寄与する。男というのは精力的に活動し、発展し、社会闘争に参加し、支配するよう運命づけられているのだ、と彼らは男性に通達するし、夫婦の性的交わりは激しくあるべきだと推奨する。卑怯者、臆病者、意気地なし、性的不能者、同性愛者はかつてないほど軽蔑の対象になる。中等学校、寄宿舎、神学校、歌謡団体が集う地下酒場、娼家、衛兵詰所、フェンシング道場、喫煙室、数多くの作業場や酒場、さらには政治集会や狩猟協会など、男たちだけが集う場所が増える。これらはすべて、男らしい男の特徴を教示し、それが開花するための舞台にほかならない。当時しばしば行なわれた決闘という慣習、いわゆる労働者階級の口喧嘩、劇場内で起こる軍人や学生や店員たちの衝突の内容は、男らしさの基盤となる価値観が同じように支配していたことを裏づけてくれる。至るところで、男が前面に押し出される。集団であれば、喚き散らし、酒に強いことが男らしさの共有につながる。

男子は幼い頃から自分を鍛えなければならない。多くの場合、母親と家族から離れることに耐え、寒さや苦痛に打ち克ち、涙をこらえ、いじめや制裁を受けても平然としている能力を証明しなければならない。子供時代から、男子はしばしば暴力場面に遭遇する。善良なマルタン・ナドー〔労働階級出身の政治家で『回想録』を残した。一八一五—九五〕自身、クルーズ県の生まれ故郷の村で、幼い仲間の一人が死んだことに責任の一端があったと認めている。後に子供のジュール・ヴァレスは、酒場の席についたオーヴェルニュ地方の若者たちが凄まじい喧嘩をするさまを目にした〔ヴァレスは作家、ジャーナリスト、一八三二—八五。自伝的作品『子ども』のなかで語られている挿話〕。

一八七〇—一八七一年の敗戦〔普仏戦争での敗北〕後に強制的な兵役が施行されるはるか以前から、徴兵検査は男性にとってみずからの男らしさを、時には勃起力を誇示する機会だった。男らしい外見が、男らしさの規範が浸透していることを確認させてくれるのだ。口ひげ、さらには顎ひげをこれ見よがしに蓄えることが、男らしさを示す姿勢や動作を会得することと並行する。こうして男らしさは、たとえば海水浴の時に冷たい水をものともせず、精力的に泳ぐことで主張される。

十九世紀後半をつうじて、男らしさの規範はいくらか綻びを見せるものの、その影響力が実際に弱まることはない。私的領域でも、男性の権威は弱体化しない。兵舎での経験、そこでのいじめや、軍事的および性的な通過儀礼の経験が広がっていく。作業場でも仕事場でも、疲れを知らず、あまり用心しなくても危険な作業を遂行できる能力があることを示すのがたいせつである。仕事の腕前と同様、こうした無頓着さも男らしい特質が具わっていることの証拠なのだ。さらには植民地の拡大とそれに伴うさまざまな冒険、野生動物の大規模な狩りが、英雄的な場面を再現する。

世紀最後の数十年間、当時のエリート階級を不安にした二つのおもな妄想である変質と退化への恐怖が、青年層の男らしさを強化するよう求めた。それはとりわけフランスで、学校部隊と射撃団体の創設が示すところである。共和国の小学校では、愛国心の昂揚、歴史の授業で教えられる国民の偉大な物語、そして故郷への愛を育む地理の授業が、子供たちに自己犠牲の心構えをさせる。現在では想像しがたいものになったこの協調心は、第一次世界大戦の戦闘に際して見られた、と歴史家が指摘している。一八八九年の「背嚢司祭」をめぐる法律〔それまで聖職者が享受していた兵役免除の特権が廃止された〕が可決されて以降、司祭自身も男らしさを称賛するこの風潮に巻き込まれた。

これほど称賛された男らしさの美徳が何であったかをよく理解するためには、この時代その基礎になっていたものにあらためて立ち戻ることが不可欠であろう。十八世紀末、博物学者は男性にたいして、被造物を支配する人類の一員であることを自覚するようはっきり命じた。「わが息子よ、男たれ！」この根本的な命令は、あらゆるものにたいする支配権を付与されたあの『創世記』のアダムのようになれ、ということを暗に意味していたのである。十九世紀に入っても、この男らしさの束縛が男性の活動を支える。男たちはみずからの行為によって絶えず男らしさを示さなければならない。この観点からすれば、男らしさは本質的な概念である偉大さ、優越性、名誉、徳としての力、自己制御、犠牲的行為の感覚、そして自己犠牲とその価値に一体化する。領土の探検と征服、植民地化、自然支配を証明するあらゆるもの、経済発展、そうしたもののなかで男らしさが栄える。こうしたものがすべて偉大さを構成するのだ。

同時に、男らしさは死と深く繋がっている。たとえば戦場や決闘場での英雄的な死、過労による労働者の死、女性との性的交わりによる男性の衰弱死。なぜなら医者も絶えず指摘していたように、男性にとってエロスとタナトス〔死の欲動〕は密接に結びついているのだから。男らしさとは単なる個人的美徳ではなく、社会を規制し、社会に浸透してその価値観の基盤になる。それはさまざまな支配効果をもたらすのであり、女性にたいして及ぼされる支配力はその一要素にすぎない。要するに男らしさは世界観を構造づける。当時の人間にとって男らしさとは生物学的な与件ではなく、一連の精神的特質であり、男性はそれを身につけ、守り、証明しなければならないのだ。

それゆえ、男らしさは男性性《マスキュリニテ》と同義語ではない。それは女性性《フェミニテ》との対比だけで規定されるわけではない。多くの男性は男らしさに欠けるが、だからといって彼らの「男性性」が問題視されることはない。そもそもこの「男性性」という語は当時の辞書にはほとんど載っていないし、人々が一般に使用する語でもなかった。戦いの日に攻撃に出るのをためらう者、徴兵審査会で籤《くじ》に外れたため兵役代理者を雇う者、みずからの命を賭して仲間を救えなかった者、要するに英雄の素質に恵まれていない者、野心のない者、名誉や勲章の誉れに無関心な者、優越性を求めないがゆえに競争に関心がない者、自分の情動をしっかり制御できない者、言葉にも文章にも雄々しさがない者、女性からの誘いかけを拒む者、愛の営みが激しくない者、集団的な放蕩に加わらない者――そうした者は皆男らしさに欠けるが、男性性まで否定されるわけではない。

それに対して、偉大さや、名誉や、祖国のための犠牲的行為の感覚を具えていて、男らしさを示す女性がいる。そのなかには戦いや決闘すら受け入れ、明瞭に勇気を示す人さえいる。世紀末には、フランス史上最も称賛される人物のなかにジャンヌ・ダルクやシャルロット・コルデー〔一七六八―九三。一七九三年、マラーを暗殺した女性〕が含まれていた。

しかしながら、相手が敵軍であれ、兵舎の新兵であれ、作業場の見習い工であれ、仕事仲間であれ、妻であれ、愛人であれ、他者にたいする支配を確立することを含意するこの男らしさの規範の影響力が、第一次世界大戦よりもはるか以前からさまざまな亀裂によって脅かされていたことは、注意深く研究すれば明らかになる。女性を束縛していた禁忌が緩み、さまざまな新しい自由が与えられた。たとえば町を自由に歩き回り、カフェのテラスに堂々と陣取り、一人で芝居を見物し、スポーツを実践し、夫も家族も同伴しないで温泉地や海水浴場に滞在し、解剖博物館で人体模型を見物し、感傷的な小説を大っぴらに読み、大学入学資格試験《バカロレア》に合格して大学の講義を受講できるようになった。そのせいで男性の特権が抑えられ、集団で男らしさを誇示することが難しくなる。夫婦のベッドにおいてさえ、夫はもはや以前と同じような支配形式に従う必要を感じない。他方で、男女の浮ついた恋愛が男女の性的役割分担を混乱させる。この時代に命名された同性愛〔同性愛という語は一八六八年、ハンガリー人医師ケルトベニーによって創られた〕が新たな形で露呈し、初期の性科学者たちが性的倒錯のリストを作成したことにより、人々のあいだに混乱が広がり、さまざまな反応を惹起した。

　十九世紀初頭、男らしさの表象は崇高性の美学に属するものであり、ロマン主義作家が荘重さや限界的体験に引きつけられていたことや、熱狂と反抗と自己放棄の詩学に合致するものだった。しかし今や、その表象は定義し直さなければならない。この美徳を権威や、厳粛さや、ある種の過激性と結びつける繋がりが、本当の意味で問題視されるまでには至らなかったにしても。

　十九世紀末期に浸透する困惑は、本シリーズ第Ⅲ巻で論じられることの前兆である。称賛の表象と対象は二十世紀に根本的に変化した。戦争での栄誉はしだいにその価値を失い、勝利を言祝ぐ文化は衰退し、祖国にたいする義務や自己犠牲は旧弊なものになった。西洋では、個人生活に付与される価値が全体的なものよりもしだいに優るようになった。名誉と偉大さの定義がいわば逆転したのだ。征服精神と植民地化の欲望が徐々に否定された。現在を重視する態度が過去の偉大な国民の物語を背景に押しやり、かつての参照モデル、つまり歴史を人生の模範にしていた参照モデルが忘却された。同情心のあり方も変わった。かつてあったような宣教師の福音的献身が、慈善団体のメンバーが示す献身に取って替わられたのである。

　以上のような理由から――他にもまだあるが――、とりわけ若い世代には、十九世紀の男らしさがどのようなものだったかを理解するのは困難であり、時には不可能になった。この旧弊な価値体系は人々を憤慨させるかもしれないし、その憤慨が包括的歴史すべてを否定することに繋がる怖れもある。

多くの男性が祖国のために苦しみ、死んでいった。彼らは献身と自己犠牲の精神をそこまで貫いた。多くの男性が決闘に際して死と真正面から向き合った。劣っていると見なした民族を支配しようとして、征服精神を示した。多くの男性が愛の営みに際してたくましさを見せつけた、つまり女性からエロティシズムの洗練を奪うような粗野な態度をとった。今やこうしたことをどう考えればいいのだろうか。この問いに答えるためには、二十世紀がもちろん紆余曲折に満ちた形であれ、十九世紀に栄えた男らしさを構成する混沌とした価値観をあらためて問題視したのだ、ということを忘れないようにしよう。

第I部

自然主義をとおして見た男らしさ

アラン・コルバン
（小倉孝誠訳）

十八世紀中葉よりはるか以前に、男らしさの概念は西洋人の精神世界にしっかりと根付いていた。本シリーズの第I巻を読めばそれがよく分かるし、一つの現象がある時代に突如出現したなどとみだりに主張するのは控えるべきであろう。とはいっても、ビュフォンが『人間の博物誌』(一七四九)を完成した時、男らしさの概念が深化したことは確かである。この著作は自然主義〔自然はそれ自体で存在する機械的、自己完結的な存在だとする哲学上の立場〕の影響力を示し、同時にそれを象徴しているのだが、この自然主義が男らしさという概念の再考をうながした。こうして男女の性的二形性という考え方が強調され、正当化されるようになり、その後は、十三世紀に再活性化したアリストテレス的な伝統よりも強力に、「〈自然〉の秩序」として位置づけられる。男女の解剖学的および生理学的差異は「性生活」だけでなく、人間のあらゆる構成要素を統制すると言われたのである。こうした考え方が、男らしさは高貴さ、優越性、精力、さらに一連の特徴から成り立っているという観念を生みだした。次にこうした特徴を分析するべきだろう。

学者の想像力の領域で何が起こったかをよく理解するためには、当時生物の序列が重視されていたこと、この問題を大地や、鉱物や、植物や、動物の博物誌のなかに組み入れるべきだと考えられていたことを考慮しなければならない。学者は男女の「性生活」に関する知識を流布させようとする際、半世紀以上にわたって、その前にあらかじめ植物の性や、動物の雌雄の違いについて詳述する必要があった。第一帝政期〔一八〇四―一四〕と王政復古期〔一八一四―三〇〕に『医学事典』に載ったジュリアン=ジョゼフ・ヴィレー〔一七七五―一八四六。博物学者、人類学者〕の重要なテクストは、このような方法をとりわけ明瞭に示している。この方法は、人類が行なう性の交わりを他の生物と切り離して論じることを認めなかった。

男性の誕生

『創世記』に着想を得てビュフォンが人類創造をどのように解釈したかを、考察してみよう。彼は聖書の記述から少し距離を置いているが、だからといって、彼がこの出来事について述べているページが聖書の影響を受けていることを軽視してはならない。人間が他の生物を支配していること、イヴが罪深い誘惑者だということ、アダムの堕罪、さらには生殖器が意志とは無関係だということは、明瞭に言われてはいないが、読者からすれば脳裏に刻まれている。

ビュフォンはまず、生殖器がすでに「完全に形成されている」アダムの目覚めを想像する。アダムはしだいに外部の世界と、みずからの身体の境界を発見する。続いて著者はコンディヤック〔一七一四―八〇。哲学者〕の感覚論の観点から、アダムによる五感の使い方の習得と、それがもたらす快楽について詳述する。アダムはこうして自分がその下で憩う樹木に実る果実の形や、香りや、味を楽しむ。そして「親密な悦楽が彼の心に、女性と交わりたいという想念を生じさせた」(1)。明らかに、この物語はアダムの堕罪をそれとなく予告している。数多の体験を経た後に、最初の人間アダムは最終的に眠りこんでしまうのだが、その眠りのなかで彼は自分の存在が溶解するという脅威が高まっていくのを感じるのだ。

目が覚めると、彼の傍らに女性がいる。「私は自分の体が二つに分かれたのだと思った」と、アダムは打ち明ける。「私はこの新しい人間に触れた――これが空想された最初の愛撫である――、何という驚き！　それは私ではなく、私以上のもの、私より良いものだった。私は自分の存在の場所が変わり、この自分自身の片割れに完全に移行するのだと思った」。「私はその片割れが私の手の下で生気づくのを感じ、[2]私の目を見て思考を手に入れたのに気づいた。その片割れの目が私の血管に新たな生命の源を流しこんだ」[3]。私は自分の生命すべてを与えたいと望んだ。この意志が私の存在を完成させ、六番目の感覚が生まれるのを感じた」。こうしてアダムはみずからの完結性を感じ、「今や私は確かに生きているのだから、生が終わるのを恐れなかった」と叫ぶ。

当時の表象の領域で何が問題になっていたかを把握しようとする者から見れば、この密度の濃い文章においては本質的なことが述べられている。男（vir）は愛撫と視線の交差をつうじて欲望を発見し、同時に、もはや死を恐れなくなるということだ。アダムは手を延ばすという行為によって、ミケランジェロがシスティナ礼拝堂の天井に描いた人類創造の行為を模倣している。彼が女性を生みだしたのであり、この出来事以前に女性は存在しなかったと示唆されているのである。しかし同時に、男性の存在を完成させるのは女性である。とりわけ、さしあたって男女の身体的二形性は言及されていないものの、両者の存在論的違いと、根本的で永続的な調和が主張されている。アダムはその点をはっきり述べている。今後は男性を女性と無関係なもの、そして女性を男性と無関係なものと見なすのは論外である。そしてこれはある意味で、両性具有というプラトン的な夢想や、夫婦を一個の肉体の相のもとに認識する新約聖書のテクストに合致する。

天地創造の夢想を無視するビュフォンから見れば、人間は生物の序列の頂点に位置し、最も高貴な動物である。ただし、人間とは第一に男性である。そして男性の使命は何よりもまず、女性を受胎させて人類の存続を図ることにある。この状況が何を意味するかを理解するために、ビュフォンが『動物の博物誌』のなかで素描した雄の典型を考察してみよう。ライオンは「顔が威圧的で、視線が自信に満ちていて、歩き方が誇り高く、叫び声がおそろしい」。胴が「とても形がよく、均整が取れているので、ライオンの体は力と敏捷さの典型のように見える。

筋肉質で頑丈、無駄な肉や脂肪はなく、余分なものは何もないライオンは活力と筋肉そのものである」[4]。こうした特徴と体毛の多さは、明らかに人類の男性の特徴でもあって、男らしい形態を規定している。しかも「男性の身体は角ばり、筋骨は隆々として、四肢の輪郭は鮮明で、顔立ちはくっきりしていなければならない」[5]。とりわけ男性は肥満を避けるべきだ。男性には、完璧な雄に生来具わっている「力と威厳」、君主の特性とも言うべき「力と威厳」がある。こうしてサン＝シモンは、ルイ十四世が「国王にふさわしい恐るべき威厳」を具えていたと述べている。

男性は女性よりも大きく力強い、とビュフォンは言い添える。「男性は女性よりも体が頑丈で、体格が大きく、骨はより固く、筋肉はより締まっていて、肉はより密度が高い」[6]。男性においては隆起、突起、乾燥が際立つ。この十八世紀末、男性器と女性器は類似しているという考え方がついに消滅する[7]。その後、解剖学者に続いて生理学者と好色本作者[8]がこの差異を絶えず分析することになるだろう。

男性身体の医学的記述

しばしば言われたのとは異なり、自然主義は男性の身体の形態学的記述ではなく、女性の身体の記述をもたらした、というわけではない。一方は他方との関連ではじめて意味を帯びる。確かに、当時の著作家は女性の記述により多くのページを割いている[9]。この不均衡はまず、女性の外観を詳述することを好んだ医師たちの自己満足や欲望によって説明される。それはまた、男性器が外に出ていて単純なのに比較すると、女性器が体の内部に隠され謎めいていたからでもある。さらには女性の妊娠期間と、その延長である授乳にも由来する。こうして女性は数多くの「女性の病」に晒されることとなり、その研究が医学的記述のなかで特殊な領域を形成した。(10) さらに忘れてならないのは、一九七〇年代初頭、自然主義を研究したのはしばしば「女性を研究する女性の歴史家たち」だったことで、彼女たちは自分たちが男性支配の犠牲者であると考え、その支配の根拠が何であったかを見きわめようとした。(11) これら女性歴史家たちはとりわけ、女性において性の影響は存在全体を決定づけるという定式を断罪しようとした。

男性の身体の記述は、差異と、反対物の調和という暗黙の理論によって規定されているのだが、それは正確であると同時に、女性の身体の記述にも間接的に含まれている。十九世紀半ばに至るまで医学書の話題の一つだったた男らしい身体の記述を振り返ってみよう。ただしそこでは、「自然の希求」が女性ほど深く刻みこまれていないので、女らしい身体の記述ほど詳細である必要はなかった。肉体の密度の高さ、筋肉の固さと頑丈さ、全体の熱と乾燥、繊維の濃密さ、体毛の多さといった点が、しばしば言及された特徴である。それぞれの医学者が立派な文章で競い合った。ビュフォンとモロー・ド・ラ・サルト〔一七七一―一八二六。医学者、解剖学者〕が男らしい身体は四角ばっていると考えたのに対し、ヴィレーはむしろピラミッドを逆さにした形、そしてブルダッハ〔一七七六―一八四七。ドイツの生理学者〕は円錐の形だとした。いずれにしても皆が強調したのは体が真っすぐで、各部位がはっきり区別され、肺活量が大きく、体臭が強いこと、そして叙述の締め括りとして、あらゆる機能のたくましさである。バルザックはこのような記述に、「視線と声の男らしさ」を付加することになるだろう。もっと後になるとピエール・ラルース編纂による『十九世紀大百科事典』の著者が、男らしさは外見にはっきり露呈すると主張する。(12)

こうした肖像から、味覚をめぐる自然な男らしさが導き出される。男性は、そのたくましさを支え、いわば男性を野性化させる動物の肉を好み、アルコール度の高い強烈な酒と香辛料が好きなのだ。

逆の論法で、男らしさの衰えを示す形態学的記述もまた、男性の身体の特徴をよく示してくれる。性的不能者の「刻印」の描写もまた、興味深い文章になっている。[13] 無性欲症患者の睾丸は小さく「垂れ下がっていて、ぶよぶよであり」、ペニスはきわめて柔らかい。身体の形は丸みを帯びている。肩幅は狭く、腰が大きく、腹が突き出ている。体はあまりに滑らかで、湿ってたるんでいる。観察者から見ると、体毛の少なさ、か弱い声、すえたにおい、軟弱な歩き方が性的欠陥を示す。性的不能者は臆病で、卑劣で、女性を支配できない。

このような形態学的記述の精神的結果は、おのずと明らかである。人類の男、高貴さと偉大さを最も明瞭に示す男の肖像の第二の側面と言えよう。男性はその性器と同様、外部に向かう。精力とたくましさゆえ、男性は努力する傾向が強い。行動するよう義務づけられ、野心を持ち、主導力の感覚を具えている男性は自分の情動を抑制し、恐怖心を克服し、戦場でも仕事でも勇気と決断力を見せなければならない。挑戦や欠乏に立ち向かい、決闘を避けてはならない。[14] こうしたことはすべて、自己制御を意味する。男性は気紛れや仮りそめの決断とは無縁で、持続的な計画を実現するよう運命づけられている。この持続という男らしい時間性が、人間の拡張と発展を可能にするのだ。「女性はそれ自体として存在するのに対し、男性は何かになる」[15]。男性は絶えず自己拡大を要請される。進歩は男らしい男性によって実現する。

女性を妊娠させる務めは短時間で済むから、それから解放された後、男性は社会的動乱に関与し、その動乱が生じさせるさまざまな傷に勇敢かつ断固とした態度で耐える必要がある。そのために男性は一連の自由を享受している。たとえばクラブ、喫煙室、衛兵詰所、娼家、その後は政治集会というような男たちだけが集う場所に、好きなように足を踏み入れる自由である。女性と違って、男性は何の束縛もなく町を闊歩し、旅行もできる。好色なものや猥褻なものを見たり、読んだり、聞いたりすることも比較的自由にできる。女性より鈍感な男性は、同じように感覚的に守られる必要がない。女性と同じような危険を冒すこともない。愛の営みにおいて、率先して愛撫し、激しく抱擁するのは男性の役割である。

性的能力の表象——医学と好色文学

実際ここで重要なのは、性の交わりの際に明らかになる性的能力《ヴィリリテ》にほかならない。男は目につきやすい性器を持っており、当時の著者たちの説を信じるならば、それが勃起している状態を見るだけで女性は興奮するという。[16] ビュフォンの意見では、少年の場合、思春期というのは睾丸が大きくなり、射精が始まるということに尽きるし、顎ひげが生え、声が太くなるのは二次的な現象にすぎない。とはいえ男性がみずからの力をすべて享受するには、「成熟した年齢」まで待たねばならない。この頂点がいつなのかは議論が分かれていたが、大部分の学者はそれが三十歳頃で、四十五歳から五十歳のあいだに終わると見なす点で一致していた。[17]

男性の性的能力をめぐるこのような表象体系は、ペニスと挿入と射精を過大評価することに依拠している。男性は生命を伝達する時、みずからの死を準備するのだと考えられていたからである。交接行為は男性の死を早める。男性は女性のおかげでこの世に誕生するが、男性が用心しなければ、女性は男性の命を縮める危険が高いのだ。このようなエロスとタナトスの結びつきが、男性の性的能力の発揮につきまとう。生命を伝えることは男性の使命であると同時に、悲劇的な運命でもある。[18] この緊張感が、男性をさいなむ女性への欲望を刺激し、彩ることになる。

夫は妻のために、濃密で濃厚な大量の精液を溜めておき、射精をきちんと管理しなければならない。十九世紀後半、変質という概念が支配的になったせいで、男性は「種《たね》の運搬人」と認識され、自分の欲動を制御し、絶えず家族を脅かすあらゆる遺伝的欠陥から子孫を守る義務を負う。体内に保存している種を清潔で純粋な状態に保つことが、男性の使命を規定する価値観と規範を強化する。

当時支配的だった科学的信念を整合的に展開する学術書を読んだ際に浮き彫りになる、男らしさの記述は以上のとおりである。とはいえこうした議論の布置が、もっぱら人間の人体構造と、生理と、心理を観察した結果生じたものか、それとも古くから存在する規範の取り繕いで、支配を維持しようとする意志の表明でしかないのか、それはよく分からない。

いずれにしてもこの場合、安定した一夫一婦制の必要性は理にかなったことであり、したがってどのような女性を妻にするかが重要になってくる。医師は男女の外見のありうべき調和がどのようなものか好んで詳述する。それが将来の快楽と感情の安定の調和を保証してくれるからである。時には盲目的な欲望があらゆる規則を無視するにしても、男女という異なる存在の魅惑がこのような調和を確かなものにする[19]。

他方、十八世紀の好色文学も男性の性的能力をめぐる一つのイメージを描きだした。それは虚構の領域とはいえ、その後の行動を理解するためにはやはり考慮しなければならない。猥褻な小説の流れにおいては、稀にいくつか性的失敗の場面があることを除けば、男性の登場人物の性的能力は無限であるように見える。確かに、このような能力は物語の展開に必要だ。ミシェル・ドロンの表現を借りるならば[20]、この「誇張され反復される性的能力」は十八世紀末に人間＝機械が登場することでいっそう強まる。この人間＝機械はまさに国際的な色事師で、今や飽くことを知らないと見なされる女性の欲求を満足させようと努めるのだ。『ヘラクレスの孫』は、このような前例のない絶倫ぶりを示す見事な一例である。[21] 作中人物は、アントワーヌ・ド・ベックが言うところの「ヘラクレス的な色事師」の出現を予告する。数多くの誹謗文書で不能とされた王族の性から愛国者の性へと「性的能力が転移した」時に、このような作中人物が登場したのだった。しかし、この「色事の革命」[22]に惑わされてはならない。十八世紀最後の十年間に好色文学が大量に書かれたとはいえ、愛国的で「ヘラクレス的な色事師」は良き夫たるべきなのだから。その行動は前述した夫婦像の規範に従っていた。

十八世紀末の猥褻な作品では――そしてそれは物語上のもう一つの必然なのだが――、男性は性的悦楽の推移に注意を払わなければならない。悦楽の諸段階と程度を習得し、快楽を強めたり引かせたり、興奮を徐々に高めたり、熱狂のテンポを制御したりする技法を身につける必要がある。大量に書かれたこのポルノグラフィー文学に属するいくつかの作品、とりわけサドの作品では、快楽の絶頂がしばしば性的能力の構成要素として描かれている。そこではすべてが「精液」の発射を中心にして回っているのだ。この焦点化は十九世紀にこれ見よがしに性的能力を誇示するさまざまな行動の本質を規定するだけに、興味深い現象である。[23]

精力の発揮と反復の必然性、「精液」の放出と、将来の射精の可能性を保つために必要な節度のあいだに絶えず緊張関係はあるものの、サドの作品では快楽の絶頂を描写する部分が優っている。この無尽蔵に流れる精液の魅力や、射精の快楽の激しさと崇高美学の結びつきは、すでに強調されてきた。男性が射精する時、「それはいわば原始状態の〈自然〉が表現されている」[24]。この抑えがたく、無意識的な過程は意志の作用を逃れ、「精液」の循環と放射が感じさせる感覚以外のあらゆる感覚を完全に忘れさせるのだが、この過程をつうじて男性は自分の性的能力を最高度に表わし、感じとるのだ。しかしながら、このエピソードは表現するのが困難で、物語性になじまない。サドの作品において、それは火山の噴火に喩えられ、精液を意図的に誇示するという行為を伴う。射精は洪水の比喩や、相手の女性の身体への暴力や、忘我の徴候によって表わされる。そこで問題になるのは快楽のすさまじい痙攣であり、抑えがたい叫び声であり、狂熱であり、男性の体質によってさまざまに変化する多様な表現にほかならない。物語が進むにつれて、男性の性的能力の本質そのものを露呈させる動揺、神経の衝撃、そして人体の震えが支配欲の激化と結びつく。表現を誇張するサドの作品が十九世紀をつうじて、あけすけで淫らな性的能力の表現をどれだけうながしたか、こうして理解できるというものだ。

他方でわれわれが他の場所で示したように[25]、これと同じ時期、男性の快楽が徐々に高まり、炸裂するさまを臨床医と生理学者がきわめて鋭敏に分析しようと試みた。男性は悦楽の感覚が体中に広がっていくよう、繊細なやり方で探求した。ここでは同じ対象をあらためて取り上げることはしないが、その学術的な記述の正確さは十八世紀の好色的な作品を凌駕する、ということだけは強調しておこう。これは医学や生理学の世界で、生殖という男の使命がどのように実現するかを示す場面に関心が向けられていたことを示す、一つの証拠である。

夫婦の性生活の管理

われわれが概要を提示しようとしているこの自然主義は、夫婦間の精力的な交接を結論として導くとはいえ、男性は自分の力を濫用してはならない[26]。有能な男とは注意深く放縦を回避しながら、自分の精力と生殖力によって、妻が口にする母性への願いを満たしてやる男のことである。このような性的能力の発揮はむずかしい。射精の不足、放蕩、悪習、精液の喪失、あるいは「おぞましい愛の営み」〔生殖を目的としないさまざまな性戯〕によって、その能力が絶えず脅かされているからである。一八六〇年頃まで——そしてその後は一般向けの普及書にも看取されるが(27)――、医者、哲学者、道徳家、神学者はとりわけ男性のために、交接行為という試練をできるかぎりうまく切り抜けられるような条件を詳述したものである。夫婦の営みの成功を保証するような規範について、彼らは大いに議論したのだった。

男らしい振舞いの規範は、体質によって多少の変化はあるが(28)、まず結婚初夜が引き起こす危険と関係している。この時、男性は「激しい努力」や「乱暴でがさつな動き」は避けなければならないとされた。男性は絶えず「快楽と、自分の体力や精力を均衡させ(29)」、性交の回数を増やしたり、自惚れたりすることは慎み、その後の夜は愛の営みが減少するのを受け入れ、場合によっては性器が炎症を起こさないよう、そして亀頭の粘膜が破裂しないよう注意しなければならない。

その後、夫婦の営みを導くのは男性の役割となる。快楽の調和のなかで開花する性的能力を証明するのは、男性の務めである。リニャックの表現に倣うならば(30)、「穏やかな夫婦」と快い愛の営みをこのように称賛するのは、交接行為の雰囲気、時刻、リズム、体位、そして間隔に配慮するということでもある。医学的な性愛観がこうして明瞭になる。そこで規定されているのは、夫婦の交接行為は家庭のなかで、夫婦の寝室のベッドの上で、騒音や邪魔が入らないところで、できればいわゆる正常位でなされるのが望ましいということだ。男性は「規則的に性器を使用する」べきであり、それが禁欲の苦痛と放縦の危険をともに回避させる。女性のほうは夫に精液を濫用させず、激しい射精を維持させるため、賢明に振舞うのが望ましい。正しい性交こそ、まさにお伽噺の結末である子供を作るという欲望を満たすことにつながる可能性が高いのだから。

このような性愛観は、逸脱によってもたらされる快楽とは対極に位置する。したがって「汚らわしい抱擁」(男色)や、「夫婦間の違反行為」(性交中断)や、精液の稀薄化や男性の悦楽の低下をもたらす危険、要するに男性の性的能力を損なうものはすべて回避する、ということを前提にしている。

このような医学的言説は、夫婦関係において慎みと、中庸と、誠実さを推奨する道徳神学と矛盾するものではない。結婚の目的の一つは女性の情欲を鎮めることだとされ、そのためには男性が性的能力を有効に発揮し、睦まじく愛の営みをすることが不可欠なのだ。医学と神学の規範では、生殖が目的であり、何ものもそれを妨げてはならない。どちらも乱暴なことはするなと命じ、さまざまな体位はそれが精液の浪費を引き起こさないかぎりで許容される。他方で神学者と医者の著作を読んでみると、とりわけ男性の禁欲の価値と影響の分析は両者で根本的に異なる。しかも、神学者はいかなる形であれ過度の悦楽を断罪し、その結果、性行為は激しくかつ短時間で行なうよう推奨する。その点だけ見れば医者と同調しているが、ただしこのように推奨する理由は異なる。

前述したことを考慮すれば、男性は妻や子供をやさしく保護する義務があり、それは家庭の秩序を維持し、したがって家庭内での権威を維持することと並行する。この時代、イエスの養い親としてのヨゼフのイメージが確立し、〈聖家族〉への信仰が飛躍的に高まったことを想起しよう[31]。こうした多様な理想にもとづいて、男性は伴侶から一連の特質を期待する。その第一は処女性である。マンヴィル・ド・ポンサン医師が力説するように、男らしさを満足させるというのは、男性が女性に「最初の快楽の手ほどき[32]」を与えたと確信すること、そして女性は夫が愛の営みにおいてヘラクレスのようにたくましいと納得している、と確信できることなのだ。他の男性と比較されるのではないかという不安が、夫の心を長い間さいなむ。感応遺伝——女性は最初に性交渉を持った男性の精液に生涯影響されるという理論——と、過受精——女性は異なる時期に受胎した結果、同時に二つの妊娠を継続できるという可能性[33]——をめぐる医学的信念が処女性への欲求を科学的に正当化していたので、とりわけそうだった。

戦いから帰還する兵士のように社会の争乱から戻ってくる男性は、家庭が自分にとって避難所であり、休息と、新たな活力の可能性をもたらしてくれるよう期待する。しかし目標とされる調和ある融合的な関係において、妻の役割はこの単なる助けをはるかに超える。当時の医師たちによれば、女性は〈自然〉を体現する。自然と見なされるあらゆるものに至る過程で、女性は男性を導く術を知るべきである。(34) まず夫婦の営みにおいて、女性は夫に子供を産みたいという気持ちを伝えなければならない。悦楽が夫婦の調和を実現するだけでなく、親と子供からなる三者関係のなかで実現するためである。十九世紀末ゾラは『豊饒』という小説で、この感情を表現することになる。聖書的な味わいを有するこの作品は、一世紀前から医学的言説と神学的言説がともに称賛してきた考え方を反映している。

より広く言えば、女性は、学習とは無関係に女性に生来具わっていて、夫にはない一連の特質を男性が享受できるようにしてあげるべきなのだ。女性に具わっているのは直観、身体への配慮、鋭敏な体感、感覚の繊細さ、心理的な洞察力、ニュアンスと細部への感覚、宇宙的現象の理解など、要するに自発的な感受性と詩的感覚である。これらすべての点で、男性は女性の声に耳を傾けるべきである。重荷に打ちひしがれている男性は励まされ、癒される必要があるのだから。実際、男らしさの規範が課す規定条項は重苦しい。それは私がかつて十九世紀に関して力説した男性の肉体的疲労や、生物的消耗や、性的貧困に正確に対応しているわけではない。私がここで指摘したいのは、男らしさを定義している一連の規定条項から生じる疲労感である。絶えず行動し、精力と勇気と抵抗力を示し、挑戦を受けて立ち、何かにつけて力と巧妙さを示し、そして言うまでもなくみずからの性的能力と、妻に子供を授けられる能力を証明しなければならないという必然性、それが男らしさなのだ。男性が書いた書簡と日記を読み解きながら後述するように、さまざまな苦悩を生み出すこの負担の重さが明らかになっていく。[35]

十八世紀半ばから明瞭になってくるこの表象体系に、政治的なものや法的なものは革命期と第一帝政期に、当然のように適応していく。夫と、さらには父親の支配権と権威が法律として明文化されたことは、これまでの叙述から説明されるし、正当化される。もちろんこの点で、自然主義は古くからの信念を継承し、再編し、新たなやり方で支えたにすぎない。たとえば十三世紀のトマス・アクイナスは『対異教大全』のなかで、一夫一婦制と子供にたいする父親の権威を自然法によって正当化し、その後に結婚の宗教的性格を持ちだした。[36] 他にも論者はいるが、たとえばアニェス・ヴァルシュはトリエント宗教会議〔一五四五―六三〕以降に洗練されていく夫婦の精神性の重要性を示したし、[37] モーリス・ドマは、革命期にロラン夫人とその夫が具現した愛情あふれる夫婦という理想像が、ゆっくりとだが着実に勢力を得たことを示してくれた。[38] 家庭内部での愛情の濃密化は、けっして十九世紀に始まったことではない。フランスにおいては、夫と父親の権威は民法（一八〇四）と刑法（一八一〇）によって承認されたが、革命期に発布された一連の法律も忘れてはならないだろう。今われわれに関係するのは、男らしさとは優越性、外部性、力、精力であるという考え方がどのようにして法の領域で具体化され、それによって男性の自由と家庭内における男性の支配を認めたのかという点である。これらの問題は研究者たちによってしばしば論じられたことなので、あらためて縷説するまでもない。

不倫をめぐる法的な男女差

民法（第二一三条）によれば、夫は妻を保護しなければならないし、妻を孤独や貧困のなかで衰弱させてはいけない。他方、妻のほうは夫に服従する義務がある。不倫はもはや犯罪ではなく単なる違反行為になるが、その不倫の扱いをめぐる男女の不平等[39]は同じ論理に依拠する。過ちを犯してもその評価が男女で異なるのは、男性を責めさいなむ女性への欲望が強烈だと認知されていたからだ。この点で、交接への欲望の激しさが男女で異なることと、女性にとって欲望を口にすることがより困難だということは、決定的に重要である。革命期に妻帯し、後に教会に戻りたいと願った司祭たちのなかには、性欲を満たすために女性と交わりたいと望んだことを告白した者が多いが、他方、修道女たちのほうは結婚の理由としてそのような欲動をけっして認めなかった。[40]不倫をめぐる訴訟において、一八五〇年代以前に、自分が不倫行為に走ったのは肉体的な快楽を求めたからであると言明した女性はほとんどいない。[41]

不倫にたいする法的措置が男女で異なるという事実は、男性が自由に通行し、旅をし、家庭の外で働けたということや、さらには生殖にまつわる危険の違いによっても説明できる。実際、不倫した妻は家庭のなかに愛人の子供を持ちこみ、それによって嫡子たちの財産を奪うかもしれないのだ。そのうえ、世論が男女の性的逸脱にどのような判断を下していたかを忘れてはならない。一八二二年に結婚し、一八二七年には不倫に走ったジョルジュ・サンドは、一八三六年にようやく夫との別居にこぎつけるのだが、そのサンドが周囲の判断によってどれだけ傷ついたかを見事に詳述している。彼女は次のように書いている。「フランス社会の偏見と習俗において、男性が多くの女性と関係を持ったと指摘されればされるほど、周囲の人々はにやにやしながらその男性を称賛する[42]」。田舎では、「女性と料理に目がない男性は陽気な人と思われる。ただそれだけのことである」。それに反して、不倫した女性に向けられるのは非難のまなざしだ。女性は「汚れ、貶められ、子供たちの前で名誉を失う」。それゆえ不倫を公にすることは、夫が手にする武器となる。夫のほうは、「侮辱されたとか、虐待されたとか不平を言えない。夫のほうが妻より強いし、そうなる権利があるからだ。夫が妻に殴られたと嘆いたりしようものなら、世間から鼻先で嗤われるだろう」。

不倫をめぐる法的措置の不平等は次のような形をとる。刑法によれば、夫が有罪と認められるのは情婦を夫婦の家に住まわせた場合だけである。その場合のみ、妻は離婚を請求できる（民法第二三〇条）。ただし言うまでもなく、これは一八一六年に離婚が禁止される以前の話である。夫が妻とその愛人を夫婦の居所において現行犯で捕えた時は、二人を殺害しても赦される。

さらに刑法によれば（第三三六条）、不倫を犯した女性は三カ月ないし二年の禁錮刑に処せられる。ただし罪を犯した妻を引き取って、有罪判決の効力を停止させるかどうかは夫次第である。とはいえ、判決の厳しさは数十年経過するうちに弱まっていった。しかも、一八一六年から一八八四年のあいだに別居を認める判決が増えたせいで、離婚が復活する（一八八四年）以前から葛藤が鎮静化した。

男らしさと売買春

売買春に関する規制主義は、男らしさの表象の歴史とより直接的に繋がっているように思われる。この規制主義はたちまちフランス・システムと呼ばれ、世界的に広がるモデルとなる。(43) これは立法の領域に属するものではない。一九四五年に娼家の閉鎖を決めたドニ・コルドニエ法が可決されるまで、フランス議会はこの問題についてけっして法制化しようとしなかった。今われわれに関係する十九世紀には、売買春は軽犯罪ではなく、規制の対象になるだけである。どういう意味で、この制度は男らしさの歴史と関係するのだろうか。基本的な考え方に立ち戻ってみよう。動物の雄は周期的に、欲望と射精の欲求が抑えがたいほど激しくなる。人間の男性の場合、この同じ欲求を覚えると二つの危険が待ちかまえている。まず、禁欲の原因は何であれ、男性が過度に自己抑制するという危険。これは夢精や、過度の自慰や、さらには性欲亢進症を引き起こすことがある。次に、社会的損失がある。抑えられた欲動は都市の秩序を脅かすのだ。四世紀末、アウグスティヌス〔三五四―四三〇。古代の教父、神学者〕が『国家の秩序』のなかで指摘したのが、まさにこの危険にほかならない。この著作は制限選挙王政〔一八一五―四八〕下の規制主義者、とりわけそのなかで最も偉大なアレクサンドル・パラン＝デュシャトレ博士に示唆を与えた。(44) 娼婦を廃止すれば情欲が世界を混乱させる、と教父アウグスティヌスは書き記す。それに加えて、「娼婦」の衛生状態を定期的に管理しつつ、性病を喰い止めなければならない。売買春は必要悪という理論はこうして、売買春を許容すると同時に監視することに繋がっていった。だからこそ、それを規制する必要があったのである。

都市のあちこちに点在していた公認の娼館は――フランス本土に関するかぎり、「赤線地帯」という概念は否定された――、青年たちに性の手ほどきをすることが第一の目的だったし、それは堅気の女性の処女性を保護する方法の一つだった。行政によってしかるべく登録され、定期的に検診を受けていた「公娼」が、男性の性的欲求を満たしてやった。何のためのものか明瞭に分かるような娼家で、規制された交接行為をつうじて射精がつつがなく行なわれるよう、公娼が存在したのである。(45) その気になれば誰でも入れるような部屋のなかで――ドアに鍵を掛けるのは禁止――、男女が二人だけで愛の行為を営む。目立たないガラス窓があって、「娼館の女将」や、場合によっては風紀取締警察の警官が監視できるようになっていた。こういう場所では、集団的な性行為や、他の形の破廉恥行為は論外である。権力の浄化するような光が、男性の性的充足をできるかぎり健全なものにしなければならない。肉体関係が男性の想像力をあまり腐敗させることなく、しかもそれが愛情を伴ったりしないようにして、男性を無垢な状態で家庭に戻す必要があったのだから。

移住者、兵士、学校に通う若い独身者、店員、身体障害者など付き合う女性がいない男性や、とりわけ妻が数多い「婦人の病気」に苦しんでいる時に、妻では満足できない不幸な夫にたいして、この公娼制度は金で買える、健康で、いわば従順な女性の肉体を提供した。公娼制度の理論家たちは単純で、洗練された悪徳のない交接行為、できれば快楽を伴わない、さっと済ませるセックスを考えていた。

フィオー医師が後に「精液の排水路」と命名したこの制度は、当初から部分的に機能したにすぎない。しかも時が経つにつれて、特にパリや大都市でこの制度は解体していった。「非合法」と呼ばれた他の売買春の形態とたちまち競合するようになったからであり、高級娼婦による売買春も無視できない。後者は当初、規制主義的な制度の視野に入っていなかったが、十九世紀末になると警察が監視しようとした[46]。この当時、満たされない男性の性的能力を責めさいなむ誘惑の欲望が、さまざまな女性征服の真似ごとを吹き込み、そのため酒場や、「カフェコンセール」や、「庶民向けの居酒屋」や、「小劇場」の女性たちがもてはやされた。その後「連れ込み宿」が出現するが、こちらは既婚者だと自称し、金目当てに不倫するとされる女性を男性たちに提供した。

男らしさの歴史を書こうとする者にとって、この時代の売買春の意義とは、静かな夫婦生活と、娼家のなかで思う存分発揮され、展開する色事のあいだの葛藤と、同時におそらく両者のあいだにある必然的な均衡を露呈させることである。歴史家ジャン・ボリの表現を借用するならば、天使のような願いと売春宿での手柄のあいだにある葛藤と均衡、と言ってもいいだろう。

本巻劈頭で論じられるこのような自然主義によって再構成される男らしさは、見事で、同時に重荷となるような表象である。それによって新たな様式と、古くからの規範や規律が対峙し、根付いていく。こうして調和ある、融合的な夫婦のイメージの価値が高まるのだが、それは愛に満たされた家庭という図式や、愛情の濃密化に依拠する家族というイデオロギーが勢力を増したことと符節を合している。こうした表象は明らかに男性支配を正当化した。男性支配は規範と、売買春をめぐる規制主義の確立によって承認され、新たな性差別の方式や、男性だけが集う新たな場所の創設や、男性が政治的な参加と活動を独占することによって助長されたのである。とはいえ、女性が厳重に家庭に閉じこめられていた、と言うことはできない。

こうして「男らしさ」は一つの表象体系と、一連の価値観、規範、儀礼、感情を整合的に機能させる。それらは次章以下で論じられる対象になるだろう。少なくとも支配的な準拠枠として、このモデルは一九五〇年代最中まで有効であり続ける。

しかし同時に、「男らしさ」とは一つの重荷である。個人のレベルで言えば、男らしさは絶えず自己省察を強いるし、絶えざる不安の原因であり、自分に安心したいという継続的な欲求を引き起こす。しかも数十年が経過するうちに、この表象体系と規範体系はしだいに綻びを見せるようになる。両者は同じ過程に属することではない。後述するように、この点ではすべてが複雑である。表象体系が風化する一方で、軍隊や、労働現場や、とりわけスポーツの領域では新しい定着の様式が練り上げられていく。男らしさが揺らぐという危機にたいしては、科学的な回答が提出される。たとえば変質という概念の影響力、「社会の災厄」となった性病禍をめぐる警告、ドイツの脅威によって刺激された出産奨励運動などはすべて、一種の新たな安定化として読み解くことができるだろう。まるで一世紀前に形成された男らしさが、いまだに重要な争点であるかのように。このような変遷、脅威と再構成というこのように相反する動きもまた、次章以下で詳述されることになる。

第Ⅱ部

男らしさの規範——教化の制度と方法

第1章 「男らしさへの旅」としての子ども時代

イヴァン・ジャブロンカ
（和田光昌訳）

青少年期とは、男らしさへの旅にほかならない。見るべきなのは、つねにこの目的であり、この目的だけである。青少年のおかげで、家庭は陽気で魅力的となる恩恵を享受するが、社会が求めているのは成人であり、大人になる準備をする男らしさの教育が必要である。

J－B・フォンサグリーヴ『男子体育』（一八七〇）

小さな男の子が大人になるまでに、通り抜けねばならない道が、どれほどあることか。ひげも陰毛もなく、きゃしゃで、かよわく、男らしさをあらわす属性、「成熟した男性を特徴づける、あの胸部の四角い、発達したかたち、筋肉の固さ、男らしく、自信に満ちた様子[1]」を何一つ備えていない男の子は、女性性が支配する世界にいまだ属しているようである。モーツァルトの、メゾソプラノで歌うケルビーノ〔男装した女性歌手が歌う、『フィガロの結婚』中の登場人物〕、あるいは、ダリダの歌う、ママのスカートのなかに送り返されてしまう「バンビーノ」などの若者たちでさえ、恋愛には若すぎるという理由で女たちによって拒絶されてしまう。しかし、彼らは、まさに、恋愛のことがらを知らないどころでなく、性の神秘をすでにかいま見ているのである。ここにみられる両義性は、ある教育学者が第一次世界大戦後に驚嘆してみせたように、「こころの底にある男らしさと、顔立ちの優美な繊細さとの混交[2]」に因るものである。少年のかよわい殻を破って、大人の男が姿をのぞかせている。となると、まだ成熟過程にある男が、ゆがんだり、しおれたりしてはならない。したがって、子ども《puer》という青年期前期において、男らしさの規範を教え、ほどなく男性共同体の一員となるための鍵を与えなければならない。小さな男の子を、勇敢、信義、忠誠、支配欲、女性にたいする優越感など、男性性の主要なステレオタイプに適応させなければならない。そうでなければ、子どもというどっちつかずの状態、あるいは、女だけの甘美な部屋のなかに一生閉じ込められてしまう。成年期は、子ども時代からすでに準備されるのである。

I　男らしさの規範

1　サーベルと長ズボン

天使に性別がないとされるのと全く同様に、ごく小さい頃、子どもは、ジェンダー以前の存在にみえる。二歳まで、男女とも、長いドレスと袖のついた胴着を着、縁なし帽を被る。教理問答書は、男女の区別なく「幼児」向けのものであり、寓話は、誰もが暗唱してよいものだ。「男の子にも女の子にも向いた」、おびただしい数の童話、物語、百科事典、教科書がある。しかし、この汎用性は、見かけ上のものである。実際は、性差の学習と男らしさの掟の浸透は、ごく早い時期から始まる。

十九世紀末、ルソー主義に傾倒した教育学者たちは、幼児の特徴となる自発性、好奇心、運動欲求を発見する。共和制保育園の創設者であり、一八七九年から一九一七年まで総視学官の職にあった、ポーリーヌ・ケルゴマールは、兄弟姉妹が一緒に成長する家庭と同じような、男女共学を推奨している。しかし、それは、性差の名のもとにであり、なぜなら、男女は、互いの存在から得るものがあるからである。

男子は、激しく用いすぎると乱暴に堕する危険のある体力を抑制し、振る舞いがやさしくなる。男子に比べ内気で、臆病な性質の女子は、強く、たくましく、肉体鍛錬に熟達する。他方、男子は、手先が器用になる。ほとんど気づかないうちに、男子は、強い者の義務は、弱いものを保護することであると学ぶ。小さな女の

子は、男の子と一緒にいることで、助言者、慰め手としての学習をする。(3)

女の子と接触することで、男の子の「生来の」美質が発達し、欠点のいくつかが失われる。女子が、おとなしく、お人形遊びやお店屋さんごっこに興じているのに、「追っかけあったり、奪いあったり、人質にとったりする男子の遊びは、明らかに、狩猟本能の一部を満足させている」(4)。大人の指導で行われる遊技によって、彼らのエネルギーを男としての礼儀正しさに変えることが可能になる。たしかに、体操はしばしば男女共通である。子供たちは首を左右に回したり、上体を前後に傾けたり、つま先で立ったり、腕を回転させたりしなければならない。しかし、はっきり性別化されたものもいくつかある。女の子は、優美な仕草で挨拶するよううながされる。手を口元まで運び、ウェストまで下げてから緩める。男の子の挨拶も、同じく三つの動作からなるが、仕草の意味は異なっている。手を帽子にやり、帽子をウェストまで下ろし、その位置に保ったまま腕を休めの状態にする。(5)

役割学習は、玩具の助けによっても行われる。男の子には、サーベル、太鼓、ビー玉など、女の子には、人形、バスケット、お化粧道具などがあり、大人たちがしていることを真似することができる。貧困の中にいる男の子は、遊ぶのに玩具を必要としないほどである。例えば、『カルメン』に出てくる少年たちは、「小さな兵隊さんのように頭を上げて」歩いている。はやし歌や、小話なども、同様に、男子の美徳とされるものがどんなものか示すのに役立っている。少年の偉業の数々を物語る読本があり、その一つ一つが、じっくり考え、ならうべき模範となる。一例をあげれば、十二歳のエクトールは、「女々しいところがこれっぽっちもない男の子」で、登校中、猛スピードで走ってくる馬車から弟を助ける。小さな英雄は、足をひかれてしまうが、勇敢な行為を後悔していない。(6)

頻繁にみられるのは、期待されていることをせず、逆の模範となる子供たちを見せしめにする物語である。意気地なし、意地悪、おっちょこちょい、お調子者、はねっかえりたちは、母を悲しませ、父に叱られる。アンリは闇が怖い。暖炉に風が吹き込んできたとき、鬼が来た音だと思って、隠れてしまう。どんな扉の向こうにも狼がいる気がするし、散歩に出ると、震えながら歩いている。犬や蚊、蜘蛛がこわいのだ。寄宿舎に入る前、母親が叱責する。「お正月にサーベルと銃をもらえるのを楽しみにしているようだけれど、立派な兵隊さんの格好をしてるのに自分の影もこわいようなお前は、みんなの笑い者になるだろうね」[7]。不平屋の男の子の話を歌う、次のような歌もある。

いつも泣きべそかいている
理屈言って欲しがるばかり
何かにつけて言い争い

同じような別の歌には、暴力的なところがある。

意地悪そうな顔つきの
ハリネズミみたいな嫌われ者
みんな歌うなかでふくれつら
(繰り返し) げんこつ大将、お出ましだ

待ち伏せしてるぞ、隅っこで
近寄ったりしたらものの見事、
一発お見舞いかっくらう(8)

ある母親が、「ブリキの刃のついたきれいなサーベル、赤い鞘、銅の柄」を息子に買ってやるが、小さなポーランは、それをリンゴの木の枝をはらうのに使う。名づけ親から銃をもらったわんぱく小僧は、乾燥した豆の弾丸をこめて犬や猫、老婆をめがけて撃つ。父親は、「衆人の前で罰を与え、もうおもちゃはけっして与えないと言い渡す(9)」。勇気のかわりに臆病、礼儀正しさのかわりに攻撃性、従順のかわりに不服従など、陰画として浮かびあがってくるのは、あらゆる大人の男が備えていなければならない美質をすでに持った、理想的な子どもの姿である。

しかしながら、武器のおもちゃや制服が与えられるからといって、子供たちがあまりにも忠実に兵士を模倣することが許されていると考えるべきではない。間違った考えを抱いて、あくまで大人になりきって、五歳あるいは八歳の子に許されている男らしさの限度を逸脱してしまう子どもたちの姿は、数多くの歴史家たちの描き出すところである。小さなジュールは、父から、見事なブリキのサーベルをもらうが、勉強が終わってからしか使ってはならないし、そればかりか、友達に武器をもたせて指揮することもできない。「というのも、お父さんが、遊びでさえも戦いをすることを望まなかったからである(10)」。上等の軍帽、黒の縁取りのある赤ズボン、飾り紐のついた上着、肩章とサーベルなど、「槍騎兵《そうき》の魅力あふれる軍服」をみつけて、レオンは、「うれしさで我を忘れる」。羽飾りや紙で三角帽を作り、焼いたわら束で頬を黒くする。小隊は、鶏小屋に進撃する。「槍に手をやれ！　掲げ！　構え！　突撃！」鶏が一羽、串刺しにされ、いたずらっ子たちは鞭の罰をあやうく受けるところだった。[11]
さらに深刻な例もある。鉛製のミニチュア兵隊と大砲に夢中になった少年が、ある日元軍人の父親のピストルを盗んで、いとこと遊びに行く。笑いながら命令する。「僕の前に立て。ふぬけになるなよ。胸を張れ。よし。はじめ！　発射！」すると、いとこは、ばたりと倒れ、死亡するというものだ。[12]　玩具は、子どもが男らしい活動をする準備になるが、使い方を誤ると、不服従、愚行、さらには殺人の道具にまでなってしまう。したがって、玩具を通して学び取らなければならない美徳には、一歩間違えれば、避けなければならない軽率な模倣になりかねないという微妙な問題がある。ごっこを真面目にとりすぎ、規範としての男らしさとタブーとしての男らしさとの違いがわからないちびっ子は、大人たちを激怒させる。この点については、模倣を止めなければならない限度があることになる。

男子の成長にともない、そのしるしとなるものが衣服である。古代ローマにおいて、十六歳に達した若者は、春に広場とカピトリウムの丘で祝われた儀式、リベラリアのときに、成人した男のしるしとなるトーガ〔長衣〕を身にまとう。フランス革命時には、この習慣を引き合いに出して、「性をもたない男子と女子に、いかなる違いもない、同じ衣装」を与えることを主張するものたちもいた。軽く、衛生的で、費用もあまりかからず、国から支給されるこの制服は、青年あるいは若い娘の衣装ととりかえるまで続くのである。[13]　実際は、少なくとも裕福な家庭環境においては、服の流行によって少年が父の世界に移行していくのは、はやくも二、三歳の頃である。服飾論や洋裁マニュアルなどによれば、少年にふさわしい身なりは、シャツ、ズボン、チョッキ、スモックあるいは上着からなる。したがって、小さな男の子専用のズボンやゲートル（二歳から三歳まで）からはじまって、上着（三歳から五歳まで）、海軍上着《ヴァルーズ》と水夫服（五歳から八歳まで）、シングルの上着（八歳から十二歳まで）、上っ張りとオーバー（九歳から十二歳まで）、そして儀礼服（青年）まである。[14] より複雑なパターンを用いれば、二三歳児用のマントや四歳児用のルバシカ、五歳児用のシンプルな上着、ふくらんだキュロット、八歳児用のアルスター、十一歳児用の二重襟の水夫服などをつくることができる。[15]「とくに三歳から九歳の男の子向けの仕立て」をする店もいくつかある。このようにして、フェイク・ベスト（通常の上着と短いズボンの組み合わせ）、ショートの三つ揃い（同じ組み合わせで、ベストはフェイクでない）、タータン（三歳から五歳児用、「ズボンのかわりにスカート」）、綿入れ（一、二歳児用）の四つのコスチュームから選ぶことが可能になる。[16]

身なりの性別化は、自然な成長によって説明できるものではない。ある仕立て屋の言うように、「平均的身長の約六歳の女の子の胸部を計測すると、［…］少女の体型は同じ年齢の少年のそれと、いわばいかなる相違もないことが認められる」[17] からである。長いドレスのかわりに長ズボンを着用することは、したがって、少年を、まだ時期がきていないうちから、成人男性に似させることなのであり、それに、「少年用のキュロットは、大人の男のキュロットと、型紙のかたちがすこしも違わない」[18] のである。となると、ズボンは、現代における大人の男のしるしであるトーガのようなものだとしても驚くにあたらない。

僕だってきっともうわからないよ
まあ、ご覧よ！　おさらばしたのさ、
女の子のドレスと。そしてはいたのが、
ズボンさ！　僕って幸せ者、
僕の好みにあったズボン、

このズボンのおかげでそっくりになるんだ
パパと！　だって同じ布地で
できているんだもの、パパのと。［…］
ドレスなんて産着の匂い…
へんてこりんで、見苦しいし
女の子みたいに見えちゃうのさ。
ちっとも男らしくない［…］
ズボンはね、男だけなんだ、
それをはくのは。そうだろ？
だったら、いくら僕たち子どもだって、
立派な男の真似をしたいのさ。［…］
これから僕は、手を引いてもらったり、
しなくていいのさ、
道ばたで。ひとりで歩いて
行っていいんだ
大人の男みたいに。だって、やっぱり、
それだけ値打ちがあると思うんだ、僕たちだって…
それに、スボンさえはいたら、

一人前の男ってことじゃないか[19]？

2　男らしいこころ

子どもが成長するにしたがい、要請はさらに明確なものとなる。男らしさの教育は、すでに始まっているのだが、より精神的局面に入る。数年後に青年に期待される役割を果たすことができるようになるため、いくつかの美質や価値になじまなければならない。何よりもまず、神や両親、兄弟姉妹、祖国、仕事を愛することが、彼の義務である。キリスト教の道徳からは、善良で、正しく、禁欲的で、従順であることが期待される（そして、そのために、イエス・キリストのもとで「幸福な状態で死を迎えた」幼子たちが模範とされる）[20]。この点に関して中等学校《コレージュ》の規律は、優れたものである。パリ・カトリック学院のある教授が一八九〇年に勧めているように、「中等学校《コレージュ》の良き習慣、質素、早起き、奢侈逸楽の軽蔑などを保ち続けなければならない。肺には呼吸が、筋肉には鍛錬が必要なように、精神にも、身体同様、鍛錬が必要なのだということを忘れないようにしなさい[21]」。

全ての社会階層において、男らしさの養成のなかには、伝統的に、通過しなければならないいくつかの道が含まれている。猥褻な冗談、春歌、痛飲、けんか、決闘などである[22]。これらの通過儀礼を払いのけるためにこそ、教育指導書は、対極にある、精神力、自尊心、良心、品行方正などを賞賛するのである。もう一つ別の男らしさのかたち、「キリスト教的男らしさ」を勝利させることが主眼になる。すなわち、大人の男であること、それは精神力、つまり、男《ウィル》をつくる〔男性的〕美質《ウィルトゥス》を持つことなのである。男らしさは、探検家や開拓者、産業家、実務キャリアを職とする男たちの専有物とみなされるべきではない。男らしさとは、何よりも、精神活動の充溢であり、意思の強靭さである（ホラティウスの名言にあるように「正しき、かつ不屈の意思の男《ユストゥム・アク・テナケム・プロポスィティ・ウィルム》」）。肉体鍛錬は、男性の自己形成に寄与するかもしれない。しかし、「男らしさは、こころのなかにある」[23]。二十世紀初め、サン・ヴァンサン・ド・ポールの司祭は、「気骨が失われ、まもなく『軟弱な男』しかいなくなる」とは考えず、反対に、「男らしい気概を持つこと、それは、木のようにやわらかくなる努力でも石のように固くなる努力でもない」[24]と考えている。それゆえ、狭き道なのである。硬直も軟弱も、不服従も受動性も避けねばならず、感動にこころを開かねばならないが、そうかといって女々しくあってはならない。同種のものとして、プロテスタントに、「男であれ」と題された数多くの説教がみられる。「男であること、それは苦しみを前にしても、犠牲を前にしても後ずさりしない、勇気ある美徳を有することである」[25]。「思考と信仰によって」[26]男らしさの道をたどり、両親を敬い、人類に奉仕し、「実直で純粋なままでいるだけの強さ」[27]を持つのである。

世俗の、非宗教的な道徳も、キリスト教道徳と対をなしている。フランス革命のとき賞賛された諸価値――忠誠、信義、祖国愛――によって、男らしさのモデルの輪郭がわかる。それは、粗暴な品行を和らげようとするものである。児童教育用の『共和国教本』では、「怒りやすく、けんか好きの性質を持って生まれたものに災いあれ。〔……〕穏やかな性質を保つようにしよう」[28]とうたわれている。一八八二年七月二十七日の条例で「道徳教育推進」が認可された第三共和政の学校でも、同じ美徳がたたえられ、そこに、謙譲、自尊心、正義感、活力、忍耐力、逆境のなかの勇気が付け加えられている。誠実な生徒は「遊びでいんちきをけっしてせず」、「学校で行われる、ライバルとの競争において、一位になるために正当な手段しか用いない」[29]。児童に教え込まれる男らしさは、フィルターにかけられて粗野な要素を取り除いたものである。怒りには危険があり、攻撃性は許容されず、「決闘は禁止される。なぜなら、自殺にも殺人にも似ているからである」[30]。攻撃性をおびた男らしさは、報復の見地からしか許可されない。だから、祖国のために死ぬことは、「もっとも美しい、もっとも羨望に値する運命」なのである。マジェンタの戦い〔一八五九年、イタリアの第二次独立戦争中にフランス・サルデーニャ連合軍がオーストリア軍を破った戦い〕で、三発の砲弾を身に受けながら戦った擲弾《てきだん》兵のように、「必要な場合には、祖国の前で、われわれは、われわれ自身を忘れることができなければならない」[31]。高学年（十一から十三歳）の男子には、一六七五年、チュレンヌ元帥〔三〇年戦争で活躍〕を失って深い悲嘆にくれたサン・ティレール歩兵隊将軍の自己犠牲が模範としてあげられる。そして、同時に、「法の遵守、兵役、規律、献身、国旗への忠誠など、祖国に対する義務」[32]が復習される。

　教師による道徳の授業よりおそらく効果的なのは、読本による男らしさの哲学の流布であり、男性固有の美質とみなされているものを越えてそこで表現されているのは、男の優位性である。『二人の少年によるフランス一周』（一八七七）や『フランス回り道』（一八八二）、『ジャン・フェルベール』（一八九一）、『ジャン・ラヴニール』（一九〇四）、『オベール一家』（一九二〇）など、ずらり揃った数々のフランス一周《ツール・ド・フランス》ものに登場する女性は三人しかいない。ジャンヌ・ダルクとジャンヌ・アシェット〔ブルゴーニュ公国のシャルル豪胆公がフランス王権からの離脱をはかりフランス北部に進攻し、ボーヴェを攻囲したとき、フランスを救ったとされる〕、リジューのテレーズ〔一八七三―九七。カルメル会修道女。素朴で幼児のような信仰心による「小さき道」によって聖者の道に達することができると唱えた〕である。それにたいし、ウェルキンゲトリクス〔カエサルのローマに対する反乱を指導したガリアの族長〕からナポレオンまで、聖ルイ九世〔一二一四―七〇〕から聖ヴァンサン・ド・ポール〔一五八〇頃―一六六〇。「ラザリスト会」、「慈善女子修道会」の創設者〕まで、パルマンティエ〔アントワーヌ・パンマンティエ。一七三七―一八一三。フランスでジャガイモを普及させた農学者〕からパストゥールまで、フランスには、誇りにしていいようなあまたの偉人があふれている。フィエ夫人による『二人の少年によるフランス一周』の世界は、「奇妙に男性的である。〔…〕アルザスがドイツ領となり、祖国が傷ついたとしても、それは根本的に男たちの問題にすぎない[33]」。実際、この作品の登場人物によって、男性性のあらゆる側面が扱われている。男らしさの典型が十四歳のアンドレで、「たくましい少年で、年齢のわりに長身で立派な体格なので、少なくとも二歳は年長にみえた」のにたいし、「七歳のかわいらしい子どもで、女の子のようにかよわく繊細な」弟ジュリアンは、女性性の支配する子ども時代にまだ属している。「耳障りな大声」で話す木靴職人のエティエンヌは、友人の子供たちがいるとすぐにやさしくなる。森番のフリッツは「白い顎ひげを生やした背の高い老人」だが、「フランス軍の参謀本部によって」作成されたその地方の地図を持っており、アンドレに、それを注意深く見るよううながす。というのは、「一人前の男になるためには、自分で苦境を乗り越えることを学ばなければならない」からである。酒場で散財して酔っぱらった馬車屋が「自分の馬を打ちのめす様は、誰でも彼に逆らったら同じことをされそうなくらいの勢い」である。「生粋のジュラ山の出である」ジェルタル氏は、ひどい吝嗇家の商人だが、報酬のかわりに傘をほしいと言うジュリアンにほろりとする。旅行を通じて、少年たちに馬の世話と貯金の仕方を教える。ペルピニャン号の船長は、ルションの船乗りだが、粗野で、「かっとなりやすい」。子供たちを叱責するが、「根は実直」で、しまいには、「ヘラクレスのようにたくましい腕で[34]」ジュリアンを持ち上げてキスをする。馬車屋を除き、これらの父親代わりになる男たちは、同じテーマの変奏となっている。長所も短所もあるが、民衆的で、ごつごつしたところもあるが常に抑制のきいた、結局のところ危険なところのない男らしさが流布するのである。

若者のあいだで流行していたいくつかの通過儀礼に含まれているものとは反対に、成人になることは、したがって、野蛮で、粗暴、ほら吹きあるいはけんか好きな自分を見せることではなく、善良で、慎み深く、勤勉な姿を見せることなのである。青少年向けの人生論のなかでは、キリスト教的あるいは共和主義的教育の教訓を、日常生活に適合させ、具体的に仕立て直したものが与えられる。イタリアの詩人シルヴィオ・ペリコ〔一七八九―一八五四〕は、『若者へのことば』（一八三四）のなかで、若い女性や婦人にたいして極力深い敬意を払うようながしている。「いかなる女性にたいしても、思考を冒涜したり、こころに動揺を与えたりするような挙動やことばは、いっさい慎みなさい[35]」。女性にたいしては細心の気配りと礼儀正しさが義務とされ、男性にたいしては、乱闘や決闘の原因となる攻撃性が禁じられる。「抗弁が許されるのは、対話者との議論、レトリック、雄弁などに納得させられ、最終的に譲歩するという条件においてのみである[36]」。雄鶏のように力を競って争うのではなく、イギリス式に、セルフコントロールとフェアプレイの精神、そして連帯感と仲間意識を育てなければならない。農家や職人の息子たちに、ジュラ勉励協会元会長は、粗野な者の原型を次のように描き出す。「乱暴者は、無礼なことばを投げかける。自分の力を悪用する卑怯者なのである。[…]叫び声をあげ、足蹴をくらわせ、いらいらするか、喧嘩を始める[37]」。

エートス〔社会的に共有される道徳・慣習〕としての男らしさがあるように、ハビトゥス〔個人の性向〕としての男らしさもある。それは、情熱や力を誇示することではなく、表情に「冷静沈着と調和[38]」をたたえることである。食事の際、大食は厳禁である。より一般的に言うと、姿勢は品位正しく、慎ましくあらねばならない。大声で話したり、手足をむやみに動かしたり、偉ぶって眉をひそめたり、口ひげのカールを直したり、「兵士が戦場でしなければならないような堅苦しさ[39]」をよそおったりすることは、礼儀に反する。「うれしさを、大声で笑ったり、騒々しく拍手したりすることで示す[40]」のは不作法なことである。真の意味で男らしくあるためには、軍人をまねる必要は少しもない。本物の一人前の男は、自らの品行を磨くことをよしとする[41]。

II　身体で覚えさせられる男らしさ

小さな大人が、正しい方向に向かって成長するためには、合法な男らしさを保護し、指導者に委ねておかねばならない。すなわち、仲間同士のさぼり、大騒ぎ、ダンスパーティ、酒場での友情などではなく、規律と規範であり、別の言い方をすれば、体罰や、罰課であり、もっとも恵まれた場合においては、勉強である。

1　小さな大人たちの学校で

家庭と同様、小学校や中学校は、物理的暴力の世界である。男の子を矯正するため、手があげられ、教鞭やバラ鞭が用いられ、ときには、房付き鞭あるいは長鞭が用いられることもあった。マクシム・デュ・カン〔一八二二―一八九四。フランスの文学者〕は、血が出るまで舎監にぶたれて、最初の中学校をやめさせられた。一八三〇年代の終わりには、地理教師が「授業中、注意散漫だった生徒たちを、情け容赦なく罰したのだった」。授業中に野次がとばされると、生徒が数人、凍てつく反省室に入れられて、パンと水だけの食事を強制され、一日八千行のウェルギリウスの詩句を書き写さねばならなかった。デュ・カンは、苦々しげに次のように結論する。「教育の名のもとに閉じ込められるこの子ども時代の牢獄にたいして、生徒たちの感じる憎しみを、わたしは理解できる」(42)。一八三〇年頃、体罰は、「まるで徒刑囚か黒人ででもあるかのように、わたしたち〔子ども〕に下されていた」と、ナント周辺の年老いた男は十九世紀末に回想している。「この悪ガキどもめ」とわめきながら、教師は鞭で生徒の背中を叩く。学課の暗唱をいくつか間違えただけで、手を叩かれる。いちばん我慢強いものたちは、痛くないと言うが、「この勇気にかっとなった虐待者が、むきになってさらに加えた打撃によって、眼からあふれ出てくる涙は、彼らの言うことが必ずしも本当ではないという雄弁な反証であった」。これらの暴力が少年を強くするものであるのに対し、逆に、辱めを与えるために女の子にする罰もある。「ジャケット返し」、つまり、裏打ちを外側にして、服をひっくり返されたり、「従卒」になって、教室の掃除を手でしなければならないというものである。[43]

このような行為を非難する声がいくつもあがる。一八二〇年代の終わり、パヴェ・ド・クルテイユやシモン・ド・メスなどの衛生医学者たちが、体罰教育（「pédoplégie 児童打撃（＝損傷）」と呼ばれた）を糾弾する。何人もの教育者が、体罰に頼らず、罰を緩和するよう親に助言している。十九世紀半ば、彼らのうちの一人は、文明の進歩により体罰の使用はもはや認められないと書いている。肉体的苦痛より精神的効果が勝っているべきであり、そうでなければ、教育は、「野蛮行為の連続」にすぎなくなってしまう。折檻それ自体が教育原理ではない以上、計画的なものではありえず、したがって、鞭は家から追放されるべきである。絶対に必要な場合は、軽く平手で叩いたり、打ったり、「手近にある」[44]棒やステッキで叩いたりして懲罰を下すことができる。「子どもは、打ちのめすべき敵ではない。育てるべき、依存的存在である」と別の教育学者は主張する。したがって、親や兄弟への思慕、慈愛、他人の権利の尊重などにこころを開かせなければならないのだ。体罰のかわりの罰としては、（両親と同じ食卓につくなどの）名誉を剥奪することができる。[45]

鞭の使用は、十九世紀を通じて、しだいに衰退する。王立中等学校《コレージュ》では、体罰は禁止される。一八三四年四月二十五日の法令は、公立小学校に適用されるものだが、生徒への体罰を禁止している。罰は、叱責、劣等証、休み時間中の居残り、ひざまずかせること、停学などに限定されなければならない。一八八七年一月十九日の規定は、（具体的種類は言及されていないものの）体罰を厳禁している[46]。しかしながら、教育的体罰を擁護するものもまだ多数いる。代替不可能な長所があるというのである。すなわち、男子の抵抗力を増進することで、若者の鍛錬となる。二十世紀始め、ある司祭は、『うちの子には悪いところが少しもない。信じられないくらい、どこまでも純真なのです。女の子みたいにおとなしく、きちんとしているのですよ』などと言ってお褒めになる親御さんも稀ではありませんな」と、甘やかしがちの親に警告を放っている。この聖職者によれば、女の子のような男の子、優柔不断で繊細すぎ、恩知らずで怒りっぽい子になってしまうのは、まさに、甘やかして育てるからなのである。男の子が男の子であるために必要なのは、「（むしろ）身体を鍛える習慣をつけさせることであり、綿にくるむように過保護にしてさらに脆弱にさせることではない[47]」。第一次世界大戦前夜、恥ずべき懲罰を用いて子どもをしつけることを拒否するある医師の著作に序文を寄せるにあたって、モーリス・バレス〔一八六二―一九二三。フランスの小説家、政治家〕は次のように書いている。「［バラ鞭、お仕置き部屋、一本鞭、杭刑など］昔からある、しつけのための罰のことを、あわてて、呪わしいもののように言わないようにしよう。いいところもあったのだ。たいへんな律義者だった我々の父祖たちは、それによってしつけられたのであり、昔話をするとき、それを恨みに思っていないのだから[48]」。

体罰の行使が衰退したとしても、それによって、子どもの男らしさが学校から消え去るわけではない。リュクルゴス〔古代スパルタの立法者〕やソロン〔アテナイの政治家、詩人。ギリシア七賢人の一人〕、練兵場にいる若きローマ人たちの祖霊に呼びかけながら、共和主義者たちは、フランス革命初期から、少年たちに軍事教育を施すよう勧めている。共和暦三年ブリュメール二十七日（一七九四年十一月九日）法によれば、少年たちには「軍事教練が課せられ、教練官によって任命される将校によって指揮される」。パリの高等学校に軍事教育が導入されるのは一八六〇年代終わりだが、大規模に展開されるのは第三共和政になってからである。一八七一年の戦争省の通達では、軍事教練が中等学校《コレージュ》と高等学校《リセ》において実施されることが求められている。一八八〇年一月には、体育が小学校で義務化される。きわめて重要な一八八二年三月二十八日のフェリー法〔小学校の義務教育化と非宗教性《ライシテ》の制定〕には、男子の初等公教育に体育と軍事教練が含まれることが明記されている。

　この訓練は、一八八二年七月六日の政令で定められた「学童部隊」のなかで行われる。一八八一年、戦争省は公教育省に、「工廠にある、公立小学校の用に供するため、特別規格の十二万挺の銃を」譲渡する。薬莢はないものの、本物と同じメカニズムと、先端を丸められた銃剣が備わっており、十一歳の少年たちはこれを用いて射撃や、武器の準備と片付けの練習をすることができる。民間や軍隊のお歴々の前を、鼓笛、らっぱの音にあわせ、「ラ・マルセイエーズ」〔フランス国歌〕を大きな声で歌いながら、武装行進することができる。一八八六年には、五十もの県で、四万四千人もの生徒が学童部隊に参加している[49]。

　これら子どもの軍隊は、熱狂を呼ぶ。一八八一年、ポール・ベール〔一八三三―一八八六。フランスの生理学者、政治家〕は、小学教師たちの前で、「児童が、小学校入学後すぐに取り扱い方を学ぶことができるような小銃剣」の必要を説き、その二年後には、軍事教練が十三歳から二十歳まで延長されることを求める法案を提出する。小学校卒業後も、武器の取り扱いを忘れないようにするためである。この意見にならうかたちで、ある陸軍将校は、軍事訓練は、「共和国に市民を、祖国に兵士たちを供給する、この男らしさの育成教育を補完するもの[50]」であると表明している。一八八三年、雑誌『百科読本』は、「小学校における軍隊教育」コンクールを開催している。公教育省の後援を受け、賞金一等千フランで、小学教師だけに応募資格があったこのコンクールでは、応募者たちに、「この〔軍事〕教育が、子どもにたいし市民としての美徳を養成する性質のものであるかどうか、そして、体力とともに、市民の名に必要不可欠な、規律や誇り、道徳性の感情を強化させるものであるかどうか[51]」判断することが求められている。これにたいし、代議士たちやフェルディナン・ビュイソン〔一八四一―一九三二。フランス公教育省監察官、政治家〕の祝福を受けた受賞者たちは、然りと応えている。なぜなら、「[…]男らしさの気質を養い、品行を改善することで、小学校は軍隊への準備となりうる[52]」からである。

子どもの国民感情を強めることによって、男らしさもまた確実に養われる。この種の訓練は、献身と秩序の感覚を教え込むことで、精神的にも市民としても成長させるものだが、同時に体力増進にも貢献する。ある小学教師が説明するように、節制や空腹に耐え、危険に立ち向かい、悪路を行き、木によじ上り、森の中で迷わず、茂みに隠れることを学ぶことになるのである。

　この軍事教育の効用によって、子どもの顔つきには頼もしさが宿り、体質がたくましくなり、筋肉がつき、澄んだ大気を胸いっぱいに吸い込んで、心を奮い立たせる健全な血が駆け巡るのである。[53]

『三色旗』のなかで、ある詩人は、「ひげも生えていない男たちの部隊[54]」のなか縦列行進する「未来の兵士たち」の祖国愛を賛美している。そして、アンリ・シャンタヴォワヌは、「学童部隊の子どもたち」(一八九一)のなかで、「齢を重ねた母なる祖国の／小さな子どもたち」にオマージュを捧げている。祖国のために、彼らは「十年後には／鍛え上げられた軍隊」となる。そのためにも、「フランスの名誉を回復するため／小さな腕を」鍛えるのだ。道徳教育に、男らしくなるための身体強化が対応している。銃剣を携えて行進する子どものなかに潜んでいるのは、一人の兵士や市民なのである。

2　体操とスポーツ

学童部隊は一八九一年に予算不足により廃止されたが、体操がカリキュラムの無視できない要素であることにかわりはない。そのもとにあるのは、十九世紀を通じて再版の絶えなかったグーツムーツ〔一七五九―一八三九。ドイツの体育学者〕の『青年のための体操』（一七九三）や、「体操の父」ルートヴィヒ・ヤーン〔フリードリッヒ・ルートヴィヒ。一七七八―一八五二〕の『ドイツ体操術』（一八一六）、フランスでは、アモロス大佐〔一七七〇―一八四八〕の『体育教本』（一八三四）とジョルジュ・エベールの『体育』（一九一三）などである[55]。愛国者の育成や戦争への備え以上に、体操は、少年の男らしさを養うのに有益である。子ども時代には、「頑強な男に育てるために」、あらゆる運動（行進、跳躍、競走、マスト登り、索具登り）を義務づけるよう勧める衛生学者や教育学者は数多くいる。「大きくなったら家にいる生活をしいられることになる」[56]少女たちも例外ではない。モンペリエ大学衛生学教授ジャン・バティスト・フォンサグリーヴにとって、子どものための教育はスパルタ式でなければならない。小さな老人のように、ストーブの周りに子どもが我先に集まってくるのは馬鹿げている。どんな天候であろうと、子どもを外に出さなければならない。そして、疲労を感じにくくさせなければならない。フォンサグリーヴは、男らしさが試金石となる、二つのタイプの教育とその成果を披露している。一つは、虚弱で、過敏、利己主義的な、「敏感な子ども」であり、そしてもう一つは、三歳からすでに「額はこぶだらけ、脚はあざだらけ」の若きコミーシュである。当然ながら、フォンサグリーヴの選択はすでになされている。「子どもは小さな大人であり、教育のなかに、将来めざさねばならない男らしさを考慮しない細部はあってはならない[57]」。十九世紀末、フランスには、加入者二万人にのぼる三百の体操クラブがある。そこで、「フランスの若者が体操によって肉体的精神的にたくましく生まれ変わっていく[58]」。

ゲームやスポーツが体操を補うこともある。テニスの先祖にあたる長距離ポームが尊重されるのは、体力と器用さ、正しい判断、敏速な計算などを要するためである。「しかし、技は、力強く球を打つことより、相手の機敏さの裏をかいて打つことにある。［…］この特別な種類の戦いには楽しみが伴わないわけではない。陣取り遊びについていえば、それは、

戦争さながらである。対決する二つの軍団が、互いに警戒しながら、誘導隊の最良の選手を陣地から出そうとし、いつくかの前哨戦を経た後に、総攻撃がはじまるのである[59]。

戦争用語を用いてはいないが、イエズス会の神父たちも、男子の激情に適切なはけ口を与えるこの遊びに価値を見いだしている。「よく遊ぶこと、それは同時に、体力の増進、本格的学習への準備、不道徳の撲滅なのです[60]」。フェンシングは、児童教育で推奨される。その理由は、脚をしなやかにし、上半身を豊かにし、敏捷性を磨くからというだけではない。それは、

顧みられることのあまりに少ない古の美徳を遵守するのに、もっともふさわしい方法だからである。すなわち、他者への敬意、人間として、祖国の偉大さと権力に比肩しうる市民としての尊厳［…］などである。問題は、何よりも、我々の子どもたちを、屈強な男、精力ある兵士にすることではないか。したがって、早い時期から、男らしい訓練を愛好するようしむけなければならない。そうして、四肢を成長させ、健康を促進

し、あらゆる疲労に耐え、あらゆる危険に敢然と立ち向かう適性を持った、たくましい新兵たちを軍隊に送り込むのである[61]!

同様に、乗馬も、「恐怖心、臆病、卑怯」から遠ざけ、技巧の洗練や社交の習慣をつける[62]。身体を堅固にし、道徳的美質を一式植えつけるという理由で、球技やフェンシング、乗馬は、規律と心身の力を養う学校なのである。従って、これらのスポーツは男らしさの定義のなかに含まれることになり、それを実践することは、男らしさの作法と才量の一部であり、なるべく早く体得することが望ましい。

若者は、あらゆる種類の武器、フルーレ、エペ、火器などの扱いを心得ているのがふさわしい。[…]乗馬は高貴な運動であり、身体の活動を高め、性格を男らしくする[63]。

3　男らしさを養成する施設

当然のことながら、これらの活動は社会的に区別される。フェンシングと乗馬が、エリートに騎士道的たしなみの一部を提供するのにたいし、民衆社会では、ボクシングやレスリング、サッカーや自転車が重んじられる。体操は、費用のかさむ施設がない公立小学校の枠の中でも実施可能という利点がある。若者が入営し、男らしさを深く学習する以前から、民衆の子どもは、いくつかの施設で、男としての要件に順応することができる。

七月王政以来飛躍的に発展した農業少年院の目的は、こそ泥を働き、浮浪するに至った悪童たちの性格的欠陥にフィルターをかけること、すなわち、彼らの、堕落した、反社会的あるいは危険な男らしさを、積極的で有益な男性性につくりかえることである。指導のため彼らを観察するブルジョワの男たちによれば、少年院に到着するとき、子どもたちは、「青白く、やつれ、影のような様子をしている。［…］表情は荒々しく、ゆがんでいることがあまりにも多い。目つきに素直さはほとんど感じられず、きょろきょろしている。凶暴で、知性が見られない。顔の表情の動きは不明瞭で、額は下を向いている」(64)。だが、道徳の授業を受け、舎監たちを模範とすることで、彼らは浄化され、立派で誠実な、自己と他人を敬う態度を学ぶことになる。一八四〇年代始め、少年院長に着任予定のある男によれば、秩序と規律、労働と遊びが、「堕落している以上に頑になっている若いこころを蘇らせるのに役立つ」(65)。陽気で活発な男らしさを歌い上げた、寄宿生と農業少年院の少年のために特別につくられた歌がいくつもある。

袋を肩からかけて
森を茂みを行くよ僕は
すばしっこくて活気にあふれ
息が切れるくらい、
巣窟も巣穴も攻撃だ
なぜって、僕は正真正銘の狩人、
アリ、アロ、アリ、アロ！
なぜって、僕は正真正銘の狩人(66)

とくに大自然が、都会人の若者たちをたちまち回復させてしまう。農作業によって、彼らの肉体は強化され、手足がたくましく器用になる。一八三一年、慈善施設協会は、貧弱な体格に田舎が与える効果を称揚している。「孤児院で虚弱で衰弱なままであった子どもたちが、何人も、野良仕事に従事して精力と健康を取り戻した」[67]。少年院に病気の状態でやってくるものは多い。

しかし、心地よい大気や野良仕事、たくみに取り入れられた健康上の配慮など［…］によって、すでに、相当数のものの体質に著しい改善がみられた。子どもたちと社会の両方にたいして有益なことをなしえたことを喜びたい。虚弱で腐敗したものではなく、真っ当で頑強な男たちを社会に返すことができるのである[68]。

一八六五年六月十三日、ジュール・シモンは、立法院で、農業少年院をたたえる。「罪を犯したものに、人間にとってもっとも自然な労働、もっとも男らしい労働、こころをもっとも奮い立たせるもの、野外で、太陽と差し向かいで行われる労働を課すことは、健康的である」[69]。

完治となると、体操の出番である。ありあまる体力を消耗させつつ、少年の筋肉を発達させることがねらいである。サン・ティレール少年院には、体育館があり、子どもたちはボクシングや大杖フェンシング、器械体操などの練習が行われる[70]。一八八三年には、メトレ少年院は、体操競技会で、軍事教練で一等、抵抗教練で二等を獲得し、注目を集める[71]。『若年留置者における合理的体育論』の著者エメ・ヴァンドレによれば、「きわめて反抗的な性質」も、身体を動かすことによって、和らげることができる。「命を守るのに有利に働くように、そして正々堂々と闘う[72]」ことを教えられるのである。ラモット－ブヴロン少年院のある訪問者は、優生学者めいた口ぶりで、人間は「その支配下にある動物と同じように」つくりかえることができると、飼育業者の集会で説明している。「運動選手のような体格をつけ、筋肉の力を倍加させれば、わが同胞たちにあれほど愛されている格闘競技で成功をもたらすことになるだろう(73)」。

たしかに、歩行と行進は、少年育成の一助となる。ルブラールやメトレなど、いくつもの施設で、階段を上って集団寮に行くときでさえ、収容者たちに歩調をとって行進させている。シトーでは、野良作業からの帰途は、隊形をくみ、分隊となって、鼓笛にあわせて行われる(74)。収容者たちは、武具の扱い、フェンシングに習熟し、行き先の見取り図を手に行軍する。年に一度、ディジョンを、小太鼓とラッパ、広げた旗とともに行進する。メトレでも、他の少年院同様、体育と規律が「ごく自然に、収容者たちが軍隊の列の一員となる(75)」準備をするのである。

少年院で過ごした数カ月後には、したがって、衰弱していた少年は、男としての特質をとりもどす。野良作業と体操は、若き収容者にとって、兵士－耕作者となって、祖国の地を耕すと同時に守るための準備なのである。小さな物乞いの堕落に、強固な体力がとってかわり、上官の合図ひとつでフランスの敵を打ちのめすだろう。コントロールされた男らしさの光輝は、更生の成功のしるしである。反対に、少年院の恩恵を生かすことのできない子どもは、男性性が萎縮したままである。ブサロックでは、逃走を試みた収容者にたいして、「ある種の、滑稽な女の身なりをさせる恥辱(76)」が課せられている。『薔薇の奇蹟』で、ジュネは、メトレに収監されたとき、若い男たちの欲望に供される、「ママっ子」や「少年水兵」たちの世界を描き出している。

農業少年院は、十九世紀末にはすでに衰退し、男らしさの教育において、庶民階級の子どもたち向けの他の施設にとってかわられる。両大戦間に流行した野外学校は、衛生学・栄養学的習慣に慣れさせて、子どもたちを堅固にしようと試みる。貧血状態の、あるいは結核になりそうな男子の肉体的成熟についての言説が、共学にもかかわらず流布される。一九二二年、第一回野外学校国際大会の席上、ひとりの発表者が、エベール指揮官の名のもと、高跳び施設のある競技場や闘技場、鉄棒、クライミングロープ、平均台など、さらに、算段がつくならプールも設置するよう勧めている。(77)

精力と屈強をたたえながらも、これらの施設は、男らしさにたいしてある種の警戒心を抱いている。推進されているのは、男らしさの前段階とでもいえるような行動である。つまり、将来成人になるための道を準備しているのである。しかし、いかなる場合でも、少年でも青年でも、男としてのあらゆる属性、あらゆる情熱をそなえた男性として開花することは求められていない。農業少年院を支持するものたちは、あらゆるやり方で、野外での疲労は「危険な考えを追い出し、身体によい眠りをもたらす(78)」という理由で健康的であると繰り返し述べている。体操は、「青春の自堕落や悪習にたいする確かな予防薬」である。というのも、「官能の目覚めの時期に、肉体の軽い過労を引き起こすから(79)」である。成人になる準備をしなければならない。しかし、何事も急いてはならない。

Ⅲ　性を浄化する

1　早熟な欲望

『オナニズム　マスターベーションによって引き起こされる疾病論』(一七六四)の名高い著者サミュエル・ティソに従い、十九世紀のあらゆる医師や聖職者は、思春期の危険にたいし警告を放っている。マスターベーションは、無数の悲劇的結果をもたらす。子どもは、痩せ、蒼白になり、気難しく、攻撃的になる。凶暴な顔つき、いつもうつむきかげんのくぼんだ眼、緩慢な動作。猫背で、足取りは元気がなく重い。短く浅い睡眠は、わずかな休息をもたらさない。このような消耗に加え、多種多様な不調が伴う。さらに、マスターベーションは、道徳上の堕落でもある。罪ある青年は、獣以下の存在に自らをおとしめた、神にたいする反逆者なのである。とりわけ、男らしさは、あまりに早く行使されると、枯渇し、誤った道に行ってしまう。ふさわしい時が来るより前に男になろうとすると、けっしてなれなくなってしまう。あまりに射精しすぎると、

男性の精液は、劣化する。[…]堕落した行為によって、はやまって男らしさを手に入れようとする少年が得ることができるのは、疲労と病気だけであるのにたいし、保健学の法則をきちんと守るものは、正常な発達をとげ、たくましい男子となって、苦難や不安を経ることなく、男らしさを獲得するのである。(80)

純潔なままの青年は、ひとりで性の道に踏み込んでしまう過ちを犯した青年のおそるべき姿と、あらゆる点で対照的に描かれる。十四か十六歳の頃、

彼の良心は、安定しており、知性は明晰、物腰は率直で素直、記憶力は抜群、周りをにぎやかにする陽気さ、はじけるような顔色の持ち主である。[…]この青年を見るがよい。動作の一つ一つに力としなやかさがあり、すぐれた自制心を持っている。[…]彼の時間は、全て、学習か健康的で陽気な運動に費やされる。

禁欲を守る彼は、生命の体液を温存したのであり、「彼の若い精力は、正当な目的、すなわち身体作りのために全て用いられた」[81]。早熟は、したがって、肉体の発達にとって危険なものである。マスターベーションをする少年は、精力を失って衰弱しており、真の意味で男らしいとは言えず、そして将来的にもけっしてそうならないだろう。

となると、言われることは、いつでもどこでも同じである。いわく、大人は警戒を一瞬たりとも怠ってはならない。自分の身体の変化に苦しむ少年を監視するやり方はいくつもある。無知な状態のままに置いても、結果は、好奇心をそそらせ、悪徳、さらには放蕩にまで至らせるだけだろう。それにたいし、激しい運動を課せば、就寝時、睡眠のことしか考えないようにすることができる。とくに生殖器の部分には、ゆったりとした衣服を着用し、あらゆる摩擦を避けねばならない。この理由により、

数年間、少年にスカートをはかせておくのが適切である。使用人たちには、この格好を見ても嘲笑しないように命令しておく。〔…〕目覚めの瞬間を注意深く見守らねばならない。ぐずぐずベッドにいたり、他の子どもや、隣に寝ているもののベッドに行くことを許してはならない。季節に合わせて、布団は薄いものがよい。暑いと、感覚が刺激されすぎる[82]。

より一般的には、賢い母親なら、刺激をもたらす飲食物は避け、劣情をそそる小説や絵画は眼に触れないようにし、きわどい話を平気でする輩との交際も禁止すべきである[83]。局部を清潔に保つことで、少年が望ましからぬ刺激を受けるのを避けさせるのみならず、「ごく年少時から、性器をいじる習慣を止めさせ、理由は言わずに、

この部分に手を触れさせないようにする」[84]ことが肝要である。尻たたきについては、子どもの欲望を危険な方向に刺激するものである。八歳のときランベルシエ嬢からお仕置きを受けたジャン＝ジャック・ルソーが証人である『告白』。

幼少時において、オナニーだけが、見つけ出し、撲滅すべき唯一の性的異常というわけではない。骨相学者フランツ・ガル〔フランツ・ヨーゼフ。一七五八―一八二八〕は、「小さな女の子ばかりか、成人女性たちにまで」飛びついて、「自らの欲望を満足させようと、大胆かつ執拗に迫った」三歳の小さな少年を見たことがあるという。「早熟に発達していたとは言えない性器に、〔…〕一時的ではない、それ以上の勃起を感じていたのである」[85]。十歳の少年が、不謹慎なしぐさや、直接的に性愛的な欲望は示さないものの、大人の男のふりをしたりすることもある。ウサギの足をふりかざして、性器にこすりつけたいと言ったり、友達の証言によれば、「それを手に取って、妹のへそのなかに入れたいと言ったりする」。悪いお手本の犠牲となって、喫煙したり、飲酒したりするものもいる。子どもは、「タバコを吸うのは大人の男だと聞いたことがある」。食後のコーヒーとともに出されるリキュールを一緒に飲ませる親もいる。「坊主がほしがるから、やるのさ。小さな大人だね」[86]。

しかし、早熟な発現に劣らず深刻なのは、男らしさの欠如である。児童期の性的倒錯に関する博士論文を著したある医学者が挙げているのは、「女性的趣味」しか発揮しない少年の症例である。人形遊び、編物や織物をし、身を飾り立てるのを好み、裏声で話し、男たちに同伴し、優しくされることを求める。青年期になっても、髪を伸ばし、女性の服を着、化粧をして、香水をつけるのである[87]。思春期の少年たちは、成熟した大人の男に身を委ねることを夢見る。十九世紀末、十八歳のてんかん性の同性愛者を診察した精神病医によれば、父親が次のようなことを告白したという。

息子は、六歳からすでに、大人の男たち、主に、副次的性的特徴のはっきり備わった、ひげを生やし、太い声の男たちを見るのを好んでいました。すこし後になると、裸の男を目にする機会を探し求めていました。最初の勃起も、それを見たときでした。思春期になると、彼の嗜好はさらに強くなり、自分より年上で、一番発達の良さそうな男たちと仲間になりたがりました。[…]十六歳になってやっと、自分が他の男とは違うと理解したのです。聴罪司祭に自分の心を打ち明けたのですが、司祭は純潔を守るよう励まし、安心させました。[88]

道徳性と男らしさの保全のために、若者は結婚まで純潔であらねばならない。キリスト教教育では、「純潔を守る」ための六つの方法が奨励されている。すなわち、不良との交際を避けること、外的感覚を監視すること、四終〔死、最後の審判、天国、地獄〕のことを考えること、祈ること、秘跡をしばしば受けること、無為を排除することである。[89] しかし、若い男に純潔を守らねばならないと納得させるにはどうすればよいのか?

子ども時代が終わるか終わらないかのうちに、まるで大人の男のような経験と力があるかのように、放置されるのである。[…]思春期特有の熱気や欲情のとりことなって、ことの重大さを冷静に検討することもしないで、様々な危険に身をさらすのである。[90]

禁欲を説くために用いることのできる論法は様々である。まず、自尊心に訴えかける。若さゆえに、強烈な喜びを感じたいと望む息子にたいし、父は説く。

結構なことだ！　それでは、お前は、十九世紀の選ばれしものの一員であることをやめてしまうんだね。流れにまかせて、群れと同じ方向に進んでいく羊のまねをするんだね。［…］生を享受したいとお前は言う。それに成功するには、わたしには、お前の義務、義務の全て、義務だけを果たすこと以上の方法があるとは思われないのだ。[91]

他方、快楽の乱脈な衝動に身を任せた若者は、家族を失望させ、将来の妻や子どもを汚すことになる。「母、娘、妻、妹の四人の女性の真ん中に、汚点を残す[92]」。とりわけ、健康を損なう危険にさらされている。教訓となるべき数多くの例が警告する通りである。

キリスト教教育を受けた後、ある若者は、不幸にも快楽の急流に流され、ありとあらゆる不摂生にふけった。自分の将来を傷つけ、評判をだいなしにしたあげく、彼は、自堕落な生活の嘆かわしい結果として、厄介な病による苦痛で、床を離れられなくなってしまった。［…］若者は告解し、終油を受け、聖体拝領のとき、苦労しながら、くぐもった声で言った。「おお、私の最期の瞬間をみとっていただけるみなさま、とくにお子様をお持ちのみなさまに知っていただきたいのは、私をむしばみ、死に至らせたこの病は、悪い友人たちに教わった過度の淫蕩の結果なのです。どうか、私をお許しください、私のために祈ってください、私をお裁きになるお方よ[93]」。

二十世紀初め、前衛的な医師や教育者たちは、少年に、あるかたちの性教育を施すことを推奨する。児童保健協会の一会員によれば、「性交と出産の神秘に子どもを導く世話を、仲間や使用人、偶然の出会いなどに任せることほど危険なことはない」。宗教的な教えと科学にもとづいた助言を混ぜ合わせたような、家庭での会話が必要不可欠になる。とりわけ、中学校に広まっている、「恥ずべき、自然に反する、ある種の悪徳」の誘惑に抗するためである。[94] この話し合いは、好奇心が目覚める十四歳か十五歳頃に始めるべきであり、淫蕩と悪徳に対する最上の砦となる。「教育的方法によって、生殖本能を意志に従わせる」[95] ことが目的である。あらゆる「人体構造論は、「ためになり、教育的」であり、「性機能の尊厳」を想起させるものでなければならない」[96]。性病の危険、「性を売る女性」の汚辱、性行為の下劣さなどを若者に描いてみせれば、純潔は保たれるだろう。「淫蕩の、消えない、堕落のもととなるしみであなたを汚さないようにしなさい。あるとき誘惑に負け屈しそうになったら、すぐに、われわれ一人一人が持っているはずの、真実、美、そして善の理想に考えを向けるようにしなさい」[97]。第二次大戦開戦前夜、教会関係者は、十二歳から十五歳の息子のいる父にたいして、冷静な医学のことばで真実をつまびらかにするよう勧めている。

お父さんは自分のなかに生命の種を持っている。お母さんの身体に命を授けるためのものだ。［…］お前もまた、お前の身体のなかに、この貴重な種を持っているのだよ。性器と呼ばれるこの身体の部分に含まれている。ここをとくに大切にし、不純な眼や接触から守らなければならないのは、そのためなのだ。まだ子どもにすぎないお前の身体が大人の身体になったとき、お前はすぐそれに気づくだろう。外に出ようとして、種は、放出がたやすくなるような特別な動きをお前の性器にさせるようになるのだよ。だから、近い将来のある日、お前の身体がそんな動きをしたとしても、驚いても、恐れてもいけない(98)。

真の男らしさは、従って、自らの男らしさを抑制することであり、「すべての年頃の青年がひそかに執念をこがしている(99)」トルコ女のもとに逃避行を試みるフレデリック・モローとデロリエ〔フロベールの『感情教育』中の登場人物。中等学校《コレージュ》のとき連れ立って売春婦のところに行ったものの事を果たさず帰ってきた生涯「最上の」思い出を、小説の終わりで語り合う〕のように、多かれ少なかれ誇らしげに見せびらかすことにあるのではない。

2 娯楽の男らしさ

性を抑える最上の方法は、浄化すること、すなわち、健康的活動の助けを借りて、青年の興奮をまぎらわせることである。学習は、身体を従事させながら、精神を高める。十九世紀末に高等師範学校の助教授が説明しているように、知識によって「知的男らしさ」に到達することができる。精神が形成されると、さいなまれるかもしれない危険から守られるだけでなく、精神は自らをふやすこともできる。「精神的に、あなたが自分のなかにもっている生をまき与えることができると感じるでしょう(100)」。

冒険の夢は、さらに魅力的なはけ口となる。一八四五年にはアルフレッド・マム出版から、一八五五年にはアシェットの『ビブリオテーク・ローズ』〔表紙が桃色の児童文庫〕から、一八六四年にはエッツェルの『教育娯楽雑誌』から、児童用の物語が出版される。フェニモア・クーパー、ジュール・ヴェルヌ、ガブリエル・フェリー、ポール・デュ・シャイユなど、いずれも多産な作家によるものである。経験、人間や動物との出会い、風景の一つ一つが、読者の知識獲得の手だてになっているのだから、ねらいは教育的なものである。しかし、「男らしさの道徳[101]」がとくに与えられている。「若き少年たち」向けと特記されている『海を行く』では、著者メイン・リード大尉〔トマス。一八一八―八三〕は、サメや嵐、あらゆる種類の危険と格闘する十六歳の主人公とともに、少年たちを大西洋のただ中にまで旅行させている[102]。しかしまた、年少の読者は、探検、狩猟、極地探検、「現代旅行」、「健全にドキドキさせる」波瀾万丈の数々にも導かれ、トンブクトゥからエスキモーの村まで、カリフォルニアの巨大な樹木や日本の茶屋なども経て、世界中を駆け巡る。そして、これらの冒険によって、「フランスを再生させなければならない若い世代[103]」が、ひたすら鍛えられることになる。危険や試練、野外生活や勇気の道徳にあふれ、はらはらさせるこれら物語の一つ一つが、男らしさへの入門となっているからだ。「冒険は、子どもを大人にするという機能をたしかに備えている。しかも、とくに男らしいという意味での大人である。鍛え上げられた成人男性の理想がはっきり示されているのだから[104]」。

これらの本を読むことで、男らしさの規範が伝達される。勇気、持久力、冷静、庇護本能などである。しかし、それらが発揮される環境の影響で、どうしても、その西洋的で文明的性格が強調されてしまう。『西アフリカ』（一八七五）で、ポール・デュ・シャイユは、「未開人たちの住むところ」まで一緒に旅立とうと若き読者たちに呼びかける。語り手は、ワイシャツではなく、赤一色の衣装だけを身につけた黒人の王に迎えられる。身体中入れ墨があり、大きな耳飾りをつけ、醜悪なパイプをふかしている。もう一人別の王は、コートのようなものだけで、ズボンもはかずに、歩き回る。いつも酔っており、プライドが高く、臣下のものたちを叱りとばす。それなのに、「白人が到着したというつれしい知らせ」を聞くと、農園を飛び出していく始末。舞踏会が特別に催されるが、どんちゃん騒ぎが激しくなればなるほど、「男たちは、いっそう熱心に跳ね回る」のだった。王がとうとう踊る頃には、狂乱状態になる[105]。小さな国の滑稽な王、偶像崇拝的踊り、食人村などによって、ヨーロッパ人の冷静沈着さが対照として強調される。一八九〇年の『教育娯楽雑誌』に、「フロリダの若き冒険者たち」の波瀾万丈の旅のエピソードが連載される。大胆不敵なハロルドは、十五歳、年下の従姉妹に、危険が迫ったらトランペットを二回鳴らせばいいと言う。嵐が来たとき、年少者が泣き出し、お祈りをはじめるのに、ハロルドは平静を保ち、彼らを安心させる。このような強いこころ、集団の長としての落ち着きは、どうしてなのか。彼は屈強な体格で、まともな教育は受けていないが、年老いたインド人のもとで生活したことがあり、その結果、「森のなかでも、未開人と同じ生き方ができたのであろう[106]」。

この種の文学が反映しているのは、人種の階梯の理由づけであり、それによれば、白人はインド人より上位にあり、インド人は黒人より上である。しかし、描かれているのは、現地人にたいする白人支配（あるいは女性にたいする男性支配）というより、彼らの出会いなのである。その利益をこうむるのは、当然ながら若きヨーロッパ人である。豊かになり、成長し、いわば自らの身分を証明して帰還する。ジュール・ヴェルヌの『グラント船長の子どもたち』〔口絵参照〕では、少年ロバートが、コンドルにさらわれ、背の高いパタゴニアの現地人に助けられる。彼は、「グアナコ〔野生ラマ〕の首と脚の裏地の付いた、ダチョウの腱で縫われた、赤のアラベスク模様で飾られた素晴らしいマントを着ており」、「顔には、種々の色で飾られていたにも関わらず、本物の知性があらわれていた」。むなしい試みを何度か重ねた結果、ロバートと仲間たちは、この現地人が、アラウカニアのことばで「雷人」という意味の、タルカーヴという名前であることがわかる。子どもたちの一団を助けて誘導し、別れの挨拶をロバートにするとき、「さあ、行きなさい。君は大人なのだ！[107]」と言うのも、このタルカーヴである。

青年の集団には、衝突しあういくつものモデルがある。たばこを吸ったり、学校をさぼったりする不良、何にもとらわれない反抗者、街をうろつくごろつき、非行少年たちは、全員、男らしさをふりかざしている。寄宿学校においてさえも、道を踏み外した男らしさに染まる誘惑が育まれる。二十世紀始めに出版された「少年向け」物語である、『中学校にて』のなかで、ピエールは、寝る前にベッドの足下でお祈りをしているせいで、仲間たちから、「信心かぶれ」、「偽善者」として扱われ、仲間はずれにされてしまう。このたくらみの首謀者であるジャックは、カフェに入り浸る劣等生である。「背が高く、屈強で、高飛車で辛辣な物言いをする。[…]愚行をするのに好適な機会をうかがうことしか欲しない、小さな反逆者たちの一団を率いる真のリーダーなのである」。幸いにも、ピエールは、新しくやってきたポール・ヴィダルと出会う。彼はまもなくクラスで主席となり、宣教師を志願している。

ピエールは愕然とした。宣教師とは、ヘラクレスのような力を備え、並々ならぬ勇気をもった超人間的存在だと思っていたのだ。それなのに、この痩せてひ弱で、臆病そうで困惑気味の小さな少年が、自ら、福音書と文明のパイオニアの一員たらんとする野望を抱いていたのだった！

三十年後、ピエールは母校の校長になった。「愛国者そしてキリスト者としての責務による義務を全て果たそうと努める」。手がけた職業がいずれも失敗したジャックは、とうとう、植民地部隊に志願する。ポール・ヴィダルは、中央アフリカで宣教師になっている。「力強く、大胆で、いつも陽気な男」(108)である。男らしさの最良の見本を選ぶのに、見かけに頼ってはならない。あの繊細な少年が、意志と信仰の力に支えられて、真の男を内に秘めていたのだった。大胆さと支配力、敬虔を併せ持つことができたのは彼なのである。

ボーア戦争後、ベイデン＝パウエルによって創設されたボーイスカウト運動は、少年たちが生きることを学ぶ学校であることを望む。生きるための衛生、忍耐、自制心、善良な心、誠実などを組み合わせた教育を施すのが目的である。それでも、事を急いてはならない。ベイデン＝パウエルが公言するように、「煙草を吸って大人の猿真似をする少年は、たいして良い結果をもたらさない。強く健康な少年の脚には、サッカーボールがある(109)」。つねに兄弟のように愛しあい、礼儀正しく、弱きものと動物たちに優しく、規律正しく、陽気で、勇気にあふれ、機敏で、粘り強くあることを勧める、ボーイスカウトの規定を遵守すれば、団員は、幸福で、健康で有用な市民になるだろう。一九二二年七月（すなわち野外学校の第一回会議の一カ月後）にパリで開催された、第二回国際スカウト会議で、ベイデン＝パウエルは、スカウトを、「少年のための遊び、ただし、規則に従い、何年にもわたって、正しく行えば、ある朝、**大人の男**が目覚めることになるような遊び(110)」と定義している。

探検の旅、未知の国の発見、弱きものを庇護するための闘い、感動的な救助劇、負傷者の救出など、主人公たちを想像で追いかけても、自分がなりきっても、冒険ものを読んでも、隣の森でごっこをしても、結果はいつも同じである。木のサーベルや、鉛製の兵隊人形より、これらの活動の方が、少年の男性特有の気質を抑えながらも発達させる。前‐成人は、母親のスカートにくっついている男の子ではもはやなく、「世界を征服するために、生まれつつある男らしさのあらゆる激しさとともに前進する(111)」青年なのだから。これらの活動は、精力あふれる青年たちにとって、セックスの代用品なのではないか？　彼らはこのようにして道徳と快楽を和解させるのに成功する。

坊やから成熟した男になるまでに、したがって、断絶と同じくらい連続性がある。前者は後者に範をとり、競合する多様なモデルのなかから吟味しつつ自らの性の規範と規定を吸収する。しかし、男が子どものときは、男らしさの前兆があっても、自由に戦い、命令し、快楽を享受してよいわけではない。男らしさは、まさに十分に成熟していないが故に、存分に楽しむことのできない果実のようなものとして成長していく。無知なまま知ること、支配のために苦しむこと、体験せず真似すること、これらが、女性化も、無秩序としての男らしさも生じさせないために、ブルジョワジーが、自分の子と他人の子に従わせる要求の数々なのである。後に、小さな大人が成長した暁には、自分の息子を導く時がやってくるだろう。成人になってしまえば、誰の指図も受けないで、男らしさを好きなように発揮することになる。酒を飲み、ののしり、決闘をし、ひげをはやして。快楽については、人生入門の類いの書物はずっと語るところが少ない。なぜなら、秘められたものの特質として、以後は、閨房や売春宿で花開くのだから。

第2章　軍隊と男らしさの証明

ジャン=ポール・ベルトー
（真野倫平訳）

軍隊への徴用

体力、疲労に耐えること、身体的苦痛や精神的苦悩を克服する能力、そして祖国を守るために血を流すだけの覚悟、これらはいずれも男らしさの資質であり、軍隊においてこそ十全に発揮される。王政のフランスも、共和政や帝政のフランスも、このことを認める点においては一致する。とはいえ、アンシャン・レジームにおいて軍隊での男らしさの修業は数万人の軍人や民兵にのみ限られていたのに対し、十九世紀において兵営や野営地は数百万人の若者に開かれている。これ以降、男性のアイデンティティは兵営で獲得されるものとなる。一七九三年の徴用あるいは国民総動員は、十八歳から二十五歳の未婚あるいは寡夫で子供なしのすべての若者を戦争が続くかぎり軍隊に召集した。一七九八年九月五日のジュールダン＝デブレル法は、二十歳から二十五歳の独身の若者を平時と戦時の区別なく強制的に徴発することを定めた。この法律は王政復古期に変更され、普遍的なものではなくなった。しかし一八八九年と一九〇五年には再び普遍的なものになり、身体的理由による以外は代理も免除も認められなくなった。

しかし、軍隊の兵員名簿に名前を記入され、男らしさの最初の証明を手に入れる前に、新兵は多少なりともきちんとした健康診断を受けなくてはならない。軍神マルスの神殿の門をくぐるために、志願兵も召集兵も、奉仕するのが〔王政の〕百合であろうと〔帝政の〕鷲であろうと共和国の旗であろうと、身長計の下をくぐるのである。必要とされる身長は時代によって異なる。アンシャン・レジーム末期には五ピエ二プス（一・六七メートル）必要であったが、ナポレオン時代には一・五四メートルで十分であり、一八三二年から第三共和政までは一・五六メートルが規定となった。身長は、誰もが徴用される国民総動員の時代には小さくなり、同様に飢饉とそれがもたらす栄養不良の直後にも小さくなる。(1) 司令部は是が非でも身長をできるだけ高く保とうとする。なにしろ一・

五二メートルの銃を扱わねばならないのだ。それはまた流行の問題でもあった。プロイセンのフリードリヒ二世以来、長身の兵士はよりたくましいと見なされ、連隊を「美しく勇壮な」ものにするとされた。

新兵の身体測定

徴兵審査の際、士官は適切な身長の新兵以外には目もくれない。自分に近づいてくる若者の身長しか見ていない。若者の方は裸にされて羞恥に傷つき、それまで秘密にしていた欠陥や、保健の規則に外れた身体の部位を露わにされて取り乱しているというのに(2)。身長が低い者に対しては、士官は尊大な視線を投げ、傲慢でなれなれしい身振りで、まるで身体障害を非難するかのように頭の上に手をやる。ときには自分で計測しようとさえせず、憲兵や田園監視官に作業を任せる。しかし、一・九五メートルを優に超える堂々たる体格の者に対しては、士官はどれほど熱烈な視線を向けることか。「彼は相手をつかまえ、微笑みかけると、猫なで声で言葉をかけようとする(3)」。

このような選別に不安を抱く者もいた。身長の高い者をやみくもに集めることで、軍隊は「人種」の未来を危うくするのではないか？　それは実際、身長が低く虚弱な体格の者ばかりを家庭に帰すことになり、彼らは自分たちの子孫に「病的状態と奇形(4)」を伝えることになる。さらに、身長の高い者たちは兵士になり都会で独身生活を送ることに慣れると、「田舎に帰って結婚すること(5)」を嫌うようになるだろう。

身長が低い者は虚弱なのだろうか？　医師たちは、山男は小柄でも頑健であり、すらりとした男はときに体力がないと断言した。彼らはまた、未来の軍人の身体のあらゆる部分を検査する必要があるという点で意見が一致した。パリ大学医学部教授のコロンビエは一七七五年にすでに、人間の持久力と体力は四肢の形状と身体の残り部分との釣り合いによって判断すべきであると教えていた。彼は五世紀のローマの歴史家ウェゲティウス〔四―五世紀のローマ帝国の軍事学者。『軍事論』〕を敷衍してこう強調する。

バラ色の顔色、生き生きした眼、広い肩、筋肉質の背、たくましい脚と腕、大きな拳、長い腕、美しい髪、赤い唇、立派な歯並び、太すぎない適度な長さの首、控えめな腰、穏やかな呼吸、くつろいだ態度、高くない腰、以上が最高の体格である。(6)

王国軍の徴募官はこの意見を正しいと見なし、選択の基準を人間の「美しい外見」すなわち「すらりとした背格好、広くがっしりした肩、細い脚」に置いた。(7) 一世紀後に軍医のヴァンサンは身長の重要性を相対化し、ビュフォン〔一七〇七―八八。博物学者。『博物誌』〕に倣って(8)体重を「生命の密度」の指標とした。

痩せても太ってもいない全体に均整のとれた体格、〔…〕腹部の柔軟さとその一般的な結果である適度な肉づきが示す優れた消化能力。二十歳の男性においては以上の特徴から優れた体格を認めることができる。(9)

ヴァンサンは胸郭の発達にもこだわるが、それは彼の目には疲労に対する持久力を表すしるしのひとつなのである。乳首の高さで測定した胸囲は、少なくとも身長の半分に達しなければならない。「器官の王にして長生きの礎石」である胃もまた、注意深く観察する必要がある。「普通の肉づきと柔軟で標準的な腹部は優れた消化能力を示す」。

適切な身長、十分な胸郭、適度の肉づき、よい足、よい眼、これらを備えた人間は軍務に適している。そのうえさらに、とくに体力と勇気のしるしである男らしさの特徴を備えていなければならない。ヴァンサン医師が指摘するところによれば、このことはあまりに真実なので、結婚生活上の欠陥が勇気のない男を指し示す侮辱の言葉になるほどである。彼はこう説明する。「臆病さを引き起こす精神的な緩みはたいてい、不能を引き起こす身体的な緩みの結果である」[10]。一八一二年にすでにベリア大佐は、陰茎あるいは二つの睾丸を失った者は入隊を禁じるよう呼びかけている。大佐はさらに、たとえ正常な生殖器をもっていても、ひどく痩せていたり、筋肉が乏しかったり、声がか細かったりする若者には注意するよう徴兵審査会に求めている。大佐によれば「こうした特徴はすべて、厳密な意味では決して男にならない人間を示している」[11]。ヴァンサン医師もまったく同意見であるが、反対推論によって「ある種の器官の外面的な豪華さ」に騙されないようにと忠告している。「それは男らしさの欠如と両立しうるし、検査を受けた人間の本当の価値を見誤らせうる」。そのような場合、全体的な体格が「明らかに女性的な者は、常に一種の中性的性格を示しているので、医師は目と指で不能の直接的な証拠を確認する必要がある」[12]。

「身体は魂の鏡である」[13]。十九世紀の軍医たちは繰り返しそう書いた。彼らは、古代の医師や哲学者に倣って一六五九年にこう言ったキュロー・ド・ラ・シャンブル〔一五九四―一六六九。ルイ十四世の医師〕を模倣したのである。

胸と肩の幅広さ、関節の柔軟さと力強さ、鼻腔の広がりと口の大きさは大胆さのしるしであり、太い首、筋肉質で硬い肉体は身体と魂における力のしるしである。角ばった額、大きめの鼻、繊細な唇、広めの顎は寛大さと大きな勇気を示す。すらりとした高い背、つり上がった眉毛、高貴な歩きかた、生き生きした眼は栄光を意味する。角ばった額と顔、大きな頭部は知性と平常心と正義のしるしである。[14]

したがって軍医たちは、被験者の男らしさを判断するために、美学者となり「全体の調和」を考慮することを求められた。一八九六年にフェルディナン・ジルが説明するところによれば、男らしさは身体と精神の両方の力から作られる。男らしさは自己自身の統率によって表現され、あらゆる障害を克服することを可能にする。[15]「よき」男らしさは指導者の権威を正当化し、兵士がどれほど厳しい規律の下でも自分らしさを保つことを可能にする。

徴兵審査会は、エピナル版画〔行商人によって販売された彩色版画。口絵参照〕に描かれた身体の力と精神の平衡を兼ね備えた男らしい新兵とは正反対の、労働で疲弊した身体をもつ険しい顔の新兵たちをまっすぐ立たせなければならなかった。医師たちは暗く不便な室内で数時間で何十人も聴診するので、適格者と非適格者、本当の病人と偽の障害者を選別するのに、たいてい簡単な診察で済まさざるをえなかった。

I 「ひと皮剝ける」

軍隊への入隊

長いあいだ、兵営に出発するのは嬉しいことではなかった。徴兵請負業者に騙されたか飢饉のため志願せざるをえなかった王立軍の志願兵にとっても、憲兵によって血の貢献を強いられた総裁政府と帝政の時代の新兵にとっても、出発はすでに死を意味した。ナポレオン叙事詩の最初から最後まで、新兵は軍楽隊の笛や太鼓の音よりも、弔鐘とともに村はずれにたどり着くことのほうが多かった。ブルターニュでは新兵は喪のしるしに髪を切り、司祭が「深き淵より《デ・プロフンディス》」を唱えるあいだに柩に納めた。[16] ラングドックの新兵は詩を朗誦したが、そこでは絶望の涙と作り笑いが入り混じっていた。第三共和政になって兵役が慣習化すると、徴兵審査の翌日は市民による世俗の祝祭となった。そこでは父祖伝来の家庭を離れることの不安があふれ出る一方で、新しい連帯の絆が結ばれ、兵営という共同体への参加が準備された。同級生の若者たちが組織するどんちゃん騒ぎは、婚前検診に似ている。すなわち、饗宴に対する差し入れを受け取るために家々の扉をそっと叩いたあと、新兵たちは妻にする娘たちをじろじろ眺めるのである。巡回が完了し、愛餐が終わると、売春宿の訪問でその一日は閉じられる。[17]「兵役によし、売春婦にもよし！」身体的不適格による兵役免除者は除け者にされ、嘲弄の的になる。「流産の、ひょろひょろの、出来そこないめ！」

新兵たちはこうして町や村の通りの支配者となった。彼らの天下は兵営の入り口で頂点に達する。彼らははしゃいで軍隊の象徴を茶化し、英雄を演じた。野営地に放り込まれると、彼らは「ブルー」と呼ばれる新米兵になった。それは軍人から見れば民間人である「ペカン」よりわずかにましな人種にすぎない。彼らは徴兵審査会が発行した証明書を軍隊における男らしさの証明に変えなければならない。新兵たちは、身体的苦痛や精神的苦悩を伴う厳しい訓練を経てはじめてそれを手に入れるのである。彼らが受ける通過儀礼は彼らの身体を変化させ、彼らの精神に刻印を残す。

身体的変化

軍隊への入隊は身体の外見に急激な変化をもたらす。職業や身分を示す衣服を脱いで制服を着ることで、新兵は文字通りひと皮剥けるのである。かつてはひとりの人間であったが、いまや巨大な全体の一要素となった。そこでの居場所は名字や名前によってよりも番号（登録番号、中隊、大隊、連隊）によって示される。制服は国家や軍隊や部隊への従属を象徴するものであり、「男性的な力の模範[18]」である。制服が多くの標章で飾られているのは、戦場において連隊を見分けるためと、外国の大衆や君主たちに強烈な印象を与えるためであるが、それはまた制服を身に着ける者に「美しき性」〔女性〕に対する打ち消しがたい威光を与える。軍人は制服を工夫してより魅力的にしようと努力する。大いなる世紀〔十七世紀〕においてヴォーバン〔一六三三―一七〇七。ルイ十四世時代の軍人〕は、「つまらぬ士官ども」が「レースと粉を振って縮らせたかつらを身に着けて」軍隊の男らしさを台無しにしていると嘆いた。ナポレオン一世は、短い服と長ズボンと長靴を身に着けた部下たちを公然と非難した[19]。制服は危険なしではすまない。ロベスピエールの共和国からクレマンソー〔一八四一―一九二九。政治家〕の共和国にいたるまで、嘆きの声が上がり続けた。すなわち、このような衣服は戦場で目立ちすぎ、「下腹部を十分に覆っていない。しかしながらこの部位は正常に機能するために暖かく保たれる必要がある[20]」。

頭髪を剃ることが衛生のために軍隊の慣習となると、それは新兵の身体に加えられる最初の打撃となった。この作業を悲しく思う者もいた。というのも、しばしばリボンで束ねられた豊かな頭髪は、現代のサムソンたちからは優れて男性的な力のしるしと見なされていたからである。第一帝政時代の猟騎兵であったジャック・シュヴィエは、「ティトゥス風」の〔前後を刈り上げた〕髪型にするようにという命令をいかにして拒絶したかを語っている。夜になり彼が眠っているあいだに床屋が散髪を行った。男らしさに関する思い込みゆえに絶望したこの騎兵は、脱走しようかとさえ考えた。近衛隊の近衛兵もまた、リボンに触れられると抵抗した。彼はそのリボンのことを、歴戦の兵士に与えられるレジオン・ドヌール勲章と同じように考えていたのである[21]。

新兵は頭髪と同様に、あごひげや口ひげも奪われた。口ひげは長いあいだ、エリート部隊の士官や古参兵にのみ許されていた。多くの者がそれを惜しんだ。というのも口ひげは「英雄の特徴」であり、「チュレンヌ〔一六一一—七五。三十年戦争で活躍した軍人〕やコンデ〔一六二一—八六。三十年戦争で活躍した軍人〕の唇」を飾ったものであり、「勇敢さと活力と大胆さのしるし」だったからである。(22)

Ⅱ　暴力の教育

新兵の教育

新兵は装具と銃を与えられ、軍事教官から許嫁のように大切にしろと命じられる。そして野営地や兵営のたいてい腐敗したような匂いに直面する。共和暦二年の兵士やナポレオン軍の近衛兵が眠ったテントは、湿った藁と小便の匂いがする「ノミとシラミの宮殿」(23)であった。第三共和政の兵営は、建築と換気が進歩したにもかかわらず悪臭に満ちていた。セリーヌはこう書く。

巣穴に入ると、衛兵が気絶するほど猛烈に臭かった。臭いが鼻腔の奥を突き抜けて、思わず気が遠くなった……。肉と小便と噛みタバコとすかし屁の凄まじい臭いがして、それから冷めた不味いコーヒーと、馬糞と、それに何やらいたるところに死んだネズミのようなむっとする臭いがした。(24)

こうした空気のなかで古参兵は新米兵《ブルー》に暴力の教育を行う。それはさまざまな新兵いびりからなるが、まず新米兵を家畜の位置にまで貶める家畜市から始まる。それから新兵は毛布といういびりを受け、その身体は鋭利な刃でいっぱいの毛布の中で空中に放り投げられる。ベッド揺らしや局部を晒しものにすることも、乱暴で屈辱的な侮辱である。それは新兵のそれまでの社会身分を破壊し、兵士として作り直すためのものである。[25] 新兵は古参兵の暴力を嫌がらずに受け入れることで集団のなかに組み入れられ、おそらくはそこで戦闘に召集されるのである。

決闘は戦闘の準備の場となった。決闘は禁止されていたが、軍当局によって黙認されており、新米兵の手ほどきの重要な儀式となっていた。猛者がそれを仕切っていた。それは古参兵の剣術の名手で、騎兵隊の連中から依頼を受けて、新兵に言いがかりをつけて「決闘する」のである。[26] ときには真似事ではすまない闘いのなかで、互いに「サーベルの刃の冷たさを味わわせる」ことで、男らしさを証明しなければならない。男らしさとはすなわち、いつでも乱暴な行為を実践できるということである。新兵はこうして共同体の期待に応える。共同体にとっては、どんなに些細な挑発にも応じることが、規則の遵守よりも大切な価値を守ることを意味するのである。侮辱に屈することなく、剣を手にして背筋を伸ばし自分の名誉と連帯の名誉を守ることは、制服を着るすべての者にとって道徳的命令であり、至上の倫理的要請であった。[27] 平時においてはときに軍人と民間人が決闘することがあったが、それは勇気を維持し、危険を物ともしないことを示すための手段であった。[28]

新兵はついに、肉とワインを買って通常食よりましな食事を作り「御馳走をふるまう」権利を手に入れる。それ以降彼は共通のテーブルに自分の席を手に入れ、軍隊の武勇伝や色事の功績が入り混じったシャンソンを覚える。[29] 兵士も船乗りと同じく男だけの生活環境であるがゆえに、さかんに「スクーナー」あるいは「イサキ」すなわち女たちについて、そして女の「区切り滑車」あるいは「肉眼鏡」[30] について話をした。新兵はたいてい自分の地方の俚言や方言しか知らないので、軍隊の隠語を通じてフランス語に慣れていった。[31] 兵営の言葉においては性的なあるいはスカトロジックな罵詈雑言がさかんに用いられた。粗野な言動は身体的にも精神的にも過酷な軍隊生活に対するひとつの答えであり、集団への帰属を意味していた。[32] 一八四〇年以降軍人が習慣的に行うようになった刺青もまた、識別のしるしである。たいていはエロティックかつ戦闘的なシンボルを彫るため、刺青は軍隊にふさわしい「男性的価値の外面化[33]」になるのである。

Ⅲ　身体の訓練、魂の苦痛

身体的訓練

起床と就寝、点呼と再点呼、閲兵、パレードあるいは行進を告げるラッパの音を聞いて、新米兵《ブルー》は身体と精神を新しい時間区分に従わせることを学ぶ。彼は不安や苦痛とともに生物学的リズムの変更を被るのである。新しい身体教養を学ぶことは、彼の不安を高め苦痛を増大させる。

戦争の技術はバレエと体操種目に多くを負っている。兵士はつべこべ言わずに仲間たちの動きに合わせて身体をさまざまに動かす訓練をしなければならない。こうして隊列を作り、攻撃縦隊や防御方陣を形成するのである。新兵は計算どおりに移動や攻撃を実行することで、自分の力と仲間たちの力をひとつにし、自分自身を新たに演出することを訓練する。[34] 新兵は背筋を伸ばし、上半身を前に傾け、腹が出たり腰が反ったり肩が上がったりしないようにする。それは規則に明記してあるように、行進するうえで大いに邪魔になるからである。新兵はまっすぐ前を見つめ、厳格な姿勢を維持することを学ぶ。それは戦闘時に必要な自制と平静さのしるしである。足の力を抜き、踵を使って位置を変え、足と膝を使って行進するすべを学ばなければならない。

歩くことは、市民生活ではいとも簡単なことだが、野営地ではスムーズに行うために大きな注意と膨大なエネルギーを要する複雑な技術となる。教官が用いるマニュアルは、時代を超えていくども書き写されてきた。それらはいずれも、兵学校でもとりわけ重要なこの領域の諸規則を事細かに定めている。

> 一、前へ。二、進め。最初の合図で兵士は右足に体重を乗せる。二番目の合図で、力強くかつ静かに左足を右足から二歩のところに踏み出す。膝を伸ばし、つま先をやや下げて、つま先と膝を軽く外に開いて。同時に体重を前に運び、左足を水平にして静かに右足から同距離のところに置き、全体重を地面に置いた足にかける。兵士は力強くかつ静かに右足を前に出す。すると足は地面すれすれに進み、兵士は先ほど左足について説明したのと同じやり方で同じ距離だけ前に出る。このようにして歩き続ければ、脚が交差することも肩が回ることもなく、頭は常に直線上に位置する。(35)

第一帝政以降、近衛兵は身体に紐を結びつけて二隻の船のあいだを泳ぐ訓練をした。体操の訓練は、身体をほぐしてより柔軟でより頑丈にし、それを実践する人間の自制心を向上させるとして、一八七二年から兵営の教育課程に登場した。(36) 身体訓練と軍事演習は、人間の背筋を伸ばして歩きかたを独特にするので、たとえ制服を脱いでも軍人だとすぐにわかるほどであった。その点で軍人は聖職者に似ている。聖職者も衣服よりもその態度によって聖職者だとわかるのである。新米兵《ブルー》が兵士としての歩きかたを身につける前に、その肉体と精神には多くの苦しみが刻み込まれる。

精神的苦痛

実際、軍事教練はたいてい罰則への絶えざる恐怖のなか、大声や罵倒や拳骨が飛び交うなかで展開された。大革命や第三共和政の時代には、教官は新兵を市民として扱い、自分が行った行為の意味を説明するように求められた[37]。その一方で近代の戦争は、兵士の機械人間のよろいを粉々に吹き飛ばした。火力のせいで戦闘員は大きな主導権を委ねられた自立狙撃手に変身した。それでも「プロイセン式教練[38]」は長いあいだ「特務曹長」を魅了し続けた。乱暴で高慢で気まぐれでときに悪辣な下士官によるひどい仕打ちは兵士に悪影響を及ぼすと、医師たちが告発したにもかかわらず、訓練時間は依然としてたいてい暴力時間のままであった。

求められる男らしさのモデルに応えるためには無感覚が鉄則であるこの世界において、ブルジョワや農民はときに耐えがたいほどの心理的苦痛を味わった。その苦痛は一七五七年に初めて記述され、一七七二年の『軍隊医学規範』のなかでコロンビエによって「メランコリー」と呼ばれた。有名な精神科医のピネル〔フィリップ・ピネル。一七四五―一八二六。精神科医〕は自らのあるいは軍医たちの観察にもとづき、一七九八年の『哲学的疾病学』や『体系的百科事典』に一八二一年に発表された項目のなかで[39]、これ以後「ノスタルジー」と呼ばれるものについての印象的な記述を残している。患者は陰気な様子とうつろな視線をもつ。ときに凶暴で無気力で何事にも無関心で、食欲減退と不眠をわずらい、沈黙を守り、脈は日に日に弱くなる。ナポレオン一世の軍隊でノスタルジー患者を大勢扱ったラレーは、とくに軍人がかかるある病気の進行を描写している。すなわち、熱、頭痛、身体が痩せて色つやが悪くなること、消化不良または下痢、興奮、動揺、錯乱。知的能力は衰え、死が突然苦悶もなく訪れる[40]。

十八世紀半ば、医師たちはこの病気の病因論に取り組んだ。ある者は原因を「身体的」なものとし、空気が変わることで起こるとした。別の者は原因を「精神的」なものとし、「記憶現象」や固定観念や悲哀によるものとした。たとえばコロンビエは、農民は過酷な労働には慣れているものの、兵学校で際限なく繰り返される動作にはうんざりするのだと説明した。実際に彼らの外観を変えるのは大変なのに、下士官は彼らを「すらりと軽快に」するための訓練に従わせる。この苦痛のせいで彼らは容易に憂鬱や病気に陥るのである。それに、コロンビエが指摘するところでは、農民というのは自分の鐘楼が見えなくなるやいなや「悲しみにとらわれ、それゆえに病気にかかりやすくなる。それで新兵の四分の一が死ぬ[41]」。

田舎の住人は都会人よりもメランコリーにかかりやすいのだろうか。大革命時代の医師たちが記すところでは、農民は無為に置いておかれるがゆえにいっそうかかりやすい。農民は都会人と違って気晴らしをするすべを知らない。彼らを危険から遠ざけるには、彼らが故郷でしてきたような重労働を与えてやるだけで十分である[42]。

裕福な家庭の子供は農民以上に傷つきやすい。農民は少なくとも軍隊においてもとの家庭よりも上等な生活条件を見出すことができる。すなわち、少ない労働時間、上等な衣服、豊富な食料、医師の手当てである。第一共和政でも第三共和政でも、軍医は誰もがそう認めている。故郷を離れて荒くれ男たちのあいだに放り込まれたブルジョワの若者は、自分の男らしさが萎縮したように感じる。機甲連隊に配属されたセリーヌはこう証言する。

ぼくは何度も、ベッドの上でただひとり深い絶望にとらわれ、十七歳であったにもかかわらず初聖体拝領者のように涙を流した。そんなときは自分が空っぽだと［…］男ではないと感じた。［…］本当に苦しかったのは現在の苦痛だけでなく、自分が男として劣っており、そう認めざるをえないことだった。自分がひと月前に行った若きエネルギーについての大演説はただの空威張りであり、自分はいざとなれば能力の大半を失った哀れな他所者にすぎず、せいぜい残った能力でエネルギーの欠如を認めることくらいしかできないのだと痛感した。[43]

アルコール中毒の危険

いずれの場合においても、鉄道を使用して故郷で休暇を取ることが可能になったおかげで、十九世紀を通じてこの病気は減少した。しかし軍隊生活が引き起こすさまざまな苦痛はしばしば羞恥心ゆえに抑圧されて残り続けた。兵士はたいていアルコールによってそれを乗り越えようとした。「札つきの酒飲みと浮気な愛人」[44]はいずれも兵隊のシャンソンではなじみのテーマである。兵士はアルコールへの耐性と精力絶倫を男らしさの明白なしると見なした。大部屋では誰もがこう自慢した。「娘っ子じゃあるまいし、一リットルはへいちゃらさ」。休暇を取った兵士は兵営に帰ると「前の晩の酒の二日酔い」について語る。それを聞いた兵士たちは「腹をよじって笑い、誰もがこのスポーツ競技では自分も負けていないと示そうとして、各自がおのれの体験を物語る」[45]。軍隊はこうして、大半の兵士の出自である労働者階級に根ざした文化的実践を継続するのである。しかし何よりも、軍隊生活それ自体が病気を悪化させる危険をはらんでいた。新兵はアルコールのなかに、自らの矛盾した状況に対する解決を見出した。たいていの場合、軍隊は盲目的服従と「神聖な」規律の名において、男らしくするはずの者たちを子供らしくしてしまう。アルコール中毒を、矛盾を隠蔽しつつ解決するための象徴的行動と見なすことができるだろう。すなわち、司令部が掲げる男らしさの価値と兵士たちに要求される絶対服従という状況とのあいだの矛盾である。[46]

敵意の時代には軍隊におけるアルコール中毒の猛威は増大した。一九一四―一九一八年の戦争のずっと前には、司令部によって攻撃の前や後の時間にアルコールが配給された。大革命期と帝政期の軍隊は、疥癬を防ぐための石鹸の箱よりも、ブランデーの樽が到着するのを今か今かと待ち望んだ。たとえ人権擁護の名で行われようと、戦闘の目的は敵を殺すことにある。そしてまともな人間なら誰でも、道徳が禁ずることを自分を傷つけずに平然と行うことはできない。近代戦争では兵士に対する一斉射撃が主体になったが、それでもまだ肉弾戦の余地が残されていた。太鼓の音、敵の叫び声、負傷兵のうめき声や馬のいななきのなか、雪やほこりや煙のただなかで、兵士はのどをかき切り、手足をぶった切り、内臓をえぐり出して自分の命を守るのである。戦闘が終わると、友軍の探索が始まる。煙のただよう戦場のなか、火薬と死体の匂いのただなかで、死亡した仲間との別れが永遠に記憶に刻み込まれる。仲間と死をともにすることで、自分自身の消滅を痛感するのである。殺戮の晩には、不安が殺人の罪の意識と入り混じり、勇気がくじけ、殺人の前以上に酒を飲むことになる。感情が受けた衝撃は完全に精神から消え去ることはない。兵士のなかにはそのために正気を失う者もいる。

Ⅳ　軍人の男らしさと性

軍隊における女性

野営地の諸活動においても駐留地の暇な生活においても、女性は重要な話題であった。軍隊がほぼ女性禁制の空間であるだけにいっそう話題にされたのである。軍当局が唯一認める女性は従軍商の女と洗濯女であった。とはいえ彼女たちの存在は重大な道徳的危険とみなされた。洗濯女は売春婦と見なされていたが、それはときには理由がないわけではなかった。(47) そして従軍商の女は一八一七年になってもなお、ベランジェのシャンソンにおいて軍隊の栄光を身にまとった売女として歌われている。彼女は身分を表す軍服に似た衣装を受け取り、名前を変え、「酒保のおかみ」や、連隊の一種のマスコットや、負傷兵にとっての「希望の天使」になり、さまざまな場所をふさいでいた。「軍隊の女」は「本質的に男性的と見なされる領域における違反と侵犯」を構成する。(48) 一九〇五年五月二十一日の法は彼女たちの役割を退役軍人に割り当て、彼女たちを軍隊から追放した。

軍人の妻たちも軍当局からは同様に悪く見られていた。ルーヴォワとそれに続く摂政時代の大臣たちは、軍人の結婚を制限する政策をとった。この政策は十八世紀の終わり頃には一部の士官の圧力によって変更された。彼らの主張するところによれば、兵士は部隊のなかに家庭を作ることでそこに落ち着き、「女郎屋」から遠ざかり、子供を作り、そしてその子供は軍隊の未来の兵士となるのだ。しかしすべての階級はこれに賛同せず、兵士の結婚を無秩序の一要因と見なした。医師のコロンビエはそのような意見を反映してこのように書く。

結婚した兵士は軍務よりも家族に気を配るようになる。独りでも慎ましい俸給を妻や子供たちと分け合わねばならないのだ。妻にいくらか稼ぎがある場合、仲間たちの習性を免れたこの男はそのことで分別と習慣を失う。また、軍隊での結婚を許可することは、軍隊に志願した者を従軍商になるように仕向けることであり、彼らに酔いどれか卑劣漢になる機会を与えることであり、そしてさらに悪いことに、仲間を同じ境遇に引き入れる機会を与えることである。(49)

修道士のあるいは去勢兵士の軍隊という、パリ大学医学部の医師〔コロンビエ〕のこの理想は、一七九一年と一七九二年に家族からなる軍隊の登場によって粉砕された。これらの家族は貧しさのあまり故郷にいられず、国民志願兵についてきたのである。ヨンヌ県の志願兵である市民テラソンは、妻と五人の子供とともに野営地にたどり着いた。パリの志願兵であるダン中尉の妻は野営のただなかで出産した。[50] 女性市民たちは戦場におもむくために軍事教練を受けることを要求した。当局は彼女たちの熱意に賛辞を呈したが、女性はか弱いので戦闘には向かないと述べ、手紙によって市民兵士の勇気を奮い起こすだけにとどめなさいと命じた。一部の女性は聞く耳をもたなかった。サントラーユ夫人は「女性」としてではなく「勇者」として戦争をするのだと説明した。アンジェリック・デュシュマンは一七九二年に制服を着た。彼女はすぐに砲手としての才能を認められ、兵士たちにより大尉に選ばれた。[51] 兵士の妻であろうとなかろうと、これらの女性兵士は結局軍隊の兵員から排除された。軍隊は常に、彼女たちが自分の魅力で商売をするのではないかと疑っていたのである。

「艶っぽい女」はいつの時代も世界中の軍隊にあふれていた。何者も彼女たちを追い払うことはできなかった。一七九四年に北部軍の国民代表は彼女たちを排除するために厳格な措置を取った。彼は成功したと思った。彼はベルギーに入るやいなや「女性部隊」に出くわしたが、彼女たちはこの国を新たな「カプア」〔ポエニ戦争においてハンニバル軍はカンナエの勝利の後、カプアで逸楽にふけり勝機を逃した〕にしていた。[52] ボナパルトはイタリア遠征の際、「売女」が部隊についてくることを禁じた。娼婦たちは彼に罵詈雑言を投げると、馬鹿にした様子であらかじめ空にしてあった樽に身を隠した。皇帝となったナポレオンは売春婦を禁止する命令をいくども出したが、部下の将軍たちはたいてい彼女たちの存在に目をつぶるほうを選んだ。結局のところ、兵士たちが長すぎる禁欲のせいで女性を略奪したり、占領地域の女性に暴力をはたらくよりは、娼婦たちが軍隊のそばにいたほうがよかったのである。

売春宿は居酒屋と並んで兵士たちの唯一の娯楽であった。十九世紀には当局の警告の声が響き渡った。たとえば一八四〇年に警視総監はこう書いている。「パリが軍隊に与えるあらゆる面倒事のなかでも、売春婦が常に出入りすることがおそらくもっとも重大である」。彼女たちは誰もが「けしからぬ意見」をもち、兵士の道徳を堕落させ、「兵士に無秩序な精神を吹き込み、それと同時に自分たちがかかった恥ずべき病気を彼らに移して軍務をできなくさせる」[53]。しかし兵士たちに肉体的快楽を禁じようとすれば、彼らを四六時中鎖で繋いでおかなければならないだろう！

性病と男色行為

アンシャン・レジームの病院も第三共和政の病院も、「愛の毒」を受け取った男たちでいっぱいだった。ヴォルテールが『四〇エキュの男』で次のように言うのは決して誇張でない。すなわち、中尉二人、従軍司祭一人、伍長一人、軍事教練下士官一人がいれば三カ月以内に十二の村を毒してしまうことができる、と。一七七五年にコロンビエ医師が、そして一世紀後にはミルール医師がこの意見を正しいと認めている。彼らは二人とも、軍隊こそもっとも活発に性病をまき散らす病巣であると断言している[54]。一七九六年以降行われている検査と予防にもかかわらず、この病気は執拗にはびこったので、一九一六年一月に総司令官は衛生予防常設委員会の報告に続いてこう警告した。

誰もがこの災厄の現実の危険性を自覚しなければならない。それは家庭の平和と家族の未来と民族の活力を脅かし、国民の生命力と発展能力とすべてのエネルギーの源泉を台無しにする[55]。

第一次大戦直後のＢＭＣの創設によって、ようやく「ヴィーナスの足蹴」に歯止めがかけられた。[56]
十九世紀の軍医たちが書くところによれば、兵営と野営地がつくりだす何千人もの男たちが閉じ込められる閉鎖的空間は「生殖欲動の逸脱」を誘発する。フェリックス・ジャコ医師が書くところによれば、軍隊では「貧しさからくる独身と禁欲、そして共同住居がスパルタと同じ結果をもたらす」。[57] 一八九三年にシュヴァリエ医師はこう説明する。

同性で同じ欲望をもつ一定数の人間を多少なりとも限られた区域に閉じ込めておくと、彼らを必然的に風俗壊乱に向かわせることになる。男性をすし詰めにしておくとかならず、チフス熱が発生するのと同様に自然に反する悪徳が発生する。こうした事態はいくつかの項目が重なり合うことで生じる。すなわち、直接的で恒常的で排他的な接触、共同住居での朝から晩までの雑居生活、身繕いや卑近な生理的行為が全員によって全員の目の前で行われること、年齢のばらつき、模倣、繊細で滑稽なやつと見られたくないという恐怖心、そしてときには脅迫や暴力。[58]

軍医たちによれば、軍隊における「軍旗」とか海軍における「コルベット艦」[59]と呼ばれる人間が存在することは、遠隔地の守備隊や孤立した部署における女性不足や、貧乏による禁欲によって説明がつく。また、軍隊の衛生隊が記すところによれば、植民地部隊において男色家は相当数にのぼる。こうした行為に目をつぶる上官をいくら告発しても無駄であった。一部の者は、任務時間中に男色行為にふける軍人もひとたび市民生活に戻ればそれを放棄するのだと主張した。「彼らは女性との恋愛もできるのでそれは容易なことである」。ラモルシエール将軍がシャンガルニエ将軍についてこう書くとき、彼はこの意見を是認しているように見える。「アフリカでわれわれは全員その気があったが、彼だけはこちら側にとどまった[60]」。

V　男らしさと連帯精神

兵士たちが受ける通過儀礼や、彼らが実践する激しい鍛錬や、彼らが達成する長期間の演習は、パンとワインを分かち合うこととともに、連隊への同化をもたらす過程の一部をなしている。そこには連帯精神が明確に表れている。連帯精神は集団への忠誠と伝統への敬意からなり、統一と連帯を命じる倫理に支えられている。それは戦友たちを導き、彼らを兄弟に変え、若者たちが砲火の洗礼を受けるときに古参兵の勇気を吹き込む。連帯精神は戦場における競争心を生み出す。こうして兵営でつちかわれた軍人としての男らしさに、最後は自己犠牲にまでいたる証明の手段を与える。兵士たちは祖国のために戦い、たいていは戦友のために死ぬのである。

戦いの名が戦死者の勇気と生存者の活躍を呼び起こす軍旗、名前と登録番号ごとに負傷や戦死が記された兵員名簿、識別票で飾られた軍服、これらはいずれも連帯精神の公的な表現である。他の身分や職業にも精神はあるだろう。しかしこれほどの強度をもつものはない。なにしろそれは、死を受けたり与えたりすることを引き受けた例外的な運命をもつ男たちの共同体の魂を表しているからである。ビュジョー〔一七八四―一八四九。軍人、アルジェリア総督〕はこう述べる。

ホームシックがなくなり、連隊旗が村の鐘楼のように思われ、［連隊］番号の名誉が傷つけられるたびにサー

ベルを手にする覚悟ができ、隊長や左右の兵士を信頼し、彼らを愛し、長いあいだ同じ釜の飯を食えば、もう立派な兵士だ。(61)

第Ⅲ部　男らしさを誇示する絶好の機会

第1章

決闘、そして男らしさの名誉を守ること

フランソワ・ギエ
（和田光昌訳）

一八八五年三月二十六日の『法廷通信』に、次のような小話が掲載されている。

十五歳と十四歳の二人の少年が、激しい口論になり、剣によってもめ事を解決しようと決めた。そして、昨日午後、ヴァンセンヌの森で、仲間三人の見守るなか、彼らは刃を交わした。両者とも軽傷を負ったが、名誉は守られ、争ったその場で和解した後、各々帰宅したのだった。[1]

十九世紀を通じて様々な展開をみせる男らしさの根拠となる、しばしば苦痛をともなってでも幼少期から教え込まなければならない様々な価値が、最高のレベルにまで高められるのは、一騎打ちの儀式においてである。なにより道徳的な価値であり、それを遵守することによって完成された男となるからである。決闘という実践であらわされるこの道徳によれば、たしかに、挑発によって名誉が毀損されたとき、懲罰を下さないまま受け流してはならないと定められているが、同時に、名誉の回復が、正々堂々とした対決により、戦う両者のあいだに公平性を確保した上で行われることも求められている。決闘の儀式に必要なものは、危険に立ち向かう勇気と、とりわけ冷静さや自制心であり、決闘するものはそれを証立てなければならない。決闘は、つまり、真実が明らかになる試練なのである。決闘相手を始め、全員の前で、これらの性質を自分が備えていることを示し、それによって、名誉ある男、すなわち真の男であることが明らかになる。

I　決闘の根源にある名誉

1　名誉の感覚

名誉の理論家といってよいヴィニー〔一七九七―一八六三。フランスのロマン派詩人〕が「義務の詩[2]」と呼んだ名誉は、実際、男らしさの枢要徳〔通常、賢明・剛毅・節制・正義の四つ〕であり、その本質そのものとしてあらわれる。この感情にたいする敬意、さらには崇拝を示す証言は数多くある。シャトーブリアンは、『我が生涯の回想』〔『墓の彼方からの回想』初稿〕のなかで、「これが、名誉が私に果たすことを命じた最初の決闘だった。名誉は、我が生涯の偶像となり、私は、我が休息と幸福、そして幸運を、そのために幾度も犠牲にしたのである」と書いている。これは、子どものころ、不名誉になると考えられた鞭をのがれるため、寄宿生だった中学校の校長の権威に挑んだ後の記述である[3]。自己の尊重、行動の倫理、名誉の度合いの評価という三つの意味で、男らしさの名誉は、男としての条件を定め、規範を要求する。サント・ブーヴ〔一八〇四―六九。フランスの作家・批評家〕は、一対一の対決を、疑惑に苛まれながら最後までやり遂げる陰謀にたとえている。「陰謀も決闘も、決行前夜は、気を紛らせようしても無駄に終わり、心の底で、真にも正義のなかにもいないと感じる。それなのに、人間の名誉心によって私たちは支えられ、そして続行するのだ[4]」と彼は書いている。自らの信念や理想に明白に違反するのに、この名誉のための儀式に従わざるをえなくなったものの証言も多数ある。たとえば、熱狂的共和主義者で労働者の擁護者であるラスパイユ〔一七九四―一八七八。フランスの化学者、医学者、政治家〕は、『改革者《ル・レフォルマトゥール》』誌の発行人だった、一八三四年十二月三十日、やはり共和主義者である『良識《ル・ボン・サンス》』誌発行人のコショワ＝ルメールと一戦交えるはめに追い込まれる。(5)プルードンは、執拗に抵抗したにもかかわらず、一八四九年十二月一日、山岳派議員フェリックス・ピアと弾丸二発を浴びせあった。(6)ジョレス〔ジャン。一八五九―一九一四。フランスの社会主義者、政治家〕は、一九〇四年十二月七日、スペイン国境でポール・デルーレード〔一八四六―一九一四。フランスの右翼政治家〕に強要され、決闘を免れることはできなかった。

これらの人物は、男らしさの名誉に特徴的なことだが、十九世紀における男性性の条件を越えて、苦痛に満ちた葛藤にとらわれている。というのは、名誉の規範は、カトリック教会でもプロテスタント教会でも、十九世紀を通して強調された(7)キリスト教道徳のみならず、トゥーサンが書いているように、「真っ当な理性(8)」にも反しているからである。啓蒙の哲学者たちは、大多数が名誉の重要性と正当性を認めながら、この問題の微妙な点に留意しているが、名誉を守るために暴力を発揮すること、とりわけ、決闘という「ゴシック的野蛮(9)」の名残については、容赦なく糾弾している。その格好の証明となるのは、『新エロイーズ』〔ルソーの書簡体小説〕のなかにある、サン゠プルーが自分のためにエドワード卿と闘うのをジュリーがやめさせようとする場面である。

このように、決闘という出来事からは、悪徳や美徳、恥辱、真実、嘘など、すべてを生じさせることができるのです。剣術場は、あらゆる正義の中枢なのです。権利といっては力しか、道理といっては殺人しかないのです。侮辱を与えたひとにたいしてしなければならない償いが、ただ殺すことであり、あらゆる屈辱も、屈辱を与えたものと与えられたものの血のなかですっかりぬぐわれるというのです。[…] 真実を述べたものを罰しようとなさるのと一緒に、真実も殺そうとお考えなのですか(10)?

フリーメーソン会員たちの立場も異なるものではない。一部の意見では、堕落し、ほどなく反革命側に合流することになる貴族[11]の特徴であるこの行為に、徹底した辱めを与えるものこそ、フランス革命なのである。

この内部紛争については、プルードンが残した『覚書』にある、出版用でないいくつかのメモのおかげで、詳細を知ることができる。山岳派と、このアナーキズム理論家との間に異常な緊張状態が続いたさなかのことである。一八四九年十一月二十四日、政治結社の演説家、E・マディエは、プルードンに手紙を書き、プルードンが発行人を務める『人民』誌がたるみはじめていること、タイトル部分からプルードンの名が引っこめられたことがその証拠であるとの意見を表明した。次に、山岳派のセクト主義を攻撃し、改革宴会のために、労働の権利のために乾杯する演説を起草したと語った。担当の委員会で全員一致で承認されたにもかかわらず、当日は、この件は、欠席しているフェリックス・ピアのものであるという口実で、やはり全員一致で拒否されてしまった。「あぁ、民主主義の貴族主義ではないか」と結ばれている。この手紙を、プルードンは、『人民』誌十一月二十五日号に掲載し、とくにドレクリューズ〔一八〇九―七一。フランスの急進的共和主義者、ジャーナリスト。後パリ・コミューンの指導者〕の『民主主義的・社会的革命』誌を攻撃した。十一月二十五日の夕刻、国民議会の廊下で、ピアはプルードンに近づき、「おぞましい豚野郎」呼ばわりし、拳の一撃で返答を受ける。翌日ただちに、決闘の申込状が、拳を振りあげたプルードンのもとに送られてくる。

彼は、長い間、抵抗する。「私のなかでは、名誉心は理性と一緒になっている。私の理性、原理を損なわないものであれば、私を傷つけたことには全くならない[12]」と彼は書いている。その後で、次のように付け加える。「私の行動が全てそうであるように、この事件も理性で考察したい。私が正しいのか間違っているのかを、闘う前に確かめたい」。しかし、最後には、抵抗を止めてしまう。

いまや、侮辱や伝記、こぼれ話、匿名の手紙、果たし状に私が返答すべき時がきた。――私は、侮辱にたいして毅然たる態度を取ってきた。私の自尊心（私の名誉はそれに何の関わりもない）のために訂正を求める文は、一行も書きつらねる価値などないと思ってきた。これまで、私は公衆の関心をもっぱら私の思想によって惹きつけようとしたのであり、けっして私事によってではないが［…］避けがたい――片付けなければならない決闘があるのだ[13]――。

十一月二十九、三十日の両日、ボーヌ街のホテルの部屋から出ようとした思想家は、踊り場に寝ていた労働者たちに制止され、決闘の場に赴くことができない。三十日は、ホテルから出るのに成功するが、今度は、国民議会のリヨン警察署長に出くわし、なだめられる。十二月一日、とうとう、両者は相見える。

滑稽で、ばかげた喜劇。たがいに二言三言謝罪を交わしてしまえば、われわれは決闘を超然とやりすごすこともできた。民衆はそれを望んでいたし、友人たちは仲裁しようとしていた。共和国の危機がそれを要求していたのだ。立会人たちはそうは考えず、私たちは各々二発ずつ打ちあって、偏見に追従したのだった[14]。

と彼は結んでいる。

名誉心の掟が理性を打ち負かしたのだが、それはまた、物笑いの種にならないためでもあった。決闘における滑稽さは、たえず言及され告発され、数多くの小説家や劇作家の作品のなかで取り上げられている[15]。名誉心によって打ち負かされるが、たしかに存在する恐怖。プルードンはそれを感じ、決闘前に、『覚書』のなかで、自分の人生について、長々と詳細に振り返っている。弱者や不幸なものの利益のためにどれほど働いたかが強調される。「我が全生涯は、勇敢果敢の努めである」、その先では、「私はまだ貧しい、支えるべき貧者がそれほどたくさんいるのだ」と書いている。[16] 証言を残しているものたちの大多数は、決闘の試練を受けることは、恐るべき体験、合理的な根拠がないだけいっそう恐ろしい体験であると言っている。[17] 代議士の決闘は、ありとあらゆる嘲りの対象となるが、当事者たちにとってはどうでもよい事柄ではない。一八八七年八月、『ル・マタン』誌の記者アルチュール・ランは、ブーランジェ将軍〔一八三七―九一。フランスの軍人。左遷で陸軍大臣を解任された後、当時のフランスの現状に不満を持つ様々な立場のものたちの象徴的存在となる〕の立会人たちが要求した厳しい条件――拒絶されるようおそらく周到に計算されていた――を、ジュール・フェリーが拒否したことを激しく非難し、皮肉なコメントを寄せて憤慨している。元陸軍大臣をフェリーが「カフェコンセールの聖アルノー」と呼んだことがそもそもの原因である。決闘者のいずれかが負傷するまで自由に火器を用いることのできる決闘より、フェリーの立会人たちは、号令による決闘、二十五歩互いに離れたところで一発だけ発砲しあう決闘を選ぶ。記者は次のように記している。

二十五歩離れた、号令による決闘とは、何という冗談だろうか。いや、その場にいないかぎり、真面目な話とは思えない。しかし、小さな黒い点を前にすると、この距離もけっして離れすぎとは思われず、そして号令が発せられるまでの数秒間でも、思いをめぐらす時間がたっぷりある。何人もの英雄、現場ですこしも動揺しないのが自慢の、発砲されても平気な男たちがいることは聞いたことがある。しかし、彼らは、どうしてそうなったのか私にはわからないが、本当に決闘をしたわけでは断じてないのだし、することもないだろう。それに、彼らが、どんなものであれ、危険にさらされたのを見たものは誰もいない[18]。

名誉心の持つ、抗いがたいこの力について、プルードン自身、その原因を次のように説明している。

臆病者と思われたら、フランスでは死を招きかねない。この疑いを晴らすには、たとえそれがどんなに滑稽なものであるとしても、決闘しかなく、精神の勇気は、勇気ある男の証明にはならないことが受け入れられている。フランスでは、献身も仕事も、いかなる種類の美徳も、短銃の発砲を前にして平然としていられる男の、装われた無感覚のかわりにはならないのである[19]。

決闘を拒否することは、臆病者と思われ、そのことによって、男としての長所を否定される危険をおかすことである。十八世紀末以来、男女の対立と相補性にもとづいてつくりあげられた性別の表象体系において[20]、男の臆病さは、男らしさの力の欠如であり、対極にある存在に近づくことになる。「第三の性」というカテゴリーに分類されかねないのだ。宦官の臆病さについての考察は、十七世紀以降の哲学や医学文献のトポスとなっている。カバニスは、次のように記している。「宦官たちは、一般に、人類でもっとも卑しい階級であることが知られている。弱いがゆえに、卑怯で陰険であり、不幸であるがゆえに、ねたみ深く、悪意に満ちている」[21]。はっきりした侮辱の言葉が、少なからぬ数の十九世紀の決闘事件においてみられる[22]。ヴィニーは、名誉心を「男にとっての羞恥心」だとして、「十分それを持たないことの恥辱は、われわれにとって全てである」と書いている[23]。

ジークムント・フロイトが名誉心を分析した際、強調したのは、自己の救済を個人の義務とすることに宗教固有の貢献があるとすれば、名誉心の貢献は、社会的義務を自己の個人的救済とする点にあることである。[24] 一人前の男でなくなること、それは、ある資本の喪失によって社会的死をこうむることであり、その象徴的性格により、ピエール・ブルデューが示したように、消失の具体的影響も皆無ではないという含みがある。[25] この欠如によって、ひとりの個人が自分の尊厳を保つこと、すなわち、自分が値すると考える尊敬や地位——自己や他人を敬う基礎となるもの——を守ることができないと証明されることで、さらに、その背後にあることがら、すなわち、彼の庇護のもとに置かれた妻、子供、家族たちの保護や、特別なつながりのある集団との連帯に不適格であることも明らかになってしまう。親や仲間がこうむった不名誉によって、すべてのものが、永遠とまでは言わないが、長期にわたって、とばっちりをうける。ボーヴェの劇場の上演中に一悶着あった若者とその場で遭遇することが起こりえないように、近所を歩き回ることを禁止された後、王国軍猟歩兵曹長のルキアンは、仲間の視線に耐えることができないで、一八二三年七月十五日、頭に弾丸を打ちこんで自殺することを選ぶ。[26] フェリーの拒否は、急進派系新聞によって糾弾され、大統領選で彼が敗北する一因となる。

このように、対決を拒むものにふりかかる恥辱を受け入れるには、帝政下の破棄院検事で、卓越した法律家のフィリップ゠アントワーヌ・メルランが要約してみせたように、例外的な魂、聖人か哲学者のような魂の持ち主である必要がある。

決闘の申し込みを前にして後ずさりして彼の名にまとわりつく不名誉を選ぶか、決闘を受諾して正義の裁きの放つ一弾で首が跳ね飛ぶことになる死刑台を選ぶか、名誉を大切にする男がこの二つの選択のあいだに置かれているとします。この上なく深く根を下ろした先入観でも理性の前に屈服させることがいつでもできる偉大なる魂の持ち主——つまり、不幸にも非常に稀な例外的ケース——である場合は別にして、どちらの選択をするのが自然なのかは、あなた自身でご判断ください。[27]

というのも、一対一の決闘は、ただ政治的汚点の脅威をそそぐことができるだけではないからである。それは、献身のようにみえる美徳で飾られている。一八二九年三月十二日、貴族院において、ラギューズ公爵元帥が、決闘の抑制に関するポルタリス法案の審議のなかで説明しているように、決闘は「熟慮の上でする高貴な犠牲であり、人が執着する命を、さらに尊い善を保存するために危機にさらす[28]」。決闘が自殺と異なるのは、この点においてである。

名誉に配慮すること、それは、たんに、十九世紀の男たちに重くのしかかる強制というだけでない。社会保存の手段として[29]、名誉は、また、所属する社会カテゴリーがそもそもどんなものであれ、一つのエリート集団への帰属を明示することで、ポジティヴな価値を持つものでもある。常人の水準より厳格な倫理要求に従うエリートなのである。軍隊や学校の青年、政治家階級など、男性限定でないにせよ、男性性のとりわけ強い集団や社会でとくに顕著なこの要求と感情は、しかしながら、その及ぶ限度がはっきりしない。男、すなわち女性ではないという意味での男性、すべての男性に関わりうる。名誉を重んじるという、男だけのものとされる美質のなかには、貴族の本質である、金銭についての鷹揚さがあるが、そのため、賭けによる借りを除き、そのような理由で決闘が行われることも、名誉にかかわるこの行為から利益を引き出すことも禁止される。一八一九年の、決闘の抑制に関するクローゼル・ド・クセルグの法案を準備するとき、下院の委員会は、強制的に定められる補償金と利害金を貧者に支払う可能性を検討している。当該委員会は次のようにいう。「というのも、フランス人にとってごく自然な心の機微によって、夫や父、子の血の代償の要求、あるいは受領と受け取られる懸念のある場合に備えなければならないからである」[30]。名誉の法は、市場の法の上に位置するということである。この確信は、七月王政期の正理論派も含め、十九世紀の大部分の男たちに共有されている。一八四〇年代について、レミュザは次のように説明している。「実業の重要性は自ずから明らかだった。しかし、不作法者に有利にみえた。商業省、公共労働省、財務省までもが、二級、三級の男たち、才覚のない男たちの自由にされるのだった」[31]。一八五〇年代の「良識」派と呼ばれた流派の代表であるエミール・オジェの戯曲でおなじみの主題、ブルジョワ的名誉も、実直にもとづいたものとして描かれているが、このような考え方から隔たっているわけではまったくない。

名誉が属しているのは責任と自律の倫理であり、その対比として輪郭が明らかになるのは、服従と、宗教の及ぼす影響の色濃い、女性の倫理である。「キリスト教の信仰を失ったものが、露見の恐れがなくても窃盗を犯さないのは、なぜなのか?」とヴィニーは問いかける。「見えない名誉心によって、押しとどめられているのだ」。十九世紀を通じ執拗に繰り返され、ジンメルの分析もその枠のなかにあるこの論法を用いる作家にとって、「名誉が、彼の行動の唯一の基盤であり、宗教の代わりとなっている」[32]。決闘者たちのなかには、死を間近にしても、教会による埋葬を受けられないおそれがあるにもかかわらず[33]、躊躇なく宗教による救済を拒むものたちがいる。名誉は、非宗教的で男性的、共和主義的な道徳をつくりあげるための要の部分となる。その代弁者たるミシュレは、学生に向けて次のように書く。「すべてのものの上位に、ひとつの権能がある。それは名誉のそれである。飢えで死ぬことができるようになりなさい。それが芸術・技術の最初のものである。魂の自由を与えてくれるのだから」[34]。数々の決闘を切り抜けてきた功績を誇る、決闘好きで自由思想家のクレマンソーは、この思潮の尊敬すべき代弁者として姿をあらわす。彼にとって、行動だけが生きる理由であり、彼によれば、共和国のなかに、決闘を起こす自由も含まれているのである[35]。個人の自由と平等という、共和国イデオロギーの演出として、決闘は、自由な市民を養成するという共和国のプロジェクトに呼応している。とくに軍事分野において問題となるのは、従属的で、したがって戦場でどうすればよいか自分で決められない、機械のような兵士を追放することなのである[36]。教育大臣ポール・ベールは、一八八二年、次のように言明している。共和国の軍事教育は、「人間の大いなる搾取者たちによって称賛されてきた、ある種の、身体と精神の機械的操作である軍国主義にたいする、もっとも確実な防御である」。というのも、「真に自由な人間の美質を伸ばすからである[37]」。アンチ・フェミニズムの理論家オットー・ワイニンガーが、一九〇三年、ズボンの着用など、男性の習慣を採用した、同性愛を実践する女性たちについて次のように書くとき、自由と男らしさのつながりが再確認されている。「解放の度合と男性性の度合は、ただ一つの、同じものである[38]」。これらの習慣を採用している女性は、彼の眼には、女性一般に比べ、道徳的および知的に優れていることになる。

2　家族の名誉

フランス革命は、貴族の名誉の発現としての決闘を廃止し、市民としての名誉に置き換えようとした。市民としての平等を確立し、一七九〇年六月十九日法によって、三つの身分区分と、紋章やお仕着せなど封建制のあらゆるしるしを廃止し、特権のすべての形態に終止符を打ちたいと望んだのと同じである。しかしながら、政治における理性の到来によって、一対一の決闘が終わったわけではなく、この習慣によって政治的闘争の解決をはかることが逆に増えたことは認めざるをえない。一七九〇年に反決闘を訴える政治文書を書いたフィリップ＝アントワーヌ・グルヴェルと同じく、多くの観察者たちにとって、「女性による専制政治[39]」下に置かれた貴族たちに特有のこの行為が存続しているのは、公の活動に女性が干渉するせいであり、不和と紛争の源なのである。この確信と軌を一にして、男性市民の男らしさを強調する政治物語がつくられるが、そこでは、いかなる女性性の痕跡も見られないことが再生のしるしになる。[40] このように、決闘は、革命の言説において両義的な位置を占めている。[41] 拳闘士にふさわしい野蛮な慣習であると同時に、極端すぎる洗練の表現でもあり、それは、二流風俗の崩壊と無関係ではない。同じ著者によれば、「われわれの父祖たちの風俗の野蛮と、われわれの風俗の腐敗した洗練趣味の、奇妙でいかがわしい混ぜ物」[42] なのである。

フランス革命の政治文書の書き手から、一八九二年の法曹家ガブリエル・タルド〔社会心理学の著作で知られる〕まで、[43] 女性は、実際、決闘や闘いの主要な扇動者として登場する。自らの評判に配慮したり、決闘の勝利者――あるいは少なくとも勇気を見せることのできたもの――に愛情のしるしを与えるからである。例えば、フランス革命や帝政時代の元兵士たちの思い出や回想録には、決闘のおかげで女性の心を射止めたり、あるいはつなぎ止めることができたという物語がちりばめられているという、紋切型のイメージがある。[44] たしかに、男性の意向により支えられ、保持されている名誉の価値を、女性も共有していないという証拠はない。しかし、女性に責任を負わせるこれらの言説があらわしているのは、何よりも、彼女たちが公共活動に闖入してくることにたいする、激しい不安である。[45] 革命期の諸改革の源にあるリベラリズム、とりわけ個人の権利の平等は、法人格が認められた女性にたいする新たな権利の獲得によってあらわされるが、その反面、よく知られているように、自然にもとづいた、男女の性差の共約不可能性についてエスカレートした言説がみられるようになる。[46] 政治的権利の獲得は、これらの表象に衝突し、結果的に、政治クラブや軍隊から女性は閉め出される。

フランス革命にともない、女性と男性の役割と空間が再定義されるが、[47] それは、報道による中傷に関する一八一九年法の枠のなかで行われるのであり、同法は、公共生活と私生活を明確に区別しているが、女性の名誉にとって有利な点は少しもない。アンシャン・レジーム下では、貴族女性は、貴族間の名誉にかんする紛争を解決するため、名誉問題の裁判機関である、元帥裁判に訴え出ることができた。シャルル九世によって一五六六年に創設され、フランス革命期に廃止された制度である。しかしながら、注目される条件が一つあり、それは、誰か男が関わっている必要があったことである(48)。一八〇四年の民法で定められた制度では、一八一六年の離婚禁止によってさらに強固なものになったのだが、女性が恥辱を受けたり、個人的に侮辱されたりした場合に助けを求めなければならないのは、「家庭の名誉にかんする至上の、絶対的な裁き手とみなされる(49)」夫、あるいは父にたいしてなのである。命令に従わなかった女もいる。慎ましい境遇にある女性たちのなかには、躊躇せず、決闘を受けたり、個人の名誉が修復不可能なくらい脅かされたと考えて、それを守るために、男性と一対一で闘うよう挑発するものもいる。稀ではあるが、公判記録にある通りである(50)。しかし、敗北ばかりだった。人類学者が強調するように(51)、根本的な禁忌が、男女間の決闘を禁じているのである。「わたしたちは剣術ができないし、夫を挑発して決闘することも許されていない。それで正しいのだ！　わたしたちは男たちに殺されてしまい、彼らが喜ぶだけだろう(52)」と一八三五年に、夫にたいする法的別居の訴えについて、ジョルジュ・サンドは書いている。彼女のような境遇にある圧倒的多数の女性と同様、決闘というシステムを見直そうとは全くしないのである。政治的権利の行使同様、女性が武器を使用することは、違反なのである。

女性の名誉は、性的な清純さに限られたままであり、羞恥がその主要なあらわれであり、その喪失は、家族の名誉の蓄積を危険にさらしてしまう(53)。この蓄積を管理し、保護下に置かれた家族、行動に責任のある配偶者、母、姉妹、自分で自分を守るには弱くなりすぎた尊属を侮辱から守るのは男たちである。男の主要な役割は保護者であることだとする、このきわめて伝統的な図式において、決闘は、数多くのものたちにとって、他にかえがたい手段であり、その行使の抑圧をめざす法案にたいし警告が放たれる。フランス革命期のような[54]、国家による私生活への過度の介入を避けたい社会において、決闘とは、訴訟を避け、法務大臣セール伯爵〔エルキュール・ド・セール。一七七六―一八二四〕が出版に関する一八一九年法案を擁護したときの表現を用いるなら、「私生活を壁で取り囲む」手段であり、一八四五年に提出された法案について『グローブ』誌の記者が用いた表現では、「家庭の最も不可侵にして聖なる部分」を白日の下にさらすことのないようにする手段なのである。秘められた私生活の暴露にたいする危惧は、十九世紀の指導者層において根強いものがあるが、それに応えるものなのである。さらに、愛人や誘惑者、あるいは挑発者にたいする決闘は、刑法の精神にかなうものであり、同法三二四条では、夫が家庭で現場を目撃した場合、妻や愛人を殺しても無罪になることが事実上定められている。家長にのしかかる公的な資格剥奪の脅迫をのがれるために決闘があり、それによって、保護する機能とともに、男らしさの回復が可能となる。

二十世紀初頭に、哲学者L・ジュドンは次のような考察をしている。

> 決闘をすることで、夫は、妻の不貞の黙認という疑いを晴らすことができるし、妻にとっても、一人の誠実な男が自ら危険を冒して守ってくれることで、名誉が回復される。最後に、自分のために命をかけた男を愛し、尊敬することになる[55]。

文明の利器としての決闘という考えに従えば、さらに、「社会において、礼儀とそれを魅力あるものにする敬意を維持し、中傷や不作法が野方図に広まらないようにする」[56]のに貢献するのが決闘であり、女性にたいして払わなければならない敬意をより確かなものにする。一対一の対決は、伝統の規範をあらわしているのであり、決闘を違反行為にしようとする一八二九年法案に反対して立ち上がった、決闘を擁護する者によれば、（民、刑、商、民事訴訟、刑事訴訟の）五法典の至る所にみられる矛盾や逸脱、欠落を緩和するために厳格な規定を持っているのである。[57]決闘は、このように、クロード・アビブによれば、フランスの貴族社会で男女間の関係を特徴づけ、十九世紀末には、拡張されると同時に衰退もする雅の伝統に連なっている。[58]

十九世紀の古文書が、隅から隅まで、家族の名誉を動機とする決闘の例であふれているのは確かである。エメ・シレ事件はその一例で、彼は、従兄弟と決闘したが、その理由となったのは、前者エメの父で後者の叔父にあたるジャン・バティスト自身が管理人を務める、サイヤン侯爵の財産を不法に奪っているという、後者による告発だった。被告の弁護にあたった、クレミュー弁護士は、一八三六年に発表された、決闘の儀式と名誉にかんする判例についての、フランスにおける最初の書物であり、もっとも影響力のあるシャトーヴィヤール法典を持ち出して、次のように述べている。「侮辱された父が六十歳を越える場合、息子がかわりに闘わなければならない」[59]。一八一八年十月二十三日、ジェール県ローンブで、妻の家族に後押しされたサルダック氏は、両親の意に背いて、サルタジェクス嬢を誘拐し結婚した、アントワーヌ・ギャルソンと対決する。この娘は、サルダックの義理の姉妹であった。[60]一八一九年には、ポンタムーソンで、一人の将校がピストルの一弾でラカイユ氏を殺害する。彼は、検事の報告によれば、将校がまさに婚姻しようとしていた、若く実直な女性を侮辱したのだった。このラカイユ氏の家族は、非を認め、いかなる告訴もしなかった。[61]一九〇三年十一月十六日に、ヌイイのグランドジャット島で、アンリ・ランティエが、決闘事件で死亡するフランス最後の男として倒れるのは、自分の情婦の夫と闘った時だった。[62]

II　対決の主役となるものたち

1　男たちの社会

女性と家族を保護する手段であると錦の御旗のようにふりかざされた、この決闘の機能には一つの歴史があり、いくつかの挿話によって彩られている。十九世紀後半における新聞雑誌の興盛によって、大きく取り上げられた[63]これらの事件は、しかし、一対一の対決に訴えかけることを正当化するにしても、十九世紀に行われた調査――セール伯爵によって一八一九年に行われた公式のものや、エドゥアール・デュジャルダンによって一八九一年に行われた非公式のもの――でみるかぎり、決闘の大部分の原因であるとはとてもいえない[64]。したがって、名誉の価値が含み持つものの重大性にともなって、フランス革命後も決闘が長く存続した唯一の理由が、一対一の対決が法典の定義になく、一般的な法律によって擁護されえない、「社会のデリケートなことがら[65]」の保護にあるとはいえない。疑いようもなく、女性が問題になっているときでさえ、決闘は、何よりも男の事柄であり、男女間の区切りがとくに強かった時代において、男性社会に固有の社会性の諸様態のなかに組み込まれている。

十九世紀に徐々に姿をあらわしはじめる新たな公共空間において、男たちは、卓越した地位を占めている。彼ら人類の半分のものたちの内部で、社会性の諸形態が構築されるのであり、その上に、政治における民主主義がうちたてられるのである。その母胎となったのは、モーリス・アギュロンによれば、フリーメーソン会員の社会のあり方である。サークルの発達が、この点において、興味深いものとしてあらわれる。サークルは、男性間の平等主義にもとづいて世紀始めに結成されたもので、その点においてサロンとは区別される。男の専有物である煙草、喫煙によって女性の排除を明確に示している、この制度は、保守派の批判を呼び、ヴェロン博士によって遺憾の意を示される。彼は、この欠落が生み出す弛緩を嘆く。

サークル、クラブは、日々その数が増え続け、我々は女性と交際することから遠ざかりつつある。女性たちの、甘く、慎み深い親密さから逃げ出しているのだ。われわれ男の風俗や習慣、さらには感覚を麻痺させる葉巻の煙の傍若無人さに、女たちは無感覚になることを強いられている。(66)

女性の不在は、また、政治界の特徴でもある。一七九〇年十一月十二日、カストリ侯爵とシャルル・ド・ラメトが対決した、うわさを呼んだ決闘では、フィリップ＝アントワーヌ・グルヴェルの念願に反し、名誉の価値が勝利を収める。ミラボーが、「これこそ名誉だ、真の名誉だ！」と叫んだのは、彼らの英雄の左腕に傷を負わせたことの罰として、カストリ公爵の館を襲ったパリの蜂起者たちが、何も盗みを働かなかったからである。(67)しかし、王党派の挑発者たちの名誉は、これと同じではない。愛国者たちは、ただちに、プルードンが数十年後に直面することになるのと同じジレンマに向き合うことになる。やはり彼らも、つきつけられた挑戦に応酬するよう強いられるのだ。このように、決闘は、十九世紀フランスの特徴である内戦のたえざる反復のひとつのあらわれとなるが、また、フランス、ヨーロッパ、アメリカ合衆国においては、政治闘争の道具でもある。(68)組織化された政党が存在せず、反乱分派の結成と個人の友情との区別が難しく、ある意見や政治的決定にたいする批判は皆、名指しの攻撃の様相を呈してしまうような時代にあって、一対一の決闘は政治活動の儀式として定着する。

王政復古から一八三〇年代始めまで、決闘が、街中の闘いや蜂起のなかにみられる習慣となり、とりわけ兵隊くずれや、彼らの敵である王党派の連中にとって、決着をつけるための手段であるとしたら、七月王政期は、フランスにおいて、政治の世界における紛争解決の手段として根づいていく時期となる。第二帝政期にはかげりが見えるものの、決闘は、第三共和政の特徴となり、それに伴い、再び議会論争の喧伝の具となる。決闘が当然のように行われていたジャーナリズム界や弁護士界の出身である共和派の政治家たちは、自らの権力を正当化する道具、身分を区別するしるしとして、また、あらゆる封建化を拒否する証明として決闘を用いる。一九〇二年に『ペン』誌に発表された論考のなかで、ジョルジュ・パラントは、名誉の感覚は「個人の意識を拠り所とし、意識のなかにある高貴の小さな花で、群れの低俗や卑怯をあがなってくれる」(69)と述べている。ジャン＝ノエル・ジャヌネが強調するように、決闘は、フランスのエリートたちの間では、資本主義が支配する、匿名性に脅かされた現代社会のなかにあって、個人と自由意志に完全な地位を与えようとする配慮に応えるものである。一対一の対決は、匿名性を失わせる(70)。

新聞雑誌の伸張期にあって、決闘は、政治家にとって、とくに、闘うという身振りを示して舞台に躍り出る手段の一つとなる。政治をすることは、したがって、男らしさを見せつけることとなり、試練を受けることによって、気骨があり、深い信念を持つことを証明することができる。それが、彼の前にも後にも多くみられた政治家たちと同様、プルードンにとっては苦い経験となる。しかし、ブーランジェ将軍のように、決闘の政治的効果を利用し、権力の頂点に上り詰める道を切り開こうとするものもいる。彼は、王党派のラランティと一八八六年に闘い、さらに、一八八七年にはフェリーを挑発している。決闘の武器は、しかしながら、不注意に取り扱えば傷つけられることもある両刃の刃である。彼が、シャルル・フロケと一八八八年七月十三日に決闘したとき、喉に受けた重傷は、この「復讐将軍」の政治的落日のはじまりとなる。

男らしさと名誉は、さらに、第三共和政期にあって政治界にいっそう浸透し、また、繰り返し腐敗が糾弾され、社会的恥辱の被害者集団となったジャーナリストたちが熱望する根幹のものである。十九世紀初頭の小説では、売春婦のイメージが、彼らに頻繁に結びつけられている[71]。文学とジャーナリズムが緊密に結びついた時代のフランスにおいて、決闘はいくつもの機能を帯びることになる。遂行するものの誠実さを示す名誉の証明である一対一の決闘は、より高く評価され、威信のある作家というステイタスに近づきたいという、ジャーナリストたちの熱望をあらわすものだが、またおそらくは、スタイルに気を配り、論争を好むことが情報の信頼性より優先されるような、彼らの職業の特別なあり方を助長させてもいる[72]。論説の理想の高さの証明としての一対一の決闘は、政治闘争の至る所に、とりわけ、七月王政初期にみられ、真の職業的ハビトゥスとなって、数多くの犠牲者を生み出す。アルマン・カレルはその一人であり、一八三六年七月二十二日の彼の死は象徴的性格を帯びる。一八八一年法が、名誉毀損の抑制について触れていないことによって、世紀末には、激しい個人攻撃が行われ、共和国が危機を迎えるとき頂点に達する。ブーランジェ事件の他にも、パナマ危機、軍隊におけるユダヤ人の存在やとりわけドレフュス事件に対する『ラ・リーブル・パロール』誌〔反ユダヤ主義、反ドレフュスで知られる〕のキャンペーンなどには、決闘がつきものである。

2　軍隊的男らしさのモデル

ジル・ミエリが「軍隊的男らしさのモデル[73]」と呼んだものが上昇するにつれ、名誉はますます優遇される。ナポレオン戦争[74]のなかで生まれ、ナポレオン時代初期の連戦連勝で活発になった名誉の国家化のプロセスにおいて、この集団感情が託されるのは、主に兵士たちであり、「名誉と祖国」の銘が刻まれたレジオン・ドヌール勲章の創設は、その象徴となる。軍隊が優遇され、帝政時代に名誉の優先権が復活したことにより、軍人たちは、本質的に貴族的な倫理を自らのものにすることが容易になる。この倫理がもっとも目立つかたちで発揮されるのは、他の男たちに適用される法や処罰にたいする自由、さらにいえば蔑視においてである。一対一の闘いは、そのあらゆる形態において、この点で軍隊文化の一特徴となり、多様な出身の多くの新兵たちが直面することになる。団結心を保つためのイニシエーションとしての儀式であり、部隊の団結と規律の手段でもある決闘は、軍隊の誉れについて兵士と将校が抱いている高邁な思想に応えるものであり、軍事教本ではたえず称賛の的となって、彼らが「民間人」と根本的に区別される根拠とされる。(75)(76)

退役軍人の多くは、この高邁な思想を市民生活のなかに持ちこむ。彼らの職業は様々であり、十九世紀前半の社会生活と小説世界ではおなじみの人物たちである。軍隊時代の制服に対する敬意というのは、うわべだけの言葉ではない。一八一九年八月に、予備役中の将校が、金で雇った役者たちとトゥルの劇場の舞台に立って喜劇を演じたことで、彼の行為を非難するアルデンヌの追撃隊少尉と、擁護に回った元下士官でトゥルの公証人候補生との間に決闘が生じた。かつら製造の職に従事したことが、あまりに奉公身分に近すぎると判断されて、レジオン・ドヌール勲章受勲者、元軍曹ラクロワは、一八一三年に、勲位局総監から起訴のおそれがあると警告を受けている。(77)(78)(79)

決闘は、軍人や元軍人たちが、民間人にたいし有罪となる暴力行為の一つとなる。軍人が登場する通俗劇の芝居では、決闘をしかけることが登場人物の名誉を保証することになり、決闘によって、しばしば愛する女性と結婚することができる。ゲテ座で一八二〇年に上演された『チューリップの騎士ファンファン〔別題『花咲ける騎士道』〕』

のなかでは、恋人の父親——元兵士——との決闘が、居住地のピレネーの村がスペイン人たちによっておびやかされるとき、非軍人のファンファンが見せる勇気の予告となっており、彼はその功績で愛する女性と結婚することができる。[80] 名誉の価値という共通点で貴族と軍人を結びつけることは、多くの戯曲のなかで試みられていることである。ブルジョワは、そこで古典的には反面教師の役を果たしているが、それは、十九世紀前半の社会階層としてのブルジョワジーの存在基盤が部分的に置かれていた想像世界から生じたものである。[81] この期間もそれ以降も、法廷記録が残っている決闘で、決闘者か介添人に一人も軍人がいない例は稀であるが、決闘の相手は、しばしば、演劇的想像力によってふぬけの典型に仕立てあげられたブルジョワである。彼らの多くが、十九世紀前半に、軍隊を経験したのは事実である。たとえば、一八一八年にオシュで、宿営中の竜騎兵と複数回にわたって対決した若きブルジョワたちの大部分は、知事によれば、兵役を終えていた。[82]

七月王政以降高まっていく軍隊の社会的威信は、服装やひげなど、とくに外観的価値によってあらわされるようになり、一般社会でもしだいに受け入れられるようになると、[83] 軍隊における名誉のあり方にも変化が生じ、きわめて保守的なものとなる。物質化し、女性化し、それゆえ堕落した、投機師と演説家の支配下に置かれた社会のなかにあって、軍隊は、名誉と国旗の信仰を保持しえた唯一の組織であるがゆえに、純粋さを保った組織として存在しているのだと、ある大尉が一八三九年に要約して書いている。[84] 一八六八年にニル法が可決されたことで起こった議論によって、専横的なナポレオン主義者たちはいっそうこの種の意見に頼ることになる。彼らは、兵役義務を免除される「よい番号」を引き当てたものも含め、すべての若者たちに機動憲兵隊での従軍を強制することを想定した法に賛成しているのである。階級が混交し、社会的闘争が緩和されることに加えて、この法の可決を正当化するために持ち出されるのは、エリート階級出身の若者を男らしくするという理由である。[85]

3　青年たるかぎり

軍隊モデルの上昇は、疑いもなく、若者の地位向上にくみしており、徴兵制度によってより詳細にその輪郭をたどることができる。たとえ、兵役代理や再役によって、十九世紀の軍隊が、若者だけで構成されているとはとてもいえない状況であるにしても、青年時代は、戦士の時代、すなわち、少なくとも様態において男性特有の時代のようにみえる。ルソーが『エミール』[86]のなかでその芽生えと重要性について述べている性的活力の旺盛な時代である青年期は、十八歳から三十歳までのあいだに位置する、人生のなかの特別な時間であり、結婚して身を固めることによって終わる。都市の上層階級において、それは自由な時代であり、学業を修めたり、また、多くの若き貴族たちにとっては、一時的に兵役についたりする時代である。社会全体におよぶ個人化のプロセスであるとしても、この年代が注目されるのは、世代という概念によるところが大きい。一八二〇年代に歴史学が誕生するのと軌を一にして出現する概念である。[87]ミュッセが書いているように、「過去を未来から分離する」[88]この世紀の痙攣のなかで生まれた世代という概念が形成されるのは、フランス革命、帝政、そして王政復古[89]などの出来事によって生じる時間の衝撃のなかであり、それが具体的にあらわれるのは、アラン・B・スピッツァーの研究対象となった一八二〇年世代においてである。[90]老人支配にたいする闘いが一つの象徴となる政治闘争によって、[91]この都会的かつ男性的な集団の存在が正当化される。代弁者となるのは、学校の青年たちである。

軍人たちと同様、学生たちも、世紀末ドイツの学生同盟のような組織性はないものの、閉じられた集団を形成し、それに順応するための儀式のひとつが決闘なのである。学生用のフェンシング練習場があり、古の大学特権の一つとして学生の帯剣権が求められていた[92]アンシャン・レジーム時代から続く伝統である一対一の決闘——その特質はジャン＝クロード・カロンによって研究された——は特殊な生活様式であり、十九世紀前半においては、自由への絶えざる要求が特徴である。行動の自由であり、政治的自由でもある。大学界にも中等教育にもくりかえしみられる、若者による動乱のひとつであり[93]、暴力抜きというわけでなく、剣のみならず、ステッキもしばしば武器として用いられている。なかでも政治にたいする異議申し立ての一形態であり、王政復古期と七月王政初期に頂点に達する。当局による抑圧が集団的示威行為より難しいという利点のある決闘は、ミシュレが学生に忠実であるよう要請している名誉の倫理に合致するものであり、彼らが自らをたんなる同盟体ではなく、貴族集団とみなすことができるのは決闘のおかげなのである。彼らの主な政治的敵である軍人、より具体的には、度重なる異分子排除によって君主制の主要な支えとなった将校団と闘うとき、決闘は、団結を高める妙薬として作用する。学生と軍人のあいだの挑発と決闘は、少なくともアンシャン・レジーム末期から、都市生活の変わらぬ一情景である。

しかしながら、軍人と学生に加わる、別の集団がある。王政復古期、パリや地方の劇場で引き起こされた動乱は、これら二つのカテゴリーだけでなく、パリではパレ＝ロワイヤル〔コメディー・フランセーズ〕からヴィヴィエンヌ〔ヌボテ座〕を経てモンマルトル通り〔近くにヴァリエテ座がある〕に至る地区で営業している仲買人や商店員の息子たちからなる集団[94]の仕業であることが、アラン・コルバンによって証明された。この個別集団の枠を越え、教育を受け、活動的な若者の一団が、この紛争解決の手段を手中にする。若き代訴人や公証人、銀行員、公務員たちが、決闘を普通に用いている。ジャーナリストと同じように全てのひとが、この特徴的な儀礼を用いることで、しばしば不確かなものである男らしさ、したがって信望を強固なものにするのである。

商店員の場合がまさにそれである。この典型的な都会人の姿が、パリに「ロシアの山」〔ジェットコースター〕が設置されたとき書かれ、一八一七年に上演された、ユージェーヌ・スクリーブとアンリ・デュパンの戯曲、『山の闘い、あるいはフォリーのボージョン』[95]のなかの登場人物カリコ〔「店員」の意味あり〕のなかにそのままあらわれている。カリコは、親の援助を受けて将来自立するまで商店や卸売り店で修行する若い店員であり、商店世界のカリカチュアである。拍車や口ひげをひけらかして軍人ぶるこの人物の思い上がりをこき下ろす脚本は、笑い者にされたものたちの怒りをかう。初演から二週間後、何百人もの商店員たちが、七月二十七日から一週間にわたって毎晩、ヴァリエテ座を攻囲し、「カリコ〔店員〕の戦い」を繰り広げる。口笛を吹き、野次を飛ばして、上映を中断させようと、主役のブリュネを脅迫したが、とうとう警察が介入する騒ぎとなった。四人が法の裁きを受けることになったが、出廷したのは、十七歳の少年ただひとりである。[96]

これら若者の集団が、十九世紀前半の都会生活につきものである様々な衝突の主役となる。挑発行動の聖地である劇場という公共空間の象徴を掌握することが目的である。多くの紛争は、集団的闘争にしばしば発展するといっても、実際は、しばしば企てられても現実に闘うことはほとんどない。たとえば、百五十人近くの学生と軍人が、一八二一年、ポワティエ周辺に戦いのため集結するが、知事と管区司令官の介入により、戦闘開始前に終結してしまう。リベラル陣営が、学生を伝令にして、メランという名の学生指導者が収容されているポワティエ帝政裁判所の元検事総長ベラと、リベラル派議員ヴォワエ・ダルジャンソンのお気に入りの弁護士ポントワの支援をとりつけたのだ。[97]警視庁の調書によれば、一八一九年、パリで、バンジャマン・コンスタンの新聞『ラ・ルノメ〔世評〕』の四人のジャーナリスト——全員がフェンシングの師範あるいは師範代——が、国王の親衛隊四人と対決しようとしたが、警察によって妨げられる。[98]これらの対決において、政治的動機はたしかに大きな位置を占めているが、決定的なのは、しばしば、優先権をめぐる諍いや、ただでさえ傷つきやすいプライドを逆なでされることである。紛争の原因となるのは、通常、本人のいないところで発せられた中傷的言辞、侮辱する手紙、表敬の拒否、劇場への入場あるいは退場をはばむことなどである。

これらの紛争のなかでひときわ目立つ、特別なカテゴリーがある。女性にかんする紛争である。男たちに保護の義務がある、名誉ある淑女たちのことではなく、「名誉ある淑女と自称する」女たちのことである。この表現は、一八四〇年、この種の女性の一人が、一緒にいた若者の死を招いてしまったことを遺憾に思う、ある重罪院裁判長のものである。[99] 実際、男らしさを誇示する場としての公共空間にあって、固有の地位を有するのは、この種の女性のみである。同様に、田舎では、ダンスホールが衝突の場となるが、それは嫉妬と競争心によって引き起こされるものであり、多くの事件の原因となっている。たとえば、グルノーブルでは、一八一〇年代始めに、ある女優を争った決闘で、ドュ・バレル氏はロワイエ氏を殺害する。[100] お針子、囲われもの、女優からなるリストに、娼婦も加えることができよう。彼女たちは、つねに軍人たちの紛争の種であり、結婚して身を固めようとしても、階級制ゆえに困難であることは知られている。疑いなく、一対一の決闘は、娼館通いと同様、男というカテゴリーに分類されるための通過儀礼となっている。

しばしば祝祭的となる性質上、一対一の決闘は、当局側から大きな寛容、さらにいえば奨励を享受している他の行為を思い起こさせるものがある。必要悪としての逸脱が認められていないわけではない。学生と軍人の衝突によって喚起されるのは、田舎の若者たちによって行われた集団的暴力行為という、より緩和されたかたちのものである。いくつかの地域で、若者の集団によって組織されるもので、青年たちは、そこでは攻撃的な男らしさに導かれているのである。[101] 自分たちも若い頃には同じようにしたと主張する老人たちに煽動され、「〔男としての〕面目を刺激」され、ケルシーでは、しばしば何百人もの規模の若者の集団がぶつかりあい、石や棒を用いた集団戦が繰り広げられる。負傷者や死者は、しばしば、その場に放置される。[102]

しかしながら、この年齢層にとって、決闘がいつも男らしさの発現というわけではない。溢れ出る暴力は、また、十九世紀前半、医師や論者によって重要とみなされていた、あるひとつの感情によるとも思われる。すなわち倦怠の感情であり、しばしば自殺の誘惑と関連づけられている。[103]「危険に身をさらすことで、こころが高められ、倦怠を免れられる。哀れな熱狂者たちが沈み込んでいる倦怠は、伝染性のもの」[104]。お追従を言う男たち、真に偉大な行為を見たこともない若者たちが寄せる手紙をつまらないと一刀両断にするマチルド・ド・ラ・モール（『赤と黒』のなかの登場人物）に、スタンダールが言わせていることばは、文学における倦怠の主題の重要性を物語っている。若き数学者エヴァリスト・ガロワが一八三二年に死亡したことがおそらく顕著な例だが、決闘における死のまわりにただようロマンチックなオーラを越えて、一対一の決闘に頼ることとは、男性的倦怠の徴候であり、自らを「失われた」世代と感じた最初の世代における展望の欠如と空虚が強調されることになる。

一八五〇年代始め、倦怠は、しかしながら、社会的反逆に変わる。ジュール・ヴァレスがヴァントラスの口を通して、「しかし、決闘を怖がるひとがいることが私は理解できない。金持ちの同等者となり、金持ちに血を流させることさえできるかもしれない機会をそこに見ているからだろうか？　刃が深く入れば、うんと血を流させることもできるのに」[105]と表明するときである。決闘は、この小説が描きたかったような、運命の扉をこじあけ社会的上昇を可能にする高貴な手段になるどころか、[106]数年後、ヴァレスの主人公の個人的敗北を刻み込むことになる。仲間のルグランにたいして起こした闘いは、彼にとって、人間としての尊厳の究極の発現としての意味しかもはや持たないのである。[107]

4　決闘のパラダイム――ひとつの社会的事実

ごく些細な細部にいたるまでコード化され、洗練されたしきたりを持った決闘は、社会的上流階級における礼儀作法のあらわれのようにみえる。『十九世紀万有大辞典』のピエール・ラルースによって、「選良妄想oligomanie」と形容されているではないか。[108] 洗練のねらいは、動機についても進展についても、民衆の間で慣習となっている、ルールなしの紛争解決手段である乱闘や殴り合いとみずからが区別されることである。したがって、分別心をもってしか闘わないのである。一八二一年に出版された『上品な男になる手引』でアベル・グージョンは次のように説明している。

世間では、何が名誉なのかがしばしば誤解されている。名誉が本当に傷つけられた場合のみ、決闘を挑み、あるいは受けるために、真偽の区別ができるようになる必要がある。[109]

儀礼がつきものの決闘は、そのため、「卑劣な」武器であるナイフを用いた闘争と根本的に別物とみなされている。ましてや、武器を用いず素手で闘うといった、動物性――民衆はまだそれに近いと支配階級は考えている――を想起させる行為とはかけ離れている。

決闘は、こうして、支配階級による名誉の専有権の要求のようなものになる。一八四五年三月十一日、同業者である『ラ・プレス』誌記者デュジャリエを決闘で殺害したかどで、『グローブ』誌の記者、ロズモン・ド・ボーヴァロンが裁かれることになった重罪院の法廷で、アレクサンドル・デュマは被害者の友人として証言を求められる。作家の陳述によれば、一八三七年十二月十五日のデュパン判決によって、決闘で殺人を犯したものたちが罪を受けないという、一八一九年以来破棄院〔最高裁判所〕にたいし享受していた恩恵に終止符が打たれた直後、セーヌ県知事ボンディを裁判長にして、貴族院議員四名、下院議員四名、文学者四名、大貴族四名からなる名誉法廷が招集された。決闘でこうむった被害、損傷、死亡については、刑法に定められた措置が以後適用されるとする最高審の新たな判例を認めるどころか、名誉法廷の全ての構成員は、シャトーヴィヤールの書物に示された原則にとどまろうとしたと、デュマは述べている。(110) パリの上流社会を揺るがす紛争から国家を遠ざけることを目的としたこの制度は、一五六六年に創設され短命に終わった元帥裁判、すなわち名誉裁判をモデルにしており、決闘裁判の復活という、近代になっても貴族の側から表明された、古くから続く要求の一つである。(111)

しかし、この〔名誉の〕専有権の要求は、根拠薄弱と思われる。革命政府が、古から続く礼儀表現を根絶しようとしたように、名誉を美徳で置き換えようとしたのは確かだが、(112) 一八〇二年のレジオン・ドヌール勲章制度創設と、宮廷作法の復活によって、両者とも、卓越した社会的価値として復帰したことが示される。執政政府時代になるとただちに、名誉はたんにハビトゥスに似た価値というだけでなくなり、根本的に新しくなった支配階級の一体感向上に貢献する。フランス革命がその母胎となった、平等主義的熱情に属する要求であり、そのことによって、教育を受けた都市生活者層、とりわけ、七月王政下で国民軍幹部を提供していた法曹や経済関係者からなる層において、決闘に訴える機会が頻繁になったことも説明できる。(113) 決闘と殴り合いの境界は、しばしば微妙である。慣習や規範によって定められた措置が守られない決闘は多くある。軍人が主役の、十九世紀前半の男の日常のありふれた出来事であり、暴力が衝突する多くの形態のうちのひとつなのである。革命戦争とナポレオン戦争のとき若いフランス人が多く集まった軍隊世界は、この点において、相互にかけ離れた社会層の慣習である多種多様な対決のかたちが出会い、混じりあうスポットとしての役割を果たしている。

名誉の価値が社会的に流通するのは、たしかに、十九世紀の特徴である。労働者のエリートたちは、軍人の挑発に応えるのを忌避しない。たとえば、印刷工のドジュラは、一八一九年六月、メーヌの門で舞踏会があったとき、彼を侮辱した国王衛兵隊の下士官にたいして、剣で闘いを挑む。[114]芝居についていえば、名誉と名誉の擁護は、十九世紀後半になってようやくブルジョワ化する観客によって見られ、脚本が読まれたヴォードヴィルで、とりわけ愛好された主題でもある。[115]ある社会集団が、女性に近いとみなされがちな奉公の身分と混同されることを拒否することで、男らしさと名誉が合体し、両者は、いくつかの衝突の種となる。フランス銀行の集金人が、一八七八年に、ひげを生やす権利を得ようとする運動がその一例である。[116]男らしさは、皆に与えられた貴族のかたちではないのか。[117]

男性的世界の典型である武器の使用は、この男らしさの名誉の文化が共有されているひとつの証拠である。アルレット・ファルジュによれば、王政下での禁止にもかかわらず、剣の使用は、十八世紀パリにおいて、貴族や軍人に限られるわけでは全くない。歴史家の指摘によると、警察の尋問において、

名誉の感覚は武器や挑戦の威光に頼ることによってしか本当には守られえない、という抑えがたい感情が明白にあらわれている。町外れでも沼沢でも、多くの紛争が剣を用いることで解決される、キャバレーにおいてさえも、しばしばみられる。[118]

啓蒙時代のラングドックにおいても、状況は少しも違わない。ニコル・カスタンによれば、「下種野郎[119]」と言われると、どんなブルジョワも、手ひどいことばにかっとなって、決闘を申し込まなければならないと思う。田

舎においても、短刀や棒――ブルトンの青年にとっては、かの「ペン・バズ〔先端にゴルフクラブヘッドのような「頭」のついた棒〕」[120]も含まれる――を与えることは、男らしさに到達したことの象徴である。[121]パリの住民にとって剣のかわりに手にする武器となり、アルレット・ファルジュの言によれば、「騎士団のまねごと」[122]を可能にする棒やステッキは、一八〇〇年代には、カーンの青年たちのお気に入りの武器に数えられており、その操り方を、剣と同じように学ぶのである。[123]アグリコル・ペルディギエは、様々な組合間の対立から闘いが生じるとき、職人たちがそれをどのように残酷なやり方で用いたか、描写している。そのなかに次の記述がみられる。「職人たちは、名誉を守るため、偽りの栄光のために、おそるべき闘いを繰り広げるものたちを賛美し、褒め上げ、支援していた。詐欺や盗人には呪いのことばばかり浴びせていた」[124]。小銃については、ナポレオン戦争以降、地方にも広く行き渡っていた。

名誉のためと判断される動機から、二人の男が正々堂々とぶつかり合う決闘。そのパラダイムとして、十九世紀前半において、種々な武器を用いて、あるいは武器なしで行われた数多くの衝突をあげることができる。ケルシーの田園で、挑戦はしばしば、奸計をもって応えられるが、また、決闘への真の挑発というかたちになることもある。一八二〇―一八三〇年代に、決闘相手が、書面による呼び出しや、介添人に頼ろうとするやり方、あるいは、闘うとき、どちらかが倒れるまで殴り合うか、石を用いるか、銃を用いるかなどについて事前に決めることによって、チャンスを平等にして対抗しようとするやり方などについては、フランソワ・プルーの解説がある。[125]野次馬たちが集まる村の広場で、石を用いて行われた公開の決闘から思い起こされるのは、ニコル・カンタンが詳述する、一七七九年六月二十日の夜、同地方のカステルノー＝モントラティエ広場で観客多数の見守るなかで行われた剣での闘い[126]、あるいは、オシュで、一八一八年、集まった住民の目前で、町に宿営していた竜騎兵と、名誉にかけてはことのほか激しやすいブルジョワの若者たちの対立から起こった一連の決闘などである。他にも、もっと密やかに、観客という公の担保なしに行われる決闘もある。サーベルを入手できなかったため、ろくろ鉋工《かんな》と鋳造工の二人の職工が、一八三六年九月二十七日、メスの街角で、月明かりの下で闘ったとき用いたのは、練習用のクロスガード付きの剣と、それで壊した弓鋸である。[127] 一八二六年、アグリコル・ペルディギエは、武器なしで、職人仲間の一人と、上流のものたちと比べて少しも遜色ないやり方で対決する。二人の男たちは、挑発の翌日未明、それぞれ介添人をひとりともなって、相見えることにする。「やめ！」の一言で中止する取り決めがかわされている。闘いは、「構え！」で開始され、アグリコルが勝利を収めると、最寄りのキャバレーで乾杯し、仲直りして終わる。[128]

パリ周辺で十八世紀終わりに生まれた拳闘術であるサヴァットは、少なくともより洗練されたキックボクシングというかたちにおいては、フェンシングと決闘からの借用が多い。マルタン・ナドーは、『レオナールの手記』のなかで、リムーザンを後にしてパリに居を定めた後、一八三四年の冬、彼がどのようにして、ラ・ヴァヌリ通りにある、ルミュル師のフェンシング場で、熱心に練習に励むようになったかを記述している。そこに通うことが、パリや他の地方出身の職工たちから尊敬されるために必要になったのだった。物語は、たしかに、事件のずっと後、彼が別の世界の人間になった時代に書かれたものではあるが、ナドーは、同じ建物内の職工たちの間の数多くの小乱闘を名誉に関わる事柄だとして、次のように書く。「職工同士のこれらの喧嘩は、今日、しかるべき階級のものたちの間で行われる決闘のようなものだった。誰か挑発者がいたとき、剣を交わすのを拒否すれば、自己の名誉が失なわれる気がするのと事情は同じだった」[129]。アレクサンドル・デュマは、また、社交界の男たちがサヴァットを学ぶようになったのは、様々な社会階層のものたちが混じり合っている、フランコニのような公開舞踏場で、社交界の男が民衆の男と対立するとき、後者を剣あるいは短銃での決闘の水準にまで引き上げることが不可能なためであると主張している。前者は、サヴァットにおいても、ほどなく庶民階級の敵対者たちを凌駕する。また、同じくデュマは、ひもたちのあいだで売春婦の取り合いになったとき、それを決するのはやはりサヴァットであると述べている。介添人たちの目前で、薄明のなか繰り広げられるこの対決は、「決闘に劣らず興味深い事柄」[130]であると、事情通の作家は述べている。一八七九年でもなお、短剣での決闘の結果だと主張することで、ジョゼフ・ガスタンは、パリの街角で、かつて同房だった元囚人マテュー・アルノーを殺害したことを正当化している。後者は、前者の愛人であるファシオという名の売春婦を奪ったのだった[131]。

Ⅲ　決闘の儀式と慣習

1　「何人モ報イ受クコトナク我ヲ害スコトナシ」

あらゆる政治事件と同様、下院の院内、そして院外のサロンや新聞雑誌は、プルードンとピアの事件について、共鳴箱のような働きをする。しかしこの事件も、原理において、そして成り行きにおいて、十九世紀に頻発した数多くの匿名の衝突事件とすこしも異なるところはない。社会階層に応じて様態は変化するものの、名誉に関する倫理は、古の貴族の銘句、「何人モ報イ受クコトナク我ヲ害スコトナシ《ネモ・メ・イムプネ・ラケシット》」[132]に要約されるように、一般的に、尊厳の主題に依拠しており、行動規範を通して表現される。その技法の数々に通暁し、しるしの意味を解読する能力を持つことで、名誉ある人間であることが明らかになる。逸脱は、この観点からすると、シグナルとして働き、混乱を引き起こしたものに自らの態度を釈明させるべく返答を要求する。名誉に関わる倫理は、このように、生活のあらゆる状況のなかで、ことば、態度、振る舞い、まなざしを司り、規範に適合させているのである。挑戦や侮辱には応えなければならない。この社会においては、名誉回復のために、そもそも不明瞭きわまりない法[133]に頼ると、侮辱を受けたことを公に告白するばかりか、男としての責任を逃れ、一定の金額で名誉を売り渡すことを受け入れ、そのため名誉をより深刻な危険にさらすことを意味してしまうのだから。

挑発には様々なかたちがありうる。議会の場では虚言の言い立て《ヨ》《ン》《カ》《シ》《ジ》──イタリアの名誉規範では、挑発を引き起こす定型表現である mentita[134] の同義語──のかたちをとる。その目的は、侮辱的なことばを発したものを追いつめ、自分の主張の正当性のために闘いを受け入れるか、それとも、不名誉の汚名覚悟で前言を翻すか、選択を余儀なくさせることである。十九世紀始めには、軍隊の世界では、歌を歌っているとき、テーブルの誰か一人が音頭をとったり、あるいは、ワインをグラスに注がれるとき、カルト〔フェンシングにおける防御の型〕で──すなわち手のひらを返して──受け取ったりすると、それだけで、闘う理由として十分である。ケルシーの農村社会において、たいがいキャバレーや宿屋で引き起こされた、名誉をめぐる闘いの動機が取るに足らないものであることを思い出させるものがある[135]。金額が賭けられている場合は、賭けも、社会階層の上から下まで、喧嘩の動機として頻度が高い。上層社会に顕著な傾向として、礼儀作法の洗練と、それに関連して、受容限度内に暴力を抑えようとする意志とがあるが、そのため、闘いに発展する可能性のある侮辱とは何なのかが厳密に規範化される。シャトーヴィヤール伯爵の『決闘論』は、一八三六年に出版されたが、侮辱の序列が細かく定められ、それぞれにふさわしい返答が記されている。単純な侮辱、ことばをともなう侮辱、打撃や負傷をともなう侮辱などが区別される[136]。すべての場合において、身体的完全性を損なうような損傷、とくに、自我《エゴ》の座である頭部への損傷は、取り返しのつかないものである[137]。平手打ちのように、事実上のものであろうと、あるいは、顔に向けて手袋を投げつけたり、過度の凝視のように模擬的なものであろうと、決闘による償いが必要不可欠となる。

「証人の目前でことばによる侮辱を受けるという重荷を背負ったままではいられないと、私は感じた」[138]。決闘で殺人を犯した、「悪童」扱いされている男が、重罪院で一八二八年に発したこの言明は、侮辱を受けて、恥辱のあまり生きていくことが文字通りできなくなったものに与える影響がどんなものか雄弁に物語っている。道徳的要請としての決闘だけが、この冒瀆から生じる恥辱をそそぎ、男らしさが鍛え直されることによって、侮辱を受けたものの名誉を無傷なものに戻してくれるのである。こだわりの強い自尊心の助けを借りて、名誉は、このように、男性の尊厳の主要な支えとなる。ヴィニーにとって、名誉が有用となり、そればかりか、美となるのは、この点においてである。

どこから来るものであっても、これほど力強く、いつも美しいということが、名誉の最大の長所だろう！　……侮辱を受けておめおめ生き続けたりしないように男を導くかと思えば、汚辱をぬぐい、消し去る輝きと栄光でもって男を支える。［…］名誉は、いつも、至る所、一人の男としての尊厳を、その美全体のなかで支えるのである。[139]

こうなると、闘いの結果はほとんど重要でない。決闘で死ぬことは、自らの尊厳を、したがって男らしさを証明する最良の方法ではないのか？　闘いが終わるとき、息絶える瞬間でさえ、敵と和解すること、すなわち、同等の名誉を敵にたいして認めるという慣習がある。このように両者が認めあう決闘によって、男らしさの共有が生み出されるのだ[140]。

十九世紀を通じて絶え間なく発展した新聞雑誌は、この観点からいえば、衝突の機会を顕著に増加させることになる。新聞雑誌の違反行為抑制に関する一八一九年と一八八一年の法は、陪審に委ねられ、真偽を定めなければならない、対公人の名誉毀損と、軽罪裁判所や違警罪裁判所に委ねられ、治安という高度の公益のために真偽の検証が許されない、対私人の名誉毀損とを峻別した上で、決闘を、中傷キャンペーンや業界内の紛争に決着をつけるための、法廷とは別の意味で有効な手段であるとしている。一対一の決闘は、侮辱を受けたものにたいしては、直ちに名誉回復を可能にする一方、侮辱を与えたものにたいしては、武器を手にして、自分の書いたことが真実であることを主張し通すか、あるいは、対決を拒否して、自らの虚言を暗黙のうちに認めて名誉を失うか、どちらか選択することを余儀なくさせる。また、公人の資格であっても、この紛争解決手段に頼ることを何ら妨げるものではない。逆に、一つのグループ、政党、団体、ひいては国家など、集団的名誉が託されている公人は、断固として自らの名誉を守る義務がある。アンリ・ドルレアン〔一八六七―一九〇一〕が、イタリア人がアドゥアでエチオピア人に敗北し、ヨーロッパの軍隊にたいする勝利をアフリカ人に収めさせてしまったことを非難する記事を『フィガロ』紙に掲載したとき、王位にある一族のひとり、トリノ伯爵〔一八七〇―一九四六〕は、すぐさま決闘を申し込んだ。一八九七年八月十五日、伯爵が、全イタリアを侮辱した男の腹部に傷を負わせたとき、イタリアの新聞雑誌は、こぞって同国人の妙技と勇気の勝利をたたえあげる。[141]

それに、男らしさの名誉が重んじられる背景には、民主主義社会に特有の、主にジャーナリストにあやつられて引き起こされる、社会の不安定性と予測不可能性がある。メーヌ・ド・ビランやトクヴィルには、民主主義社会のなかに置かれ、不安にしめつけられることについて言及がある。ひとが直面する不安定の感覚には、社会的画一化がともなっており、それが傷つきやすくなったプライドを刺激し、名誉に関する紛争を煽るのである。[142] この現代性は、何より都会的なものである。『近代性の哲学』で、ゲオルク・ジンメルは、対応しなければならない人間関係の増加に直面して、大都会の住民は、ひとつの慎重さを示さなければならないが、その内的様相は、彼の言葉によれば、「軽度の嫌悪感、相互的敵意や敵対であり、近しく接触するなんらかの機会があれば、すぐさま憎しみや闘いに転じる種類のものである」(143)。変化の激しさを旨とする都市は、人の心《プシュケ》を変えてしまったのだとリチャード・セネットは言う。超越的原理の消滅により、取るに足らないような侮辱の与える衝撃が増加し、それが真の道徳的絶対となる(144)。この新たな都会文化では、外観と振る舞いが決定的な重要性を持つ。というのは、それが、人格の真実をあらわしているからであり、とくに、名誉に値する人間であるかどうかを明らかにするからである。名誉の文化は、イギリスにおいては、十九世紀始め、都会のジェントルマンというかたちで開花する。彼らの富はもはや土地所有だけでなく、金銭に結びついており、このような行動規範を熟知していることがその資格になるのである(145)。

2　繰り広げられる闘い

シャトーヴィヤール伯爵は、上層社会に属する思慮深い人物たち、とくに軍人たちの助言を得て、一八三六年に『決闘論』を著す。一八七〇年以後、地方の大都市やとりわけ首都で急増するフェンシング・サークルの影響で、多くの同様の書物が出版されるが、伯爵の本はその基本文献であり模範となる。ことばや構成において、同時期に出版された礼儀作法書にも似た名誉と決闘の規範書は(146)、大衆化されていく。まず侮辱を受けたとき、次に決闘するときに分け、それぞれ取るべき行動を読者に教えている。そして、しばしば扱われているのは、一対一の対決で用いられる、かなり特殊で簡略的な、剣術の実技についてのレッスンである。帝政時代の法学者たちが刑法にたいしてしたように、[147] 判例に秩序を与えようとする。たとえば、A・クロアボンは、一八九四年、『名誉問題の科学』で、シャトーヴィアールの規範を適用する権利のあるものたち、すなわち介添人、調停者、名誉陪審員に、一つの解釈の基礎を示そうとする。[148]

「侮辱を受けた尊厳への権利を失うよりも、四人の名誉ある男たちが証言し、見守るなかで、果敢に、正々堂々と、死と向かいあって対決しようとする二人」と、「キャバレーでナイフを手に取っ組みあう下劣な酔漢[149]」とを混同してはならない。これは、ジャーナリストで政治家のベルナール・アドルフ・グラニエ・ド・カサニャックが、一カ月前、代議士テオバルド・ド・ラクロスの大腿に弾丸一発を打ち込んだことで、訴訟を起こされたときの言明である。名誉に関する十分な動機によって引き起こされる決闘は、儀礼にのっとって行われ、その規則は、しだいに厳格になり、名誉ある男の特徴である意志の自由闊達を要求し、称揚するものである。ブーランジェ将軍が、世論からみたリーダーとしての資質を失ったのは、冷静を保つことができず、シャルル・フロケの剣に見境なく飛びかかったためなのである。

事前の取り決めのない決闘はない。挑発から決闘まで時間を置き、侮辱の重大性に従って、敵対者にとって真の告解師、適正な対決の保証人たる介添人たちによって準備されるものである。対戦者間でチャンスが平等になるよう、適正性のチェックは武器にまで及ぶ。短剣と、十八世紀終わりに広範に使用されていた拳銃、そして、限定的な普及だが、サーベルのみが、適格な武器とみなされる。つまり、小銃や、とくに回転式拳銃は排除される。後者は、臆病者の武器であり、したがって女性的武器なのである。チェックは、監視下に置かれる闘争の要領にもかかわる。公正性の要請から、拳銃による決闘では、決闘者間の距離、ねらいをつける時間の限定、発砲の同時性、そして、交互に発砲するときは、敵銃の前で不動を保つ義務などの措置がとられる。剣による決闘では、卑怯な挙動をとらないこと、負傷したら闘いを中止することが要請されるが、後者の場合、決闘者のひとりが劣等的立場に置かれることになる。決闘者たちの死が、取り決めのなかに含まれていることもある。たとえば、一八一八年にカーアンであった事件である。若い公証人書生と、当地に滞在中のイギリス人が、二丁の拳銃――一つは弾丸が装填されており、もう一つはされていない――が中に入った袋に順に手を入れて武器を取り、それを用いて同時に撃つというものである。(150) しかし、決闘が死で決着する場合はまれである。名誉の回復には、死に直面するだけで十分なのだ。

いつも尊重されるわけではないが、このように明言された公正性――男らしさの博愛――に立脚した、決闘にともなう儀礼は、道徳的に受け入れがたい殺人という咎めを斥ける目的を持っている。この観点からいうと、決闘に関する文献全体に渡って、姿をあらわす一つの人物像がある。殺し屋である。フェンシング練習場の常連であり、挑発の専門家。お得意の獲物は、名誉ある家長。一八四一年の『情念の医学』のなかで、デキュレ博士は、殺し屋について、人間の情念表現の一つとして、きわめて血なまぐさい次のような描写を与えている。

> 自らの性向に何の抑制もないと、人は、導かれるがまま、どんな残虐の極みまで到達しうるかを明らかにするものである。〔…〕この種の男たちにとって、殺すことは、ひとつの欲求であり、習慣である。決闘の場に赴かないことが一週間も続くと、絶望するものもみられた。同じ日に、決闘を三度した男を私は知っている。〔…〕ときに負傷することもあるが、その痛みを嘆くのは、たんに〔殺人願望による〕血のうずきをなだめられないからにすぎない。回復したらすぐさま、公共の場を昂然と徘徊し、口を開けば脅迫し、獲物を求める猛獣のように目をぎらぎらさせるのである。

この男は、「同類のものたちと同じ運命をたどった。ディエップで、フルーレなど手にしたことなどなかった若い船乗りに殺された」と、博士は伝えている。[151] 男らしさは、弱きものの臆病だけでなく、乱暴者や犯罪者の暴力も斥けることに存する。名誉に関わる道徳は、たしかにこの観点からいうと、文明化の目的のようなものにみえる。

3　司法と名誉

名誉の保全には、法律上の規則を逸脱する可能性も含まれている。道徳の規則を破ることが含まれるのと同様である。名誉という価値の含み持つ重大性に直面したとき、司法は、刑法の基礎となる理性の原則を貫くのに種々の困難を感じる。農村社会において、制度を道具化する傾向のある集団や家族、個人間の紛争解決手段として、司法以下のごたごたしたやり方にしばしば巻き込まれるのと同じである。[152] 陪審員が、名誉を動機とする行為に関して寛容であることを裁判官は嘆くが、彼らとて全く冷淡というわけではない。一八三五年、従兄弟のアレクシ・ド・デュルペールに平手打ちをくらわされたことから、サーベルの一撃で彼を殺害したエメ・シレを被告として行われた法廷で、セーヌ重罪院裁判長は次のように述べている。「被害者が身を委ねた暴力行為によって、決闘が不可避になった。平手打ちは、われわれの慣習では、流血をともなう償い〔決闘〕を必要とすることが認められる」。[153] 破棄院が、新たな判例を各種裁判所に示すには、二十年近く要することになる。[154]

陪審員は、さらに理解のあるところをみせる。時代により異なるが、上流社会に限定しない名士たちから選ばれる重罪院陪審員は、〔刑事訴追の可否を決める〕起訴陪審がかつて存在していたときには訴追の拒否によって、廃止後は、明白な不正行為の場合は別として、多くは正当防衛の名の下に殺人を犯した決闘者たちを一律に無罪にすることによって、名誉には特別な敬意が示されている。デュパン判決の結果、以前よりかなり頻繁に訴追が行われるようになるが、実際上は、審議結果に影響を及ぼすわけではない。それが世論の大多数にも受け入れられる。一八三八年五月二十一日、カルヴァドス重罪院の陪審は、同級生シャルル・リュアールを決闘によって殺害した法学生フィリップ・カルメとその介添人の無罪を言い渡す。拍手喝采が廷内に響き渡り、被告人たちは、おびただしい数の友人や見知らぬ人から心のこもったことばをかけられる。「偶然によって死に至らしめた決闘者を人殺しと同一視しようとする判例に良識がはげしく抗っている[155]」とのコメントがみられる。この点からすると、フランスの陪審員の態度は、イギリスと異なるところがない。一八〇三年にエレンバラ卿法が可決されたことにより、とくに、殺人未遂や、また武器による脅迫にたいしても、決闘者に死刑宣告を下すことも可能だったのに[156]、ドーバー海峡の向こう側の陪審員たちは、この法が一対一の決闘に適用されるのを拒んでいる[157]。

陪審制度にみられるように、慣習が法にたいし異議申し立てをする図式は、厳密な意味においては、決闘だけにみられるのではない。一八一九年、ナンシー裁判所の検事総長は、法務大臣宛に、一八一七年、重罪院で行われたある訴訟——彼が検事を務め、被告は元軍人を決闘で殺害した半棒〔休職中〕の下士官——について、次のように書いている。「私は、法に関わらず、決闘の申し込みに応える義務、あるいは、たとえ一言でも無礼な表現があれば、侮辱の汚名をそそぐ義務を、名誉に関わる問題とみなすフランス人たちに語りかけていたのです[158]」。裁判官にとって著しく不利になるが、挑発は、しばしば無罪放免の理由とみなされる。裁判長が記すところによれば、一八三七年九月十九日の晩、サイヤンのカフェから出た際、エストゥール氏をナイフで殺害した容疑をかけられた石工ジャン・オベールが、ドロームの陪審員によって一八三八年二月に無罪を宣告されるのは、正当防衛が認められたからだが、しかし、被害者側からは挑発があっただけであることが、審理の過程で明らかになっていたのだった。[159]

一対一の決闘と近いやり方で行われる対決についても事情は同様である。リュネヴィル近くのメクス村出身の農夫が、もう一人の農夫と対決し、持った石を同時に投げあって、相手を殺してしまった事件で、弁護人が、一八三四年、ムルト＝エ＝モゼル重罪院で無罪を勝ち取ったのも、決闘を主張することによってである。[160]一八三八年には、ジャン＝バチスト・キュレという名の男が、喧嘩した相手の男を棒で打って殺害したが、ムーズ重罪院で無罪になる。[161]民衆のあいだで多くの対決が、決闘をモデルに行われる一方、貴族や、しばしば農民に近いところにいる土地の名士たちは、民衆たちの行為を、自分たちの世界で行われているものと同じだと進んで考えようとする。決闘を申し込み、力を行使するという共通の文化の輪郭が見えてくる。オート＝ロワールの陪審が、一八三四年の一審で、罪に問われた十八人の被告のうち十人を無罪にした理由を、リオン控訴院の裁判長に尋ねられた田舎貴族は、次のように言っている。

この地域の教養ある人士たち自身、土地のものの気質の影響下にあります。田舎のものたちの残忍さや、ナイフや短刀の恐るべき使用法などについて彼らに言っても、冷静そのもの、『これは俺たち農民の決闘なのさ』と言うだけです。彼らは、軍人や育ちのいい人を名誉に関わる問題のために決闘場に向かわせるのと同じ原理に従ってこのような行為をするのです。したがって特別に寛容になるのであり、人命にかかわる犯罪について犯人を罰すると決心するのは困難を極めるのです。[162]

Ⅳ　決闘の変容

1　決闘の文明化

決闘は、数多く、様々な変種のある、名誉に関する暴力行為のひとつである。この型の対決について、司法当局による把握と調査にとくに不備が目立つとしても、行政や統計学者が提供する情報から、フランス内外の一般的傾向を素描することはできる。[163] すでに一八四〇年に、決闘の数は英国において著しく下降し、一八五〇年にはほぼゼロになる。この凋落によって、一七八〇年代から長く続いた、決闘数の飛躍的上昇の時代――その頂点は一八一〇年代だった――に終止符が打たれることになる。[164] フランスも同じ傾向にあるが、ドーバー海峡をはさんだ隣人とは異なり、一八七〇年代、すなわち第三共和政の礎が築かれるときに、ふたたびこの紛争解決法が、明らかに再流行する。もうひとりの隣人であるイタリアでの進展と軌を一にしている。かの国では、統一の実現と議院制の成立後、決闘がはっきり増加している。[165] しかし、決闘数より重要なのは、決闘事件の結果としての死亡数である。一八四〇年代には、決闘数の減少に応じて、死亡数は低下しているが、第三共和政になって増加しているわけではない。[166] この時期に注目するものが皆強調するところである。[167]

決闘の〔致死的〕暴力の減少という長期的傾向をどう解釈するかは、非常に微妙な点がある。明白な不正がある場合を除き、決闘は、十九世紀において、真の犯罪行為とはみなされていない。しかし、一対一の対決の軟化と、世紀を通してみられる死亡率の一般的減少――一八八〇年代にふたたび増加に転じ、規則的と形容するにはあたらないが――とが関連していないとはとてもいえない。[168] 歴史家の観察によれば、[169] 流血をともなう暴力にたいする許容範囲は狭まっているが、このことは、決闘の場合、実行方法の変化によって確認される。世紀末まで剣と等しく使用された短銃を選択することで、血の流出は、明らかに目立たなくなり、同時に、儀礼はいっそうおごそかになり、死亡事故のリスクは意外にも減少し、決闘による致死率の低下に大きく貢献する[170]。決闘者の態度の柔和化の傾向は、名誉に関する他の行動、とりわけ、青年期における暴力——フランソワ・プルーとアンヌ＝マリー・ソンは、一八五〇年代以後衰退がみられるとする[171]——の変化と一致している。最後に、闘いが生じる際の政治的動機の頻度を考慮すると、決闘の変化は、政治的暴力の諸形態の変容と無関係ではない。決闘は、演劇化と相対的文明化の側面を代表しているのである。十九世紀後半に、街中の政治的暴力のかたちとしての決闘が消滅するのと同時に、夜間の銃撃など新たな虐殺の形式が姿をあらわす[172]。それに、第三共和政の政治家たちが決闘に頼るのは、政治紛争が鎮静化している時期なのである。

危険の緩和とともに、決闘は、社会の上層に限定されて行われるようになる。ナポレオン時代の古参兵が死去し、さらに、国民皆兵制がしだいに整えられ、名誉崇拝によって培われた将校団と、臨時に軍隊に所属するだけで同じ価値を共有するわけではない兵隊たちとのあいだに亀裂が生じるようになると、決闘の民衆的次元は全く失われる。となると、決闘の儀礼は、支配階級の特徴である「爵位と文化貴族の界隈」の間の事柄となり、それが更新されるのは、世紀末までに限定される[173]。とくに影響を受けるのは、公的名誉毀損にもっとも敏感な市民社会のカテゴリー、ジャーナリストと政治家である。上流の客が集まる試合場でのみ打ち合いが行われるキックボクシングと同様[174]、この種の闘いについては、暴力を受け入れられやすいかたちにするプロセスが進行し、騎士任侠小説がその再創造に貢献する[175]。名誉に関する紛争を解決するための起訴という可能性は排除されないが、決闘をこの目的のために用い続ける点において、フランスとイギリスの支配階級の違いがあらわれる。後者の根本的な変化のしるしは、判決によって金銭的償いを要求することにたいするためらいのなさである。[176]

2 男らしさの凋落？

こうして、決闘は、ごく一部の市民だけが獲得することのできる洗練した物腰と同義となり、その結果、彼らは、一九〇六年に公刊された『決闘の法則』[177]の著者ブリュノー・ド・ラボリのことばでいえば、「本能的反感」を感じる輩から受ける攻撃にたいしては無感覚になり、平等は成り立たなくなる。「親密で敏感な自尊心」が傷つきかねないからである。事実、上層階級のみが、この道徳的繊細を持ちあわせており、A・クロアボンによれば、とくに「名誉問題という非常に敏感な表皮に」[178]あらわれる傷つきやすい自尊心として表現される。しまいには、この鋭敏化した感受性は問題となる。国民のなかで卓越した階級に属す男たちの、自らの情動を制御できない不可能性、そして、端的にいって、アンシャン・レジーム下の貴族のように、女性化あるいは男女区別の曖昧化を特徴とする、ひとつの退化の、もっとも明白なしるしとなる脆弱性をあらわしているのではないか？　これが、一九〇八年公刊の『決闘——現代的考えに照らして』[179]におけるエステーヴ伯爵の見解である。すぐれて女性的な犯罪であると誤解されている情念的犯罪と決闘のあいだには、親近性がないわけではない。ブリュノー・ド・ラボリによれば、諍いによって仲たがいした二人の男が、一戦交えたあとで感じる「神経の緊張緩和」は、ライバルの女あるいは自分を捨てた男を殺した後に女が感じるものを思い起こさせるという。

一八五七年公刊になる、ベネディクト＝オギュスト・モレルの『身体、知性、道徳的退廃論』[180]のなかで、この主題は突如あらわれ、流行する。全ての倒錯、とくに性的倒錯——ジュリアン・シュヴァリエの論考『法医学的観点からみた性的本能の倒錯について』[181]（1885）が、その重要な研究となる——を説明する図式が提供されているからである。退廃の不安は、ダーウィン――『種の起源』の仏訳刊行は一八六二年――の理論によって倍加する。というのも、自然淘汰のプロセスは、生存闘争だけでなく、メスを征服するためのオス同士の性的闘争にも由来しているからである。十九世紀末と二十世紀初頭の、名誉の概念を主題にした書物は、人間と動物をことさら同一視している。人間も動物も、もっとも勇敢な、よってもっともたくましいオスを選別する手段として決闘に頼るというのである。そして、メスはそのオスに身を委ねる。「コオロギのオス同士の、身体をぶつけあう、死に至るまでの決闘[182]」があるではないか、とL・ジュドンは、『名誉の道徳』のなかで記している。名誉の問題と決闘は、ジョルジュ・パラントによれば、騎士道的風習の残滓であり、ともに自己保存の自然法則に従っている。「メスを前にしたオスが、自らの装飾を誇示し、力と雄々しさのパレードを繰り広げているのが、それほど異なったやり方とでもいえるのか？[183]」と彼は問いかける。ジュリアン・シュヴァリエのような著者によれば、進化の過程[184]において女性にたいし男性がリードを勝ち得たのは、このように、力と知性を倍加して男性同士が競争しなければならなかったためであり、この進化の最終地点は男性の白人エリートによって構成されるという。

ところが、身体活動より知的活動に重点が置かれ、牙を抜くような、はっきりいえば、去勢をもたらす現代生活の諸条件によって、自然淘汰は粉砕される。都市生活の持つ、緩和する力という主題は、たしかに、十八世紀以降の医学文献の紋切型である[185]。しかし、フランスのエリートたちにとって、退化の不安は、一八七〇年〔普仏戦争〕の敗北という大事件によって強められる。種の衰退の徴候と受け止められたのである。ドイツと敵対し、フランスをかけて闘った決闘において、フランス人エリートたちは、この時代の多くの医学者たち[186]にとって優等存在の特徴となる、際立った男らしさを示すことができなかったのであり、祖国を守ることができなかったのだった。この悲劇的事件には、性的メタファーがつきものであり、フランスという女が、ドイツ兵士たちが群がってはたらく乱行の犠牲となる。モーパッサンの短編『フィフィ嬢』のなかで、ユダヤ人娼婦ラシェルは、道を誤り破滅したフランスを体現しているが、踏み外しは一時的にすぎず、品位と勇気は無傷のまま保たれている。[187] 同種のヒロイズムを、フランスの兵士たちが発揮したとは思われない。一九一二年に、名誉の感覚について書かれた博士論文のなかで、ユージェーヌ・テライヨンは、「同伴女性を守るために必要不可欠な勇気は、男としての名誉の本質的要素のひとつである」のにたいし、「臆病は、つねに性的衰退という考えを想起させる」と説明している。[188] 人口が停滞し、ラインの向こうのライバル〔ドイツ〕の人口増加によって取り返しようもなく差をつけられてしまった国にあって、フランスのエリートたちは、浮気された男は「言葉の十全な意味において男ではなかった」[189] という考えにとりつかれている。

そのうえ、男らしさの薄弱化の感覚は、世紀末になると女性の諸条件の変化によって強まる。自由業や文筆業など、男性が圧倒的多数を占める部門に女性が入り込み、しだいに賃金生活を送るようになると、もはや美徳行使だけが女の名誉というわけにはいかない。一部のフェミニストは、この変化をとらえ、十八世紀以来構築されてきた名誉というシステムによって男性専用とされてきた習慣――それを受け入れた女性が十九世紀始めにいなかったわけではない――を女性も取り入れることを要求する。当然ながら、この運動の最前線にいるのは、ジャーナリストと女性作家たちである。彼女たちは、まず、ジャーナリストのセヴリーヌのように、自分たちのかわりに闘うよう男たちを送り出し、次に、フェミニストのアスティエ・ド・ヴァルセールのように、他の女たちと闘い、最後には男たちに挑戦するのである。ジャーナリストのアリア・リ、本名ジョゼフィーヌ・グードンはそのように行動する。一九一一年、かつてのマドレーヌ・ペルティエのように、[190] ひとりの男、『トゥールーズからの呼びかけ』誌編集長、プリュダン・マサ本人と対決する。男性から女性を解放する手段として処女を守ることを推奨する「マドモワゼル〔未婚女性〕、万歳！」と題された記事を掲載したリを、マサは同性愛者だとほのめかしたのだった。彼は決闘を拒否するが、リはこのことで「短銃をもった処女」[191]の称号をたてまつられる。名誉に関する事柄において、冷静さと器用さに秀でた女性は恐るべき存在になり、より大きな地位を占めるだろうと予言するコメントが新聞にいくつかみられたものの[192]、圧倒的多数のフランスのフェミニストたちは、しかしながら、リの提案が自分たちにふさわしいとは認めていない[193]。マドレーヌ・ペルティエにとっても事情は同じであり、この大胆なジャーナリストによれば、男性の排除は、肉体的鍛錬のプログラムをともなわなければならず、そこでは、フェンシングと射撃訓練が、ダンスと家庭科教育のかわりとなる。

オットー・ワイニンガーの側に立っているリは、決闘は男らしさのための道具であるという考えに、暗黙のうちに与している。没落が感じられるがゆえに、儀礼がつきものの決闘は、一つの逃げ場としての価値を持つ。このことによって、ミシュレやリベラル派のプレヴォ＝パラドルなどの多様な、異なる意見を持った人物たちが決闘をたたえたことも説明できる。後者は、すでに一八六八年に、名誉の問題のなかに、フランスが瀕した退廃に抗する最後の砦、ポーランドと同じ運命を免れることのできる唯一の砦を見ていた[194]。ボッフルモン公爵夫人が夫ポール・ド・ボッフルモンにたいして法的別居を求めて一八七二年に起こした裁判は、ルーマニア出身のライバル、ジョルジュ・ビベスコ公が関わっているだけに注目の的となるが、その中心にあるのは名誉の問題である。普仏戦争の二人の英雄は、不可避的に、決闘で対決することになるだろう[195]。

夫人の〔離婚〕請求に対抗するために、ボッフルモンの弁護士が用いた論法の一つは、社会規律を打ち立てる必要性であり、フランスが襲われた不幸な出来事の後、そのもっとも堅固な土台となるのは、父権と婚姻関係であるというものである[196]。敗北に直面してエリートたちが感じた恥辱の感情により、あらゆるかたちの男性の女性化に異議を唱える保守的な言説が伸長し、促進される。フランス革命期のように、反フェミニズムが育つ土壌となる。一八八一年に公刊される、エドゥアール・ド・ボーモンの『剣と女』がその一例であり、著者が証明しようとするのは、歴史の流れのなかで、女性が、少しずつ、「古の、剣によって代表される男らしさの価値の漸進的失墜」を引き起こし、「しだいに、それを従属させ、腐敗させ、退化させ、最後には、ぼろぼろにしてしまった」ことである。[197] 他の分野、とくに文学にもみられる反フェミニズムに、[198] 反ユダヤ主義が加わる。ユダヤ人と、女性化した男、そして、ユダヤ人同様、腹心とともに地下権力のネットワークを作り上げていると疑われている同性愛者たち、これらの人がすべて関連づけられるのである。[199] 彼らが姿をあらわし、見えるようになること、それは、シャルル・モーラスやジュール・ゲランのようなものたちにとって、フランスが退廃している決定的徴候にほかならならない。そこに、モーリス・バレスが、軽蔑をこめて「知識人ども」と呼んだものたちも一緒くたにされる。ドレフュスのきわめて強い念願であった、名誉と男らしさの回復は、ドレフュス事件の中心にあり、その主要な争点となる。[200]

これらの脅威に対抗するものの一つが、マリアンヌが手にし、エドゥアール・ド・ボーモンが鍛え直そうとする剣なのである。フェンシングは、「端的にいって、一国の男らしさのための教育をつくりあげるのに貢献する」[201]と、著名なフェンシング教師、アルセーヌ・ヴィジャンは書いているが、軍隊への導入に適さず、相対的にほとんど用いられていない。体操の方が好まれている。しかしながら、この教師によれば、フランス精神により適合している――というのも肉体と精神に同時に働きかけるからだが――フェンシングを実践することで、ラインの向こうの精力あふれる敵の活力に立ち向かうことが可能になる。「立派な武術、複雑な技法であるフェンシングによって、身体的には限られた素質しかないものたちが、挽回することが可能にならないだろうか？……頭を使って」[202]とヴィジャンは書いている。政治界において、実際は少数のものだけが用いているにすぎない決闘にこだわるのも、部分的には非男性化の危惧によって説明することができる。中世にこの対決方法が有していた、古の、神明裁判的機能が、共和政の大いなる危機の数々の場面にみられる決闘を通して蘇ったように思われる。自らの陣営の名誉を守ることで、敵対者たちは、しばしば容赦ない方法で闘うよう仕向けられる。いくつか例をあげれば、一八九二年における、反ユダヤ主義陣営の切り込み隊の一人であるモレス侯爵との有名な決闘で、メイエール隊長が死亡したことや、それほど知られていないが、一八九九年に、クランという名のユダヤ人下士官が、ドレフュス事件によって引き起こされた多くの剣の応酬のひとつに加わったことで死亡したことなどである。[203]

決闘の相対的穏和化は、しばしば、最後の決着の回避にあらわれるが、それでも、新聞雑誌の解説者や挿絵家あるいは作家たちばかりか、政治家連中への軽蔑を表明する機会とみなす軍隊組織からも嘲弄の対象となる。サン＝シール陸軍士官学校出身、南北戦争時の北軍派将校で、一八八九年に決闘を抑圧する法案を起草した、代議士ギュスターヴ・クリュズレにとって、市民間の決闘の目的はただひとつ、すなわち、危険なしに勇敢さの証明書を授与されることとである。したがって、決闘は、それが具現化するとされてきた諸価値を否定するものであり、彼によれば、「最悪の臆病な行為」で、「肉体的あるいは軍隊的勇敢とは相容れない精神的臆病」なのである。十八世紀始めにサン・ピエール神父が用いたこの論法は、たしかに新しいものではないが、戦争技術の変容によって、とくに切れ味が鋭くなっている。というのも、フランス軍の攻撃崇拝にもかかわらず、戦争は、クラウゼヴィッツが言うような大規模な決闘ではもはやないからである。あまりに洗練されすぎた決闘は、支配階級の退廃を象徴するばかりか、クリュズレによれば、「国民の道徳レベルの低下」と「気力の崩壊」を招く悪影響を及ぼす。代議士は次のように結論づける。「祖国が脅かされ、腕力ばかりか精神力も必要としている国民にとっては、別の男らしさ、別の保安が必要なのである」[206]。

第一次世界大戦によって、決闘に完全に終止符が打たれるわけではないが、決闘はヨーロッパの至る所で過去の遺物となり、歴史の大きな曲がり角となる。たしかに、新たな殺戮技術を戦争が促進することで、戦闘員たちは、敵に決闘を申し込むこともできず、いわんや、敵の前に立ちはだかることもできなくなる。決闘者が相手《アルテル・エゴ》に立ち向かうとき見せる勇気は、大戦によって、取るに足らないものになってしまう。しかし、大戦だけを、決闘の消滅の理由にすることはできない。十九世紀半ばから、イギリス人たちのあいだでは、すでに消滅が認められる。決闘という紛争解決手段の放棄は、アングロサクソンの歴史家たちの論議の的となったが[207]、それは、疑いもなく、商業、次に産業の資本主義の発達にともなう、個人主義の発達のあらわれである[208]。伝統的な連帯が崩壊し、社会転覆の要素とみなされ、私的領域あるいは辺境に押しやられた暴力行使を、儀式化されたかたちで行う決闘は、時代錯誤の列に加えられる。このタイプの暴力の衰退は、法的規範と贖罪プロセスの内面化――ミシェル・フーコーがすでに一九七五年に指摘した――と一致する[209]。名誉を回復するために裁判に訴えることは、イギリス支配階級の価値転換に対応しており、その原型は、ウテ・フレヴェルトによれば、パブリックスクールで受けた教育にある。スポーツを実践することによって、男子に、競争の価値と同時に、法の遵守が叩き込まれるのである[210]。フランス支配階級は、大陸の支配階級にならって、部分的にしか、このモデルを採用していない。それでも、最終的には、名誉に関わる係争は法廷に持ち込まれることになる。日常世界から、決闘は姿を消した。それでも、男らしさの表象は、決闘のパラダイムによって組織され続けている。文学の題材となり、次に映画で豊かになった、決闘の想像世界は、男同士の敵対と対決のかたちに注がれたまなざしのなかに浸透する。勇気、公正、冷静、男らしさの顕著な特徴とされるこれらの美質は、スポーツ競技のなかで発揮されるが、そこには、

現代民主主義の基本構造となっている政治的対立と同様、挑戦の論理が刻み込まれているのだ。(211)

第2章　性的エネルギーを示す必然性

アラン・コルバン
（小倉孝誠訳）

男たちが衛兵詰所[1]や歌謡クラブ[2]の地下酒場に集まる時、男たちを結びつける共謀関係に乗じて、男らしさの規範はとりわけ明瞭に露呈する。そこでは売春宿での遊びを語る、あるいはその前に語られる猥褻な常套句が何度も繰り返される。同じような類型表現を書き記しているのは、当時きびしい検閲にさらされていた好色小説の文章ではなく、淫らな歌謡の歌詞や、ある種の卑猥な冊子や選集である。長いあいだそのモデルになっていたのは、一八六四年に出版されたアルフレッド・デルヴォーの『現代好色辞典』[3]である。男らしさの規範はまた男性の書簡集や、より間接的にではあるが日記のページのなかでも率直に示される。以上の資料が、この主題に取り組むにあたって重要な三つの入り口となる。そのうえで、礼儀作法の社会的な繊細さによって、男が女を誘惑する時の諸段階におうじて、そしてさまざまな種類の相手の女からどのような快楽が期待されるかによって、男らしさの規範を定義し、男に課される一連の命令事項は異なってくる。

これら多様な資料が示してくれる男らしさの表象と規範は、先に分析した習得の手続きと一貫したつながりを有する。当時もっとも一般的で、もっとも適切な辞典に読まれる定義、つまり男の優越性と支配を主張するという論調にもとづいた定義と一致している。[4]

逞しさの強調

詩や小説のなかでロマン主義的な愛のテーマがしばしば見られたことを考慮するならば、逆説的なことに、先に引用した資料によれば男が絶対に守らなければならない規範は、何よりもまずやさしい感情や、アルフレッド・デルヴォーが「甘ったるい感傷 sentimentage」と名づけたものを否定することを意味していた。デルヴォーによれば、「甘ったるい感傷は不実と快楽を排除して、なにか滑稽な理想を重視する。それは小説や、お嬢様たちの寄宿舎に向いている」。「男が女に『あなたが好きだ』と言う時、それは次のような意味だし、女の側もそれがよく分かっている。『僕はカルメル会修道士のように勃起している。睾丸のなかに精液が一リットルも溜まっているから、それをあなたの膣に射精したくてたまらない[5]』」。

感傷への反発は、淫らな歌謡を学ぶ際にとりわけ明瞭かつ卑猥な形で言明される。「愛が少ないほど、セックスはうまくできる」という一句が、しばしば繰り返される主張であった。この点では、女がたとえ愚かであっても、それが快楽の障害になるとはまったく考えられていない。

要するにこれらの資料においてはすべてが、あの『新エロイーズ』〔ルソーの書簡体小説、一七六一年〕のなかでサン＝プルーが恋人ジュリに宛てた書簡五十二〔おそらく第一部、書簡十二の誤り〕の調子から遠く隔たっているし、当時いくつかの領域で回帰しつつあった夫婦の精神性からはなおいっそう隔たっている[6]。ちなみに『新エロイーズ』はこの時代の女性たちがもっとも評価した作品の一つである。男の仲間同士では、交接への欲求は男らしさを構成する根本的な要素と見なされていたし、行動面での大胆さと猥褻さを正当化するものだった。

男らしい男は女を「手にいれ」、言葉のあらゆる意味で「女をものにし」なければならない。つまり「女から快楽を味わい」、「女を利用し」、「女を言いなり」にさせなければならないということだ。男女関係をめぐるこのような考え方は、交接行為の進行にかんする考え方と結びついている。再びアルフレッド・デルヴォーの『現代好色辞典』を借用するならば、「男が女を下にして、女が男のペニスによってベッドに押さえつけられている間はずっと、実際のところ女は男のものである[7]」。ここでは、フランス革命中に定着した民衆のヘラクレス像、すなわち理想の夫像を想起すべきであろう[8]。

男に要求される逞しさと精力は、医師たちが下していた命令事項と一致する。射精の強さを促すと考えられていたある種の激しさと、交接行為の迅速さが、男らしさを十分に有している人間に期待されていたということである。この点で、淫らな歌謡は人々の妄想をいっそう高める。「仕切り壁をぶち破る」、「筒を折る」、相手の女と「血だらけになるほどセックスする」[9]ことが重要なのだ。こうして「金玉がひっくり返るほどやる」、「根元まで突っ込む」、「荷鞍を外した驢馬のようにやりまくる」といった、当時よく使われた数多くの表現が生まれた。デルヴォーはどうするべきかを簡潔な言い回しで要約している。「快楽を得ることだけを考えて、激しくセックスする」[10]。

女体のなかで発揮されるべきこの逞しさは、言うまでもなくあらゆる性的失敗を排除する。虚弱な男、男色者、同性愛者は貶められる。支配され、従属している相手の女にとって、男を所有するということはない。デルヴォーが言うように、女も快楽を感じるが、「女は男から快楽を得るのではない」。彼から見れば、これは根本的な違いである。

このように逞しさと精力が重視されたせいで、ペニスを挿入しないフィレンツェ風のセックスは、あまり価値のない「おやつ」という質素な地位に追いやられてしまった。たとえば、男を再び交接行為に引き戻す場合を除き、前戯もそのように見なされていた。当時前戯は「好意のしるし」と呼ばれていたのである。この点で、男らしさの規範は平凡であり、十八世紀のある種の好色小説を特徴づけるあの洗練やテンポと対立するし[11]、十九世紀の性科学者が推奨した性技からはなおいっそう隔たっている。逞しさ、勃起したペニスの硬さ、射精の力強さを絶えず称賛するのは、軟弱さと失敗への恐れを払拭するためでもあったということは言うまでもない。

このように男らしさを誇示する言説は、女は精力にあふれた男に挿入されると自動的に快楽を感じるのだという、当時絶えず繰り返された信念によって正当化されていた。興味深いことにこれは、女は膣で快楽を得ると確信されていたこと、そしてその快楽こそが主要なものと見なされていたことを意味する。他方で医師のほうは、クリトリスから得られる快楽のほうがより大きいと強調していたのだが。[12] いずれにしても、われわれが用いている資料では、女はいつでも待ち望んでいる者、本質的に淫乱な者として提示されている。この淫乱という語は、相手の男よりも女によく当てはまる。デルヴォーの辞典に記されているところによれば、淫乱は女に特有の属性である。女の本性は「快楽に飢えている」ことだ。女性器は恒常的に、眠らないマーモットのようなものである。「淫乱な女」とはよく言うが、「淫乱な男」という表現はそれに比べてずっと頻度が小さい。

男の愛になかなか応えない女は、みずからの幸福を拒んでいる。処女性は「重荷であり、成熟した女になりたいと願う若い娘なら自発的にこの重荷を厄介払いするべきである」。[13] 処女とセックスするのは、「女にしてやる」ことだ。これは十八世紀の最後の三十年ぐらいから医師たちが綴ってきた言説に一致する主張にほかならない。そしてこのような信念は、一六五五年に刊行された『娘の学校』[14] から始まった好色小説の教育法に合致するし、新婚初夜をめぐるさまざまな常套句にも合致する。[15] 男らしい男は女を満足させ、女が男から恩寵のように期待している快楽を味わわせる必要があるのだ。

ペニスの称賛

男らしさをめぐる支配的な表象において、ペニスの称賛は根本的な要素である。男の身体では、ペニスが女から真に望まれる唯一の部位にほかならない。これらの資料では男の身体美が称揚されることはけっしてなく、それどころか、むしろ醜悪なものとして描かれる。したがって、女の側に男から挿入され、満たされたいという強い欲求がなければ、女の淫乱さは逆説的なものになる。この点で、当時のエロティックな石版画を分析するのは意義深い。そこでは勃起したペニスを除いて、男は衣服を身につけたままであり、そのペニスが相手の女の視覚的欲望をそそるのだ[16]。

デルヴォーの辞典だけでも、男性器を指す語は一五〇以上ある。ペニスへの執着がどれほど強かったか、必要とあらばこれが良い証拠だろう。ペニスは「大麦糖」〔棒状の菓子〕、「愛の肉」であり、より卑俗な言い方では「女たちが皆自分のからだのなかに十オーヌ〔一オーヌは約一・二メートル〕入れたがるようなソーセージ[17]」である。

これまで述べてきたことが、男女の身体の遭遇を語る男らしいやり方を規定している。デルヴォーの辞典の要略には、古くからの隠喩、とりわけ騎行の隠喩が見いだされる。男は「女に乗る」。女は「乗り物」である。相手の女に「馬乗りになる」とは、われわれが皆持っている──この「われわれ」に男たちの共謀関係の調子が見てとれる──拍車を強く踏んで、女を幸福にすることだ[18]」。これとは別の一連の古い隠喩がある。女の膣の熱さを指すために用いられる窯、かまど、熾火、鍋といった隠喩で、これもまた十九世紀前半の雑多な資料のなかで何度も使われている。たとえば卑猥な歌謡の一つでは、「シュゾンのストーブ[19]」という言い回しが出てくる。

十八世紀のエロティックな言説では衰退した戦いの隠喩がこの時代に復活し、今や表象の領域に侵入してくる。武勇や絶倫を示すこのようなイメージは、国民性の称賛と結びついている。フランス男は本来、性的に優れているのだという確信がそこに示されているのだ。モンタルバン博士の『若夫婦の小聖書』を読めば分かるように、こうした熱狂的愛国心の表現[20]は十九世紀末まで続く。このような隠喩は女が支配と、敗北と、傷を甘受するという図式と密接につながっていることは、言うまでもない。

この観点からすれば、勃起している状態は「捧げ銃」の状態である。娘の処女を奪うのは、「銃剣を突き出しながらバリケードを突破する」ことだ。女に「一発見舞う」、「騎兵銃を撃つ」とは、女とセックスすることだ。男は相手の女を攻め、襲いかかる。男は「竜騎兵のように」女とやる。これは「いかなる前戯もなく、いきなり女の上に乗る」のと同じ意味である。男らしい仲間意識の言葉では、攻撃の語彙と同じようにフェンシングの語彙もよく出てくる。「女に突きを入れる」、「剣の先で突く」というのは、「剣先のボタンをはずしたフルーレで女を刺す」[21]ことである。

このような表象体系、このような逞しさの称賛、男の勝利と女の敗北へのこのような言及が、たとえ見せかけであれ暴力を正当化することにつながる。強姦をどう考えるかという点にまで影響したのだ。当時強姦は、最終的に快楽で終わると見なされていた。淫らな歌謡では、女性に加えられる暴力[22]はしばしば「幸福な侮辱」と形容された。

以上のような想像世界とそれほど矛盾しないもう一つの隠喩が存在する。交接行為を労働や「労役」[23]に喩える隠喩である。この観点からすると、男根は道具、取っ手、斧、鉋《かんな》、釘、さらには女に「当てられる」突き棒と同一視される、あるいはそれに比較される。この「労役」を指す動詞は多様だ。女に柄を取りつける、突っ込む、串に刺す、突き刺すという言い方をするし、とりわけ女を仕上げる、耕すという表現がある。

言説において男の乱暴さが称賛されるという状況は、十九世紀前半の文学に見られる欲望の新たな表現と合致している[24]。何人かの作家によれば、男とは女の姿を目にしただけで、ものにしたいという抑え難い渇望に襲われる人間である。

淫らな歌謡の歌詞や猥褻な冊子と比べてみると、娼婦と悪魔的な美しさが及ぼす魅力、激しく生なましい性的快楽というテーマ、欲望をそそる肉体と死のつながりは、男の欲望の刺激様式が刷新されつつあったこと、少なくともそのように語られていたことを示唆する。その場合、サドの著作が男の情動を形成する文学的背景をなしている、と主張する人々が正しいことになるだろう[25]。

もちろん、このような表象と規範の体系は、男らしさをじゅうぶん発揮する際の反対モデルを導きだす。こうしてアルフレッド・デルヴォーは彼が「凡庸なブルジョワ」と名付けたもの、スープと牛肉とゆで肉の組み合わせ、つまり食料品屋がするような夫婦の行為を徹底的にこきおろす。「パパのようにセックスする」というのも同じ意味である。実際、医師たちの見解や忠告に反して、この種の教育的文献で男らしさを示す真の舞台は結婚以外のところにある。舞台の前面に登場するのは「娼婦」、メイド、お針子の見習い、百姓女のマルゴ、そして付随的に情婦なのだ。

繰りかえすが、求められる男らしい性的能力には女も無関心ではいられない。どんなに醜悪に見えようと、ペニスがあれば女の快楽には十分なのである。ピエール・ラルースの『十九世紀大百科事典』に収められている「生殖」の項目の著者によれば[26]、勃起したペニスを見ただけで女は燃え上がる。それは美的反応とはまったく関係がない。女の性的充足はしだいに高まる欲望の充足として記述されるのではなく、むしろ換喩的な意味をもった身体器官によってもたらされる自動的で、抑えがたい快楽として記述されている。「陰茎」は「火縄竿」であり、「女に幸福をもたらし、女は悦びのあまり身震いする」。女と「セックスする」のは男の義務であり、「愛の分け前がなければ女は衰弱して死んでしまうだろう[27]」。

同じ表象体系によれば、性的充足は女を「すばらしい至福」へと導くことができる――あるいは導かなければならない。男の真の勝利とは、女が「白目をむく」のを見ること、つまり性の快楽に圧倒されて「気絶する」のを見ることにある。あるいは女がただ単に「鯉」のようになる、つまり女が「男の下になって、男がもたらす過度の快楽のなかで気を失う」[28]まで女とセックスすることにある。ここで注意を引くのは男の快楽の頂点ではなく、男らしい精力を示す明白な証拠として、相手の女が最高の熱狂を味わうかどうかということである。

したがって、このような構図は男性的なものと女性的なものの差異を極度に強める。当時の特徴である男女の性的二形性が強調されていることを示している。この構図は、男らしさの規範を規定する身体、器官、そして交接のイメージを具体的に明示し、それ以外の要素、つまり感情、洗練、男性的な美学の称賛などを抑圧して、逞しさと、数量化される性的能力という要請を前面に出す。この構図は、性的に充足させられなければならない待ち望む女という考え方を打ち出すのだが、それはいわば、女が引き起こす恐怖感を払拭する手段でもあった。オーガスムに関して男は量的には女に劣るという状態が、男らしい精力を示すことによって埋め合わせられるのだ。女に勝利して、女の渇きを癒すほどの性的快楽をあたえることで、性的失敗や、勃起不全や、不都合な事態への時として生じる不安が忘れ去られる。これは男根がどんな張り形にも勝るという証明になっている。デルヴォーによれば、残念ながら逞しさに限界がある男にとって、張り形は唯一の手ごわい競争相手ということになる。[29]

男らしさの規範が課す役割を演じなければならないという配慮のせいで、自分の愛はいつもかき乱されたと、スタンダールは一八一一年九月二日の日記で告白している。[30]男らしさの規範が人間関係においてどのように浸透し、それが人々の行動をどのように規定し、自尊心の尺度や、欠落の意識や、生じうる苦悩をどのように決定づけるのか、それをこれから把握してみよう。子ども時代から男に課されている規範に必然的に従うということは、快楽の源なのだろうか、それとも重荷として感じられるのだろうか。

感傷性の否定

この点で利用できる資料は、自己分析ができて、みずからの情動を他人に打ち明けたり、日々それを記録したりできる人から構成される、少数の文化的エリート層が残したものである。このような対象を見出すために活用できる最初の文献は、男同士の間で交わされた書簡である。ここでは二人の作家の人間関係をとりわけ重視することにしよう。二人は学術的な研究の対象になってきた作家であり、そのおかげで彼らをより良く理解できるからである。もちろん彼ら以外の人々を排除するわけではない。まず、スタンダールの友人たちで構成される人間関係で、ここには中等学校時代の旧友や、その後付き合うようになった成熟した男たちが含まれる。次にフロベールが手紙を交わした相手たちで、ルーアンの「独身者」たちの集団、つまり大部分は青年時代の友人たちである。こうした関係網が文字どおり典型的なタイプを示す、と主張できないことは言うまでもないが、綿密に分析すれば、物語の登場人物ではなく現実の人間が男らしさの規範をどのように取り入れていたかを知ることができるだろう。これら一連の規範に適合することでどのような態度、快楽そして苦しみが生じるのかを見出そうとする者にとって、書簡は確かに少し迂遠な対象に見える。それ自体で一つの文学ジャンルであり[31]、女のことが話題になる場合は定められた無頓着さに従っているからだ。男たちの間で交わされる手紙という表現様態が、女との肉体関係を強調するという傾向をもたらし、猥談の調子を用いるよう求め、その結果として感情を過少評価する、さらには感情について何も語らないよう促す。そのうえ大抵の場合、時には夫婦関係に近いような不倫を経験している独身者の書簡である[32]。

これら男同士の往復書簡を分析していて明らかになる最初の特徴は、感傷性をすべて拒否する態度であり、そうした態度を取らない者にたいする皮肉である。このような姿勢は、感情的な思い入れを拒むという公言に合致する。一八二九年六月三日、プロスペル・メリメはイギリス人の友人サットン・シャープを祝福する。「確かな筋から聞いたところでは、あなたは、涙、ため息、手紙、そして岩山や森に向かって感動的な演説をする機会といったものだけを恋愛に求めるような人々には属していないそうですね。あなたには実質的な快楽が必要なようです」。同じメリメは一八三三年十二月二十四日、エドゥアール・グラッセのプラトニックな恋愛について、彼に次のように書き送った。「交接が恋愛に及ぼす破滅的な結果をめぐってどのような体験があろうとも、交接の欲望はつねに抑え難いし、満たされることを求めるのです。ですから、あなたがもしまだそれをしていないとしても、いずれ交接することになると思います(33)」。

テオフィル・ゴーティエの書簡集には、同じような内容の文言が見出される。ギュスターヴ・フロベールも、彼の場合手紙の宛先は愛人だが、やはり次のように書いている。「僕は女性への思いやり《ギャラントリー》など大嫌いだ［中略］。女の下着と心を絶えず混同するあのような態度には、吐き気をもよおす(34)」。彼が認めるのは肉体の充足だけ、あるいはせいぜい情念だけだ。「僕が女としての君に求めるのは肉体だけで、感傷主義は老人に任せておく(35)」と、フロベールはルイーズ・コレに書く。男同士の書簡で恋をしているかもしれないと告白すれば、かならず揶揄の対象になる。スタンダールによれば、青年たちが公然と「娼婦」を過大なまでに称賛するのは、揶揄されたくないからである(36)。

猥談と同じで、これらの書簡集は当然ながら、自由なセックスは単なる必要物だと宣言し、婚姻関係や規則的な交接にたいしてはさまざまな愚弄の言葉を向ける(37)。ゴンクール兄弟は夫婦の寝室にそなわる「光輝ある破廉恥さ」に立腹し、夫がふるう「ベッドでの支配権」を非難する[38]。

これらの書簡集では、女の征服の物語、スタンダールの言葉を借用するならば「ものにした」女と「ものにできる」女の名前を列挙すること、事をうまく運ぶに至らしめた大胆な愛撫の記述などが、きわめて重要視される。そしてその物語にはほとんどつねに、相手の女の行動や、官能的な特徴や、時に見られる嘆かわしい冷感症の描写が含まれる。これらの評価は、相手の女のカテゴリーによって変化がある。

親友同士の同じ論理にしたがって、相手の女を交換することについてさまざまな提案や証言が手紙に記されている。メリメはサットン・シャープ宛の手紙で次のように書いている。「私の愛人は大柄な女だ。私と同じぐらい大柄で、とても美人だし、愛想がよく気立てもいい。あなたに彼女を譲るから、好きなようにするといい。亡命してきたスペイン女の愛人もいたが、あの女もあなたにちょうどいいだろう［中略］。大柄な女が気に入らなければ、スペイン女を探しますよ」。メリメは相手の男にたいして、その前年彼がロンドンでメリメにたっぷりしてくれたことのお返しをしたに過ぎない。その後しばらくして一八三二年十月、今度はスタンダールに宛ててメリメは次のように書く。ポーリーヌをシャープに譲ったところ、シャープは彼女に「とても満足した」と。そして「ポーリーヌを君にも回せるといいのだが[39]」と付け加えている。

これらの手紙を読むと、売春宿の住所を交換することがより頻繁に行なわれているのが分かる。一八四三年十一月二十六日、アルフレッド・ル・ポワットヴァンがフロベールに次のように書いている。「あのルーヴォワの奴がパリに出向く。そこでラ・ゲランや、ラ・ルブランや、アルヌーおばさんや、ルリッシュおばさんの正確な住所を教えると約束した。ラ・ゲランはムーラン通りに住んでいるのは覚えているが、番地まで分からない［中略］。シャンプラトルーの元愛人の名前も教えてほしい。今はラ・ルブランの売春宿にいる女で、君がやってる女だ」[40]。マクシム・デュ・カンの書簡集は、このような情報交換に満ちあふれている。他方で、手紙の書き手たちは、セックスできるような部屋を貸してほしいと頼むことがある。一八三一年十月二十日、メリメはエドゥアール・グラッセにそのような頼み事をする。「来週の火曜日[41]」正午から三時までの間、そのための場所が必要だったのだ。

これらの手紙を読んでいると、礼儀作法の規範を模倣し、それを逸脱させるようなもう一つの常套句に出会う。手紙の相手の健康全般を問い合わせるのではなく、その性器の状態について尋ねるのが礼儀にかなうというわけだ。しかも多くの手紙の書き手は、まず相手に自分の性行動について語る。「このひどい国に来てから僕は一度も勃起していないし、逆にジェラール［ド・ネルヴァル］は心配なほど絶えず勃起し、ペニスを硬くしながら歩いている[42]」云々、と一八三六年七月二十七日にゴーティエがウジェーヌ・ピオに書いている。女が欠乏した哀れなメリメは、地方に滞在していたある時エドゥアール・グラッセに書き送る。「私の状態は不安なほどです。ある砲兵に破廉恥なまねをした廉で私が逮捕されたことを、いずれあなたも知ることになるでしょう[43]」。

女を征服する

とはいえそれよりはるかに重視されるのは、女を征服した回数と自慢話である。時には単に、女を「ものにする」のに要した時間を測ることだけが問題となる[44]。数多くの手紙が、女を征服する時の大胆なやり方を語ってくれる。ミュッセはサロンの窓の片隅で婦人たちを口説いた。「あなたのことを思って私は勃起しています。ご自身で確かめてください[45]」と社交界のある女性に向かって、彼はだしぬけに、気軽な打ち明け話でもするような口調で言い放ったと自慢してみせる。スタンダールによれば、老いたラファイエットは社交界の集いから帰る際に、若い女たちの「尻をつかむ」のが好きだったということを考えるならば、ミュッセの厚かましい態度も驚くほどのことではない[46]。

素晴らしい美人だが、「嘆かわしいほど慎み深い」女を征服した際の戦闘にも似たエピソードを、メリメは愉快そうに語ってみせる。「彼女に服を脱がせるために正規の戦いを繰り広げ、寝室のろうそくを点けておくために再び戦った。どちらの戦いにも私は勝利を収め、彼女をものにした。ブロイ公爵夫人と寝たような感じだ[47]」。スタンダールは教育的な意図から、ある女性をどのように激しく攻めたか多くの細部をまじえて説明する。じつを言えば、その女性は同意していたのだが、体裁を取り繕うため表面的に抵抗したのだった。これは友人ペルシュロンに教えてもらった方法で、スタンダールによれば彼はこの点に関しては熟練者だという[48]。

この領域でもっとも豊富に細部を提供してくれるのは、おそらくマクシム・デュ・カンであろう。ドレセール夫人との最初の愛戯を語る手紙――椅子に座りながらの愛戯で、夫人のほうは体調が悪かった、あるいは自分の年齢を隠すために体調が悪いふりをしていた――は、友人ギュスターヴを喜ばせるためにきわめて詳細に及ぶ[49]。男同士では当時、恋人の性的手管を比較することさえ厭わなかった。一八五三年十二月八日、フロベールはルイ・ブイエ宛の手紙で次のように書いている。「あの女［ルイーズ・プラディエ、別名リュドヴィカ、かつてのフロベールの恋人で、その後再び恋人になる］と付き合わないのは間違いだよ。ここだけの話だが、あの女はミューズ［ルイーズ・コレ、当時のフロベールの恋人で、やがて別れる］よりセックスがうまいから[50]」。

処女とセックスしたと告げること、あるいはそんなことをした相手を手紙で祝福することも、男らしさの規範に合致したもう一つの常套句である。一八三六年、ゴーティエがウジェーヌ・ド・ニュリーに書いている。「君の立派な忠告に従って、僕は最終的に、つい最近愛しいウジェニー［フォール］の処女を奪ってやった。僕はかなり楽しんだ。少なくとも、良心の呵責を覚えることはないだろう」[51]。一八三二年十月二十六日、メリメはエドゥアール・グラッセに次のように書いている。「あなたは彼女［若いメアリー］の処女を奪い、それをとても喜んでいる。あなたが陰茎を彼女の局部に入れるのを許したことで、彼女があなたを気持ちよくしてくれたのだが、それと同じ程度にあなたに苦しみをもたらすことはけっしてないだろう」[52]。

時に簡潔ではあるが、性生活の激しさが記される。「われわれは死ぬほどセックスしている」と、アンナという名の「小娘」との関係に触れて、アルフレッド・ル・ポワットヴァンが一八四三年三月二十八日付の友人フロベール宛の手紙に書いている[53]。それと逆に手紙の書き手が、愛戯を妨げた具体的な障害を嘆くこともある。一八四二年一月四日、ウジェーヌ・フロマンタンは兄シャルルから一通の書簡を受け取った。そのなかでシャルルは自分の失敗談を彼に語ってみせる。友人の妻ルイーズを相手にした「ゲーム」にほとんど勝ったと思われたが、「適当な場所がなかったのでゲームが遅れた。そうでなければ、すぐにでも事に及んだことだろう。だが椅子の上でやるのでもないかぎり、物理的に無理だった。椅子の上でやるのは不便だし、そもそもやりづらい」。しかもシャルルとルイーズは従僕と、女の妹に邪魔された。「僕は最後の段階を待っている。いずれ話してあげよう」[54]とシャルルは結んでいる。

言うまでもなく、自慢話のついでに、自分の性的パフォーマンスがどれほどか、一晩あるいは滞在期間中に何回女とセックスしたかを、手紙の相手に語ることもある。「僕は三人の女と四回セックスした――三回は昼食の前、四回目はデザートの後だ［中略］。デュ・カン青年のほうは一回しかしなかった」と、ベイルートで郵便局長カミーユ・ロジエのもとに滞在したことに触れて、フロベールは友人ルイ・ブイエに書いている[55]。それ以前には、同じブイエに宛てて、ギュスターヴは有名な高級娼婦クシュク゠ハネムとしたセックスのことを詳細に記している。「セックスはとても良かった。とくに三回目はすごかったし、最後のセックスは感傷的になった」[56]。男同士で交わされる書簡集によく見られるこの種の常套句について、ここでこれ以上の例を挙げる必要はないだろう。

娼婦と快楽

だが別の常套句がある。「娼婦」との遊びを語る際の常套句である。一八三一年九月十四日、メリメがドラクロワ、ミュッセ、シャープそしてヴィエル゠カステルを引き連れて、ラ・ルリッシュの娼館で過ごした一夜について語ったことは[57]、文学史の専門家には周知のところであろう。スタンダールに宛てた手紙のなかで、メリメは彼らの行動を詳細に記述しようとする。ドラクロワの錯乱、ミュッセの熱狂的な態度と不能、オラース・ド・ヴィエル゠カステルの「野卑な雄弁」……このような状況で、男らしい状態や行動がいかなるものか知るために、この文章は大いに役立つ。その点では、ゲランおばさんの娼館について述べるフロベールの手紙を引用することもできるだろう。

これら男の書簡集では、売買春制度を利用することにまったく抵抗がないことが分かる。それどころか、「娼婦」に魅力を感じると公言することこそしかるべき態度なのだ。メリメ、スタンダール、ゴーティエは娼婦を褒めちぎる。一八三二年五月二十五―二十八日、メリメは友人スタンダールに向かって、高級《ハイスタイル》な娼婦たちと過ごした夜を称賛してみせる。「とても楽しいし、多くの点で上流社会よりも優れている。(一)女たちが美しい。(二)彼女たちは愚かじゃない。(三)とても歌の上手な女がいる［中略］。(四)彼女たちは社交界の貴婦人と同じくらい優雅である……[58]」。

確かに、いつもこのように称賛する調子とはかぎらない。友人ジュリアン・テュルガン宛の手紙のなかで、老境に入ったゴーティエはかつて娼館に通ったことや、孤独で孤立した男たちの慣習について述べている。「何か人間らしい関係を求めて、人は終日売春宿に出かける」。しかし、と彼は付け加える。「このような売春宿で交接しても、二人の男女の繋がりが深まるわけではない[59]」。

そのうえで、娼婦を称賛するのは、卑猥な歌謡で叫ばれる愚かさの称賛と符節を合わせるということを指摘しておこう。ゴンクール兄弟によれば、画家ガヴァルニは恋愛の相手として愚かな女を薦めたという[60]。恋するブルジョワ女が送りつけるような馬鹿げた恋文を受け取らずにすむからだ。いくつかの手紙には、歌謡団体のメンバーがあれほど称賛する「若い娘」に惹かれるさまが見てとれる。たとえばメリメは、一八三五年六月十九日ルキエム宛の手紙のなかでロンドンの若い娼婦について語っている。「娼婦たちは白鳥のように色が白く、繻子のように肌が柔らかい。そのうちの一人の娘は白バラの葉のようにみずみずしく」、彼女たちの平均年齢は十七歳だった[61]。メリメはまた、ラ・ルリッシュの娼館の娼婦たちが同性愛の快楽に耽るのを見る楽しみについても言及している[62]。その後、植民地的とは言わないまでも異国趣味的な冒険の時代がやって来ると、フロベールは逆に、エジプトの売春宿の黒人女たちに嫌悪感を催したと書き記すことになるだろう[63]。

これらの手紙の書き手たちのなかには、娼館で感じた快楽と失望をより精緻に分析する者もいる。彼らの手紙を読むと、娼婦にたいして男の欲望が当時どのように刺激されていたかをよりよく把握できる。たとえばミュッセの書簡集を考察すると、彼が社交界の女性と「娼婦」の間で絶えず揺れ動いていたことが分かる。男らしい放縦の一つのタイプを構成する彼の愛戯が繰り広げられる間に、肉体のなかに、肉体によって絶対を探求する姿勢が露わになる。娼婦を愛好したミュッセにおいては[64]、悦楽の絶頂が脳の錯乱を生じさせ、時には残忍なまでの欲望を引き起こすことがある。この渇望感、この激烈さのせいでミュッセは夜の女狩りに出かけ、時には娼館に一時的に居着いてしまうのだが、ミュッセはそうした渇望感や激烈さを、『ローラ』や『ナムーナ』のようないくつかの作品で表現している。ミュッセの場合、このような激しい躁鬱病体質の行動は完遂しない性的悦楽の不安という色合いを帯びている。欲求不満は死と破壊の前兆となる。フランク・レストランガンが書いているように、まるで小さな死〔エクスタシー〕の強迫観念が大きな死へと広がっていくかのようだ。こうして「衣服の下に身体があるならば、その身体の下には骸骨があると私は感じていた」[65]とミュッセは断言する。

フロベールが娼婦と交わる時に感じる快楽の段階はきわめて複雑だ。通りにたたずむ娼婦たちの集団から声を掛けられ、誘われるのを耳にする快楽と、肉体関係の歴史を詩的に要約するような形で聖書のなかに読まれる交接の神聖さや、古代エジプト女の雰囲気を再び見出す快楽と、痙攣するような激しい悦楽を感じ、時にはその悦楽のなかに愛の感情がひそかに紛れ込むのを感じた後で、見知らぬ女のベッドで目覚める快楽と、おそらくそれらすべてにもまして、結局それがあらゆるもののうちに潜む苦さとどれほど合致するかを感じた時の快楽が、そこでは共存している[66]。フロベールからすれば、娼婦と一夜を過ごすのがどういうことか、そしてすでに数多くの男たちの餌食になってきた見知らぬ肉体の傍らで目覚めるのがどういうことか、それを知らない者は男ではない。

娼婦だけを相手にすると決めた青年たち、あるいは何らかの意味で売買春と関連するものにしか手を出さない[67]――つまりメイドや、宿屋の娘や、その他簡単に手に入る、さらには意のままになる女を相手に愛戯に耽り、女を口説く手間を省くのだ――と決めた青年たちの態度は、このような感情によって説明される。メイドとの色恋の魅惑、ドラクロワが耽った「モデル」の誘惑は、クラフト゠エービングがずっと後に「エプロンのフェティシズム」[68]と命名するものを先取りしている。文学の領域では、ゾラのトリュブロ〔『ごった煮』の登場人物〕がその典型を示す。[69]

娼婦を相手にした場合、しばしばある種の暴力性が不可避なものとなり、手紙の書き手たちは誰一人それに異を唱えない。娼婦や庶民の女のほうに向かって社会的逸脱を果たすという満足感が、そこにはこっそり入り込んでいるからだ。娼婦や庶民の女の抱擁はどこか原始的なものがあると想像され、それゆえ彼女たちは男に新たな逞しさを付与する、と期待されていた。エリート層の子ども、少年そして青年は、乳母や、子守や、訳知りのメイドなど庶民の女を仲介にして自分たちの肉体的欲求を満たす習慣があったということを、忘れないようにしよう。娼婦はこれら一連の女たちの最後に位置するのだ。[70]娼婦を利用するのは、男らしさの体験のなかに組み込まれた論理の一環にほかならない。この観点からすれば、「娼婦」はその手に入れやすい裸体に示される肉体的な誠実さへの欲望を満たしてくれる。

旅と欲望

これまで述べてきたことと、旅の物語あるいは一般にあらゆる空間の物語という形式が結びつく。つまり、女の美しさと醜さを地理学的に分類しようとする配慮が見られる。十八世紀末の医学文献には、このような目的で綴られた文章が数百ページもある。[71]今話題になっている手紙の書き手たちは、旅に出ると真っ先に、滞在予定の町にある娼館の住所を問い合わせることを忘れない。手紙の相手が自発的に教えてくれなければ、時には「娼婦」の料金についても問い合わせる。[72]そのような情報を伝達するのは、一般に書簡集の慣例である。「その町［アルジェ］

に売春婦はいるのか。彼女たちは美しいのか、醜いのか。売春婦はどのようなセックスをするのか、料金はどれほどなのか、梅毒に罹っているのか――君は誰と寝るのか、何をするのか?」と、一八三六年三月ゴーティエはウジェーヌ・ド・ニュリーに手紙で尋ねている。

旅自体しばしば、多かれ少なかれ明瞭に、ある種の女に出会いたいという欲望と結びついている。ネルヴァルとゴーティエがフランドルに向かったのは、「ブロンドを探し求める」[73]ためだった。もっとも、この探索は結果的にまったく失望に終わってしまう。旅人は礼儀上、パリに居残った手紙の名宛人に、自分が遭遇した女たちや、女たちと結んだ関係の質について情報を提供しなければならない。ミュッセはタテールに次のように書く。「わが友よ、旅をして人生を学ぶべきだ。宿屋の娘と寝なければ、いつまでも無知な男のままだろう」[74]。

若きスタンダールにとってのエロティックなドイツや、メリメにとってのフランスの地方やスペインはこのようなものとして素描されている。メリメはヴァレンシアから次のような手紙を書いている。「一ピアストルで、十五歳の綺麗な娘が買える［中略］。一ドブロン［四十二フラン］出せば、確実に処女が手に入った［中略］。ヴァレンシアで二十一日間過ごしたが、退屈しなかった。三十回くらいセックスした。みんなヴィセンタという名前の四人の娘が奉仕してくれた。聖ヴィセンテが町の守護聖人だからね」[75]。それに対して、バルセロナの「カタルーニャ女は太っていて、背が低く、ひ弱だが、ヴァレンシア女は上半身が反り返っていて、色白で、ほっそりして美しい」[76]。それゆえメリメはスタンダールにヴァレンシアを勧める。メリメの旅はスペインに留まらない。彼の書簡集は、ドイツやイギリスの女性の地理的分布に関するさまざまな情報にあふれている。一八三六年七月三日、彼はアーヘン〔ドイツ西部の町〕からロワイエ゠コラール〔一七六三―一八四五。フランスの哲学者、政治家〕に次のように書く。「肌が美しく、目は大きいが愚かしく、肉付きはいいが、極度にぶよぶよしている［中略］。これまでヘッセンの女、ナッサウの女、そしてプロシアの女を試してみたが、ヘッセンの女が一番いい」[77]。同じくメリメによれば、ロンドンの女は「尻が小さいが、乳房は五十リーヴルもの重さで、両手の指からはみ出すほどで、液体ペーストのように掴みづらい」[78]。この歴史建造物視察官〔メリメが長い間務めた役職〕は自分の書簡集のなかで、地方都市が提供する資源としての娼婦と、それが時として彼に課す苦悩について友人たちに語ることを忘れない。マルセイユから彼はA・H・ロワイエ＝コラールに書いている。「当地の売春婦は見たこともないほど不潔だ。ひどく分厚い黄色のストッキングを履き、膝下にガーターで留めている。ご存知のように、こうした醜悪なことがある一定の状況のもとでは男の勃起を促すのです」。ブザンソン〔フランス東部の町〕での彼の状況は「ひどいものだ」。「女を手に入れるためには、七月まで待たなければなりません」とメリメは同じ相手に、一八三六年五月二十三日付の手紙で打ち明けている[79]。

ゴーティエはイタリアを巡り歩いた。美しい女性と醜い女性の地理的分布に関する彼の見解は、明らかに芸術的、文学的規範に従っている。しかし手紙の名宛人向けに、ラブレー的な感興に喜んで身をゆだねることもある。こうしてヴェネツィアの娼婦や、ローマ女の乳房の形と弾力性をきわめて卑猥な文章で記述している[80]。また周知のように、フロベールはナイル河の谷のエロスの地理学を詳細に描いてみせたが、それについて縷説するには及ばないだろう。ただしフロベールは、ロンドンであれナポリであれ自分が滞在したヨーロッパの都市の豊かさも観察し、叙述している。一八五一年三月十一日、彼はカミーユ・ロジエ宛に次のように書いている。「生暖かいパルテノペ〔ナポリの旧ギリシア名〕では、いつも勃起して、荷鞍を外したロバのようにセックスしまくっている〔中略〕。たぶんヴェズヴィオ火山が近いので、僕の尻まで熱くなるのだろう〔中略〕。十歳の小娘を買わないかと提案されたよ、そう、まだ幼い子どもだ……ほんの子どもまで提案された……もちろん断わったよ……ご婦人、成熟した女、太った女だけにしておいた」[81]。

手紙の書き手が地方都市に長く滞在せざるをえなくなると、相手は刺激的な逸話をいろいろ報告してくれるよう期待する。それによって、町の住民がどのような放蕩に耽り、辺鄙な所で発揮される男らしさがどの程度に強烈なのかおよそ想像がつくからだ。その逸話は陽気なほどいい。スタンダールは一八〇六年一月二十八日、次のように書いている。「チヴォリエが、醜聞を引き起こさずにどうしたら女をものにできるか教えてくれた」。彼は「グルノーブルで誰にも気づかれずに、一人の女を四年間ものにしていたという。ただし、あまり安心はできない。セックスはほとんどいつも後背位で、フロックコートを身につけたまま、部屋の扉のかげでしていた［中略］」。スタンダールは二月二日、日記で次のように書き加えている。「それに女がみな愛人を持っているのは周知のことだ［中略］。生涯に一度、何らかの華々しい出来事のせいで、ほとんどの女の場合それがばれてしまった」[82]。

男らしさの衰え——不能と梅毒

精力減退、男らしさの衰えに関する告白が残されている。この点についてはあらためて後述する。当時の男同士の手紙で話題にできたのは、一時的な性不能《フィアスコ》だけで、男の苦悩を引き起こす明らかなインポテンツ、あの「性的不能《バビラニスム》」は口にできない。とはいえ、それはひそかに話題のなかに浸透しているのだが。最も滑稽で、最も一般的なのは、他人の一時的な性不能に言及することだが、そのうえで、書き手の個人的な精力減退の挿話を含んでいないような書簡集はほとんどない。サント＝ブーヴであれ、ミュッセであれ、あるいはドラクロワであれ、事情は同じだ。メリメはジョルジュ・サンドと一夜を共にした時の失敗でひどく悩んだが、メリメに関するかぎり性的不能だと思う者はいないだろう。ゴーティエは少なくとも二度、一時的な性不能になったと告白している。スタンダールはマティルデへのプラトニックな情熱を経験した後、アレクサンドリーヌを相手にしくじった際、もう少し詳しい分析をしている。確かにその場面は個室で展開したのだが、精力減退はプチ夫人が女将を務める娼家での交接の時に起こったし、スタンダール自身がそれを打ち明けているのだから、場面そのものはほとんど周知のことになった。この一時的な性不能は大きな騒動を誘発したので、彼自身の告白するところによれば、哀れなスタンダールは「性的不能者《バビラン》」だという噂が立った[83]。おそらくだからこそ、スタンダールは『恋愛論』と題されたエッセイのまるまる一章を一時的な性不能の問題に割いたのだろう。

　梅毒の経験にたいする手紙の書き手たちの態度は、両義的である。病の徴候に言及するのは、当時自慢話の性質を帯びていた。「梅毒に罹っても平気だ、セックスできさえすれば、そんなこと平気だ」というその後長く残る卑猥な歌詞には、そうした自慢話がよく反映している。下疳〔梅毒の一症状〕は、強烈で、大胆で、さらには勇気ある男らしさの活動を証明していた。と同時に、不安もまたそこに垣間見えたり、はっきりと表現されたりするし、手紙の書き手はその不安をためらうことなく口にする。この点で、男の仲間同士では共謀関係が見て取れる。

　フロベールが友人エルネスト・シュヴァリエに向けて洩らした告白——それは一八四九年に彼が友人に宛てた手紙のなかに記されている——は、その後何度も繰り返されてきた。とはいえ、その言葉に耳を傾けてみよう。五月六日、ギュスターヴは「梅毒に蝕まれていることを認める。しかし、いつ、どこで感染したのかその起源は時の闇のなかに消えてしまった。治りかけている徴候を治療しても無意味だが、梅毒は時々再発するのだ[84]」。実際、フロベールはすでに一八四四年に自分が「確かに梅毒」に感染したことを知り、「水銀ローションで治療する[85]」

必要があった。一八五〇年十一月十四日、コンスタンチノープルからルイ・ブイエに宛てた手紙のなかで、フロベールは自分の下疳がどのような苦しみを引き起こしたかを述べている。幸いなことに、その後下疳は治癒した。「レバノンのカトリック教の女にこの土産をもらったのではないかと思うが、もしかしたら小柄なトルコ女かもしれない。トルコ女かキリスト教の女か……それは『両世界評論』〔フランスの有名な雑誌〕でも気づかないオリエント問題の一面だろう。僕らは今朝、若きサセッティ〔フロベールとデュ・カンが東方旅行中にエジプトで雇った下僕〕が淋病に罹っていることを知った。昨晩はマクシム［・デュ・カン］が、もう六週間もセックスしていないのに［中略］、僕には下疳としか思われないものに罹患しているのが分かった。これが下疳なら、僕らが旅に出てから彼が梅毒に罹ったのはこれが三度目だ。まったく、旅ほど健康に良いものはない」[86]。

これら男同士の書簡集において、この種の打ち明け話よりも頻繁に読まれるのは警告と警戒手段である。手紙の名宛人が交渉を持つことになるかもしれない女たちはもしかしたら、おそらく、あるいはきっと梅毒に感染している。男たちの間では、それをお互いに知らせるほうがいい。とりわけスタンダールとメリメは、こうした用心への呼びかけをしばしば発している。この種の警告に影響されてか、ヴェネツィアの若い娼婦と愛戯に耽った際に、ゴーティエは挿入よりも自慰を好んだ。パドヴァに着くと、「安全のため、トタン板でできたコンドームをつけてセックスしなければならないだろう」と打ち明けている[87]。

官能の告白

男同士の書簡集を何千ページも読んでみると、手紙の調子や内容と、先に触れた猥褻な用語にもとづいて男らしさを構成する話題が一致していることが明らかになる。しかし男女の間で、とりわけ男とその情婦の間で交わされた手紙の場合には、同じ規範でも異なる現われ方をする。その場合、確かに男らしい態度が要請されるのだが、異なる手続きにしたがって要請されるのだ。愛の感情を遠ざけることはもはや問題にならない。逆に、相手の女が待ち望んでいる言葉で愛の情熱を垣間見せるようにするべきなのだ。愛の情熱は、必要とあれば宗教性を刻印された調子で口にされるべきだし、それは夫婦的な精神性が生みだす調子を置き換えたものにほかならない。一八三一年サント=ブーヴは、二人の肉体的な和合を裏付けるような手紙のなかで、恋人アデル〔ユゴーの妻、つまり二人は不倫関係にあった〕に次のように書いている。「昨日あなたはなんと優しく、美しかったことでしょう！あの礼拝堂の片隅で過ごした半時間は、私のなかに永遠の甘美な思い出を残してくれるでしょう〔中略〕。あなたの愛の言葉が私を満たしましたが、私たちが生きている別離と単身生活を思うと、その言葉には敬虔な悲しみも含まれていました」。もし自分たちの愛の前に障害が立ちふさがったら、「抱き合いながら共に死にましょう[88]」と『悦楽』の著者はロマン主義的な興奮に駆られて断言する。

これらの愛の手紙では、フロベールを除いて、淫らな打ち明け話はまったくないし、無遠慮さを誇示することもない。手紙の相手を陽気にするのが目的ではないからだ。男の側には、欲望を証明する熱狂ぶりを示すような文章が求められる。最近の出会いの際に惜しまなかった愛撫や実行された性戯の大胆さにあえて言及すること、情熱が期待によって刺激され、再会が近づくといっそう高まることで、相手の女性をどきどきさせ、さらには興奮させるのである。このような熱狂、言及そして想起は、男らしさの規範に合致するかぎりで、男の属性でなければならない。他方大抵の場合、羞恥心のせいで女が自分の官能の嵐を認めることはできない。「魂の愛撫」にたいして男が無頓着だという不平をしばしば交えながら、漠然とした表現を用いる場合は別である。「女は自分の官能性を認めない。尻と心を取り違えているのだ」[89]とフロベールは嘆く。

ボナパルトが妻ジョゼフィーヌに宛てた有名な手紙は、このような男らしさを示す文章の典型をなす。そこでは夫であると同時に恋人にもなりたい男の逸脱、錯乱、熱意が愛撫の激しさで表現される。その愛撫は彼が「無数のキス」をする乳房や、「小さなお腹」や、「小さないたずらっこ」や、小さな「黒い森」、「心臓よりもっとずっと下の部分」に向けられた。「私の魂は君の心のなかにある」と、ボナパルトは一七九六年六月十七日に締めくくっている。[90] この混乱した夫がその前年、若いデジレ・クラリー〔一七七七―一八六〇。ナポレオンの元婚約者で、後にスウェーデン王妃となる〕に次のように書いて当然と思ったのも理解できる。「壮年期の情熱の嵐で傷ついた心は、あなたにふさわしくなかった」[91]。

ヴィニーは書簡集のなかで、自分の男らしさをより明瞭に誇示する。マリ・ドルヴァル〔一七九八―一八四九。フランスの女優でヴィニーの愛人〕に宛てて、彼女の体のことを考えるだけでどうしようもなく勃起すると書いている。ヴィニーはマリの褐色の股を思い、自分が「彼女のなかに」いると想像し、しまいには彼女宛の手紙に射精し、もはや何がなんだか分からなくなるほどの痙攣状態で感じた興奮を、喘ぐような支離滅裂な言葉で書き記す。[92] 俳優フレシュテールは愛人ヴィルジニー・デジャゼと手紙を交わしたが、その手紙は離れた場所での自慰行為のようなものだ。[93] しばしば痛ましさを伴う自慢話の誘惑に抵抗できないフロベールは、ルイーズ・コレ宛の手紙のなかで、自分が相手に引き起こした激しい反応を想起するのが好きだ。たとえば「われわれ二人を有頂天にする肉体の陶酔と至福の痙攣」[94]について述べる。一八四六年八月十五日には、愛人に次のように書く。「今度君に会ったら、愛と悦楽と陶酔感で君を満たしてやりたい。君に肉体のあらゆる至福をたっぷり味わわせ、そのために君がへとへとになり、死にそうになるほど愛してやりたい。こんな興奮は想像さえしたことがない、と君が心のなかで認めるように［中略］してあげたい[95]」。八月二十三日には次のように書く。「僕の荒々しい愛撫を覚えているだろう［中略］。君は二、三度大きな声を上げたから[96]」。

やさしいエメ・ギュイエ・ド・フェルネックス自身も、恋人アデル・シャンクに宛てた無数の手紙のなかでは、彼が相手から引き起こした反応について遠慮がちに語ることをためらわない。「僕が時にヴェズヴィオ火山の溶岩だったとすれば、君のほうがいつでもアルプスの氷だったわけではない」と、彼は一八三〇年五月十二日付の手紙で主張している[97]。アデルは一八二六年九月十二日「あなたの燃えるような愛撫をまだ感じています」と告白し、さらにその四日後には、「それ以外については、あなたの技量をよく知っていますし、私も明らかに進歩しました」と語る。実際、エメは相手に快楽を教えるという男らしい役割を演じるのが好きだった。かなり後の一八三七年九月十三日になっても、恋人アデルはそのことを喜んでいる。「あなたのおかげでいろいろなことを新たに発見するところをみると、あなたの才能はたいしたものですね。生徒である私にも上達するという取柄があるとすれば、教師であるあなたについては何と言ったらいいのでしょうか[98]」。

この種の往復書簡では、時には女のほうも直接ほのめかすことがある。「疲れた目をしていると皆に言われます。エメ、これ以上言わないのは世間的な礼節を考えてのことですよ。あなたの愛の攻撃から三週間逃れていれば、肌の色つやがもっと明るくなって、目はかつてのような輝きを取り戻すでしょう[99]」。

娼婦を除けば確かにきわめて稀だとはいえ、男女の役割を転倒させることを躊躇しない女もいる。怪しげなマリ・マテは、燃えるような欲望を露骨に表現し、自分の同性愛を語ることでゴーティエの情熱を刺激しようとする。太陽の下で「あなたのことを想うと、私は身が捩れるように感じます［中略］。私のからだ全体が震えているのがあなたには分かります［中略］。目を閉じてちょうだい、そうすれば私の目が見えるでしょう。あなたの腕を開いて、死ぬほど私を悦ばせてほしいとあなたに懇願している私の目が」。そして翌日、マリは問いかける。「あなたがこんなに欲しくなるなんて、いったい私に何をしたの?」[100]。

レオン・セシェによれば、ヴィニーが「時々」もたらすことのできた「ちょっとした昂揚感」を揶揄したマリ・ドルヴァルは、一八三七年一月十一日、同じく不謹慎な調子で興奮した恋人に答える。魂の愛でもないかぎり、手紙のなかで愛の話はやめてほしいと言ったのである。「ああ、もう一つの愛〔官能的な愛〕が早く戻ってほしい! その愛はあなたに語りかけながら戻ってきます。さようなら、さようなら……あなたの口と目に接吻します。もう何がなんだか分かりません。これから寝ます[101]」。

男女の役割をめぐるこのようなゲームを超えて、男らしさの規範が人間の内面に及ぼす作用をより深く考察できる場がある。日記や手記であり、そのなかで評価を下される男らしい自我は本稿の探求の中枢に位置する。強迫観念のような自己分析、成功や欠落を測る尺度を考慮すれば、個人に及ぼされる諸規則の重みを把握できる。十九世紀半ばに至るまで、自己を語るこうした形式はまだ出版されることがなかったので、なおさらである[102]。

女への欲求

日記や手記の作者が自らに行なう告白をつうじてもっとも執拗に繰り返されるのは、女が欲しいという認識だ。バンジャマン・コンスタン〔一七六七―一八三〇。フランスの作家・政治家。その日記は有名〕はとりわけ強烈に、この欲望に苛まれたと述べている。「私は女なしでは生きられない。女がいると本当に気持ちがいいし、逆に女がいないと身体的、精神的な能力がすべて損なわれる」と、一八〇五年二月十一日付の日記で結論づけている[103]。十三日には、エルバージュと名付けた自分の住居に、二日前に会った娘を呼び戻したいと書き記す……「やむを得ない場合は、いくらか金を持たせて娘を追い返せばよい。実際、私は女なしでは生きられない。この欲求は日々高まり、ますます頻繁に生じる」。翌日、コンスタンは次のように確認する。「多くの女に会えば会うほど――「娼婦」のことである――私の精神的、身体的能力は活発になり、落胆や、憂鬱や、苦悩は減る」。二月十六日の記述では「私のいつもの狂気、身体的というより精神的なものであるこの女への欲求が、驚くほどの激しさで私を捉えた。美しい体つきの女たちをいつも自分のそばに置いておきたい、という欲望に取り憑かれた。そういう女がいれば、昨年夏私を不幸にした恥ずべき手段――娼婦のこと――などなくてもすむのだ(104)」。かくしてコンスタンは、財産の半分まで費やして「協定」を結ぶことにする。三月二十七日、天使のような顔をした「少女」を発見し、翌日にはその少女に奇妙なほど、愚かしいほどに心が奪われていると打ち明ける。そして四月十三日には次のように宣言する。「そばに置いて、私の時間を奪わないようにできれば、あの女こそまさしく私に必要なものだ［中略］。それに瑞々しさ、美しさ、すばらしい体つき、素敵な髪、この世でまたとない美しい歯並び。彼女にはすべてが揃っている(105)」。

その数カ月前の一八〇五年一月四日、コンスタンはすでに一つのジレンマにとらわれるのを感じていた。「金で買う愛人にはあまりにいらいらするし、そんな女と私に共通点は何もない。あるのは、愛人が愛人でしかないような関係だけだ［中略］。お針子がいいか？　見つけるのが難しいだろう［中略］。いちばん簡単なのは女なしですませることだが、その状態が長引くと不眠になり、奇妙な妄想が生じる(106)」。

前年の三月二日、彼は一つの確認から出発した。さまざまな理由で、スタール夫人〔一七六六―一八一七。フランスの作家で、コンスタンと断続的な関係を持った〕と一緒に暮らすことはできないということだ。「その理由の一つはどうにもならないものである。私には女が必要だが、ジェルメーヌ〔スタール夫人のこと〕はまったく官能的な女ではない［中略］。要するに私にはきちんとした女が必要だ。政治的に女が必要だ。そうなって初めて、フランスで静かな安定した人生を送れるだろう」[107]。

他方ドラクロワは一八二四年六月十四日、日記に次のように書く。「いつものように肉体の欲望を抑えるには、情婦が必要だろう。私はそのせいでとても苦しいし、アトリエで高邁な闘いをしている。時には、誰でもいいから女が来ればいいと思うことがある」。十九日の土曜日には「まったくセックスが足りない」[108]と素っ気なく書き記す。

スタンダールは女なしでも過ごせることを証明していたが、その彼も定期的に性的満足が得られることの効用は認める。一八〇七年十一月九日、彼は日記に書いている。「ミネットへの愛から癒えた。今では身体的欲求のため、シャルロット・クナベリュベールと三、四日に一度寝る」[109]。裕福なオランダ人に囲われていた女である。そして「この点では、自分に満足した」と付記する。他方メリメが女への欲求を満たせない時にどんなに苦しんだかは、先に触れたとおりである。

女への欲求を認めるのは、絶えず禁欲の悪弊を主張し、「女性と付き合う」よう勧める医者たちの考えと一致するものであり、アレクサンドル・パラン゠デュシャトレ〔一七九〇―一八三六。フランスの衛生学者。パリの売買春に関する著作を残した〕が理論化した売買春の規制主義をもたらすことに繋がる。売買春は必要悪だという聖アウグスティヌス的な考え方が、このシステムを正当化する[110]。身体の各機能の正常な作用に注意を向ける生理医学の観点に立てば、欲求を満たすことは治療上の措置と見なされる。だからこそ一八一二年十月十九日、バンジャマン・コンスタンは失望したと述べるのだ。「私は妻と頻繁にセックスし、早く寝るために結婚したのだ。ところが妻とセックスすることはほとんどなく、われわれは朝の四時まで起きている」[111]。

交接行為は想像力を鎮め、それゆえ男は精神を明晰に保つことができる。「私は彼女をものにし、おかげで少し元気になった」[112]と、ドラクロワはモデルのエミリー・ロベールについて述べている。フロベールから見れば、「あばずれ女」[113]の役割の一つはまさにそれである。老境のミシュレは日記のなかで、妻アテナイスとの愛戯から得られる効果を長々と分析している。かつてルクレティウスが主張した論理に倣って、情熱によって引き起こされる混乱を交接が緩和してくれることを日記作者たちは認める。要するに、愛があまりに強迫観念的になったら、交接行為はその愛を忘れさせてくれるのだ。「これは病のようなもので、治さなければならない」と、一八一四年九月十八日にバンジャマン・コンスタンは書いている。セリメーヌ〔モリエールの戯曲『人間嫌い』(一六六六)の登場人物。コケットで思わせぶりな女〕のように振る舞うジュリエット・レカミエのことを思いながら、夜の半分を泣き暮らした後のことである。「娼婦に会って、へとへとになろう」。翌日、彼は元気を奮い立たせる。「落ち着こう。娼婦に会った。今晩も一人娼婦に会おう、そして明日も。女の手に触れるだけでおぞましくなるまで……」。九月二十日、コンスタンは自分の戦術に固執する。「極度の嫌悪を感じながら娼婦に会った。それでも自分の凶暴な想像力を鎮めるため、このやり方は続けるつもりだ」[114]。

かつての恋愛の思い出が持つ魅力に打ち勝つために、愛戯が役立つことさえある。そのような考えからアルフレッド・ル・ポワットヴァンは、青春時代の場所であるル・アーヴルやオンフルールで、「あばずれ女」相手に三日間過ごすことを思いつく。それは「適切に」選んだ女、そして町を離れる時は捨てる女である[115]。スタンダールの方は、先に述べた効果に加えて、交接には魂の悲しみを癒やしてくれる力があるという。「もしS〔シモネッタ〕夫人と手を切るならば、すぐに同程度の小柄な女を見つけなければならないだろう。憂鬱が生まれる時間を残さないために」[116]。かつておじのガニョンはスタンダールに、女と別れる時には、それから二十四時間以内にたとえ小間使いでもいいから別の女に愛を告白しろと、前もって命じたのだが、彼はこの点でおじの言葉を想起している。

交接したいという欲求はこれほどまでに明白なので、女自身からも男の条件に生得的なものと認識され、承認される。それは女たちの男性観の一部になっている。文学の領域で言えば、ジュリはサン＝プルーがどのような性的満足の方法を選ぶのかと気にかける。サン＝プルーが娼婦を買うことは認めないし、自慰をしないようにと忠告し、自分の処女を奪ったサン＝プルーを一番の親友であるクレールと結婚させようとさえ考える。他方ジョルジュ・サンドは書簡集のなかで、恋人たちの性的欲求について心配する。

一八三四年四月二十九日、彼女はミュッセに次のように書く。「ああ、跪いてお願いします〔中略〕。まだ娼婦には手を出さないで！　早すぎます。自分の体のことを考えて〔中略〕。自然の欲求が激しくあなたに求めるようになるまで、快楽に耽らないで。退屈や悲しみを癒す薬として快楽を求めないで。最良の薬でなければ、最悪の薬になってしまいますから」[117]。三年後、サンドはミシェル・ド・ブールジュ〔サンドの恋人〕に自分自身の性的欲求が強いことを打ち明ける。それがきわめて強いので、彼女に瀉血を施す医者が恋人をつくるよう命じたのだった。したがってサンドは、同じような生理的欲求に駆られるのであれば自分を裏切ってもいい、と手紙の相手に語る。「その女は娼婦のようにあなたの性欲を鎮めてくれますか」と、サンドは恋敵について問いかける。「おそらくあなたの性的欲求はわたしより激しいのでしょう」。ジョルジュは自分自身の役割を治療者と捉えている。年を取って男の精力が無くなるまで、「あなたの官能の嵐をしばしば遠ざけ、あなたが自分の体を壊さないようにしてあげたい」[118]と、彼女はミシェル・ド・ブールジュ宛の手紙に書いている。

要するに、欲求の激しさという意識があって、娼婦や、アトリエのモデルや、召使いや、男の欲求を満たす役割を担うカテゴリーに属するあらゆる女を利用するという計画を、この意識がひそかに示唆するのであり、しかもこの計画はしばしば実現される。そしてこの意識が、バンジャマン・コンスタンがあれほど期待をかけた対策を示唆するのだ。

性的パフォーマンスを記録する

執拗なまでの欲求を認識することは、性的パフォーマンスを細かに記録する態度を促す。ただしこの場合、自慢話でそうするのではなく、女を魅了する能力や男の精力が低下することへの不安を払拭できると、ひそかに確信したいためである。こうした記録する態度の遍在性は、十九世紀初めの七十年ほどの間に明確になるのだが、きわめて重要な歴史的与件にほかならない。スタンダールによれば、誰もが自分の生殖器に適合した幸福を追求していた時代に、いま問題になっている男らしさの規範の命令条項がどのような力を持っていたかについて、記録する態度の遍在性は何よりもよく教えてくれる。(119)

その正確さが現代の読者を驚かすこの記録は、一連の情報を対象にしている。まず、人生をつうじて「ものにした」女の総数。その数は、日記作者の知り合いの男たちが誇示する数字としばしば比較される。メリメは女優や、お針子や、見知らぬ尻軽女たちとたくさん付き合った。(120)とりわけ旅行中は、娼家の「娼婦」を買っていた。そして自分がものにした女の数をいつも記録していた。スタンダールはこのような算術は軽蔑し――とはいえ将来の予測はする――、一八〇七年六月十七日に次のように書いている。「女をものにすることが重要だとは思わない。マルシャル［・ダリュ］は十八歳から三十一歳までの間に、およそ二十二人の女をものにした。そのうち、情交を経て本当にものにしたのが十二人だった［これは二人の友人が詳しい話をしたことを予想させる］。私はいま二十五歳だ。これから十年の間に、おそらく六人の女をものにするだろう」(121)。そしてスタンダールはこの数を、自分が生涯をつうじて乗る馬の数に比較するのだ。

こうした記録には、性生活をつうじて「しばしば想起されること」を記したり、さまざまな錯綜や対位法的に繰り返される出来事を何度も語ったりする文章が読まれる。日記作者が長い時期にたった一人の女としか関係を持たない、ということは稀だからである。ミュッセの不安定な行動には立ち返らないが、一連の女性関係を記録したいというこの関心は、アルフレッド・ド・ヴィニーに特徴的だ。彼の手記には、マリア、ジュリア、そしてリディアとの繰り返される愛戯がきわめて詳細に記されている。

日記のなかで、「勝利」のために必要な期間を計算し、関係がどれくらい続いたかを示す文章が記されることもある。スタンダールはとりわけこのような測定を好んだ。同様に彼は、女を征服した日付を、時間に至るまで、時には自分のズボンのつり革に日付を記入するほど、きわめて詳細に記録するのを忘れなかった。このような記憶はしばしば、自分の成功の舞台となった場所の記憶と結びついている。

「ミラノ、［一八一一年］九月二十一日、十一時半、長い間望んでいた勝利をついに手にした［中略］。不幸と、ほとんど絶望さえも演じたきわめて真剣な道徳的闘いの末に、十一時半、彼女は私のものになった」。恋人のもとに着いたのは十時二十分だとスタンダールは明言しているから、七十分間攻めた末に獲得した勝利だった。「この勝利は容易ではなかった」(122)と彼は結論づけている。それゆえ、彼の男としての満足感はいっそう強められた。

実のところ、これまで述べたことは平凡なことであり、十九世紀に特有の行動を示すものではないと思われるかもしれない。結局のところ、現在行なわれる性行動に関する調査の際にも、人生で何人の性的パートナーに出会ったかという質問が男女に向けられるのだから。[123] ただし違いは、現代の調査ではサンプルとなる男女が皆パートナーを数える必要があるが、十九世紀の日記作者の場合、計算は自発的であり、当時の女性はこのような計算はしなかった、少なくとも打ち明けたりしなかったということだ。

それに対して、十九世紀初めの七十年ほどを特徴づけているのは、交接や「女とやった回数」を記録したことである。男の精力をこれほど正確に測定する態度は、おそらく歴史上比類がない。そして、現場での計算を予想させるこの記憶の慣習がどれほど広く共有されていたかは、驚くほどである。リーニュ公〔一七三五―一八一四。ベルギー系のオーストリア貴族で、フランス語の著作を残す〕は告解の時しかこのような算術には触れないが、彼の回想録を読むと、この種の記憶の正確さが肉欲の罪を数えるという、少なくとも若い頃の習慣と無縁ではないと考えたくなる。[124]

本稿の資料になっているいくつかの日記の作者は自分の交接の回数を記録し、月によって、年によって何回したかをまとめて計算する。彼らは明らかに、こうした記録に大きな関心を寄せており、回数が減れば不安になり、増えれば喜ぶ――もっとも、コンスタンやミシュレの場合がそうであるように、この種の記録は時に暗号化された言葉で書き留められる。コンスタンの日記を読むと、彼の性活動の頻度を再構成できる。というのは、彼が用いた暗号が最終的に解読されたからである。その半世紀後、ミシュレは妻アテナイスに自分の日記を見せるが、そこでは一八四九年から一八六一年までの間、彼らの性交のことが年ごとに要約されている。これはリニャック〔十八世紀フランスの医師〕がすでに一七七二年に推奨していた記憶の作法にほかならない。[125]

一八五七年九月二十四日、ミシュレは次のように書く。「彼女と交わった時に味わった神々しい瞬間を一つひとつ書き留め、正確に記録し、その特徴を記しておいたことをアテナイスに「昨日」伝えた。――その瞬間は多様だ。崇高だったり、深遠だったり、強烈な磁気を帯びていることもあった。私が入っていく生きた宝物がもたらす感覚は暖かさ、優しさ、柔らかさ、そして魅惑である」[126]。要するに、これ以降アテナイスには事情がよく分かっていたということである。

一例をあげれば、一八六六年に関して日記には次のような文章がある。「一八六五年［hémの年］[127]よりは良い年。合計で四十六回」[128]。比較すれば、一八六五年にミシュレは四十回交接し、一八六四年には三十七回にすぎなかった。最初の妻ポーリーヌとの間でこのような記録を付けなかったこと、それゆえ彼女の快楽の記憶を失ってしまったことをミシュレは後悔する[129]。「あれほど長年一緒に暮らし、あれほど多くの性的悦楽を感じたのに、思い出がほとんどない！」。

日記作者が最も頻繁に記録する数は、一回の出会いで「何発やったか」という回数である。メリメがとりわけヴァレンシア滞在中にかなり規則正しく記録した総回数については、すでに指摘した。スタンダールもメリメにひけを取らない。安心する必要があるかのように、自分の性交の記録を喜ぶ時はとりわけそうだ。「一八二九年四月二十九日。木曜日八時頃、あれを四回やった」。一八三〇年三月二十二日、ジュリアが彼に身を任せる。「［中略］一回、最初の一回だけ」。その後の一八三三年十二月一日、クレマンティーヌ相手に「夜の十時半から十二時まで、私の家で二回やった」[130]。

「勝利」の物語や思い出以上に、最も安心できるだけに最も甘美なのは、相手の女がオーガスムを感じる回数である。その回数は男が感じる回数より多いことが、とりわけ重要だ。「私は毎日、一回か二回はいく。彼女のほうは五回、六回、時には九回もいく[131]〔原文は英語〕」と、「愛想よく優しいアンジェリーヌ・ベレテール」の恋人になったスタンダールは、一八一一年三月十七日の日記に書き記している。バティニョールのアトリエでセックスしたジュリアが、「あなたはヘラクレスのようにたくましいわね」と言った時、ヴィニーは明らかに安心し、喜んでいる。実際彼は、この褒め言葉を一八三八年七月十六日に書き留めたいと感じたのだから。ミシュレはアテナイスがオーガスムに達した日付を律儀に思い起こし、その記念日を祝うのだが、そのオーガスムがめったに起こらないことで欲求不満を感じ、最初の妻ポーリーヌが何度もオーガスムに達していたことを懐かしく思い出す。

愛戯の時間と場所

男の性的パフォーマンス、そして副次的には女の性的パフォーマンスの記録において、実を言えば数字は一つの要素にすぎない。時に日記作者は、性行為の状況や、それ以上に相手の女の心遣いを多かれ少なかれ楽しげに、繰り返し語りたい欲求を感じる。ヴィニーは手記のなかに愛戯の時刻を記す。ミシュレもかならず同じことをするし、しかもその際、行為を記述すると同時に、自分の気分よりも妻の気分に影響するとされる天候上の要素を付け加える。とりわけ彼は正確な時刻と共に、その瞬間が性行為にふさわしいかどうかという判断まで記している。「［一八六四年九月］三日土曜日、三時、散歩から戻って、疲れていたが［後背位でやった？］。私の寝室、時刻が悪くて、不完全だった」。同月の二十四日、「コーヒーを飲んだ後、七時に［中略］。ためらい、不手際、意気消沈」。十一月十二日、「朝七時、すべてがよりよく見える明け方の光を浴びて、彼女がヴェールや衣装を身につける前に。見て、挿入した、後ろから挿入した〔原文はラテン語〕……」二十二日、「図書館から帰って四時に、出かける前に彼女の部屋でやった」。一八六五年四月九日、「正午にやった。初めはなかなか難しかったが、挿入して射精する。時間が経つにつれて二度、三度と射精。子宮のなかで成長する者というインドの言葉の力強さを感じた(132)」。

これらの引用文は、場所にたいする関心を示しているが、ミシュレだけがこの点を記憶に留めたわけではない。ヴィニーも愛戯の舞台を記録し忘れることはめったにない。一八三八年八月十四日、火曜日、「マリア――体操場、小像の前で交接した」。十五日、水曜日、「夕方、体操場で」。十六日、木曜日、「朝リディア［彼の妻］と交接した。ジュリアとはバティニョールで」。十八日、土曜日、「朝バティニョールで、ジュリアの家で(133)」。ミシュレは交接した場所をもっと正確に記すよう気をつける。アテナイスの部屋の絨毯の上で、暖炉の火のそばで、そのために彼が買った小さな椅子の上で、ベッドの端で、草むらで、「草地の端」で、などなど。時には、その場面の流れを書き記す。たとえば一八五八年十月三日、「彼女の膝の下に絨毯を敷く時間もなかった［中略］。金曜日よりも深い快楽を味わった」。そして翌日は「深く眠った」と記している。他の箇所では、女中が部屋に闖入してくることへの不安を述べているが、女中は邪魔には違いないが、おそらく快楽を刺激してもくれる。マリアとの、とりわけジュリアとの愛戯は肘掛椅子や、椅子や、長椅子の上で行なわれたとヴィニーは明言する。九月十日、月曜日、彼は次のように記している。「朝、洋服ダンス［ママ］のなかでジュリアと交接した。それから彼女のベッドで、椅子で」。もちろん、どのような体位で交接したかも時には記録される。ミシュレの日記の場合は、残念ながら暗号が使われているが、ヴィニーは時には体位も明記している。一八三八年四月九日、「ジュリアが私の上に座る。彼女の腹部に射精」。九月二十日、木曜日、「朝、ジュリアと。お別れだ［ヴィニーはトゥーレーヌ地方に発つ］。立ったままで交接(134)」。同様にヴィニーは、時に交接の継続時間を記録する。一八三八年六月十七日、「朝、モンマルトルで、マリア［中略］、交接した。二時間」。七月六日、「朝、ジュリア、バティニョールで、一時間半続けて交接した」。このような正確な記録の歴史的な意義は、男がそれを記述したいという欲求を感じていたということである。

他方フロベールの場合は、女の体つきや、相手の体がもたらす嗅覚的および触覚的印象や、性的刺激の方法が記憶によく残る。そして何年も経ってから、書簡集のなかでこの種の感覚を想起する。ミシュレは女の従順さを注意深く測定し、それを評価して、後に思い出す。彼はアテナイスの性器の生理学的状態を書き記す。一八六二年十一月十七日、最初の妻についてミシュレは書いている。「彼女のかわいい従順さが私の脳裏に甦ってきた。私の要求を進んで受け入れようとした態度も」。「ポーリーヌのことを思うと、アテナイスのことも思わずにいられない［中略］。一方は自分が何度もいって、私もいかせてくれた。他方は性欲があまりないが、それでも精神のなかに入っていく時のような甘美な悦楽を感じさせてくれる。アテナイスはきわめて繊細な快楽を感じ、私にも感じさせてくれる。彼女がもたらす欲望と快楽からは、最も上質な火花が噴き出る[135]」。

より広く言えば、男たち――ここではわれわれが使用している文献の作者たち――はベッドにおける女の反応と技量をうかがい、記録する。一八三八年七月八日、日曜日、ヴィニーは書いている。「ジュリア――バティニョール――交接――ああ神さま！という叫び声――神経的な震え[136]」。読者はここに、日記作者の男としての満足感を読み取れる。スタンダールは日記のなかで、宿屋《緑の狩人》の主人の娘を愛撫で「燃え上がらせた」と自慢する。「私が射精した後、完全に憔悴するのを目にした最初のドイツ女だ[137]」と彼は書き記す。

おそらくこれが今いちばん重要なことだが、日記作者は時に男の興奮と快楽を分析する。交接行為やオーガスムの回数の計算に比べると、性的悦楽の強さや、時に生じる失望感の記録は残念ながら少ない。とはいえ、それはミシュレが立てた大きな計画であり、実際彼は自分の記録を「アテナイスとジュールの肉体生活に関する日記」と形容しているくらいだ。ミシュレによれば、日記は彼の著作『愛』や『女』とはまったく別の重要性を持つことになるだろう。[138]彼からすれば、その日記はとりわけ男の性的悦楽と「創造的勃起[139]」の探求を語る日記になるはずだった。残念ながら、彼の日記の豊かさをここで深く分析する暇はない。それだけで一書に値する主題であろう。

半世紀前、ロラン夫人とその夫が体験したような恋愛結婚の影響力が残っていた時代に、バンジャマン・コンスタンは、少なくとも初期のうちは明らかになる夫婦間の抱擁の快楽を称賛したものだった。五十年後のミシュレもまた夫婦愛を称揚する。彼によれば、夫婦愛だけが男を性的悦楽の頂点に導くことができる。「通りすがりに一時間だけ跨ったり、愛撫したりする情婦、本当に知らなくても性的悦楽だけは得られる情婦はそれだけのものだ〔中略〕。われわれがよく知っていて、昼夜あらゆる感覚をつうじて知覚し、起きたり、寝たり、眠ったり、食べたりするのを目にする女、魂の奥底まで熟知していて、無邪気で愛らしく、こちらの好奇心に心を開き、人により深く貫かれ、人により密接に交じりたいと願う女は、まったく別である〔中略〕。情婦とはごく短い交接でしかないが、愛する女は悦楽の永続化にほかならない[140]」。ずっと後の一八六五年七月八日の正午、ジュールが衣服を身につけたままのアテナイスのなかに「挿入」し、元の小間使いのせいで一時中断するものの、その後より楽しく愛戯を再開した際、ミシュレは興奮する。「妻は娼婦よりもなんと気持ちがいいのだろう！ まだ生まれたての子ども、鋳型に嵌められず、形をなさず、無駄なものに浸透されず、まだ自我を形成していない子どものようなものだ[141]」。ピグマリオン〔ギリシア神話において、自分が作った女人像に恋したキプロス島の王〕のような言葉遣いで、ミシュレは男の欲望と男らしい情動を刺激する一つの様式を明らかにしている。こうした欲望や情動は、より控え目な形であれ他の男たちにも見られ、猥談の話題に真っ向から対立する。

スタンダールの方は逆に、医師に倣って、男の快楽の強さを新奇さと結びつける。一八一一年八月十日、その前日スタンダールは情婦の美しいアンジェリーヌとセックスできると確信していたのだが、後悔しつつ次のように書き記している。「彼女のそばにいても、努力しないと勃起しないいし、他の女――ダリュ夫人――のことを考えないと射精もできない。ダリュ夫人はいずれにしても劣っているのだが、逆に私をとても悦ばせてくれた[142]」。性交過多を恐れる医者たちと同意見のミュッセはといえば、快楽の絶頂に心から不安を覚える。神経が興奮すると、自分が何をしでかすかと怖くなるのだ。ジョルジュ・サンドと決別した直後にパリに戻った際、ミュッセは、自分が娼婦に会ったら「興奮した瞬間[143]」にその首を絞めてしまうのではないか不安だ、と打ち明けている。こうしたこともあって、『ガミアニ』〔ミュッセが書いたとされる好色小説〕を書いたのが彼だと推定されているのである。

一貫した情動

とりわけ医者に馴染み深い別の領域になるが、ミシュレは父親になりたいという欲望や想念が生じさせる男らしい快楽についても語っている――残念ながら、アテナイスとはそのような快楽を味わうことができなかったが。それは男性が生命を伝達し、それによって自分の生命を縮めるという印象を抱く瞬間、要するに種の保存の要請に従うという印象を抱く瞬間である。女を「完成させる」精液を称賛する態度は[144]、医者たちが言及する感応遺伝〔女は最初に肉体関係を持った男の生理的影響をその後もずっと留める、という考え〕の概念が示すあらゆることと合致する。「最も望ましい女とは最も感じやすい女、ある男性にたいして最も感じやすい女である。その男性の精液と思考に長い間浸透されたせいでその男性と同じようになり、彼を愛することで自分自身を愛し、彼を欲することで自分自身を欲し、近くにその男性がいないと自分が不完全で空虚だと感じる女である。その男性だけが彼女の人格を完成させるのである」[145]と、ミシュレは一八五六年三月五日に書いている。交接のさなかに、彼は優しく[146]、急がずに女の「奥の奥」を味わう[147]。叙情的な率直さに駆られて、「海と妻の性器、それが私にとって二つの無限だ」[148]とミシュレは断言する。

ミシュレの口調は、今日では苦笑を誘うかもしれない。しかし包括的な視点を採用しようとする者は、一時代の情動の特殊性を把握しようとするならば、大作家の作品に言及せざるをえない。われわれの関心領域において、ミシュレの日記はその分析計画の鋭さによって重要な接近回路なのである。

夫婦関係の情動に向けられたいくつかの称賛を除けば、快楽と苦悩の網のなかを散策した後に明らかになるのは、男らしさの規範と、それが命じる行動と、それが統御する対照的な情動の一貫性にほかならない。集団的な猥談、男同士の仲間意識、書簡のなかの打ち明け話、そして何よりも日記や手記などは、しばしば重荷に変わりうる役割を認識するという点ですべて一致しているのだ。二十世紀半ばに至るまで、男らしい振舞いの背景はそのようなものであった。ただし数十年と時代を経るうちに、とりわけ一八六〇年から一九一四年に至る時期に、さまざまな亀裂が生じ、深まったということを付記しておこう。その時期には、古くからの苦悩と新たな不安が入れ替わり、時には共存していた。そしてそのことが、これまで述べてきたさまざまな役割の作用をひそかに変えていくのである[149]。

第Ⅳ部　男らしさの表象の社会的変動

第1章　軍人の男らしさ

ジャン゠ポール・ベルトー
（真野倫平訳）

市民の男らしさは生命を与えることに、軍人の男らしさは死を求めることにある。兵士は自らの身体を鍛え精神を研ぎ澄まし、もっとも忌まわしい暴力への心構えをする。十八世紀から十九世紀にかけて火器は著しい進歩を遂げたが、それでもすべての兵士を完全に地面にくぎづけにするにはいたらなかった。戦闘において白兵戦はまだ続いていた。肉を切り裂きのどをかき切るこの凄まじい攻撃の瞬間において、兵士には殺し屋の才能が求められた。すなわち俊敏さと感情の不在である。だから砲声がやんだとき、軍人は同胞に対して魅惑を感じさせるのと同じくらい恐怖を感じさせた。総裁政府時代のブルジョワにとって、軍人とごろつきは同じものだった。武装した男は「軍神マルスと同じく戦闘のため、そしていくらかは放蕩のために服を着ていた」。彼らは酔っぱらって「ヴィーナスのはしためたちと」きわめて淫らなポーズをとり、女たちを手当たりしだいに呼び止めては売春婦扱いし、亭主を殴りつけると言って脅した[1]。帝政時代には通行人は古参兵に近づこうとしなかった。顔や頭に傷跡のある人間が突然乱暴に及ぶことを恐れたためである[2]。

平和が訪れたとき、兵士の身体に必然的に吹き込まれた怒りをどうやって抑えたらよいのか。同類を串刺しにする技術のために全身全霊を捧げた者を、どうやってまっとうな人間にするのか。フランスの思想家や権力者のグループは、軍人の男らしさは状況に応じて変化しうるのだと主張した。男らしさは平時に農民兵士の身に宿るときと、勇猛な軍人の身体に入りこむときでは異なるのである。最初のケースでは、兵士の男らしさは古代ローマに倣って、獲得した領地の開墾や植民やフランス化という有益な任務に向けられる。第二のケースでは、男らしさは兵士を、祖国のためなら殉職も辞さない救世主のような人間にする。軍人は単に人間の尊厳を回復しただけでなく、超人になったのである。彼の男らしさは模範として他の市民たちに示された。昨日までは「人種の変質」に加担したとして非難されていたのが、今では彼の指導によって市民の衰えた男らしさが回復し、国民が再生するのである。

新聞や文学、演劇や絵画、詩やシャンソンが、後には写真や映画が、軍人の男らしさを称賛し宣伝した。とはいえ、戦場における軍人を示すさいにはあらゆるメディアが同じ規則を尊重した。すなわち、戦場を殺菌したのである。公衆の感受性を傷つけないように、傷つき切り刻まれ血まみれになった身体はできるかぎり描かないようにした。軍人という職業の特性はぼかされ、兵士の男性的な特徴は部分的に抑えられた。

しかし本当にプロパガンダが教えるように、軍人はすべての力とエネルギーをただ祖国のために捧げるのだろうか。戦闘の前や後に行われる儀式において、士官や隊員たちは祖国を崇拝するのか、それとも自分たちの党派の男らしさを崇拝するのか。彼らは衰弱した国民を再生させるのか、それとも殺人機械に変貌させるのか。性的不能者は徴兵拒否者よりもむしろ兵士や戦士のほうではないのか。セバスチャン・メルシエ〔一七四〇―一八一四。作家〕の戯曲やバルザックの『人間喜劇』から、アベル・エルマン〔一八六二―一九五〇。作家。『騎兵ミズレー』〕、リュシアン・デカーヴ〔一八六一―一九四九。作家。『下士官』〕、ジョルジュ・ダリアン〔一八六二―一九二一。作家。『肩章』『ビリビ』〕の小説にいたるまで、男性的なのは脱走兵のほうである。しかしながら、反抗者の肖像が共和歴二年の兵士やナポレオン軍の近衛兵や第二帝政期のフランス歩兵の肖像に取って代わることは決してない。フランスにおいてもヨーロッパの他の国においても、十九世紀の世論は本物の男は兵営で作られると認めていたのである。

I　哲学者軍人と農民兵士

啓蒙思想による戦争の告発

戦争は告発され、軍人は非難された。十八世紀は戦争を災禍として示すのをやめなかった。『百科全書』においてジョクール〔一七〇四―七九。啓蒙思想家〕は戦争を告発した。戦争は「人間の退廃の果実」、「政体の痙攣的で暴力的な病」であり、「戦争は自然と正義と宗教と人間性の声を押し殺す。戦争は掠奪と犯罪を生むだけである。恐怖と飢饉と荒廃が戦争とともにやってくる。戦争は母親や妻や子供たちの魂を引き裂き、田園を荒らし、地方を無人にし、都市を粉々にする」。

戦争を法の外に置くこともできるはずだ。そうなれば十八世紀の啓蒙を受けた君主たちは、自分たちの栄誉は国民の幸福と人権の尊重にあると理解し、自分たちの勢力を増大したり不正に権威を拡大しようとは思わなくなるだろう。彼らは一致して、戦争の災いや人間の邪悪な本能の噴出にけりをつけるだろう。サン＝ピエール神父〔一六五八―一七四三。作家、外交官。『ヨーロッパ永久平和論』〕の永久平和の希望は、前世紀に君主の同盟が大陸に平和をもたらすと信じたグロティウスの希望を反映している。君主たちが一堂に会し、力を合わせて紛争の調停者を任命すれば、戦争は姿を消すだろう！

戦争の告発は兵士の排斥に行きつく。フェヌロンの著作に早くも現れた反軍国主義は、七年戦争の敗北を経た一七六三年にはさらに高まった。戦争を裁く検事である哲学者は、兵士を信仰も法ももたない者と見なした。兵士は共通の法から大きく外れた生活に慣れているがゆえにリベルタンであり、たいていは酔っぱらいでときに娼婦を囲っており、獣じみた野蛮な男らしさをもっている。彼らは専制の鎖を担う者であり、更生するか消滅すべきである。一七四四年にヴォルテールは『戦死兵のための追悼演説』において、「しばしば文学的教養に富みさらに精神的魅力にあふれた」士官を称賛する一方で、戦死兵たちを罵倒している。彼が説明するところによれば、軍隊の兵士たちは、遊蕩の精神と掠奪の欲望から故郷の村を捨てた傭兵の人殺しどもなのである。「全体を眺めれば、彼らは世界でもっとも誇り高くもっとも勇壮な外見をしている。一人ひとり勝手気ままに酔っぱらっているところを見ると、ごく一部を除いて世界で最低のくずである[3]」。

兵士に関する世論の変化

数年後には哲学者の見方は一変する。フェルネーの長老〔ヴォルテールのこと〕は依然として兵士たちの悪徳を公然と非難しているが、それでも彼は「一日四スーのアレクサンドロス[4]」と呼ぶ者たちの運命を気にかけている。軍人に対する公衆の態度も変った。同時代人は軍人が軍事教練のさいに暴力を受けることを心配している。軍隊は兵士の軍人としての男らしさを伸ばそうとして、彼らを奴隷のように扱い、ささいな過失に対しても罰として銃身掃除用の鉄棒や刀身で殴りつけた。このような状況を逃れようとする者が現れたとしても何の不思議があろうか。『百科全書』の「投降兵」の項目においてサン＝ランベール〔一七一六―一八〇三。啓蒙思想家〕は脱走兵に対する死刑の廃止を訴え、マリー＝アントワネットはセバスチャン・メルシエの『脱走兵』の描写に涙を流した。たとえば『幸福になる方法あるいは善行をなす者』のような、男らしい兵士たちが登場する他の戯曲では、乱暴な者が敗北し有徳な者が勝利する。

誠実な人間に悪い軍人はいない。
この名誉ある職業は
すべての義務を考えれば
確かな美徳が必要だ。
他のどんな職業よりも
厳しいとさえ言っていい。
どんなささいな過ちも
厳格公正に罰せられる。
少しでも悪いそぶりがあれば
社会的名誉は失われ
役立たずとして追い出される。
第一の義務はたやすいこと
ただ王様を愛すればいい(5)。

一七八六年にパリで上演された戯曲『二人の擲弾兵』は、軍人がどれほどの尊敬をかちえたかを証言している。仕出屋の娘のシュザンヌは、村の判事の娘である従妹が近々男らしい立派な若い軍人と結婚すると聞いて嫉妬で悶々とする。

P-L・ベランジェは、フランス人が行った偉業を集めた年鑑において軍人に特別の場所を充てている。トゥーレーヌ連隊の兵士ティオンの勇敢さ、フランス衛兵の寛大さ、ノルマンディー連隊の擲弾兵たちの名誉ある行為、ある擲弾兵の偉大な魂、これらが多くの記事に題材を提供している。公園に入ることは犬と売春婦に対しては依然として禁じられていた。軍服を着た者に対してはもはや禁じられていなかった。

感受性の全体的な変化によって、そしてブルゴーニュ運河採掘や火災予防(6)などの公共事業への軍人の参入によって、兵士に対する世論の変化は部分的に説明がつく。これ以降兵士は外国よりもフランスで多く採用されるようになる。彼らの入隊の動機は、犯罪や処罰への恐怖や近衛騎兵隊からの逃亡よりも、むしろ飢餓であった(7)。

愛国的市民としての兵士

社会の軍人に対する視線の変化とともに、一部の士官の知的な変化があった。彼らは哲学者となり自らの職業を新たな倫理で飾った。彼らは紳士《オネットム》であると同時に軍人であろうと、戦士の精神と善良な感情を結びつけようと、ひいては軍人の名誉と社会への貢献を両立させようと努力した。彼らにとって兵士あるいは戦士としての男らしさは、過度な軍事演習よりも身体的鍛練によって獲得される。それは祖国愛にもとづいた道徳的教育によって保たれる。軍隊の男らしさは愛国主義の色彩を帯び、兵士は市民となった。

一七六九年にジンメルマン大佐は士官たちに向かい勇猛であれと呼びかけた。というのも平穏な意識だけが「マスケット銃や大砲が与える恐怖」に立ち向かい乗り越えることを可能にするからである。ところで、彼の説明によれば主要な美徳とは「名誉」である。たしかに士官の名誉は、自らの評判を気遣い、約束を重んじ、未亡人や孤児を戦争の危険から守ろうとする騎士の名誉に似ている。それは何よりも「君主と祖国に仕える名誉であり、それが彼にもたらす栄光(8)」なのである。そしてジンメルマンはさらにつけ加える。士官は「平然と社交界の快楽を犠牲にし、両親や友人や愛する女の腕から黙って身を引き離し、この職業につきものの危険と過労に進んで身をさらさなければならない」[9]。

君主と祖国に仕える誇り高き兵士もまた、ひとりの市民であり愛国者である。『幸福になる方法』のアルマンは魅了された観客の前でこう断言する。

彼は市民として生まれ
その胸は熱き血潮と祖国愛に満ちている。
祖国の防衛者に名乗り出たことで
いまや二重の絆で祖国と結びつく。
才能も、美徳も、栄誉も、快楽も犠牲にしよう
年老いて息絶えるまで
かたときも忘れない
この美しい肩書のために[10]。

市民兵士は男らしさを抑制し正しい方向に向けるように求められる。男らしさは勇敢な行為を行わせると同時に、自身と戦友たちの生命を危険にさらすからである。『孤独な軍人あるいはキリスト教哲学者』の教えるところによれば、「軍人の美徳は必ずしも生命を軽んずることにあるのではない」。軍人は「戦闘の混乱と恐怖のただなかでも冷静さと自由な感覚を」失わないだけの強い性格と平常心をもつことを証明しなければならない。それ

だけが「勇敢さを有効に用いて王のために仕える」ことを可能にするからである。[11] 優れた軍人は「名誉の死に等しい」[12] 無鉄砲な行為は避け、穏和で人間的で公正な様子をしている。したがって彼は英雄になるよりも偉人になろうと努める。本の著者たちは聖書を引用してこう強調する。「圧政に苦しむユダヤを建て直した偉人であるマカバイ一族は、そのめざましい偉業によるのと同じくらい、穏健さと寛大な魂によって称賛に値する」[13]。

ヴォルテールは『ルイ十五世の世紀概要』に騎士ダサス〔ルイ・ダサス。一七三三―六〇。オーヴェルニュ連隊の軍人。七年戦争中のクロスター・カンペンの戦いで戦死〕の物語をつけ加えた。敵に襲われ、一言でも口にすれば殺すと脅されたとき、騎士は躊躇なくこう叫んで串刺しになって死んだ。「来い、オーヴェルニュ軍よ、敵だ！」この騎士は自らの死で戦友たちを救ったがゆえに、英雄として偉人列伝にも登場する〔口絵参照〕。ラ・パンセ老人〔アレクシ・エムリーの小説『ラ・パンセ老人』（一八三八）の主人公。ナポレオン軍への従軍体験を語る〕が言うところによれば、軍人たちはそれ以上にカティナ元帥〔一六三七―一七一二。ルイ十四世時代の軍人〕を尊敬したが、それは兵士を指揮するさいの慎重さのゆえにである。一六八五年のヴァルドー派との戦いにおいて、彼は暴力より対話を望んだ。戦闘を余儀なくされ、無数の死の危険を冒したが、敗者に対しては人間的にふるまった。ルーヴォワは彼にユーリヒ公国を血の海にしろと命じた。彼は拒絶した。引退した後は自らの領地で剣の代わりに鎌や鋤を取り慎ましく暮らした。

若き竜騎兵士官マッソン・ド・プゼー〔一七四一―七七。ルイ十六世の軍事教育係〕が未来のルイ十六世にふんだんに与えた軍事教育の中心にも、やはり人間性があった。無駄に勇気を振るうよりも敗者の犠牲を最少にすべきだ、と彼は説明した。[14]

軍人の男らしさは愛国主義にもとづかないかぎり枯渇する。それは非人間性に陥ると腐敗する、と『市民兵士』

は警告した。この作品はおそらくセルヴァン〔一七四一—一八〇八。軍人〕の手により一七八〇年に刊行されたが、兵士や軍人の男らしさの新たな原型を作るのに貢献した。それが説明するところでは、市民や軍人は「他人に対して善良で正直で人間的で公正である」だけでなく、有益でもあらねばならない。セルヴァンは彼らに対して「貧しい者の仕事を助ける」ことや、必要なら「畑を鋤で耕し、壁を直し、堀を掘るのを手伝う」ことを勧めている。[15]

この哲学者軍人は、平和が訪れたら軍人を農民兵士に変えることを夢想する。そうすれば政府は経費を節約することができるだろう。セルヴァンはこう説明する。

国家は、公益と褒賞と栄光に対する愛情によって防衛軍を準備すべきである。しかし重要なのは、この身分が他の全員の出費によって維持されるのではないという点である。そしてもし兵士一人ひとりに十分な生活の糧を確保する必要があるならば、そして同時に彼に褒賞を与える必要があるならば、義勇兵を雇うことで国家がそれを維持できるようにすべきである。

それゆえ、たとえ感じやすい年頃であろうと、若い新兵を田園の辛く厳しい仕事に慣れさせるのが適当である。「そうなればこの農民であると同時に兵士である集団は」自分で「生活の糧」を手に入れ、「未開墾地」を肥沃にするだろう。そうすれば彼らは「現在のような費用がかかる存在ではなくなり」、ひとえに「彼らが防衛すべき国家にとってかぎりなく有益な存在」になるだろう。兵士はそこで体力と愛国心を獲得しこう言うだろう。「ぼくが住むこの土地、それを豊かで美しいものにしたのはこのぼくだ」[16]。

このように〔十八〕世紀の精神に影響された士官たちの筆の下からは、兵士や男らしさの習得やその到達目標についての、まったく新しいイメージが現れた。戦争はかつて専門家の仕事であった。セルヴァンや当時のもっとも高名な戦術家のギベール〔一七四三―九〇。軍人〕は、戦争が国民全体の仕事になることを望んだ。全市民が兵士になるべきであり、全兵士が市民になるべきであるから、彼らの筋肉よりも彼らの感情に訴えるべきである。彼らの手脚の機械的運動よりも彼らの理性に、乱暴な命令よりも彼らの愛国心に訴えるべきである。彼らは運動選手になるよりも勇猛な人間になろうとするだろう。セルヴァンは兵士の教官たちに忠告を与えるさい、数行で理想の兵士の肖像を素描した。「兵士を腰抜けにするのではないかと恐れる必要はない。まずは彼を人間らしくするといい。祖国への愛を吹き込むことに成功すれば、何ものも彼の勇気をくじくことはできない」(17)。

このイメージは動き出し、ユートピアは現実になった。一七八九年に兵士たちは反乱を起こすことで、あるいは蜂起した市民への発砲を拒否することで、大革命において積極的な役割を演じた(18)。彼らの多くが愛国者《パトリオット》〔フランス革命時の革命派〕を自称した。しかしその祖国《パトリ》は新たな意味を獲得した。それはすなわち、主権者たる国民を形成する自由で平等な市民たちが暮らす場所となったのである。

Ⅱ　市民兵士と有徳な軍人

大革命時代の徴用兵

大革命は市民に武装する権利を与えると同時に、祖国を守るために武器を用いる義務を課した。こうして一七九一年から一七九三年にかけて国民義勇兵の部隊が誕生した。彼らは正規軍に「手を貸す」ために立ち上がったのだと述べた。当時正規軍は、フランスが大陸に築かれた秩序を破壊するとして同盟した君主たちの軍隊の行く手を阻んでいた。まもなく義勇兵だけでは足りなくなったので、誕生したばかりのジャコバン派の共和国は一七九三年八月二十三日の法令によって総動員を呼びかけた。十八歳から二十五歳の未婚あるいは寡夫で子供なしのすべての男子は軍隊に徴用された。これ以降、未成年から成年への移行はもっぱら野営地で行われることになる。若き新兵はそこで軍人としての、そして同時に市民としての男らしさを身につけなければならない。兵士として力を磨き、体力を増し、身体を鍛える。市民として憲法に投票し、軍務の外で政治集会に参加し、指導者や部隊の役員や陪審員のメンバーを選ぶ。徴用兵は共和主義精神を吹き込まれ、とりわけ無私の心と祖国への絶対的献身を学ぶ。祖国を愛し、自分を犠牲にし、祖国のために死を受け入れること、この三カ条が軍人の男らしさの最初の試練となる。(19)

その試練をうまく乗り越えるために、徴用兵は下士官の助けを借りる。下士官は軍隊の支配者であり、徴用兵に自らの新しい身分について教える。彼は公民精神の教師であり、徴用兵を教育して一人前の市民にする。新兵が一気に全身全霊を傾けることができるように、下士官は手引書を用いる。『歩兵隊全階級教本』である。この手引を作った公安委員会は、啓蒙思想の発想やギベールのような哲学者軍人の発想を現実に応用しようとしたのである。

ギベール元帥は同時代の解剖学と生理学の知識を用いて、軍人教育にふさわしい規則を公布した。彼はそれらの規則を強制するのではなく、新兵にきちんとその目的を説明するように勧めた。共和暦二年の軍事教官にとって、兵士の身体は政治的な意味をもつものとなった。教官は徴用兵に、要求される姿勢や動作には意味があることを理解させた。並足で行進することや、整列したり攻撃縦隊や防御方陣を組んだりすることや、銃身に弾を詰めて何時間も銃剣を構え続けることは、危険から身を守り、戦友を助け、最終的に都市《シテ》を守るために必要なことなのだ。軍人は自分の身体を鍛えて戦闘の最良の道具にすると同時に、自分が自ら課した規則に従う市民の共同体の一員であることを学ぶ。自分の身体をなおざりにして鍛えないことは、他人に害をなすことであり、市民の有愛の絆を断つことである。それは「その根源である人間を危険にさらすことで社会秩序をないがしろにする」[20]ことであり、そして結局は民主共和国を裏切ることになるのだ。

戦闘技術を介して伝えられる市民教育を完全なものにするために、教官は人権宣言や憲法や軍法の軽罪重罪条項などの公開朗読を用いた。こうして兵士たちに次のような真実を叩き込むのである。「兵士の義務は市民の義務と同じく辛いものではない。兵士は市民と同じくただ法に従えばよいのだ。そして軍人であろうと個人であろうと、法に逆らう者はすべて危険な存在であり、法により厳しく罰せられる」。タルンの第二大隊の司令官はこう教える。

兵士が上官に従うとき、彼はもちろん個人にではなく法に従っているのである。なぜなら上官は法の行使以外のことを命じることはできないからである。上官に従わない兵士は自分が法に同意したかぎりで自己矛盾に陥っており、社会の調和を乱したという点で有罪である。[21]

サン＝ジュストと公安委員会の他のメンバーが想像する男らしさは、若い徴用兵だけに向けられたものではなく、堕落した市民を更生させるためにも有効なものであった。たとえばあるジャコバン派の軍人が説明するところでは、軍隊は次のような連中を変貌させる。すなわち、「利己主義者や陰謀家、厚かましい独身者や徴用を逃れるために未熟な年齢で結婚した若者、不精な年金生活者や金持ちの卸売商、これらすべての無為で無用な連中、これらすべての鷹揚な貴族たち」[22]。彼が書くところによれば、軍隊は専制君主の下では「貧窮者を監禁し立ち直らせる方法」であったが、主権者たる国民の統治下では「金持ちの貴族」を監禁する場所であり、「彼らに市民の徳を教育する場所であり、彼らを少しずつ国民の栄光に参加させる場所」となった。軍隊のなかでばらばらになった「ミュスカダン〔執政時代の粋な王党派〕のやから」は善良な市民として、公益のために全力を捧げる兵士として生まれ変わるだろう。

必要はいかなる年代、いかなる気質、いかなる境遇の人間をも鍛え上げる手段である。習慣は他の習慣に取って代わり、疲労が人間を堅固にする。金持ちがサン＝キュロットの仲間になる栄誉を得たとき、彼らが取るべき道はひとつしかない。すなわち心から足並みをそろえることである。平等は彼ら全員が同じリズムで進むことを要求する。もっとも貧しい者が道を開いたのだから、金持ちはその後に続くべきである。彼らもまた自分の人格と財産を守るために戦うべきである[23]。

メディアに描かれた兵士

革命政府はあらゆるメディアを意のままに用いて、軍人がもつ兵士としてそして市民としての男らしさを宣伝し、それを市民のモデルにした。勇敢な行為を伝える新聞に倣って、劇場は教育の場と化した。芝居には軍人が登場し、彼らの勇気はもっぱら愛国心に支えられていた。たとえば一七九三年一月二十七日に国立オペラ座で上演された幕間音楽劇において、ヴァルミーの兵士たちの勇気は次のように示された。

老兵（市会議員たちに向かい）
わしらも若い頃は
激戦に身を投じた。
今や悲しくも老いぼれて
両腕は力なく動かない。
息子たちはわしらの勇気を受け継ぎ
より偉大な運命を担う。
わしらより優れているのは
共和派であるということだ。

市長
戦いに駆けつける軍人たちよ
法を重んじ勝利を手にせよ。
美徳が真の兵士を作る。
栄光は美徳のなかにある。
流血の犠牲を避けよ。
聖戦により平和をかちとれ。
シュロを額にオリーヴを手に

大地を解放し鎮めるのだ。[24]

若者たちは先人たちが去った後の軍隊に入る。軍人たちの勇気は共和主義によりいやまし、その胸には寛大さが宿る。このスペクタクルは「ラ・マルセイエーズ」の諸テーマを別の方法で取り上げ、勇猛な男らしさを提示する。この作品は派遣議員団が軍隊に向かって述べた演説を再現している。議員たちは次のように強調する。「主権を有する人民は、メンバーの全員が勇猛で清廉で純粋であることを求める」。[25]

一方、徴用兵のために作曲されたシャンソンは、「自由の栄冠を手に入れるための勇敢さ」を歌い、「正義と結びついた勇気」と「祖国を守るために一身を捧げる男性的美徳」を称賛する。これらのシャンソンは「自由の旗印の下で祖国の祭壇から力を汲み取る軍人たち」の言葉を反映している。[26]

これらのシャンソンは市民の祝祭において合唱で歌われ、そこでは兵士がもつエネルギーと活力と身体的精神的生命力と、市民と彼らの代理人がもつ断固たる精神とがひとつになった。たとえば、一七九三年七月二十五日にコリウールで開催された憲法の人民への公布を祝う祝祭には、市民と軍隊の権利代表と、人民団体のメンバーと、老若男女のあらゆる人々が集まった。彼らは渾然一体となり、兵士の身体的資質と市民が兵士にもたらす美徳との結びつきを自ら体現していた。[27]

半旅団〔一七九三年成立の軍隊〕の設立を記念してさまざまな儀式が行われた。これは王立軍の古参兵と国民義勇兵と徴用兵からなる混成部隊であった。それらの儀式はまさに、近隣のコミューンの住民たちが参加する市民ミサの様相を呈した。そこでは代議士たちが人権宣言を手にして式を司った。彼らは祖国の礼拝に犠牲を捧げ、若き兵士たちを祝福した。彼らは自由の若き殉教者たちの話をし、これらの例に続くように勧めた。彼らは「若きヘラクレス」たちが勇気と祖国愛によって打ち倒すであろう「リリパット」〔小人〕、すなわち国王や暴君たちに対する憎悪を説いた。代議士たちは兵士たちに自らの旗を認識させた。それらの旗は母や娘や女友達の手で刺繡された文字で飾られていた。彼女たちは「ラ・マルセイエーズ」を歌いながら、「祖国の男性的な歌声に勝利が駆けつける」ことを告げた。

人民の代理人たちがもっともよく引き合いに出した若き殉教者は、バラとヴィアラであった。彼らの勇敢な行動は『フランスの共和派の英雄的行為集』の最初のほうに登場する。これは学校や軍隊で配布された市民の男らしさの手引書である。(28) バラは十三歳でヴァンデにおいて王党派の農民に殺された。ヴィアラは連邦主義者〔ジロンド派の逮捕に反発し地方で蜂起した人々〕に対する戦いで死んだ。国民公会は彼らをパンテオンに埋葬するよう提案した。ロベスピエールはとくにバラという人物に愛着を抱き、次のように強調した。

若者の心に栄光や祖国や美徳への愛を呼び覚ますために、そして生まれくる世代が行うであろう驚異を準備するために、これ以上に美しい例、これ以上に完全なモデルを選ぶことはできない。［…］フランス人は十三歳の英雄たちをもっている。自由がこのような偉大な性格の人間たちを作り出すのだ。

少年時代をようやく終えたばかりの二人の若者が男らしさの模範として兵士たちに示されるのは驚くべきことである。たしかに、ジャコバン派がこの二人の英雄を道具として利用したのは、政治的、社会的メッセージによって自分たちを脅かすマラーへの崇拝に反対するためであった。彼らはこの二人を利用して何よりもまず次のことを示そうとした。すなわち、英雄は年齢には関係なく、(29) 人間はみな同じ素材からなり、愛国心に動かされれば誰もが勇気と献身を示すことができるということである。

男性だけだろうか？　女性は英雄の聖なる書物から完全に排除されたわけではなかった。しかし彼女たちが描かれるのはたいてい銃を撃つところよりも負傷者を助けるところであった。『英雄行動集』の著者であるレオナール・ブルドンが女性市民バローを取り上げるのは、傷ついた夫を手当てするところを描くためであった。「そこで彼女は夫に妻としての手厚い看護を行い、女性の美徳を捨てていないことを示した」[30]。それに軍隊に随伴した女性の大半は、英雄の候補者というよりも、「軍人の勇気を萎えさせフランス人の純血の源泉をけがす」容疑者と見なされた。謹厳な義勇兵であるジャコバン派は兵士たちに向かい、専制の手先と考えられる売春婦から遠ざかるように勧告した。彼はこう述べる。「憶えておくがいい。専制君主が放蕩を促進し人間を堕落させるのは、ひとえに彼らを下劣にして卑しい隷従に引き入れるためである〔…〕。一瞬でも理性を失うような者が、自らの行動と自分自身に責任を取ることができるだろうか？」[31] ジャコバン派の行政官が兵士たちに言うところによれば、性欲はそのときまで眠らせておくべきである。「諸君が愛しい伴侶を得て、そして平時にわれわれに、諸君の評判と諸君の仕事と共和国の自由を支えるにふさわしいたくましい一世代を与えるそのときまで」[32]。

ロベスピエールとサン＝ジュストと彼らの仲間たちが失脚した後、国民公会とそれに続く総裁政府の共和国は、兵士の身体を美徳の聖櫃にすることにそれほど熱心ではなかった。政府はカルノーが『野営地の晩』で与えた忠告をしばしば適用した。「清廉な者」〔ロベスピエールのこと〕が失脚する直前に部隊で配布された新聞は、徴用兵は何よりもまず軍人であり、もっぱら軍人としての訓練に専念すべきだと述べていた。

異国に侵入し議員の視察を受けなくなると、兵士は将軍たちの支配下に陥った。将軍たちは自分が指揮する軍隊において、公民精神を少しずつ連帯精神に置き換えた。それぞれの軍隊や半旅団や大隊の名誉が、市民としての美徳よりも尊重された。ボナパルトのような指揮官はそれを利用して個人崇拝を創造し維持した。革命のさまざまな記念式典において、軍隊は依然として祖国の礼拝を司っていたが、その儀式には派閥の祝祭が透けて見えた。そこでは国民と同じくらい、ときにはそれ以上に兵士の男らしさが賛美された。ボナパルトが第一統領になるとすべてが変化した。将軍は統治するために公共精神に軍隊的価値観を浸透させた。軍人の身体と男らしさは再び政治的な意味をもつものになった。

Ⅲ　名誉、栄光、男らしさ

ボナパルトによる軍人の称揚

ナポレオン・ボナパルトは大革命により完全に変貌した社会を受け取った。もはや階級も身分もなく、ただひとつの人民、ただひとつの国民があるだけである。そこでは各個人が今後あらゆる拘束から解放され、自由を所有し、その自由はただ他人の自由によってのみ制限される。金銭が社会的区別の唯一の基準となり、革命の戦いのなかで生まれた友愛を粉々に吹き飛ばす。それは個人主義が支配する世界である。ほとんど常に利益のあくなき追求へと向かうこれらのばらばらの意志を、いかにして統制し支配すればよいのか？　いかにして社会的利益という概念を刷新し、いかにして国家への奉仕を新たに教育するのか？　野営地に逃れ去った名誉を借りてくることによってである。ボナパルトの主張するところによれば、この名誉は国家と国民の利益に向けられることで、かつて兵士たちを栄光で包みこんだ騎士の長所と市民の美徳を内包することになる。

統領政府の内務大臣であるリュシアン・ボナパルトが次のように発言するとき、彼は兄の考えをよく伝えている。

無能は国内ですべてをかき回し、天才は国外ですべてを立て直した。狂乱は議会にあり、ヒロイズムは野営地にあった。追放者は野戦場で剣を振るい、われわれの兵士は人間性と勇気を合わせもち、敗れた敵に救いの手を差し伸べた。自由はいたるところでヴェールをかぶり、もはやうめき声を上げる国民にとってはエウメニデス〔復讐の女神〕にすぎなかった。しかし国境で上がった勝利の叫びが国内で犠牲者のうめき声を追い払い、われわれを世界の嘲弄から救った。(33)

名誉は市民社会に浸透し、必要に応じてあらゆるエネルギーを結びつけ、共通の利益のため、今後は第一統領によって体現される「共和国《レス・プブリカ》」のための自己犠牲の義務を市民に教え込むはずである。市民は勝利の輝きに貫かれた雰囲気のなかを生き、地平にただ名誉のみを見すえ、新たな男らしさを獲得することだろう。

ボナパルトは一八〇二年五月十九日にレジオン・ドヌール勲章を創設することで名誉を実際の制度とした。そのメンバーはまず「自由のための戦争で国家に重大な貢献をもたらした軍人」であり、ついで「知識や才能や美徳によって共和国の原理の確立や擁護に貢献した、あるいは司法や行政に対する敬愛をもたらした」市民である。勲章を授与された市民はいわば兵士の聖なる本質に触れ、J＝P・サルトルの言葉を借りれば「名誉軍人」に変貌したのである。(34)もっとも優れた軍人、司法官、行政官、芸術家、学者が「同種の勲章を受けることで、彼らのあいだに一種の兄弟のような平等が認められるようになる。そしてこの幸福な結合のシステムは社会全体に広がることだろう(35)」。

それはまずレジオン・ドヌール勲章佩用者の子供たちに働きかけなくてはならない。「これらの若者はおそらく裕福な生活からくる軟弱さから救い出すべき存在であるが[36]」、彼らは軍隊に志願するだろう。彼らはそこで二十歳から二十五歳の何十万人もの若者と合流するだろう。総裁政府時代に創設された徴兵制は、毎年これらの若者に対して軍務につくよう呼びかけている。名誉と栄光の助けを借りれば、誰もが大人になるための通過儀礼を受けるようになるだろう。

ラトゥール・ドーヴェルニュ

ボナパルトが示した軍人の男らしさの類型は、すべてをアンシャン・レジームと大革命に借りている。第一統領——ついで皇帝——はそれをラトゥール・ドーヴェルニュ〔一七四三—一八〇〇。軍人〕の庇護の下に置いた。アンシャン・レジームの軍人の長所と革命兵士の長所を合わせもったこの男は、「諸党派の融合」へと傾いていた当時の政治的関心によく応えていた。一七四三年にバス＝ブルターニュ地方に生まれたテオフィル＝マロ・コレ・ド・ラトゥール・ドーヴェルニュは、チュレンヌ〔一六一一—七五。三十年戦争で活躍した軍人〕を輩出したブイヨン家の庶子の家系の出身であった。一七六七年に少尉になると、彼の生活は筆記用具の静寂と戦場の狂乱のあいだで二分された。彼は歴史学と言語学の研究に情熱を燃やし、ヨーロッパの過去と現在の諸言語とケルト語の関係を研究して数冊の書物を著した。また卓越した軍人として、一七八一年にはスペイン軍に加わりイギリス軍と戦った。一七九二年には亡命を拒否してアルプス方面軍の大尉となり、最初にシャンベリーに入った。一七九三年には八千の擲弾兵を率いて「地獄の縦隊」を形成し、スペイン軍の横隊に恐慌をもたらした。部下の兵士たちはこう言った。「彼は弾に魔法をかける！」一七九七年にラトゥール・ドーヴェルニュは軍隊を退役し、将軍の地位を提供されたが拒絶した。彼は引退をやめて、徴兵を受けた親友の一番下の息子の身代わりとなった。第一統領は彼に名誉のサーベルを授与し、彼を「共和国第一の擲弾兵」に任命した。ラトゥール・ドーヴェルニュは一八〇〇年六月二十七日にバイエルンで槍の一撃を受けて死んだ。軍隊は三日間喪に服し、兵士たちは金を出し合って彼の心臓を収める銀の壺を買った。その壺はボナパルトが主宰した大規模な儀式でもって廃兵院に納められた。彼の名は第四十六半旅団の兵員名簿に永遠に記載され、毎日点呼でその名が呼ばれると下士官はこう答えた。「名誉の戦死！」

護民院のメンバーや追悼演説を任された名士たちは、彼にいくつもの顔を与えた。彼らはまず、カティナによく似た特徴の肖像を描いた。それはまさに「偉人」であった。レジェが書くところによれば、彼は

軍隊のモラルとなった。［…］その基礎は美徳と英知にあった。彼は怒りもなく戦い、野心も虚栄もなく勝利することに慣れていた。彼は捕虜にした者たちの不幸に配慮し、彼らの勇気を称えた。彼はいつも軍隊の通過の犠牲者になる大人しく震える農民を守った。(37)

キュビエールがつけ加えるところによれば、彼は

カエサルの行動力とエパミノンダス〔古代ギリシアのテーバイの将軍〕の節度を兼ね備えていた。［…］彼はいたるところで華々しい武功を求め、冷静さと大胆さと慎重さによって栄光に包まれた。モンテーニュは二種類の勇気を区別する。すなわち軍人の能力と哲学者の勇気である。ラトゥール・ドーヴェルニュはその両方を

最高度に備えていた。彼において前者が危険に陥りがちな盲目的熱狂であったとは考えられない。常に慎重さが伴っていたからである。彼はしばしば危険に身をさらしたが、それは戦友を危険にさらすためというよりも彼らを鼓舞するためであった[38]。

勇気と慎重さを兼ね備え、部下の兵士たちの生命を大切にし、人間の権利を重んじるといった偉人の資質に加えて、ラトゥール・ドーヴェルニュは哲学者軍人の資質を備えていた。彼は啓蒙の時代の人間として、「プフェンドルフ、グロティウス、モンテスキュー、ルソー、マブリの作品について省察を行った[39]」。ドブリはこう書く。

古人が言うところによれば、祖国のために死んだ市民は、一生にわたり祖国に与えた損害よりも多くの貢献を一日でなしたことになる。それならば、たゆまぬ研究によって公共の利益をもたらし、毎日自分の利益を忘れてそのすべてを祖国に捧げた者については、何と言えばよいだろうか？　われわれは、彼は真のヒロイズムの原理を知っていたと公表しよう。彼は野営地の哲学者であり、知識によって自由な体制の素晴らしさを証明した。彼はそれを確立するために黙々と休みなく戦った[40]。

ある匿名記事によれば、勇敢な兵士であり人類の友であった「ラトゥール・ドーヴェルニュは祖国の名誉と自由な人民の正当な要求を擁護した[41]」。「党派」を超えて共和国のための戦争を選んだこの元貴族は「公益への熱狂に陶酔」していた。

帝政時代における軍人の理想

やがて統領政府共和国の三色旗は「皇帝、祖国、名誉」という銘文で飾られた。そして半旅団は帝国連隊に変貌した。英雄のギャラリーにおいてラトゥール・ドーヴェルニュの傍らに、戦場で倒れたナポレオン軍の軍人たちが場所を占めた。教師は生徒たちに向かい、兵士たちが手本を見せたように、彼らのもつ力のすべてで「祖国への責務」に答えるべきだと教えた。「祖国とは空虚な言葉ではなく、あらゆる愛情を包みこむものである」。教師たちは「祖国のため、帝国の運命を担う最高司令官のために生命を捧げた軍人たち[42]」に対する青少年の賛嘆の念をかきたてた。

一八〇五年に『若者に開かれた世界学校』は軍人の理想化された肖像を描いている。著者が主張するところでは、軍人は「人間にどれほど大きな危険も乗り越えさせるような高貴な勇気と、危険が大きいほど激しく燃え上がる熱情と、平常心と豪腕と俊敏な身体を同時に与えるような激しい情熱」を示すように訓練されている。軍人は財産や世間の軽薄さを軽蔑し、正直さと善意、率直さと忠実さ、知恵と確信からできている。軍人は中学校や高校の若い生徒に対して「名誉の道を決して踏み外さない人間の内的で純粋な満足」を指し示す[43]。

四十年前にジンメルマン大佐が著した『軍隊道徳原理試論』をほぼそのまま引用しながら[44]、クルゼ教授は陸軍幼年学校の生徒たちに向かってこう説明する。「有徳な愛情がどれほど影響力や力強い絆をもっていようと、名誉の崇拝に囚われた若者の心を動かすことはできない」。愛情はもっぱら愛撫や快楽や祝祭を与えるが、軍人はそれよりも名誉が彼の想像力に差し出す「疲労や危険、鉄や血、殺戮や死」のほうを好む。教授は続けて名誉への呪文を口にする。この名誉は「われわれをあらゆる危険に立ち向かわせる偉大な勇気に由来するだけでなく、われわれをあらゆる義務に結びつける厳格な原理に由来する。その寺院は強靭な魂であり、その聖域は純粋な良心であり、その礼拝はあらゆる美徳の実践である」[45]。

教授たちは高校生に、軍隊の男らしさと栄光と名誉が入り混じった芝居を演じさせた。ある韻文の台詞において、若き主人公はヴァルミーで死んだ父親の足跡をたどり、フランス人としてふるまう。「不屈の勇気を備えた」彼は大地を広大な名誉の戦場と見なす。

彼はいつも旗印に忠実で
生まれたときから軍人の美徳を崇拝した。
早くも輝ける栄光をめざし
大人になる前に兵士になった。[46]

生徒たちは皇帝が口述した『ナポレオン軍年報』のなかに、ヨーロッパの戦場で成し遂げられた英雄的行為を発見した。教授たちはそこから小論文の題を取り出した。[47] アルフレッド・ド・ヴィニーはこう書く。

私の世代は世紀とともに生まれ、年報を読んで育ち、常に抜身の剣を目の前にしていた［…］。われわれの教師たちは伝令官のようであり、教室は兵営に、休憩時間は軍事演習に、試験は閲兵式に似ていた。[48]

アウステルリッツの勝者たちの栄誉を称える『年報』は壁に貼り出され、一番大きな声の労働者がそれを仲間たちに朗読した。ブルジョワはそれをカフェで広げ、自分のサロンへともち去った。祖父が地図を指差しながらそれを読むあいだに、孫たちはその足下で兵隊ごっこをした。このあまりに有名な場面を描いたルイ・ボワリ〔一七六一―一八四五。画家〕の絵の複製がいくつもの家の壁を飾った。劇場では俳優たちが上演を中断し、伝令官のように観客に最新の勝利を告げた。市町村の長は年報を民衆に読み聞かせ、神父や牧師やラビはそれぞれの祈祷においてそれに宗教的次元をつけ加え、軍人の男らしさを神聖化した。ピエール・ド・ジュー牧師はこう叫んだ。「主はわれらとともにあり。主はわれらの腕を戦のために、われらの手を闘いのために作れり」。そしてユダヤ教の最高法院《サンヘドリン》はナポレオン軍の兵士たちを、ユダヤ人の捕囚を終わらせたキュロス〔アケメネス朝ペルシア王キュロス二世。前六〇〇頃―五二九〕の兵士たちになぞらえた。(49)

戦争のおぞましさの隠蔽

軍人の人間性は軍人の男らしさの構成要素である。だから新聞はナポレオンの命令に従い、野蛮行為抜きの叙事詩を描き出した。兵士たちは男らしいが乱暴すぎることはない。『モニトゥール』が描く士官たちは模範的なリーダーに見える。彼らはどんな残酷な戦闘においても兵士たちに人間の権利を尊重させる。イギリスの新聞がフランス軍がスペインで行った残虐行為を告発するキャンペーンを展開したとき、『ジュルナル・ド・パリ』は、司祭の影響で狂信的になった農民の暴力を受けたせいで、兵士たちがひととき理性を失い凶暴になったかもしれないと認めた。新聞記者はそれでも、士官たちがすぐに仲裁に入り、兵士たちが普段から示してやまない人間性を取り戻させたと断言した。(50)『モニトゥール』は護民院のあるメンバーの演説を公表した。彼は「都市の礼儀」が野営地にいわば「移植された」のを見て有頂天になった。兵士においては生き続ける名誉、知性の器官に対する力と活動によって鍛えられ成長した精神、これらが人間を野獣から区別し、不屈の魂に頑丈な身体を与える。規律とエネルギー、名誉と秩序、服従と熱狂［…］、これらはフランス人のなかでこれからも変わることはない。[51]

新聞は軍人たちの偉業をフランス人に読ませたが、絵画はそれを彼らの目に見えるものにした。ルーヴル宮殿に侵入した群衆や、絵画サロンを訪れた群集のなかで、ブルジョワと職人、年配者と若者が互いに交錯した。夫はそこに妻を連れてゆき、子供たちがその後に続いた。誰もが展示作品に戦場との生々しい接触を期待した。「戦争屋」と呼ばれる戦争画家たちはときに、ルジューヌ、バクレ・ダルブ、シャイヨ、モレル、ゴーティエといった戦場経験のある軍人であった。そうでない場合でも、画家たちを指導していたヴィヴァン・ドノン〔一七四七―一八二五。ナポレオンによってルーヴル美術館館長に任命〕は彼らを参謀本部の士官たちに会わせた。士官たちは地図や図面を広げて、画家たちに作戦について説明した。画家たちは「行為の現場」を再現し、主題をわかりやすく正確に描くことで、「歴史的なもの」を引き出そうと競い合った。ある批評家はこう言う。「マレンゴの戦いを描いたヴェルネ〔カール・ヴェルネ。一七五八―一八三六。戦争画家〕の絵画は本当に歴史的である。なぜなら地形や眺望や軍隊の配置がすべてありのままに、作戦図どおりに作られているからである[52]」。

実際、画家たちは観衆の目の前に「目に見える『ガゼット』や『モニトゥール』」を展開した。そこでは戦争のおぞましさはほとんど消されていた。アイラウの戦いについてのコンクールのためのスケッチが展示されたとき、警察のレポートは一部の画家を非難した。彼らは「あらゆる種類の四肢欠損やさまざまな大殺戮の場面を積み重ねた。まるで恐怖と殺戮の場面を正確に描いて戦争を忌まわしいものとして示すことが彼らの務めであるかのように」[53]。一八〇六年に批評家のショサールはエヌカン〔一七六二―一八三三年。画家〕の《ピラミッドの戦い》について「おぞましい光景、痛ましい傷口、血まみれの四肢、引き裂かれ震える胴体を並べたてた」として非難した。「これらの嫌らしい手段、これらの墓掘りの場面はイギリスの芝居に任せておくがいい。こうしたものはそこにあるのがふさわしい。しかし芸術を理解し確かで繊細な趣味をもつ国民においては、こうした醜悪で見苦しいものは隠しておくべきであり、たとえ主題に必要な場合でも包み隠しておくべきである」[54]。たとえ軍人の男らしさを不完全にする危険を冒しても、画家は戦場を殺菌することでひとつの政治的メッセージを発信する。すなわち、指揮官は自らの天才を、兵士たちは自らの勇気をもち寄って、ともに名誉に物を言わせ、祖国を守り、勝利を築き、軍隊の栄光によってフランス国民の平和を勝ち取る、というメッセージである。

英雄的な死は絵画において繰り返し取り上げられたテーマである。一八〇六年から一八一四年までのあいだに、ドノンは瀕死の将軍を描くことを六回も命じた。たとえばアウステルリッツで重傷を負ったヴァリュベール〔一七六四―一八〇五。ナポレオン軍の将軍。アウステルリッツで戦死〕はペイロン〔ピエール・ペイロン。一七四四―一八一四。画家〕の手によって描かれた〔口絵参照〕。そこで将軍は他の負傷兵と同じ運命を分かち合おうとして戦場を去ることを拒否している。観衆に与えられる説明においては、死者たちの最後の言葉が示された。こうしてサロンを訪れた鑑賞者の誰もが死の模範を知ることになり、ナポレオンはそれを利用した。実際ほとんどすべての作品において、負傷兵は皇帝の目の前で、ときにはその腕のなかで息絶えるのである[55]。

マルスの寺院（廃兵院）から栄光の寺院（マドレーヌ教会）まで、〔ヴァンドーム広場の〕ナポレオン軍の円柱からカルーゼル門や凱旋門まで、パリ中で石碑がヒロイズムを称えて「語りかけた」。これもまた権力による軍人の男らしさの管理である。ナポレオン崇拝をつかさどる記念碑は、彼が兵士たちのエネルギーと勇気と献身によって支えられている姿を示した。新たな公共建造物は、栄光の寺院のように「祖国とその聖なる法のために身を捧げた者たちの記憶を称える」ものでなければならない。「そこにおいてこそ勇気にふさわしい報償が与えられるであろう。そこにおいてこそわれわれの好戦的な若者たちはさまざまな名高い模範によって名誉の感情を教えられるであろう(56)」。

演劇は、名誉と栄光と男らしさの三カ条が確認できるもうひとつのメディアである。ルージュモンは『野戦病院あるいは病気の駐留部隊』において軍人の美徳を数え上げる。その第一の長所は「勇気、冷静、大胆」である。軍人はただ「名誉ある死」を望み、「無駄死に」を恐れる。「常に戦う覚悟があり」、「決して降伏せず」、唯一の野心は「軍隊の名を高めたすべての者を凌駕する」ことである。軍人にとって「偉大な魂」のモデルはシャルル・マーニュであり、「善良さ」はアンリ四世であり、「勇気」は騎士ダサスであり、「慎重さ」はチュレンヌである。兵士は亡くなった軍人たちの勇気を胸のうちに集め、自分の力を人類のために用いる。キュヴリエの『ポーランドのフランス軍』では、軍人たちはポーランド人を隷従から解放する。同じ著者による『美しきスペイン娘』では、主人公はある村を狂信的な神父たちの圧政から解放し、ひとりの村娘と結ばれる。

軍人の性的魅力

新聞を読んだり芸術作品を見たりするかぎりでは、帝国軍の兵士は一世紀前にコロンビエ医師が偏愛した修道士兵士に瓜二つに見える(57)。とはいえ英雄である以上、ナポレオン軍の近衛兵はやはりときには酒を飲み女を愛する男たちであった。公的なプロパガンダはかならず兵士としての美徳と性的魅力とを混ぜ合わせた。しばしば当局の注文によって作られたシャンソンは、軍隊の武勲と軍人の性的快挙を称えている。軍人はひとりならずのマ

ルゴ〔ふしだらな女〕にとって理想の男性であった。(58)
初々しい恋人たちは大砲の砲声に動揺する。ローズは涙を流し、兵隊は出発を嘆く。しかし、

彼は恋人のために生まれる前に
祖国のために生まれたのだ。(59)

兵士が戻ってくると、二人で約束した喜びの時が来る。

愛はいつの日も
うまし国フランスを好む。
愛は軍人から遠く離れ
禁欲のなかに生きる。
成長する月桂樹〔勝利の象徴〕から離れ
ミルテはしおれる。
セーヌ川の河畔に
軍隊は歌いながら到着する。
栄光が軍隊を連れ戻した、
喜びがそれを待っていた。(60)

しかし再びラッパの音が鳴り響く。

その名前に執着し、
郊外の酒場に敬意を払い、
大砲の音に合わせて踊り、
小娘を丸め込み、
結局別れてマスケット銃に戻ってくるのは
フランス兵しかいない(61)!

フランス人女性と同様に、外国の美女もナポレオン軍の兵士の魅力に屈した。ある鼓手は「タンタンタンタン太鼓が鳴るよ」と題されたあけすけなシャンソンでそう断言する。

ある日ポメラニアの
道端で見つけた
きれいな村娘、
隣村の市場から来たという。
おれは礼儀正しく近づいて

優しく話しかける。
タンタンタン太鼓が鳴るよ。

可愛い敵の
胸が脈打つように
おれの心も欲望で
突撃太鼓のように燃えあがる。
おれは暗く素敵な森へ
可愛い娘を連れ去った。
タンタンタン太鼓が鳴るよ。［…］

ハシバミの木陰に来ると
激しく抱きしめて
棒の取り扱いかたを教える。
彼女は大人しく
一度に二回のレッスンを受けた。
タンタンタン太鼓が鳴るよ。

娘の視線は
激しく艶かしい。
もう退却するのと
ため息をついておれに言う……。
愛しい敵は
なおも連打する。
タンタンタン太鼓が鳴るよ。

冷酷で無情でなくては
断れるはずがない。
若く可愛らしい村娘は
三度目のキスをねだる。
おれも動きを再開し
本当に三回も行った。
タンタンタン太鼓が鳴るよ。(62)

ナポレオン軍の兵士のイメージは、名誉に駆られて祖国の栄誉のために身を捧げた男のなかの男というものであった。しかしそれは叙事詩的時代が終わるとすぐに、その立役者であった者たちによって、またそれを模倣できないことに失望した新世代によって修正されてゆく。

Ⅳ　兵士たちの言葉と世紀病

兵士たちの回想録

古参兵の回想録や備忘録や従軍手帳には、全速力で突撃する陶酔感や、身の縮むような一斉射撃や、宙を切る弾丸の音が描かれている。それらすべてが、自由と平等というただひとつの理想に突き動かされた兵士たちという伝説の創造に貢献したわけではない。一部の者は自らの政治的な無関心や無知を告白し、自分たちの目には軍隊の儀式の性格は総裁政府末期においても帝政時代においても変わらなかったと明言した。それはすなわち、軍人という種族がもつ、自らの力と勇気と連帯を称える性格である。古参兵のジャン・マフルはこう書く。

士官はどの階級においても一般的に、歴史的知識や政治的知識に関してまったく無知である。われわれの会話もわれわれの意識も、常に栄光と征服のほうに向けられている。前進したいという欲望がわれわれの野心をかきたてる。われわれが考えることは自分たちの周囲、ナポレオン軍の内部で起きていることに限られている。われわれの手紙は、両親や友人に宛てたもの以外はすべて軍隊に関するものである。[63]

マルモン元帥やブラズ士官もまた、軍隊内部の連帯を称賛しつつ、そこに存在する特権階級意識を描き出す。前者はこう記す。「真の友情がわれわれ全員を結びつけていた。友情が献身にまで達した例はいくつもある」。後者は連隊の決まり文句である家族部屋という表現を取り上げ、部隊の内部を支配する精神を描き出す。「連隊とは家族である。その構成メンバーは名誉により固く結びついている。士官は半期休暇に出かけるときに喜ぶが、帰ってきたときにさらに喜ぶ[64]」。

回想録の著者たちが説明するところでは、軍人の共同体は見えない壁で囲まれており、民間人《ペカン》の凡庸さや女たちのヒステリーから守られている。軍隊の男たちの道と「美しき性」〔女性〕の道が交わることがあったとしても、その出会いには帝政時代のシャンソンのような魅力や軽薄なあけすけさはない。軍人は「兵隊式に」、一晩の「弾薬入れ」のように女を愛すると言う。兵士は「戦争をするように愛の行為を行い、大急ぎで大胆に突撃する[65]」。各自が彼らの女性との関係には、男性の条件が武器の着用や訓練に等しいような人間の尊大さが刻まれている。各自がおのれの役割をもつ。男性の役割が生命を危険にさらし敵の生命を奪うことなら、女性の役割は生命を与えることなのだ。

古参兵たちは思い出を数え上げながら、ジャコバン派やその後継者のナポレオンが提案した男らしさの原型を変えてゆく。近衛兵にとって、軍隊が外界に開かれるのはひとえに新兵を受け入れて軍人に育て上げるためである。グループへの献身のうちに連帯が築かれ、それによって生と死のゲームに冷静に参加することが可能になる。ただ連隊の栄光のために、動じることなくそれに参加し、無数の苦難を受け入れ、勇敢に無心に砲火に立ち向かう者こそ男のなかの男である。このようにふるまうことで人間はおのれを鍛え上げる。それゆえに人間は自らの作品であり[66]、若い頃に周囲にいた家族や教師には何ひとつ負っていない。

世紀病世代の作家たちの記述

兵士たちの回想録が与えるイメージは一見、「世紀病」の世代に属する作家たちが描くイメージとはひどくかけ離れているように見える。これらの作家たちを読むかぎり、軍人には超人的なものは何もない。それどころか、軍隊への訣別の辞が延々と続くのを読んでいると衰弱した哀れな人間に見えてくる。しかしその凡庸さから、人間の偉大さの断片が生じてくる。

一八三五―一八三六年の秋から冬にかけて、軍人という職業についての省察を含むいくつかのテクストが刊行あるいは執筆された[67]。スタンダールの『リュシアン・ルーヴェン』、アルフレッド・ヴィニーの『軍隊の服従と偉大』、ヴィクトル・ユゴーの『黄昏の歌』、アルフレッド・ド・ミュッセの『世紀児の告白』である。この四人の作家は砲声を聞いて育った、あるいは野営地で教育を受けた世代に属する。ヴィニーが書くように、戦争は彼らにとってフランスの自然な状態であった。王政復古になっても彼らは毎年戦争が起こるのを期待した。彼らは「退役した翌日に遠征が始まるのではないかと心配で[68]」、そばでときおり揺れる剣から離れることができなかった。ヴィニーと友人たちはいつか大革命の将軍たちと張り合うことを希望した。すなわち「マルソー、ドゼー、クレベールといった貧しく率直な英雄たち、古代人の徳をもつ若者たち[69]」である。

若き作家たちは栄光を夢見たが、王政復古が彼らに与えたのは一八二三年のスペイン遠征による安物の月桂冠だけであった。〔一八三〇年の七月革命の〕栄光の三日間の翌日にフランス人の王〔ルイ=フィリップ〕がフランス王〔シャルル十世〕に取って代わったとき、自由の風がブリュッセルからワルシャワへ、ワルシャワからモデナへとヨーロッパを駆け抜けた。ルイ=フィリップはたしかに一八三一年にベルギー解放のために軍隊を派遣し、一八三二年にオランダ軍がアントウェルペンからの撤退を拒絶したときに介入し、イタリアの愛国者に敵対するオーストリア軍を威嚇するためにアンコーナに連隊を派遣した。しかし、革命の舗道で王冠を拾ったことをヨーロッパの君主たちに忘れさせようとして、王は軍事的冒険を打ち切った。アルジェリアを除くいたるところで、英雄の時代は過ぎ去ったように見えた。ミュッセは絶望に打ちひしがれ、ヴィニーは失墜した英雄たちの威厳を守ろうとし、ヴィクトル・ユゴーは栄光の三日間の勝利者たちを称えた。ユゴーが書くところでは、たとえ彼らがヴァルミーやジェマップやアウステルリッツを再現できなかったとしても、父親の世代の巨人たちの勇敢さに並ぶことはできたのだ。これからは諸国民の自由が英雄を生み出すのだ(70)。

ナポレオン軍あるいは王族軍の出身で今なお現役の軍人たちは、理想的な男らしさの特徴を示しているだろうか？　彼らは若者が模倣すべき手本たりうるだろうか？　古参兵に接したヴィニーはこう告白する。「私は人間性についての見解を軍隊生活で学んだ。私は軍服の下以外のところにそれを探すことは決してできなかった(71)」。リュシアン・ルーヴェンは快適な部屋着を槍騎兵の制服に取り換えた後、野営地へ男らしさを鍛え直しに行く。彼は新しい仲間たちの話を聞き、大喜びしてこう断言する。「彼がこれまで生きてきた温室の雰囲気とはまるで異なる、何か素朴で純粋なものがここにはあった。この違いを感じて人生の見方が変わった。それは一瞬の出来事だった。とても快適ではあるがきわめて慎重でひどく小心な礼儀作法とは違って、言葉の一つひとつが陽気な調子でこう言っていた。『世の中のことなどどうでもいい、頼りになるのは自分だけだ』」。そしてやがて彼の魂は「想像の空間へと」運ばれ、リュシアンは「死を除いた」すべてを恐れる男たちのあいだで「なしとげるべき重大事と大きな危険しか目に入らなかった(72)」。

すぐに失望がやってくる。リュシアン・ルーヴェンは偉大な叙事詩の英雄たちの男らしさが暴動の扇動者狩りによって台無しになってしまったと断言する。彼らは憲兵に変身することを受け入れ、「仕事や作業が増えるにつれて貧しくなった労働者たちが工場長に対して結集すると、あるいはひとりの製造業者が気まぐれに今年は十万フラン収入を増やそうと思いつくと、あるいは単にパリを羨望するどこかの都市が自分も三日間の銃撃戦をしたいと思うと」[73]、すぐさま秩序を回復した。リュシアンは「飢え死にしそうな不潔な労働者に対してキャベツの欠片を投げつける戦い」に参加することや、「歯無しの老婆が六階の窓から放り投げた尿瓶で殺されること」を拒絶する。

世紀児たちは「栄光が輝き剣がきらめいていた」時代を懐かしみ、近衛兵のヒロイズムを物差しにしてブルジョワ生活の凡庸さを測った。ヴィニーとスタンダールは、世紀児たちが間違った基準を選んだと指摘した。[74]ヴィニーはとりあえず戦争を神聖視するのをやめた。ジョゼフ・ド・メーストルには気の毒であるが、大地は血に飢えてはいない。「戦争は神に呪われている」[75]。ヴィニーは忌まわしい死体置場を輝かしい墓碑に変える叙事詩の伝説に反対し、兵士たち自身も戦争をおぞましく思っていると指摘した。とはいえこの事実確認は彼らのヒロイズムを少しも損なうものではない。ただそのヒロイズムは上官に気に入られたいという欲望によって歪められていたのである。ヴィニーが『簾の杖』〔『軍隊の服従と偉大』第三巻〕で用いた表現を借りれば、「盲目的狂信」は誇り高き軍人を常に上官におもねる従僕へと変えてしまう。スタンダールも同じことを指摘する。彼はこう書く。

将軍N伯爵は六十五歳か六十六歳の立派な男性であった〔…〕。その容貌には確かな勇気と服従への固い決意が刻まれていた。しかしこれらの特徴に思想は感じられなかった。この顔は二度目に見ると冴えない感じで平凡にさえ見えた。三度目には胡散臭さがかいま見えた。帝国とその奴隷根性がそこを通過するのが見えた。一八〇四年より前に死んだ英雄は幸いなり！

若者は一人前になるために古参兵に何も学ぶ必要はないのだろうか？　彼らとの交際はリュシアン・ルーヴェンを変貌させた。それまでこの若きダンディは「他人から影響を受けたことがなかった。彼は他人についても、ましてや自分自身についても何の確信もなかった。せいぜい聡明な人間というだけだった」。古参兵たちと接することで彼は冷静さと明晰さを学び、たとえ制服を脱いでも変わることのない人格を鍛え上げた。「軍服がそれを着たフランス人の性格に染みつくのに時間はかからない」と言われるとおりである。[76]

軍隊で学んだ「自己犠牲」はヴィニーの主人公たちにとっての「精神的モデルであり絶対的信念」になる。[77]『マラー』の司令官は自分が処刑した追放者の妻に献身的に仕える。ルノー大尉〔『籐の杖』の登場人物〕は寝ぼけて十四歳のロシア人の少年を殺して以来、二度とサーベルを用いないと誓い、自分が見逃した少年の手にかかって死ぬ。

V　植民地軍人の男らしさ

兵士ショーヴァン

これらの軍人の男らしさの称賛すべき原型に対して、農民兵士という原型が再び姿を現す。七月王政期にアルジェリアにおけるビュジョー元帥〔一七八四―一八四九。軍人、アルジェリア総督〕の計画が提示した農民兵士像は、啓蒙の世紀の哲学者士官たちになじみ深い農民兵士よりも、ナポレオン・ボナパルトが想像したそれに近いものであった。ボナパルトは第一統領時代にドイツのユーリヒやイタリアのアレッサンドリアに古参兵の部隊を入植させようと試みた。ローマ人の例に倣って新たな征服地にフランス人居住区を確立し、反乱や奇襲に備え、とりわけ新たにひとつになった諸民族のあいだにフランス的な習慣や習俗を与えようとしたのである。ルイ＝フィリップの治世には主戦論が社会的要求の解毒剤としてはたらき、労働者の騒乱がアルジェリア征服へと誘導された。この時代には軍人を農業に利用するという考えが人々の心をとらえた。この時代に首都の劇場に登場した兵士ショーヴァン(78)という人物が、植民地軍人の男らしいイメージを公衆に広めた。

それはニコラ・ショーヴァンという人物にアイディアを得ている。この大革命と帝政時代のフランス軍の英雄的な志願兵は、激しいナショナリズムとナポレオンへの強い愛情によって軍隊仲間から注目された。軍隊と農民を称えるヴォードヴィルは、農民兵士としての彼の姿を形を変えながらいくども取り上げ、ブールヴァール劇の舞台への彼の登場を準備した。一八二一年の『農民兵士』という題の芝居において、主人公の軍人はフランスのために勇敢に戦った後、サーベルを鞘に収める。彼は犂の柄を取り、母と息子を「養うはずの畑」を耕す(79)。彼が用いる方言と軍隊の隠語が入り混じった台詞は苦笑を誘うが、この農民兵士はルソーの本から抜け出してきたように見える。古参兵は結局農業労働を称賛し、生産性のない階級を非難する。彼は男らしさを二つの源泉から汲みとっている。農民の身分が彼を育て、軍人の身分が彼の素朴な愚かさを消して鍛え上げたのである。彼は農場の使用人であったが、若年兵、兵卒、そして傷痕だらけの身体をもつ近衛兵となった。若い新兵たちは彼のようなたくましさとエネルギーと勇気を身につけることを夢見た。

一八三一年の『三色帽章』の上演の際に、兵士ショーヴァンの役は初めてパリの舞台を駆けめぐった。それはナポレオンやビュジョーの軍人植民者とはほとんど似ていなかった。征服軍の兵士である彼は明らかに、征服した領土をフランス化することよりも、性的衝動を解放することに関心がある。彼にとってフランス人であることは、オダリスクたちに対して多くの成功を収めることを意味する。「愛の国から来た」フランス人兵士たちを「優しく紳士的で魅力的」と思う女性たちに向かって、ショーヴァンはこう説明する。「おれたちはパシャなんだ［…］。だから歌って、踊って、終わったらまた始めて、おれたちの魂を楽しませるがいい［…］。時間はある、だっておれたち軍人は太鼓が鳴るあいだも愛し合うのさ[80]」。

ほら吹きで粗野で臆病なショーヴァンは、戦火の洗礼を受けて変貌する。自らの偶像である、ナポレオン自身の手から「三色帽章」を受け取った近衛兵のイメージに合わせて、彼は超人になる。たとえ「将軍たちが変わった」としても、英雄の卵であるフランス兵たちは「元のままであった」。このような軍人のイメージは、フランス人の想像するイメージと合致するだけにいっそう受け入れられた。教養のない野蛮で粗暴な農民であり、「軍旗の下での活躍によって簡単に女が手に入ると約束された」ショーヴァンは、凡庸であると同時に英雄的である。戦うフランスの無邪気な礼賛者であった彼は、フランスのためになら死ぬ覚悟ができている[81]。

一八四〇年のヴォードヴィル『スズメバチ』において、ショーヴァンは老いぼれの近衛兵の外観をとる。彼はナポレオン帝国の旗がマドリッドからモスクワまではためいていた時代の思い出をくどくどと繰り返し、「ショーヴィニスム」〔盲目的愛国心〕をアルジェリア征服から帰還した若い新兵に伝える。観客は最初のうちは老いぼれた老人のたわごとを聞いて爆笑する。しかしやがて彼は英雄として、「自らの時代の腐敗と惰弱をつぐなう模範[82]」として姿を現す。

農民兵士の理想

演劇の世界を離れても、犂か剣を手にした兵士ショーヴァンは一部の名士たちにとって理想的な兵士になった。

一八三〇年にオー＝ラン県の局長であるルフランは、「マスケット銃を鋤にもち替えた」アウステルリッツの勝者たちの例を引いて、「かくも尊敬に値する、しかし無為な生活が堕落させるかもしれない多くの人々」が仕事に戻るように訴えた。[83] 教授たちもまた、兵営と畑を往復することの効用を説く意見に賛同した。一八四六年にミシュレ〔一七九八―一八七四。歴史家。『フランス史』〕はこう尋ねた。「わが国の農民たちを評価したいのか？　それなら彼らが兵役から帰ったところを見たまえ。これらの世界最高の恐るべき兵士たちが、アフリカでのライオン狩りから帰るやいなや、妹や母と一緒に大人しく仕事を始めるのが見られるはずだ」。それは「常に血のなかにワインをもつ」軍人的人種である。もうひとりの「国民的歴史家」であり、後に第三共和政下で愛国者同盟〔一八八二年に結成されたナショナリズム政党〕の会長になるアンリ・マルタン〔一八一〇―八三。歴史家。『フランス史』〕も、一八四七年にフランス農民がもつ男性的エネルギーを称賛している。農民だけが外国軍の侵入に対抗できる存在であり、富裕階級は農民を模範にすべきである。というのも「富裕階級にとって、青春時代を勘定台や裁判所の習俗に漬かったままで過ごすのはよくないからである」。[84]

一八四八年の革命と第二共和政の成立とともに、「若い生気に満ち、紅潮した頑丈な人種である恐るべき兵士たち」は、ミシュレが考えたように、国民を再生させ社会階級を和解させるよう求められたのだろうか？[85] 七月王政下に軍隊が行った民衆蜂起に対する弾圧を忘れようとして、第二共和政はその祝祭において「太鼓と労働」を賛美した。『田園の共和派』はこう書いている。「農民は大地を守り、大地のために大量の血を流し、必要なときには収穫を変えるように刃を変える［…］。熟した麦のように敵を刈りとるのである」。[86]

第二帝政下においても、年鑑や小説や詩は相変わらず農民兵士を描き続けた。ピエール・デュポンが刊行した『田舎兵士ジャン・ゲストレの年鑑』は、「剣と犂によって」というビュジョーの標語を再び取り上げた。記事のなかでは絶えず「養いの父」である農民が称えられる。太陽の子である農民は「税を払い、祖国を守り、万人を養う」。フランスの敵たちは「農民の鎌によってサーベルや槍を」へし折られるであろう。農民は国民の統一の保証人であり、大地を耕すときにも銃剣を構えるときにも男らしい力を振るうことによって祖国の救い主となる。オーギュスタン・ドゥヴォワル神父もまたそのように断言するが、彼は農民兵士をキリストの兵士に変える。この兵士は自らの力を、信仰と自分が耕す大地から引き出すのである。神父はその成功した詩や大衆小説において「この男性的で男らしい田舎の人々」に賛辞を述べる。「彼らのみが人間を提供する、なぜなら彼らのみがキリスト教徒を有するからである」(87)。

第二帝政の公式なプロパガンダは兵士ショーヴァンという人物像を、それが伯父〔ナポレオン一世〕の治世と甥〔ナポレオン三世〕の治世を結びつけるだけに、いとも簡単に採用した。ショーヴァンは、マムルーク兵の制服を真似たズワーブ兵〔アルジェリア歩兵部隊の兵士〕のエキゾティックな制服を身につけて、勇気と大胆さ、軍旗への忠実さと先人たちのような皇帝への忠誠を身につけた。彼は農民兵士の男らしさと勇猛な軍人の男らしさを備えている。彼は社会的有用性を、フランスと皇帝のために生命を捧げる名誉に結びつけるのである。

文学や芸術は第一帝政時代と同じように軍人の男らしさを称賛し、それを市民の男らしさよりもはるかに上等なものとして示した。シャルル・ボードレールはオラース・ヴェルネ〔一七八九―一八六三。戦争画家〕の絵画について「大急ぎで塗りたくられピストルの弾でこしらえられた」と不平を述べたが、そのヴェルネはアルジェリアの戦争の公式画家となり〔口絵参照〕、一方でメソニエ〔エルネスト・メソニエ。一八一五―九一。画家〕はナポレオン伝説のために絵筆をふるった。「リトグラフのベランジェ〔一七八〇―一八五七。絶大な人気を博したシャンソン作家〕」と呼ばれたシャルルとラフェもまた近衛兵の叙事詩を描いた。彼らの絵画は、民衆を激しい乱戦のただなかに放り込むパノラマの設立によって大打撃を受けた。ジャン゠シャルル・ラングロワ〔一七八九―一八七〇。軍人、画家〕はその最初の立案者のひとりだった。彼はもともとナポレオン一世の士官であり、ピラミッドの戦いやソルフェリーノの戦いも描いている。ラングロワやイヴォンが描くズワーブ兵は、かつての近衛兵のような男のなかの男の特徴を備えている。すなわち、彼は死を恐れず負傷をものともせず、暴力を抑制し冷静さを保っている。[88]

軍隊社会の体系的な調査において、写真が絵画を引き継いだ。イギリス人のフェントン〔ロジャー・フェントン。一八一九―六九。イギリスの写真家〕はクリミア戦争の報道員となり、ナポレオン三世も一八五五年の末にそこにラングロワを二人の写真家とともに派遣した。彼らは死者も負傷者もいない戦場を不滅のものにした。写真家たちは戦闘に立ち会えなかったので、戦闘を再現したのである。こうして公衆は、銃剣をもって突進し敵の旗を奪うズワーブ兵たちの勇気に恍惚となった〔口絵参照〕。守備隊の都市では、写真家たちがシェシア帽をかぶりセドリア〔マグレブ諸国のベスト〕を着た兵士たちの写真を撮りまくった。兵士たちの得意げなポーズは、たいていレンズを前にしてしゃちほこばっている市民たちの写真と対照をなしていた。[89]

Ⅵ　軍人の男らしさが議論の的になる

徴兵制への反対

一八一五年から一八七〇年まで、公的プロパガンダが高潔なものとして描き出す軍人の男らしさがいたるところで称賛されたわけではない。田園の人々は第一帝政時代以来、軍職に対するある種の反感を抱き続けた。農民はこの時期、ときに王党派に吹き込まれて、軍人の男らしさの模範を、息子たちを捕らえて兵営の戸口に送り込むためのおとりと見なした。徴兵拒否者たちは徒党を組んで森に身を隠し、その数は次第に増えていった。そのあいだ両親たちは機動縦隊や守備隊と対立した。徴兵拒否者は軍人と同じくらい男らしい人々と見なされた。七月王政においても彼らはそうであった。バルザックは『農民』において登場人物たちの口から、農民が徴兵制に対して古くから抱いている反感を示す言葉をしゃべらせている。モンコルネ元帥伯爵がムーシュを兵士にすることでその貧しさを和らげようとすると、孤児はこう抗弁する。「ぼくは役場に届けられていない［…］。ぼくは運試しをするのはいやだ。お母さんは未婚で畑で出産した［…］。お母さんはぼくを軍隊から救ってくれたんだ［…］。おじいさんはぼくにいいことを教えてくれた。ぼくは政府の書類上にいないので、徴兵の年齢が来たらフランス巡礼をするがいいと。誰もぼくを捕まえることはできないと」(90)。バルザックは『村の司祭』において懲役拒否者をひとりの英雄にしている。ファラベシュは勇気はあるが「出征しないことを決意」する。彼は絶えず憲兵に追い回されている山賊の一団に加入する(91)。

民話が近衛兵を称賛しながらも徴兵拒否者を貶めないようにしているのに対して、ルイ＝フィリップ時代の世論はこう自問した。外国の脅威が減少し戦争が局地的になっているのに、徴兵制が必要だろうか？　人種の変質がすでに脅威となった時代において、兵役の義務は有害なものに見えた。一八三三年にある県議員はこう説明する。

徴兵制はそれが課された世代を破壊しただけではない。それは未来の世代の生命の源泉を涸らしてしまった。常に国から若者を取り上げることで、フランス国内に不具者や病人しかいないようにした。結婚する者はもはや、戦争に疲弊した軍人か、あるいは早すぎる結婚によって厳しい法を逃れようとする大人になったばかりの若者ばかりである。このような多くの不似合いなカップルは退化した人種しか生むことはできない。数年前から兵役免除者の数が増加しているのがその証拠である。[92]

兵役は義務であり続けるべきか。もっとも頑健な若者たちを結婚から遠ざけ、彼らを兵営に連れてゆき、そこで彼らの男らしさを台無しにさせてしまうのか。ナポレオン一世の時代に、王党派は農民に配布したパンフレットのなかで軍隊を悪徳の学校のように描いた。彼らが言うところによれば、老兵は若い軍人を堕落させる。どちらもたいてい無為な生活をしているせいでアルコール中毒に陥るのである。一八一四年に有力者たちはルイ十八世による徴兵制の廃止を喝采した。四年後にグヴィオン・サン=シール法がそれを「召集」の名の下に復活させたとき、彼らは介入して自分たちの子弟が免除されるようにした。第一帝政時代と同様に兵役代理が認められたのである。第二共和政に至るまで、ブルジョワジーは自分たちが賢明と思う措置を支持した。というのも、アドルフ・ティエールが強調するように、連隊で数年を過ごすことは「キャリアの希望を打ち砕き、あらゆる教育を不可能にする」からである。兵役代理がなければ兵役は「一定の教育を必要とするキャリアに進むよう定められた者たちにとっての暴政[93]」となるであろう。

こうして最下層階級出身の男たちが千五百から二千フランで裕福な家庭の子弟の兵役代理を務めた。この「白人売買」は一八七〇年まで継続した。[94]ナポレオン三世はプロイセンの脅威に備えて再び兵役を全員に義務化しようと試みたが、反対があまりに大きくて断念せざるをえなかった。政府は市民のあいだに男らしさが失われたことを遺憾としこう説明した。たとえばアジャンの検事はこう書く。

軍職はもはや魅力をもたない。そして一分間に十二発の弾丸を胸に食らうかもしれない新型銃の開発は、国民が軍職を社会的必要としてしか受け入れないもうひとつの理由となった［…］。六十年前に比べて習俗は変わった。かつては栄光への情熱や冒険好きの精神や危険への愛が若者たちを戦場へ引きつけた。今日では彼らは物質的快楽に満足し、若くして老いさらばえ安楽と休息を探し求めている。運動が彼らの唯一の関心事であってしかるべきなのに。(95)

軍隊をより魅力的にし、若者がそこで男としての自覚をもてるようにするための忠告には事欠かない。一八六七年にイスナールは『フランスの軍隊組織に関する皇帝宛の意見書』において、小学生に軍事教練の手引書を配付することを勧めている。彼が書くところでは、このような措置によって若者の心にフランスの昔ながらの軍人精神が呼び覚まされるだろう。性格は堅固になり、新世代は「前世代が知らなかった男らしい資質」をもつことになるだろう。イスナールは小学校を兵営の前段階にしたが、オーソンヌ砲兵学校の応用科学教授のグランジャンは野営地のまんなかに黒板を運ぶことを提案した。「兵役の時間はうまく用いれば有害なものではなく、文明化の力強い手段となるだろう。それは国民で一番男らしい者たちに教育を与え、結果として多様な要素の混交を促進し、家庭教育を効果的に補完することになるだろう(96)」。

労働者兵士の推奨

しかし、軍隊がもしかしたら廃止される運命にあるのに、兵士の男らしさにそれほど関心を払う必要があるだろうか。世紀初頭にサン＝シモン伯爵〔一七六〇―一八二五。社会主義思想家〕は、社会の主要な務めは富の生産を発展させることだと教えた。製造者、卸売商、農民、労働者は「産業家」あるいは「ミツバチ」階級に属し、軍人は生産せずに生きる「スズメバチ」階級に属する。サン＝シモンの精神的息子たちのうち、いく人かの士官が軍人という職業を羨ましいとは言いがたい状況から引き出そうと試みた。この世紀には相変わらず農民兵士が称賛されていたが、彼らは労働者兵士を推奨した。彼らの言うところでは、未来の軍隊は産業地帯であると同時に、職業訓練所であり、道徳の学校でもあるだろう。たとえばデュラン大尉は一八四一年に未来の社会における軍隊の役割を研究するさい、まずフランスの昔の男らしさを描き出し、その衰退の原因を分析する。

すべての軍隊は勇気や、死を恐れぬ心や、自己犠牲といった兵士の美徳をもつ。すべての軍隊はうまく指揮されれば見事に戦う。しかしすべての軍隊がわれわれの軍隊のように高潔な感情や、理性的献身や、個人的飛躍や、崇高にまで達しうるヒロイズムをもっているわけではない［…］。われわれの軍隊は戦いの日に光り輝くが、それは全体的行動のなかで個性を示すことができる知的分子の集合体である［…］。この軍隊がより多くの名誉と忠誠、より多くの繊細さと実直さを保っているとすれば、それは軍隊が白日の下に存在しているせいである。軍隊では何ものも視線を逃れることはできない。上官や部下に絶えず囲まれているからである［…］。しかしこの軍隊は現代のエゴイズムに冒されている。軍隊は富を求めるようになった。軍隊は、軍人精神が平和への欲望の前に衰弱していること、軍隊が次第に不要になり、自分には未来が閉ざされていることを理解している。(97)

軍隊に自信を取り戻させるためには、新たな未来を開いてやるのがよい。軍隊は産業の任務と国防の使命をもつことになるだろう。兵士たちは軍隊経験を身につけ、規則的訓練によって体力を伸ばすことだろう。これからは彼らの男らしさは生産のために用いられ、彼らは新しい人間となるだろう。

デュラン大尉はこう説明する。「一世代全体が産業的に組織された軍隊を経験しなければならない。そこにとどまり、そこで変身し、過去の汚れを落とした純粋な姿でそこから出てこなければならない。その後ではじめて待望の新時代が人類の前に開かれるのだ」。彼は毎年何万人もの若者が産業的軍隊の中核を膨らませることを予想する。彼らはそこで自らの能力に応じた任務を見つけ、自らの功績に応じた昇進と、しかるべき年金を受け取ることだろう。市民社会に戻った者たちは、正当な個人的利益は仲間との緊密な連帯を必要とするという深い確信を広めるだろう。こうして軍隊は国民のなかに連帯の種をまくことになる。[98] サン゠シモン主義者であるミシェル・シュヴァリエにとって、軍隊は公共事業に当てられるべきであり、多くの若者にとっての実技指導の場となるべきである。軍隊はまた、若者が名誉や、階層秩序への敬意や、連帯精神を学ぶ学校になるだろう。軍隊がもつこれらの価値観は産業界にとっても有益なのである。[99]

連帯精神だと？　それは暴力の上に成り立っている。上官への服従だと？　それは受動性をもたらす。軍隊だと？　それは男らしさを堕落させ駄目にする中世の制度である。軍隊は人間に威厳と道徳を失わせる。人間を血に飢えた殺し屋に変えてしまう。サン゠シモン主義の経済学者であるコンスタンタン・ペクールは一八四二年に軍隊制度を裁判にかけようとした。とはいえ彼は軍隊を廃止することではなく、軍隊を改革して「労働者兵士」を創造することを推奨した。彼らは有益な任務のうちに男らしさを行使する手段を見つけ、人類愛を学ぶだろう。[100]

サン゠シモン主義者たちが夢見た恒久平和はすぐに成立するものではない。それを残念に思うべきだろうか？　社会主義者のピエール゠ジョゼフ・プルードン〔一八〇九―六五。社会主義思想家〕は晩年にはそう考えなかった。彼は戦争に人間を形成する力を認め、ナポレオン叙事詩のプロパガンダ作者たちでさえ用いないような言葉によって戦争を称賛した。彼は一八六一年にこう書く。

ようこそ、戦争よ！　戦争によって人間は自らの原料である泥から脱し、威厳と勇気のうちに身を置いた。倒した敵の死体の上で、人間ははじめて栄光と不滅の夢を見た。こうした大量の流血と兄弟間の殺戮はわれわれの博愛心をぞっとさせる。このような軟弱さはわれわれの美徳の冷却を示すものではないかと私は心配している。戦士の名誉と推定される権利が対等であるような英雄的な戦いにおいて、殺すか殺されるかの危険を賭してひとつの大義を支持することは、それほどおぞましいことだろうか？

［…］軍隊とは貴族のことである。ただ、貴族と戦争は昔は上流階級の特権であったが、一八〇五年に徴兵制のおかげですべてのフランス人にとって手の届くものになった。モスクワの公爵やエスリンクの王族やナポリの王と、骨と骨、肉と肉のぶつかり合いができるとは大衆にとってなんという勝利であろう！

女性はヒロイズムを証明することができるのだろうか？　プルードンはそれを否定する。「軍服は結局女性にとって、愛による変装、非現実的な空想、弱き性の強き性に対する真の崇拝の行為にすぎない」。戦争の放棄が女性の市民的政治的平等への到達を意味すると考える者たちに対して、プルードンは次のように勧める。「男性から兵士の特性を奪うのではなく、今すぐ男らしさのしるしを奪うがいい。そうなれば女性はもはや男性を求めなくなるだろう。女性が自分より強い者を愛するのでなければ、いったい何を愛するというのか！」[101]

第二帝政時代のフランス人は結局、軍人の男らしさに反対したりそれを変えようとしたりする者よりも、それを神聖視する者により好意的であった。とはいえ、彼らは兵営に大挙して押しかけたりはしなかった。一八五四年と一八五五年に彼らはクリミアの兵士たちに対して激しく喝采した。戦争が国境のはるか彼方で行われ、財政負担もそれほど重くなかっただけになおさらであった。平和への希求はあまりに強かったので、国民はプロイセンの台頭とそれが隠しもつ危険性に盲目になっていた。一八七〇年の敗戦はその無意識を罰したのである。

VII　軍人の男らしさと国民の再生

普仏戦争の敗北の影響

世論の大部分にとって、一八七〇年の敗戦とそれに続くコミューンのドラマは、ずっと前から予告されていた「人種」の変質を証明するものであった。ジュール・ルヴァル将軍はこう説明する。「フランスの公共財産の成長と、あらゆる階級における享楽主義の蔓延は、軍隊の衰弱の原因を増やした。ガロ＝ローマ人種に固有の戦士の本能は存続するだろうが、軍人精神は少しずつ消滅した[102]」。シャンソール〔フェリシアン・シャンソール。一八五八―一九三四。作家〕もそれを模倣するように、『屠殺場』でスダンの太陽が「二十年間の繁栄、漁色、喧騒、パレード、贅沢、淫蕩、雄弁、軽薄、祝祭、笑い[103]」の太陽であったと書いている。

百人隊長はカプアの快適さに軟弱になっていたせいで剣を操ることができなかったのだろうか？〔マクマオン時代の〕道徳秩序の共和国から〔二十世紀初頭の〕急進共和国にいたるまで、兵士たちはたいてい無罪とされ、敗戦の責任はナポレオン三世と兵器の組織の不備に帰せられた。大衆小説やブルジョワ向け小説は一八七〇年の兵士たちの武勲を称賛した。敗戦も彼らの名誉を曇らせはしなかった。ギー・ド・モーパッサンには職業軍人を称賛する傾向はほとんどないが、彼は『ラレ中尉の結婚』において戦列部隊の士官たちの肖像を描いている。彼らは勇敢かつ巧妙であり、人間を鍛える名手であることが判明する。一八七〇年の兵士たちの勇敢さは、報復戦争を唱えるフランソワ・ド・ジュリオから戦争再開を恐れるエミール・ゾラにいたるまで、さまざまな作家たちの手で描かれている。前者は一八八五年に『フランスの大地』において、休みなく戦い必死で敵と陣地を争う軍人たちを描いている。たとえ彼らが父祖たちの財産を完全に守れなかったにせよ、それでも「名誉という遺産」[104]は守ったのである。ゾラにとってスダンの敗戦は「フランス人の好戦的気質という伝説」を葬るものであったが、彼は一八九二年に『壊滅』において軍隊を殉教者のように描いている。

軍隊はわれわれ全員と同じ病気にかかり、衰弱し、憔悴し、人種全体が苦しんでいる神経衰弱に陥った。しかし戦えるところではどこでも、たとえ三対一の戦いにおいても、バゼイユでもイリでもフロワンでも、軍隊は見事な自己犠牲と勇気を示した。要塞に白旗が翻って三時間が過ぎた六時にいたるまで、兵士たちは懸命に、怒りの涙を流しながら殺しあい、なんとかして町外れの家々を守ろうとした。[105]

戦列部隊の兵士の男らしさは国民全体の心をとらえ、あらゆる年齢の市民がフランスの大地を守るために武器を取った。たとえばジャン・ルヴェルは「国民遊撃隊」を称賛した。この機動部隊は志願兵でも職業軍人でもスリッパ履きの軍人でもなく、軍事教練も受けずほとんど武器ももたないが、『青い軍用外套』で男らしい勇気を見せる。「ぼろ布の服を着てボール紙の靴を履き」、アフリカの軍事教官によって統率された、これらの学生や公証人見習いたちは素直に自らの義務を果たした。女性たちも勇気の点で軍人と肩を並べた。新聞や年鑑や書物はフランス中にヒロイズムの倫理を広めたが、[106]女性に対してもページを割いた。アルフレッド・トランシャンは一八六六年に『過去から現在にいたるフランスの女性軍人』において調査目録を作成し、ジャン・ダレソンは一八九一年に『もっとも勲章を受けた女性と女性軍人』においてその見直しを行った。両者とも近年の戦争における愛徳修道女と看護婦に対して勇者のパンテオンの扉を開いた。彼女たちはそこで革命軍や帝国軍の女性従軍商人や酒保の女主人と合流した。モーパッサンの小説の娼婦である「脂肪の塊」は周囲のブルジョワや貴族以上にヒロイズムを表明する。彼女の人間像はエピヴァン大尉〔モーパッサン『二十九号の寝台』の主人公〕と対照をなす。この士官は男性性の危機の例証であり、[107]売春婦の手のなかの操り人形である。[108]とはいえたいていの場合、代表のシステムと役割分担は変わらないままである。記憶すべき勇敢さのスペクタクルにおいて、女性はあくまでもパート的な存在であり、自らのうちに男性の理想的性格を有する軍人がスターを独占するのである。

劇場が舞台に乗せるのは彼らのほうである。そこでは『ズワーブ兵の帰還』などの「愛国的際物劇」が上演された。この作品は兵士たちの長所を称賛するものであり、彼らの部隊は「マレンゴの部隊と同じくらい立派である」。ナポレオン一世とナポレオン軍の栄光を称えるこの芝居は大流行になり、昔の軍人の男らしさと現在のそれとを近づける機会を提供した。ギー・ド・ラ・ブリュイエールは一八九六年に上演された『鷲の帰還』において、一八七〇年と第三共和政の兵士のなかに近衛兵の堂々たる子孫を、「打ち倒され」ないかぎり倒れない者たちの「よき血筋」を見出した。エドモン・ロスタンの『鷲の子』では、老近衛兵がナポレオン叙事詩の物語によって観客を感動させその魂を揺さぶる。とはいえ著者は同時代人の好戦論からも軍国主義的愛国心からも遠く離れており、戦争への嫌悪を隠しもせず、報復戦争を訴えもしない。

画家たちは兵士たちの苦しい犠牲を目に見える形にした。彼らはそのために局所的なエピソードを選び、それらを限られた平面で扱った。それは伝統的な軍事絵画でおなじみの広大な空間に取って代わった。絵画はそれによって感動的なものになった。画家たちは、廃墟の背景のなかで死に立ち向かう普通の兵士たちの態度や表情を描き出した。これらの無名の英雄たちは、アルフォンス・ド・ヌヴィル〔一八三六―八五。戦争画家〕の《最後の弾薬》や《サン＝プリヴァ墓地の戦い》〔口絵参照〕におけるように、降参することを拒絶して偉大になった男たちである。機甲部隊兵、国民遊撃兵、アルジェリア狙撃兵、これらはいずれもシャプロン〔ウジェーヌ・シャプロン。一八五七―一九三八。戦争画家〕の絵画から生まれた象徴的なイメージであり、彼らは祖国の召集に応じてドイツ槍騎兵に立ち向かい死んでゆく。一八九〇年前後には最近の戦争〔普仏戦争〕を描いた作品は少なくなったが、より過激なものになった。ジュール・モンジュの《大隊の最後の兵士》〔口絵参照〕においては、ある隊の生存者が自分を守ってくれた壁に血まみれの指でこう書き記す。「第二ズワーブ隊万歳！」[109]。

第三共和政時代の軍人の男らしさ

第三共和政の軍隊は一八七〇年の兵士たちの軍功を受け継ぐ者であり、国民の名誉と栄光を集積する聖櫃[110]になった。フランス人は軍隊のおかげで生まれ変わるだろう。兵営は身体を強化し、性格を堅固にし、心情を高め、若者の愛国心を育てるだろう。軍隊が任務を遂行できるように、当局は軍隊をより健全で清潔にし、素行を守りアルコール中毒を予防する場所にした[111]。士官たちは部下に対して社会的役割を果たすべきである[112]。彼らは指導者であり模範であることを求められ、司令部からは兵士を人間的に扱うよう勧告された。エブネル司令官はサン＝シール陸軍士官学校の志願者に対してこう説明する。「彼らは諸君と同じ人間なのだ。それを馬車馬のように鞭で打って従わせるなどとんでもないことだ。諸君の発言によって軍職の品位をけがさないよう気をつけたまえ。

それは諸君自身の品位をけがすことだからだ」[113]。各兵士の最良の資質を引き出すための身体的教育は強く推奨された[114]。それによって新兵は自分の力と個人的素質に自信をもつようになるのだと説明された。兵士はスポーツをすることで体力と持久力と柔軟さと、そしてとりわけ勇気と同じくらい重要な責任感を獲得する。スポーツによって兵士たちは自立すると同時に連帯する習慣を身につける。ところで新しい兵器はこのような資質の軍人を必要とした。新兵器から継続的に吐き出される砲火によって、兵士は戦場において狙撃兵として地面にもぐり散開することを強いられた。しかし共和暦二年の軍隊の戦術はすでにそのようなものではなかっただろうか？

一七九三年の兵士の軍人的で市民的な男らしさは、急進共和国の目には、軍隊司令部が新兵の教育において手本とすべきモデルのように見えた。フランス革命百周年記念祭の際になされた演説において、一八八九年の徴兵法をめぐる議論において、士官学校で行われた講義において、そして学校教科書において[115]、作家や政治家や教授や軍人はかつてのジャコバン派のポーズをとった。彼らはジャコバン派に倣って、自由と平等という情動的負荷をもった愛国心だけが、まだ青春期にある新兵を責任感ある人間や市民にすることができるのだと主張した。エブネル司令官はデュリュイ教授と同様に[116]、軍隊のなかに市民の異文化受容の場を見出した。軍隊は「人民の大学」である。新兵はそこで人権宣言や自由のための戦いの歴史を学ぶことで、人間や軍人が単に身体的な力によって認められるだけでなく、愛国心が与える精神的な力によっても認められることを理解するだろう。祖国への愛は人間の勇気をかきたて、ありったけの力を振るうよう促し、勇敢さを鍛え上げ冷静さを保たせる。愛国心は連帯を訴え、献身と自己犠牲へと導き、戦いの暴虐と狂乱のただなかで名誉を守る[117]。

急進共和派のなかには、まるでサン＝ジュストから借りてきたような台詞を述べる者もあった。「戦いの最中に、脚が兵士をそれなりに大胆に運び、腕がそれなりに的確に動くのは、かならずしも与えられた訓練のおかげではない。それは心臓が打ったり頭脳が考えたりするのと同じことだ」。未来の兵士は「三色旗をヨーロッパとアジアの主要都市にひるがえらせ、他の国々に八九年の大革命の自由、平等、友愛の原理をもたらす」という「国民的聖職」に参加するのである。[118] 共和国の教育を受けた新兵たちは、時が来れば共和国を守ることができるだろう。一八九二年九月十八日の『クーリエ・フランセ』第三十八号は、ヴァルミーの戦い〔百周年〕を記念して、一面全体を使ってデュムーリエが武器をもった腕でマリアンヌを抱いている姿を描いている。彼らの近くでは国民義勇兵が銃剣の先で敵を押し返している。

共和派が自らの男らしさの模範に一七八九年の旗のひだをまとわせるのに対し、大部分の士官はそれをナショナリストの表象で覆った。どちらも男性的ステレオタイプにそれを補強するような対立モデルを提供した。一方では男性の地位より低い地位にいる女性を。他方では男性的魅力を欠いた仇敵のドイツ人を。ドイツ人にはとりわけ名誉が欠けている……。ユダヤ人とまったく同じように、とナショナリストたちはつけ加えた。彼らはドレフュス事件の際にユダヤ人を内部の敵として告発した。たとえばユダヤ人の卑劣さが「真のフランス人」[119] に固有の男らしさをむしばむというのである。

急進共和国が行った努力にもかかわらず、軍隊の幹部は依然として大部分が名士の子弟であり、しかもたいていアンシャン・レジームの貴族の一員であった。彼らが思い描く軍人としての男らしさは、ガリエニ〔ジョゼフ・ガリエニ。一八四九―一九一六。植民地軍人〕やリオテ〔ユベール・リオテ。一八五四―一九三四。植民地軍人〕の男らしさから想を得ていた。植民地帝国の創設者たちは、本国の軍人と「植民地部隊」の軍人のあいだに存在する対照を強調した。前者は駐留都市の無聊な生活のせいで青白い顔をしている。彼らは敵との戦いに備えて訓練と演習を数え切れないほど繰り返すが、肝心の敵は決して現れない。反対に、「海軍の兵士たち」はアフリカのジャングルや安南の平原のただなかで戦う。彼らの身体的、精神的な力は戦いに向けられるだけではない。それは帝国建設の計画においても開花する。勝利を達成し、銃を交叉させて置くと、「陸戦隊兵士」はかんなや、こてや、チョークを手に取る。彼は村を建設し、市場を作り、大地に学校を建てる。[120] この仕事はセルヴァンやビュジョーが想像したものに追いつき、さらに先へ行く。植民地部隊が担う文明化の使命は、軍人に非常に自由なイニシアティヴを与え、彼らを生産的な活動へと差し向ける。それは軍人のエネルギーと想像力をかきたて、そしてリオテによれば軍人を完全な意味での人間にするのである。

士官のプシカリ〔エルネスト・プシカリ。一八八三―一九一四。軍人、作家〕もまた、軍隊は――とりわけ植民地の軍隊は――男らしさを求める若者にとって優れた教育の場を提供すると確信していた。ルナンの孫である彼は一九一三年に『軍隊の呼び声』を著し、これはすぐに職業士官のバイブルとなった。彼は、隊員の創造的エネルギーが大量に生産されるために、軍隊は近代を拒絶すべきであり、国民と交わるのを避けるべきであると考えた。彼が書くところでは、軍隊は教会とともに「新たな不純によって汚されることも色あせることもない処女」のままであった。軍隊は「厳しく気高い」道徳を保持し、それが維持されるためには「峻厳で荒々しく緊迫した生活」の実践が必要である。小説の主人公はこう述べる。

われわれが絶対的信念をもつこと、この信念がわれわれだけのものであり、他のいかなる信念とも取り替えられないことを妨げることはできない。われわれが言葉の通常の意味での仕事以上のものであり、職業以上のものであることを妨げることはできない。このような観点において、社会全体のなかでわれわれと比較できるのは司祭や学者だけだ。

彼はある友人に向かいこう続ける。

ぼくが思うに、兵士と呼ばれる、自らの理想を戦いという事実のなかに置く人間がこの世界に一定数いるのは必然的なことだ。彼らは戦争を好む、勝利ではなく戦いそのものを好むのだ。ちょうど狩人が獲物を愛するのではなく狩りそのものを愛するように。(121)

『軍隊の呼び声』は「前ファシスト的感性とでも呼ぶべきもの」の最初の証言であり、「行動への意志、ヒロイズムへの意志」へと向けられた男らしさに対する称揚である。そしてその意志は「いささかも抒情的でもロマンチックでもなく、ほとんど動物的で表現しがたいものである(122)」。

軍人的な男らしさの拒絶

ブルジョワ的で文学的な階層出身の若者の一世代全体が、市民と軍人が提示する軍人的な男らしさのモデルを拒絶した。アベル・エルマン、リュシアン・デカーヴ、アンリ・フェーヴル〔一八六四―一九二七。作家。『軍港にて(軍隊生活)』〕、ジョルジュ・ダリアンらが描くところによれば、軍隊は軍人カーストに支配された社会である。士官たちは国の男性的な力の唯一の合法的代表者を自任し、若き市民たちに対する生殺与奪の権利をほしいままにする。サーベルを着用していれば、どんなにひどい仕打ちも可能で自然で正常なものになってしまう。卑劣な心情も権力の濫用も許容されてしまう。軍人カーストは新兵を人間にするのではなく、巨大な機械のなかで押しつぶすのである。恐怖心から規律に受動的に従うことによって、教練の繰り返しによって、単調な武器所持によって、馬鹿らしい動作の反復によって、軍隊は新兵から自発的な精神や個人的行動の意志を根こそぎ奪ってしまう。軍隊は彼らを操り人形にし、彼らを酔っ払わせることでまだ人間の姿を保っていると信じこませる。愛国心が男らしさの土台だって？　そんなものは人を服従させるための作りごとだ。ヒロイズムだって？　そんなものは温室の堆肥の上で育った花だ！　軍人の、兵士の男らしさだって？　要するに性行為ということだ、とはいえ若者が軍隊で受ける言語を絶する苦痛によって男らしさの使い道を奪われないかぎりの話だが。こんなシステムを前にしたら、新兵はもはや服従するか、ビリビ〔北アフリカ各地に存在した軍人用の懲治部隊〕の懲治部隊に送られるしか選択枝はない(123)。

社会党系と労働党系の新聞もまた、軍隊を人間性剥奪の場所として告発した。労働組合会館が一九〇二年に刊行した『兵士便覧』は、軍隊生活を犯罪と拷問と悪徳の学校と見なしている。それは軍隊で行われる虐待を詳細に描いたうえで、「人間は兵営で三年を過ごせば意識的反逆者か乱暴者になり(124)」、後者は容易に労働者弾圧に利用されると結論する。ストライキをする父親に向かって発砲する兵士というイメージは広く用いられた。ギュスターヴ・エルヴェ〔一八七一―一九四四。社会主義者、後にファシスト〕が一九〇六年に創刊した『ゲール・ソシアル』紙はビリビ反対を専門にしていた。最後に、労働総同盟（CGT）は軍隊制度の廃止を求め、その一方でジャン・ジョレス〔一八五九―一九一四。社会主義者〕は一九一〇年に『新しい軍隊』において軍隊組織の根本的変革を奨励した。クルトリーヌ〔ジョルジュ・クルトリーヌ。一八五八―一九二九。小説家、劇作家〕が行った批判はより温和なかたちを取っているが、それでも新兵が一人前になる手助けをほとんど行わない(125)軍隊の欠陥を告発している。ラ・ギョーメット、クロクボル、リドワールといった彼の登場人物は、兵営の厳しい規律のなかに放り込まれ、軍隊世界の「愚劣さ」に絶えず当惑しているように見える。彼らは愚かな自尊心をもつ古参兵たちに痛めつけられるが、フリック曹長のサディズムに耐え切れなくなり、ついに彼の死を望むようになる。彼らは模範的な兵士の性質を手に入れるよりも、幼稚さと中学生の魂をもちつづける。兵営は彼らを立派な人間にするどころか、彼らを身体的に過酷な生活に置くため、彼らの生活はほとんど動物的なものになる。彼らはもはや、スープやワインのボトルといった目の前の欲求を満たすことしか考えない。彼らの男らしさは、士官たちが連隊会議で称賛する英雄のそれよりも農場の使用人のそれに近い。「新米兵《ブルー》」たちは別のことに向けるべきエネルギーを使って、雨のなかを何時間も「あれやこれやの取り引き」、売春宿を探し求める。たとえ八時四十七分の列車を乗り過ごす危険を冒してでも！

無愛想ではあるが勇敢なユルリュレ大尉の目から見て、新兵は兵役の年月を通じてほとんど変化しない。同室の仲間意識は素朴な友愛へと変わる。懲罰への恐怖は薄れ、遠慮がちな臆病さは無謀な大胆さへと変わる。兵士は士官を騙そうと試みる。それはまさに『喉の痛み』の主人公が言うように「うまくいったらしめたもの、へまをやったらしかたない」。それは下っ端の兵士のささやかな策略である。彼はほとんどいつも意味がわからない命令に従いながら、常に黙って胸のうちで「くだらない」と答える。「この『くだらない』は有無を言わせぬ決め台詞であり、その前ではあらゆる困難が解消され、あらゆる規律が閉じられ、あらゆる質問が打ち切られる」(126)。

クロクボルやリドワールは数年後に、大笑いして猥褻な冗談を口にしつつ、兵営の出口で「古い軍服とともに兵士の幼稚で臆病な魂をなんの悔恨もなく」(127)投げ捨てる。

若者は兵営の門をくぐるずっと以前から軍隊を知っており、たいていの場合は軍隊を恨むこともなく去っていった。軍隊は日常生活の背景の一部をなしていた。士官たちは都市の社交生活に参加し、表彰式には知事や副知事と一緒に参加した。駐留都市では週日は毎日、教会の鐘と同じようにラッパ手が時を刻んだ。日曜が来てミサが終わると、公衆は軍楽隊の演奏が行われる公園に向かった。軍隊が大演習に出発する日は、宗教的、世俗的な祝祭と同じくらいの盛大さで祝われた。駐留部隊がいなくなった都市では、映画が軍人の存在を確保した。白いスクリーンの上に、行進や閲兵式が物言わぬ細切れのイメージとして現れ、観客を熱狂させた。[128] 若者が兵営を未成年から成年へ移行するために通過しなければならない場所と見なしていたという事実は、愛国的プロパガンダや報復の精神によってと同じくらい、軍人が身近に暮らしていたということによって説明がつく。十九世紀初頭に新兵たちは小教区を離れる瞬間に「深き淵より《デ・プロフンディス》」を歌った。二十世紀初頭には「兵役合格者」たちはどんちゃん騒ぎをして、もはや恐れるにたりない野営地生活を茶化した。昔は憲兵から逃れるために野原を駆け回る者が何万人といたが、一九一四年には徴兵拒否者は年間の徴兵者の一・五パーセントにすぎなかった。[129]

平時には公共事業に従事する農民兵士のステレオタイプから、自己犠牲の美徳が国民国家に奉仕する名誉と重なりあう武装市民のステレオタイプにいたるまで、野営地から生まれた男らしさは支配的地位を確立した。一八八四年にモーパッサンはそのことを証明している。彼の小説『ベラミ』の主人公であるジョルジュ・デュロワはレストランを出ると、「生まれつき、そして元下士官の姿勢のせいで威厳があったので、身体を反らせ、軍人らしいくだけた態度で口ひげをカールさせると、ぐずぐずしている食事客たちの上に素早くぐるりと視線を投げかけた」。[130] すべての女性たちが彼のほうに顔を上げた。

第2章

労働者の男らしさ

ミシェル・ピジュネ
（寺田光德訳）

ベル・エポック〔第三共和政下フランスで文化・芸術が盛んであった第一次大戦までの時期〕に、リモージュ〔フランス中部リムーザン地方の要衝〕の陶器工場でボイラーマンをしていたシモン・パルヴリーは、女性たちが危険を顧みずに炉の付近を見学しているのを見て、自分と同僚がどのように行動したのか語っていた。(1) ロクロ職人や絵付け職人からは「獣」扱いされるこの労働者たちは、評判通りの振る舞いをし、悪態をつき、げっぷをし、痰・唾を吐き、おならをし、勢いよく小便することに遠慮などしなかった……「レースで着飾る麗しい婦人たち」が様子を窺っているのを意識して、そのうちの何人かは「性器をおっ立て、ゆすぶって」、それをひけらかしていた。またシモン・パルヴリーは、縦挽き製材工のもとで過ごした青年時代のことを懐かしんで、「桶」コンテストにおける成功譚におよんだ。それは、木製のもっとも重いバケツ、つまり「桶」を勃起したペニスに掛けることができたきこりに対して与えられる栄誉の話のことである。

この証言には、表現性に訴えたり、真実らしさを求めようとしていることのほかに、ボイラーマンが遠慮無く興じている自慢癖や挑発的な猥褻さを礼賛する傾向が窺える。つまり労働者の男らしさというものがたいていの場合確実かというと、むしろ仮定されたものだということであり、そのことを通常は日頃の業務からは想像のつかない光景を通して、ここではありのままに観察させてくれている。

I　予備調査

1　矛盾する常套表現

二世紀前からのことだが、ある美学的伝統がこぞって労働者のイメージともっとも顕著に男らしさを示す特質とを結びつけようとしている。エネルギーや抵抗力を内蔵させていることが明らかな物質──火、鉄、岩、樹木──を相手に格闘する男たちの体格や筋肉が、身体的な力と精神的な決断力とを同時に表現するのにふさわしいからだ。このヘラクレス的象徴体系は、フランス大革命とともに、民衆という、高潔な、新しい主権者の象徴体系と一体になる。一八四〇年代からは、労働者がその主権者の凝固剤や活力を形成して、幻想とは言わないまでも、ともすれば現実と乖離する恐れを示すまでになった。というのも、解放のユートピアに乗じた、政治活動の闘士や芸術家たち──ムーニエ〔一八三一─一九〇五。ベルギーの画家、彫刻家〕、スタンラン〔一八五九─一九二三。フランスの画家〕、シニャック〔一八六五─一九三五。フランス点描派の代表的画家、批評家。口絵参照〕、リュス〔一八五八─一九四一。フランスの点描派画家。口絵参照〕、ピサロ〔一八三〇─一九〇三。フランスの印象派画家で、風景画を多く描いた〕、グランジュアン〔一八七五─一九六八。フランスの画家、多くの政治的・社会的挿画を新聞に描いた〕など──がそのような現実離れを受け入れ、広めたからだ。[2] また各々に見合った場所を与えるエキゾティックな色合いをもったある報告によれば、支配階級の同性愛者たちは時に中央市場の人夫、ヴィレットの屠畜業者、その他の荷揚げ人夫たちの魅力に屈する。[3] 一般的には、身体の活発さが本来的に性的満足を与えると考えられているようだ。医者は「精神的作業に従事する」[4] 人たちが身体を十分行使しないと嘆く。それがこうした常套表現に保証を与えている。工場で働く下層階級の人たちもそのことは疑わない。マルセイユの歌手ヴィクトール・ジェリュもその例に洩れず、マルセイユ人の男らしさのしるしとは正反対に、ブルジョワの若者が平たい胸、痩せた腕、しゃがれた声、こけた頬、青白い顔色をし、「退化した二足獣」と化してしまっている、と酷評する。[5] ヴィクトリア時代のイギリスは、フランスと異なった社会と政治の歴史を経てきたにもかかわらず、労働者に関する表現では同じ方向に展開する。懐疑と皮肉に満ちたテーヌ〔一八二八─九三。フランスの哲学者、批評家。主著に『歴史および批評論』、『芸術哲学』など〕は、画家フォード・マドクス・ブラウンの先入観についてこんなふうに指摘している、一八六三年の「労働」という彼の一幅の絵画では、「みずみずしい、紅潮した顔」をした土木作業員たちはまるで「模造人間展覧会のために選抜された」かのようだ、と(6)〔口絵参照〕。

作業現場や工場の実態を知らないために、いきおい男らしさは常套表現として結晶化される。また実態を知っていたり、それに気付いたりする多くの人たちの側でも、思いやりや憤りから、労働条件の劣悪さや不公正さを取りあげる。一八三〇年代と一八四〇年代に行われた調査は、繊維工たちの境遇や身体について彼らの強いられている苦痛や犠牲を読み取るに十分な反響を引き起こし、アルザスの繊維工は「痩せて、貧弱で、腺病質」(7)、リールの繊維工は「無気力で、暗い穴蔵のような中で、折り重なって作業をしている」とされる(8)……事実この時以来、常套表現の単純さと労働者の様相とが矛盾を示すか、すくなくとも相容れない形容――「誇り高い、エネルギッシュ、尊敬すべき……」と「哀れな、青ざめた、疲弊した、諦めきった……」――がそこで明白になってきている。ミシュレの断言するところでは、フランスやイギリスの労働者街では、「動物的生活のせいで、野蛮状態に陥っている多数の労働者に出会う」(9)。屑屋を指し示すためにフレジエがよく用いたこのイメージは(10)、長いあいだ存続する。一八九三年、『プティ・パリジャン』紙はこれを荷揚げ人夫に関する記事のタイトルにして、彼らの活動を描いた陳腐な絵画的情景によって人々の好奇の目を惹きつけようとした。そこで代わる代わる取りあげられるのが、「幅広い肩」、「盛り上がった筋肉」だったり、また「裸足」とか、冬になると「毛むくじゃらの腕」や脚に吹き出す「樹氷のような数珠繋ぎの汗」だったりする(11)。粗暴さに対する暗示は、野蛮さに対する暗示と競い合うが、それは後者が時に活発さを想起させるからだ。ミシュレが嘆声を発している、「野蛮人！ このことばがいい、これを使おう。そうだ、これには新鮮で、活発で、若々しい樹液が満ちあふれているから(12)」と。しかしながらたいていの場合このことばは、社会的恐怖を示したり、煽ったりする。そこからわずか一歩進むだけで、その時にはまだ人間的であった野蛮さは、根源的な異質性を指し示す動物性に屈して消え去るのである。

十九世紀後半になると、労働者ではない人々が以前に庶民階級のものとされた欠陥のいくつかを背負わされる。一八八〇年代には、英仏海峡の向こう側のイギリス人挿絵画家たちは、『パンチ』誌で手入れした髭と簡素で清潔な服装をした、まじめな様子の、尊敬すべき労働者を描き、彼らがならず者、酔っぱらい……そして革命家たちとは異なることを強調する。(13)他方専門家も浮浪者と変質者を同一視するのをためらわず、(14)彼らの特徴として性的な曖昧さをしばしば指摘するとともに、彼らが特に「食べること、セックスすること」の二つに固定観念のように憑かれていることを主張する。(15)

このように、時間と空間に応じて男らしさのもろもろの美徳と労働者の条件とが結びついて多様な変化を示しているので、職種が変われば認められる変化の意味ついては、肯定的であれ、否定的であれ、予断を下すことはできない。十八世紀には船員たちが乱暴、無学、粗野、呑んべい、好色という烙印を押されていたのに、それが一転して、すべて男らしい特徴として彼らの力や大胆さを評価・強調されて、独立精神の現れとして、さらにはより美化されて、ある種の高貴さを示すものとして認められるようになった。(16)エティエンヌ・ビュレによれば、「貧弱」、「虚弱」、「病弱」な絹織工は、(17)レオン・フォシェのことばを借りるなら、ジャカード織機〔フランス人ジャカール(Jacquard, 一七五二—一八三四)が考案〕のおかげで、「男らしい民衆」へと変貌を遂げた。(18)マルセイユにあっては、正規の労働時間いっぱい働いていた、「礼儀正しくて」そのうえ「ファッショナブルな」かつての「純血種の沖仲仕」が波止場から追いやられて、今では「自由雇用」や無秩序な不規則雇用の偶然に委ねられた日雇いとか荷揚げ人足に取って代われてしまった、とノスタルジーから誇張して語られる。(19)このようなノスタルジーはすべての港に関係しているにしても、港湾労働者の変化が彼らのイメージを一様に塗り変えてしまったわけではない。二十世紀初頭のダンケルクの港湾労働者たちは、「おとなしく、勤勉で、家庭を大事にする」とされているのに対して、ル・アーヴルにおける彼らの同僚たちは「哀れな」恰好の、「垢じみた」「頬のこけた」「悲しい目つき」をして、「ぼろをまとい、親に劣らず貧乏」だ。[20]

いくつかのイメージ系列が浮かんでくる。古代ローマで労働と人間の解放を表していた男らしさの寓意像ウルカヌスは、ゲルマン神話の小人族ニーベルンゲンの影を薄くし、十九世紀の鍛冶場を見る人たちに霊感を授け、その後に労働運動の象徴体系の中でイメージを開花させる。ベル・エポックに無政府主義や社会主義に傾倒した挿絵画家たちは重いハンマーをもった鍛冶工に最良の場を提供して、彼らをあまり特殊なシルエットではなく、短い作業着、幅広ズボン、フランネルのベルトというプロレタリアの服装で表現する。つるはしをかついだ鉱夫や土木作業員など道具によって見分けのつく、人目につくような仕事の周りには、新たにステレオタイプ化した男らしい労働者像が生まれてくる。しかし野良仕事の日雇い、織工、とりわけ女性労働者は、その実数の多さにもかかわらず、『民衆の声』紙の寄稿者たちの絵心を刺激することはほとんどない。それに対して彼ら寄稿者たちが社会批判の目を通して代わる代わる描いたのは、労働者の男らしい、攻撃的な態度であり、背を丸め、粗悪な仕立ての、擦り切れた服を着て、ぎごちない、疲弊しきった男たち、あるいはまた羊のように群れをなす従順な群衆のうちひしがれた姿であった。

このように二元論的な常套表現のあいだに矛盾が存在している。加えて表現記録が多数満ちあふれていても、それらは労働者世界そのものとしばしばかけ離れている。だとすれば、まだこの先検討を進めていかねばならない。

2　労働者の慎み深さに関する曖昧な根拠

労働者が、慎み深いとは言わないまでも、控え目だと言ったとすれば、民衆の言動や思考という事実に直接アプローチするときに見られる常々の困難をいっそう増幅させるかもしれない。労働者はふだん大声で話すだけに、それを証明しようとするとますます当惑する。好むと好まざるとにかかわらず、彼らの多くは騒がしい世界に生きており、とりわけ工場の中では道具や機械のたてる騒音に負けじと、時には叫び声や、合図によってコミュニケーションを図らなければならない。それに、環境のせいで、「力強く話すこと」が、「真実を正当に話すことの」保証として涵養される。しかもそこでは口をつぐむすべも知られている。骨の折れる、あるいは細心さを必要とする仕事では、努力と注意力を傾注するために、どうしてもそれが必要とされるからだ。多くの工場規則は規律として労働時の拘束を課すことが不可欠であることを示している。また、労働者が寡黙なのは彼らの慎重さとか、さらにはふだん発言権をもたない被支配者のあきらめからもきている。しかし例外的には、集団行動の匿名性の中でタブーを打ち破って公然と抗議の声を挙げ、短時間だが、叫びや、スローガン、歌を響かせることもある。それと反対に、時には労働者の沈黙は、すべてを掌握してコントロールしようとする支配者たちに抵抗して、彼らが自立や連帯の権利を要求するときの合図ともなる。

労働者の文化を彼らのことばや動作の中で探ろうとすれば、そこにはわずかな痕跡を見出せるかもしれないが、それだけではなにも片付きはしない。建設現場や工場での会話に見られるラブレー的露骨さを目にする機会がほとんどないことから、古典的記録については現に選別が行われていることが確認される。たとえば、炉が「ウンコをする」とか鉱石が「屁をひる」というアリエージュ県の鍛冶工の仕事場ことば《エルゴレクト》のもっている味わいと、(21)ヴィクトリア女王期のロンドンの作業場でも聞かれた「不作法で極端なことばづかい」の普遍性とのあいだに違いはない[22]。工場の仲間同士や親密な労働者カップルのあいだでは、性器や性に関することばは限りなく多様であり、ペニスはもっともありふれた隠語で「ビット（一物）」と言ったり[23]、きわめてイメージ豊かに「ダール（槍）」などと言ったりする。しかし権威者たちに対面すれば、ことばづかいは抑制される。強制猥褻、痴漢、強姦の被害者たちが大人の場合は、婉曲語法をつかって、「猥褻行為」、「裸体」、「下劣な行為」と語るが、子供だと同じことを指し示すのに単に「あれ」、「あのこと」と言ったり、過ちの同義語を借りて、「悪さ」と言う[24]。一八七〇年からは、基本的な医学知識の普及で「陰茎」（verge）が一般に使われ始める。

書くこともそれほど自由にできる表現法ではないので、微妙な主題は回避されてしまう。それは、結果が不確かな学校時代のあと、工場、酒場、家庭で、経験豊かな仲間が大声で読み上げるのを大勢で聞いて、書物に慣れ親しんでいたとしても事情は変わらない。書くようになるには他に適性が必要とされる。短時間しか許されない「夜間に、プロレタリアたちが[25]」一人で書き物をするには、強固なねばり強さによって日中の長い労働時間に積み重なった疲労を克服しなければならない。このように自由時間を厳しい独学に費やそうとする労働者にとって、同僚たちの生活習慣や気晴らしは批判対象ではあるにしても、その「粗野さ[26]」を細々と描写することはあえて避けたい。それよりも彼は、独学の規範に照らして淫らな話題を自らに禁じ、より正統な文学ジャンルを模倣しようとするのである。

自伝を書こうとする労働者作家の大部分は、ペンを取るやいなや、労働条件、給料、物価……に関する多量のこまかい情報は慎み深く遠ざけてしまう。礼儀正しさを求めれば、最良の虚構や物語など生まれはしまい。こうして礼儀正しさのなかにどっぷり漬かったエミール・ギヨーマンは『ボジヌー労働組合』の中で語っている、マルセルとマリーが「あふれ出る新鮮な樹液と鳥たちが唄う愛の歌に包まれて」日曜に牧歌的な散歩を楽しんでいるとき、二人は「初々しい困惑とうっとりするような甘さを感じながら初めて愛の告白をする」と。[27] ジャック＝エティエンヌ・ベデは自分の初恋を語るに際して、「わたしは細々したことは一切触れない」とあらかじめ注意を喚起しているが、[28] その時彼は共和国軍隊に十九歳で入隊して、ブリュッセルに滞在していたのだ。自伝作家の何人かが自分たちの愛の悩みを話題にしているが、それでもだれ一人として性の境界を踏み越えようとしない。[29] シャルル・マルクは「パスしよう」と話をはしょって、ル・アーヴルの倉庫群が形づくる禁断の迷宮のなかで軽はずみな行為を犯す若者のことを語り終える際に、「愛の冒険を運命づけられた若者たちの脳のなかに兆してくるのは何なのか」と簡単に仄めかすだけで満足している。[30] 海軍に入隊したかつての組合活動家は、夜のサン＝ナゼール〔フランス西部ロワール河口の港町〕で娼館を遊行したと確かに語るのだが、船内待機の命令に違反したことを重視して、性の武勲についてはすこしも言及しようとしない。それと同様に彼は、若い港湾労働者として市民生活を再び送るようになったときも、女性の征服譚については深入りせずに手短に語るだけである、日中の厳しい労働の後ダンスホールによく通い遅くなって帰るときには「たいていは一人ではなかった。気質の問題だが、わたしはその時やっと二十三歳になったばかりだった」と。[31] それに読者もこれから先のことを読みたいと思ったかどうか、怪しい。青年ジャック＝エティエンヌ・ベデは、「この上なく荒々しい」愛の宣言を受け取って、「強烈な印象」を受けたから、異性を経験ずみの彼には、この種のことなら読む気が起こらないと告白しているくらいだから。[32]

一部のエリート労働者は、自分たちを他から区別する禁欲主義をすぐさま規範的モラルとして設定する。パリのブロンズ鋳造工アンリ・トランからイギリスの行商人ジェイムズ・バーンまで、労働者の貴重な時間を奪う「害毒」[33] として娯楽小説、官能小説を同じように裁定して非難している。[34] 一八三四年の敗北に辱めを受けたリヨンの絹織工たちは〔この年の四月彼らは賃下げに抗議しリヨンの町を占拠したが、結局七月王政府の軍隊に鎮圧される〕、「自分たちをさげすむものたちに自分たちを評価させようとして、不作法な振る舞い」を自ら一掃しようとする。[35] このような路線上で、『作業場』は酒場のほろ酔い機嫌や俗謡の卑猥さを攻撃する。[36] プルードン〔一八〇九―六五。フランスの社会主義思想家、『貧困の哲学』を著した〕は――ちなみに彼はホモセクシュアルに対する厳罰の支持者であった――、多くの書物を一括してポルノグラフィーとレッテルを貼り憎悪している。彼の精神にあっては、社会的正義は人間を再生し、「勤勉で、清潔で、芸術性に富ませる」[37]。キリスト教徒であろうがなかろうが、もっとも厳格な独学者たちも、禁欲を強靭な精神の指標にする。[38]

商業紙との競争で、ベル・エポックの労働者新聞は潜在的な読者が大好きな三面記事を無視することができない。週刊紙がこうした圧力に抵抗するのに対して、日刊紙の方はそれに屈する、それでも何とか制限をしようと努めてはいるのだが。そこで『組合闘争《バタイユ・サンディカリスト》』紙は、話題の出来事を扱う「実写」欄を「警察の補完」や、「いやらしく、軽蔑すべき低俗な事柄の受け皿」にしない、と約束する。[39] 労働運動の活動家は、卑猥で、きわどく、派手なものから目を背けるにしても、生理的問題だと正当化して、「無気力」や「力を減退させ血液循環作用の低下を引き起こす病気」を防いだり、さらにはもっとあからさまに、「生殖器の弛緩」を回復させると触れ込む、媚薬や道具の効果を謳った宣伝を受け入れる。[40]

ブルジョワ階級の幻想的な「放蕩」を非難する時は、特に売春を介して現れる、労働者階級の子弟や女性に対する危険が強調される。その非難対象にはいくつかの公的機関が含まれる。二十世紀初頭における革命的労働組合運動の闘士たちは、まさに軍隊を「悪徳と犯罪」「獣性と下劣の学校」として攻撃する。そこでは若者は大人になるための準備をするどころか、「道徳的な卑劣さや、服従し、おののく習慣[41]」を教え込まれる、というのだ。

彼らはまた軍隊という徒刑場の不道徳さに憤慨する。そこは男性の尊厳を踏みにじり、「男色やあらゆる悪徳のはびこる、名状しがたい場所」[42]なのである。

潔癖さを追い求めたとしても、一貫してそこに厳格さがともなっていたわけではない。何人かの著者や労働運動家は生きていく上で快楽は必要だと説いている。『町工場の噂《エコー・ド・ラ・ファブリック》』紙は、フーリエ〔一七七二―一八三七。フランスの空想的社会主義者。『四運動の理論』などを著し、労働運動に大きな影響を与えた〕の思想に従って、「新たなモラル」が確立されれば、「精気を凍りつかせ、想像力を硬直化させるような、昔ながらの個人と個人との冷たい、うんざりするような結びつき」がなくなるであろう、と予測している。この新聞の記者たちが素描するのは、十一人の男と十七人の女からなる数的アンバランスに基づいて未来の母系制共同体の輪郭が構成されるということだ[43]。一九〇七年にナントで投獄されていた実践家のシャルル・マルクは、隣の女子刑務所の「心の姉妹」とのあいだでひそかに手紙を交換し合う[44]。彼が付け加えて言うには、「なにも卑俗なことも、猥褻なこともない」、ただ「楽しい話」や散歩の時に束の間合図で認め合うだけの単純な快楽であった。しかしあまり純情でない関心もなくはない。一九〇九年に再び拘置されてしまった昔の港湾労働者は、自分の監獄仲間のところを若い女性同伴者が訪れるたびに、できるだけ長い時間看守の注意を引きつけておこうとするから[45]。

他人の秘密に立ち入らないことは私生活《アンティミテ》の一条件でもある。民衆を取り巻く環境を取りあげる際、この問題はまだ深く検討されなかった。私生活に対する希求は一八六〇年代になって気づかれるようになってきたにしても[46]、長い間それが正当なことだと認められなかったので、それが明るみに出されることはなかった。集団は庇護者でもあるが、集団の支配下にある個人は雑居状態を堪え忍ばなければならない。十九世紀のパリの賃貸住宅では、アパルトマンの狭さや設備の劣悪さのために、「生活はいたるところで外にむき出しになっていた[47]」。ただし間違えないようにしよう。「個人の住まいには誰も入れるな[48]」と言うではないか。階段や中庭というたまり場では噂話が交わされているから、良き隣人間の暗黙の了解のためにも、いっそう内密の会話を住人とする際にはいくつか注意をすることが必要とされる。だから事前に誰かに問いかけて、自宅でその人が会ってくれるかどうか、知っておくほうがもっとよかろう。

Ⅱ　どのような男らしさか？

1　属性と行動のあいだの矛盾

男らしさに歴史的に構築された性質を認めるということは、そこに意味もまたさまざまな変容があったことを受け入れることでもある。男らしさの語源は、英雄のもつ資質、年齢を重ねて「一人前」と認められる男のもつ能力、その結果としての生殖能力と関係してくる[49]。この語には伝統的に認められた男性の主要な属性たる強さの観念の周りに、身体的（力、エネルギー……）、精神的（勇気、冷静さ）諸標識を多かれ少なかれ集めようとする傾向が見られる。プルードンも男らしさをそのように理解していたから、「民族《ラース》」が労働、思想、制度によって「男らしくなれる」と考えたのである[50]。

肉体を駆使する労働者たちは、一般に男の性と結びついている諸能力を、他の人たち以上に動員する。「男らしさの範例[51]」としてある鉱山労働者は、そのような能力のすべてを兼ね備える。地下労働のさまざまの危険に立ち向かい、筋肉労働者として発揮される彼らの活力は性的分野をも包含するので、それが彼らの豊かな生殖能力の裏付けにもなるようだ。しかしながら、ひとりひとりの多彩な個性を除いたとすれば、多岐にわたる職業のなかで労働者のアイデンティティである男らしさについて、彼ら鉱山労働者が唯一のモデルとなっているわけではない。「男には木材と金属を、女には家庭と布を」と、一八六七年の万国博覧会から戻った労働者代表の一人は話の締めくくりに語った。(52) そうだとすれば、この階級の不均質さによって、男性の特徴的属性を序列化する際に観察される異同が説き明かされる。こちらでは、力、エネルギー、持久力が評価されるが、あちらでは、冷静、忍耐、独立精神が問題というわけである。それに経歴に左右されて、多様な組み合わせを経るので、動かしがたい境界線などいっさいない。身体で獲た手柄に明らかに満足しているにもかかわらず、マルタン・ナドーは、それと同時に「誇りも知性も人並み以上に備えた」集団に属していることを意識し、同じ個人のなかにも、矛盾するとみなされる特徴が共存していることを明らかにしている。(53)

男らしさの規範に多様な規準があるのは、労働者と町や田舎の庶民との識別を困難にする、フランスに特徴的な産業化の歩みが影響しているからである。生活サイクルの細分化、活動の多角化、季節による移動のせいで、賃金条件は変わるし、またしばしばそれは社会的地位の変遷と連動する。労働者の経験がこのように限られ、しかも断続的だったとしても、その痕跡は少なからず残る。というのも、その体験が少年期の終わりに始まり三十歳代あたりで断たれてしまうにしても、時期的にそれが特に「成年期（男らしさの年齢）」参入の決定的な時期と重なったからである。

それから最後に、男らしさの発現は現象的には支配と不可分であるにもかかわらず、それを現業に従事する、従属的地位にある労働者について検討しようとすることに、不都合とは言わないまでも、何らかの恣意性が含まれてこないだろうか。男らしさについて絶対的で、単一の基準がないために有効な反論は生じてこない。が、しかし、それは同時に本来的な労働者の男らしさにかかわる慣習やそこで問題となるものについて、まだ先へと検討をすすめる理由となる。

2　慣習と問題点

「男らしくない、またそうなれない男性、それから女性[54]」をふるい落とすための判別式として、男らしさというのは単にジェンダー関係を構造化するのみならず、また男同士の関係構築にも関係してくる。規制もそれに加わり、たとえば顔や口の髭のようにいつもは男の尊大さを示す毛を蓄えることが、主人に仕える召使い、客に給仕するカフェのボーイには禁じられる[55]。あるいは、評判のよくない職業の就労者については、偏見からその性的アイデンティティに疑いがかけられる。それで廃品回収業者は「先見の明がないし、エネルギーも欠いて、男らしい影を失うほどの無気力に沈んでいる[56]」。男らしさのモデルが心理的拘束となって、女性労働者の行動にも影響を与える。たとえばサン＝テティエンヌ〔フランス中部ロワール県の県都〕の荒っぽい洗濯女たちは、「口達者で」、四旬節の中日には、男の恰好をし、大酒を呑んだり、ソーセージの立ち食いをすると評判である[57]。

工事現場とか、時には作業場においても、命令に適した資質としてしばしば問題にされるのは柄の大きさや声の大きさである。波止場ではそれは当たり前のことで、現場監督は頑固者の猛者たちをたくさん集めて、彼らを指揮しなければならないので、「腕っぷしの強さ」とともにののしりに対処する能力を兼ね備えており、時には叫び声を挙げて行動に訴えることもある。またそこで、「頭」のお気に入りの「かわいいやつ」たちは、庇護をしてもらいたいので、へつらったり、贈り物をしたり、別の「サービス」をしたりすることもある[58]。

公的な階層付けを度外視すれば、鉱夫は自分たちの「力仕事」に対する誇りを公言し、「事務仕事」のサラリーマンたちが、のらくらと、たるんだ仕事をしているのではないかと怪しんで、彼らを軽蔑する[59]。トルトゥロン

（シェール県〔フランス中部ベリー地方の県〕）では、「鋳造工たちは高慢にも役所の職員や事務員のことをまったく見くだし」、労働者全体に対する「本物の優越性」を誇示する。[60] それには個人の能力だけではなく、彼らが操作する機械の威力も影響を与えている。産業時代の「男らしさの形象」である、[61] 鉄道の機関士がいだいていたエリート主義も、こうした機械のもつ威光に養われる。

社会や家庭、居住地には込み入った現実があるにもかかわらず、それぞれの地域では職業上の男らしさの階層化が確立される。サン＝テティエンヌでは、常套的な表現の中で、鉱夫の示威的な浪費癖、社交性と、飾り紐工という「室内」[62] 労働者が示す節約、遠慮、細心さや好みとが対立する。カルモー〔南フランス、タルン県の工業都市〕においては、鉱夫がガラス工とともに社会的舞台の前面に立っているが、前者の荒々しさは後者の「繊細さ」と際立った対照をなす。[63] ヴィエルゾン〔フランス中部シェール県の工業都市〕でも同じように、双対関係が見られるが、ここで優位に立つのは、慎ましく、倹約家で、家族思いの、権威には従順だと評される鍛冶工で、それと対照されるのは、金遣いが荒く、酒に目がなく、しょっちゅう反抗するとみなされた陶工である。[64]

責任とか能力の階層化を多少とも敷き写してできた男らしさの基準は、また支配関係を描出・補完したりそれに反論したりする。あまりにも気取った相手の男らしさを問題にするとき、実力行使はいつでも目覚ましい働きをする。「子爵、あんたはストライキ現場で私有財産権を主張するつもりですかい」と、片眼鏡の、弱々しい青年の前にどっしり構えて、上半身のがっちりした、陽気な新米が問いをふっかけていると、『民衆の声』紙が紹介する。[65]「スト破り」に対して、「臆病者」、「ふぬけ」、「おかま野郎」、「卑怯者」、「のらくら」というののしりが浴びせられれば、疑問など浮かぶまい。女たち、子供たちからこうした侮辱が発せられると、それは一層むごいし、とりわけ「この上ない侮辱」[66] である唾棄を伴うときにはそう感じられる。いつでも可能な暴力的手段をとらなくとも、男らしさを傷つけようとする攻撃は、即効的な威力をはじけさせる。カルモーのストライキで一人の男は、「もしも働きに行こうとするやつが一人でもいれば、俺はそいつのきんたまを切り落としてやる」と警告を発する。(67)

力《フォルス》の周囲にはその威力を増大させる形容詞や表現がたくさんある。形容詞《gros 太い》はその力に関係づけられるが、それは《obèse でぶの》以上に《grand 大きな》の同意語となっているからだ。パリのシュブリームが(68)「大きいキュロット」とベテラン鍛冶工を呼ぶとき、それは現実の服装の大きさを示すとともに、ズボンが隠している内部の一物のあっぱれな大きさをも暗示する。血管中を流れる「血」についての言及で、それが遺伝に関することでないときには、エネルギーのことを意味し、それがまたもうひとつの男性的美徳で、「勇気〔やる気〕」として具体化される熱意と交差する。さらにこの勇気は正当に行使されなければならない。仕事に熱意を注いで、雇用者の期待に応えようとすれば、ドニ・プロ〔一八三二―一九〇五。この段落が話題にしている『崇高なる者《ル・シュブリーム》』の著者〕の考え方からすれば、「真の労働者」として評価されるのだが、彼の同僚はいらだちを隠せず、「おべっか使い」扱いする。シュブリームの行動規範からすれば、労働者の価値ある長所とは、それによって労働者の自立性が強化される限りにおいてである〔口絵参照〕。

労働運動の活動家はいくつかの職業で誇りとされる男らしさの価値と折合いをつける。「尊厳」と「男らしさ」は、イギリスの荒々しい港湾労働者を率いた、疲れを知らないベン・ティレットの演説における基調をなしている。(69)しかしフランス人にとってその同意語となる「粗野、無知、アル中」も、「神聖で実り多い暴力によって権利請求をする」労働者の行動を褒め称える際には、イヴトの歓迎するところである。(70)「若すぎるし、小さすぎだし、あまりにも貧弱に見え」、黙らせようと「鼻にパンチを」食らったりして、「荒くれたち」から拒否されていたパリの下水掃除夫労働組合の創立者が、自分の話を初めて聞いてもらえるようになったのは、「小男でも腕っぷしが強くなれる」ことを証明してからである。(71)

しかし労働運動の活動家たちは、戦闘的で、理想化された情熱と、卑猥な男らしさの表明とをふるいにかける。ペルティエ〔一八六七―一九〇一。フランスの急進的組合活動家〕は「脳と下腹に火」をつける書物や見せ物を激しく非難している。(72)彼の説明では、「羞恥心というのは我々にとって猥褻さそのものを意味するのだから、われわれが憤慨するのはなにも羞恥心を傷つけられたからではない」。そうではなくて「支配階級のもつ二枚舌に瞞着されて、民衆が発情を常態化させられたあげく、男の欲情につまらない喜びを見出して満足してしまうことを」恐れているからだ。「私服警察《ショセット・ア・クル》」や「暴力刑事《マシ・ナ・ボスレ》」に慣れていると同時に「スト破り狩り《シャス・オ・ルナール》」にも巧みな、パリの建築組合活動家たちは、自分たちの同僚のために別の野心を抱く。「われわれは強い男たち」「思慮深い男たちを何人か作りたい」と、彼らは明確に述べている。(73)教育、特に自分たちの組織による教育を信頼して、組合活動家は衛生的主張を支持する。多くの若い労働者が悪しき教育を受けていることを悲しんで、レオン・ジュオー〔一八七九―一九五四。フランスの労働組合活動家〕はスポーツに希望を託す。スポーツは「こうした逸脱を矯正し」、「組合が必要とする堅固な男」の養成に役立ってくれるからだ。(74)

組合活動家たちはかなり現実的なので、自分たちの期待を込めて追い求める社会にも、あいかわらず強者と弱者が、活動的な人と無頓着な人が生まれてくることを見越して、「両者は互いに助け合わねばならない、それが真の調和となっていくだろう」と予測を述べる。(75)精神的な再生を目指して、ある港湾労働者たちはかつての同業組合の厳格さを再び復活させ、尊厳を楯にあえて節制を称揚し、酒場の現場監督が与える悪しき影響に対抗しようとする。

労働者党の信条が描き出す理想的な代表というのは、階級のエートスをよりいっそう高めて、エネルギーや誠実さ、高潔さ、献身の精神を合わせ持つ。(76) 簡素、無欲という期待を生活態度で裏切る「放蕩者」に対しては、寛容であることは滅多にない。それに対して、楽天家は好意的に見られる。「酒、女、歌を愛さないものは一生愚かものにすぎまい」と、ベルヴィル〔ブルゴーニュ地方マコンの南二〇キロに位置する町〕の聴衆に反論されることを恐れずに、エドゥワール・ヴァイヤン〔一八四〇―一九一五。フランスの社会主義者〕は公言している。(77) これより数十年前の『町工場の噂』紙には、一八三一年十一月の戦闘〔リヨンにおける織物工の暴動〕の翌日に亡くなった青年労働者の美質を称賛しながら、男らしさに関する新たなモデルのスケッチがすでに描かれている。そこでは、勇気は「快適な社会」、「優しく、穏和な性格」、「率直な態度」と両立するだろう、と語られる。(78) しかしエリート主義が犠牲的精神の下から顔を覗かせる。経験に学んだ組合活動家の何人かが確信を持って打ち明けるのは、「例外的共同体《ファランジュ》」だけが、労働者を擁護し「自由で誇りを持った人間社会」を実現するために、たゆまず戦うことが可能だということである。(79)

「エネルギー欠乏」、「無気力」、「無為」に対しては手厳しい大部分の人たちは、しかしながら大多数の人々の「弱さ」の中に搾取の結果を見ようとすることに熱心である。彼らが搾取を非難するのは、犠牲者たちが非人間化されて、とりわけ男らしさを失ってしまうからである。超過勤務に由来する過重労働は「解放ではなく隷属に好都合な、年齢とともに退化する民衆を」生み出す、とレオン・ジュオーは警告している。(80) 他方、アルフォンス・メラン〔一八七一―一九二五。フランスの急進的組合活動家〕は「無知で、動物的で、粗暴であれば、労働市場ではもてはやされる。そこでは労働者を依存と隷属の状態におくために、こうしたことが奨励されているからだ」と説いて、工事現場や作業場の現実に関心を寄せるよう誘う。(81)

Ⅲ　労働における男らしさ

1　試練に耐える身体

仕事を始めた頃の労働者の回想、あるいは仕事場の訪問者による描写には、工場に入って感じる衝撃について一致した証言が見られる。騒音、臭気、熱で五官が耐えられる限界に達するからだ。鉱山におけるすべての始まりは、エレベーターケージが閉まり、その後すぐ目眩く「地獄くだり」へと移る時である。(82) 地底で労働者たちは厚みが必ずしも六〇センチにも達しないような鉱脈を求めて岩盤と格闘する。彼らはそこで座ったり、寝ころんだりして、鶴嘴を操り、炭塵や坑内ガスの爆発で生じる、落盤、転落、窒息の危険に常に身を曝さなければならない。地下三〇〇メートルの深さになると、気温は三〇度を超すので、よそではめったにお目にかかれないことだが、彼らがそこでほぼ全裸になるのも珍しくない。(83) 火傷の危険から身を守るためにエプロン、長いひさしの帽子、木靴を着ける鍛冶工なら裸になることを禁じられる。しかし全体的に覆われた身体も、暑さのせいで一部がむき出しになることがある。炉に向かい攪拌棒を動かす精錬工は、「シャツをはだけた裸同然のかっこうで」、「汗をびっしょりかき、せわしい息をしながら」、仕事をする。(84) 夏の真っ盛り、陶土の窯をたく陶工は、ズボンを脱いで、彼らのいわゆる「ももひき」しか着ない。それは脚のあいだを通して腰に巻き付けたフランネル地の帯で、パンパースみたいなものだ。(85) そこでも、だだっ広いガラス工場でもそうだが、時に身体の緊張が耐え難いほどの段階に達すると、叫び声だとか、「卑猥だったり(86)」、政治的だったりする俗謡がそれをほぐしてくれる。

「身体を痛めつけることが労働の条件となっている(87)」のは、こうした極端な状況の時だけではない。労働者の基本的資本である身体は、職業を続ける以上働かせ続けなければならない。その過程が、男らしさも含めた、社会的アイデンティティの形成に部分的に加担する。一八六〇年代に、サン＝ゴバン〔ピカルディー地方、エーヌ県ラン西方二〇キロに位置する町〕の工場の訪問者は、「真っ赤に燃える炉の前で」自在に働く労働者に感心し、「戦場におけるもっとも有名な武勇にも一歩も引けを取らない勇気」だと語る。[88] 出来高賃金によって「限界まで力を展開するよう」[89] 強いられているにしても、報酬の支払い方ですべて説明が付くわけではあるまい。競争心、挑戦心、功名心も同じように勘案しなければならず、そこには多かれ少なかれ明白な性的コノテーションも加わる。マルタン・ナドーが彼の『回想』で一夜のうちに壁を築いた手柄話をするときには、それがよく伝わってくる。[90] 集団に内在する職業上および精神上の階層化は、男たちが身を投じる挑戦に応じて決まる。そこでは明らかに「我身を危険にさらす、故に我有り」という「男らしさのコギト」[91] が機能している。技量を発揮して満足感を得たり、集団内が有機的に結合し、個々人がそこで各々の貢献をする。その成果は克服された困難に応じて具体的に与えられる。時に技術を問われるこうした困難の克服には、自分が身を曝さなければならない危険も関係してくる。労働者の忍耐強さは明らかである。処理する製品の毒性、汚染された空気、しょっちゅう起こる事故など、自分たちの仕事のもつ危険を明確に意識し、彼らは来る日も来る日も働き続ける。[92] 彼らは早い時期から嫌でもそうしなければならないと悟り、こうした条件を内在的宿命として受け入れる。だが逆境を誇りとする職業の価値に忠実であることから、彼らのこうした諦念も生じるのである。

このような仕事のつらさを受け入れやすくするこつが別に考えられるが、それだと危険度は増すかもしれない。一八四〇年、ヴィレルメ〔一七八二―一八六三。フランスの医者、社会学者〕は、大小各種の炉で働き、しかも厳しい筋肉労働を強いられる労働者たちが、アルコールによって渇きを癒し、疲労に抗する刺激を求めていることに警告を発する。[93]しかし仲間と乾杯し合うことは集団への帰属意識を高めることにもなる。こうした慣わしは昇進したり、仕事の区切りがついたりする時行われる。それに対して失業中の港湾労働者は、次の仕事を待ちながら、好んで酒の小売店で何時間も過ごす。そこでしばしば現場監督が彼らをつかまえて、作業チームを作ったり、賃金を決めたりするからである。

アルコール中毒によって労働者の身体の消耗が早まるにしても、消耗の第一の原因は労働と生活の条件中にある。繊維工場の労働者にあっては、「生活すべてについて窮乏が続き、新しい織機は健康に良くないし、日々の労働時間は長すぎる。そのため彼らの健康状態が悪化していき、顔色は青ざめ、体は痩せ、体力は失われる」と、ヴィレルメは記している。[94]『十九世紀大百科事典』〔通称『十九世紀ラルース』〕はもっと直接的に、性的能力の減退は身体と精神の疲弊の結果であると指摘している。[95]また少年期、青年期は男らしさを構築する上でいかに根本的であろうとも、[96]壮年期に入ったからといってその構築過程が途中で中断することはありえない。しかし、アイデンティティはどれをとってもそうだが、それが維持され、試練にかけられ、認められて初めて価値をもつ。四十歳の坂を過ぎると、辛い仕事を長い間実践して、その影響が積み重なった結果、生理的な衰えが自然と早まる。それで労働者はついに男らしい状態やその特徴を、失うとは言わないまでも、脅かされるにいたる。

身体の消耗は鉱山では明らかに反論しがたい。一八四八年、サン＝テティエンヌとリヴ＝ド＝ジエ〔サン＝テティエンヌ北東一〇キロに位置する町〕の代表は、自分たちの同僚のことをこう描いている、「彼らは急速に疲弊し、まだ非常に年若いにもかかわらず、働くことが不可能になり、三十五もしくはせいぜい四十歳で働けなくなる」と。[97]一八八三年、炭田のある組合活動家は、四十歳で「労働者はもっとも強壮になる」と会社が評価するに対して、経験からすると鉱夫はこの年になると「すでにたいへん弱っている」と指摘せざるをえない。事実、五十歳にもなると、大部分の男たちはリュウマチで体が言うことをきかず、体のあちこちに障害を起こし、手足を切断されたり、肺が塵肺化したりするので、地底から引き出されてあまり辛くないがしかし報酬は少ない仕事をするようになる。

他の部門や他の職種も似たような状況を呈する。精錬工で十五年以上現職のままとどまる例は少ない。精錬工ほど目立ちはしないが、陶工もまた同じように、鉱物の粒子の影響を蒙って、衰弱することは避けがたい。彼らは一年また一年と珪酸を吸い込んでいって、珪肺を発症する。ある労働者が一八八四年に、四十〜四十五歳になると、「われわれはだいたい喘息持ちだ」と打ち明けている。[98] 多少とも正確に把握し難いところがあるにせよ、もっと一般的な職種の労働者を脅かしている病気を長々と挙げることができる。たとえば仕事場の湿気との関係で、皮鞣し工、漂白工に、埃だらけの空気を吸うマットレス製造工に、背を曲げた姿勢を続ける洋服屋、靴屋などに見られる病気だ。

体の消耗は、仕事に就くのが早ければそれだけ早い。徴兵検査の統計からは、明らかに平均以上の割合で、兵役免除になる労働者の健康状態が確認できる。「人類の衰退[99]」というリスクは、十九世紀前半の調査で明らかにされたきわめて重大な発見のひとつで、子供を保護する法律の誘因となった。子供に対する保護がまったく部分的にしか行き届いていないことは、一八七〇年〜一八八〇年代の工場における徴兵適齢者検査に相変わらず見られる「身長不足」によって、登録名簿が不均質にならざるをえなかったことから明らかである。こうした状況のせいで、若者の教育は、たいてい厳格なしつけと身体の強化から出発する。

2　同化——労働者の製造

いろんな職業で見習い労働者や若い労働者を指し示すことば——小僧《ガマン》、がさつ者《グージャ》、かけ出し《ガリポ》——には、彼らを大人に従わせることを正当化するに好都合な、ふざけ半分の悪しき教育をしようとする考えが混じっている。他にも「使い走り」とはっきり言わないにしても、軽蔑すれすれのことばがある。廃品回収業者は八〜十歳の彼らの手助けをする子供のことを「ニグロ」と呼ぶ。(100) 大工にあっては、「犬」、「狐」ということばが利用されるが、なかには「ウサギ」まである。これはリセで上級生の性的求めに従う下級生のことを指すために重んじられたことばでもある。(101)

基本的には、未来の労働者たちの社会化は学校で始まるが、たまには小さい子供たちを受け入れる施設の場合もある。工場の限られた集団内で面倒を見ようとする伝統が生きているため、雇用主たちは自分たちの学校を維持しようと補助をする。一八四〇年代と一八五〇年代の調査報告は、ベリー地方〔フランス中部に位置する地方〕の学校について吹聴されていた教育成果に関する幻想をことごとく吹き飛ばしてしまう。フォエシー〔シェール県県都ブールジュの北方二五キロにある町〕では、生徒は「ほぼ全員が〔陶器の〕工場で雇われていて、ほとんどいつも騒々しく、注意力散漫で、労働者たちの悪しき例を模範にしている……」。(102) 金属工場内に作られた大部分の学校が同様の問題に悩む。パタンジュ＝トルトゥロン〔フォエシーと同じくシェール県にある町〕の子供たちは、「生来粗野で」、「彼らがたえず曝されている危険な仕事」に由来する荒々しい性格をしている。(103)

この時点からすでに、職業、社会的地位、男のアイデンティティからなる三重の習得は、基本的には教室外で行われる。(104) この過程は習慣からできるだけ早期に開始するのがよいとされる。「十歳で開始するのでは遅すぎる」とガラス工場の親方が主張する。(105) ある労働監督官は諦めからか皮肉からか、とにかく子供たちを早くから「慣れさせること」が適当だと記す。「なぜなら早くからそれに慣れていないと、ガラスのもたらす辛さで間違いなく潰れてしまうから」(106)。慣れることとは一定のテンポに従うことである。それは個々人の能力よりも、必要なら労働組合が保証してくれる、集団的規範により多くを負う[107]。その時肉親たち、たいていの場合は父親が、時にはおじや兄が特権的に指導をする。十九世紀初めの金属工場では、若者たちは早くから炉の熱や、仕事の辛さ、危険に慣らされた。十二歳から十四歳まで、炉の装填係ないし鍛冶場の下働きをし、それから十四歳からは副精錬工や鍛造助手の資格で働く。ガラス工場では、労働者の能力や階級を示すことば――小僧《ガマン》ないし子供《プティ・ギャルソン》、ついで少年《グラン・ギャルソン》――は年齢の指標と一体化している。九〜十歳の時はもっとも単純な周辺の仕事しかさせてもらえない子供たちは、十二〜十三歳にならなければ吹き竿に触ることを許されない。その子供たちにしてもまだ竿を掃除したり、熱したりすることだけだ。一人前のガラス吹き工はそうした子供たちを雇い入れたり、報酬を払ったり、また解雇することもできるのだが、時に彼らは、そのガラス吹き工の監督下で、ガラス成形を実際にやらせてもらえることもある。思い違いをしないでいただきたいことがある。それは、一八八七年には子供の四〇パーセントを使うことで、ガラス工場は若年労働の搾取の場として名高かったことだ。一〇年後になっても、まだ多くのガラス工場は十三歳以下の子供を雇い、時にはやっと八歳になるかならずの子供もいた。いろんなスキャンダルから、フランスのガラス工場で雇うためにイタリア出身の若者取引を専門にする親方《パドローネ》たちの忌まわしいネットワーク活動が明るみに出された。この種の連携のせいで「児童労働の闇市場」が育ち、それには多くの援助団体や機関が手を貸したのである[108]〔口絵参照〕。

仕事の上でも、男としても、自立するための各段階は、当然のごとく人から称えられる。規範や儀式に対する敬意に乗っかり、仕事仲間は、誓い、試練、祝宴をちりばめた衆会の場を通じて、見習いに手ほどきをする。なかでも荒々しさで名高いのは大工たちである[109]。手荒い行動の下からは、性が影を覗かせる。海軍では、「泡の洗礼」によって見習いに酒を飲む訓練をし、古参兵は彼にタバコを与え、裸にすると、体を「磨き立て」、手に一杯泥を握って性器にこすりつけて「汚す」。それは気絶を引き起こすほどのかなり耐え難いあしらいだ。[110]アンジェ〔アンジュー地方の中心都市〕のスレート屋根葺き職人たちの手続きはもっとおだやかである。その一連の儀式は、専門技術を獲得したり、髭の生え始めなどの男らしい特徴が現れたりするさまざまの段階で行われる。その場に臨むと、見習は脚にフェルトの生地を巻いて現れ、石切場に集まった彼を取り巻く職人たちは親方負担のパーティで白ワインを飲む。[111]

「わたしたちは子供たちの教育者になれない。子供というのは、大抵の場合、ほとんどいつでも、わたしたちの気まぐれや不機嫌な日常の慰みものにしかならない」、と一八三三年に『町工場の噂』紙が苦言を呈している。[112]しかしこうしたことばを吟味しようとする労働者は少ない。反対に自分たちのもつノーハウを家族の財産だと見なしている労働者のほうが多数だ。第一次大戦の前夜にあるガラス工は、「かつて私らは子供たちを仕事で教育していた。それは一種の遺産だった」と説いている。[113]それより数年前、ガラス工のある親方は、ガラス吹き工たちが「自分の技術を自分の子供以外に教えるのを」拒否すると決めたことを評価していた。[114]家族関係の近さが全面的な伝承の条件になれば、そこではどのような甘えも許されなくなるからだ。

職業教育では、厳しさが荒々しい男らしさの理想と調和するだけに、ますますもって厳しさは規範とされる。現実からして父親が子供に対して示す愛情について予断を下すことは許されない。[115]それはむしろ「良い腕前をもつこと」が不安定さに対するもっとも価値ある保証となる環境の中でこそ証明されることになろう。年齢と状況に依存するにしても、優しさは作業場では通用しない。若者の将来はしつけの有効性次第である。このしつけと《ドレサージュ》いうことばは、職業と社会的地位から課されてくる厳しい拘束をまさに自然によらずして二重に習得していくことを言い表すのに適したことばであり、またそのような習得訓練こそ後の自立時に自在さを得る準備条件となる。

こうした展望に立てば、どのような状況もありそうだ。一八三〇年代のノルマンディーの繊維工場では、牛の神経を鞭としてよく利用したらしい[116]。実際この時期の小学校の先生も[117]、一八三四年に法律で体罰が禁止されたにもかかわらず[118]、それに頼ることを厭わない。職場の同僚たちの示す極端な厳しさは、そこに憎しみや愛情が混じるにしても、はっきり伝わってくる。「ああ、見習たちが何て残酷に扱われるのを目にしたことか。彼らの顎にまだあまり髭が生えていないときには特にそれが目立つ」と、事情によく通じたアベル・ボワイエが言い放っている[119]。リヨンでは、かつては「まさに殉教者」であった、若い絹織工に対する扱いが改善されてきたとは言え、平手打ちや糸巻きでの殴打はやまず、第二帝政下でも相変わらずそれが続いた[120]。ガラス工場では戦争前に「小僧」の手や腕の上に認められた黄色い痣が、平手打ちや木靴での足蹴りだけでなく、意図的に火傷を負わされたことを暴露している。彼らはついうっかりしたり、疲れたりしていて、作業のリズムを送らせるという不手際をやったからだ[121]。

それでも、時とともにきわめて荒々しい行為は後退していく。一八八〇年代から、労働環境は好転して、新たな家族感情が以前にも増してたびたび表明されるようになるだろう[122]。とは言うものの結果的には、模範と、優しさと、説得とによる教育を提唱したアナーキストのセバスティアン・フォールが擁護する教えを糾合するまでにはいたらなかった[123]。フォールが説く教育法とは、「公正な意識と、固い意志と、愛情に富んだ思いやり」を育てるのに適しており、またそれは「健康、活発で、魅力に富む」人へと成長することを自覚させるだけでなく、昔の男らしさの指標を乗り越えていける、斬新な社会訓練法になるかもしれなかった。

職業教育はまた別の問題にかかわる論争を引き起こす。その最小の問題でさえ、見た目の職業教育についてそれが適切かどうかを対象にしている。継続期間はさまざまだが、職業教育は一方で若者が親方に絶対的に従い、他方で親方は若者にいっさい隠すことなしに仕事を教えることを引き受けることで成り立っている。しかしながらこのような教育が狙い通りの腕前を習得させられるとは限らない。パリ、ドゥエー〔フランス北部ノール県の工業都市。リール南方二五キロに位置〕、トゥルクワン〔同上。リール北方一五キロに位置〕では、十九世紀後半に労働審判所で扱われた大部分の事件が職業教育に関係している。(124)

ところで、共和主義者であれ、社会主義者であれ、エリート労働者は、作業所の技術的、社会的現実と断絶しているると判断されるような職業教育機関に対しては、きわめて極端な留保を示し、さらに国立の専門学校の背後には「ワトラン育成場」がかぎ分けられるとして敵意を表明する。(125)彼らは時には伝統的な職業教育の再興に好意的であるにしても、労働市場への参入については年齢を遅らせることを望む。また彼らは小学校の時に手仕事に早くからなじんでおくことを勧めて、そこでの知的、道徳的な価値を強調する。(126)実際、民間や地方自治体、国による職業講習はまず少年たちのために設けられる。工業実習校に通う若者は、基本的に虐待や搾取を免れている。それでも彼らは訓練の一部をなす厳しいしつけには従わなければならない。管理者が労働者文化の垢を洗い落して「芸校男児」として洗練しようとする工芸学校では、特に規律制度は厳しい。(127)仲間入りの伝統的な儀式として行われる新入生歓迎の荒っぽさは、団体精神を鍛えることが狙いである。

多くの「見習い」が事実「半人前労働者」であることは明らかだ。(128)雇用者がそこに利益を見出すとしたら、見習いの家族もそこから引出す収入に無関心ではいられない。「子供が見習い仕事に早く就けば就くほど、家庭の出費はそれだけ早く清算できる〔…〕。それ以外は問題ではないだろう」、と一八八四年にある労働審判所判事が確認している。(129)「小僧」やその他の「手伝い」はまた道具や部品の搬入・準備・搬出、仕事場の清掃、綱張りなどの補助的作業から大人を解放する。「ガラス工は彼らに仕える見習いがいなければ、仕事を完全にこなすことはできない」と、ある雇用者が認めている。(130)労働運動家もそのことを承知しており、職業教育のゆがみを批判する。「親方の搾取に抗して、労働者は男も女も我々の子供たちを守ろう。彼らを教育して一人前にしよう」、と『民衆の声』紙のデッサンで、高校生には見えない若者を擁護するために、一人の労働者が叫び声を挙げている。[131] 義務教育の年齢を過ぎるとすぐ労働市場に入っていった、九〇パーセントの大多数の若者[132]についてはどうだろうか。彼らの大部分は、街頭の小商売に従事してそれにつきものの不安定な状態を堪え忍ぶか、雇用者や大人の労働者が連動して支配する工場でひどく搾取されるか、どちらかのあいだで選択するしかない。どちらの場合でも、仕事の負担は大人の負担次第である。一八四八年にある観察者は、「年齢や力で、はるかに勝っている大人たちが、若者を踏みつけにし、無気力にさせるので、彼らは成年期になると鈍重で怠惰になる」と述べている。[133]

大人たちが結託しても子供との対立関係は消しがたい。職業教育の慣習を尊重することにガラス吹き工が細心の注意を払うのは、労働市場を安定的に調整しておこうと狙っているからである。できるだけ教育期間を引き延ばせば、「子供との競争から親たちを守る」ことが可能である。[134] それに雇用者たちは、一八八〇～一八九〇年代における技術革新や、それがもたらした技能の認定と伝達にかかわる混乱を梃子に、自分たちの支配権を取り戻そうとする。ベテランのガラス吹き工の意見では、ガラス工場ではこれから「たいていの場合他の工場の屑どもを」雇い入れようとするだろう。「仕事にはうんざりだ。われわれの望みはたったひとつ、子供たちをガラス工場から救い出し、われわれもそこを去ることである」。[135]

どのような制度下や地位におかれても、工場で働いたり作業場に雇用されるということは、一種の決定的な断絶を意味する。「服装、人生コース、友情など、すべてが変わる」。[136] 子供の労働雇用が最悪だった時期、ヴィレルメが心配するのは、両親の監視の目から離れて夜を過ごす若者が「特にたくさん稼ぎがある場合、自分で自由に考え、無軌道な行動をとる癖」をつけ、「大変な道徳的頽廃」に陥ることである。[137] さらにいっそう断絶が決定的になるのは、仕事のために家族の元や家族のいる地方を去らねばならない場合、精神的外傷を蒙ることである。先輩たちが道しるべを築いたり、父親が付いていたにもかかわらず、その時十五歳であったマルタン・ナドーにとって、一八三〇年のパリに向けての出発は冒険であった。その時に歌った歌は、士気を鼓舞し、途中で出会うその地の住民たちに「体のうちにはゴーロワ人の血が流れている」ことを示すのに不可欠だった。(138)

工場や作業場における荒々しい歓迎があるからと言って、若者の移行がスムーズになるわけではない。それでもこうした移行は彼らに仕事外で放蕩とは言わないまでも、新たな自由への道を開き、年長の者もそれについては強いて目をつむる。「青春時代はやがて終わる」にちがいないからだ。こうして「人生の手習い」が始まり、それから成熟の年齢になれば労働者として最終的に落ち着く。この時期は両性のモラルが最終的に固まる時期で、それは余暇に関する考え方に重大な影響を及ぼす。給金とこの時期に初めて許される自由にぼーっとなって、若い独身者のあるものは無計画に金を遣ってしまい、結婚するときには負債を抱える。(139) 若い労働者が相変わらず両親の家にとどまる場合は、その見返りに自分の給料を全額両親に渡して、そこから自分のささやかな出費に用立てるわずかなポケットマネーをもらう。都会では、子供の俸給はしばしば家賃の支払いに利用される。(140) 家族からすればこの収入源はばかにならない。その喪失の大きさは、意図的に職をやめる場合も、「職場放棄」したあげくにしばしば失踪してしまう場合も同じことだ。

確かに若い労働者は大人たちの主張や方法、規範に対して反抗する。このような争いは労働者の一定の伝統が支配する職人組合にまで波及する。トゥーロンで一八三〇年に錠前工の見習たちが、職人食堂の利用拒否に抗して反旗を翻した。出発点は慣習上の一問題であるのに、反対運動は改革を目指す分裂にいたる。それとは異なるが、工芸学校は一九〇〇年の改革まで記憶に残る反乱の温床であった。どんな些細な拒否行動でも労働者のアイデンティティの根底にある労働そのものに関係する。ベル・エポックの「アパッチ（ならずもの）たち」は、彼らの大半の母胎である工場労働者たちの周縁で、自分たちの階級落伍を、白い手と正装を旗印としてひけらかすことで昇華させようとする。彼らはもっとも古めかしい男らしさの文化に自分たちを結びつける、荒々しい、悪事や犯罪とも繋がりのあるもの以外は、すべて手仕事を拒否しようというわけだ。(141)

3　作業場における女性の地位——問われる男の優越と男仲間

子供の場合と同じく、工場や家で得た妻の収入は、家族の財政的均衡を図るうえでは貴重である。そこで、妻のこのような否定できない協力が、家長の給与への補助以外に、何らかの役割を果たしているかどうか見きわめて、それを証明することが次の問題である。おおよそ「男のする」仕事とみなされている職場では、そこで働く女性の果たしている役割が覆い隠されてしまうことを認めなければならない。サン＝テティエンヌでは、飾り紐工の妻が家で契約の締結や実行に際して目立たぬように介入し、夫がリボン類の製造をしているときには材料補給をしたり、織機を監視したりして、夫の手助けをする。(142)夫は妻の助力に金銭で報いることはしないにしても、助けてもらったことを否定することはない。女性の労働力がそこまで限定的でなく、雇用に関して男性の競争相手となり、男性の俸給のレベルを脅しているようなときには、難しい状況が生じてくる。一八六二年、女性が工場で働くようになったことに反発して、ある労働者代表はロンドンの博覧会で、「女性」攻撃をしようとする意図はないとしながら、しかし雇用者側の給与引き下げの「道具」と化していることに反対するのだと説いている。(143)法律、この場合民法は、女性の従属について重要な意味を持つ。一九〇七年、妻の個人的な給与受け取りを禁止していた法律が廃止されたにもかかわらず、妻が夫の許可なく仕事をすることが可能になるにはそれからまだ三一年も待たなければならない。多くの人々は性別を男の排他性を裏付けるにふさわしい専門的能力の基準とみなす。「女性向けの仕事は皆無だ」と、ナンシー〔フランス東部ロレーヌ地方、ムルト＝エ＝モゼル県の県都〕の印刷工たちは、ある地方印刷工場に雇われた女性労働者の不幸な始まりを綿密に報告しながら、まとめの際にはあまり細心の注意を払わずに述べている。[144] 彼らはそれは職業教育に関わる問題だと説明するが、印刷工養成時に設けられている女性に対する障壁についてはロをつぐんでいる。他の職業では、大抵の場合、人々は力や抵抗力の不足を強調するが、筋力と性別の関係は問わない。たとえばユベルティーヌ・オクレール〔一八四八―一九一四。女権拡張を唱えた、フランスの戦闘的な女性活動家〕は、一八七九年に労働者の大会で、「多大の筋力を必要とする」ものとは別の仕事を、「力の弱い男女のために」取り分けておくよう望むと提言している。[145] ここで指摘しておきたいのは、必要とあれば一八八二年にこの女性活動家が、性差別主義者の議論集から発想をえて、裁縫やモード、コルセットなど、女の職場の本拠で女性労働者と競う「男‐女たち」の雇用に上限設定を要求することが可能だったということである。[146] いずれにせよ彼女は、男であることが自明の理であるような職業に対して、解放を要求することを差し控える。十九世紀前半のマルセイユでは、「巨大な」貨物移動のために港湾荷役に「荷役女」を雇っていたから、そうすることが可能だったであろう。[147] マルセイユの実態によって、パリでもロンドンでも、[148] 男性印刷工が「組み版」の重さを楯に――実際はこの重い荷の運搬は植字工の役割だった[149]――主張していた説明は危うくなる。さらに不都合なことに、説明の支えとなるはずの専門家の研究が、有能な女性ライノタイピスト〔行単位で植鋳するライノタイプを扱うタイピスト〕なら「生産過剰に陥ることなく、男性でもめったに凌駕できない」生産効率を達成できる、と断言しているのである。[150] 男たちは頑なに自説を主張し、「職業の尊厳を侵害して」スタッフに女性を雇用しようとする雇用主に対して工場封鎖をする。[151] 労働者たちの抵抗でスピードは抑制されたけれども、ずっと以前から起こっている流れを押しとどめることはできない。と言うのも、一八四八年にはパリの印刷所における実数の三分の一近くが、すでに女性によって占められていたからである。[152]

機械化はもっとも強固に根付いていた男性労働者の地位を動揺させ、あらゆる不安を掻き立てる。売らんかなの夢物語もそこに首を突っ込んでくる。たとえば、一八四〇〜一八五〇年代の印刷所向け宣伝パンフレットの中に、若いエレガントな女性が登場して、まるでピアノを弾くように操作することができる、新式の植字機の簡便さを堂々と広告する。[153] この時期に、機械と女性に対する敵意を、これ以上巧みに印刷工にあおり立てることはできないかもしれない。しかも一八四九年の印刷工組合規約一一六条では、「モラルも仕事の出来映えも、植字工として女性を雇用することに相反する」と明記されているのだ。一八六一年にはジュール・シモン〔一八一四―九六。フランスの政治家、思想家〕もまた、「かつて、労働者は知を携えた力であったが、今では知が力を従えている」と記す。[154] 狼狽した金属連盟の指導者たちは、そのうちに近い将来のことを皮肉って、男が料理を作っているあいだに女と子供が工場に出かける、と語る。[155] 彼らは今のところ男女の給与を平等にすることに賛成を表明している、だが何が何でも鍛造や鉄製品製造から女性を閉め出すよう勧める。製陶業では、転写技法《デカルコマニー》によってかつて男性の磁器産業貴族の典型であった絵師の凋落が加速され、そこから最後に残った「芸術家」はもはや微妙な部分に介入するだけになる。

しかしながらこのような女性の進出に対する抵抗は、工場の中よりも、長い間男性に確保されていた作業現場を対象とすることのほうが多かった。ガラス製造のように男性の職場とされていた部署では、十九世紀末から多くの女性労働者が雇用されるようになり、彼女らは研磨、裁断、彫刻、包装の仕事を問題なくこなす。それが許されたのは、彼女たちがガラス製造の中枢であり、男らしさをこれ見よがしにひけらかすことのできるこよない場であった、中央ホールから離れて働くからだ。[156] 雰囲気の問題か、それとも社交性、職場環境、男のアイデンティティの問題と言う方がよいのか、仕事のためにこれらのすべてがあおりを蒙り、またそこには職階、専門知識、グループ編成、作業現場の配置に応じて仕事の特徴が刻み込まれる。ヴィエルゾン〔オルレアンの南方七〇キロ、シェール川沿いに位置する町〕のある若い圧延工は、一八四〇年に「奴隷となること」を拒否するという理由で、しかも裏切り者を「滅茶苦茶にたたきのめす」と脅したせいで、同僚たちにイギリス製の炉を日曜日には止めさせることができたのだが、同じ工場内のフランス製の炉ではその権威は通用せず、そこの労働者たちからは容赦なく追い返される。[157] 今度は雇用主の発案で女性が入ってくると、男たちのいつもの城が脅かされるとして、いっそう混乱が生じたようだ。磁器製造のための窯の近くに、めったに来ない女性が一時的に訪問してきたときに引き起こされた騒ぎのことは既に見た〔前出二七四頁〕。隣接する作業現場では、男性労働者は男女の混在を受け入れざるをえないし、そのことによって否応なしに行動の大勢は徐々に変化していく。明らかにボイラー工よりもフラストレーションの少ない轆轤工、型工、絵付け工のところでは、反抗的で気のおけない仲間関係を犠牲にして、規律が引き締められていくし、その間に、スタッフ内の女性化とともに、かつては見られなかった清潔さや慎ましさもまた必要とされるようになる。二十世紀初めに、定期的清掃を実施すること、着替えたり、食べ物を置いたりするための場を開設すること、という要求が何人かから出ている。[158] こうした新たな関心の表明は——言い換えられた語彙とか現場での冗談でも追跡可能であろう——、確かにそれによって仕事のもつ男性的印象が変化するわけではない。だが磁器工仲間が共有していた男らしさの様態は修正を蒙るようになる。したがって第一次大戦直前の磁器製造所における一般的な雰囲気はもはや半世紀前のものではない。しかしながらそれはまた厳格な規則があっても、たびたび馬鹿笑いをしたり、発作的に泣いたり、おしゃべりしたりして、仕事の後先も構わず騒ぎ立て、周囲に迷惑をかけるような既製服製造所の半世紀前の姿ともまた異なっている。[159]

同一作業現場に男女が混在するのを避けるため、はっきりしない特殊な理由がいろいろ挙げられているのだが、それらは明らかにジェンダーという社会的関係に由来する故意の言い落としを浮かびあがらせる。『町工場の噂』紙は、一八三二年に「父親は自分の仕事によって家族の必要を満たしてやらなければならない」と書く。[160] この新聞は、女性というのは「妻となり母親となるという聖なる目的のために作られている」ということを相変わらず確信している、労働者たちの支配的意見をメガホンのように叫んでいる。[161] しかしながらフーリエリストの影響下にあるリヨンの新聞は、「もっと組織がしっかりした企業なら」女性労働者は働くことが可能だと認める。十分な利益を見込める仕事に就ける女性なら、「夫の財産や地位をあてにせず、自分だけの力で自らの立場を」自由に築けるだろう。[162] 一八七六年の労働者大会でも、それほど先に進んだわけではない。生理学的考察という名のもとに、大会では「男は女より力も強く、頑強なので、家庭の需要をまかなう費用を稼がなければならない」と語られる。[163] イギリスの労働者新聞はまだそこまでいたっておらず、女性は家庭にいることが理想だと推奨し、労働組合に参加することを場違いだと裁定している。[164] フランスでは連合組合のいくつかが女性の加入を拒否する。出版組合はこの事実を認めている。だが、それとあまり関係しないような港湾組合も、一九一〇年に同じ方針を採用する。それは、ダンケルクとル・アーヴルで一八九〇年代に表明された決定を追認した結果である。[165] ある者は、女性のメンタリティーが組合精神と相容れないのだと主張する。女性は行動よりも涙に敏感で、情緒が安定していないというのである。ガール県〔南フランス、ラング＝ドック地方に位置する県〕の製糸女工について、ルナールがこんな風に判断を下している、「残念ながらわたしはあなた方に、女性や女工というのは哀れにも自分の身を自分で処することができないと言わねばならない」と。[166] また別の者は、女性労働者たちは「闘いよりも色気だ」とだ

しぬけに、きつい意見を加える。(167)

だがそんなことにこだわる必要はない。なぜなら、フランス労働総同盟（ＣＧＴ）傘下にある船員組合のリーダーの一人が一九一〇年に指摘しているように、マルセイユの女性たちは、女性印刷工組合と協力して、多様な職種からなる産業組合組織を創設し、男たちに対して、「あなた方は組合活動に関してははるかに先を行っているかもしれないが、それでもわたしたちの作り出したような状況にはいまだ達していないではないか」と説教することができたのだから。(168)数が限られているとは言え、女性労働者に対する讃辞も少なくはない。「夫、息子、恋人、兄弟の」モロッコ出兵に抗して集まったバルセロナの女たちの「この上ない勇気」を称えるときであれ、(169)マルセイユの港湾労働者が女性裁縫工の戦闘性に対して遅れを取ったと悔やむときであれ、(170)公式の意見表明するときいつでも男たちは、自分たちが評判以下であることに対してあわてるかそれとも罪の意識を感じて動揺する。そうして見ると、男たちの公式的意見は男らしさのモデル、その規範や価値と切り離せない。男はそれらを女たちの画策から守らなければならないのだ。一人の組合活動家が冗談めかして、妻たちはいろんなやり口ですぐにも男の弱みにつけ込んで、同志たちの武装を解除し、組合運動から遠ざけるから気を付けようと言う。彼の説教するところでは、「妻というのは、いつも甘く媚びながら、膝の上に座って、熱い口づけをしてくる。それだから、子供よりも弱い諸君らは、やすやすと［屈してしまう］」のである。(171)

大部分の労働組合は、「同一労働には、同一賃金」というスローガンに同意はしても、それと並行して男性と平等に女性を雇用することを保障するような提言を表明することは滅多にない。それとは反対に、女性を制限しようとする主張はたくさんある。それによると、家父長的家族主義の影響下で、女性たちが冒すことを強いられる危険を列挙して、「家庭の主婦が現実の経済状態のせいでやむをえず就く仕事には、母でかつ妻であるという自然の機能にとっては致命的となるような、身体に重大な障害を引き起こすものがある」という。[172] 出版組合連盟のトップ、クーフェールは女性を文明原則として指し示す。彼は産業による「新たな奴隷制度」から女性を守ろうと望んで、その奴隷制度から引起こされる経済的、社会的結果を予言する。[173] それは他でもない、「家族と社会の解体」なのだ。[174]

最も大胆な社会批評でさえ、女性の弱さ、繊細さ、気まぐれ、生理中の気重《きおも》などの、女性の「本性」に関する伝統的な考えと訣別するのは難しい。なかでもっとも切り離しがたいのは、女性の母親としての機能だ。共同体の実験から導かれた周知の結論もそれほど異論の余地がないとは言い難い。エグルモン（アルデンヌ県）やサン＝ジェルマン＝アン＝レ（当時はセーヌ＝エ＝ワーズ県）では、「本性」を擁護することによって女性に家事や子供の教育の責任を託すにいたり、男性はその頑健さと力の強さによって選別される……。[175] 社会的参加をしようとする作家の想像力も、実体験や現在に対する確信から、この領域では麻痺する。未来派フィクションの作家プージェ〔一八六〇―一九三一。フランスの革命家、急進的労働運動家〕とパトー〔一八六九―一九三五。同上〕は女性に家事労働を与えようとはしない。だが、女性を好んで教育的社会活動や病人の看護へと導く。[176] 第一次世界大戦の直前には、イギリス的土曜半日制のために、CGTがイラスト入りキャンペーンをする。そこでは女性は作業場から閉め出されずに、就業中のところが描かれている。しかしながらそこで強調される進歩というのは、家事に専念させるため土曜日の午後は女性を「解放しよう」、そうすれば女性も日曜日に家族とともにくつろぐことができるというのだ。[177] 金属連盟は少くとも宣伝ではもっと進んでいて、家族の役割分担の変化をこんな風に予測している、「ママがちびちゃんたちをなだめる《アランジェ》」と、パパは乱れた「部屋をすこし」片付ける《ランジェ》、と。[178]

Ⅳ　仕事を越えて、労働者の男らしさを表現する三領域

仕事場で作業協力をすることによって、作業チーム内には絆が結ばれ、仕事上の拘束が大きければ、それはよりいっそう強固になる。人々の補完関係は、生産効率を高めて儲けを決定づけるだけでなく、危険な仕事では安全をも条件付ける。

装置が火を燃やし続け、その周囲で長い時間拘束されることから、仕事を離れてからも労働者たちは普段いっしょに時間を過ごす。集中的な生産をする際には、鋳造工やガラス工は時にその場で眠る。他の多くの職種でも、あらかじめ親戚、同郷、近隣という関係があろうがなかろうが、仕事場では絆が生まれて、それが作業場や工事現場を越えて、労働者の交友関係を形成する。

1　「集団をなす」――労働者の男社会と労働者の社交性

出稼ぎ労働者たちのあいだでは、村や地域の繋がりを通して「家具付き貸間」が選ばれ、彼らの間にその住所が浸透する。しかもそこで古株たちの習慣が継続される。大多数は節約や住宅難のために、ベッドや部屋を共有したり、共同住宅に住んだりする。リムーザン〔フランス中南部に位置する地方。中心都市はリモージュ〕の石工たちは、パリで一二人ずつが六寝台の部屋に折り重なって暮らす[179]。ロンウィー〔フランス北部ムルト＝エ＝モゼル県の町で、ベルギー国境付近に位置する〕では、二十世紀初頭に、五人用の仮宿泊所に三〇人も収容される。こうした状況下では、労働者たちは家事労働の性別による分担コードを侵犯することになる。一九〇七年にイヴトといっしょにナントで投獄されたシャルル・マルクはすぐに「家事に専念する」。同志が「ベッドに寝ころんで」本を読んでいるあ

いだ、かつての港湾労働者として実践的な精神に富んでいた彼は、「自分の時間を全部費やす決心をして」、執事の仕事を引き受ける。彼はコンロの火で料理をつくり、野菜の皮剥き、食卓の準備、皿洗いから、床掃除などをこなした[180]。

レジャーと副業とのあいだにあって、庭いじり、釣り、日曜大工は、相対的に孤独な活動であるにもかかわらず、大衆的な労働者文化に属する社会的行為を想起させる複雑な作法や仲間とのやりとりが媒介となって、親密さに対する希求を満たすのに寄与する。十九世紀には、むしろ同業組合的仲間意識は産業化によって生ずる混乱に対して、一般的に力強い抵抗をする。イギリスの金属工業、建築業、造船業では、熟練工は同じクラブに通い、同じ相互共済保険に加入し、同じ催しに出席し、同僚の家庭から自分たちの妻を選んでいる[181]。

雇用手続きにとって重要な場所である酒場は、十九世紀の男性労働者にとってもこよない社交場だった。一八二八年にヴュルテンベルク〔ドイツ南西部の地方〕の役人が記すところでは、製糸工は「六日間機械となった後、一日だけ人間になろうと断固決意して、土曜の夜に」酒場に赴く[182]。シャルル・マルクは、「われわれはこの訓練には従わなければならないと分かっているのだが、それでも他の人たちと同じようにしなくてもいいのではないか」と、どうしてアルコールを避けるべきか自問している[183]。統計から確認されることだが、マルクが青年のときから染まった「不幸な習慣」は重大な意味を持っている。性的関係の始まりが男らしさの年齢（成年期）に達したことを示すとすれば、時にその時期は酒に溺れこむようになる時期とも重なる[184]。しかし酒場の役割はそれで終わるわけではない。ヴィレルメは、酒場というのが「屠畜場」〔この意味で使用される« assommoir »は、俗語として「居酒屋」を指す〕である前に、まず労働者たちが自分を再発見する場であることを認めている[185]。それがゴゲットという歌声クラブの持つ機能で、そこで労働者たちは代わる代わる自分の自慢の喉を披露する[186]。酒屋の客は男性が圧倒的なのだが、それでもパリやノール地方では女性も歓迎する。女性たちは酒場に家族連れで行く。王政復古の時代、マルセイユのいくつかの共済組合クラブは、家族向けに日曜パーティを開いて、そこでみんながダンスをしたり、適度に酒を酌み交わしている。[187] ベル・エポックには、組合員の伴侶や子供、組合活動の共鳴者を自分たちの催しに呼び集めようと努める組合が出てきた。その時組合の催しは「家族的な集まり」に変わり、講演、コンサート、舞踏会やちょっとしたダンスパーティ、社会見学なども行われた。

多くのガンゲット〔郊外レストラン〕は、そこにつめかける労働者の同業組合的アイデンティティを獲得する。シャロンヌ〔現在のパリ十一区に位置する〕のガンゲットは石切り工を引きつけていたようだ。それに対してモンルーユの市門〔現在のパリ十一区に位置する〕付近の店には石工や煉瓦職人が多く見られ、イタリー市門〔現在のパリ十三区に位置する〕の店には洗濯屋がよく通っていたらしい。[188] ダンスのパートナーがいなくても労働者は気にならず、彼らはしかたなしに仲間内で踊った。また彼らは見せ物が大好きだった。ル・アーヴルのミュージックホールや安酒場をよく知っていたシャルル・マルクは、ローカルな芝居小屋の天井桟敷にもよく通い、若い頃は、時々「泣いている」自分に驚きながら、「はれた、真っ赤な眼をして」そこから出てきた。[189]

肉体労働者たちは遅まきながらスポーツの魅力を発見する。彼らがスポーツで評価しているのは、身体を賭す際の厳格さや、パフォーマンスの公正さ、力強さ、集団の調和である。もっとも人気がある競技では、ちょっとでも賭博に興じることができさえすればよいので、許可のあるなしにかかわらず、さまざまの分野が賭の対象とされる。それで英仏海峡の向こう側では、残酷にも雄鶏や犬の闘いが大人気で金儲けの種になる。愛好者が一時的に入り乱れて、職業の上でも、社会的にも大混乱しているように見えるが、それでもそこにはいくつかの同業組合にかかわる集団的特徴が生じる。蹄鉄工が競馬に対して示す情熱は、厩舎のなかや厩務員のそばで彼らが仕事をしていることと無関係ではない。リムーザン地方出の石工は素手でやる格闘に目がないという評判だ。彼らは強制休業期になると、貸間住まいの隣人の間から、パリ市役所界隈で何人かの「同郷人」が経営するホールに集まる雑多な民衆にだんだんと輪を広げていって、試合を企画するようになる。そこで「ショーソン」や「サヴァト」というフランス式キックボクシングの技術や規則が形をなしてくる。それと同時期、他にも身体の鍛錬へと向かう人々が出てくる。

2　労働者の暴力

男らしさというのはかつてなら「闘いや実力行使の能力」と定義することができたかもしれない。[190] このような観点からすると、若者は人から攻撃されることによって早い時期から社会が彼らに付与する役割に対して心構えをしている。暴力を人から受けたり、人に行使したりして、粗暴な体験は働く前から始まる。家庭外では、暴力が子供たちの遊びや仲間内の関係を支配する。幼いシャルル・マルクがル・アーヴルの倉庫で興じた綿ボールの遊びがもつ危うさは、[191]子供たちのあいだや通りで徒党を組んだ仲間が陣地防衛をめぐってよくやる「戦争ごっこ」や「軍団」ゲームの際でも同じように教え込まれる。[192] 十九世紀前半には、時々リールやリヨンで、数百人の腕白少年たちが喧嘩をし合う。半世紀後、ル・アーヴルでも「聖なる島」所属の少年たちが「サン＝フランソワ〔ル・アーヴルのある街の名〕は不滅だ！」と歌を歌いながら、手に棒や石を持って、他の街の少年たちがやってくるのを阻止しようとする。[193] 暴力は大人に対して吹き荒れることもある。「規律をあまり守らない」シャルル・マルクは、先生たちに「もめ事」を引き起こす。ある日怒りにまかせて、この未来の組合活動家は、一人の先生の手の窪みに羽根ペンを押しつぶす。[194] こうした証言を統計が支える。つまり、十九世紀にあっては、少年犯罪の伸びは、大人の犯罪行為の伸びを上回り、都市における警察活動の大半を占めるようになる。[195]

「働くこと、攻撃すること、そして酒を飲むことは、おそらく力の行使に関して同じようなことであり」、ジョルジュ・バタイユにとっては重要な「消費行動」の根拠をなす。これは、「喧嘩早くて〔…〕、大酒飲みで、争いがなければ祭が来たように思えない」「骸骨男」のシモン・パルヴリーを描いたカリカチュアにそっくりだ。[196] アルコールは明らかに手出しを早める。感情を表現する際にも身体や仕種を利用しなさいとごく幼い頃から教えられているせいか、「身体にものを言わせること」には威力があると信じられている。悪口にはすぐ返答してやらなければならない。口で返すか、それができないか、それに満足できないなら、たとえ勝つ見込みは少なくても、げんこつで返してやれ。もちろん、平手打ちその他身体による攻撃に対して反撃する場合は、言うまでもない。その際は勝利よりも闘いを受けて立つ、つまり受けた攻撃や痛みに対して抵抗することが大事だ。アントワーヌ・シルヴェールが教えられた、軍隊の誉れ《オヌール・ド・レジオン》〔フランスの勲章制度レジオン・ドヌールのもじり。受勲者は受勲時に名誉を守り祖国に忠誠を尽くすことなどを誓う〕という掟のことを想起されたい。悪口を言われた場合は、「飛び出していって」、たとえ相手が何倍も強くても、辱めをすすぐために、諦めないで最後まで闘わなければならない。[197] なるほど挑戦に応じることは、葛藤を未然に防ぐに十分だし、あるいはまた、現場監督がふりかざす権威から、性的、世代的な優越にいたるまで、いろんなヒエラルキーを揺り動かすにも十分だろう。若い頃ジャン゠バティスト・デュメー〔一八四一―一九二六。フランスの労働組合活動家、政治家〕は反抗したからこそ、それ以前彼をいじめていた精錬工から一目置かれるようになったのだ。[198]

　肉体労働者たちの粗暴な世界とは異なり、職人になるとこうした規範に追随することはあまりない。口汚くののしったり、屁をしたり、仏頂面をするなど、よそなら男らしいと評価される不作法な振る舞いをすぐにも罰する「徳の学校」のような同職組合《コンパニョナージュ》でも、集団の喧嘩出入りは尊び続ける。これに心を動かされたアグリコル・ペルディギエによると、敵対関係にある恭順組織のメンバーを乱闘で殺しても罪にならない。逆にそれは褒め称えられるべき勇敢な行為であるという。驚くことではないが、傷害事件——十九世紀前半に有罪判決のあったなかの一〇パーセント——に巻き込まれた労働者たちのプロフィールを見ると、彼らは二十五歳以下ではないものの、三十五歳以下と比較的若く、しかも独身者である。それに注釈をつけるなら、こうした暴力行為は大抵の場合雇用や縄張りの確保に関係している。パリでは市門が、当局の目から遠く離れているので、こうした乱闘や、さらには大がかりな喧嘩出入りにとって、好都合な場を提供する。日雇い労働者や石工を筆頭にして、労働者が乱闘事件の首謀者中で圧倒的多数を占めるマルセイユでは、暴力地図は産業や労働者の新たな街が拡大するに従って変化を示している。一八七六年から一八九一年まで、その中心はロディ、ラ・ベル゠ド゠メ、あるいはアランクの労働者たちであったが、その後はラ・ヴィレットやレスタックの労働者が跡を継いでいる。[199]近代産業からも肉体同士の対決を好む労働者が供給されてくるが、その特徴は地方によって変化を示す。サン゠テティエンヌにおける新聞の雑報欄では、その頃労務者の勢いが増してきていたにもかかわらず、鉱山労働者や金属労働者が暴力事件の記事を提供し、また同じく暴行や公務妨害事件でも他を圧倒している。[200]

乱闘の際、拳や木靴から鋲底の靴まで、あらゆる攻撃が許される。同職組合仲間はステッキを上手に扱う。しかし単なる棒やよく使う道具も、相手に致命傷をおわせるような武器に変わる。ナイフも利用されるが、それは重傷の元凶である。短銃はあまり利用されることはないが、田舎の鉄砲に反して、武器として知られていないわけではない。[201]カミソリを持ち歩く「若い荒くれ者たち」や「アル中たちの支持するリーダーたち」がのさばっているサン゠ナゼール河岸で、一九一五年に現場監督になったシャルル・マルクは、使用しないと誓ったうえで短銃を肌身離さずもっていた。[202]

あまり人目を惹くことはないが、家庭内暴力はおそらくもっともありふれた暴力だ。子供たちのしつけに関しては言うまでもない。どんな階層でも女たちはたたかれるが、その割合は労働者のなかでは若干上がる。[203] ジュール・シモンの観察によれば、作業規則の「奴隷」となっている労働者は、「自分の家では主人たることがあたりまえのこと」と考えていただろう。[204] 怠け者と言って時に妻に対して乱暴をはたらく労働者も、家庭の「財務大臣」役を彼女たちに委ねている。夫がサラリーの全額を自分に渡すことに同意してくれるなら、その役目を通して「真正な労働者」〔下記「シュブリーム」の訳注を見よ〕の妻は、「財布の紐を握り、市民法をひっくり返す」までになる。[205]「シュブリーム」〔前掲二八八頁および原注（68）参照〕は、自分たちの特権を確保しようと熱心に努めるのだが、それには夫婦間で「熾烈ないびり合い」を交えた、暴力的な争いをして勝ち取らなければならない。しかし時代は変わった。一八六〇年代になると、イギリスの労働者新聞は暴力的な夫や父親を糾弾し、彼らに対して身体的処罰を科すよう勧める。[206]

夫婦間であれ、それ以外であれ、暴力を許さないという気運は、フランスでも同様に窺われる。記録資料によると、パリのベルヴィルでは、一八七〇年以降、侮辱、殴り合い、傷害に関わる係争が減少する。[207] 首都の出稼ぎ労働者は妻たちの到着と同時期に定着して、元からのパリ市民と彼らの関係が和やかになる。[208] 暴力は依然として争いを解決するために民衆が訴える手段であったにしても、正当性が失われていく。スポーツが多くの緊張関係や衝動を誘導し、格闘を規則だったものに変え、争いを陣地、協力その他の魅力の中に閉じこめると同時に激化させると、さらに新たな熱狂が掻き立てられて競技者や観衆があふれる。二十世紀初頭のアヴェロン県〔フランス南部のミディ＝ピレネー地方に属する県〕の鉱床地域では、体操競技、自転車競技、ラグビー、サッカー試合が、いつもと言っていいくらい乱闘に終わる。[209]

集団性と親密な間柄との接点や、性的アイデンティティの構築とその社会化のプロセスとの接点で発生する性的暴力に関しては、変化はいっそう緩慢である。これについてはあまり告発は起こらず、比較的寛容に扱われる。ノルマンディーの二人の石工は、一八二九年同室の仲間を裸にして性器を調べようとしたことで告発されたが、不適当行為ではなく仲間内の一連の不分明な乱闘の一部とみなされて有罪を免れる。[210] 一八四四年には、若い女性たちがダンスパーティ後に薬物吸飲で無理矢理眠らされて、二十歳ぐらいの何人かの労働者によって集団暴行されるという事件がムフタール街〔パリ五区〕で発生して、いっそうの物議を醸した。これはさすがに許されることはなかったが、状況が変われば裁判所はこのような行為を時に「普通の鬱憤晴らし」で、さらには男らしさの発揮だと見なすこともある。[211] この一件に対する義憤も、「庶民階級にほぼ先天的な不道徳」に曝された街や場所を夜徘徊すると、必然的に危険な目に遭うことになるという注意喚起で乱暴にまとめられてしまう。[212] 時代の流れとともに風俗犯罪は逓減する傾向にあったので、特別立法で保護されても子供たちが犠牲となる事件は激増していたにもかかわらず、そのことは覆い隠されてしまう。この種の犯罪や違反は一般的に容疑者の住居の中でないとしたら、そのすぐ近所で発生する。犯罪地理は都市化と産業化の地理と一体なのである。

3　プロレタリアの性と性愛

やむをえない必要にいつもせまられて、十九世紀の労働者はまず日常生活の欲求を満たすことに忙しく、そのため彼らは「しばしば欲望を縛るようなモラル」を抱くようになる。[213] イギリスの生理学者の何人かがそう考えるのは、中産階級の女性よりも女性労働者は性欲が弱いとはっきり認められると思っているからである。[214] みんながこの主張を認めているわけではない。これに対してよくされる反論は、フランスの労働者は性欲が強い、という反論である。[215] フランスの男性労働者が理想的だとする伴侶のイメージは、愛情が深く、性生活も活発であること——一八パーセント、ブルジョワジーのそれは二六パーセント——、それと等しい割合にあるのが、主婦としての能力、それよりも高いのは仕事および家計に対する役割に対してで二五パーセント、そして母性的な精神は一九パーセントである。[216] フランスの婦人たちの側も男性よりもっと多数が相変わらず愛情と性的関係が重要だと認めている——回答の三分の一、小ブルジョワになると半数——のだが、「強い」あるいは「男らしい」夫に対して特に魅力を感ずるという徴候は見られない。[217]

性の初体験については証言も意見も様々である。多くの若い労働者は性に関して自分がたいへん無知であることを示す。空想や、自慢話、ほら話の元になる知識の出所は、基本的には同年代の仲間である。[218] そのノーハウが乏しいことは、結婚初夜の不手際や幻滅が暴露している。[219] インセストのせいで必然的に早熟になる場合は例外である。それはヴィレルメの暗示から嗅ぎとれる。彼は、リールの地下室で、「さまざまの年齢の男女が入り乱れて憩っているところを［目にした］。彼らの大部分は裸だった……」というのだ。[220] それと反対に、別の資料が強調するのは、労働者の家庭では注意深く男女を別々に寝かそうとしていることだ。一八三二年の法律では十一歳で性的に一人前と定められ、それが一八六三年には十三歳に引き上げられたのに対して、アミアンの若い労働者は一八三〇年代には十五歳で「親密な関係」をもつようになったようだ。[221] パリでは廃品回収業者の子供たちは十四〜十六歳頃に家庭を持ったらしい。[222] ヴィクトリア期には、大都会の街路で十歳と十一歳の子供が性行為をしようとしているのを見つけた、とある議会報告が伝えている。[223] 世紀の変わり目には、十六歳あたりで童貞を失うことが少年たちの不文律となっていたのだが、それは目標であって大抵は娼婦の助けを借りなければ実現不可能であった[224]。同僚の家に寄宿した独身の若い労働者がよく犯した姦通は、貪欲な貸し主の妻や娘を相手に、時に売春行為ぎりぎりのところで行われていたということによって説明が付く[225]。こうした解決法に要した費用についてはあまり性急に無視しないほうがよい。第二帝政期には、この費用はリールの多くの労働者に対する抑止効果として働いたようだ[226]。安価な「街娼」に対する忌避のほかに、モラルも誘惑を大いに抑えられる。「僕は愛してもいない堕落した女に身を委ねることはできなかった」、とアグリコル・ペルディギエは「とても優しく、とても愛情深い恋人の」ソフィーに対する貞節を引き合いに出して断言する[227]。娼婦に向かって投げられる非難には、多少とも明らかになってきた性病に対する恐れの影響が感じられる。二十世紀初頭のロンウィー炭田では、独身労働者の三分の一が性病に感染したようだから[228]。

待望行為としてのマスターベーションは、それが人目を避けたうえで、小児性愛とも無関係に行なわれるものである限り、比較的寛容に受けとめられる[229]。同性愛も存在した。タルデューが語る「恥ずべき行為」では、出稼ぎ労働者たちの貸間の雑居状態や性関係の乏しさも手伝って、労働者の完全な支配下で仕える見習いが彼らの犠牲にされるようだ[230]。口数少ないノルベール・トゥリュカンはいやいや貸部屋と寄宿舎の主となるが、そこで決定的な嫌悪感を催す。彼は、男が自分に身をすり寄せるのを感じることほどむかむかすることはない、と記している[231]。他の何人かの主張では、それでも同性愛は十九世紀初めの「不運な階級のなかでは、ブルジョワ道徳の偏見を」免れることもあるようだ。それは快楽目的であれ金目当てであれ、同性愛で「女性」役を務めない場合らしい[232]。確かに十九世紀全般にわたって、さまざまの証言はソドミー〔肛門交接〕が従属を表すもっとも耐え難い性の様態であると認めており、そのことは「おかま《アンキュレ》」という形容に強い軽蔑が結びついていることによって示される。時に「船乗りの悪習[233]」と評されるソドミーは、大都市の労働者間に知れ渡っているが、そこではそれは範囲を限られており、異性間の性行為としてなら「滅多にない」[234]。コプロファジー〔糞食〕という疑いをぬぐいきれないフェラチオも、実際には第一次世界大戦とともにしか普及しないにしても、同じように労働者世界に愛好者を見出しているらしく[236]、そのメンバーたちは妊娠の危険を「誰よりも巧妙に切り抜けられるだろう」[237]。

恋愛や性に関する活動は作業場の扉を前にしても停止するどころか、時にはそこで最初の一歩を踏み出す。多くの長続きするカップルは、あらゆる年齢層の男女が集まっている仕事場の偶然の出会いから関係が始まる。ことばや動作にはそうした影響の名残が窺える。ヴィレルメが記すところでは、工場で子供は大人の卑猥なことばをすぐに覚え、「それを反抗的な満足感とともに繰り返し、知るべきでないようなことをすぐに理解するようになる」[238]。オー=ラン県〔フランス東部アルザス地方の県〕の綿花紡績工場では、夜に男女が混在して働くことによって、「羞恥心を傷つける」話題や行動がそそのかされる、と彼は残念がる[239]。道徳的な強迫観念からか、それともきちんと確認された悪弊に対する応答なのかは分からないが、一八二一年にアミアンでは製糸工の男女に対して異性の助手を付けることを禁止する地方条例が出されている[240]。実際、女子禁制の場はどこも、きわどい、卑猥な冗談の領分となるのは周知のことだ。

ミシュレが話題にしている、こうした作業場の「官能性」を糾弾する必要があるのだろうか[241]。彼はこう書いている、「肉体はそこではすぐに熱を帯び、反抗をする」、それは雑居状態だけが原因ではなく、「いたるところ金属の堅さと冷たさしか感じられない、鉄の世界」に対する反応でもある。たまに訪れる女性客が見過ごされることはない。リモージュのボイラーマンたちが示した反応についてはすでに見た〔前出二七四頁〕。もっと控え目ではあるが、アベル・ボワイエは「若くてきれいな女性が」とつぜん訪問してきたとき、アジャン〔フランス南西部に位置するロット=エ=ガロンヌ県の県都〕の蹄鉄工が示した興奮をこう書いている。「わたしたちは彼女が周りを回っているのを見た。そばを通るとき、彼女はわたしの体に軽く触れたように思った」[242]。長い間仕切や壁がなかったり、出入りが厳しく規制されていなかったので、別の種類の客が訪れることがある。一八一〇年には、恋する男のもとにナントの若いカーディング女工〔梳毛工〕がやってくることもそうだが、それよりも彼女が「悪ふざけ」をして人前であまりにも大胆に愛情表現をするほうが衝撃を与える[243]。似たようなことは工場周辺の労働者用の休憩室でも展開される。ロワール県のリーヴ＝ド＝ジエで、ガラス工が自由に利用していた地下室は、若い女性を含む行きずりの人々に危険を承知の上で開放されていた。一八四二年にそうした女たちの一人がある若者の求めに応じて接吻を許す。だがしかし、別の少年の証言によると、彼がすでに「裸を人前にさらして」そのかすとともに、その場にいたみんなではやし立てたのだが、さすがにその女は「性器を見せるのは」拒む[244]。

初夜権が実際に行使されたかどうかは「見抜くのがきわめて困難である」[245]。こうした訴えがまれであるにもかかわらず、それに反比例して現場監督に対しては疑惑がしばしばもたれる。雇用、昇給、昇進に性的恩恵を条件にしようと不適切な言動をする「上司」の解雇を要求する請願や就業停止がここかしこでなされ、時にはそれが勝ち取られることがある。暴行はもっと例外的に注目を浴びる[246]。無政府主義的な組合新聞には定期的に「新鮮な肉」[247]の愛好者が引き起こす破廉恥行為が暴露されている。こうしたことが生起する「徒刑場のような場所」は「男たちの天国」なのだが、「女たちには地獄」である[248]。この問題が一九〇五年にリモージュで大騒ぎを引き起こした。労働総同盟（CGT）はテオドール＝アヴィラン工場の職工長プノーを公然と「好色な豚」扱いし、ストライキ参加者たちは彼に対して町から退去するよう強制したのである[249]。しかしどんなこともそう簡単にはいかない。ナンシーで洗濯工場の女性に暴行したとして訴えられた上司は、労働組合の書記に他ならなかった[250]……この男は二重の権威に物を言わせ、女性労働者の半数を抱き込んで、犠牲者の解雇を要求する要望書に署名させる一方、県の労働組合連合からは自分に対して起こされた訴えの撤回を取り付けたのである。このような例外的なことから明らかになったのは、その抗議の表明は階級の連帯よりも、むしろ男の名誉を守ろうとしてなされたということである。(251)

この点で大部分の無政府主義者は理論と実践とを一致させるのに苦労している。思想信条があまり大っぴらにしたくない意図にそぐわないからである。ジャン・グラーヴ〔一八五四―一九三九。フランスのアナーキスト〕によれば、リベルタ(252)が自由恋愛を推奨するのは彼一人だけの利益のためにすぎないようだ。(253)鉱山組合の活動家ブノワ・ブルシューの語る声明と自らの旺盛な性欲をとくとくと語る態度と、彼の正式な妻フェルナンドについて洩らす病的な嫉妬の話とは矛盾しないわけにはいかない。(254)共同体体験に乗り気だったアベル・ボワイエは、「われわれの特殊な共産主義が夫婦間の結びつきや関係を侵さないようにするために〔…〕、参加者全員がもう一人伴侶をもつようわたしたちは要求したい」と記している。(255)

いくつかの変化が気づかれぬままに生まれる。十九世紀の間に、男女どちら側でも性行動の変化が見られ、それによって男らしさの規準にも変化が生じたことが記録される。ベル・エポックには、荒々しい貫通と素早い精液放出とが男らしさと同一視されることはなくなる。こうしたことはその後「快楽を同時にえたり」「快楽の調和を図ること」に注意を払わない、「無神経な」(256)男のやることだと認められるようになったのである。(257)

結局、証明が意味をもつのは、定義上きわめて広範にわたる個人的行動とは別に、労働者の男らしさが集団中で繰り返し表明されていると考えられる時である。それ故に男らしさは、一八六〇～一八七〇年代に生じた、夫婦関係の官能化、衛生学や医学、さらには心理学や性科学における新たな概念の大衆化、暴力に対して強まる非寛容など、すべてが同時に認められる転換点と深く関係してくる。そこには多少の落差が見出されるかもしれないが、それをもってありそうもない一個の特殊な年代記としてまとめ上げるのは無駄なことであろう。そうではなくて基本的にはそれは、あいだに機械がますます介在するようになるにしても、労働者が自らの身体に対して持っている特殊で継続的な関係に帰せられる。ここで職人仕事や農業には属さない肉体労働者に見て取ることができたように、尊厳を守るために力や力の結集に訴えようとすることは、そうすることによって、「おだやかな男性性[258]」への移行で始まった相対化に抵抗しようとするためである。

労働者の特異性は、その名において展開されてきた労働運動の果たした役割のなかにも現れている。庶民階級の文化変容を広範に実現させる当事者として、労働運動の試みの成功は、民衆がその計画を自らのものとし、それを相互の力学関係の中で自分たちの価値や環境、交際の上に統合する限りにおいてしか意味をなさない。公然とした争いが燃え上がっているときも、比較的おだやかな時期に行われる多くの演説の最中でも、組織やその代弁者は男らしさを戦闘性の源泉のひとつとみなして、それがもつ修辞的、実践的力に訴えかけてきた。このように都合の良い男らしさの同一視が文明の進化だと明言された解放の展望の中に取り込まれてしまえば、その同一視はそれなりに正当化されてしまうジェンダーの横断的支配に対して反旗を翻すことは間違いなく困難になる。労働運動はまた社会主義国家の出現を左右する。社会主義国家は保護や制度化によって人間の尊厳に対する重大な違反となるような搾取の形態を禁じて、賃金による従属関係を廃棄することは不可能でも、それに歯止めをかけることは可能である。このことは労働のもろもろの関係にみられる男らしさの伝統的な使用に影響を与えずにはおかない。また同様に一八八〇年代から、第二次産業革命によって生じ、第一次大戦でさらに加速された再編成のせいで、機械化や合理化のためにかつての職能が刷新され、女性化が進行した工場では、労働者の男らしさの形態や射程、またその形象の変化がいっそう促進されたのである。

第3章　カトリック司祭の男らしさ

――確かにあるのか、疑わしいのか？――

ポール・エリオー
（和田光昌訳）

Ⅰ　男らしさの特別な養成

フランス革命期、ヴェストファーレンの町コースフェルトに亡命したバストン神父は、当地の聖職者を厳しく批判している。神学校教育を受けていないため、トリエント公会議〔一五四五―六三〕で聖職者に求められた必要不可欠な作法に欠けるというのである。喫煙し、酒場に足しげく通い、踊り、ブーツを履き、狩りをする。[1] フランスでは十七世紀中頃にはすでに、情念や肉体感覚の抑制と蔑視、民衆的余暇の放棄、僧服の着用など、一五六二年と六三年の教令が適用されている。信者を聖化するために、聖職者は清らかでなければならない。司祭は、エリート層と近しい関係を保つための物腰の洗練と、一般大衆とは区別される振る舞いを有していなければならない。一七八九年まで聖職者養成の道は複数あり、この規範は、回り道しながら広がるだけだが、一八〇一年、神学校が聖職の道に進むための唯一の養成機関となってからは、普遍的なものとなる。[2]

一五六〇年代から一九六〇年代まで、司祭であることは、このように、拡大する大衆的な男らしさから遠ざかると同時に、エリート層の男らしさと一体化もしないハビトゥスを身につけることなのである。十八世紀後半、広く着用が義務づけられたスータンは、この特別な男らしさの現実化であり象徴である。この僧服が授けられる儀式の際、マルシャル神父が、「私はもはや青年ではなかった。私は、司祭だった」と言っていることからもわかる。一時的にせよ、永続的にせよ、世俗の服を再び着用することは、危険や面倒を避けるためでないかぎり、男らしさのアイデンティティ、特に性的アイデンティティを、程度の差はあれ、強く肯定することを意味する。一八六三年、祖母によって売春を強要された若い家政婦をものにしようとしたアンドラル神父、あるいは、性的

犯罪もしくは違反により裁判にかけられた司祭たちの例がある。(3)

衣服の脱男性化と重なるが、宣教師を除き、顔にひげは生やさない。髪型については、十八世紀には、宮廷社会への同一化が、少数ながら継続する。一七七五年頃、ティロン神父は、司教から、鬘の髪粉をまぶしすぎであると指摘され、「節度ある外見を保つよう心する」よう勧められる。フランス革命期、潜伏した司祭たちは、身の安全のため、流行に従う。ランベール神父は、一七九七年に公的告発を受け、これ見よがしに髪を再び長く垂らす。一八三〇―一八四〇年以後、髪は口ひげやあごひげほど男らしさのしるしではなくなる。すると、剃髪を除き、(4)司祭の髪型は他の男たちのものに近くなる。

司祭の外見が男らしさを失わせるとしたら、禁欲を守る独身生活について言うべきことが何かあるだろうか？ しかしながら、数多くの司祭たちが、同時代の他の男たちと同じく、大衆のあいだでは、六―十歳と十五―二十歳のあいだに制限的な性教育を、エリート層向けの中等寄宿学校においては、仲間による手ほどきをおそらくは経験している。性交の経験があるものは、例外にとどまる。パリにおいて、一七五〇年と一七八〇年のあいだに、娼婦たちが相手にした千人ばかりの聖職関係者のうち四分の一は、剃髪者や下級聖職者である。しかし、この特殊な事例を一般化できるだろうか？ 十九世紀は、散発的にしか推測できない、神学生による姦淫の罪より、学校のなかでの手ほどきの方が圧倒的に勝っている。たとえば、一八二〇年頃、エピノー神父の神学校で「不道徳的な」小説が回し読みされたり、出回ったり、仲間から自慰行為を教わったりすることである。さらに、未来のドミニコ会修道士ラタストが、少女を誘惑した例もある。(5)

完全な禁欲を守る他の司祭による証言も後にはある。一七九二年に助祭となり、一七九三年から一七九五年までと一七九八年から一八〇一年まで兵士だったマルプレ神父や、副助祭に任じられたとき「喜びや痛みを全く知らず、それらを放棄した」と言明しているマルシャル神父などである。[6] しかし、実行したことがないからといって、知識がないわけではない。ラテン語による道徳神学講義は、哲学‐神学的パラダイムにのっとって、貞操の美徳の浸透、および生殖と婚姻の目的への適合性に応じ、性行為をつまびらかに分類している。[7]

聖職は、したがって、性欲の完全な管理を前提とする。「悪癖者」(すくなくとも年間一回自慰するもの)は、通常、叙階を拒否される。将来にわたって純潔であることが保証されないからである。信者たちのあいだで、トリエント公会議の規範が大きな意味を持っていたことによって、司祭たちは自由に性交することがいっそうできなくなり、すでに十八世紀後半から内面化が進んでいた自己管理がますます徹底化される。ヴェシエール神父は、第二帝政期初期に次のように書いている。

審判、色欲、純潔について瞑想。かくも長いあいだ私を支えてくださったことを神に感謝した。しばらく前はしていた用心を怠ったことを詫びた。視線と態度の慎み深さを厳守することを約束した。[8]

禁欲をこのように強いると、強い心理的緊張が生じる可能性がある。アンシャン・レジーム末期のことだが、ブランシェ神父は、夢精によってのみ、それに耐えることができる。抗おうとして、六カ月間、譫妄発作を経験するが、それを鎮め、解放してくれたのが射精だった。フェルディナン・ファーブルは、女性に魅惑され、一八四八年より前に、神学校を離れてしまう。ある同業者は、聖職と女性のあいだで引き裂かれ、副助祭の叙階式のとき発狂してしまう。[9]

体力の行使も、内にこもる男らしさである。神学校では、ハビトゥスの体得とバランスをとるために、目立たないところで、ゲーム（一七七〇年代のサン・シュルピスでは、陣取り遊び、球戯、ビリヤード等）によって身体を動かすことが認められている。トリエント公会議の規範が生活慣習の文明化に結びつけられるにつれ、このような活発さは後退する。フェルディナン・ファーブルが『教皇候補ティグラン神父』（一八七三）のなかで示す、次の例でも明らかである。貴族の司教は、スータンの裾をまくり上げて、ゲームに熱中する神学生たちを黙認した農民出身の上級神学生を激しく叱責するのである。(10)

屈強な身体をないがしろにすることは、しかしながら不可能である。それは権威の保証であり、二十五歳になるまでにアンジェの神学校の哲学教師となったが、あまりに若く、あまりに男らしさの感じられないバストン神父に欠けているのも、それである。説教の効果も高まる。というのも、「聴衆は、お気に入りの説教師の身体全体が雄弁に語りかけるのを望む」（バストン神父）からである。他方、神的なものの儀礼的なあらわれである典礼では、徹底的な自己管理が要求される。マキャベリ神父の「心にしみ入る、瞑想的な態度」、「彼の物腰の威厳、しぐさの穏やかさ、祈りを唱える声のやさしさ、跪拝の深さ、イエス・キリストの身体に触れる手のうやうやしさ」、これらは、百五年前に、バストン神父がヴェストファーレンの聖職者にした批判に応えるものである。「乱暴で、不器用な、しばしば小心翼々としたしかめっ面をともなった動作」が批判の的となっていた。(11)

Ⅱ　規範を求めて

肉食日のある日、散歩からの帰途、我々は知り合いの若者たちに出会った。半ば酔っており、女たちを腕に抱えていたが、彼女たちの厚かましさといったら、連れている男たちの放縦さと同程度のように思われた。

このような放縦、このような痴呆行為から守られている我々はなんと幸せなことか、とごく小声で言ったものだった。

神学校時代のこの思い出を持ち出して、エピノー神父は、道徳的影響ゆえに、発散的で欲動的な男らしさが行き過ぎた女性性に結びつくのを非難している。節度を守ることによって、もう一つ別の男らしさが可能となる。人間としての尊厳に値し、慎みと滅私、犠牲を旨とする男らしさである。セーブ神父は、「神に奉仕する者としての、目立つことのない勇気、軍隊の勇気にも劣らぬ日々の勇気」を称賛している。「[…]司祭は、平然と、音も立てず、殉職者として身を捧げる」。さらに、情念と気質の抑制によって、一八四〇―一八五〇年以降増加する、権威主義的な司祭にたいしてさえも、派手な男らしさを表に出すことは制限される。「気質により激しやすい」マキャベリ神父も、こうして、「[…]柔和な、忍耐強くさえある威厳」を持ち、「そして、彼において、それは性格というより美徳だった[12]」。

これは、一九一四年まで続くテーマとなる。神学生ルイ・エスパネは、一八九五年頃、「男らしさを実践するよう勧める、『男タレ！』」との助言を与えている。「すなわち、将来よい司祭になるために、意志を持ち、完全に公正で、語の真の意味での男になるよう努めよ」との意味である。男らしさは精神的なものである。定められた目的に達するために、意志を持続的に専心させること。司祭たちは、そこから、支配的モデルに抗って、本当の男らしさを自らのものとして求める。このもう一つの男らしさは、礼儀にかなった、上級のもので、すべての男性、少なくとも、カトリック信者にたいし示される。七月王制下、自ら創設したカトリック会の男性会員に向けられた、ベルトラン神父の規則は典型である。同輩との交際では、セックスやアルコール、諍い、乱闘は、除

名あるいは懲罰の対象となるというものである。(13)

フランス革命による断絶によって、父権的形象の価値が失墜し、すべての市民が兄弟となり、同輩たちが過去のふるまいを繰り返す必要がなくなった社会において、聖職者の男らしさについて一様な賛同があることを、どうすれば説明できるのか？　元従軍司祭のモランセ神父は、一八七八年に、軍人および民間人として、世代の先行性を主張し、それが同世代間あるいは同世代内のあらゆる競争をなくしてしまうとする。「従軍司祭は、［…］闘うものたちの長兄であり、苦しむものたちの父ではないのか？」　この聖職者の規範を打ち出すためのもう一つの可能性は、情動に訴えることである。ギヨメ神父は、十九世紀半ば、説教を『親愛なる諸君』という言葉だけで」始めていたが、「それは、巧みに強調されて、心の内奥までしみわたり、訴えかけるものだった」。「諸君」という表現は、一九〇〇年代始めのボワロー神父のなかにも見いだされる。(14)

実際のところ、情動が、聖職者の男らしさに無縁なわけではない。フェルディナン・ファーブルの教師のひとりはミュッセの詩に声を震わせるし、エピノー神父に聖職につく決心をさせ、ベルトラン神父を一八二九年幻惑するのは、自然の光景である。とくに一八五〇年以前、司祭たちはよく涙を流す。エピノー神父の場合、自然をながめながら、あるいは、亡くなった友人の神学生を思い出しながら。そしてまた、叙階式の前日にも。セーヴ神父は、従軍してアルジェリアまで赴くことを許されたとき、そして、上陸直後の戦いの始めに部隊を祝福したことを思い出すとき、感涙にむせぶ。(15)ロマンチックな感受性によって、部分的にはイタリアから輸入された、贖罪の信仰生活が育まれる。そして、すでに前面に打ち出されていた情動的言説は、十八世紀フランス教会の峻厳な遺産として威光を放っている。(16)

しかしながら、自然に導かれて神に向かうとき、メランコリーや人間嫌いが生まれるのではない。そして、涙は、強烈な霊的瞬間をしるしづける。このセンチメンタルな男らしさは、心情的なものにとどまる。このようなわけで、ルイ・エスパネは、墓碑銘風のことばが末尾に添えられた詩のなかで、脱キリスト教の風潮に直面した司祭のプリズムを通し、同時代人たちに理解されなかった詩人というトポスを再び読みこみながら、意志の力、試練における粘り強さ、魂の偉大さを称揚しているのである。想像力は、霊的技法を経ることでより緊密にコントロールされ、獲得すべき美徳、瞑想すべき神秘、祈りを唱えるべき聖人たち、礼拝すべき神に向けて方向づけられる。ギリシア・ラテンの古典の教養は、また、肉体的情熱を崇高化し、その温床となる感情が文学から生じるのを、部分的にまぶして当たり障りのないものにしてしまう。ミュニエ神父は、オクターヴ・ミルボーの『ジュール神父』と対立しているのだ。[16]

この情動的な男らしさは、隠遁した聖職生活の、おびただしい数にのぼるノートや詩に溢れかえっており、その結果、中等学校《コレージュ》を卒業しても、また一八四〇―一八五〇年代を過ぎてもなお、青年期のロマンチックな感傷主義が保たれている。感動しやすさが保持されることで、聖職の道に進むものが見つかりやすくなる。家族に望まれてこの道を選ぶ若者のなかには、感傷を排した男らしさより望ましい男らしさをこの天職のなかに見出すものもいる。同時代の男たちが、支配的な男らしさに同化することに緊張を強いられるのにたいし、彼らは、男らしくあるための自己束縛の願望をより自由に取り入れているのだ。[17] だとすれば、ロマン主義が枯渇する一八五〇年以降にみられた、反教権的な異議申し立てもよりよく理解されよう。その根幹には、センチメンタルな表現をより強く排除しようとする男らしさがある。その類の表現の典型は、「スータンのなかにある心」という、一八七〇年頃の、アルチュール・ランボーのことばである。

Ⅲ　異議を唱えられる規範

しかしながら、十九世紀の始めまで、このタイプの男らしさを身につけようとしない司祭も数多い。十八世紀のブルゴーニュ司教区では、司教による違反約百件が判明したなかで、四分の一が（しばしば他の禁止された行動に結びついているが）風紀に関するものである。カンペール司教区では、一八一〇年頃、酩酊が淫行のかわりとなる。十九世紀には、司祭が禁止制裁を受けるのは、しばしば、彼らの、とくに性的行動が、過剰な男らしさに接近しすぎ、ますます隔たりがなくなっているからである。十九世紀を通じ、酩酊、暴力、放蕩などが、しばしば重なったかたちで、たえずみられるのであり、これらの事例をどの程度公表するかは、往々にして時の政治的文脈による(18)。

外向的男らしさを発揮する司祭は、家庭を持つという計画実現のため行為に及んだに違いないが、そこから生じる束縛を甘受し、引き受けるには至らなかったのだと推測もできる。アンシャン・レジーム下、過剰な男らしさの発露が促進された背景には、司祭養成機関が複数あったこと、家庭の企てにより教会禄を得ることが可能だったことなどがある。司祭がパリの娼婦のもとに通うのもまた、トリエント公会議の規範の運用が拒まれていることのあらわれである。しかし理論的抵抗と考えることも可能である。調書を取られたものの半数は、エリート聖職者に属している。財力と想像力が備わった集団では、性欲を密かに満足させることも、ちょうどリベルタン小説のように、社会的役割を逸脱しないかぎり正当化されるというものだ(19)。

十九世紀になると、司祭は庶民出身が大多数となり、都市の中流エリート層の息子が主流だった一七八九年以前よりも、自己管理を徹底しなければならなくなる。スキャンダルを引き起こす司祭は、したがって、聖職者という存在の構成要素たる風俗の文明化を拒否していることになる。亀裂が生じるのは、おそらく王政復古期である。空いているポストを埋めるため、ほとんど選択の余地なしに採用し、拙速に養成した結果、司祭の中には、旺盛な男らしさを誇示するものもいる。その後、反教権主義が再び盛んになる文脈のなかで、トリエント公会議の模範への統一化によって、性的逸脱はより周縁的になり、目につきやすくなる。地域紛争や政治的緊張が激化するときはとくにそうである。

婚姻禁止への抗議にも固有の歴史があるが、重要なのは、生物学的なものに、社会的なものが関連づけられていることである。十八世紀の後半とフランス革命期、童貞は「自然」に反していると思われている。器官が機能を果たし、体液のバランスがとられなければならないのだから、精液は、女性のなかに注がれなければ、狂気に陥ってしまう。ブランシェ神父は、この点で模範的である。このように、「自然」によって、性的な男らしさが肯定されるようになる。全き男であるためには、射精しなければならない。人類の永続性、調和的社会生活、宗教の保存、政治、社会、個人の刷新はそのようにして保証される。婚姻禁止を侮蔑したものやフランス革命期に結婚を要求した司祭たちの書いたものを読むと、男らしさが社会性の基盤となっている[20]。

しかしながら、フランス革命の総決算が行われる際には、諸気質が分類され、規則正しい生活によって情念を緩和する可能性や、また、精液が持つとされる、男らしくする力などが認められたことにより、多くの医師たちにとって、性行為の節度や童貞がふさわしいとされる。司祭も、したがって、真の男となることができる。医学が社会秩序を支えている。ブルジョワジーによって利用されているのは事実だが、それでも、肉体が、とくに若者にとって律しがたいものであることは認められている。ポール＝ルイ・クーリエは、マングラ事件のとき、そのように言明する任を負う[21]。

一八五〇年以降、精液が体液とはみなされなくなり、ポジティヴィスム的反教権主義が伸張すると、新たな断罪が行われる。しかしながら、生理学のパラダイム・チェンジによって、医学所見の一貫性が失われるわけではない。一例をあげれば、『独身と独身者たち　男女両性の性質および危険、衛生』（一八八七）におけるガルニエ医師である。禁欲は、「科学と明白に矛盾している」。「というのも、その唯一の正常な道である性関係によって、その必要が感じられるのに応じて、［分泌される精液は］定期的に放出されなければならない。さもなくば、健康を乱したり、溜めておくことで偶発症状を引き起こす恐れがある」。したがって、「満たされなければ発狂してしまう発情期という暴君の支配下にある、あらゆるオス の動物同様」、そして、「稀な例外や、特殊な肉体的条件を除き、司祭や修道士は、世俗人同様、生殖機能から逃れることはもはやできないのである[22]」。

Ⅳ　女－司祭？

不完全な、あるいは偏った男としての司祭は、そうすると、女世界に向かう。オギュスタン・シュヴァリエにとっては自明のことがらで、彼は、一八四一年、田舎の助任司祭について、「真新しい胸飾り、入念にブラシをかけられ、ゆったりとした、つやのあるベルトをあしらった三角帽を身につけた若い司祭は、一歩ごとに、おしゃれで優美な衣擦れの音をたてる」と描写している。司祭職にはこの側面が認められる。数年後、フェルディナン・ファーブルは、性質に女性的特徴があるという理由で司祭職を勧められる。信仰実践の女性化、宗教的献身のローマ化、女性の感傷主義化などが女性化の原因だが、これらが積み重なってひとつの力となり、多くの反教権主義者たちにとって、女性と司祭は自然に結びつけられる。このように公衆によって女性化された司祭は、また、自らが定めたのではない道徳に従わねばならないという意味でも女性化されている。夫に従う妻にも似て。[23]

しかしながら、反教権主義者によれば、司祭が自らの生理を忘却することは不可能である。レオ・タクシルとペパンの『反教権主義的アルバム』には、宣教師ボーピトンが未開人たちに捕らえられる話がある。しかし、「神学生のとき習熟したシャユーを王妃グラット＝ノンブリ〔「へそ掻き」〕の前で踊って、気に入られる」。左脚を高くあげてスータンがまくれあがって、司祭は股をあらわにするが、それが王妃をいたく満足させる。大股開きになった両足の間に、ボーピトンの左腕が垂れ下がっている挿絵が、問題になっているものの名をイメージで示している〔口絵参照〕。女性的特徴や動作が意味するのは隠れた男らしさなのであり、それは、姿をあらわし、行為に及ぶ準備がいつでもできている。[24]

脱男性化されているものの、司祭は、したがって、自然の逸脱者あるいは失敗なのではない。[25]同時に、女性は司祭に惹かれる。司祭たちはそのことを認め、ときに嘆いている。というのも、夫の心を取り戻すため妻に、群衆を教化するため修道女に期待するところがあるものの、司祭は、これも男らしさのひとつに変わりないが、女性を嫌悪しているからである。女とは、堪え難い吐露をともなった「性」にとどまり、感傷性とおしゃべりのとりことなって、生活上の問題や不満の聞き手たることを満喫しているわけでもない司祭の忍耐につけこんでいるのである。女性に及ぼす司祭の魅力というのは、また、他の男にとって、おなじみの話題でもある。例えば、ギュスタン・シュヴァリエは、教理問答の一場面をあげている。「困惑によってさえも倍加される自らの魅力に惹きつけられ、周りに群がってくる、あらゆる女たちを見ると、慎み深い赤みが、頬の上に、魅力的な色味となって広がっていく」。[26]

司祭もまた、あまりに男でありすぎるのである。この逆説的な過度の男性化は、十九世紀末の反教権主義者たちの、いかにも紋切型的な、告解にたいする罵倒を読めば、明白である。男は、性欲に逆らうことはできず、それを満足させなければならない。恥ずべきやり方もそのなかに含まれる。とくに、抑圧された性的精力によって溜めこまれた欲動を、頻繁にある打ち明け話を利用して、倒錯的やり方で発散することがいつでも可能な、当然ながら若年の司祭の場合はそうである。女は、禁欲した男に魅惑される誘惑者であり、男によって導かれれば熱狂的性を発揮することのできる感傷的な淑女もどきであり、自らの性を隠すことができずに言語化し、そのことに快楽を見いだすおしゃべりなのである。宗教とは、男があえて管理しようとは思わない、女のことがらに属し、男は性的に女を支配するが、女は、家庭外で、ことばによって復讐するのである(27)。

他の男に、自分の性的能力について、弁明できないまま判断される危惧。自らの性を語り、女性の性を管理することの不可能性。自由な性的言語にたいする魅惑。代償なしで自由にできる女性という幻覚。反教権主義者たちは、これらの強迫概念にとりつかれている。司祭は、ブルジョワ男性の裏の顔、娼婦——表は既婚女性の顔をした——の腹心となる。匿名作者による『愛のミサ』(一八八九)によれば、司祭は「社交界の女性にとっての男娼」である。夫に捨てられた侯爵夫人が、告解室、そして、礼拝堂の床で、若い美男子の助任司祭に身を委ねて孕まされる場面がある。挿入する前に、改悛する女にたいし、司祭は、舌を入れてキスし、クンニリングスし、女は、快楽のあまり、淫らなことを言う。数ページのなかに、売春あるいは(スータン着用ゆえに可能になる)レズビアニズムに帰される行為の数々、男らしさ(強い欲動、女を喜ばせるテクニックの熟練)や、女らしさ(清純な外見と淫らな振る舞い)、貴族性(服装、嗅覚、衛生上の洗練)などのステレオタイプが組みこまれている(28)。

清らかで母性的な女性の理想化が、淫蕩な娼婦の呪詛につながるなら、けがらしわしい誘惑者としての司祭にたいする排斥は、金で買える女を相手に満足の得られる、倒錯的とされる男の幻想と行為が、司祭の上に投影されたものにほかならない。そうすることで、ブルジョワは、この同じ幻想と行為を、糾弾しながら享受でき、そして忘れることができる。自己韜晦のプロセスのなかで、自らの加担分と振る舞いを隠蔽し、情念を克服した男として自画自賛する。一八六〇年から一八九〇年のあいだ、ブルジョワの現代性に関する言説のなかで男らしさが支配的である背後には、ある曖昧さがあり、それが明らかになるのは、告解についての幻想によってである。十八世紀のポルノグラフィーにみられる男性の至上の力とはひどくかけ離れた曖昧さであり、これらの幻想が、その後、とりわけエロティシズムやポルノグラフィーに供せられる――レオ・タクシルの『ある聴罪司祭の放蕩』(一八八五)や、ギョーム・アポリネールの『若きドン・ジュアンの冒険』(一九一一頃)などがその例――という事実は、歴史の一ページがめくられたことを示している。男について思考するのに司祭という存在はもはや役に立たない。両者とも変わってしまったのだから。[29]

V　時代の要請

トリエント公会議の規範に従えば、司祭は威厳を保ち、自らの地位と職を全うしなければならない。十八世紀には、司祭の圧倒的多数――民間と交流する司祭さえも――と、宮廷あるいは社交界の礼儀をわきまえた者たちのあいだには距離がまだあった。文学者あるいは宮廷人である少数の司祭のみが、特権者としての規範をわきまえている。ドルバックのサロンの常連のような、「合理的で学識豊かなものにふさわしく、それでも粗暴な物腰に「堕する」ことのない気取りのなさ、度を超さない陽気さ[30]」を身につけたモルレ神父のように。十九世紀になると、教師がたえず司祭を一般社会と交わるよう教育する。その目的は、聖職者としての威厳を明確にし、自らのアイデンティティをより強く主張することによって、男らしさに直結しすぎる（そして民衆的な男らしさに起因する）結果が生じるのをはばむことである。十八世紀には受け入れられていた行為のいくつか（乗馬、宿屋での宿泊）が、それ以降は拒否される。世紀末の新発明（自転車）も同様である。[31]

このように一貫した社会との交流は、また、「カトリック運動」の司牧活動の成果を導き出すために必要になる。その主な特徴は、神学校からすぐ開始される、とくに若者を対象とした、肉体的かつ男性的な交流である。たとえば、ルイ・エスパネは、次のように言っている。「誰もが、自分の顔が汗でしたたり、スータンが埃まみれになったり、しばしば引き裂かれたり、子どもの集団に取り囲まれ、ある者はベルトに、別の者は腕にぶらさがってきたりしたことを、記憶に留めている」。一九〇〇年頃、リヨンの神学生たちは、林間学校を開催し、子どもたちを、整列させ、並足で、歌を歌わせながら行進させる。ミュルーズにあるサン・ジョゼフの労働者の教区では、成人と青年のサークルは、「大隊」、「ファランクス〔古代ギリシアの密集隊形〕」、「百人隊」、「兵隊」などであり、「軍歌」を歌う。初期キリスト教の殉教者を思わせるこれらの語彙は、公的反教権主義と、復讐に燃え、体操と衛生教育に熱心なフランスという文脈のなかでは、体力と精神力に価値を置いて、あえて男性化を目指しするしなのである。[32]

最終的には、司祭は、自分たちのみが、真の男らしさ、すなわち、気骨ある、精神の男らしさを、まだ大人になってないものたちに教えることができると明言する。「権威、善意、用心、慎重な繊細さ、倦むことのない忍耐の業」なのであり、「これこそまさに、教育に身を捧げる司祭に必要な資質である」と、一八九九年、モゼルの中等学校長ジャック神父は主張している。[33] 愛国的で、体育を推進する共和国と英国スポーツに対抗して、宗教だけが、フランスを救う唯一の手段となる。魂と男を救うのである。

司祭の男らしさが、支配的なものに収斂するのは、部分的には、司祭たちが、それ以降経験することになる軍隊体験のためである。一八八九年まで、司祭は兵役を免除されていた。軍隊的振る舞いの名残をとどめていたのは、(元教皇護衛隊、将校上がりの司祭、従軍司祭など) 戦争を経験したことのある、ごくわずかな司祭のみだが、彼らは、自分たちは軍人とはそれでも異なると思っており、司祭としての威厳を失わないようにしていた[34]。

一八八九年以降、神学生は、一年間の兵役が義務となり、残りの二年間は免除されるようになり、その後、条件次第では、その一年も免除されるようになる。これらの免除規定は一九〇五年に消滅する。共和派にとっては、法の前の平等の適用にすぎないが、カトリック陣営が告発するところによれば、兵舎で誇示されるような男らしさに神学生をさらすことによって、聖職志願者を減少させるおそれのある措置である。実際、絶え間のない騒ぎ、けんか、命令が下されたときの下品な行動や罵詈雑言、好んでする卑猥な言動、春歌や神学生にたいする、とくに夕べの祈りに際してのあざけり、訓練や歩哨による肉体的疲労など[35]、試練は強烈である。

しかしながら、そのときになると、司牧活動の経験から、神学生たちは、兵役中は口ひげをはやし、聖職者的かつ軍隊的な男らしさを誇示する。除隊の日にひげをそったとき、R・ガエルは、曹長から次のような総括を下される。「そうさ、[…]口ひげなしでも、押しの強い男になれるのだ」。実際、「[わたしたちのことを馬鹿にするものたちと同じくらい]男に、それも彼ら以上に男になることができることを見せなければならなかった」のだが、神学生たちは、この試練を首尾よく乗り越えたのだった。

下品なことばに笑うことなく、態度によって、目前でなされる野卑な言動に対処することができる私たちは、どんなことがあっても神学生のままだった。[…]しかし、私たちは、また、本物の兵士でもあった。なぜなら、不平をこぼすでもなく、連隊のつらい仕事を引き受け、役に立つことはけっしてないはずの武器を、立派に操作したからだ。(36)

「どんなことがあっても神学生のままだが、同時に、それでも兵士である」。聖職者の男らしさは、軍隊化する。(37)この変化は、聖職者の結婚禁止を再び問題化し、一八八〇年と一九一〇年のあいだ、離任する司祭が増加する原因となるものだが、霊的生活のなかにも見出される。たとえば、ローマ大神学校フランス校では、「真剣で男らしい」献身を追求している。これは、一八四八年頃マルシャル神父が経験した、「父性的で、もの柔らかな、しかし、あまりに男らしさの不足した」霊的指導とはかけ離れたものである。(38)

したがって、共和主義および社会主義者の反教権主義に対抗して司祭は闘うべきという主張が、男性化によって補強される。ペルサンの司祭、ボルドロン神父は、「活力みなぎる」態度を求め、死の危険を「屁とも思わない」。「わたしは、新聞で反論した。これからは拳銃を手にしてしか外出せず、わたしに攻撃をしかけるものがあれば、誰であっても脳天をぶち抜くだろうと明言した」。(39)司祭は、それ以降は、必要あらば、他の男たちと同じやり方で女を征服しようとする。

また自らの威厳も擁護する。一八六〇年代まで、[一八三一年の]蜂起したリヨン絹織物工の手当をしたことが原因で少尉にののしられたときのセーヴ神父のように、司祭は侮辱されても拳をもちいて応酬することはなかった。一八三八年、司祭を力ずくで酒場に連れていこうと試みて侮辱した兵士を裁く軍法会議の表現によれば、その司祭は、「自分を守ろうとしない男」であり、自らの威厳を保つため、男らしさの証明となってしまう肉体的闘争を拒否したのだという。しかし、一九〇九年には、デグランジュ神父は、カアカア言ってカラスの物まねをして愚弄した男に平手打ちをくらわせている。同じ価値が、二つの相反する態度に導いている。肉体的挑戦を、一方は受け入れ、他方は拒否する。聖職者の男らしさはたしかに変わったのである。[40]

トリエント公会議以降、カトリック司祭は社会的典型の一つとなる。支配層の社会規範との距離の長短を測ることで、歴史の諸変容にアプローチする特権的な道となる。聖職者の男らしさは、したがって、男らしさの変化の反映であると同時に、男たちが自らを考え、女性について考えることを可能にするものでもある。その様態においては一部、十九世紀末の、自己管理された、情動的部分を持った男らしさを先取りしている。それと同時に、肉体的力強さをより深く取りこんでいく。十九世紀後半に、一般の男たちと司祭たちのあいだにうがたれた溝は、一八八〇年代までさらに深められるが、両者の男らしさが部分的に一致することによって、否認されてはいるものの、一つの近接性に到達する。状況さえ整えば、鎮静化を可能にする近接性である。それを成し遂げるのは、極度の男らしさの体験、一体化まではいかないものの、両者の相似を発見し、深く共有された体験としての、第一次世界大戦にほかならない。

第4章　スポーツの挑戦と男らしさの体験

アンドレ・ローシュ
（寺田光徳訳）

アンシャン・レジーム下では、家の血筋が重要視されていたので、人々は男系祖先から貴族のすべての権威を受け継いでいた。八九年の革命で自由が宣せられて、未来の扉が開かれる。価値は男らしい情熱を介して得られるということから、人々は勇ましく、挑戦的な市民となることを夢見る。(1) かくして大人への通過儀礼に向けられた視線は、フランス革命が市民の身体とは国家国民の楯であるという思想を打ち立てたことで、いわば転倒されてしまう。(2) 西欧社会の歴史のなかではかつて存在しなかったこの新たな義務が、男性の通過儀礼のなかに実存的な不安を導き入れることになった。なぜなら、男らしさを証明するために、男である限りは生命を危険にさらして、そのような献身を名誉のための通過礼としなければならないからである。この新たなアイデンティティ構築は何ら遺贈によって与えられるものでなく、自らで獲得するものであり、男たちがひとたび徴兵の試練にかけられると、それは彼らを支える聖なる力と化す。(3)

十九世紀にこうして愛国心に焦点が集中したことの謎は、大部分ナポレオン帝国の叙事詩が神話を作り出した戦争における栄光に負う。第一帝政下の古参兵たちに対しては、軍が国家の名誉を約束し、市民としての誇りを吹き込んだ。かくして二世紀近くのあいだ、男一族への帰属というのは、戦火の試練から生じる生命原理に基礎づけられることになったのである。(4) 徴兵された新兵も期間動員兵も――それが彼らの「職業」ではないにもかかわらず――単に怪我や死の危険を受け入れなければならないだけでなく、彼らはまた自由と国家の名において危険に挑まなければならなくなる。

名誉を求めるために、勇気には危険をものともしない虚勢が必要となり、それに他人に対する優越感が付随してくる。敵との対峙、戦闘ないし挑戦のなかで、男は活力を見出し、その活力が自らの男らしさの体験を可能にする。そこで男は自らの力と勇気を実感し、敵を打破するために取るべき方法に習熟する。挑戦、それはこよない男らしさの指標だ。男の一族から追放される危険に身を曝さずして、だれもがこの難局を切り抜けることはできない。したがって、鉄と、蒸気と、最初の大量破壊兵器の世紀にあって、立法者から禁止されたり規制されたりしているにもかかわらず、一騎打ち——決闘、乱闘、敵対、戦闘などの身体を危険にさらす仕方——は、紛争の解決法と固く結びついたままである。それは男らしさの保証となるのだ。[5] このような理由から、一騎打ちは男に特有の行動モデルを確認させてくれるし、そのことによってそれは暴力の表現やその顕示ではなくして、自らを男らしいと「見せびらかす」ための要請に、一言で言えば男であることとそれを証明することの義務にふさわしいものとなるのである。

I　挑戦試合、貴族的風習の遺物？

ナポレオン帝政下の近衛兵や他の軍隊では、新兵到着時に挑戦試合をするのが伝統である。そこで生意気な若い鼓手兵がしばしば古参の近衛兵と闘うことになる。[6] コワニェは模擬的な決闘をしてはじめて「優秀な擲弾兵」として認められる。デュピュイは入隊して間もなく、「彼に喧嘩をふっかけようと腕力自慢の仲間の一人に」寄ってこられる。[7] 通過儀礼として、軽騎兵対猟騎兵、砲兵対胸甲騎兵というように、さまざまの連隊が対峙するようそそのかされる。後年になって、ビュジョー将軍は手紙の中でも回想している、「みんなが武器を手に挑み合う。男たちのあいだには、砲兵と騎兵が対決する際は剣で斬り合い、歩兵は知識で見下すような兵を許さない」と。男たちのあいだには、相手に「探りを入れ」、相手との間合いを測ったり、互いに渡り合ってみたいという欲求がこうしたしきたりに混じっている。集団でも個人でも、決闘や乱闘は、法律で規制されるすれすれのところで、通過儀礼の特権的な形態となる。[8] 男だけで私的な敵対関係や争いに決着をつけるのである。[9]

兵隊や民兵とは別の集まりでも、それが実践される。ポワティエ〔フランス中西部ポワトゥー地方の中心都市〕の学生のあいだでは、ささいな口実やちょっとした注意がきっかけだったとしても、悪ふざけが敏感なところに関係するとそれが対決に転化することがある。フランソワ・ギエの指摘によれば、一八二八年三月二八日あるカフェ（つまりこの上ない男のたまり場）で、一人の「悪太郎」がジュルドという男に出会う。悪太郎はジュルドが博士論文の審査に不合格だったことをからかう。彼はジュルドを「馬鹿」扱いしたのである。するとジュルドは彼に平手打ちを食らわす。その後二人はピストルで決闘することになる。同日の午後、ポン＝タシャールの草原で、ジュルドは重傷を負って倒れる。[10] ささいな挑発にのって自分の名誉を守ろうとしたこの人物は、個人の価値を守るほうが法律やしきたりに従うことよりも大切だと考えて、規則にもまた対決の恐怖にも屈しないことを証明したのである。結局彼は自由人として、近代社会でこのように新たに賭けられることになったものを尊重したのである。率直で無条件の闘いを自らに課すことがモラルになっている。問われているのは、自己に対する関係とともに、自分と共通の価値観を有する人々に対する関係であり、それらの価値に対する権利を有しない人々は排除される。事実、女・子供、傷病者・老人は、決して決闘を挑まれることはない。

人に挑戦をしたり人の挑戦に応じることは確かに政治的な意味を帯びる。それは市民の平等の上に打ち立てられた社会における自由という意味である。[11] 組織化された党派がいまだ存在しない時期、社会的集団のあいだの闘いは主張のぶつけ合いのなかで表現される。興隆してきたブルジョワと下り坂の貴族との革命後の単純な対峙以上に、挑戦というのは、はるか彼方の公権力が示す侵略的な権威に対して個人が反発するという様相を呈するようになる。その際政治的情熱は決闘として説明されるだろう。政治的情熱の殿堂において名誉が証明するのは——

確かに古代の貴族性を彷彿とさせるが――、美徳と勇気こそ共和政的だということである。フランスでは民主主義的社会が構築され始めると、挑戦は中央集権的国家支配に対抗する個人の至上権であるとともに、古い既成秩序を覆そうとする欲望を象徴するものとなる。(12) それ故に、こうした挑戦がホモ・ノヴス〔新しい人、成り上がり者の意もあり〕もごく普通の金持ちも活気づけることがある。(13)

たとえばジャーナリズムでは、挑戦によってエリートが仲間入りを果たしたり、何人かの若者がそこで名を挙げたりすることが可能になる。(14) 一八三〇年に『ナシオナル』紙の創刊者で、一流の決闘家として知られていたアルマン・カレルは、『プレス』紙の創刊者であるエミール・ド・ジラルダンとピストルで決闘し、その際に受けた傷が原因で死去する。同様の理屈で、『ジューンヌ・レピュブリック』紙の二十六歳の記者クロヴィス・ユーグは、『エーグル』紙の記者デームから記事で攻撃されて妻の名誉が毀損されたと思い、決闘を挑む。決闘場で彼がデームの胸に剣の一撃を食らわすと、その剣は右の肺を貫通し、大動脈に穴を開け、左の肺にまで達する。(15) 罪のない血が流れ、肺に穴が開いて血がしみ出し、体がくずおれ、男の命が失われたのだが、この決闘の暴力行使ではどちらも作法に違反していない。それどころではなく、ひとつの規範が尊重されたのだ。それというのも、デームは挑戦を受けて立ち、自らの義務を果たしたのであり、クロヴィス・ユーグは自由な人間としての義務を全うして、相手を打ちのめし命を奪ったのだから。彼らのしたことはせいぜい法律に抵触しただけである。しかし彼ら二人が別の行動を取ったとしたら、それは作法違反であり、恥ずべき事であり、一言で言えば品格を重んじる者にとっては不名誉なことである。決闘場に赴かず、剣を交えることを拒否したとすれば、敵対し合う二人のどちらかが男らしさの義務に違反してしまっただろう。誤解してはならない。決闘への関心は、殺傷しようとする欲望に、死に処してやろうとする意思に、傷を負わせ四肢をもぎとろうとする何らかの残酷な快楽に由来していたのではない。ここで重要な問題は処刑や拷問でなく、男同士のあいだで自らを正義《ジュスティス》として確立することの義務であり、裁き《ジュスティス》を下すことではないのである。

Ⅱ　決闘を規制し判定する

しかしながら、十九世紀の間にきまりが変わる。一八九八年に『アウトドア・ライフ』誌において、ルイ・ペレが語るのは、そうした対決が相変わらず学生間のならわしとなっていたドイツで、「剣の一撃が過って自分たちの方に向かってくる場合に備えて、皮の鎧を着けた」立会人が登場している、ということである。さらに彼らは、「必要な時にはすぐにも決闘を停止させようと、手に剣を」携えている。それとは別の学生たちは、「二つの陣営に分かれて」、それぞれのクラブのチャンピオンに声援を送る。こうしたピトレスクな場面には男らしい無関心も含まれている。それは、「闘いが十五分を超えないようにと計時係が注意を払う間に」、何人かがパイプをくゆらし、ジョッキからビールをがぶがぶ飲んでいるからだ。[16] そうすると、単なる集団であれチーム編成であれ、二つのグループが形成されており、また試合に立ち会うと同時に闘いの質、つまり規則の遵守を、それから闘う人たちの男らしさを、一言で言うなら彼らの公正さを保証する人たちが居ることになる。その間に決闘者から決闘の継続時間に関する権限を奪って、何人かの人物が重要な闘いを管理し時間計測をする。闘いに新たな秩序が導入され、そこでは死や重傷を賭して闘うことがなくなるとともに、攻撃の効果がどの程度影響したか判定が下される。人を死傷させるのでなしに、敵に触れてポイントを獲得するのである。死なせたり、深い傷を負わせたりすることよりも、勝利の輝かしさと敗北の屈辱が好まれるようになったのである〔口絵参照〕。

ベルリンからパリに移っても、こうした構図にほとんど変化はない。試合の愛好者たちは「ブーローニュの森やヴァンセンヌの森の空き地、あるいは個人の庭園に集まる約束を交わす」。競技者は「攻撃の判定を分かりやすくするために、がっちりした、明るい色の」ジャケットを着用することを義務づけられ、「頭にはマスクを被り、闘いの用意を整える」[17]。対決を判定し勝者を指し示すことが可能になるような設備も整ってくる。しかしながら基本的な規則はそのままである。「なぜならできるだけ決闘の条件に近いものにするために、踵付きの町靴を履き、手には詰め物も、手首カバーもない手袋、いわゆる町手袋をはめなければならない」。相変わらず二人の男のあいだでする決闘の原則が闘いの基礎に存続しているが、それでも荒々しさよりも技術的な巧妙さの価値がいっそう評価される。場所の整備から、身体を防御する装備、攻撃を与える際の規制にいたるまで、身体に対する破壊的な影響を抑えると同時に、攻撃の技術のレベルに焦点を合わせるようになっていく。

一八八二年に創設されたフェンシング振興協会[18]が早速採用した規則がある。それによれば「突きで上半身、頭、頸、腹、下腹を突いたら四ポイント［…］、前腕、手、脚、足なら一ポイントが与えられる」[19]。評価は身体のさまざまの部位に対する段階的な序列付けに基づいている。攻撃に起因する傷害は、突きの質的評価に取って代わられる。男らしさは攻撃の優位さほど重要視されなくなる。なぜなら敵の身体に傷を負わせて倒すことではなく、よく計算された突きの攻撃によって敵を撃つことが問題だから。攻撃の傷跡は攻撃の評価結果に席を譲る。粗野で危険でもある傷は、その後は服の上に残った、はっきりした印で表わされる。それと同時に審判は突きの技術的価値を判定する。もはやそれは衝動の爆発ではなく、衝動の制御である。もはや刺して一刀両断にすることではなく、的に狙いを付け首尾良く突くことである。もはや敵を壊滅させることではなく、敵が劣っていることを審判に宣言させることである。こうした規制によって大衆の情熱には新たな光景が生じる。規則に違反する衝動的な攻撃は罰せられ、もっとも規則にかなった攻撃だけが記録される。もちろん、血と身体破壊の暴力から、こうした技術上で判定される攻撃へと向かう流れには、男同士の暴力的関係の込み入った変化がかかわっている。

Ⅲ　未完の男性

フェンシングの競技化

実際に新聞はこんなことを告げている、「フェンシングはすこぶる人気を博している。今年の冬は多くの記念試合が開催されることになっているし、グラン・トリアン〔フリーメーソンフランス本部〕では、サン＝シール陸軍学校の元教授ルイ・ヴィラン氏を称えるために、カロリュス・デュラン氏の指揮の下にすでに競技大会が催された」。有名な何人かの名前が挙がる、「注目された剣士はラフォン、リュ、ヴィダル、デュレだ」と[20]。都会ではフェンシング場が愛好者を拡大する間に、名誉や卓越した男らしさという問題は、競技者たちの勝利の栄誉の前に影が薄くなる。歴戦の勇士が自らの価値を認めるのはここで手腕を発揮するからである。

パリではフェンシングのクラブや同好会は、酒場の奥の広間とか地下室を占拠することができた。たとえばオテル・ド・ヴィル広場一番地のカフェ・エティエンヌ・マルセルには初期のパリ・アスレティック・クラブが入っている。このクラブではフェンシングの他にもイギリス式・フランス式ボクシング、重量挙げ、ダンベル、レスリングもやれた。設備は評判が高かった。パンチング・ボール、サンド・バッグ、エキスパンダー、バーベル、ダンベル、「そして全階級の相手」がそろっていると、広告が宣伝する。フェンシングで上達したければ、その客には専門の指導員が付く。もっと評判の高いところに習いに行く愛好者たちもいる。十五区のフルーレ道場における練習時間は毎週火曜夜の九時から一一時まで、十五区ルクルブ通り一五九番地のサロン・ジョゼフも、アンドリュー兄弟が経営するトロカデロのフェンシング・クラブもそれと同じだった(21)。

装備も変わる。競技用剣《エペ》が一八八〇年代に登場して決闘用剣に取って代わる。これはスポーツ用の武器で、エペ競技者はフルーレのチームメートにならって試合を何度もすることが可能になる。審判の判定が洗練されるが、その間に競技技術の革新はその評価の仕方にも影響する。一八八五年、リエージュのフェンシング協会が組織した試合で、突きを管理をするため剣に電気の装置を着けたことが評判になる(22)。一九〇六年、ボーデ師範が、ついで一九〇九年、ガブリエル師範が、もっと目立たない皮（ないしフランネル）製の――赤あるいはオーカーを水で薄めて――色づけしたタンポンを取り付け、突きを標示させる(23)。こうした新しい装置によって、相手の恣意的判断や証人の判定に委ねられていた部分に規制がかけられるようになる。電気の閃光や色の付着は、傷や流れた血の意味を持つとともに、証人や審判が吹っかけられるいつも先入観に囚われた議論や反論も斥けられるからである。

これと平行して、国もかかわりをもつようになる。一八八二年二月十一日、エヴラール・ド・ヴィルヌーヴ〔一八四八―一九二五。フランスの政治家、フェンシング剣士〕の率先で、フェンシング振興協会が設立される。その規約が決められたのはパリのグランド・ホテルで催された会議のときであった。フェンシングを専門職とする人たちに同情票が集まるが、それでも彼らは利害関係をもっているために、この協会に参加しないことが決定される(24)。プロフェッショナルとアマチュアは別だ、なぜなら金銭的な利害と、利害と無関係の美学とは区別しなければならないのだから。アマチュアにとってタイトルとメダルは金銭的な利益に勝る。すべては彼らの名誉に関わることなのだ。一八九一年から公的に有用性が認められて、フェンシング協会は振興活動を奨励するために予算を活用する。かくして会員から集めた資金のおかげで、試合や競技会ではトロフィー、賞、メダルが授与される。勝利の象徴は一時の功績とは別物となった。なぜならそれはトロフィーの上に刻まれるので、トロフィーを介して時間のなかでそのパフォーマンスの思い出が永遠になるとともに、そこで賭けられたものが公に価値あるものとして示されるからである。抽象的な格付けが人々の心を捉え、等級分類を通して名誉に関する想像世界が刷新される。かつての決闘の際には、傷を負ったり死んだりしたら係争はその場で解消され、敗者はその後記憶から葬り去られたものである。スポーツの上での敗北は敗者を匿名のなかに送り返し、それと反対に勝利は勝利者の名前と評判を永遠のものにする。敗者はその名を忘れられて、物理的と言おうか象徴的と言おうか、死を免れえないが、それと反対に勝者の名声は勝利の栄誉によって永続し、時には生を越えて存続することもある。それでも依然として残る原則がある。これまで係争に決着をつけることが優先されていたので、どのような金銭的利害関係も決闘に関係することはなかった。今や試合の成績が問題となるのだが、いずれにせよ金銭的報酬がその価値を汚してはならないのだ。

協会は同じ発想で、一八九二年にフルーレの第一回ジュニア選手権試合を組織する。一八九三年には、協会の手でフルーレのアマチュア・シニア・フランス選手権試合がいくつか始まる。決闘では年齢は決して対決の重要問題とはならなかった。唯一挑戦者の男らしさと、それを受けて立つ者の矜持だけが価値をもっていた。フェンシング振興協会が年齢別階級を設けたことによって、試合で賭けられるものが新しく導き入れられる。チャンピオンのタイトルとそれをめぐる競争である。協会はこれを浸透させるのに、年齢別階級制度を利用する。これまで対決の規制は伝統的な形式のままであり、人々はそれを後代に伝えるとともに、暗黙の了解のうえであれ密かにであれ、慣例的にそれに従っていた。今や規制は文字で表される「契約」の対象となり、公的機関からも認証済みのものとなろう。それに、勝利は未来の競争を保証し、その競争によって試合が繰り返され、歴代チャンピオンが生まれる。フェンシングの競技会では闘いは長時間続く。「プール式〔双方の選手が総当たりする試合形式〕は今では非常に試合が多くなったので、開催者は有名な剣士を自分の大会に呼び寄せるために、彼らに賞として魅力ある芸術的記念品を授与することが必要だと判断している。たとえそれが価値のない置物にすぎなくても、手で確かめられる勝利の証しを持ち帰れるのは嬉しいことである」[25]。トロフィーであれ賞品であれ、それで思い出が作られ、愛好家たちの個人や集団の記憶が培われる。近代的ヒロイズムの時代は近づいており、それはやがてオリンピックの輝かしい勝利の栄光を運んでくるだろう。

フェンシングのイベント化と男らしさ

かつては禁止命令のせいで少数の恵まれた者だけに決闘で争いの決着をつける特権が与えられていた。それが今日では大きな影響力を与える目的でジャーナリズムを利用した宣伝が決まりになってきている——といってもそこには何も「決めごと」は存在しないのだが。これは一八九九年七月十四、十五、十六日にダンケルク・フェンシング・クラブにおいて開催されたフェンシング競技会が明らかにしていることである。この年のシーズン最後にあたって、なかでももっとも有名な一五〇名以上の剣士が賞を獲ようと競い合う。しかしながら上述したことと同じように、参加者のあいだには次のような差異が見られた。「フェンシングのプロは賞金を争うのに対して、アマチュアは美しい芸術的記念品を目指して闘う」[26]。数十年前だったら、決闘者は人目に付かない場所を探し、一日のうちの特異な時間を選び、それから目立たない証人を少人数選ぶだけで、物見高い人たちを近づけようとしなかった。今では多数の観衆、多くの競技者、技術レベルによる選別、競技会の宣伝が一大イベント化する。

パリの「アルカザール・デテにおけるフェンシング世界選手権以来、重要なクラブや評判の高い協会のすべてが、選ばれた観客の前で自分たちのところのメンバーや多くの招待選手に剣を闘わせることを望んだのである」[27]。事実さまざまのフェンシング協会が十九世紀の最後に誕生し、一八九六年にはフルーレとサーベルがアテネのオリンピック競技大会に現れる。エペは一九〇〇年のパリ大会で登場し、団体戦は一九〇八年のプログラムに載る。

諸協会の統一は、一九〇六年のフランス・フェンシング連盟の創設、および諸協会の再結集と連盟会議の開催を呼びかける宣言を、ブリュノー・ド・ラボリ〔一八七〇―一九三〇〕が発表することによって具体化された。同年一〇月二四日に結成大会が開催され、それに三三の協会やフェンシング道場が代表を送る。満場一致で全国連盟となる基本方針が宣言され、ブリュジェール将軍一人にこの連盟の権力が集中することになる。一九一三年一一月二九日、ガン〔ベルギーのフラマン（オランダ）語文化圏の中心都市、フラマン語名ヘント〕で新たな前進が図られる。国際的な連盟を創設する決定がなされ、それと同時にフルーレ、エペ、サーベルの試合規則が公表されたのである。かつては国境を越えた決闘が禁止されることはまったくなかったし、人から攻撃されればそれを受けて立つことによって矜持を披瀝すれば十分であり、それ以上でも以下でもなかった。こうした慣習を忘れて、フェンシング国際連盟はフェンシングの国際化を規制したうえ、それぞれの国の代表を選抜していこうとする。かつては対決によって特権階級の名誉が守られていたのだが、もっと時代が下がると対決がもたらすのは個人の自由の証明に変わり、その後はフェンシングが国民意識を普及・拡大するようになっていく。

国境とは別の境界が乗り越えられる日も遠くない。そのなかには男と女を区別・分断している境界も含まれるが、これを乗り越えることがよりいっそう困難なのは明らかである。男の手になる情報の書き方から露見するのは、どれも女性を蔑視するような慇懃さを通して表現されるいくつかの大きな困難である。実際にフェンシング振興協会がＤ・ロベール夫人とその子供のために一八八三年に催した競技会の際、フェンシングを熱愛する何人かの女性が女性を代表することになる。ジャーナリズムはそれについておもむくままに正直な感想を述べる。

優しくか弱い女性が、能力を駆使して力や敏捷さ、技巧を繰り広げる男の闘いに拍手喝采するのを見ることは喜ばしい。こうした男の能力を女性はねたんでいるのではない、女性は自分たちを守るのにそれが必要であることを承知している。魅力的な女性たちが、きらびやかさのかけらも見せられないことを残念に思わずに、彼らの慈善試合のために駆けつけてくれたのである。男性剣士たちがこの場の女性たちすべてにフェンシングという高貴なスポーツに興味を抱かせたことをどれだけ誇らしいと思っていることか。(28)

こうした優しさ、か弱さ、魅力、色っぽさに関するお世辞、要するに男と女の性を区別ないし対立させ、そしてまたこの文章の著者が弄んでいるもの、それが男の堡塁のようなものを守ろうとする態度を思い起こさせる。それからまもなく性を区別するのは選手権の男女別枠だけになる時代が来る。女性たちが競技に参加するようになると、男らしさの概念は内容が空疎になる。そこでフェンシングは男・女の種別のどちらかに別れるだけになる。

しかしこうしたあり方が必ずしもすべてのスポーツに一般化されることはない。ボクシング、レスリング、競歩など、大衆的なスポーツは反対に男らしさを獲得することに価値を見出す。

Ⅳ　進行中の記憶

出稼ぎ労働者の記憶

かつては名誉を特権として保つことや、男のあいだで自らの正義を判断する自由を社会の一階級の表徴としていた。だからと言ってその当時の社会階級に対して挑戦する権利を留保しておこうとするのはなるほど間違いかもしれない。フランスでは大革命で引き起こされた転覆やその経済的、政治的影響によって、他の社会階層も打撃を蒙ったのである。そうした民衆のあいだでは、時には遠く離れた地方から多数の村人が都会へ移住してきたり、一定割合の人々が転職したり、同業者組合が再編成されたりしたせいで、多くの人々がその出自から切り離される。富を求めて、出世を望んで、彼らは出発することを余儀なくされ、地方の道路や街道へと飛び出していく。群れをなす人々の異様さのせいで、道の途中で彼らは軽蔑や悪口に曝される。彼らが今は自らの存在価値をすこしも手にしていないにしても、やがては移動したおかげで職を得たあかつきには評価されるのだから、彼らは人から尊敬してもらうことにはこだわる。

旅の途中で、あるものは力を誇り、技のさえを披露する。たとえばトゥールーズ出身のベゼーヌという名の男は、後にパリで力自慢を見せ物にして暮らしを立てることになる。

おれは十二月八日の朝にトゥールーズを発った、と彼は質問をするジャーナリストにぶっきらぼうに答える。北に向かって、まっすぐ、まっすぐ……道を歩いた。おれの背中を押すのはD……という名……、きっと地獄の果てだってこんな風にして行ったかもしれない。ある村を通った時、食料品屋に、蹄鉄屋に入った。そこで重しと鉄床を借りてね、別に商売と関係なかったけど、広場でパフォーマンスをしたんだ。するとみんなが小銭を投げてくれ、アプサントやクルート〔調理パンの一種〕が買えた。その後またおれは旅を続けたんだ……[29]。

この話が本当かどうかはあまり問題ではない。何よりも重要なのは、自分の身体能力を活用したことを自慢してみせるこの男のちょっと風変わりな想像力である。彼は人を驚かすほど重たいことが判っているものを選び、職人たちの力自慢の対象を通して彼らに挑戦をしたのである。自分のパン代を稼ぐために、ベゼーヌは自分の力を見せ物にして他の人たちをびっくりさせた。彼はその見せ物によって他の人々を驚かせるとともに彼らに挑戦をするつもりだったにちがいない。ただしありふれたその手段と方法によってそれよりも明らかなのは、この冒険家の才能が一時的に人目に触れたにすぎないということである。

こうした出稼ぎ労働者は大抵数人か集団で旅をする。ひとりのメッセンジャーの指揮下でシャンベリー〔イタリアに隣接するフランス南東部サヴォワ県の県都〕を発った人たちは、昼夜を問わず歩いた[30]。旅の途中で湧き起こるおどけ、ふざけの類は、貧しく、地味な人々の尊厳を守らんとする集団の絆を深めた。彼らに浴びせられる罵声や攻撃に抵抗しなければならないので、彼らは侮蔑に対して団結をする。「石工の職業者組合が集団で侮辱されたら、どうあってもただでは済まなかった」と、クリューズ県〔フランス中部リムーザン地方の県〕の農家出身の若い出稼ぎ工マルタン・ナドーは『回想』のなかに記している[31]。爪弾きされるどの民衆とも同じく、彼らは恥をすすごうという気持ちから挑戦を受けて立つことを強いられる。だから彼らの中でもっとも腕っぷしの強い者は罵倒されると拳に訴え、殴り合いは必要に応じて行われる義務のようなものとなる。彼らの行う反撃は、仲間のあいだの絆を固めるし、彼らの道中記録は彼らが遭遇した試練の場所から成る。この記録は後々まで出稼ぎ人たちのコミュニティが共有するだろう。実際に何十年かしてから、リムーザン、ノルマンディー、ブルターニュ、北フランス、シャンパーニュ、ガスコーニュ等々の人たちが一・二世代にわたって引き継いできた旅程についての回想録では、こうした思い出の数々が回想されるのである。さまざまの身体的試練を経ながら足で踏破することによって、彼らは首都やその周辺への自らの「上京」を輝かしいものとするのだ。後の時代になって地方から首都へと赴いたり、あるいはその逆の行程をたどったりする自転車のロードレースも、それとよく似たシンボル的なものを記念として利用することになる。

自転車レースと競歩

このような自転車レースの行程は、最初フランス国内の道路と鉄道の星状のネットワークを象徴的にたどっていた。しかし、それはとりわけ、個々の地方人を最終的にフランスに結集させ、続いて母なる祖国ないし国民国家とのその絆を活性化させたのである。それはおそらく小学校の読本として長年続いた『二人の子供のフランス巡歴』からの連想だったであろう。一八七七年に出版されたこの著作は、一四年後には二〇九版を重ね、一九〇一年までに捌いた部数は六〇〇万部に達する。[32] 一九〇三年に『オート』紙の創立者アンリ・デグランジュ〔一八六五―一九四〇。フランスの自転車競技選手〕の提案から始まった、周知の自転車競技ツール・ド・フランスは、その完成形態でしかなかろう。この自転車ロードレースは地方を一周する。二世代前からこうした地方は、強力で雄々しい男たちの手で首都を養ってきたのだから。[33]

上述した力自慢、徒歩行進者、サイクリストのパフォーマンスは民衆の記憶を形成して、彼らの遂げた快挙とそれを実現した時の状況がまるで英雄のそれのように称えられる。たとえば『アウトドア・ライフ』誌の記者ヴィクトール・ブレイエ〔一八六九―一九六〇〕が紹介しているボルドー＝パリ間の徒歩競争の場合は次の通り。「一八九一年、ボルドー＝パリ間を制覇したミルが頼ったのは自転車に乗った前走者だけだった。〔…〕何人かのサイクリストに引っ張られて、彼はその行程を二六時間三四分で踏破したのである」[34]。やがて貧しい者たちの乗り物となっていく自転車は、このように徒歩競争でアスリートを引っ張り、また歩行に関するパフォーマンスは一分刻みまで計時された。ミルは英雄となった。なぜなら彼は独力で前進をし、彼の労苦を縮小し努力の節減をさせ価値を減少させてしまうような援助と便宜を拒否したからだ。彼の示した忍耐と勇気は彼を英雄的人物にするに対して、彼の方では労苦をものともしないで挑戦意欲を掻き立てる男の美徳を例証しているのである。

この種の競争のなかに、一八九一年九月に始まった、パリ＝ブレスト間往復サイクルレースがある。これは、『サイクリング』の編集長となったピエール・ジファール〔一八五三―一九二二。スポーツ新聞記者の草分け的人物〕の提案を受けて、『プチ・ジュルナル』紙が組織したものである。ヴィクトール・ブレイエはこれを記事にして、こう付け加えている、『プチ・ジュルナル』の催すレースは自転車の大衆キャンペーンの絶好の機会となった。このレースによって鋼鉄の小さな機械が大衆化され、勝利者テロンは前代未聞の人気を博した」と。実際に、三昼夜ペダルを踏み続けて七一時間三五分で一二〇〇キロメートルを走破したこの男の成し遂げたパフォーマンスは、「この詩人が語ったように、休息も、中断もなく、睡眠もとらずに行われたので、それまで自転車を機械製のおもちゃとしてしか見てこなかった善良な人たちを唖然とさせるには十分な効果があった」[35]。英雄が誕生する、彼は最新の機械を自在に操ったからだ。そしてその機械は彼の功績で人気の的になる。彼と同じような価値観や生活条件を共有する人たちの意見では、かつて自転車は自分たちと異なる社会階層に属する人にとって、ひとつの玩具かたまたま余暇に利用される単なる機械として与えられていたにすぎない。しかしこれが民衆のヒロイズムに道を開く道具となったのである。テロンは努力と汗で勇名を馳せた点で際立っている。彼は単に称号を獲得しただけではなく、さらにまた彼はかつて別の社会階層に属していた特権を自分の同胞たちの遺産として刻み込んだのである。しかも何よりも彼は、都市住民のブルジョワ的で上品な娯楽品としての意味を帯びていた自転車に、勇気と労苦の価値を与えて民衆層の男らしさの象徴とした。そして最終的に彼は、余暇時間としての意味しかなかった象徴世界を民衆階層のために切り開いたのである。留意しておかなければならないのは、こうして記録されたパフォーマンスは、スポーツ記録の一覧である以上に、武勲の性質を保持しているということだ。スポーツ記録の一覧が後世の意味で理解されるようになるにはまだ先のことである。

一八九二年以来、競歩の競技規約はさまざまのスポーツ連合組織の指導下で実現をみる。[36] この年、コンスタン・ラモジェはパリ＝ベルフォール〔フランス東部スイス国境沿いに位置するベルフォール県の県都〕間四九六キロメートルを、一〇〇時間五分、平均時速四・九キロメートルで踏破する。彼の後にゴネが四三分遅れで続く。一九〇三年に、フランソワ・ペゲとエミール・アントワーヌの二人が、ボルドー＝パリ間レース（六一一キロメートル、歩き方は自由）で、最初の五〇〇キロメートルをおよそ一〇〇時間で踏破する。このレースで最終的に勝利したのがペゲで、彼は全長距離を一一四時間四二分でカバーし、それに続いたのがアントワーヌ（一二三時間六分）であった。一九〇三年にはまた、パリ＝ランス（一七二キロメートル）間で一〇〇人ばかりの出走者がレースを競い、エミール・アントワーヌはそこで第二位であった。一九〇八年に行われたパリ＝ルベー〔フランス北方ノール県の都市〕間で、ラモジェが今回は一八一キロメートルを二四時間で踏破している。[37] 彼らのパフォーマンスがどのようなものであったとしても、それらはたまたま行われた競技会での出来事であり、その後の経過をたどれば、すくなくとも最初のうちは毎年定期的に行われなかったのは明らかである。したがって彼らの快挙は一回限りのものであり、一連の選手権のなかで互いに関連づけられるようなことはなかった。この時点ではパフォーマンスが比較されたり、公的な記録として認められたりすることはなかったのである[38]。彼らが踏破した距離には叙事詩的な価値を見出せる。というのもそれは、かつて村や町から出てきたパリジャンと、こうして踏破された距離に感銘し、そのパフォーマンスに驚きを隠せないでいる地方人たちとのあいだで共有される記憶から、その意味を引きだしてきているからだ。それに最良の踏破者というのは、彼らに先立って地方の道路や街道を歩いた出稼ぎ世代がパリへ「のぼる」ときに遭遇した、数々の障害故の労苦を栄光で飾っているからだ。たとえそれが一時的出来事だったとしても、彼らのパフォーマンスは語りぐさとなって記録の一覧よりも地方の人たちの記憶のカタログに載せられて人目を惹くことになる。だからスポーツの成績を褒め称えることは、骨が折れ、苦労が多く、しばしばしだいに記憶から失われていくかつての長い距離の踏破のイメージを、イベント企画者たちが大きく変貌させてしまったとも言えるだろう。つまり彼らは競争者たちの身体能力と勝利への情熱を称賛し、成し遂げられた功績をことさら称えることによって、華麗なパフォーマンスとして美化したのである。出稼ぎ労働者たちの謎の多い、曖昧さのただよう物語から、男らしく、輝かしく、派手な叙事詩を彼らは引きだしてきた。だがそこには女性の名はひとつもない。

V　助け合い、鍛え合い、つかみ合う

男らしさと帰属意識

それではこの種のレースに賭けられたものとは本当は何だろう。競争相手に抱く恐れ、気温が与えるカルヴァリオの丘の苦しみ、行程中に味わう地獄（「ノールの地獄」とはこの地方の舗装路のことを言いたいのではなかろうか）、敵からかけられる呪い、これらに注目して記者たちはスポーツマンという、発展途上の社会の英雄が対峙する本物の挑戦対象を明らかにしようとする。自然の力（雨、寒さ）に対する闘いは、地方人の忍耐力を証するものとして、レースではそれについて長々と語られ、民衆の雄々しい情熱が称えられる。健脚家の起こす奇跡――それとまったく同じく、後に「ロードの巨人」と形容されるようになったサイクリストの起こす奇跡――は、民衆の男が自然の力に示す抵抗力の側面から描写される。新聞の探訪記事は、踏破された驚くべき距離、南フランスの太陽の耐え難い熱、身体を疲労困憊させる雨、敵意を含んだ夜の寒さ、脅かすような暗い光景などを書き留める。それは、逆境の何たるかを明らかにし、男たちが人からの認知を求めて対決する危険を具体的に表現している。こうした自然の分析的記述が彼らの価値体系の鏡として役立つ。

ジャーナリズムで冗長に語られる、このような男らしさの表明によって、人気を集めるヒーローの輪郭がはっきりする。このヒーローが存在するためには、自然の力に挑戦し、そこに自分の身体を曝してみせる勇気を示すことがとにかく必要である。沿道でヒーローを励まそうとやって来る観衆から拍手喝采を贈られて、栄光に包まれたこのヒーローは、その名をカレンダーに忘れがたく刻みつける。労苦や疲労に立ち向かうことで称えられ、

勇気や忍耐力を示すことで価値を高めた何人かの男たちが、小さな故郷、父祖の地、彼らの生まれた地方の評判のために、さらに後には彼らがその子孫である国のために、フランス人民のために、彼ら地方出身者の偉功を捧げる。かくして地方から、かつては縁遠いものであったが今やいっそう希われる実体的現実としての国へと、彼らの帰属意識は段階を追って組み立てられる。こうした帰属意識というのは、彼らの「男らしさ」の価値に基づいており、また帰属意識によって男らしさが限定されると同時にその価値が輝くのである。

彼らの闘いはまた男らしい価値がどのように表現されているのか、それと同時に厳密な意味でのスポーツ記録がどのようなものであるかについても詳しく語る。もっと正確に言えば、競争をねばり強く遂行し、自らのもつ力を最大限に利用することのできるこの種の男たちは、自分の前や周り、後ろを行く競歩者やサイクリストの集団を苦しめることで、その過剰な努力を転換利用して自らの立場を有利にすることができる。ヴィクトール・ブレイエはこう書いている、「ロードレースでは、出発が合図されるやいなや、激しい闘いが始まる。そこでは三〇秒でも遅れたら勝利が敗北に変わってしまうと考えている男たちが、チェックを受けながら、町や村を狂乱したように疾走し、一陣の風となって駆け抜けていくのである」[39]。レース中に競歩選手やサイクリストは、厳密には彼らの身体能力を超えた力を与えられる。それは男たちが暗黙のうちに了解している基本的な能力である。すなわちそれは、冷静さ、ねばり強さ、また俗にクラン〔勇気、大胆、強さの意味〕と呼ばれるもの、言い換えれば、彼らに諦めることを肯んじさせない[40]、試合や選手権レースによって聖化される男の美徳である。そうした試合や選手権レースこそ勝利者を褒め称えるとともに男らしさの大衆的なシンボルとなる〔口絵参照〕。

そのようなレースでは運動における優秀さとともに、ブルターニュ、オーヴェルニュ、ノルマンディー、ガスコーニュの人たちが共有する、特に地方的な、精神的なある美徳が記憶されるようになるだろう。それがねばり強さという、地方人に共通した特徴である。それからしばらくすると、脚力で踏み固めたり、ペダルをこいで制覇することで勝ち取ったフランスという国土からは、愛国的な感動が生まれてくる。法律の適用、教育活動、フランス共和国の記念式典と同じで、すくなくともこうした男らしさの倫理は、故郷に対する愛着を育くむと同時に、自分たちの生まれ故郷を国家国民の一画を構成するものとして新たに提示することになった。スポーツのこのような倫理性は、スポーツやオリンピックに夢中になって何人かのイギリス貴族やフランスのその信奉者たちが移植してきたと思われる、フェアプレイ精神の世紀末の単純な模倣の中に拡散した起源を見出せるが、それとは別の深い起源からの影響も存在するのである。

大都市におけるアイデンティティ意識

大都市ではそれより数年前から、この種の問題ではもっとも影響力の大きい若い世代の出稼ぎ労働者が、たいていは仲間内部で閉じた、連帯意識に富んだコミュニティを形成していた。都市の群衆の匿名性に立ち向かい、彼らはまず限られた界隈に居を定め、そのことによって自分たちの「故郷」との繋がりを維持し、そこに自らの「ルーツ」を求めていた。リムーザンの石工は、すでに一八四七年に、一八六〇年にもまだ、パリの市役所やアルスナル〔現在の四区に位置する。元は海軍工廠であったが、すでにこの頃は現在のように図書館などに変わっていた〕の周囲に、サン゠ジャン市場やレ・ザルシ通り〔現在の三区サン・マルタン通りの一部〕付近、あるいはサン゠マルセル街区〔現在の十二区に位置する〕に居住した。オーヴェルニュ人たちはド・ラップ通りやティエレ小路〔現十一区に位置する〕というバスティーユに近い街区に集中した。(41) ルイ・ボネの言うところでは、一八八三年まで、この小路では一二二五人の居住者の内オーヴェルニュ出身でないものはわずか五人を数えるだけであった。ルエルグ地方〔南フランス、アヴェイロン県に該当する地方〕の出稼ぎ者は、同じ小郡や小村、教区の出身者で、「友の会」、「互助会」を組織する。一八四〇年には、こうした組織は法律の規制下ではなく、警察の管轄下にあって、警察が許可・不許可の権限をもっていた。一九一四年まで、パリではこうした組織の申告が一〇〇ほどあり、地方にも存在した。「同郷人」が経営する、カフェ、レストラン、ブラスリ〔カフェ＝レストラン〕がその根拠地としての役割をする。そこで人々は生まれ故郷の小さな村のこと、雇用状態のこと、それぞれの家族のことを話すのである。[42] 一言で言えば街区は村落共同体を再構成しているのだが、そこには女性の姿はあまり見られない。

大都市では出稼ぎ者たちは生活条件にあまり関心を向けないので、どうしてもみすぼらしくてしばしば管理状態の悪い宿舎、家具付き貸部屋に居住することになる。商議所の調査員がこうした住居のことを「悪臭がして、ぞっとする」と形容している。彼らはこうした住環境に対する軽視を「収入の不足よりもむしろ、利便さ、清潔さに対する無関心」のせいにしている。しかしながらこうした調査員がおそらく気づいていないことがある。それは出稼ぎ者たちが男同士で生活しているので、彼らにとって衛生に対する無関心とは、家庭の清潔さをマニアックに守ろうとする女たちの遺伝的な強迫観念と化したものに対する挑戦かもしれない、ということである。さらにまたこの調査員が無視していることがある。それは衛生観念の支配、およびその代弁者たちのしつこい非難のせいで、彼らの自由、つまり男らしさにとっては基本となる特質が損なわれそうになっていることである。なぜなら彼らの形成する集団にとって第一に称揚されるべきは、肉体の生《なま》の力、闘いのための身体能力なのであり、女性の特権と言うべき、住居の細心な管理とか、室内の清潔さといった家庭への配慮はそれに当たらないからである。

外の公共空間において、特に男らしさを賭けることが彼らの優先的関心事である。なぜなら彼らは男のなかで互いに競い合わねばならないから。それで作業場では、サヴォワやオーヴェルニュの石工たちは、「足場を引き抜き合うこと」をやめないのである。彼らが身を投じるアタック、チャレンジは、どれもが自分たちの優越性を明らかにし、自分たちの力を証明しようとするためにある。隣り合う地方のあいだに生じる対立で、雇用の際に彼らのあいだでは敵対的競争が絶えることなく続き、またけんか騒ぎがもち上がってそれに夢中になったりする。それと言うのも、みんなが「頑強である」ことを望んでいるからである。こうした行動がさまざまの法律や規制から外れ、公権力が実際にそれに介入するにしても、彼らのあいだの衝突や何度も起こる乱闘を触発するのは、男たちの伝統的なライバル意識なのである。ただ場所と彼らが賭けるものは新しくなった。また彼らの行動は、一般的には時代の変化、私的には個人の地位に関わる社会変化のせいで、激化してきた。

なぜならこれらの抗争には、時に余暇時間が当てられるからである。ポワソニエール市門〔現在のパリ九・十区の境界を画するフォーブール・ポワソニエール通りの北端にあった〕に「らんちき騒ぎをしに」行くリムーザンとオーヴェルニュの人たちは、そこで行われるダンスパーティによく顔を出す[43]。ちょっとした場違いの動作やことばの行き違いから、突然けんかが起こる。ひとつの争いがすぐ別の争いを呼ぶ。このような乱闘騒ぎが続くことによって、当事者たちの闘う技術を洗練することが正当化されたりもする。乱闘は集団間の勢力争いのなかで復讐の形態を帯びる。「リモージュやクリューズで栗を食べているまったくしみったれた考えの奴らを」こらしめるために、リムーザン人は「キックボクシング」やレスリング、ボクシングを習う。彼らのつかみ合いが規則化されると、こうした喧嘩によって個人の主張に関するこれまでに見られない形式への道が開かれる。一八四八年二月の革命後に、パリのクリューズ県人会長になった、かのマルタン・ナドーは、このことについて思い出を次のように書いている。

クリューズの石工たちには、自分たちが他のどのような職業集団の労働者にも劣ることはないとあえて信じることのできる、あの誇りと独立の精神が育ち始めていた。駆け引き上手な人が言うように、権利を得るには力を用いる必要があるという考えに駆られて、若者たちはわたしたちの界隈に多数あるキックボクシングや棒術の道場におもむき、自分たちを敬ってもらえるようになることを望んだ(44)。

因果関係は短絡的であるかもしれない。だがそこには、同一の職業にたずさわっているにもかかわらず地方間に格差があること、ある地方集団が他の地方集団に対して象徴的な形式の認知を求めていること、つまり革命後の都市社会におけるアイデンティティ意識に関する先鋭な問題が提示されてきているのである。敬意に対する権利が力に訴えることを許し、力はそこで自らを鍛える義務を課してくる。昔の石工の精神からすれば、どのようなかたちであれ尊大さというのは軽蔑の表れであり、また対決の挑発にほかならないと考えられるので、「ボクシング」の訓練をしようと思い立つようになる。こうした出稼ぎ者たちの誰一人として、自分たちの地位や故郷を汚されることは許さないであろう。彼らはどのような挑戦でも受けて立たなければならないのだ。彼らはそれぞれ家族や出身地方の名誉を自ら負っていると感じている。集団的な名誉は、しかじかの組織や集団とのつながりからいっそう凝り固まった、それを担う個人の尊厳を通して守られる。

市門を散歩しに行く時、あるいはダンスパーティに足を踏み入れようとする時、わたしたちはどこでも多くの軽蔑でもって迎えられる。だから敬意を払わせなければならないという欲求から、わたしたちは喧嘩を厭わないようになったのだ。このような傾向はわたしたちの界隈で多くのキックボクシング道場が開かれたことと無関係ではなかった(45)。

喧嘩、闘い、挑戦の応酬はどうしても求めざるをえない男らしさの表現である。そこではたわいない気晴らしが問題となっているのではない。そうではなくて、自分をヨソ者と感じてはいるが、取るに足りないと者とみなされることには耐えられないので、まさに自らのアイデンティティを賭けることが問題になるのである。

対抗意識の洗練化

公開の場におけるこうした対決は、ひとつの歴史の、彼らのもっている歴史の結果である。そのせいで、余暇に関して新たな時代が開かれるまで、同じ「家具付き貸部屋」の居住者たちはまとまっていた。戯れにつかみ合いをしたり、体をぶつけ合うことで、彼らは互いに対立し合う以上に、余暇の過ごし方としてそれに習熟していく。さらにまた思い出は彼らの都市での新生活の開始を深く印象づけている。マルタン・ナドーの証言を見よう。彼は語っている、「わたしたちは最初お互いに上下のベッドで寝た。そしてわたしたちの部屋がボクシングやキックボクシングのジムになった。わたしたちは格闘することでまったく楽しい時間を過ごした」と。自分たちが他の地方出身者よりも優れていること、腕っぷしが強いことをもっと確実に示せると思って、オーヴェルニュ人たちは仲間同士でトレーニングをして、トレーニング好きになり、とうとう公開の場で対決するようになる。狭くて暗い照明しかないところで、雄々しい男たちがこうして取っ組み合い、つかみ合い、もつれ合い、殴り合い、引っぱり合い、たたき合うのは、ただ楽しむためだった。彼らを対決させている対抗意識から、このような体の接触に対して規則が定められるようになると、愛撫じみた曖昧な動作はまったく考えられないようになった。彼らはたたき合いはするが、愛撫し合うのではない、相手を押さえつけても、互いに相手の気を惹こうとするのではない、つかみ合いをして、体を取り押さえるが、しかし抱き合おうとしたのではない。こうして、彼らの誰一人として、女々しい男として通ることはなかった。そうなることは彼らのだれもが恐れていたにちがいない。

一時期彼らのあいだにあった親密さは人目から隠されていたのだが、こうして公開の場にそれが明らかにされると、彼らの身体運動で問われていたものが白日の下に突然さらされるようになる。なぜなら、引き続いて、こうしたつかみ合いが家具付き貸間の陰から外に出て、トレーニングジムという空間へと入っていった時、それは専門的指導のおかげで洗練されてくるからである〔口絵に参考図版あり〕。

それから時々わたしたちは夕方にはガドゥー・ジムかル・ミュル・ジムに通ったものだ。この二つのジムは当時もっとも熟練した二人の指導者が教えていることで評判が高かった。わたしはどうかと言うと、このような練習をするのが好きだったので、優秀なミドルクラスの選手になった。(46)

ライバル同士のそれぞれの評価は、決定的でも、明白でもないので、絶えず確認されることがどうしても必要になる。かくしてライバル同士が次から次へと戦いを交え、試合から試合へと、シーズンからシーズンへと闘いで問われるものが移り変わる。引用の「ミドルクラス」というクラス名は、階級の存在を示しており、その延長が後にスポーツの勝利者記録のなかに現れることになろう。階級によるこのような一時的な整理は、新たな習得すべき規範を特徴づけており、習練も段階的評価に基づく資格条件を通して行なわれる。

注意しておかなければならないのは、こうした階級区分が伝統的でも、遺習を受け継いだのでもなく、また決定的なものでもないということである。タイトル保持者もそうだが、こうした階級も変化し続けており、いわば永続的にリセットが行われる。タイトル保持者は自分の能力を向上させなければならないこと、新たな闘いでは自分たちがタイトルを失う危険があることを承知している。記録に残っている彼らの戦績は選手権試合の度にリセットされるだろう。要するに、勝利というのは分類を新たにされることがあり、そのためにタイトル保持者は落伍する危険にさらされるのである。自己肯定に値する、優秀さの表現である、戦績やスポーツの勝利というのは、決定的に定まることは絶対ないし、絶えず確認し、確実に固めることが必要である。このようなパフォーマンスの歴史がひとたび男性のみに関係するようになってしまうと、それが男らしさのアイデンティティを表すことになり、それはまたエリートが観念的に支配する団体では愛国精神の価値を帯びるようになったのである[47]。

なお、男性の身体を舞台に立たせることについては、女性のそれとは別の論理があることも見て取れる。なぜなら初期のオリンピック大会では、女性たちは女性同士で力を競い合うことはなかったし、彼女たちがスタジアムに登場するのはダンスを見せる時に限られていた――これは女性たちが完全には一個の市民になっていなかったことの証拠だ。競技において互いの身体がしのぎを削るところを観客に見せるとき、実際にそこでは男たちが持つ勇気、冷静さ、力、技術の優劣が問われており、優先されているのは男たちの対決である。

Ⅵ　強い男たちのための場所

トレーニングジムの男たち

トレーニングジムは大都市界隈の様々なところに開かれる。宣伝広告によれば、体操のほかにも、フェンシング、イギリス式・フランス式ボクシング、筋力トレーニングが挙げられている。設備にはバーベル、ダンベル、エキスパンダーなどの運動器具がある。[48] 運動選手のプレイは身体の外見や姿勢に対する働きかけを中心にして、自己の健康とともに優美な外形とその維持を目的としている。鍛錬に何を選ぶかは、身体的な美しさへの関心とともに他の人と仲間同士になるという正当な欲求にも動機づけられる。要するに、ベル・エポックの運動表現はどれもこれも、流行からの判断や近代的社交スタイルの想像にゆだねられている。ジムにおけるスポーツの実践は美学的な演技のカテゴリーに属するにしても、それはまたフランス式ボクシングや棒術、時にはジュウジツの例に見ることができるように、フランス社会の上層階級で流行した身体技能を習得したいという欲求のせいでもある。[49] 都市化していく社会の中で自己防衛や攻撃のための技能を身に着けようとすることも、同じように自己に対する関心のカテゴリーに属する。この自己への関心が言い表しているのは、自立に対する欲求であり（攻撃された際には自分の力で自分を守ろうとするから）、また対応する能力があると誇示することができるし、男ならそれが自慢になるからである。

ジム、道場の数は世紀の変わり目に増加する。[50] そして指導スタッフたちの専門能力も向上してくるが、それは単なる気晴らしではなく、トレーニングの真剣さが問われているからである。ヴィヴィエンヌ通り二七番地〔パリ二区〕のカフェ・ジルーで、指導者として自らを紹介しているスチュブは、夜の八時三〇分よりイギリス式ボクシングのトレーニングを行うことを請け合う。[51] もうすこし通りをいくつか先に行くと、ヴィエイユ＝デュ＝タンプル通り〔パリ三区から四区に走る通り〕のカフェ・トレゾールでは、講義を受け、トレーニングをすることができる。[52] これらの場所ではイギリス式とフランス式ボクシング、重量挙げ、フェンシングのエペかフルーレ、レスリングができる。力試しは男たちの特性であり、物理的力による支配には対決することが必要である。ブルジョワたちのサークルとは別の社会的基盤に属しているにしても、これらのジム、道場は同じ性別原理に基づいている。女性は誰一人としてこんな風に大衆の目の前であえて腕比べをしようとはしないだろう。したがって原理的に女性はそこで「やること」はなにもない。よくある言い方だと、ここにはまったく興味がない。

ここで見られるのは、今日的表現で言う、単性的《オモセクシュエ》社交である。モンマルトルのにぎやかな界隈にある、ティヨール並木通り一番地のカフェ・ポール・ポンスの看板のもとに、客が何人か大理石テーブルで食べたり飲んだりしに来る。奥に行くと、そのテーブルは階段状に並んで、レスリング、重量挙げ、ボクシングを見物する人たちのために供されている。壁はホールの隔壁に貼ったポスターで飾り立てられ、愛好家たちにはおなじみの運動選手の上半身や「渡り合い」の場面が描かれている。トレーニングをする若者は壁に貼られた「猛者」、「暴れん坊」、「毛むくじゃら」を真似しようと夢見る。こうした場所こそ、トレーニングに励んだり、それをしょっちゅう見に来ている人たちが共有する文化的基盤だ。周りには木製ベンチや長椅子があり、その上に衣服が置かれている。冬になれば、ストーブが唸りを挙げる。飲み物販売店はこうした屈強な若者たちを歓迎するための特徴的なイメージで飾りたてられ、クラブや協会の拠点としての役割を担う。尊敬すべき女たちならそれに誰一人として溺れることはないであろう、アルコール、ワイン、アペリティフなど「タフガイ」たちの飲み物を飲みながら、レスリング、重量挙げ、ボクシングを実践することは、彼らにとって男らしさの保証となる。

この界隈に住む者、そこで余暇を過ごす者たちが、こうした場所を活性化する。労働者、職人、小売り商人たちは、仕事の後にそこに赴いて、夜のひとときを過ごし、時には一回のレッスン料を知るために日刊新聞を手に取る。またその場のにわか仕立ての闘いのためにワイン一杯や酒代を賭ける。女性なら誰もこんなばからしい賭けのために家庭に必要な金を危険にさらすようなことはしまい。家庭の主婦や母親は、夫の給料に依存しているから、男らしさの病にとりつかれた男同士が互いに仲間内で挑む対決を恐れる。

ティヨール並木通りのポンス[53]のジムに、一流選手のほとんどが落ち合う。[…]壁にスポーツ関係のポスターや写真、チャンピオンたちのポートレートが貼り出され、どこの片隅にも、バーベル、ダンベル、棍棒が転がっている。この大きなホールは、まさしく筋肉の殿堂である。ここでは親しく闘いに興ずる仲間に出会える。彼らは夜になるといつも以上に真剣な、一対一の試合をしにやってくるのだが、そこでは名誉とか金が動くからであろう。彼らは仲間としていっしょにトレーニングをする。だがギャラリーがそばで見て攻撃を判定するので、ふざけ合いや空騒ぎは許されない。

それからこの記者は、「一汗かいた後で、闘った者たちは勝ち得た一杯のペルノ酒を飲み干す」と締めくくる。[54]人の行き来で成り立つ社交では、ホールが生命を吹き込んだり、常連たちの性格や特性を形成したりした。その間に新参者たちが成功を収めるとクラブ通いがいっそう盛んになっていき、続いて小僧っ子たちを通して、界隈が、町や地方が、自らのアイデンティティ、つまり「精神」や「精気」を見出していくようになる。こうした場所は規律訓練の空間に変わったのであり、そこでは指導者に対する従順さが必要となる。彼らの社交と規律の中心である場において、人と人との交際や、儀式が活発に行われていき、そこでは規則があり審判がいる対決を通してチャンピオンが生まれる、一言で言うならそこでは「偉大な人間」、同じことだが「真の人間」が作り出されるのである。

暴力と挑戦の管理と組織化

そこで問題となるのは、あらゆるところに挑発や挑戦を仕掛けるということではなく、自分の資格条件を確認した上で、タイトルを防衛することである。競技の手始めとして個人は運動の種類で分けられる。界隈や町という地理的空間がもっと広範に地方から国全体へと拡張される。ボクシングに関して言うと、地方予選は一九一〇年から[55]、そして総当たりリーグ戦、国内選手権試合がパリで行われるようになった。これと平行して、技術的な内容が一律にされる。すなわちボクサーは体重、競技成績、技術水準で分類される。彼らはそれぞれのカテゴリーの中で、あれやこれやの地位を占める。最終的に彼らを判別・分類するのはアマチュア間、軍隊、学校で行われる選手権試合である[56]。これは永続的な運動となる。なぜならそこでは、毎年の「シーズン」で規則正しいリズムを刻むカレンダーにしたがって、個々人が互いに対戦をするから。それはまた暴力と挑戦の飼い馴らしでもある。なぜならそこでは、パリの中央集権的な役割および機構の統合が認められるから。

諸スポーツ連盟は、タイトルや記録めぐる競争を導入することによって、競技試合を国家的、ないし国際的規模に拡大する。競技会の組織者や運動の指導者たちが、スポーツ愛好家たちをマットやリング上に立たせたり、衝動を制御させると同時にルールの規制に従うことを学ばせるために、あらかじめ準備して彼らに強いている束縛は、純粋なサービス業務ではない。肝心なことは、個々の試合結果をタイトル保持や、それからある者にとっては、未来の試合契約を、長い期間後の保証とすることによって、彼らの野心のメカニズムに影響を及ぼすことである。こうしてチャンピオンたちの真正なキャリアや認知された栄光に対する権利が管理される。そのような長期にわたる期間に自らを登録し、トレーニングの苦難に立ち向かい、競技試合の迷宮に挑もうとする者たちは、スポーツ工場が製造する人間と化す。

一八九七年、モンパルナスのゲテ通り〔パリ十四区〕にあるガングロフ・ホールの歌声喫茶で、マリオという仮名で自作の歌を歌っていた（「シュレーヌからの帰り道」で有名になった）、支配人のオラース・ドゥラトゥルは毎週水曜日夜にスポーツの集いを催した。

この界隈の観衆は情勢に敏感であった。メーヌ並木通り〔パリ十五〜十四区を走る通り〕の博労や穀物商人はレスリングのとても熱心な常連客である。プレザンス通り〔パリ十四区〕のプレイガールたちはベベの上半身やビビ・ポワレの胸筋に関心をもつ。ドゥラトゥルのデビューには、二人のベテラン指導者、マザンとアルフォンス・アンリが一緒だった。それからフランソワ・ル・ファリニエ、御者ファヴエ、リヴォロン、シャックマン、シャップ、若いがすでに大いに注目を浴びていたアスリートのセレスタン・モレが登場した。観衆は熱狂し、ホールは満員だった。(57)

ここでは同業者組合が実際の活動の上で基礎構造を成している。若者たちの何人かはそこで名前、仮名、身体的特徴などを鳴り響かせ、一言で言えば名声を得る。形態的特徴とタイトルがいわば男らしさを際立たせる記号となる。

カレンダーがこうした催しにリズムをつける。キリスト教のカレンダーには聖金曜日〔復活祭直前の金曜日〕が不可欠である。それは「謝肉」日ではないので、精肉屋、豚肉屋は休みである。この日パリでは精肉屋の祭が挙行される。一九〇四年に、彼らのサイクルレース、競歩レースが、ページの下に写真を載せて『アウトドア・ライフ』誌に告知される。もうすこし後になると、「スポーツ・シーズン」が、それに固有のリズムをだんだんと根付かせる。一九〇八年十月には「ワンダーランド」が「同業者団体のボクシング選手権試合」を組織する。辻馬車の御者と自動車運転手、パン屋と菓子屋、商店の店員、機械整備士、土木作業員、市場の人夫、牛乳屋、カフェやレストランのボーイ、精肉屋と豚肉屋の団体だ。この同業者団体のいずれについても、その構成メンバーたちが間違いなしに観衆となって応援をする。[58]

またこうした原則にならって「アマチュア」資格の選手権が組織される。一九一〇年一月に、『オート』紙は、[59]ボリヴァール通り〔パリ十九区〕のリング・ビュットで、「プルミエランド」が組織した夜間興業を支援する。そこで争われるのは街同士のあいだで争われる選手権だ。「実際に、格闘家たちと一緒になって興奮している、熱狂的な群衆の目の前で、一〇の街の代表者が昨日予選試合を始めた」。新聞が記事に書くと、栄光への夢に火が付く。優れた戦績をこのように新聞が形にしてくれなければ、格闘試合も大して意味をなさないかもしれない。そこで新聞は試合の注視、調整、監視をする。

このような催しが儀式的性格を帯び、正式なものになり、競技会が制度化されると、折に触れ起こる殴り合いやつかみ合い、つまり規則も組織もない一種の乱闘から引き起こされるような即興的、偶発的出来事と根本的に区別される。それはもはや街や暗闇が醸す無言の脅威でも、突然突きつけられる挑戦や挑発でも、また不適切なことばや不当な行為に対する自然発生的な返礼でもない。そうではなくて、何週間、何カ月間という期間をかけて、輝かしい舞台上で、劇を真剣に演ずることである。その時舞台はどれもこれも儀式めいており、「勇気のある」男たちが男らしさ、つまり挑戦的暴力のこの上ない舞台で自らを克服し、自らを守ろうとする美徳を認めさせる機会となる。

チャンピオンとコミュニティ

こうした余暇の過ごし方がやがて大通りや並木通りにあるスペクタクル・ホールの輝かしい空間を占めるようになる。その結果、反抗的な者たちが闇に紛れて乱闘をし、密かな喜びを享受することよりも、そうした力の舞台化の方がいっそう活発になってくる。[60] 理想を言えば、スポーツ選手が一種の集団的特徴を表すようになること、またその身体がコミュニティに属する各人を象徴して、世間から知られ、認められたいという彼らの共通の欲望を支えて欲しい。よそのコミュニティを恐れて、それを退けようとすることよりも、大衆的な儀式の真っ只中でコミュニティのチャンピオンが栄光に輝いているところを想像していただきたい。その際問われているのは、男らしさ、つまり集団、同業者団体、街や地方のアイデンティティを褒め称えることであろう。

以上のことは一八五二年三月にレスラーのマルセイユがすでに明らかにしていたことなのかもしれない。[61] 彼はプロヴァンスの代表として、サヴォワ出身のアルパンに挑戦をする。

恐るべきサヴォワ人のアルパンだけが問題であった。しかしマルセイユは県の栄光だけで満足することはできなかった。アルパンの戴く栄冠のせいで彼は眠れなかった。野心に満ちた格闘家のマルセイユは、それまで揺るがなかったアルパンの評判を地に落としてやろうと思っていた。先週のことである、レスリング仲間も、ジョッキー＝クラブのメンバーも、ハンサムな若者たちもみんな［…］モンテスキュー・ホールに集まった。賭けがなされた。サヴォワに賭ける者もいれば、プロヴァンスに賭ける者もいた。(62)

このようにして認知を求めることが、スポーツ実践にとって何ものにも代えがたい原動力となる。好んで力を誇示し敵の征服をアピールしても、レスリング・マットにおける恐怖の効果はその場限りのこととみなされる。男なら同じ地方出身の同輩のあいだで自分の名を挙げただけでは満足しないで、他の地方の男を迎え撃ちに行き、自分と同じように、人から認められることを求めているよそ者に挑戦したり、また相手からの挑戦や雪辱戦を受けたり、要するに他の男たちと対決して、彼らと力比べをしなければならない。しかし女性であれば誰一人として自分の身体にこのような強烈なアイデンティティを結びつけることはしない。また女、子供、老人、障害者は、こうして陽光を浴びるデモンストレーションのどれにも参加することはない。彼らは「男らしく」なれないので、社会生活を自ら区別し、その象徴を誇りにしている英雄たちの影の存在に甘んじるのである。

チャンピオンの身体能力や技術レベルを拠り処にしてコミュニティは自らの勢力を演出する。その勢力というのは闘う者が乗り越えていく試練から生じてくるので、女性なら誰も決してコミュニティに与えることができないものである。そのうちに新聞記事が人気に対する夢に火を付けてくれるだろう。だがこうした夢がなければ、男たちが栄光に包まれてマットやリング上に上がることを望もうとも、闘いは単なる気晴らし、たまにある取るに足りないイベントのままにとどまるかもしれない。この男らしさの舞台化には悲劇的価値が見出され、その点が単なる喜劇や単純な暇つぶしとまったく異なる。試合が催されるたびに、観衆の取り巻く舞台に選手を上らせたコミュニティが脚光を浴びる。事務員や労働者からなる地域住民は、使用価値（労働力）として評価されており、象徴的な価値については社会全体からまったく認められていない。だが格闘であれ、試合であれ、それはチャンピオンを公認し、そして彼を通して彼の属する集団全体を聖化する儀式となる。チャンピオンというのは、彼の属する街や職業団体の支持者たちにとって、彼と同じ地方から出てきて、同じ仲間言葉を話し、自分の思いを同じ方言で伝え、地方特有の言語を共有する支持者にとって、シンボルとしての役割を果たす[63]。彼らはチャンピオンと同じ空気を吸ったのであり、同じルーツの出であり、同じ表現法で自己を表現するのだ。だから現代のわたしたちが認めるような、チャンピオンというシンボルは、もっと後の時代の産物である。スポーツの慣行的標識となる前に、標識のもっとも古いものは、「故郷」という表現でまとめられる、「種族共同体《エトニー》」の連帯性に由来する。勝利と敗北をめぐるいわゆる出身地方の栄光は、対決を正当化し、それに意味を付与する、一言で言うなら「本物の」価値、つまり真理の価値をそれに付与する賭け金なのである。

チャンピオン――「故郷の子供」

肉体労働者に対して力が及ぼす威光、若者が抱く華々しい評判への憧れ、そして代々の親から運命づけられてきた仕事から逃れたいという欲望、地方に移り住んだ家系を出自とすること、これらが彼らをして、トレーニングの辛さ、イベント組織者の課す束縛、闘いの衝撃、相次ぐ試合に耐えられる行動を具体化させる。ノールの鉱夫[64]、マルセイユ[65]、ル・アーヴル、ルーアン[66]、ナント、サン＝ナゼール〔フランス西部ロワール＝アトランティック県でナントと並ぶ港湾都市〕の港湾労働者、ベルフォール周辺の重工業労働者[67]、グルノーブルやアルプス地方の大都市[68]、ローヌ河流域に居住するイタリア移民、彼らのだれもが観衆となって、地方のすべてのホールを坩堝に変える[69]。

そこにやがてパリからレスリングやボクシングがやってきては、最良の構成員となる選手をすくい上げていくようになる。一九一三年には、ルベー〔ノール県の都市〕[70]、ランス〔パ＝ド＝カレー県の都市〕の北方にあるリレール[71]、リール[72]、シャルルヴィル〔フランス北部アルデンヌ県〕[73]、ドゥナン〔ノール県〕[74]、サン＝トメール[75]など各地で、フランス人、外国人選手によるボクシング選手権大会、それと交互に近隣の炭坑や工場から出場する郷土の若者たちのボクシング対決戦が夜間興行によって行われる。新聞は扇動的な論調でこう語る、「みんなが闘う……、あらゆるところで闘う……カジノで、オランピア、フォリー、トリアノン、エクセルシオールのホールで……ナントでもボルドーでも闘う、そこではポンスとガンビエが勝利を収める。この季節はまさに筋肉の季節となった」と[76]。人から認知されることに夢中になって、「筋肉」の格闘者たちは未来の名声に照準を合わせているのである。

最初、彼らのうちのある者は自分の取り巻きから支持を得る。近親者、同じ街の住人、作業場仲間、同郷からの移民、職業組合や他の社交団体は、「若い衆」が名を挙げ、キャリアを積み、出世していくのを励ます。「首都におけるレスリングの最初の流行は一八四八年にさかのぼる。サヴォワ出身の恐るべきアルパンは、当時モンテスキュー・ホールでは文句なしにマットの支配者だった。そこへやって来たのがマルセイユ兄弟の兄だ。彼は旅行用ステッキを手に、賭け金の五〇〇フランをポケットに入れてプロヴァンスを発ち、アルパンに挑んで彼を倒したのである」[77]。このように最初の成功が勝ち取られると、人々がその周りに集まってきて、挑戦者の野心が育まれる。その野心は個性的なスタイルの目覚ましい特徴とともに膨れ上がっていく。新人の挑戦者は時に試合から試合へと彼を応援する一団の人々に付き添われていく。新人のときからチャンピオンになるまで、自分を「ひいきしてくれた」人たちに報いようとする不屈の出世物語が形成される。

取り巻きたちの男らしさの価値を保証する者として、チャンピオンは彼のうちに自らの姿を投影している人たち全員の代表である。もっとも尊敬されるチャンピオンたる者は、不屈さという基本的な美徳を備え、支持者らにとって恥辱となるような行動は慎むよう大いに注意を払う。こうした人物の上に、長い伝統によって刻み込まれたアイデンティティが築き上げられるのである。彼らの美徳はいくつかのキー・ワードの中に要約される。それらは、抵抗力（しっかり持ちこたえること）、信頼（「自分の」観衆に支えられること）、勇気（「自分の」支持者たちからの鼓舞）、自己投影（大衆の歓呼の声）、威嚇の力（恐るべき人物のままであること）なのである。勝利を収める運動選手は誰でもがチャンピオンになれるのだが、ただし困難な挑戦だけが英雄をつくりだすのだ。

彼らはそれぞれ「故郷の子供」の役を繰り返し演じる。日常生活では彼の身体は自分の縄張り空間に陣取る。居酒屋のある界隈、そこは同じ郷土の人たちに出会える空間で、そこで彼らはよく酒を飲んだり、タバコを吸ったり、トランプに興じたり、通りがかりの女たちに声をかけたりする。試合場の中では、同郷人の期待を背に受けて彼らの登場は華々しい。「坊主」の様子を窺っていた群衆は、審判の執行で聖化された場所に彼が現れるや、狂喜する。「故郷の子供」は期待を背負うスターだ。彼が言葉や動作で表現する喜び、感動はまた少年時代の、特にそれ以上に少年男子の喜びや感動である。運動場、スタジアムのトラック、レスリングのマット、ボクシングのリングは、こうした男たちが体を締めつけ合い、腕で取っ組み合いをし、観衆の前で喜びと苦しみ、エネルギーとその消耗、相手への敵意と敬意とをあふれさせる類まれな場となり、そこで彼らは自らを男として示す美徳を人目にさらすのである。それについて定期刊行誌『アウトドア・ライフ』の記者がこんな風に証言している。

ご存知のように、ラグビー場というのは一種の小さな戦場であり、まったく平和なのだが、それに興ずる男たちに彼らの持つ能力を展開するよう強いて、疲労に耐え、痛みをこらえ、敗北や勝利に終わっても冷静さを保つようにと、自らの性格を鍛えるようにと、一言で言えば、男として、しばしばもっと残酷で常にもっと厳しい人生の闘いに立ち向かうための訓練をする場と化す。(78)

なぜなら、スポーツというのは明らかに、地方間の対立や国家間の争いに代えて、勝負を争うスポーツ試合として、人生という現実のなかで男たちを待ちかまえている試練を模したものとして与えられるからである。ところで、スポーツ試合は、国家のために明らかに楯となる兵士が曝される戦闘を敷き写している。それ故、まさに軍人こそが、すくなくとも第一次大戦まで、男らしさの原型となったのである。

Ⅶ　退化に抗して闘う

愛国心とスポーツ

勝利の栄光は単に身体能力や技巧の優秀さに依存するだけでなく、共同体の集団的な力の象徴的な表現にも依存する。フランスでは、一八七〇年の敗戦〔普仏戦争における第二帝政の敗北〕以降、しばしば祖国に対する郷愁によって人々の魂がイデオロギー的に揺さぶられる。それでこのテーマに関する逸話には事欠かない。『オート』紙の読者は誰も次のような逸話に驚くことはないだろう。普仏戦争から四〇年後の一九一二年一〇月のことである、セーヌ河畔のヴェルノン〔ノルマンディー地方、ウール県の都市〕付近のマニト・キャンプで、ジョルジュ・カルパンティエがアメリカ・チャンピオン、ビリー・パプキー(79)との対戦に備えている時、記者が土地所有者の友人で、ポワトヴァンという名の六〇代の人の話をこう伝える、「いいですか、わたしは七〇年の戦争にずっと参戦しました。

中尉だったんですが、気の動転するような日々を味わいました。それで、今日はすばらしいボクシングの試合を見ますが、あの時よりずっと感動すると思います」。そこで記者がコメントをする、「今この老人の口を借りて語っていたのは、新たなフランスの魂なのではないか」と。[80] 軍隊的愛国主義が感動的な表現の底に横たわっている。勇ましいカルパンティエは毅然として敵に襲いかかるのだが、彼を目で追う観客は自分自身の情動や、戦火の思い出に沈潜する。そこで青春時代のノスタルジーには、兵士の時敵に挑んだ際の、また老いて青春をよみがえらせる際の栄光への野心が加わる。このようにしてスポーツの催しには、複雑な情動に国家間の戦争が重ねられたのである。

この観客の複雑な情動は身体の繰り広げるショーからしか生まれてこないが、それは鍛えられたスポーツ選手が受けて立つ挑戦によって華々しいものになりうる。それと同じように軍隊の勝利は兵士たちの勇気と規律からなる愛国的美徳のたまものと思われているので、スポーツイベントの宣伝では、愛国的宣伝が活性化させる特に男性的な情動によって、試合の暴力性が正当化される。チャンピオンの身体は、何らかの方法で、チャンピオンが市民-兵士であることの証しをもたらす。チャンピオンはその場で闘うだけだが、その闘いはこのような記憶を聖化する。驚くべき要約によって、チャンピオンの男らしさが包括してみせるのは、古代ギリシアの重装歩兵の持つ勇気と偉大な文明の威力である。このようにしてスポーツは一方の（国家の楯である兵士の）軍事的な、他方の（古代ギリシア文明の）文化的な、二つの表象を結びつける。この二つのイメージが示すのは、男たちのあいだで交わされる暴力がどのような代価を払って尊ばれるようになるのか、またどのような聖なる仕方でそれが正当化されるのかということである。これらのイメージは双方ともに社会的イメージの原理を支える。それと言うのも、ボクサー、レスラー、アスリートは愛国的な形象となり、文明の精神的な価値をもたらすからである。

ただしその文明というのはまさしく過去から受け継がれてきたものでもないし、また未来にまさに到来するものでもなく、常に理想化された文明なのだが。しかし注意すべきは、こうした男らしさの表象からは、女性の美徳としてしか関係してこない根気、同情、哀れみが断固として排除されていることである。

男らしさの教育

ところで兵士がけっして一人ではないと同じく、どのようなスポーツ選手も試合に個人として挑みはしない。ともに両者は一方で大隊、連隊、軍隊、他方でチーム、クラブ、地方、国という集団と一体を成している。たとえばクロスカントリー競技がそのことを教えてくれる。集団に対する愛に基づいて、競技では、勇気、ねばり強さ、献身という美徳が試される。それが男たちに優劣を付けることになるのだが、ジャーナリズムがそれらの美徳を話題として取りあげるのもそのためである。

　この競争はさまざまの多くの障害がある森の中で行われ、選手はそこで誰もが精神的な強さと肉体的な強さを発揮する。選手は――壁を乗り越えるよりもっと困難な障害である――数々の失敗を克服することを学ばなければならない。たとえ自分が先頭集団に入る希望がなくなってしまっても、それでもレースを続行し、完走することが義務と考えることに慣れなければならない。なぜなら自分のクラブの勝利はゴールにおける自分の順位次第だから(81)。

注意しておかなければならないが、この記事がはれてスポーツ選手の苦しみを正当化するようになるのは、個人的感情が愛郷心《シヴィスム》の表明に変貌してからのことである。痛みを愛国的感情として昇華し、チームメイトや観客——彼らはここでは民衆の愛郷心とともに世論を、したがって国民全体をも具現化している——と連帯することは、このように余暇を過ごす際の公認形式となる。

クロスカントリーのトレーニングがだんだん日曜の午前中に行われるようになることは注目に値する。妻、母、姉妹は日曜のミサという宗教上の義務に満足している間に、クロスカントリーが男たちのミサになっているのである。男たちの力と抵抗力の文化が、神の崇拝に勝つことがあるのだ。

毎週日曜の午前になると、雨であれ、雪であれ、どんな天気の時も、徒競走に情熱を燃やす人たち、さらには選手権競技で協会やクラブの代表選手となることを熱望する人たちは、森が好都合なトラックをたくさんもたらしてくれるというので、パリ周辺のヴィル゠ダヴレイ、セーヴル、シャヴィルに姿を現す。季節や風土、天候の偶然に挑むことで、彼ら愛好者たちはキリストの受難《パッション》よりも、自らの情熱《パッション》を追い続ける。

トレーニングは最初八キロ、ついで一〇キロ、最後は苦痛も疲労もなく完走できるようにと、適当な時期に一六キロさらにそれ以上の距離まで伸ばされる(82)。

努力を払おうという精神は宗教的信仰に匹敵し、男らしさによる愛郷精神は信仰の祈りの代わりをし、森を走る脚の運動が教会で跪くことに打ち勝つ。

教育者の勧めもこうした土壌に根を下ろしている。つまり、身体をなおざりにすることと、精神性を欠如させることをごっちゃにしている。やがて、スポーツは一家の子弟を教育するに際して、男らしさを養うには大いに薦められる方法となっていく。それについてギュスターヴ・ド・ラフルテ（彼は、フランツ・レシェルとともに[83]、一八九六年四月の第一回夏季オリンピック・アテネ大会における日刊紙『ル・ヴェロ』の特派員であった）がこう語る。

あの母親たちなら自分で楽しまなくても、自分の息子たちをまっ先にシャルルモン、カステレース、アルベール、ルクレルクなどのホールへ通うよう勧めていることだろう。そこでは息子たちが敏捷で、柔軟で、頑健で、強い男となる技術を教えてもらえるのである。そうなれば彼らは、おおぼらを吹きもせず、また弱さを見せることもなく、自分と同じ男の子と正面から渡り合えるようになるから[84]。

相手が睨みつけてくるのを受けとめて睨み返すこと、相手の眼を自分の眼で捉えることが、ここでは教育的な関心事になっている。宗教の図像では、信者は身を屈し、視線を下げる。それは信者が神と視線を交わすことを恐れるからだ。ここではこうした視線の交差は男たちの間の平等を表現する。なぜなら相手の視線を受けとめられない者は、相手に屈していると認めることになるからだ。相手の視線に立ち向かえる者だけが一個の男としての尊厳を保つ（それに対して女は恥じらいから眼を下に向けることを強いられる）。そこでこうした男子の隙を窺うのは何かというと、それは彼らが男らしくしなければならない「義務」を忘れたり、なおざりにすることだと思えてくる。自分の同類を正面から見ること、それは最初の挑戦に対する心構えをしていると示すことである。

それは、文明を再生するために、言い換えれば退化ないし男性の軟弱化という悪夢に抗して闘おうとする一社会のために役立つ、真の力のイメージである。宿命的確信としてかなり世間に流布している、この男性の軟弱化という強迫観念は、風俗批判に適している。そこで結論が引き出される。若者が男になるために、スポーツを実践することを熱心に勧めなければならない。

それとほとんど同じことだが、「女性化」というやりきれない妄想が若者の隙を窺っている。この妄想は脅威として受け取られており、両親や教育者はこれに対抗する必要がある。『アウトドア・ライフ』の記者、ポール・フィールドの指摘が示しているのもそのことである。彼はスポーツのもつ価値を単純に次のように想起している、「サッカーは間違いなく若い女性に推薦できるような遊びではない。それは冬に行う、厳しくてしかも荒々しい競技だ。とは言っても暴力的なのではない」と。[85] 実践段階になると、性差、言い換えれば男性の象徴的優位性は、集団的スポーツが男子にもたらす教育効果の一部に組み込まれる。こうした競技は女子には薦められないので、まさに男らしい余暇の過ごし方となる。しかしながらそれはさらにいくつかの規則に従っているので、少年たちの対決が暴力以外の何ものでもなく、乱暴で無軌道な取っ組み合いでしかないと考えることはできなくなる。さらに続いてこんな教育的な助言が見られる。

サッカーは、少年たちの行うどんな遊びにも見られるような殴り合いが避けがたいにもかかわらず、それでも推薦するに値する。というのも、サッカーでは、チームとして集団で勝利するために、冷静さ、規律的精神や、決断力と犠牲的精神が彼らにどうしても必要とされるからである。それがサッカーを目覚ましい教育法にしているのだ。[86]

身体の聖化

情動のコントロール（冷静さ）、身体の制御（規律的精神）、意志による支配（決断力）、利他的ないし連帯的精神（自己犠牲）、合目的的な感覚（集団の勝利）というのは、必然的に軍隊のなかの兵、都市の市民、一家の長の父親のことを考えさせる。彼らは勇気を女たちの恐れや涙に対置し、規律的精神を発揮して女たちの動転や混乱を回避し、決断力を示すことで娘や妻たちに必要とされる温和さとは別の能力を自ら発揮し、勝利に対する欲求から母や姉妹の見せる従順さを拒むのである。こうした対立点の中に男らしさの伝統的な表現が示されており、それと同じことをスポーツ教育が理想として掲げる。少年たちがこのようにして男となるために、彼らは少女たちのようにけっして「自由気ままにすること」があってはならない。退化の観念はこのように女性蔑視を新たなかたちで蘇らせる。

実際に、男たちを通して、照準に定められているのは人種全体であり、隣国民の経験から取るべき方向が差し示されてくる。

> ピエール・ド・クーベルタン氏は学校の経営者でも何でもない。彼は一個のアマチュアなのだが、観念だけのアマチュアにはなりたくない。彼が意図しているのはフランス民族を作り直すことである。［…］彼はイギリスの大学や学校を見て回った。そこではクリケットや漕艇が制度化されていたのである。[87]

フランス人の間に広まった「イギリスかぶれ」や上流階級におけるスポーツ熱はたしかに躍動的なスポーツの

イメージから与えられる華々しさによって説明が付く。だが退化に対する、言い換えれば「国民の軟弱化」に対する闘いのせいで、おそらくこうした率先的行動にはとても無視できない弾みがついたし、オリンピックを文化のひとつの象徴に、また愛国精神のひとつのシンボルにしたのである。

かくして、ストックホルムでのオリンピック大会におけるフランス代表敗北の後、ランス体操学院を創設しようという計画が生まれると、ポリニャック侯爵は「身体復興学校」を創立するために、ランスの広大なポンメリー庭園の一部を提供する。それが「体操学院」となり、その発展は「わが民族のエネルギー覚醒の徴候のひとつ」[88]とみなされた。『イリュストラション』紙がこのように記しているのは、時の大統領ポワンカレが一九一三年にここを訪問したからである。エッケル博士の名文句によれば、「アスリートとは、退化した平均的人間と対置される規範的な人間のことである」。創設時に体操学院の校長を務めた、海軍中尉のジョルジュ・エベールは、「規範的な人間」をそこで養成するために、自然の方法を利用することを目論む。記者が想起しているように、「太陽を浴びて、完全に自由な動きをするために、裸かそれに近い恰好になること、それが彼らに課された規則の第一箇条であり、トレーニングの際のアルファとオメガであり、また自然的知恵の原則である」[89]。ここでひとつの社会的範疇が誕生したのか、それとも蘇ってきたのである。他にも具体化されたデモンストレーションがあったなかで、この身体によるスペクタクル、表彰台の上やスタジアムでの半裸の姿のスペクタクルが勝ち得た成功については、男らしさの近代的な要請に照らして解釈しなければならない。

運動する身体の称揚は、蘇るナショナリズムに高揚する男たちを聖化する。厳格に規制された競争では、駆け引きや見せかけは許されない。また女たちはその後も長い間にわたってそれに参加することはなかろう。戦績の直線的な向上の記録は、神格化に照らしてはじめて理解される。なぜなら単なる試合から選手権戦へと、そこでは身体復興の神話が演じられているからである。男たちはスポーツの成績や記録を、彼らの価値の印をわがものとしてきた、そしてこのようにしてジェンダー的アイデンティティを実現してきた。そのことをルポルタージュがこう証言する、「先週の木曜、若者たちの二つのチームが、マドリッドの芝生の上で、あの気晴らし「サッカー試合」に耽っていた」——大事なことはその次の点だ、なぜならこのスペクタクルの基本的な魅力がそこに見られるから。「それは、この試合で優勢だと見られていた、イギリス人たちのしかけた挑戦に対して、フランス人がそれに応えたところにある。われわれの同胞はリセ・ジャンソンの生徒だった。イギリス人たちは在外私立学校の生徒だった」[90]。それはこんな風に理解されたのであろう、両国民（「われわれの同胞」）がこのように互いに挑戦し合うことができる（「挑戦に応える」）のは、それぞれのコミュニティ（「在外の学校」）がこの男らしさの賭けに執心しているからだ、と。

スポーツとジェンダー

しかしながら、スポーツをもはや競争目的に利用するのでなく、病気の治癒や健康のために利用する人にとって、スポーツの実践は記録や成績を残すのでなく、単に体力の増強を図ることに、言い換えれば身体機能の調和を図ることに労を惜しまないことを意味する。彼らにあっては、スポーツの練習は健康や治癒を保証している。だがそれは男性というジェンダーへの手ほどきとはいささかも関係しない。「もう一度言うが、女、子供、病人にとって、フランス式ボクシングは、普通に身体部位の全体を柔軟にし、発達させること以外の目的はもたない」[91]。一言で言えば、これらの人々はたしかに運動を健康のために利用することができるのだが、しかし彼らはハンディキャップを抱えたまま、いわば男らしさを欠いたままにとどまるであろう。健康な男だけが競争者として立ち、自分たちの属するコミュニティや国家を代表することができるのである。
そのため、若い女性が競歩や競走に打ち込んだりしようものなら、彼女らは嘲笑を浴びせられたり、蔑称で呼ばれたりする。また新聞が競技を伝えれば、それらの嘲笑や蔑称を広めることで注目される。現代ではほとんど目や耳にすることができなくなったが、女性たちに対するからかいは当時の新聞ではよくあることだった。

日曜日にプリンス・パークで、およそ二五〇人が参加して、ミーハー女たちによる競歩、引き続いて三〇〇メートル競走の予選と決勝が行われた。大成功だった。ただしそれはスポーツの大義にとってということでなく、すくなくとも競輪場の収支にとってという意味である(92)〔口絵に参考図版あり〕。

女性たちの競技参加は金銭出納用レジスターの枠内にとどまる。それはけっして男性たちの競技参加がもつ象徴的レベルには達しない。見せ物という暗黙の了解があり、またスポーツよりも滑稽さが浮き彫りにされて、商品としての価値しかもたない。
記者がつい口を滑らして発したのは、こんな叫びだ。

スカートがひどくまくれてる。まるで竜巻に遭ったようだ。ぎくしゃくした走り方で、女たちの脚が下着の束を引きずっているのか、それとも布地が舞い上がって彼女たちの小さな体を揺り動かしているのか、もう訳も分からない。哀れにもミーハー女たちは、どたばたと走って芝生をひどく傷める。彼女たちは思いきり躓いては転び、観客の方はご都合主義的にそんなスポーツに熱中して、愉快な淫らさを非難しようともしない。髪は風に漂い、編んだお下げ髪は揺れ動き、髷髪は崩れ、髪の分け目もウェーブもつぶれてる。さあ走れ、顔の黒いちっちゃな女よ。それーっ！　赤ら顔の女は黒い色に変わり、黒い色をした女の方は顔を真っ赤にしている。髪の毛はぺったり貼りつき、脇当てには汗がじっとり湿る。勝利したのはZ……チームの一員だ。彼女はすぐにも検量コーナーに行って、ブム＝ブムがくれるご褒美のヌガーを味わうだろう。[93]

性差別的卑猥さのごたまぜを通して、この記者は読者を楽しませようとする。彼は常套句を束ねて記事にしているが、それらは今日では不愉快なものとしてしか映らない。それほど無分別だし、それとも侮蔑的とも言える。しかしこのような侮蔑は歴史家には興味深い、なぜならそれが語っているのは男らしさについてなのだから。男性が実践するスポーツは秩序と規律を作り出すのに対して、女性にあって身体の動きは無秩序を繰り広げる。なぜなら腕も脚ももつれて、どうしようもない混乱を呈するし、それで女性は今にも転倒しそうだ。そこで形態描写は滑稽さへと様変わりし（彼女らは「女らしさ」を失う、と読むべきだ）、顔の表情ではなく、目に鮮やかに飛び込んでくる色が取りあげられ（それはもはや人間的ではない、と言い換えることができる）、身体の部位はバラバラにされ（男たちの欲望はその部位にリビドー備給をする、と理解しなければならない）、体は汗でべとつき、身体が湿り気を帯びる（発汗作用で彼女たちは嫌悪感を与える、と推測されるだろう）。要するに、スポーツを実践することで想定されていたのは、チャンピオンのキャリアを目指す野心から禁欲主義を働かすことだったはずだが、今では女たちに対する尽きない欲望が自ずと優るにいたる。それでフランス民族が危機に瀕しているのだ。女たちの課された義務は市民をこの世に生み出すことであろう、ところが男の「性」に属する実践をしたために、社会における彼女たちの母としての役割は堕落させられてしまった。

それというのも、スポーツの持つ近代性や新たな余暇の過ごし方と言えども、いくつかの慣例に縛られているからである。そのことは『イリュストラシオン』紙の次の考察が忠告する通りである。

わたしはまた、女性たちが馬にまたがって乗るのでないなら、乗馬をすることも、狩りについて行くことも理解できるし、釣りや、ビリヤードや、ローンテニスをすることだって理解する。しかしサーカスのピエロのようにとんぼ返りをすることや、水泳やスカルで競争をしたり、亡きライモンディのようにフェンシングをするような女性はまったく好きになれない。(94)

ここには原理的な不平等が機能している。スポーツは男性の身体を再生させ、彼らを立派に仕上げる、つまり彼らを集団であれ、個人であれ、歴史と関係づけて、英雄の次元にまで引き上げる。だが、それを女性が実践したとなると、女性は変質させられる。なぜなら女性たちの身体は、精神的であると同時に生理的なものからなる本質的な美徳、言い換えれば「女らしさ」に依拠しているからである。精神的というのは、女性は慎ましさを余儀なくされているからであり、生理的というのは、女性は自らの内にひとつの宿命を、立派な子供、言い換えればやがて強固な兵士になるであろう良き市民を生むという宿命を持っているからである。女性の女らしさというのは聖なるものであり、それは何ものにも代えがたい。女性というのは、男性の欲望に基づいて、女性を規定してきたものにずっと縛られたままである。要するに、女らしさは本質的なもので、男らしさだけが実存的なのだ。

VIII　文化に挑む自然

スポーツと演出

十九世紀末におけるスポーツ競技会の国際化は、地域が課していた多様な規制を付き合わせるようになる。相互に無縁だった規制が付き合わせられることで新たな問題が生じてくる。その例としてミュージックホールで催されるレスリングを取りあげよう。パリにトルコ人のヌルラ、ユスフ、カラ＝オスマンが、ギリシア人のピエリが姿を見せると、この催しに対する関心が一変することになった。なぜなら「トルコ人は『大げさに』、荒々しく闘った。パリジャンには見たこともない闘い方や、攻撃する時にあげる恐ろしい叫び声は、この見せ物に対する興味を一新した(95)」。舞台上でのこのような野性味あふれる、凶暴な闘い方は、伝統的な規制や国民的習慣とは対照をなす。

フランス式レスリングには力と技巧とが要求される。そこにはトルコ式、アメリカ式レスリングに見られるような凶暴性はない。ベルトより下を攻撃することは許されない。脚を利用することは、よその国で許されていても、我が国では許されない。それと同様に、腕を裏返したり、力まかせに首を絞めたりする（ヘッド・ロックと混同しないように）ような、あまりにも危険な行為は禁止されている(96)。

このコメントは技術上の問題を取りあげるとともに、異なる演出法を対立させている。一方は凶暴性と残酷性を演じて見せ、他方は規制を設けて、身体に対する配慮をすると同時に、攻撃ないしタックルについて厳密な限定を課す。前者では野性的な情熱が興奮を盛り上げ、観客の熱狂を攫っていくのに対して、後者では自己をコントロールすることが相手を支配することにつながると想定されている。野蛮が文明に対置され、同じく凶暴が規制に対置されているのである。

こうした対立はやがてスポーツの規則が導入されてくると克服され、両者のなかで解消されるにいたる。

現在のレスリングは以前に比べると顕著な進歩を示しているようだ。勝ち取るべき賞やタイトルの持っている重要な意義、いっそう整備された規則が悪弊を矯正することを可能にしてくれる。この悪弊を放置すれば、レスリングは輝かしい時期の後にすぐにも翳りを見せたにちがいない。レスリングのようなスポーツは、もしも真剣に実践するという条件に背いたならば、観客の情熱を支え続けることができないだろう。[97]

スポーツは力強さを見せびらかそうとする他の企てのどれよりも、演出でしかないものを排除して、規則化されたものを促進させる。また成績を記録として公認するために、慣習的な動作や技巧は手放す。というのも、闘いは「真剣である」べきで、言い換えれば喜劇、滑稽劇、笑劇であってはならないからである。つまりそれは悲劇であり、結末で問われているのは競技者の真の価値だからである。

格闘技におけるノックアウト

二十世紀初頭に、アメリカ人ボクサーがボクシングの試合で認められるようになると、この新進スターたちを映し出す写真原板には、今まで見聞きしたことのないようなイメージが展開される。スポーツ・ジャーナリズムのネガが示したのは、これらの男たちが合同でトレーニング・キャンプを張り、何トンもあるような土を鍬で切り崩し、何立方メートルもあるような木材を斧で割り、自然のなかを何キロも走破する姿であった[98]。集合写真では、彼らは胸を突き出し、恐ろしい形相をして、恐怖と不安とをかもし出す。闘いを宣伝する際には、街の暮らしに安住しているブルジョワを脅かすような、統制のきかない民衆の声が発せられているかのようだ。彼らはまたベル・エポックの夜のパリが育む幻想にも深く関係する。それは初期の電気による照明が発明されると同時に、夜の暗闇が与える恐れもまた発見されて、奇怪なシルエット、言い換えれば異国のシルエットが脅威を与えるようになったからである[99]。

ここで力の表現が襲撃の幻想と結びつく。もはやそれは、このときまでフェンシング、フランス式ボクシング、キックボクシングの愛好者の場合のように、安心感を与える名誉のコードが問題になっているのではなく、恐怖感を始動させる身体の脅威が問題なのだ。このような写真のネガでは単に闘うスタイルが対置されているのではない。そうではなくて、準拠する類型が対置されているのである。以前には、フェンシングのフルーレ、エペ、フランス式ボクシングが活気づける、栄光に満ちた男たちの風采とか、サロンにおける彼らの上品な態度によって、「物腰」とも呼べる、立ち居振る舞いの威光が高められるはずであった。しかし今やアメリカ人ボクサーたちの挙措動作が奮い立たせるのは、原始的な力の持つ幻想であり、そこでは攻撃する者が持つ野蛮な価値だけが重要なのだ。

こうしたアメリカ人たちが演じるスペクタクルは、その結末が絶対的なものとなるだけに、ますます多くの観客を引きつける。敵と戦うこと、それは敵を打ちのめし、たたきつぶし、身体を執拗に攻撃して敵の息の根を止め、コーナーに追いつめて逃げられるスペースを奪い取り、リズムをつけて相手の組織的な防御を打ち壊し、見たこともない、予測も付かないパンチを敵の体の芯まで打ち込むことを意味する。要するにそれは、敵の文化を根底から突き崩すスポーツ、練りに練った文化的な精神に打ち勝つ、動物的な戦闘感覚である。簡単な常套的表現によれば、「パンチの数はほとんど考慮に値しない、パンチが有効かどうかが何より重視される。もしもパンチがしたたかに効いて、相手がもうすこしで倒れそうになったなら、たった一回フックがしっかり当たっただけでも対戦相手はそのラウンドで優勢とみなされうる」[100]。ここで規準となるのはまさしく純粋な力であり、力をふるって目指すのは敵の完全な消耗と破壊である。またこのスペクタクルが本物であることを証明するために、本当の暴力に対する欲望が、つまり敗者を完全に滅ぼす暴力に対する欲望が人前で演じられる。観客が「リアル」な対決を目の当たりにしていると思わせるために、すべてが整えられている。アメリカ人がノックァウトあるいはK・Oと呼ぶものをモデルにして、暴力の純粋な性格とそこで賭けられた生《なま》の強烈さとがこの対決を頂点へと運ぶ。ボクシングにおけるこのような原理を他のスポーツ実践にも一般化することはできないが、スポーツでは「規制されたもの」と「空恐ろしいもの」、「真剣なもの」と「はったり的なもの」、「自然なもの」と「人工的なもの」、「実質的なもの」と「虚構的なもの」という対立を表現することを重視しているのだということを記憶にとどめておこう。

その点では、ボクサーの身体は苦痛も美も超え出たところで「処理されて」いる。賭けの中心を占めるのは、どのような敵であれ「完膚なきまで打ちのめす」能力であり、男らしさを表現する荒々しい力と破壊する意志とは、敵を制覇するための疑問の余地ない保証を与えてくれるにちがいない。このような能力は破壊の本能に深く根付いている。もしも攻撃態度がエレガントであったり、ファイティング・ポーズが型通りのものであったりしたら、それは自らをチャンピオンとするには不十分であることをひけらかしていることになる。敵に対して自らを対峙させる能力を欠くこととは、その男に本能的な力が明らかに喪われているということなのである。一言で言えば、闘いの形式化はそれ故自然の歪曲とみなされるのである。

イギリスやアメリカからやって来るこうしたスターたちは、暴力を輝かしいものにするのだが、それはまず形態的に顕著な特徴に現れている。並はずれた背丈、とてつもない体重、パンチの驚くべきスピード、想像もつかないほどの、攻撃に耐えうる能力、それらが彼らの身体をして途方もないスペクタクルに変える。波乱に満ちた闘いがやがてそのスペクタクルの実体を明らかにする。なぜなら本当の価値は結果が裁いてくれるからである。試合に先立つ日々、ジャーナリズムはいわくつきの記事を編んで、陰で糸を操って二人の敵手のそれぞれを危険な段階まで引き上げた。彼らの身体的特徴を英雄的に紹介し、闘う両者がそれぞれどんなに危険に脅かされているかを評価し、どんな結末が待っているかをあらかじめ示そうとしてきたのである。試合光景は、そのうち、チャンピオン戦や選抜戦のためのイギリス的ルールで規制されるようになる。身体の技巧に関心を持っていた、パリや外国の観客の目の前で、これらの格闘家たちは不屈の身体能力が持つ魅力を新たにするのだ。

この種の期待はアメリカにおけるルールの変化に支えられている。推測によると、アメリカでは、対等の勝負の場合、「審判が試合全体に基づいて判定を宣告しなければならない［…］。かつてはこのようなやりにくさは存在しなかった。なぜなら試合時間に制限はなかった、言い換えれば、試合はたたきのめす（ノックアウト）まで終わらなかったから」。制限時間のない試合は、アメリカの規則で禁じられて、姿を消した。「それでも今日試合が時に恐ろしく暴力的になることがある。それは男たちが互いにできるだけ早くたたきのめそうと必死になるからだ」(101)。K・Oの追求や応酬パンチの加速化は力の使用法を一変させる。一九一〇年以降、フランスのスポーツ・

ジャーナリズムはイギリス式ボクシングにおける暴力をコード化している新たな規範に従うようになる。『オート』紙の記者L・マノーが望ましいと思うにいたるのは、審判の判定では、「相手をマットに沈める、恐るべき一発のパンチなら、左手で顔をかすめるだけの一〇発のパンチよりも重要視すべきだ」ということである。(102)

もちろん、フランスのボクシング指導者たちはこのような闘い方に与することを拒否するだろう。著名なパリの指導者シャルルモンは、これに無言の同意しか与えようとしない。さる新聞記者が彼の意見を認めて記している、「彼が身を捧げているボクシングアカデミー指導者の立場に背いて、野蛮になることが不可避であるような闘いで自分が見せものになることが、彼にはあまり面白くないからだ」と。しかし、一八九九年十月二十八日にペルゴレーズ通り〔パリ十六区〕の馬場で、シャルルモンはイギリスのボクシングよりもフランスのボクシングの方が優れていると証明することを余儀なくされ、「自分は逃げることはできないと思っていた」と述べる。彼がそれを義務と感じたのは、自分を突き動かす職業倫理がどうであれ、自らの技芸が優れていることを証明しなければならないからだ。彼の目の前にいるのは「このスポーツイベントに望ましい荘重さを与えるに十分な数の見識のある観衆である」。(103)観客は証人や保証として役に立ってくれる、要するに儀式に重々しさをもたらしてくれるだろう。すなわち、スポーツ競技とその規則が、地域や地方、あるいは「種族共同体」の伝統に打ち勝って、一直線に上昇して普及するだろうということだ。

野生への郷愁

今のところはあのアングロ＝サクソン人たちは、自然に関する知恵に触発され、祖先たちの秘密に通じているので、起源の男らしさと野蛮さとを結びつけて表現することに成功している。とりわけこのことは、世界チャンピオンのタイトルをもってパリにやってきたあの有名な黒人ボクサーの名前から取った、「サム・マック・ヴェア液」の宣伝が証明していることである。

今やすべてのスポーツの分野で、サム・マック・ヴェア液という新製品が評判になっている。競歩、自転車、水泳、サッカー、フェンシングの競技者たち、一言で言えばすべてのスポーツマンたちが、疲労を取り除き、筋肉を強化し、関節を柔軟にする理想的な製品を使用している。

チャンピオンが自らの成功の秘訣を明らかにする。それはオイルのことで、多くのスポーツ訓練の中で効果を証明するようになるだろう。サムにはいろいろな長所があり、それで彼の身体がモデルとなる。彼は、アメリカ人の、黒人のチャンピオンで、香油の神秘的力を知っている。その香油は彼の祖先の民族から伝来してきたもので、

祖先はクローンダイク湖〔カナダ北西部〕のほとりに住んでいた原住民だ。その美しい故郷で、有名な黒人ボクサーは、父親のそばで、野生の馬を調教しながら、若い時代の大半を過ごした。サムはそこで原住民に囲まれて暮らしていた。この地方の住人たちは、誰もが知っている通り、体を病めば自分たちで治療をする。男たちは始終野生の動物や他の部族と取っ組み合いをするため、傷を自分たちで治療し、素晴らしく柔軟な体型に身体を保っている。(104)

この薬用液の処方はアメリカの未開民族に直接の起源を見いだす。息子たちと父親たちの接触や自然との直接の繋がりが、日々の暮らしの中で祖先の知恵を発展させる。草花のもつ治癒の効能を直接に知ることと、フランスで医者たちが博識に物を言わせて惜しみなく行う、絶え間ない治療とは明白な対照をなす。この塗剤を塗ることによってスポーツ選手は闘いに慣れ、健やかな自然の生活を取り戻すであろう。想像が力と抵抗の神話と一体になり、そこにはあの自主性が結びつく。これは、医者たちの指示に従い、その診断に服し、こうして医者の処方に依存する人々——子供、障害者、老人、女性——ならすこしも理解しないことである。

産業世界からは遠く隔たった文明に直接由来する、このような「野生の」薬剤は、そこの呪術師の持つ千年も昔からの知恵と、族長たちのカリスマ性の刻印を帯びている。明らかに反科学的な次元の解読を試みるには、二十世紀の初頭にはけっして無視できない重要性を持った、非合理的な思潮をたどり直せば、この宣伝を理解することができる。部族伝統を模倣し、本能や直観へと回帰することが、忘れられた知恵を理解する鍵となるのだ。学問的知識のどれにも先行する治療を選び取ることは、科学に依拠する文化的威光を無視することである。このような薬剤に頼ることは、精神的加療の世界、つまり健康と力に対する夢とエキゾティスムとが渾然一体となっている世界への帰属に賛同すると署名することである。またそこには、間接的な、密かな仕方で、学問的知識による医学を否定し、現代人の男らしさにとってはまさしく脅威となっている、産業社会における安楽さを拒否しようとする意図が込められている。

スポーツとレイシズム

上述のような自然の表現からある種のレイシズムにいたるのにあまり距離はない。これらの黒人たちは、筋肉の力と同時に性的能力も旺盛だと推測させながら、啓示的な美をあらわにした身体を誇示する。そのことを証言してくれるのが、「飛んでる黒人」とも称された、サイクリストのチャンピオン、メイジャー・テイラーに関する記述である。「彼はわれわれがまみえることのできるアスリートのうちでももっとも痛快なやつだ」。

彼は、痩せ形で、柔軟性に富み、猫のような動きをし、驚嘆するほど均整の取れた体つきとデッサンのモデルになるような純粋な体の線を持っている。脚はほれぼれするようにすらりと伸び、足首の付け根のところは全く女性的な繊細さを示し、両腿は力強く、たくましく、筋肉で盛り上がって膨らんでいる。臀部は力強く張り、大きな上半身を支える。広い胸と肩のたくましい線は、腰の極端な細さと鮮やかな対照をなす。自然はよくある気まぐれから、この人間というすばらしい構造物、ある種の繊細さをもってうちに柔軟な力を秘めた構造物を、黒い色によって——それもきれいに輝く、エナメル塗料で仕上げたように、きれいな光沢をした、みごとな黒によって——塗り込めることを好んだのだ。自然はこのような構造物を覆うに際して人種に訴え、それをはっきり示すような外観的特徴を与えた。だから彼は獅子鼻をし、下唇が厚く、獣のように大食いである。しか眼差しは知的で、鋭く、からかうような表情を示し、微笑は優しさに満ちている。(105)

メイジャー・テイラーは猫のような筋肉組織と野生動物の柔軟性を具える。新聞記者は彼のことをマーケットで一匹の動物を品定めするように評価を下す。「黒塗りの」身体のせいで、彼は好奇な獣の状態に格下げされるが、彼の人間性を救い出さなければならないので、眼差しだけは人間の特徴を付与される。そこで注目すべきは、レイシズムの先に、動物化の先にある、自然に近い、筋肉の力を保証する、人間の男らしい力を確認させる、彼の原型的な野生状態である。[106]

この例が、自然との接触を同じように吹聴している他の宣伝とかけ離れているわけではない。自然との接触というテーマはいくつかの領域に拡散していき、二十世紀には自然復帰運動《ナチュリスム》やヌーディスムというイデオロギーを育むことになる。忘れ去られてしまった、空気、太陽、水、大地、つまりギリシア・ラテン時代の四大のもつ力がいたるところに見られる。『イリュストラシヨン』紙のある宣伝がこう訴える、「雪に覆われた山の上で空気を吸い、太陽を浴びることをロリエ博士が強く勧められ、彼の指導のもとにそれがレイザン〔スイスの町〕で実行されている。それは特殊な治療法が新たな段階にいたったことを示している」と。そしてこの宣伝が吹聴するのは、「ひよわな気質の若者たちが一時期祖先の簡素な生活に回帰することによって、例外的な忍耐力を獲られるようになる」ことだ。[107]

他の実践がもたらすメリットも、産業社会とその安楽さのイデオロギーがもたらす、どれも男らしさに対する脅威となるような害悪から近代人を守ることである。どれもがほとんど医学以上に学校や大学の文化が与える不吉な影響を打倒すると宣言する。

足を使うクロス＝カントリー、つまり木の生い茂る森や柔らかい芝草が一面に生えた林間の空き地を抜けて、落ち葉の散った小道や長距離走に好適な街道を走ると〔…〕冬の朝の冷気が肌を厳しく刺したり、細かく激しく雨が降っていたりする〔…〕。わたしが率直に認めたいのは、フランスの若者がこれに男らしい魅力を感じとったことである、なぜなら彼らは今やすばらしい情熱をもってそれに打ち込んでいるから。[108]

ただし、自然のまっただ中を走ることと学校での勉強や学生生活との対置は、単にエキゾティスムに養われた懐古趣味に属するものではない。こうした宣伝鼓吹はここで制度化を狙う。つまり医学や学校、大学教育の支配に抵抗することである。なぜならこうした組織というのは病気を治療したり、無知を矯正したりしてくれるのだが、しかしながらそれらは力を付与したり、人を男らしくはさせてくれないからだ。

スポーツの氾濫は豊かさの指標となり、その力は老いた国民に固有の障害を拭い去ってくれる。こうしたスポーツの表わすものが持つ役割を確認し、その重みの持つニュアンスを把握することから、それらの想像上の豊かさを評価することができる。男らしさの教育は近代文明の害悪の解毒剤となったのである。

IX　時代を制御し支配する

男らしさの近代的形式

二十世紀になると、名士たちは暇な時間を文化的に過ごしていた裕福な貴族をまねて、余暇を楽しむための処置をいくつか整える。彼らは個人的な計画を立てるが、必ずしもそこで財産を殖やしたり、物質的な豊かさを見出そうとはしていない。スポーツを実践するに際しても、彼らは明らかに自分の自由意志で取り組んで、自分の時間を自在に駆使しようと求め、自分が誰からも強制されているのではないと示そうとする。彼らは狩猟パーティの時には自分の身体に注意を払い、観光旅行やハイキングの最中には五感をとぎすまし、雅な会話をする際には感情表現に気を付ける。「サークル」には熱心に顔を出し、「クラブ」の集まりに出席することで、このような精神的な心構えや洗練された厄介な行動になじむ。ジョルジュ・ヴィガレロが注目したのは、ヨットクラブがどのようにして進歩的な社交性を導き入れているのか、ということであった。そこでは「健康を増進し体力を強化するいくつかの訓練を奨励・推進する」という集団的目的のおかげで、前衛的であろうとする意志がまかり通っているからだ。[109] またそれは山岳クラブがヨーロッパに現れた一八五七年（イギリスのアルペン・クラブが創立された年）以来、その創設者たちが宣言していることでもある。フランツ・シュレーダーによると、フランスで、一八七四年にアドルフ・ジョアンヌが、「彼と同じように祖国の復興を固く誓う友人たちのグループに助けられて」創設したフランス山岳クラブは、「我が国の不幸〔普仏戦争における敗北〕の直後に、自然に対する男らしい愛を感じ取って、処女峰の攻略に［身を投じようとする］すべての人たちを結集する」。[110] 愛国的な確信と感情が築こうとするのは、明らかに性的なメタファーに重ねて、国土を平和的に征服することである。それはすこしも孤立したメッセージではない。同様の宣言が一八七五年に旧ドフィーネ地方に創設されたツーリスト協会、一八八一年のフランス自転車愛好者連合、一八九〇年のフランス・ツーリングクラブ、一八九五年のフランス自動車クラブを鼓舞する。[111] 進取の精神を疾走させるがままにし、想像が駆けめぐるにまかせて、クラブ会員たちは自己制御と自然征服とを一新するようなアイデンティティを自らのために構築する。自分自身であろうと士気を鼓舞して、心ゆくまで未知の領土を征服するという考えに煽られた人物たちが、かくしてこよない男らしさの形式とスタイルとを一新したのである。男のナルシシスムの名だたる場所となった、危険をはらんだ立ち位置によって、力に対する熱望と率先的行動への嗜好が誇示されるようになったのである。

こうした開明的なブルジョワ人士たちは、男らしい態度で世間に立ち向かう英雄とみなされて、彼らなりに前衛的なモデルを具現化したのであり、彼らの示すエネルギッシュな活動からは、功績が地位よりも、領土の征服がその利用よりも重要視されるような、精神的序列を打ち立てることが可能となったのである。もはや遺産として受け取る、親譲りの特権を称揚することではなく、もっとも果敢な者であれば実現できる壮挙だとか社会参加を個々に実践する文化が問題なのである。こうした男性的なエリートにとって、余暇というのは組織するべきものであり、知識というのは獲得するべきものであり、国とは征服するべきものであり、人民とは鍛錬するべきものである。そこには侵略的傾向を強化しようとするさしせまった欲求が表明されている。自分のために時間を利用すること、そこから自主性の表現が、モーパッサンのことばに従うなら、人生を「断片化して」取り出す能力が生じる。(112)自らの仕事や家族に対する義務を外れるとどうしていいか分からない人は、余暇の名句、つまり「自由、それは男らしさの近代的形式」によってやがて強調される、ある基本的な特質を欠いているのである。外的な拘束に従わないこと、率先していろんなところを周遊すること、そうした意図を進んで示し、それを培っていくこと、それがこうした男たちの持つ特権であり、それはまた女であれば、こうした男に従うのでなければ、与ることができない特権でもある。

このような考え方は男同士の社交の一形式とワンセットになる。一八八〇年代以来、モーパッサンのような作家は、モーパッサン自身が熱中した、ボート遊びの持つ自由を大いに誉めそやした。ベル・エポックのパリの新新たな流行となった、ボート遊びに興ずる人たちの生活スタイル、それは生活の場に自分を縛り付けるのでなく、そこからの逃亡を工夫すること、つまり、何人かの男だけが集うマルヌ川やセーヌ川のボートクラブで、適宜に組織する脱出行として余暇を構想することであろう〔口絵参照〕。既成の後援組織に支えられるよりもむしろ交流関係を転換し、伝統に対する忠実さよりも個人の自発性を重視し、自分の時間を自由に使って自由に行動をし、時間割に縛られないようにすること、そのことによって人から区別される特権が得られ、「一流」の資格が与えられるようになる。そして自らを発見することができる。なぜならこのような人は自らの能力をこのようにして発揮し、その限界を押し広げることに進んで興じているからである。庶民階級の男らしさは闘いや抵抗力の中に存在していた。それに対してこうした男たちの男らしさは、そのゆとりと喜びの点で異彩を放っている。

狩猟は貴族の昔の特権だったが、それは「立派な仲間」とするもの、つまり男同士でするものとみなされる。『イリュストラシヨン』紙によると、狩猟仲間には、地方やパリの名家の若者、軍の将官、外交団のメンバー、外国人、財界人、有力実業家、特に趣味の良い金の使い方をする上品な人たちが含まれる。騎馬猟の消息記事や群れをなす猟犬に対する熱狂、一八八二年六月にチュイルリ公園で狩猟クラブが催したような犬の品評会は、雑誌に書き立てられる。そのとき人々は大抵の場合立派な人々に取り巻かれて登場する。[113] 人から尊敬されようと望むなら是非とも気を付けなければならない自分のイメージにとって、安定した生活を営む上で必要な健康は補助的な役割を果たす。鉄砲を肩に担いで、「野原や川岸」に狩猟に出かけること、釣り糸を肩から垂らして、川の湾曲したところに辿り着くこと、それはどれも自由な男たちのすることで、それを多くの地方人が誇りにしている。釣りは趣味として実行される。だから釣りに行くのに「だれにもなにも頼まない」[114]。事実、釣りや猟には永続的な長い伝統があり、こうした地方の名士たちはその使用権がもっぱら自分に属すると感じ取っている。[115] それはまた自分たちが使用人とみなされたり、女たちの随伴者に格下げされることがないように、男たちが確保しておかなければならない特権でもある。[116]

自動車、ついで飛行機に対する情熱が花開く頃には、[117] エンジンの調子とその速さを巧みにコントロールすることがすばらしいものであると明らかにされる。このようなレジャーはそれ自体が本来的に男らしい実践というわけではない。こうしたレジャーによって男たちが他と区別されるのは、彼らが自分たちの流儀で時間を自由に行使し、機械を制御していることでモデルとされているからである。スピードによって彼らは目映い存在と化し、自分たちの器用さと巧みさを競い合うことができるようになる。男たちはかつては馬を乗りこなしていた。彼らは今や機械の馬力を手なずけているのである。車の運転も男の特権として残っている。それは、富、成功、大胆さ、巧みさを表現し、少数者だけに許される。しかも富籤に当たるのとは異なり、女たちの称賛を引き起こし、優越感を彼らに与えてくれる。名士たちは他の者以上にそれに自らの価値を高める機会を見出している。

それに対して、上流社会の旅行者たちが夏に逗留する、ノルマンディー海岸、ヴィシー〔フランス中部アリエ県の都市。ナチス＝ドイツ治下期にペタン元帥が執政府を置いたことで知られる〕、エクス＝レ＝バン〔フランス東部サヴォワ県の都市、温泉で有名〕、リュション〔ピレネー山脈に位置する温泉町〕では、彼らはクレー射撃やポロのような、新しい、エレガントなスポーツに興じ出す。一八五七年に営業を開始したディエップ〔ノルマンディー、セーヌ＝マリティーム県のリゾート〕の新しいカジノは、ピストルやライフルの射撃台を具えたホールを付設する。クローケー〔木槌で木球をたたく競技〕やポーム〔手やラケットでボールを打ち合う競技。テニスの前身〕は、ローンテニスとまったく同じく、もう貴族だけのものでなくなっており、いまだに男性の特権的なレジャーだとしても、それでも時には言い寄られることも厭わない女性たちなら一緒にそれを楽しむ。ゴルフ場が登場する。ディエップのゴルフ場（一八九〇）は一八九七年にはクラブハウスを具えていた。ポワ親王とヘンリー・リッジウェイは一九〇〇年にドーヴィル〔英仏海峡に臨むリゾート地として有名〕のゴルフ場を創る。それに対して、基本的には男性のするものとされていたにもかかわらず、一八八〇年頃に芝生の上にローンテニス場ができると、そこでは女性もプレイを楽しむ。テニスコートでは「いちゃついてばかりいる」という評判も立てられることになるだろう。こうしたレジャーの愛好者はスポーツに結果を求めるのでなく、人との交際を積極的に求めたのである。

このような夏のレジャーは体育やトレーニングに対する熱と切り離すことはできない。一八七〇年代から、いくつかの体育館がディエップ、フェカン〔ノルマンディー、セーヌ＝マリティーム県のリゾート〕、ル・トレポール〔同上〕に建つ。これらの施設には男性用のフェンシング・ホールがあり、また何人かの指導員が少女たちにダンスを教えるちょっとした教室も設けられる。運動の振り分け方は性によって行われ、女子がダンスをするあいだ、男子は運動で挑戦や対決をする。運動の振り分け方を逆にでもすれば、それは性の持つ役割を混乱させるか、むしろ侵害することになってしまう。女子も男子もそんな危険を冒すことのないよう気を付けねばならない。男らしさには、踏み越えて行けないデリケートな境界があるのだ(118)。

男らしさへの美的関心

家庭にも身体に対する美的な関心が浸透してきたようで、人々を心理的に支配するようになる。いくつかの商品カタログは胸や腕の筋肉を盛り上げるために、男たちに日常の自由時間を身体の鍛錬のために費やすよう誘う。女性が化粧に注意を払うのと同じことで、かつてはなかった、こうした関心は、身体の男らしい部分である筋肉に向けられる。このような運動の時間配分が表しているのは、美しい体型を付与するとみなされる日頃の運動に関するほとんど固定観念と化した傾向である。と言うのも、マックス・パルネの主張によれば、「こうした運動には全体で一五分以上は費やすべきでない」からである(119)。それは特別な施設で行われる集団的な体操とは形式の上で異なる。相違点をもっと強調するために、オーギュスト・クローズというボディービルのもう一人の唱道者は、ここでは「個人のやる気が尊重される(120)」と主張する。日常の空間においては、自由意志は絶対的なのである。したがって、商品カタログが客に提起する運動用具は固定的で、棒、軽量の亜鈴、スプリング、伸筋に役立つゴム製の紐からなる。これらの用具にはエクササイザー、エクステンサー、サンドウ〔以上いずれもエキスパンダーの商標名］、エキスパンダーという、アングロ＝サクソン系の名前が付けられ、その威光が増幅される。こうした一連の用具の中にあって、スプリング付き亜鈴の使用法は一風変わっている。

この亜鈴を上着ないしオーバーコートのポケットの中に入れ、歩いたり、読書をしたり、また会話をしながらでも、可能な時に使いなさい。一秒ごとにリズムをつけて手のなかで握りを掴んでも、あなたと会話をしている人は、あなたが話をしながらトレーニングをしていることに気付くことはありません。(121)

要するに、ここで問題に取りあげられたのは、気の利いた会話の楽しさ（それは基本的には女たちのものとされたおしゃべりや、くだらない話と異なる）と、腕や手首の筋肉トレーニング（その時それは仕事のための力ではなく、外観への働きかけのためだ）とを、なぜだか分からないが、結びつけなければならないとする余暇の使い方なのである。とにかく、余暇のためにかなりの時間を割けるようになると、力強さや筋肉のもつ能力を外に向かって表す、男らしさを証明するとみなされた身体の部分に、ひとびとの関心は向かっていく。

身体トレーニングは、単に自分の健康を図るのではなく、それを越えたところで、このように身体を美的なものにする方向へ進むと同時に、体で感じる感覚に対する関心を一新しようと求めている。「身体を鍛えることで得られるこよない喜びを一度も味わったことのない人たちは、本当の生きる喜びを知らない」、と「力と美」とを高めると約束する有名なマニュアルが断言している。(122) 残るは人格的な一体性を保全することである。それを約束するのは、自己を陶冶することに関心を持つと同時に感覚を磨くことを追求するような道を開く方法を採ることである。その対象となる感覚は、ボディビルダーであるジョルジュ・ルエのことばのなかに花咲いている。彼はそのマニュアルを古代の彫像からまっすぐ出てきたような体操のポーズを取るライバルたちの写真で飾って、こう述べる、「トレーニングでもっとも目覚ましい効果をあげるには、訓練がいっそう容易になるように想像力を介してトレーニングを行うことである。それで個々人は生殖欲望をよりよく制御する」[123]。われわれはここで本質的な点に触れている。つまり問題は筋肉の持つ能力を高めることと同時に性をコントロールすることである。なぜなら男性は女性の欲望の前に身を曝すことを求めるにしろ、それと同時に自分自身の性的衝動の支配下にも置かれているからである。性的衝動をコントロールできなければ身心の安定を保つことはできないだろう。性的な男らしさは自らをコントロールできなければならない。

実際、このような身体の鍛錬によって高められるのは現実の力よりも、昇華された力の示す外観である。この種のトレーニングに関して、別の著者アルベール・シュリエは強調している、「われわれが人間的な力と呼ぶものは、重いものを持ち上げたり、運んだりする能力のことよりも、各個人のうちに宿る多くの男らしさのことである」と[124]。自分の筋肉の持つ能力を仕事に振り向けないような人たちにとって、関心の対象としてここで際立つこととは、身体や動作の人目を惹く、表現豊かな側面である。人を惹き付ける男のなかでは、他人との交際を重要視し、快楽の根元を制御しようとする時、特に関心の行くのは身体のシルエット、肢体のエネルギー、姿勢の力強さを養成することである。「今日では風姿そのものやその環境を自信に満ちて提示することは、これまで以上に重要なことである」と、一九〇二年からフランス語に訳された作品の著者、ヴィリバルト・ゲブハルトも記す[125]。彼は読者が外見に対して示す強迫観念や、人から注目されないことに対する恐れ、一言で言えば、男らしさに欠けているとみなされることに対する不安を利用しているのである。それというのも、状況を支配することと同時に人目を惹き付けることが問題だからだ。表現の機能がますます重要になってきている社会においては、こうした人々はナルシシスムによってかつてないほど外観を問題にして、男らしい様子を維持することを強いられる。時には気を付けの姿勢を取っている軍人がモデルとされて、彼らの張りきった胸と誇りに満ちた視線が参考に供されることもある。

フランス革命、ついで執政府および第一帝政の戦争は、男らしさの新たな価値を大いに誉めそやした。徴兵の一般化と未来への信頼が、個々の男性をして挑戦によって自己の存在を確立するよう強いたのである。十九世紀には、挑戦が共和国的な美徳となり、男たちのあいだの対決が正当化される時代となる。スポーツをして余暇を過ごすことが盛んになり、スポーツの規則化が普及してくると、挑戦は競技として行われるようになり、選手権試合はもっとも男らしい者を栄光で飾る。しかし女性が、男のする、スポーツの舞台に登場するようになると、スポーツは女性的なものと男性的なものに別れる。

挑戦は、政治経済的革命下にある社会においては、象徴的な価値を帯びる。職業集団や地方のコミュニティが変貌の真っ最中にある時、傑出した者たちはスポーツにおける輝かしい行動や成果によって、そうした集団を代表する使命を受け取るようになっていく。民衆がごちゃ混ぜの状態にある社会では、人から認知してもらうことが求められるが、ヒーローやチャンピオンは、このような社会の中にある種の規範を打ち立てることに貢献する。ある日チャンピオンになった者は、スポーツのカレンダーによって忘れ去られることのないヒーローへと変わり、その名前は人々の記憶に刻まれ、記録表の中に記されるようになるのだ。

挑戦からはまた社会的流動性に関する新たな価値がもたらされる。競技会や選手権試合が示すのは、個人のものであれ集団のものであれスポーツの成績というのは一時的なものにすぎない、それらは不断に更新され、どのような勝利であっても勝利者は敗北を、言い換えれば再挑戦を免れることはできない、ということである。十九世紀に姿を現す民主主義的社会にあって、スポーツは支配の形象、対抗と競争のモデルとなる。歴史が、個人や大集団の歴史が、その対抗と競争を介して、自らを考察するようになるのだが、同じくフランスにおける諸地方や世界の諸国もそうするようになるだろう。

すくなくとも第一次世界大戦までは、このような集団の名を高めることができたのは男だけであった。それと言うのも、国民の運命が国民の軍隊に依拠していたのと同じことで、集団を象徴するのは男だけだったからである。その故に、男らしさの観念はほとんどの場合、まさに軍人を原型的モデルとして取りあげているのだし、軍隊がチームに、兵がチャンピオンに、また敵の制圧が競技や選手権試合になれば、スポーツの試合では男らしさにこそ敬意が払われることになる。このような集団的な表象に呼応して生じてきたのは、愛国的、道徳的な意識である。すなわち職業や専門はもはや労働の価値としてではなく、象徴として考えられ、地方はもはや生まれ故郷としてではなく、国家の一部として考えられ、トレーニングは愛国精神の形成として、体力の向上は退化に抗する闘いとして、自然は文明の再生として考えられるようになる。

このようにして意味が混乱あるいは増幅する中で、最終的には曖昧で限定されにくいものとなった男らしさの観念は、一世紀以上にわたって、愛国精神、教育、道徳にとって、きわめて単純に言うなら人間的な価値にとって、準拠となる軸として役立つことができたのである。

第V部 男らしさを訓練する異国の舞台

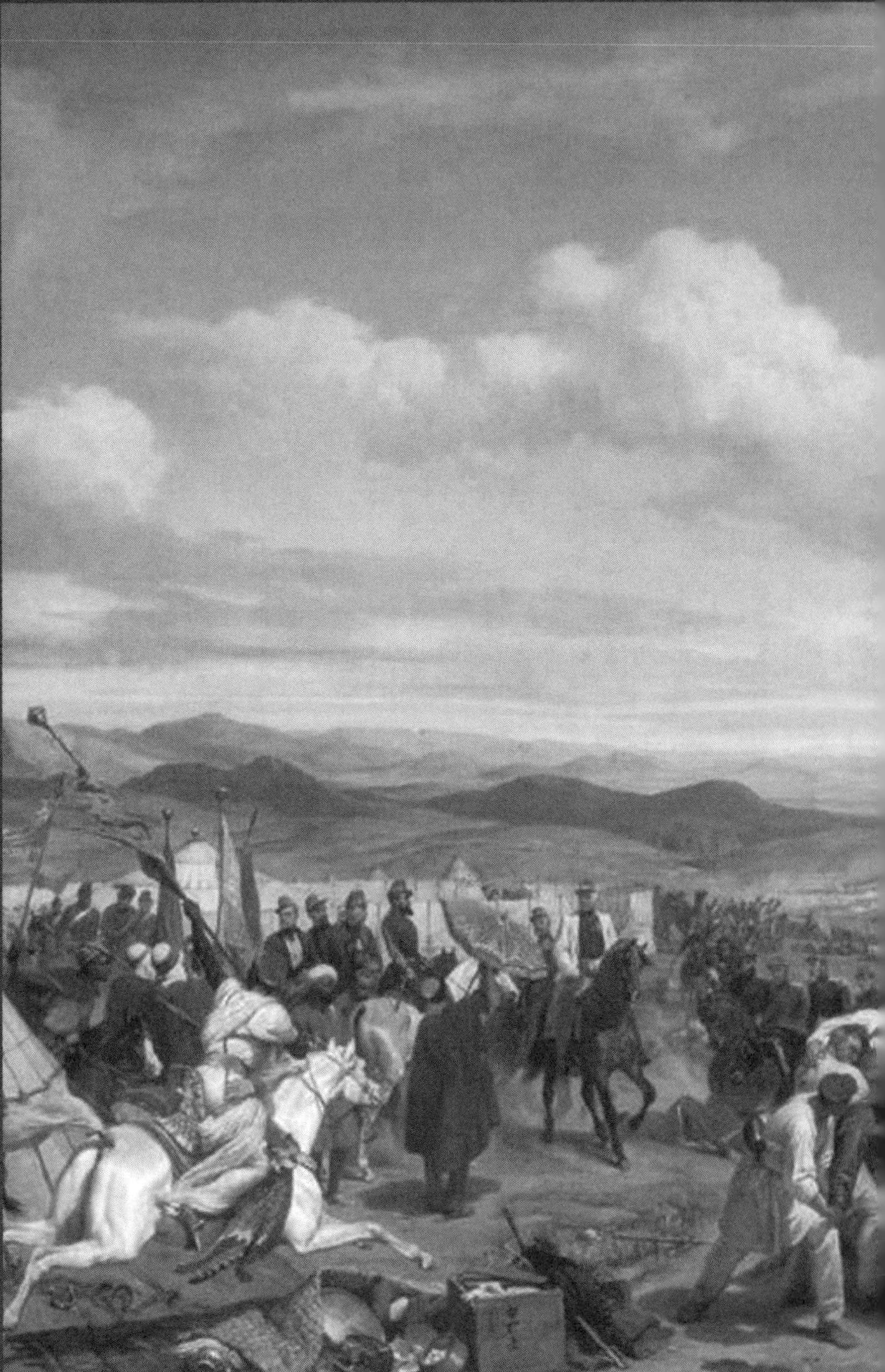

第1章　旅の男らしい価値

シルヴァン・ヴネール
（寺田寅彦訳）

人が歴史に登場して以来、旅とは戦いとともにおそらく最も記述がある人の活動の一つである。十九世紀がヨーロッパ文学の源泉と好んでみなした二つの物語、すなわち『イリアス』と『オデュッセイア』が、前者は戦いについてのものであり、後者は旅についてのものであるということは、おそらく偶然ではないだろう。しばしば一つに交わるこの二つのモチーフの裏には、それらをじっくりと見る者たちに、男とは自力でたたきあげるものだという考えの独自の展望を見させうる視野が花開いているということを認めなくてはならないだろう。

男たち。ここではわれわれは極めて限られた意味で彼らのことを考察しよう。いかなるやり方であったにせよ、男たちがその男らしいアイデンティティを世の人の目に示そうとしたときにおいて彼らを理解するよう努めたい。さらに正しくいえば、ある旅においてそのアイデンティティが明らかに表明されたときに男たちを検討することにしたい。場合によってはそのアイデンティティは旅行者自身によって表明されていたであろうが、たいていの場合は、男や女の区別なく当時の社会全般に幅を利かせていた規範、コード、表現の総体によって表明されていたのだ。

旅の考え方と男らしさの考え方を混ぜあわせ、人の体験することのそのほとんど全てを包括するような研究の全ての側面を、本章の限られた枠の中では論じることはできまい。三つの側面だけに注目しよう。まず、旅に付与される交通の機能であり、十九世紀はそれに夢中になった。次に旅の記述で、たしかにその手の文献の黄金時代であった時代だった。最後に旅の教育的な側面で、紀行文芸《アポデミック》の伝統を受け継ぎ、十九世紀という時代が手を加えたものである。これからみていくように、この世紀にはずっと、旅の重要なポイントとなるものそのものが、男らしさの表現の大切なポイントとなるものを包含しているのである。

I　男の交通

交通の進歩は十九世紀の大きな出来事の一つであった。道路、蒸気船航行、そして鉄道はさらに一般的な人類の進歩を明らかに示していた。新しい移動のたやすさは平和と繁栄の時代を告げているかのようにみえた。最新の交通手段のスピードと安全が商取引を、いいかえれば当時じつに頻繁に引用されたモンテスキュー〔一六八九―一七五五。フランスの哲学者〕の論理によれば、国家間の平和を容易にするはずだった。旅をする人は人類を一つにまとめる仲介者だと繰り返しいわれた。こういった確信は一つになって、あるイデオロギーを一貫してもっていた。さて、そのイデオロギーは男性的とも女性的ともいえないと信じたいところだが、思うほどには中性的ではない。これから展開する考察は、この問題についてさらに展開されるべき研究の布石を打つものである。

十八世紀以来、交通行政はただ移動したいという意思とは異なるものを示していた。啓蒙期のまっすぐな幹線道路は、一直線だということが両側に植えられた並木でさらに強調されていたが、それには深い意味があったのだ。それらの幹線道路は理性の勝利と――ただしもっとも短い道という理性であって、それは平地でのみ通用することだったため曖昧なものだった――人の意志に自然が屈従することを表していた。(1)それらの幹線道路は多くの男らしさの表現でも一致していた。道路によって表わされた理性とは、十八世紀後半以来、なによりもまず、すぐれて男性的な姿である技師の姿に具現化されていた。(2)そしてその合理的なまっすぐな線は、自然のもつ曲線と対立していて、世界の双対的な表現を参照させるものだった。一直線であることと理性とは男性的側面であり、曲線と横溢さとは女性的側面に属するからである。(3)次に、啓蒙期に生まれた道路は軍隊の男らしい世界と緊密に結びつけられていて、とりわけ大革命のあとにそうであった。ここでアルプス山脈の幹線道路を考えずにはいられないだろう。その見事な貫通工事は、それを命じた男、ナポレオンのすぐれて男らしく軍隊的な人柄と似通っていよう。あるいはヴァンデ〔フランス西部にある県〕のまっすぐな道路を考えずにはいられないだろう。これはルイ＝フィリップ〔一七七三―一八五〇。七月王政期のフランス国王〕の政府がまさに反革命者に抗して戦うべく望んだもので、その反革命者は一人の女性、ベリー侯爵夫人〔一七九八―一八七〇。ベリー公爵夫人マリー・カロリーヌ・ド・ブルボンは一八三二年にヴァンデでオルレアン家出身の王ルイ・フィリップに反乱を起こした〕に体現されていた。あるいはフランス領アルジェリアの道路を考えずにはいられないだろう。ちなみにこれはヴァンデの道路をモデルとして考えられたものだったが、ジェンダー論としての植民地化の理解と結びつけることができるので、このことについてはのちに述べることにしよう。そして、啓蒙の道がある。まっすぐで、地平線を示し、旅を具体化するようなものなのだが、これも一八二〇年代から広まる全歴史哲学のもっとも明らかな暗喩を提供してくれるものである。（道路とはなによりも「切り開かれた道 via rupta」なのだが）、そのときこの啓蒙の道は破砕というその語源的な意味をやはり男らしい仕草に見出したのであり、それはなによりも偉大な男たちによって作られた歴史という見方に適用されたのである。

したがって結局、表現の体系すべてが道路の交通をして男らしい主題としたのだ。これらの表現は、同じ時代に旅をすることから女性を締め出そうとした言説全体と一致するものだった。大きな道路で達する新たなるスピードが女性の身体にとって危険なものだとされたばかりではない。車内で男女相席とならざるをえなかったことがよろしくないとされたのである。乗合馬車の空間が、いかなる規則違反を犯してもいいかのような閉じられた場の想像を思わせ、スピードの感覚と車のがたごとという動きに結びつけられて、エロティックな夢想を助長したのである。(4) そのうえ、ずっと前から、「交通《トランス》／興奮《ポート》」とは二つの意味を持っていた。そのために一人で旅する女性に不審な目が向けられた。「乗合馬車の情婦」(5) は性的幻想と嘲弄の種になった。道路は男たちのものだったのである。

たしかに新しい「乗合馬車」には女性の名がつけられていて、それは十九世紀の最初にスピードの新しい感覚を述べた「加速嬢号」でも同じだった。(6) しかし、だからといって女性は交通技術のかつてない栄誉に結びつけられはしなかったのである。この場合の語彙の女性化は男の技師のその機械に対する支配をむしろ意味していたのであり、それは自然に対する支配と同じものだった。一八七〇年代のアメデ・ボレ〔一八四四―一九一七。フランス人技師で自動車が専門〕の「従順娘号」は、その点から好例といえよう。

この表現の体系を鉄道は受け継いだ。汽車のさらなる速さや汽車の車室での男女相席のモチーフが刷新されたことで、ますます旅のエロティックな面が強調された。

座席に座って、男は隣の麗しい女性についてとりとめもない考えを展開することができた。数あるこういった男たちのなかで、モーパッサンは後世にこのような夢想の思い出を伝えたのだった。鉄道を扱った最初のフランスの話である『ベルギー・オランダ周遊』が、一八三六年に、北欧金髪美人を求めて友人のジェラール・ド・ネルヴァル〔一八〇八―五五。フランスの詩人・作家〕と旅に出た作者のテオフィル・ゴーティエ〔一八一一―七二。フランスの詩人・作家・批評家〕の欲望によってまるごと問題設定されたというのは、おそらく偶然ではない。

また、汽車での旅によってトンネルのメタファーという新しいエロティックなメタファーが人口に膾炙した。一八四一年にすでに『旅の生理学』がその「暗いトンネル、そこでは目では何も見えないので、想像力はもっとも大胆な想起をなすことができる」といっている。(7) この文章には挿絵が添えられていて、一人の男が車室の暗がりの中で一人の女性に飛びかかっているのである。[8] ここではこの男らしいトンネルは女らしい洞窟に対峙している。ロマン主義美学と先史時代の考案によってあらたに整えられた洞窟が[9]、ベルナデット・スビルー〔一八四四―七九。フランス・ルルドの聖女〕に聖母マリアが姿を現したことで十九世紀後半にその人気の絶頂を迎えたことを思い出そう。このときフランスは数えきれないマッサビエルの洞窟〔聖母が出現したとされる洞窟〕の複製で覆いつくされ、その最初のころの石はしばしばルルドから運ばれた岩だった。この熱狂が意味するものは、カトリック信者にとっては聖母の庇護のもと信者が洞窟の中に逃げ場を見出して、無宗教の世紀の脅威から身を守ろうとする欲望だったと、ミッシェル・ラグレは近年仮定している。[10] つまり洞窟は（マリアやベルナデットの）女性の姿が明らかにしてくれるであろう安定の欲望を表していているといえよう。それは敬虔な旅と考えられた巡礼の実践と一致するが、その旅は男たちによって厳格に規制されていて、大多数は女性向けのものとされていたのだった。それと反対にトンネルは、山を貫き、蒸気を吐きながら進む汽車による貫通を許すもので、近代の移動の大いに男らしい性質を明らかにしているといえよう。

海運交通と男らしさ

鉄道の世界はまるごとこの男らしさを表していたのだ。実際、トンネルに海運のモデルを付け加えなくてはならないだろう。それは最初の発着場のモデルであったし、また「プラットホーム」と呼び習わされていたものだった。海軍はずっと以前からすぐれて男たちの世界であったが、その男らしい様相を汽車にこの海運のモデルは与えていたのだ。[11] 駅周辺の娼婦のいる場所は、さらに港町の雰囲気を思い起こさせた。それに軍隊を思わせるものも加わっていた。初期の鉄道員は軍服に直接着想を得た制服を着ていた。当初の駅長はわきに剣をぶら下げていた。この制服がなくなった後も、駅は男たちの場所とされていた。大勢の人がいて、目まぐるしく、ときには泥棒がいて、冷静さと方向感覚があることをみせなくてはならない必要がある、そういったことが女たちにとって駅を危険な場所にしていて、女たちは駅では落ち着かない気分になるのだった。一八五四年のアンリ・モニエ〔一七九九―一八七七。フランスの劇作家・風刺画家〕作『パリのブルジョワたち』に登場するパケ夫人のように、女たちは駅では気分が悪くなり、不安の発作に襲われたのだ。パリの大きな駅は男らしい空間なのだった。[12]

しかし、一八二〇年代から河川航行ではすでに始まっていた変化に、鉄道は続いたのだった。船舶に蒸気機関を取りつけ、羽根車を用いたことは、河川での旅の環境をよくする一助となっていた。初期のボイラー事故が乗り越えられると、万人に、とりわけ女性たちに旅を快適なものにしたと船会社は鼻高々だった。一八二六年出版の『サン＝クルーの旅ガイド』は「女性の方々がお疲れにならないばかりではありません、身なりが乱れることがないという利点があるのです」と綴っている。[13] また、セーヌ川における蒸気船の最初の定期運航には、「ベリー公爵夫人」という女性の名前のついた船が就航していた。とはいえ、汽車の場合のように、女たちが旅行をできたのは技師や駅員や男性旅行客といった男たちが旅を確かで安全なものにしていたからこそであった。

それはともかく、一八四〇年代からは河川航行の短い黄金時代は終わりを告げていた。一方で、鉄道との競合は致命的であった。いまや重量荷物専用となって、船は次々と運河になっていく曲がりくねった川に与し続けた。しかし鉄道は、その途方もないスピードとプラットホームとトンネルとで旅客輸送の大部分をあっという間に扱うことになったのだった。ただ、もう一方では、スクリューの開発と普及により、航海の表現と鉄道の表現が同じものになったのだった。実際、スクリューのおかげで蒸気船は大海と戦って勝ち誇ったのだったが、それからは蒸気船も大海原でまっすぐな進路をたどることになったのだった。旅行者が運河の曲がりくねった線を見放したその一方で、直線が大海を我が物にしたのだ。

交通革命についての言説では、女たちには、進歩に向かって進む男たちの英雄的な努力を享受する乗客の地位しか与えられていなかった。なるほど女たちは男たちと同じくこの進歩の犠牲者になることもあった。たとえば一八四二年五月八日に鉄道大事故があった時に、その犠牲者の中にたしかに女たちがいく人もいたのだ。しかし、その場合ですら、悲劇は女たちの悲劇であったにもかかわらず軍隊調の男性的な演説を育んだのであった。ラマルティーヌ〔一七九〇―一八六九。フランスの詩人・政治家〕は事故の翌日、フランス下院の演壇で雄弁に語った。「文明も戦いの場なのであり、そこでは多くの人が征服と万人の進捗のために命を失うのです。彼らを哀れみましょう、私たちを哀れみましょう、そして歩を進めましょう！」[14]ムードン〔パリ南西の郊外にある都市〕で焼死した不幸な女たちは、ともに旅をした男性旅客者たちと同じように、任務の犠牲となった兵士たちに見立てられた。その一五〇〇年後にマルグリット・ユルスナール〔一九〇三―八七。フランスの作家〕は自分の祖父がその事故で命を落としかけたことを説明している。「頭から裂け目に突っ込み、生誕の日と同じように盲目で血だらけになり、睾丸の中に子孫の系譜を宿していた二十歳の青年」[15]という酷い出産のイメージである。このイメージを当時の演説と比べないではいられない。このように兵士たちの戦場から分娩室まで、という一八四二年五月八日の事故の暗喩の変遷は、もっと一般的な交通のジェンダーの変化について私たちに何かを教えてくれるように思える。

十九世紀には、この旅行様式の革命がようやく一つになった人類の到来を告げているかのように見えた。だがここでも、この理想郷は性的な特質を付与されたものだったのである。

一方では、人類を一つにまとめることを交通が実現するというのは、とかく男と女が一つになることのように考えられたが、それは男が主導権を握っているものであった。その意味では、それ自体が男らしい理想を表したものだ。一八三〇年代初めから、サン＝シモン〔一七六〇―一八二五。フランスの社会主義思想家〕主義者がこの人類の統一を、あまりに長き時にわたって遅れていた西洋と東洋の結婚のように表現した。当時の歴史の哲学に賛同し――若きミシュレ〔一七九八―一八七四。フランスの歴史家〕の発展させた歴史を考えよう――サン＝シモン主義者はこの統一の中に、まだ西洋と東洋の大いなる分断がなされていなかった頃の世界の起源への回帰を見たのだった。人類の半分ともう一つの半分のこの結合は、性的な結合をモデルにして考えられていた。一八三三年、エジプトに出発した八〇人のサン＝シモン主義者たちというのは、西洋を男性化し東洋を女性化するという実に古い表現体系を時流に合わせなおして、「父」であるアンファンタン〔一七九六―一八六四。サン＝シモン主義者の指導者の一人〕のために運命づけられていた「女」を探す神秘的探求の立役者だったのである。(16)

このサン＝シモン主義者たちにとっては、人類の結婚は交通の新しい通路の探究からなされるものであった（ミシェル・シュヴァリエ〔一八〇六―七九。フランスの政治家〕も夢見ていたテワンテペク〔メキシコにある地峡でメキシコと太平洋との距離がもっとも短い〕の運河をはじめとして多くの運河建設をサン＝シモン自身が計画していた）。一八三〇年代からプロスペール・アンファンタンとその仲間たちは、地中海から紅海へつながる運河の計画を検討していた。計画はうまくまとめられていなかったが、良く知られているようにのちに在エジプト外交官のフェルディナン・ド・レセップス〔一八〇五―九四。フランスの外交官・実業家〕に見事に引き継がれて、一八六九年には運河開通にいたるのである。われわれの観点からすれば、西洋と東洋の結合を可能にした地峡のこの掘削工事が技師ではなかったこの男によって結局実現されたということは、実に注目すべきことである。第三共和政の初期に、レセップスは「立派なフランス人」という誉れ高い市民となったのだが、これは一八七〇年に四十三歳年下の女性を妻に迎えて一二人の子どもをこしらえ、男らしい人物としてメディアにとりあげられてもいたからである。カルジャ〔一八二八―一九〇六。フランスのジャーナリスト・風刺画家・写真家〕の手になる風刺画では、棍棒をわきに獅子の皮をかぶりスエズ運河をその手で作り出すというヘラクレスに姿で描かれていたが、その股の下を小さな蒸気船がいくつも通り過ぎているというもので、実に雄弁なイラストである。あたかもスエズ運河の驚異的な掘削工事とは、サン゠シモン主義の神秘的結婚の夢の後では、このような類の男によってしか成し遂げられなかったかのようなのである。

十九世紀末の植民地政策はこの類の男らしさのイメージをともなったものだった。当時のあらゆる暗喩の体系が統治領とその住民たちに性的な特質を与えようとする傾向があったのは十中八九確かなことである。これらの統治領と住民は女性形の呼称である「植民地」の名のもとに、恋愛による征服と軍事力による征服を同じものとする言説の対象になりえたのである。運河の掘削工事の図と同じように、探検し内へと進んでいく図はさまざまな意味を持ちえたのだった。ここではただ触れるにとどめるこの暗喩の体系の歴史はまだ存在していない。扱うに厄介な問題であろう。過大な解釈の危険があまりに大きいのだ。歴史家は、それぞれの事例において、彼自身がある暗喩に与える意味が、自分が検討している時代の当事者がすでに既得のものとしていたことを確信しなくてはならないのだ。

植民地主義プロパガンダの枠組みにおいて使われえたであろうような交通革命についての言説の性の次元の研究を、これに付け加えられる。これはやはり今なおお欠けているものなのである。ジュール・ヴェルヌ〔一八二八―一九〇五。フランスの小説家〕が一八七三年に出版させた『八十日間世界一周』は、ここではとりわけ象徴的な例である。中心人物のフィレアス・フォッグは交通革命の純然たる具現化である。ジュール・ヴェルヌが明らかに述べている。「彼は旅をしているのではない。円周を描いているのだ」[17]。ところでその軌道は、フォッグが英国領インドを通過しなくてはならない時、大変な盛りあがりの瞬間を迎えたのである。近代の交通手段が異例なことになかったので、象の背中に乗って旅をせねばならなかったのだが、そこでフォッグは若きアウダを「サティー〔寡婦殉死〕」から助け、恋に落ちて物語の終わりに妻に迎えることになるのである。なるほどこのエピソードは植民地主義の言説と完全に一致するものであり、退行的な風習（一般的には奴隷制だが「サティー」でもありえた）との戦いによって植民地化は正当化されるという一八七〇年代に形成された言説そのままであった。しかしこのエピソードはとりわけ女性化された東洋と男性化された西洋の神秘的結婚というイメージと一致するのであり、この結婚は、この場合には、サン＝シモン主義者の場合と同じくやはり西洋が主導権をもっているのであって、また交通様式の近代化のおかげでなされたものなのである。フォッグは交通革命を具現化しているが、その交通革命のおかげでフォッグはアウダが具現化しているインドの心を男らしい振舞でとらえることができたのであり、それは植民地政策自体のものですらあったのだ。

Ⅱ　重々しい物語

旅とは何よりも知識を得る手段であるという考えを十八世紀は著しく強化した。(18) たしかにルネサンス以来、いやそれ以前でも、旅行者はヨーロッパ人にとってまったく、あるいはほとんど知られていない土地に出発したのであり、それはそこから新しい知識を持って帰るためであった。このような歴史においては、十八世紀という時代は、学術的知見を旅の唯一の目的とする決定的な時代を代表していないわけではなく、探検家を「啓蒙の男」(19) の主要な人物としえたほどだった。クック〔一七二八—七九。イギリスの海軍士官・探検家〕、ブーガンヴィル〔一七二九―一八一一。フランスの軍人・探検家〕、フンボルト〔一七六九―一八五九。ドイツの博物学者・探検家〕はこの新しい典型を見事に具現化していたのである。

旅を学術的な知識を生み出す手段とし、旅行者たるものを男の世界にしっかりと根づかせたこのような考え方を十九世紀は受け継いだのだった。実際、学術とは男たちの専有物だった。十九世紀を通じてずっと、科学アカデミー、自然史博物館、地理協会、海軍省、外務省、陸軍省といった男ばかりの諸機関によって大がかりな学術旅行は企画、あるいは促進されたのだった。一七九八年のエジプト探検、トンブクトゥ〔西アフリカのマリ共和国に位置し古代から交易拠点として栄えた〕を旅したルネ・カイエ〔一七九九―一八三八。フランスの探検家〕、そして十九世紀末の国境画定調査にいたるまで、十九世紀前半の世界一周の旅や第二帝政期の軍事学術踏査、学術探検というものは、この見地からすればいずれも男性支配が明らかな機関や個人を動員したものだった。

物語の次元において、このような体系は注目すべき影響を与えた。一つだけ例を挙げておくと、一八一七年と一八二〇年の間にルイ゠クロード・ド・フレシネ〔一七七九―一八四二。フランスの地質学者・地理学者〕の指揮のもと行われたウラニー号南洋探検がある。この探検が興味深いのは、その遂行されるべき数多くの学術的目的からだけではなく、王からの特別なはからいでフレシネが妻の参加を許されたからだ。こうして私たちの手元には同じ旅の二つの非常に異なる話が残り、一つは探検の指揮をとった男のもので、もう一つは彼に同行した女のものなのである。この二つの文章を比較すると二つの重要な教えを得ることができる。一つはローズの記録がルイ゠クロードのものと違って一九二〇年代より前には出版されなかったということである。この一九二〇年代という時代はまさに女性冒険家の姿がある程度の正当性を得るようになって、驚異的な女性による旅行記が数多く世に出た時代である。(20)もう一つはこのローズの物語は学術的であろうとするところがまったくないことである。彼女の夫の記録だけが学識と科学の威厳を有しているのだ。とりわけルイ＝クロードの記録は妻とは違ってこの計画の学術的な性格を明らかにする記述方法をとっている。頁の下に長い注があり、別の学術文献の引用を行い、表や図を入れるという、このような特徴は有識者の権威を表しているが、極めて注目すべきこの例においては妻の記録にそのようなものがないだけに男らしいといえる。このほどマーゴット・アーヴァインが十九世紀の夫婦による探検記録研究の一つとしてこの文献を研究したが、当時はこのような任務の分担がいかに一般的であったかを強調している。探検記録の言説空間は探検自体の計画と実行において役割分担をいっそう強化していたのである。[21]

このような探検記録の男の手になる実践は、学術的な成果の陰にその書き手を消し去ってしまうという結果を招いた。またそれは学術機関の願いでもあった。少なくとも十八世紀から探検家に向けての詳細な指示が作成されていた。[22]この指示の作成者の目的は、探検家の自主性と彼らの解釈の部分を極力抑えることだった。そのためにかれらは数字による計測とサンプルの収集を強く勧めていた。サンプルは帰還後、諸機関内部で待機していた学識者によって分析されることもあったのである。計測器の使用はとりわけ肝要であった。人類学教授のポール・トピナール〔一八三〇―一九一一。フランスの医師・人類学者〕が一八八五年出版の『探検家のための人類学計測要項』で述べるところによれば、「学術は測定によってのみ確実になされ、進歩する」[23]のである。このような探検家の理想モデルが、持参した計測機器の巧みな利用法により学術的栄光を得た学者であるアレクサンダー・フォン・フンボルトによって十九世紀初頭には示されていた。数字やサンプルは探検家が観察した実態を変造することはないと考えられたのである。反対に体験談はうさん臭いものとされた。常に疑わしいものとされ、空想話扱いされるのが関の山だった。[24]したがって、探検家の人格を結局は消滅させるにいたることが学術的探検家の描写にあってもそれは全く矛盾することではない。実際、学術レベルでは探検家は計測しサンプル収集をすることに徹し、むしろ器械に近いものだったからこそ有能なのであった。少なくともそれが探検に出ない学者たちの視点であって、それは彼らと探検家を対立させる正当性の衝突の結果なのだ。これらの学者の書いたものを読むと、学術探検の特別な場合においては器械が男らしさの理想をなしていると思われうるのである。

このモデルに比べると女の探検記録は風光明媚な面や個人的な印象のものになりがちであるかのようにみえて、それだけにこのことは疑う余地がない。ここでも十九世紀の夫婦による探検記録からさまざまなことが分かる。多くは、仕事の分担を引き受けたのだが、この仕事の分担というのはたとえばグザヴィエ・オメール・ド・エル〔一八一二—四八。フランスの技師・地質学者・地理学者〕が一八四〇年代初めにコーカサス旅行からの彼自身と妻アデルの報告記録について「探検の風情のある部分は全て彼女のものである」[25]と決めたようなものなのである。オメール・ド・エルをはじめとして、多くの者がこう考えたのであり、男の手になる記録はその学術的権能が付与する権威を享受しているその一方で、女の記録は探検の逸話的な面、さらに正確にいえば風情のある面を担わなくてはならなかったのである。そうすることで、探検家の妻は彼女たちの性に忠実であったかのようである。十八世紀の終わりに、ウィリアム・ギルピン〔一七二四—一八〇四。イギリスの文筆家・画家〕とユヴェディル・プライス〔一七四七—一八二九。イギリスの文筆家〕がピクチャレスクの特性をむら気、急激な変移、不規則と定義していた。このようなモチーフは女性の性質のもっとも一般的な表現に完璧に一致していた[26]。

これは印象記でも同じことであった。学識者の重鎮は印象記に反対することをやめなかった。ポール・トピナールは一八八五年の『探検家のための人類学計測要項』で、測定を外れたことは「すべては錯覚になりかねない。反対のできないそのままの事実を前にひれ伏さなくてはならないのに、印象や個人の人格はそれに取って代わるのだ」と説明している[27]。男性が求めなくてはならない学術的事実の確実さと権威は、印象の探究というそこから女性が書くという行為に到達するものと対立していた。実際、私的な書簡や個人の日記がなによりもまず女性の書き物の実践とみなされていたという伝統の一環をこの探究はなしていた。(28)

女性たちと探検

探検記録の記述のこの大いなる分担に背く女性たちは、なんとも途方もない存在だった。探検をする権利が女性に認められなかったわけではない。とくに夫が提供した学術的な枠組みでならば認められなかったわけではなかった。むしろ女性に認められなかったのは、探検記録を報告するために学術的な記述のカテゴリーを用いる権利だった。十九世紀中頃のオーストリア人のイダ・プファイファー〔一七九七―一八五八。オーストリアの探検家〕の事例はこの点で実に注目すべきものがある。一七九七年に生まれた彼女は、一八四二年にパレスチナとエジプトを訪れ、続いて一八四五年にはスカンジナビアとアイスランドを訪れて行程の記録を出版した。一八四六年に世界一周の旅に出て南米、タヒチ、中国、インド、ペルシア、小アジア、ギリシアを旅して一八四八年にウィーンに戻った。その探検記は一八五〇年に出版された。一八五一年に英国、続いて再び南米を探査した。それから八カ月をマレーシア諸島で過ごし、再びオーストラリア、またアメリカを探検して一八五四年にウィーンに戻った。一八五六年に新しい探検記が出版された。同じ年にマダガスカルに彼女は出発し、クーデターの企てに巻き込まれて国外追放となった。この探検から持ち帰った記録は一八五八年の彼女の死ののちに出版された。エドゥアール・シャルトン〔一八〇七―九〇。フランスの編集者・政治家〕とルイ・アシェット〔一八〇〇―六四。フランスの出版業者〕の『世界周遊』誌が一八六〇年代に出版した彼女の探検記の翻訳によって彼女の生きざまを知ったフランス人読者にとって、イダ・プファイファーの生涯はむろん極めてとっぴなものに見えた。しかしながら、彼女の活力や探検を好んでいることでさえ、一八八八年に彼女の伝記作家の一人の女性が「学術的成果」とよんだその報告文書に与えた形式ほどには驚くべきことではなかった。その女流伝記作家によれば、イダ・プファイファーは「文才があるなどとは決していわず、詩的描写をしようとしていない［…］。それから、彼女は私たちにその信念を打ちあけたが、彼女が驚くべき探検を企てたのは虚栄心によるものでもなければむなしい名声への野心でもなく、好きだからということと学識を高めたいというあくなき願いのためだったのである」[29]。

イダ・プファイファーを探検の男の側に押しやり、女でありながらも男らしい人物像にしているのは、この女性冒険家の大胆さ以上にこの文学性の拒否なのだ。彼女の伝記作家はこう結論づけている。「これほどの根気強さ、勇気、粘り強さを備えた気質に男の力が手を貸していたなら、キャプテン・クックかマゼラン〔一四八〇―一五二一。ポルトガルの探検家〕のような人物が歴史にもう一人いることだろうに」[30]。この賛辞はたしかにあいまいなもので、イダ・プファイファーはその探検からあまりにすごい女性になっているので彼女は男であるべきだった、もしそれが可能だったならば、彼女はさらに目を見張るような探検をしていたことだろうと示唆しているのである。この賛辞は、イダ・プファイファーの探検記が、その学術的冷徹さとみなされているもののおかげで、通常ならば男のみに認められている質の高さを示しているという考えを表していないわけではないのである。

しかしながら、ピクチャレスクのコードと印象の美学が男たちに禁じられていたとするのは、近代的意味での文学が十九世紀において探検記に参入するにいたったという大きな運動を過小評価することになるだろう。一八一一年のシャトーブリアン〔一七六八―一八四八。フランスの政治家・文筆家〕の『パリからエルサレムへの道のり』をはじめとし、一八三五年のラマルティーヌの『オリエント紀行』、デュマ〔一八〇二―七〇。大デュマ、フランスの作家〕の『スイス印象記』の出版においては、後世に名を残す作品であることに甘んじて、感じた印象を文学的に復元することが旅行記の要点となったのである。のちにこのような動機が勝利を収め、小旅行記の中心になるにいたった。十九世紀後半に近代的な旅行が到来したが、まったくこのような印象の探究と解釈されうるのである。

一八三七年にジョルジュ・サンド〔一八〇四―七六。フランスの作家〕が『ある旅行者の手紙』の中で「外にあるものについて何か少しでも確かなものを学び取る意図で私の手紙を読むことはしないでください。私は何を見るにも個人的な印象を通して見るのです[31]」と書いた。ラマルティーヌとデュマの二年後、シャトーブリアンの四半世紀後という時代に、このようなことを書くのは、書簡小説の女性的伝統ではなく、むしろ旅を語ることに専念する作家の関心につながるものである。実際、旅行記が文学の認められたジャンルの一つになるには、探査で明らかにされた確かな知識というもはやずいぶん付随的になってしまったものよりは、作者の自分というものを繊細に表現することでしか期待できなかったのである。かくして、学術と数値での計測により学術探査が男らしさのモデルとされた――それはたしかにおかしなことで、なぜなら探検の理想が器械の正確さと人格の不在とであったからなのだが――その一方で、文学や看取された感覚の表現がなにか女性的なものと関わりのある芸術的な旅人を規定したのである。このように探検記録／旅行記の歴史は、一般的に十九世紀における芸術家が狙われていた男の女性化の危険を思わせるのである。

出版はその矛盾を解決する場であった。印象記と生活の趣ある部分は女性の領域に属していたが、その体験記を出版するとなると事情が違ったのである。つまり出版の過程を通じて、個人の印象から普遍的ななにかを解き放つことができる文章とそうではない文章を社会が見分けようとした時、つまり真の芸術家を認めることが問題となると事情が違ってきたのだ。プロの作家である夫に付き添ってアフリカを旅したレーモンド・ボヌタン〔フランスの小説家・ジャーナリストのポール・ボヌタン（一八五八―九九）の妻〕が、夫婦で丸木舟川下りをした時の思い出をそのような言葉で書き綴っている。「ポールがこのことをどこかに書き留めておいてほしいものです。私は、書こうとすることができませんから」[32]。妻と彼とが体験した旅の経験を芸術家として書き起こす責務を果たすのは文筆家である男だったのだ。このような仕事の社会的分担とは、これでわかるように妻が完全になじんでいたものであった。さらに、夫の同意を得て出される女性の旅行記の出版が、どれほどまでにあらゆる措置によって統制されていたかをわれわれは知っている。そのような措置では序文が主要な役割をはたしているが、それらの措置のために男たちを正当化する制御と判断に本文は従わされたのである[33]。

十九世紀の最後の三〇数年間においては、レーモンド・ボヌタンとポール・ボヌタンが丸木舟で川下りをして妻が自分の旅の印象を言葉で述べることができなかったその一方で、決定的な変化が進行していたのであった。確固とした伝統のためにボヌタン夫妻がうやうやしく敬意をはらって従っていたモデルが、その決定的な変化の強い影響を受けていたのである。

学術的な探検と女性たち

なによりもまず、幾人かの女性が、学術探検記の分野でいくぶんかの正当性を認められたのである。十九世紀半ばから、「偉大な女性探検家」の人物像が出現したことが、その証である[34]。ただ長大な旅をした女性だというばかりではなかった。彼女は、なによりも執筆者でもあったのであり、その記録は読者に男の手になる記録と同じぐらい確かな情報を提供したのである。地理協会のリシャール・コルタンベール〔一八三六―八四。フランスの地理学者〕が一八六六年の『著名な女性探検家たち』と題する選集の中で述べたように、この女性たちは「研究の場」として世界中を駆け回っていた。彼女たちが報告した探検記は、「極めて適切に作成された業績の中でも評価に値する位置を占めていた」[35]のであった。その成果は学術的観点から見て、申し分なく受け入れられるものだったのだ。リシャール・コルタンベールによるこのような評価を、シャルル・シモン〔一八三七—一九一六。ベルギーの文筆家〕の『十九世紀の女性探検家たち』（一八八六年）、アメリー・シュヴァリエ〔フランスの文筆家、?—?〕の『十九世紀の女性探訪者たち』（一八八八年）、マリー・ドロンサール〔?—一九〇一。フランスの文筆家〕の『大女性探検家たち』（一八九四年）のように、のちには女性によって書かれた他の著作が続いて行うようになった。

メアリー・モンタギュー〔一六八九—一七六二。イギリスの文筆家〕からヘスター・スタンホープ〔一七七六—一八三九。イギリスの貴族・探検家〕、アンナ・ブラッセイ〔一八三九—八七。イギリスの探検家・文筆家〕・イザベラ・バード〔一八三一—一九〇四。イギリスの探検家、文筆家〕、メアリー・バーカー〔一八三一—一九一一。イギリスの文筆家〕、アン・ブラント〔一八三七—一九一七。イギリスの文筆家〕、あるいはイザベル・バートン〔一八三一—九六。イギリスの文筆家〕を経て、マリアンヌ・ノース〔一八三〇—九〇。イギリスの博物学者・文筆家〕、そしてその後登場するメアリー・キングスレー〔一八六二—一九〇〇。イギリスの探検家・民族学著述家〕と、十九世紀の最後の三〇数年間に続々と登場して読者の賞賛を浴びた大女性探検家たちだったが、その大部分はイギリス人女性だった。その探検から学術的観察を引き出すことができる女性がフランス人女性だというのはごく例外的でしかなかった。マリー・ドロンサールによれば、それは「わたくしたちの教育よりも英国人の教育はずっと男らしい」ことで説明がつくのである。「ごく若い時から行動を自由にとらされ、自分自身の責任を感じるようになり、ハイキング、乗馬、戸外での競技と運動、海上競技、民族生来の旅の嗜好もあって、これら全てが、好んで世界を駆け巡る素地を集めているのである」[36]。

ここではマリー・ドロンサールは十九世紀にずっとあった常套句を繰り返し述べているにすぎない。テオフィル・ゴーティエが一八四〇年代にすでにこのようなイギリス女性をさんざんにやり込めている。彼女たちは「突撃する精鋭兵の面目を施すような早足で歩き、男のようなきびきびとした歩き方は、大陸でそれを見ればイギリス女だと分かるものである」[37]。

しかしながら、一人のフランス人女性の目を見張る事例も十九世紀終わりによく知られていた。ジャンヌ・デューラフォワ〔一八五一―一九一六。フランスの考古学者・文筆家〕の事例である[38]。トゥールーズに一八五一年に生まれ、一八七〇年に土木局技師のマルセル・デューラフォワ〔一八四四―一九二〇。フランスの考古学者〕と結婚したが、彼は考古学が大好きだった。一八八〇年代に夫婦はペルシアの考古学調査に二回参加したが、そのうちの一回でスーサ〔現在のイラン西南部に位置するかつての王都〕の発掘調査を編成することになった。これらの探査のおかげでジャンヌは評判となった。髪を短く切り、ズボンをはくことが習慣となったが、これらの奇行は彼女の探検記の人気を確実なものにするのに一役買った。探検記はまず『世界周遊』誌にまず掲載され、続いてアシェット社から単行本で出版された。マーゴット・アーヴァインが指摘するように、デューラフォワ夫妻は、女だけのものであるはずの趣のある記述と夫の専売特許であるはずの学術的記述の分担を拒否した十九世紀唯一の夫婦だった。かくしてジャンヌの記録はマルセルの記録と時に食い違うこともあったが、夫と同じ学術的ステイタスを求めるものであることにはかわりはなかった。このような夫婦のために、ここで問題となっている分野の男らしさのもっとも一般的な表現が不明瞭なものとなっていることは確かなことだ。一九〇五年に風刺新聞の『バター皿』の風刺画が、ジャンヌを男の格好でスーサの発掘地点で思索にふける重々しい態度で描き、夫のマルセルを居間の中にパンツ一枚で描いているが、それには彼が考古学者であることも探検家であることも書かれていないのである[39]。風刺画家はなれなれしくも、ジャンヌ・デューラフォワが半ズボンをはいていると言わんばかりである。『デューラフォワ夫人の発掘〔「発奮」と言葉遊びになっている〕は見ものだ』と十一回続けて言ってごらんなさい」という語音転換の言葉遊びがあるキャプションが、この比類ない夫婦の男らしさの極の逆位をはっきりと明らかにしている。

しかしながら、男っぽく育てられたイギリス女性たちからジャンヌ・デューラフォワにいたるまでの大女性探検家という人物像の出現は、当時のフランス社会に影響を及ぼし、それまでの探検記の記述を支配していた規範の混乱に加担していた人物像のうちの一つの変異にすぎないのである。実際、探検の人物像の刷新という二つ目の本質的な現象について言及されなくてはならない。たとえばスタンリー探検記『いかにして私はリヴィングストン博士を見つけたか』の驚異的な成功が一つの激変をなしている。北極と南極を例外として、ほとんどの場合には大陸の奥地に位置している地図の白い部分の、地球上の残された未知の土地に向けて出発する男という人物像。ヘンリー＝モートン・スタンリー〔一八四一—一九〇四。アメリカの探検家〕はベル・エポックの時代に大変な人気を得たこのような探検家人物像を見事に体現化している。ところで、スタンリーの「ニューヨーク・ヘラルド」紙「特派員」[40]という職務が完璧に表しているように、今までになかったこのモデルはふんだんに挿絵が入った大新聞に探検記が出版されるという新しい条件になによりも立脚していた。

実際に、ヨーロッパの人々にまだ知られていない土地に探検家が足を踏み入れ、そこで新しい学術的知見がさらに多く得られるかもしれなかったのだが、その一方でその記録の形式は、ロマン主義時代に生まれた文学ジャンルにヒントを得て、大部数を発行する新聞のセンセーショナルに煽り立てる必要性を取り入れたものとなった。探検によって生み出された知識のかげにしりぞき、数値化された計測やサンプルの収集だけで満足するなどということはなく、これらの文章の作者たちの身に起こった冒険や、危険を前にした時に彼らが持っていなくてはならなかった勇気、要するに自身の英雄的行動を彼らは前面に見せびらかしたのだった。これらの文献の挿絵を検討するとさまざまなことが分かる。十九世紀末には、探検先の人々や、観察した風景や、探検家によってもたらされた物品などは記述の中心ではなくなってしまった。今や探検家が自画自賛をするようになっていたのだ[41]。そしてこの賛美は、勇敢なる力をもつこれらの男たちの男らしさを称揚することでなされていた。ベル・エポックの「探検文化[42]」はひげ面で武器を持ち、冷静沈着で孤独を好む白人の姿で好んで描かれた男たちのイメージ群によってなによりも伝えられたのだが、この白人は黒人荷担ぎの集団を統率し、歯向かってくる有色人種の部族を力で押さえつけたのである。この男らしさのさまざまなニュアンスの詳細を示すこともできよう。力の称賛と説得力あるカリスマ性の称賛によってなされ、スタンリーとブラザ〔一八五二―一九〇二。イタリア系フランス人探検家〕の対照的な人物像によって示されているものである[43]。冷静沈着であることが常に本質的な構成要素だった。いかなる波乱であろうとも、探検を語る新しい方法である冒険譚がそれからは知の進歩の厳密な報告をしのぐようになったのである。長きにわたって学術機関の識者が望んだような、探検家の人格が消し去られてしまうことからはほど遠く、この手の冒険譚は、こういってよいならば男らしさという次元のみに還元されてしまった一人の男の勇敢さを演出したのである。

公の場がこのような冒険家の人物像で占められてしまうことは、学術的活動の男らしさという概念の衰退を伴っていた。この時代の『地理年報』誌をめぐる新しい地理学の定義がそれをよく表している。一八九一年にその第一号を発刊したヴィダル・ド・ラ・ブラーシュ〔一八四五―一九一八。フランスの地理学者〕は、まさに「ほとんどの紀要の論文がアフリカ探検か遠隔地にある国々の発見の旅を扱っているひどい習慣[44]」と縁を切ろうとしていた。彼は「このセンセーショナルなお話へのみに好奇心が限られている状態に対して[45]」抵抗しようとし、また、探検旅行のこのうえなく俗悪なイメージと特定専門分析とを峻別しようとした。彼の視点からすれば地理学者が従事するべきであるのはこの特定専門分析だったのである。『地理年報』誌は遠国探検に完全に門戸を閉ざしていたわけではないものの、「外国人であれフランス人であれ、ある探検家が『業績以上の評判』をとっているならば、できる限り丁寧に厳格さをもってそのことを述べる覚悟がある」[46]とヴィダル・ド・ラ・ブラーシュは警告していた。報道機関の扇動主義は探検家の男らしい人物像に要約されてしまうようなものだったが、学問の名においてこの報道の扇動主義をこれほどまでにはっきりと拒否することはできなかっただろう。

さて、このような背景において、十九世紀末に女性探検家の新しい人物像が出現した。一八八六年の『十九世紀の女性探検家たち』の筆者がかなり明らかにその人物像を定めている。筆者の述べるところによれば、命の危険を冒して未知の地域にまず足を踏み入れた男性探検家とは反対に、道が作られ整備されてから女性探検家は続いてやってきたのだが、彼女たちには数多くの調査分野がまだ残っていたのである。初期の発見よりもさらに正確な地誌を彼女たちは示すことで、彼女たちは最初の発見を補足していくのである[47]。この区別は見事である。男性が探検する領域であろう未知の土地と、ヨーロッパの探検家によってすでに目はつけられたもののよく知られてはおらず、女性たちが少なくも周辺的に研究できるであろう土地とが区別されているのである。実際、この区別は、同じ頃にヴィダル・ド・ラ・ブラーシュが提示した探検と特定専門研究との区別と重なっている。今や男性探検家は「業績以上の評判」をとるのではないかと疑われていたのだが、女性探検家という定義は少し異なっているのだが、女性的な観察眼の学術的価値が比較的認められていたことをこの女性探検家という存在は意味していたのである。

したがって、ある学が女性化するとその学問的性質が弱まってしまうと考えて、女性探検家の人物像の出現が、探検というものが学問領域外に追いやられてしまったことのしるしの一つであると理解するのは誤りであろう。

たしかにベル・エポックのメディア空間には、学問と祖国のこのうえなく偉大な栄光のために地球の果てまで旅立っていった豪胆で自信たっぷりのひげ面の若者の挿絵がうんざりするほどあふれかえっていた。しかしながら学者の視点からすれば、本当に知識を高めてくれるのはそのような男たちではなかった。学術的探検記録において当時起こった再編成のおかげで、以降の女性たちにそれまでよりも正当なものと認められた地位が残されたのである。それは男らしさのもっともよく知られた人物像に抗してまさに今や学問の基準が決められたからである。そもそも、一般に考えられているのとは反対に、十九世紀から二十世紀への転換期にジャンヌ・デューラフォワの考古学上の成果に向けられた批判が、彼女が女性だということに本当に由来していたのかどうか考え直すべきだろう(48)。男らしい人物が学者の目には真の学問のまがいものだと当時はみなされていて、結局は彼女が女であったにもかかわらずそのような男らしい人物の一人であると思われたことによるものだったのではないかと考えなくてはならないのである。

Ⅲ　男になること

ルネサンス以来、文学はなべてアルテス・アポデミカ、すなわち紀行文芸《アールアポデミック》の名のもとにしばしば一つにまとめられて、旅の教育的効果を称賛した。若者がその勉学の仕上げにしなくてはならなかった有益で理論に基づいた旅というものの規範を文学は定義したのである。十九世紀には、これにまつわるモンテーニュ〔一五三三—九二。フランスルネサンス期の哲学者〕やルソー〔一七一二—七八。フランス十八世紀の哲学者〕の格言が好んで繰り返された。「旅が若者を涵養する」(49)とよくいったものだが、今もなおよくいわれることである。しかしながら、この若者というものは、はっきりと限定されていた。イギリスの貴族が十八世紀に与えた「グランドツアー」という形式のエリート・モデルから極めて徐々にしか解放されなかったばかりか、十九世紀のあいだを通してこの若者というのは厳然として男のものであったのである。本論の最終局面はこのような「若者」に限定したいと思うが、まさに「若者」向けであった文学がこのことを完璧に示している。

旅の主題はそのような文学のいたるところにある。これは新しいことではなかった。また、十九世紀の学童は、以前の世紀に作られた若い旅人を登場させる作品を読むことを強く薦められたのだったが、それはフェヌロン〔一六五一―一七一五。フランスの宗教家・文筆家〕が王太子教育のために十七世紀最後の数年のあいだに執筆した『テレマックの冒険』やダニエル・デフォー〔一六六〇―一七三一。イギリスの文筆家〕が一七一九年に出版した『ロビンソン・クルーソー』、あるいは学識豊かなバルテルミー神父〔一七一六―九五。フランスの宗教家・文筆家〕の名のもとに、一七九六年に初めて出版された『若きアナカリスの旅』といった作品であった。しかしながら、とりわけ初級教育の普及と出版業界の飛躍的発展により、この現象は途方もない規模のものとなった。十九世紀の最初の数十年のあいだ「一周もの」は激増したが、それは周遊の旅の形をとった教育的空想小説であり、地理であるとか、地方や決まった国の当時の言葉でいうところの「統計」を示すことができた。[50] 一八七七年の『二人の子供によるフランス一周』(フランスの小説家オギュスティーヌ・テュイルリ〔一八三三―一九二三〕がG・ブリューノのペンネームで書いた副読本)は大成功だった。もっともこの手のものがもてはやされたのは実際には七月王政の頃からであったので、この大成功は遅いものではある。同じ時期にロビンソンものが大当たりをとった。デフォーの本をモデルとした一八〇六年出版のウィース〔一七四三―一八一八。スイスの文筆家〕の『スイスのロビンソン』によって幕を開け、冒険小説があとを継いだ。すでに述べたように、大新聞が毎日のようにその例をみせていた冒険小説と知識の教育的解説とを併せ持った分野があるが、とくにジュール・ヴェルヌの『驚異の旅』シリーズはそのような分野においてもっともすばらしい成功を収めた。子供たちを学識へと向かわせなくてはならないが、その目的においては旅の形式はもっとも適ったものであり、それは若者というのは冒険大旅行に自然に引き寄せられるからだと教育者は繰り返し述べた。(51)

このような物語の大規模な普及は、旅とは男らしい教育の特徴を持つという考えを大いに強化した。実際これらの物語の登場人物はほとんど全員男であった。一方でしばしばその作者は女性ですらあった。彼女たちはこのように子供の教育の使命を全うしたのだった。その例は「ドルマン氏」だろう。トゥーレーヌ〔ロワール古城の多いフランスの地域〕の裕福な卸売商で、六人の子どもの父親であり、妻の死後はその子供たちの教育に身をささげている。ある日、ドルマン氏は子供たちへの褒美として、彼自身が若いころに体験した「旅の冒険」を語って聞かせることに応じる。『フランスの若き旅人たち』と題されたこの本は、かくしてフランス郷土を精密に描写する機会としての旅のようになっている。(52) あるいはサン=マンデ〔パリ東にある近郊の町〕のリシャール一家もその例だろう。彼らはリシャール夫人の恐るべき胸の病を癒すために南フランスに出発することを余儀なくされる。ニースに到着して、夫のリシャール氏とその二人の息子であるエルネストとフォルチュナは、夫人とその娘をおいて徒歩でイタリア探訪へと出発するが、それから作品はイタリアの厳密な描写を行っている。(53) また、アドルフ・ヴェルヌイユもその例だろう。立派に軍役をこなしたこの若者は、若い従妹のローラを妻に迎えたいと望む。すると父は、まずフランス全土を旅することをその条件とするのである。するとローラが「それこそ私がしたいと思っていた旅ですわ」と感嘆の声をあげ、「あなたがなさろうとするのですから、私もそのおこぼれにあずからなくてはなりません」と言うのである。かくして物語は県ごとの手紙という体裁をとるのだが、その手紙というのはそれぞれの県一つ一つの極めて面白みに欠ける描写の口実なのである。(54) オギュスティーヌ・フイエ〔オギュスティーヌ・テュイルリの別名〕の『二人の子供によるフランス一周』の主人公であるアンドレとジュリアンは、その観点からすれば確かな伝統の継承者であるにすぎない。

これらの作品は――枚挙にいとまがないが――同じ特徴をもっている。まず描写される旅は青少年によってなされるということである。本の主人公はだれもが七歳から十八歳である。次に、女は常に除外されていて、しばしば母親が死んでようやく子供たちと父親が旅の願いをかなえることができるほどである。最後に、そしてこれはなかなか意味深いことなのだが、女たちは、ローラのようにこの旅から得られた知識に喜んで興味を覚えるのである。ところが、彼女たちは男たちの話によってしかこの知識にたどりつくことができない。旅そのものは男たちのものとして提示されているからだ。

結局これらの本は、おしなべてルネサンス以来明らかになっている紀行文学《アポデミック》の原理を繰り返しているのであり、旅することから女性をしりぞける傾向があったのだ。サン＝マンデのリシャール氏は、男兄弟が父と一緒にイタリアで学ぶ旅に出るというのに若いオルテンスが母と一緒にニースに残っていなければならないとした理由を、一行で片づけている。まず、父が娘に示唆するからには、ルネサンス以来築かれ、ルソーによって厳しく繰り返されてきた原理に従って、男たちが徒歩で出かけようとしていただけに、このような旅は「お前の性別が持つ力をおそらく超えているだろう(55)」というのである。また、リシャール氏が続けるには、人や事物に正確な知識を得なくてはならない青年を教育するのとは違って、「女の教育というものは自己練磨のために旅で得られる経験を全く必要としていない(56)」というのである。家庭を支えることを学ぶには家にいるにしくはないのである。

冒険小説と男らしさ

世紀後半の冒険小説はこの表現体系を強めた。ジュール・ヴェルヌの作品の主人公たちは、前の時代の「周遊」にでかけた青少年たちとほとんどいつも同年代の青少年たちであった。女性たちは『驚異の旅』シリーズの五分の一にしか過ぎず、彼女たちの役割は常に脇役である。『神秘の島』の冒頭で「雄々しい声——その心は恐れを知らぬ一人の男の声だ」[57]とあることが思い出される。この声の響きが十九世紀の少年向けのすべての冒険譚に聞こえるのだ。一八五八年に出版されたギュスターヴ・エマール〔一八一八—八三。フランスの小説家〕の『オーカ族の首長』では、主人公のヴァランタンがルイ・ド・プレボワ＝クランセ伯爵に「お前は今日から、試練と戦いの生活をするのだ。一言でいえば、お前は男になるのだ！」と予告する。[58]同じようにジュール・ヴェルヌは、一八六三年から、冒険を体験することで男になることを学ぶ多くの年若い少年を登場させている。十九世紀の少年向け冒険小説のこのような紋切り型の他の例は数多く挙げることができよう。これらはいずれも冒険譚に付与された道徳を例証するものであるが、この道徳とは『十五歳の冒険船長』の中でヴェルヌが主人公の若きディック・サンドについて「これらの試練を経て、子供は男となったのだ」という文句で述べたものなのである。[59]

たしかにこの観点からすれば十九世紀の冒険譚は、冒険の役割とは何よりも手ほどきをすることだという、たとえば中世騎士物語やルネサンス期から革命期までの時代の子供向け物語のもののような極めて古くからある論法を現代風にアレンジしたにすぎないのだろう。しかしながら、これらの冒険譚は本当に体験されたことから書かれた文学的なバリエーションに過ぎないということがあらたに強く力説されたのである。小説家本人がこの手の手ほどきを受けたと請け合った。ギュスターヴ・エマールは原始林と南米パンパ大草原を駆け巡る人生を送ったと主張していた。コナン・ドイル〔一八五九—一九三〇。イギリスの小説家〕は捕鯨船の医師として水夫の境遇を経験しており、この冒険によって「焼きの入った」[60]男になったということだ。子どもは「鍛えられ」なくてはならないという軍隊風の別の言葉が、冒険を体験することで男らしい教育がなされるという考えをよく表している。

もちろん身体表現一式は、この冒険を体験することで得られる逞しい男らしさのイメージを伴っていた。筋肉隆々の身体や、睡魔にも欠乏にも耐えて、野外の生活に慣れ親しみ、健康だが往々にして傷跡があちこちにあるというのは、冒険が体現された身体であった。[61] タラスコン・ド・タルタラン〔フランスの小説家アルフォンス・ドーデ（一八四〇―一九七）が一八七二年に出版した小説『陽気なタルタラン』の主人公〕が一八七〇年代に冒険譚のまがいものであるということを表現できたのは、彼が「体格はいいがお人好しで、ぶくぶく太ってひどく鈍重、とても肉感的でずいぶん過敏で、すぐに愚痴をこぼす俗悪な大食漢」で、ホットココアに目がなかったからでもあったのだ。[62]

冒険譚はこのように子供が首尾よく大人の男になるのを助ける働きがあったのである。エッツェル社は一八六〇年代にトーマス・マイン＝リード大尉〔一八一八―一八三。アイルランド系のアメリカの小説家〕の冒険譚を出版したが、地理学や動物学や植物学において筆者が提供した事物について学べることが興味深いとしたばかりではない。エッツェルは「若者たちは男らしい年齢に近づくにあたって、青春期にこのような物語で育まれることでよりよい戦いへの備えができるのである」と広告で述べて、[63] 冒険の語りの教育面も強調されたのである。エッツェル社にとって商業的目的の広告だというだけではない。作者たちがこのことを確信していたのは確かなことなのである。二十世紀半ばになってもなお、リュシアン・フェーブルはこの伝統を再検討するにいたらなかった。『探検世界史』の紹介で、彼は「冒険の炎を絶やさず、守り続けよう。この男らしい装い。［…］冒険譚と冒険小説とは健全な文学なのだ。［…］明日の任務のために男を鍛えるのだ」[64]と書いたのである。男らしさの現代的な姿の構築におけるこのような言説の力を過小評価できないだろう。[65]

十九世紀の女性の旅行

これらの問題については、本書第Ⅲ巻で[66]十九世紀から二十世紀への転換期に起こった冒険の表現の危機の結果を検討することであらためて詳しく取り上げることにする。ここではとりあえず、一見すると逆説的にみえるだろうが、このような男らしさの概念が十九世紀に女性の旅に課した規範について結論づけたい。なぜならば、今まで述べられてきたことから女性が旅をしないと考えるのは間違いであろうからだ。むしろフランスの大巡礼地へと女性巡礼者たちは足を運び、虚弱体質の者は避寒地であれ湯治であれ十九世紀に数が増えたさまざまな温泉地に向かって出発し、女性旅行者たちは明らかに「ツーリスト」化して、数多くの女性が家庭の義務やビジネスとは全く関係がない旅をしたいという正真正銘の欲望を表した動機づけゆえに旅行をしたのだ。最後にこのような慣行が十九世紀には実に多くあったということをあらためて述べておくことはたいへん重要なことであり、さもなければ男たちの歴史しか考慮しないということでは、男らしさに旅を結びつけて女たちを排除してきた言説を繰り返すことになりかねない。

ルルドに向けて特別列車を借り切った神父から、その処方だけが温泉町への旅を正当化した医師にいたるまで、おそらく女たちの旅というのは男たちによって厳しく統率されていたのだろう。その意味で十九世紀において考案されたものでもっとも重要なものはおそらく新婚旅行であった。これは一八二〇年代にはじまった慣行で、一八七〇年代にその名がつき、ベル・エポックには盛んにおこなわれたものである。[67]実際、新婚旅行というものが、女性たちの旅を正当化したその一方で、夫がずっといなくてはならないという旅のモデルが重きをなしたのである。このような旅は見知らぬ土地を発見するというよりは、夫の体、ひいては性の悦楽を発見するということを目的としていた。一八八三年の『女の一生』でモーパッサンがこの新たなる慣行の意義をうまく活用していたことはよく知られている。その観点からすれば、十九世紀に考案されたような新婚旅行のおかげで、旅の表現と男らしさの表現は真に一つになったのである。

なるほど先述のとおり十九世紀の終わりから変化のきざしは感じられるようになった。フランス山岳会の山登りにおいて一八七〇年代から女性に比較的重要な地位が与えられるようになったことや、女性向けの旅行社が一八九〇年代からパリにできたことや、一九〇〇年代にアルベール・カーン〔一八六〇―一九四〇、フランスの実業家〕が始めた「世界一周旅行」奨励金を女学生が受けるようになったことが挙げられるだろう。[68] しかしながら、なにかが抗っていて、どうしようもなく男らしさの表現に結びつけられたままであって、それはおそらく旅の女性化に反発するものですらあった。それは冒険というものが連想させるものであり、フランスにおいては一九二〇年よりあとにならないと歴史が本当に移行していくことにはならなかったのである。

第2章

十八世紀終わりから第一次世界大戦までの植民地状況における男らしさ

クリステル・タロー
（寺田寅彦訳）

十八世紀末・十九世紀初めから始まったアフリカ、アジア、オセアニアにおける第二期植民地帝国の形成について細かく見てみると、たちどころにその企てられた計画のいちじるしく男らしい特性に衝撃を受ける。それは帝国における男らしさのきわめてよく組織化され規範的な言説の生産においてのことであり――それらの言説ではもちろんのこと男らしさの問題でもちきりであるが――またヨーロッパ人とその他もろもろという集団で理解されていた人々との関係を対称的に編成し、作り上げるカテゴリーの作成においてのことでもあった。予測がつくように、他性というのは征服戦争とそれに続く「活用」政策の本質的なポイントであるだけに実に根源的なものである。本論の目的の一つでもあることだが、まさにそれらの戦争の時代に――後述するようにとりわけ一八三〇年から一八七一年までのアルジェリアにおける戦争において――「男らしい」と容易に意味づけることができる様式によって、植民地化がいかにしてヨーロッパの勝利を例示し、かつ正当化したのかを理解しなくてはならないのである。それはフランス植民地拡大の重要な理論家であるポール・ルロワ＝ボリュー〔一八四三―一九一六。フランスの経済学者・文筆家〕が暗黙のうちに確認したことで、彼は十九世紀の転換期にこう書いている。「ある社会が植民地化を行うのは、その社会そのものが高い成熟と力の段階に達して、その腹から出る新しい社会を産み、守り、発展の好条件におき、男らしさに向けて導く時のことなのである(1)」。

そのためにはまず真の植民地神話の基盤に属するものが何かということを明らかにしなくてはならないが、その基盤とは男たちと出来事と場所の上に立脚していて、国家の威容と復興、もしくはそのいずれかに奉仕するものである。それは衰退と退化とに対して同時に戦うことが目的であったが、この衰退と退化というのはとりわけ医学・学術文献において十九世紀初頭から考えられたことで、軟弱さと女々しさを意味しており、男性たちにおいて一般化しつつあると考えられていたが、フランスが、またある意味ではヨーロッパ全体が、十八世紀末から陥っていたとされていた。また、ソルボンヌの歴史学教授のアルフレッド・ランボー〔一八四二―一九〇五。フランスの歴史学者・政治家〕が一八八五年に考えていたことは、（ヨーロッパにおける）平和と当代の生活の安楽によって性格が女性化していることと戦うために、帝国を形成しフランス国民（男たちのことと理解するべきである）を競ってアフリカへと向かわせる大きな努力をすることが欠かせないということだった。そうすればフランス国民は（何不自由ない生活と女性の権利の前進という）堕落から逃れられると同時に、男らしさの美徳や戦う男の本能を再び見出すだろうというのだった。(2)

I　男らしい植民地化(3)――軍事征服と「活用」

実際、強者の権利(4)――私見ではもっとも男らしい者の権利――が、アフリカ、アジア、オセアニアにおけるヨーロッパの進出期のあいだずっと優位にあった。新天地の征服が――いうまでもなく戦争によってのものだが――本国における国家の名誉と領土の保全につきものの男らしい力を何度でも確認する主要な場の一つであったからだ。戦争直後の数年間のあいだ、本当の男を「つくりあげる場」としての植民地化、そして男らしさと国家の更生の空間としての植民地化という考え方があった。この二つはとくに一八七〇年にプロシアにつらい敗北を喫したフランスにおいては緊密に結びついているもので、ニコラ・バンセル、パスカル・ブランシャール、フランソワーズ・ヴェルジェが、「植民地は一八七〇年の敗戦によって傷ついた体を再び回復させるのだ。骨抜きになり、疲れ果てた男たちに男らしさを取り戻させるのだ(5)」というのはもっともなことである。しかしながらこのような植民地化という考えは、十九世紀初頭に国家と植民地を扱った多くの作品にすでにみられるものだった。だからこそポール・ルロワ＝ボリューは一八七四年に当時の人々を不愉快にする心配もなく「帝国か死か」[6]と恐れず断言することができたのだ。また、「死活問題」[7]である場所としての植民地の問題についての言論が、ヨーロッパ全体で一様であったということが認められる。ジョン・ロバート・シーリー〔一八三四―九五。イギリスの歴史家・随筆家〕から――『英国拡張史』はフランス語で一八八五年に出版された――フリードリヒ・ファブリ〔一八二四―九一。ドイツの知識人・牧師〕にいたるまで――『ドイツは植民地を必要とするか？』[8]――植民地の拡大がヨーロッパに必要不可欠なものとなったことを、そして、社会的進化論がそうさせるのだが、覇者の人民こそが「当然」抜きんでる「命をかけた戦い」をヨーロッパ人が開始したことを、誰もが一致して認めているのだ。それゆえモーリス・ロンデ＝サン〔一八六三―？。フランスの文筆家〕は一九一七年の著書『われわれの黄色い帝国において』で、「強く、自らに自信をもって、男らしくなれるようにしよう。さればインドシナは永久にフランスの地に留まるだろう」といったのだ。

1　攻撃的でこれ見よがしの男らしさを作る場としての征服戦争――アルジェリアの典型的なケース

征服戦争[9]は、とくにアルジェリアにおいて、極度な虐待《ブリュタリザシオン》[10]によって目立っている。国内治安維持ができず[11]に当時のフランス人は、限られた占領行為に縮約されてしまっていてそれは狂暴で残虐な行為としてあらわれた。それゆえペリシエ・ド・レノ〔一八〇〇？―一八五八。フランスの軍人・外交官・文筆家〕は、彼自身は現地人に対してそれほど情にもろいわけではなかったが、それでも「アラブ人は、われわれが女たちや子供たちののどをかき切りかねないと考えているにちがいないが、武装した男たちと番をする者たちへの攻撃は敢行できないとも考えているにちがいないのだ」[12]と記述しているほどである。このような征服戦争の形は残虐行為の実践をもたらし、植民地被支配者側における同じような野獣のような行為となってあらわれた。それで、征服譚や、あるいはアルジェリアについてその征服後に出た初期の著作においては、「現地人」は獰猛な「野獣」、残忍な「獣」であり、相手にするには異例な措置をとりうる、あるいはとらなくてはならないということへの非常に数多くの言及を見ることができる。これらの措置がアルジェリアの状況ではどのようなものだったかよく知られていて、土地の接収、行政的監禁、連座、集団噴煙窒息、身体損傷、裁判抜きの処刑、等々からなるものである。それゆえウジェーヌ・ペリシエ・ド・レノ〔一般にはペリシエ・ド・レノの名前はエドモン〕はロヴィゴ公爵〔一七七四―一八三三。フランスの軍人〕によるウフィアス部族殺戮[13]について「死の遠征からの帰還で、機甲部隊兵のいく人かは槍の先に首を刺していた[14]」と書くのである。アルジェリアのケース以外にも、フランス植民地征服において、一八七八年のニューカレドニアのカナック族大反乱ではアタイの首〔ホルマリン漬けにされフランス本国で公開された〕、一九〇〇年のクセリ〔現在カメルーンに位置する都市〕の戦いにおける中央スーダンでのラバ〔一八四二頃―一九〇〇。中央スーダンの領主〕の首〔懸賞金がかかっていた〕のように、フランス兵や現地同盟兵が戦利品として誇らしげに数多くの斬首を掲げていたことを数えあげることができる。この「現地人」の身体の破損と損傷というのは、間違ってはならないが、征服者の男らしい力を表す掌握実現ということを意味しているのだ。なぜならば、植民地被支配者は獣のようにいわれながらも、しばしば女性のようにも扱われるからである。アルジェリアでは、この象徴的な女性化の主要な行為は武装解除手段に関わるものである。この国では、奥地であればなおのことだが、真の男であればだれもが刀や、金銭的に余裕があればとりわけ鉄砲を所持するものなのだ。都会であっても、武装解除は「現地人」にとって男の地位への侮辱と感じられないわけではない。かくして、フランス軍はアルジェ入りする際に、トルコ人たちに武器を捨てることを「促し」て、それから戦利品を分け合うのである。「カスバ〔アルジェにあり要塞と周辺地区をいう〕

の王宮では、勝者は武器の分配を始めた。[15] おのおのが思い思いに近衛兵銃や、トルコ銃弾入れや、ヤタガン長剣や、ピストルを選んだ。真珠や珊瑚の飾りのついた珍品の武器や、金銀の鞘入りのサーベルは別に取り分けられていた」と一八三一年にジャン＝トゥサン・メルル〔一七八五―一八五二。フランスのジャーナリスト〕は書いている。[16] 武装解除されたアルジェリア人は、降伏の手順として忠誠の証を示すことを余儀なくされもするが、これはヨーロッパ人が男――力強くて男らしい征服者――であり、被支配者が女――弱くて受け身な敗北者――であるという「結婚」に往々にして似通っている。植民地当局の数多くの軍人ならびに民間人に対して忠誠を示すこの慣行は、その後、一八八一年のアルジェリアにおける特別行政制度法典樹立から一般化するようになるのだが、ある一つの社会全体の恥辱と卑屈とをなしているのである。

男らしさを形成する場というが、征服戦争もフランス人兵自身にとって、その苛酷さ、ひどさ、危険さから、やはり男らしさを形成する場なのであって、そのことについては当時の全ての証言が一つになって断言している。なぜならば、暴力や残虐行為がフランス側でよくあることだというその一方で、当然兵士たちもしばしばその犠牲者だからだ。多くの描写があるが、その中でサン＝タルノ元帥〔一七九八―一八五四。フランスの軍人〕の描写が、おぞましい雰囲気の中で行われた軍事行動の暴力とすさまじさを引き合いに出している。男たちは飢えと寒さと病とでハエのように死んでいき、アルジェリア人戦士は報復を行い、彼らもまたそのヤタガン長剣で斬首することを辞さなかったというのだ。[17]

しかしながらそれを生き残った者は、パリの陸軍省とアルジェリアの参謀本部から提供された資料[18]からすればおおよそごく少数ではあるが、彼らは誇らしげに男として一級品であることを主張することができた。彼らの有能さ、勇敢さ、活力、つまりは男らしさを――火と血とばかりでなく、心身ともの耐久力から――輝かしく証明してみせたからである。

征服戦争はこれらの危難に直面したが、植民地支配者側においては、入植と統治の様式としての力そのものを超えた勝利と、男らしい気持ちとしての無頓着さ――他人に対しての無頓着さであり、ひいては自分自身に対しての無頓着さなのだが――を超えた勝利とによっても特徴づけられている。それゆえ、ド・モンタニャック大佐〔一八〇三―四五。フランスの軍人〕がその『一兵士の書簡』の中で「あなたがたの、ばかげた、最高にばかげたフランスの新聞は本当にお笑い草です。哀れを催すのでなければ死ぬほど笑い転げるところです。ペリシエ大佐が集団噴煙窒息させたことに新聞は怒りを募らせていますが、彼らを喜ばせるにはお涙ちょうだいの手段をとらなくてはならないのです[19]」と書くのだ。ここでは感傷癖が――女々しいとされて正当性が失われているが――戦争をしてアルジェリアを征服するという定められた目標に反するがゆえに却下されているのだ。征服地のアルジェリアにおいて男であるというのは、すぐわかるように、「いかなる打撃を受けても平然としていられる」こと、「自らを鍛える」こと、どんなに極端で動揺の大きい状況においても完璧に「自己を制御」できることなのであり、また、戦争当初からまかり通っているように、人種のヒエラルキーや倫理的相対主義に応じて、行われていることがたいしたものではないかのようにしてしまえることでもあるのだ。これを納得するには、他にもいろいろあるが、アレクシ・ド・トクヴィル〔一八〇五―五九。フランスの政治思想家〕の『アルジェリアについての書簡』を何度か読むだけで事足りよう[20]。のちには帝国全体に広がる「なにもかもが許された体制」で、数多くの「暴走」があることに驚くまい。これらの「暴走」とは在外フランスの権力を示すものの一つである攻撃的でこれ見よがしの男らしさを行使するようにそそのかされた、そして（あるいは）自らすすんで行った男たちの所業なのである。

2　男らしい軍人モデルと強者の権利

暴行と力と男らしさは一つとなって征服戦争の根本をなしている。[21] ただ、その点ではフランスはなんら特別なものではない。なぜかといえば、たしかにアルジェリア征服戦争は残酷だったかもしれないが、それならばイギリス人[22]やドイツ人[23]やベルギー人[24]やオランダ人[25]がおのおのの帝国で行った征服戦争ではどうだったというのか？　一八五七年から一八五八年にかけて起こったセポイの反乱では、インドに対するイギリスの鎮圧のためにデリーの町は略奪され廃墟と化しただけでなく、女たちは強姦され、反乱に参加した、あるいは参加したと疑われるとされて男たちは次から次へと処刑されたのだ。一八五八年七月に英国軍によって刑に処された最後のセポイ兵たちは、大砲〔の砲口〕に縛りつけられて木端微塵にされたのだ。フランスの場合も、獣扱いされ女のように扱われた「現地人」たちに対して、戦争は「正真正銘の」男たちの手にあったとみなされた。覇権主義的な男らしさの象徴であるが、それは彼らが身体的な力、合理的な軍国主義、男らしい仲間意識、闘争嗜好、理性、自己制御、献身を具現化しているからだ。トマ・ビュジョー〔一七八四―一八四九。フランスの軍人〕の範列的人物像がこれらを明らかに示している。実際、ビュジョーの全てが、勝ち誇った男らしさという考えを起こさせる。十九世紀固有の男らしさのしるしが一団となって彼において具現化されているが[26]、アルジェリア征服時に多くの者が、その驚くべき勇敢さから彼を並はずれた存在だとしたのだ。その勇敢さにより彼はほぼただ一人「アルジェリアの英雄的存在」とされている。それはアルベール・パリュエル＝マルモン〔一八九五―一九五九。フランスの文筆家〕の本が実にはっきりと強調していることで、この本には『ビュジョー、アルジェリア随一のフランス人』という象徴的な題がついている。[27] ビュジョーとは力であり、筋肉であり、貫録であり、確信であり、信頼であり、勇敢さであり、名誉なのであるが、植民地状況におけるフランスの男らしい軍人モデルの輝かしい象徴でもあって[28]（一八四三年にはフランス元帥の位に達している）、アルジェリアでは通常これを「剣の体制」と呼んでいた。おおむね封建的で男らしいモデルと「現地人」は理解していたと考えられるが、一八七五年に入植者のヴィラクロズが実にうまく説明しているように、それは彼らの風習に一致していると思われるからである。

アラブ人は共和国を理解しなかった。彼らにとっては抽象的なことにすぎなかった。弱さと同じだとみなされた体制で、泥棒に悪漢、道に出没する強盗の黄金時代だった。共和国は女性をその象徴としている。とりわけ弱い存在で、現地人はばかにしきっている。デリ〔アルジェリアのカビリー地方の都市〕の治安裁判所法廷におかれたこの胸像は何なのかといくどアラブ人が聞いてきたことか。女の体を表し、胸をはだけて、頭にはフリジア帽〔赤い三角帽で仏革命で自由への解放の象徴だった〕をかぶっているが、それはカシュシュ（ベドウィン族の帽子）にそっくりで、これが共和国だと彼らにいったときの彼らの表情が表す驚愕と深い軽蔑の様子をどう描写してよいかわからない。彼らは皇帝の胸像は理解できた。肩飾、勲章の綬、ぴんと立った口髭は彼らに強い印象を与えた。少なくともそれは男であった。それが女だというのだから！　全く！(29)

フランス領西アフリカに一八五四年から一八六五年にいたルイ・フェデルブ〔一八一八―八九。フランスの軍人〕やマダガスカルに一八九六年から一九〇五年にいたジョセフ・ガリエニ〔一八四九―一九一六。フランスの軍人〕、モロッコに一九〇七年から一九二五年にいたユベール・リオテ〔一八五四―一九三四。フランスの軍人〕といったそのほかのフランス植民地征服の大人物たちのおかげで、その後もこのモデルは永続する。

同じように、ヨーロッパのほぼいたるところで、この男らしい軍人モデルを見出すことができる。これはそのリーダーの偉大さと勇敢さを表し、部隊同士を競争させてまでして戦火の中で「真の」男たちを育成することを目的としている。[31]マフディーの反乱〔マフディー教徒がエジプト、さらにイギリス軍と争った戦争〕を鎮圧し、一八九八年九月二日にオムドゥルマン〔スーダンの都市〕の戦いでスルタンのアブダッラーヒ・イブン＝ムハンマド〔一八四六―九九。当時オムドゥルマンを拠点としていたマフディー教徒のカリフ〕の部隊を壊滅させ、続いて一八九八年から一九〇二年の第二次ボーア戦争〔南アフリカを舞台とした植民地化をめぐる戦争〕で英雄の一人となったイギリスのハーバート・キッチナー〔一八五〇―一九一六。イギリスの軍人〕がそうである。十九世紀半ばのオランダ領東インドでのアチェ戦争もそうだが、このアチェ戦争においては、歴史家のヘンリ・ヴェセリング〔オランダの歴史学者でオランダ名ではヘンドリック、一九三七年―〕が正しく指摘するように、オランダ軍の技術の優位が彼らに勝利をもたらしたのではなかった。「決定的な作戦は、オランダ王立保安隊が名高いマキシム機関銃ではなくサーベルというきわめて原始的な武器を用いたことだった。司令官は配下の男たちに火器を持たせることなく戦いに送り込むことをためらわなかったが、それは彼らに真正の戦士の資質を発展させるためだった[32]」のである。

3 男らしい植民地社会？

同じ考え方の次元だが、植民地化は多くの場所において――とりわけ十九世紀初頭まではヨーロッパに所有されていたところがほとんどなかったアフリカにおいて――その初期には、しばしば冒険家によってなされたといってよいだろう。彼らが未来の植民地国家の礎を築いたのだが、それは植民地本国には後世になってからでないと正式に併合されなかったからである。この男たちは自分自身の利益のためか彼らめいめいの国の利益において、あるいはその両方のために行動したのだが――イギリスのナイジェリアのジョージ・ゴールディ（イギリスの軍人、一八四六―一九二五）やローデシア〔現在のザンビアとジンバブエの一帯にあった植民地国家〕のセシル・ローズ（イギリスの政治家、一八五三―一九〇二）がそのイメージである――彼らはかくして広大な植民地領土を築きあげることができた。そこでは彼らの権力はほぼ常に独占的に行使された。彼らの英雄譚は、彼らの作戦の成功のあかしの一つなのである。これもまた男らしい素質と行為に焦点が当てられていて、ここでは一八九六年八月二十一日にマトボの丘〔ジンバブエ南部の丘〕にただ中に一人ででかけてンデベレ族の酋長たちの降伏を交渉したセシル・ローズのことが思われるのだ。この手のもう一つの例は、これはアジアにおけるものだが、イギリス人のジェームズ・ブルック[33]（イギリスの探検家、一八〇三―六八）の例である。彼は――ダヤク族の反乱を鎮圧した手助けにより――ブルネイのスルタンからじきじきにサラワクのラジャの称号を得たのちに、その地ばかりか英国政府にとってすら無視できない権力者となり、一八六八年に死去するまでそれは続いた。また、その人物像はあまりに名高い伝説であるため、そこからジョセフ・コンラッド〔一八五七―一九二四。イギリスの小説家〕が『ロード・ジム』の着想を得たほどである。

男たちが――その冒険、経験、つまるところその人生全てが――植民地状況における男らしい理想をその語の根源的な意味において体現できたその一方で、植民地化という様式そのものもしばしば男らしい理想のようにみなされることがある。それで、アルジェリアでは、植民地行政は兵隊としての入植者、耕作者としての入植者というプロフィールにしたがって組織された軍の植民地モデルを強く薦めていた。それはローマの栄光をかつてなしたものであり、とりわけもっともその激烈な信奉者の一人であるトマ・ビュジョーが強く推奨していた。土地、仕事、家父長制家族、そして祖国というこのモデルに結びつけられた価値は明らかなものであり、当初よりその信奉者によって要求されてきたものであった。ここに社会問題と植民地問題が交わりあう[34]。都会人が――とりわけヨーロッパ工業化のプロレタリア労働者が――農村の生活に適応できず、よい入植者になるには不向きであること、したがってたいへんな事態に直面しても「だらしなく」、「女々しくて」、「受け身的な」者とみなされて、その正当性がないということをその時代の描写は示している。それでアルジェリアにおけるある植民地局長は、その責任下にあった入植者について「畑仕事に注意を向けない」、「ひどく牛をこわがる」、「飲んだくれで何もしない」、「子どもは女しかいない」と批判を浴びせて書くことができる。(35) ここに描かれた入植者の典型の人物描写には、すぐわかるように、好意的なところがほとんどなく、多かれ少なかれ、フランスや他のヨーロッパの国において当時都会の社会底辺層出身者について抱かれていた考えに一致するものである。植民地化の初期における、国内の「荒くれ者」と、外にいる「野蛮人」である「現地人」という二つの危険な階級の比較は、フランス帝国計画が初めからいかに階級と人種という二重の差別にゆだねられていたかを示しているのであって、それはただ植民地化された場所が、当時十把ひとからげにヨーロッパ社会の「くず」(犯罪者、売春婦、孤児、政治的反体制者)と呼ばれていた者たちの追放の地としておあつらえ向きの場となっていたからだけではないのだ。木一本すら植えることのできない一八四八年の徒刑囚をばかにしたフランス植民地行政官はその好例だろう。この徒刑囚たちは自由の木しか植えることしかできなかったのだから……。

一八四九年五月、サン=クルー〔パリの西にある近郊の町〕で、シャプラン大尉は「叫び大騒ぎするしか能がなく、騒々しい入植者ばかりで、農業植民地から外さざるをえない」(36) とこぼしている。明らかにここで問題になっているのは、経済的、政治的、社会的な更生と変化の力であり、とりわけ男らしい価値に基づいて植民地社会を築いていこうということなのである。一八三〇年から一九〇〇年まで、特別な人民を創造することに、植民地行政は身を投じた。この新しいフランスに根を下ろすことで新しい、若返った、再び男らしさを取り戻した男を誕生させることがその軸となるポイントである。その新しいフランスの困難に満ちた環境は、最初の植民地であるミチジャ植民地〔アルジェリアの平野部におかれた植民地〕の英雄譚といういくども繰り返される植民地の神話の一つを形成するだろう。ジャン＝バティスト・ピオレ〔一八五五―一九三〇。フランスの宗教史家〕が一九〇〇年に「何をすればよいか分からぬ者よ、移住するのだ。遠くに移住するのだ。われらが植民地で子を産み増やすのだ。そこで、変貌を遂げた男、活力と意志の男、巻き返しを図った未来の英雄にあなたはなるだろう」[37]とまとめている。この新しい人びととは、サン＝シモン主義者が望んだような「東西人種融合主義」[38]に基づいているのではなく、力と忍耐と現地人のいる環境の危険に打ち勝ち、家系をおこそうとする決意に基づいているのだ。[39]この植民地の最初の段階の話の中で男らしさは絶えず動員されているが、これは銃で身を守り、絶えずやってくる現地人の略奪者を追い払って生きていく奥地での「戦う入植者」という姿を通して、農村植民地を称揚するためである。それでトマ・ビュジョーは「入植者は、このような国ではとても好戦的でなくてはならない」と言ったものだったのである。[40]

農村入植計画がかなり急速に不振に陥るその一方で、都市においても男らしい文化の積み重なりは形成されていくようになる。この男らしい文化はアルジェリアに居住した庶民層から生まれたもので、フランスの伝統はもちろんのこと、イタリア、スペイン、マルタ、ギリシアと地中海の家父長制の多種多様でありながらも均質な伝統が一つに合わさって生まれたものである。[41]これは「ピエ＝ノワール〔「黒い足」と呼ばれるアルジェリア在住フランス人〕[42]」の姿を生むことになり、しばしば戯画化されるが、口ばかり達者で、空威張りして、感傷的なマッチョで、女たらしという具合である。当時人気を博していた作家のルイ・ベルトラン〔一八六六―一九四一。フランスの小説家・随筆家〕は、ベル・エポックのアルジェ社会を生き生きと描写して、バブ＝アズン通りのこのような遊歩者の姿を描出している。

六十歳ぐらいだろうか、からだじゅうに振りまいた香水のせいであだ名は「花の鉢植え」である。「赤い耳に、朱の顔色で、くちひげを風になびかせ、フェルト帽を斜にかぶり、ボタン穴には勲章の略綬よりも巨大なカーネーションが一輪さしてあり、白の厚地のドルマン服を着込んで胴を締め付けている。杖を揺らし、悩ましいウインクを女たちのうえに投げかけながら、意気揚々とした足取りで歩を進めていた[43]」。

この社会は、その組織自体は雑多だが、彼らヨーロッパ人自身の「同化」が示すとおりのフランス社会のるつぼであった。ただ、その社会ではコミュニティ同士の衝突沙汰がなかったわけではなかった[44](植民地列強自体が張り合う衝突の縮小版なのである)。この衝突はしばしば起こり、集団であっても、個人同士であっても、同じように男らしいやり方で起こっていた。J・サン＝ジェルメスがいうからには、「アルジェリアの」フランス人は、(本国と比べても)男らしさの典型的なカテゴリーなのだが、それは「ずっと男っぽい」、したがってより優れているというのだ[45]。

アルジェリアの場合でなくても、植民地というのはとりわけさまざまなヨーロッパの人間が互いに共存する世界だった。一般民間人社会や半軍半民社会、さらに受刑者社会[46]までもが、男たちの間の関係の基盤をなしていて、それが戦場であれ、牢獄であれ、競技場であれ、学校であれ、カフェであれ、売春宿であれ、とにかく必ず男らしいやり方でその関係の基盤はなされるのであった。ヒエラルキーや、おつきあいの場や、「現地人」との関係と、なにもかもが覇権主義的組織の男らしさの上に成立していて、それにもとる行いをすると、支配者としてのステイタスに結びついたいくつかの特権を男としての美点とともに失わずにはいられないのだった。それに、白人男性が優位に立つこの世界では、男らしさが取りざたされるのは、常に、女性の不在という繰り返し起こる強迫観念においてでもあった。十九世紀を通じて入植空間に形成された植民地社会は、多くは軍人、行政官、入植者からなり、たしかになによりも男の顔を持つものだった。フランス帝国ならばアルジェリアのようなヨーロッパ人女性がずっと多い入植植民地でなければ[47]、植民地開拓者と入植者のお相手はもっぱら現地の女たちだった。さて、これらの女たちは男らしさにとって少なくとも二つの点から大切なものである。まず、彼女たちは、被征服者の女たちという立場であるから、覇者の代償である「性交の権利」という形で隷属させられていて、入植する土地と押し入る女体とを結ぶものであり、それは長らく多くの歴史家と人類学者が指摘してきたものである。同意していようがいまいが「他人」の女と性的な関係を持つということは、根本的な意味で「女をものにする」ということだが、実際これは常に支配者の性的な力の確立手段だったのであり[48]、この性的な力はそれ自体が植民地覇権の道具だったのである。このような本質的な面以上に、さらに女たちはしばしば性的他性の欲望に投影されていた。植民地は「性交のエデンの園」と考えられていたのであり、この欲望の源はとくにオリエンタリズムにあるのだが、ヨーロッパ人女性が稀であったということもそれを増長させた。

少なくとも征服と開拓の初期の段階においては、異なる人種間の性行為や内縁関係といったものが植民地帝国には一般的であったが、これは当時の多くの政府が在外自国民に結婚を禁じただけになおさらのことだった[49]。マダガスカル、ベルギー領コンゴ、オランダ領東インドの「家政婦」や、フランス領インドシナの安南女……と、「現地人」の女との「関係」はその地の当局によって薦められたが、ベルギー領コンゴについてはアマンディンヌ・ローロが[50]、オランダ領東インドについてはステファニー・ロリオが[51]述べているように、ヨーロッパ人の妻たちはその地の気候と環境に耐えることができず、生育力のある子供を産めず、夫に本国に戻るよう圧力をかけることで知られていたので、なおさら薦められたのだった。対して「現地人の妻」ならば、彼女たちのおかげで植民地行政官や入植者の順応がたやすくなるうえに、その社会や言葉を学ぶのを助けてくれることもできるのだった。激しい肉欲もうまく導かれて、子づくりでも男らしさのあかしを示すことができるのだった[52]。場所や時代によっては、混血児だからといってひどい目に遭うわけではなかったのである[53]……。フランスでならば、セネガル総督のルイ・フェデルブは一八五七年にその土地の女性と「結婚」し、一人の息子をもうけたのである。その後、十九世紀末に精神的植民地化が始まると、これらの異なる人種間の結合は問題だとみなされる。それは内縁関係であるし、入植者と植民地被支配者の距離を縮めるからである。それからは家の秘密として許されたり、禁止されたりすることとなるが[54]、この結婚を通じて男らしい力の問題や、性的で植民地的な観点の問題が関わる限り、存在し続けることになるのである。

Ⅱ 「現地人」の男らしさの去勢

今までみてきたように、異なる共同体の間での性生活という大いに問題となる領域[55]においてすら、これほどの力をこめて一方（ヨーロッパの男たち）の男らしさが絶え間なく確立されたのだが、それはそういう男らしさというものがのちの植民地被支配者によってしばしば辛い試練にかけられたからである。植民地被支配者は絶えずヨーロッパの侵入に抵抗し、そのことから植民地軍は局限的なものであったとはいえ手痛い敗北を喫することもあったのである。ここではとくにフランス帝国のアブデルカーデル首長〔一八〇七―八三。アブド・アルカーディルとも、アルジェリアのスーフィー教団の首長で植民地化抵抗運動指導者〕の乱（一八三二―四七）、ダホメ王国〔現在のベナンにあった王国〕のベハンジン王〔一八四五―一九〇六〕の抵抗、あるいはラバの軍とラミ指揮官〔一八五八―一九〇〇。フランスの軍人〕の軍が対立した中央スーダンにおけるクセリの戦いのことが思われる。また、一八二五年にディポヌゴロ〔一七八五―一八五五。ジャワ王子〕がオランダ当局に抵抗した起こしたオランダ領東インドでのジャワ戦争〔一八二五―三〇〕や、大英帝国ではムハマンド・アフマド〔一八四五―八五。スーダンのマフディー運動の宗教指導者〕が率いたマフディーの反乱や、ゴードン英国少将〔一八三三―八五。イギリスの軍人〕が殺された一八八五年のハルツーム包囲戦〔マフディー戦争の際にスーダンの首都で英軍が包囲され陥落した戦い〕、また一八七八年にズールー族〔南アフリカからジンバブエにいたる地域に住む民族〕を相手にイサンドルワナ〔南アフリカのクワズール・ナタール州にある丘〕でみせしめとなる敗北を喫したことなどが思われる。またメネリク二世〔一八四四―一九一三。エチオピアの皇帝〕の軍を相手にしたイタリア軍のアドワでの失敗〔エチオピア北に位置するアドア近郊で一八九六年にイタリア軍はエチオピア軍に敗北した〕は、植民地支配者にとっても植民地被支配者にとってもかなりの影響があった。それ以降、「現地人」を追いやり、武装解除し、その男らしさを去勢して、服従させるということは明らかな支配権限の一つとなったが、その根本は彼らをなべて女性化させるということにもあるのだ。

1 労働の価値が欠如した不健全な場の不健全な身体

風土の不健全さについて手元の資料には膨大な数の記述があるが、この風土の不健康さは風習の不健全さに呼応するものである。一夫多妻制、離縁、男色、梅毒、マグレブの大麻たばこ、極東の阿片といったものは、相関性が明白にあると、十九世紀から二十世紀初頭の非常に数多くの描写が記述している。[56]それゆえ一九二七年にジャコビュス博士は、その著書『植民地で愛する術』に「アフリカの風土は残忍さと獰猛さと道徳的堕落を助長する」

と書くことができたのであり、また数多くの本がその意見に大いに同調しているのだ。そのために植民地に道徳的かつ人種的な衛生学を施す必要があるのだが、それは風土（とりわけ「罪深い欲」と「自然に反する悪徳」の罪の意識を喪失させてしまうらしい暑さ）による諸悪と社会的な病（男色、売春、さまざまな耽溺症）に対して戦うためで、また一般に「アフリカの呪い」と称されるものに抵抗することを目的としていた。害をなすとされたアフリカやアジアの風土では、病を受けた体――とくに十九世紀にはひどく恐れられていた梅毒にやられた体[57]――であったり、だめになった体（やせこけ、不潔で、臭いことは一般に「現地人」に結びつけられた）であったり、女々しさや精神的な堕落――この二つはとくに十九世紀の学術・医学文献で関連づけられる――におかされている体を見つけても驚くにはあたらないのである[58]。この時期の多くの本の著者にとっては、病気になってだめになり堕落したこのような体は、「現地人」の怠惰――隔世遺伝とされた――を助長するものでもある。

さて、建設中の植民地社会では男らしさと労働とは一貫して結びつけられていた。男らしい体は健全で生産的な体なのだ。「悪に染まった」としばしばみなされたアラブ人の「生来の不精」は、ここでは正当性がなく男らしさもないという形で利用された。それによれば彼らの社会が持つ「退廃」と「悪徳」の状態だけでなくフランス人を前に彼らが敗北したこと――この点がとくに興味深いのだが――を説明できるとされた。アルジェリアでは、このようなつながりは、アラブ人は「官能的」でベルベル人は「乱暴者」だとする人種カテゴリーを道具として用いることを通して、征服当時から明らかなものとされてきた[59]。なぜ都会のアラブ人が、アフリカ軍の「剣使い」戦士の激烈さを前にあのようにあっさりと降伏したのか？　それはなぜかというと、妻も妾も宦官もお稚児さんも混然としている巨大すぎるハーレムで淫蕩に耽っていたからだ。奥地のベルベル人は勇気と名誉を保っていたが、それはアフリカ軍が植民地開拓前線を超えてカビリアとサハラ地帯にはなかなか前進できなかったのがその証拠である。そのベルベル人はといえば、なぜ彼らは打ち負かされてしまったのか？　それはなぜならば彼らは理性と進歩の領域の外に留まっていたからで、まさにそのために「獰猛で」「残虐非道で」「原始的な」男らしさに縛られたままでいたからなのだ。しかしながらこの二つの場合、アラブ人とベルベル人は、自身の本能に抵抗することや、またあるいは、自らの欲望をもっとも「罪深い」ものであっても制御することができないとされていることがわかる。フランス本国では、第三共和政になってからは少なくとも富裕階層では男たちが「文明化した」あるいは「論理に基づいた」男らしさというものに与しているが、そういったものから実際アラブ人とベルベル人は排除されているのである。

2　「男色家／同性愛者」と「性的捕食者」――男らしさに反する二つの人物像？

もう一つの植民地被支配者の男らしさ去勢のポイントは性の領域である。多かれ少なかれ女性化した男色家と性的捕食者という性別化され人種化された二つの人物像のおかげで、「現地人」の男らしさが植民地社会において問題にされることになるのである。「性的捕食者」の性行動が「粗暴」で「原始的」だということを証拠に、十九世紀から二十世紀初頭の文献執筆者は生殖器官の形態をしばしば大きく取りあげるのだ。かくしてアラブ人の陰茎が異常発達していることがいつも解説されることになる。[60]ジャコビュス博士は一九二〇年に医学校の臨床教室でアラブ人の死体解剖を行い、「［死んだアラブ人の］陰茎はヨーロッパ人のもののように小さく収縮するのと違って、まだ大きく発達を示していた」[61]と説明しなかったろうか。このような解剖学上の特徴は一般的だとされて、「現地人」が「化け物のような部位」の持ち主であって一種の「十八センチから十九センチの長さで直径四センチから五センチある棒状のもの」を備えているとするが、それ以上に当時の明らかな因果関係により、「異常な」「常軌を逸した」「原始的な」ものとみなされた風習がさらに付け加えられるのだ。たとえばアラブ人の淫蕩の過剰さは、ハーレムや一夫多妻制の存在を風習の行き過ぎたみだらさで説明する文献執筆者によってよく取りざたされる。性的倒錯の慣行――動物性愛や死体性愛や肛門性交の男役や女との肛門性愛すらある――と暴力、そしてもちろんのこと強姦を強く批判するために、性器の発達過度も同じように言及される。ジョセフ・メールは一八八四年の著書『アルジェの思い出』で「強姦はアラブ人におなじみの気晴らしである。アラブ人は年端もいかない女たちや若い少年まで手込めにしている」[62]と強調している。

本来の意味での男色関係については、「現地人」がよく行っていると紹介されている。一八四〇年にF・ルブラン・ド・プレボワ〔一八〇四―七五。フランス人の軍人・政治家〕も「[アラブ人は]人殺しで泥棒でまがい物を作り、みんな男色に耽っている」[63]といっている。「現地人」の男色家はしばしば「ウケ」役に結びつけられて一般的に男の女性化ともみなされているが、それゆえ常に男同士の性行為においてですら「セメ」の「性的捕食者」と明らかに切り離される。フランク・プロスチャン〔アメリカの民俗学者〕がフランス領インドシナについて明らかにしているように、植民地開拓者と入植者の道徳的健全さと男らしさにとってこの女性化とは感化するものなのである。実際、彼が見事に論証していることだが、植民地における男性の異性愛者のアイデンティティは不確かでもろいものなのである[64]。なぜならば、これはことを重大にする要素なのだが、「現地人」の男色家に「屈した」ヨーロッパ人は、自らの人種の威光と自国の名誉を損なう「道徳的にふしだらな」男となってしまったのであり、そのことで(白人と「現地人」のあいだに)距離をとるという植民地の秩序全体がその上に依拠している原則を破っているということが付け加わるからである。だがこのように再検討することによって、汚名の烙印の反転が可能になる。女性化した「現地人」はこのようにフランス人あるいはヨーロッパ人を「感化」して、ある意味では彼をものにしたのであり、フランスの男らしさを損なったからである。しかしながら、今しがた述べたことにもかかわらず、「現地人」の性の観点で広まっている一般的な図式では、事実上彼らの男らしさが「過度」であるかあるいは「不十分」であるとされていて、これは「正常の」男であるという彼らの正当さを失わせるのに都合がよい。「正しく」男らしい、というある一種の「性文明」の象徴が築き上げられつつあるのに、そこから彼らは実際のところ外れているのである。また他の領域と同じく性の領域において、彼らの慣行が「獣性」や「背徳性」を持っていて、彼らの風習が「野蛮さ」と「原始性」を持っているとするのに都合がよいのでもある。

3 「去勢」的飼いならし

そのうえ「現地人」は飼いならしの言説と実践にも（ひいては女性化の言説と実践に）組み入れられる。これは若い「現地人」のボーイという繰り返し用いられる範列的な姿に表われるが、植民地化自体が男たちを飼いならすということだけでなく、その植民地化に関わる者たちも男たちを飼いならすということの象徴なのである。[65]なぜならば、なによりも家事のための男であるこのボーイとは、求められたり、必要とされたりした時には都合のよいことに「ベッドの奉仕者」にもなりうるからだ。それゆえハーレムの女という昔の人物像や、もっと新しいものであれば家政婦や安南女の人物像に完全に同一視されるのである……[66]。十九世紀と二十世紀初頭の文学は、飼いならされ、女性化され、性的特質を与えられ、同意のあるなしにかかわらず「性の道具」として利用されたこの「現地人」ボーイの例であふれかえっている。しかし、飼いならしとは「現地人」ボーイだけではなく男性社会全体にかかわることなのであり、それはなによりも降伏によって可能となったことである。征服戦争の文脈ではこの降伏とは一方（打ち負かされた植民地被支配者）の男らしさを失わせる明らかな行為であり、もう一方

(勝者の軍人と入植者) の勝ち誇った侵入の行為である。男たちの男らしさの去勢とは飼いならしの真の策略とみなされうるのであり、その時に確立された新しい主導権の記録としてしばしば暴力によって身体に刻まれることなのだ。身体的であろうとも象徴的であろうとも、この暴力が、男に対しても、またその男たちの女に対してもふるわれる。もはや女たちを守ることができず、男たちは「真の」男とはみなされなくなり、その間ずっと「軟弱」者とか「女々しい男」というたぐいの中に入れられてしまう。それで女たちが受ける性的なものも含めた暴力に対して、しばしば傍観者となってしまうのである。なぜならば勝者は強者の権利ゆえに武器や土地の豊かさを我がものにすることで満足せず、女たちの腹の中にそのしるしを——つまりはかれらの意気揚々とした男らしさを——つけもするからである。さまざまな原資料がここでもその現実を示している。十九世紀終わりに元アルジェリア士官のエリソン卿〔一八三九—九三。モーリス・ディリソンが本名でエリソンを名乗ったフランスのジャーナリスト・軍人〕は、彼が征服戦争の際に指揮した兵士たちをこの手の言葉で描きだしている。「男たちは〔「本当の」と付け加えられるところだ〕略奪するか強姦するかということしかしたがらなかった。なんと奇妙な軍隊だったか! 軍法会議で有罪を宣告されて、その務めの期間を終えようとしている兵士ばかりでできていたが、あんなごろつきは見たことがなかった。それでもあれほど陽気で機知に富んだやつらも見たことはなかった」[67]。エミール・ゾラ〔一八四〇—一九〇二。フランスの小説家〕は一八八七年の『大地』の中で、アルジェリアで元兵士だった二人の農夫の話をして、「[この二人が]共通の思い出をもっていて、ベドウィンの男たちの耳を切ってベドウィンの女たちの数珠に串刺しにしたというのだ」[68]と書いている。彼らがアルジェリアの女たちにおかした強姦のかなりはっきりとした暗示である……。

「現地人」の男らしさの喪失は、一連の現象(飼いならし、家畜的労働力化、補助職化[69])と植民地権力の象徴において具現化される。なぜならば飼いならされた男らしさを喪失させられた現地人は、もはや完全なる一個の人格ではないからだ。もはやアイデンティティを持たず（そのためにビコ〔「アラブ人」を意味する侮辱語〕やニアクエ〔ベトナム語の「農夫」を意味する軽蔑的な語〕やニグロといった支離滅裂な名前や人種差別的な名前がつけられる）、どうにでもできるモノと同一視され（たとえば「あなた」で呼ばれることは決してないことからもわかる）、良心になんら恥じるところなく人々が彼らを度をこしてこき使うということがありうるのだ。それゆえ植民地状況における見事な男らしさの象徴の一つは、シコット鞭[70]である。それでインドシナのカトリック教会の高い地位にいたピュジニエ枢機卿〔一八三五—九二。フランスの宣教師〕が「神はなにごともうまくなされたもので、安南人の隣に籐の茎をお生えさせになったが、それはこの藤の茎を使うためであった[71]」と説明したのだ。シコット鞭とは、陰茎の代替物の一種の象徴だが、これだけでもこの論で展開された男らしさと植民地のあいだのつながりを実にうまくまとめている。

飼いならされ、「野蛮」で「粗暴」で「原始的」な男は、それからは軍隊や仕事場や教会でうまく指導されれば（この男が組み入れられ支配体系、彼の世界を秩序立てるその支配体系の象徴であるシコット鞭が、彼が何者であるかを思い起こさせてくれるわけだが）、存分に使われ、植民地と本国の秩序に立派に奉仕してくれるだろう。そしてフランスにおいてはそうなるのであり、とくにマンジャン将軍〔一八六六—一九二五。フランスの軍人〕の第一次世界大戦における「黒い力」の組織がそうである。これは「飼いならされた野蛮人」が一九一四年—一九一八年の大戦において数多く参加したものである。彼らは植民地化によってつくられた「新しい男」と同じ資格であるが、この「新しい男」とは、力と男らしさが絶えず動員される男としてのアイデンティティに、植民地社会特有の社会経済関係の「野蛮化」の形を組み入れたのだ。

第VI部——男らしさという重荷

第1章　男らしさの要請、不安と苦悩の源

アラン・コルバン
（小倉孝誠訳）

「男全体が精液である Torus homo semen est」――「十六世紀のガリエヌス」と呼ばれたフェルネル〔一四九七―一五五八。医師、天文学者〕のこの格言はその後しばしば引用された。この時代に男らしさが何を意味していたかを理解し、それを包んでいた不安の光を認識するためには、この根本的な現象に立ち戻るのがふさわしい。男に威厳と性格を付与するのは勃起である。男の重要性を示すのは勃起である。そして男の支配の基盤にあるのも勃起である。(1)

十八世紀後半以降、男女を区別する男女二形説が深められた時代に、男女によって異なる規範が定式化される。二種類の精液という理論が否定されるまでにはまだ時間を要するが、医学の言説も小説もかつて以上に、女を苦しめる体液の流出を強調した。(2) 二種類の精液が絶えず流れ出ていると考えられたのである。リチャードソン〔一六八九―一七六一。イギリスの作家。『パミラ』はその代表作〕の小説に登場するパミラは大量の涙を流し、月経に関する著作と乳汁分泌を論じる著作が急速に増えていく。好色文学においては、女は絶えず性行為をする。十八世紀末には、乳房が換喩的な重要性を有するようになる。授乳の功罪をめぐるよく知られた議論も、同じ論理に属するものだ。湿潤を運命づけられた女は、体液を排出するよう勧められた。それとまったく逆に、十九世紀初頭から男は涙であれ精液であれ、自分の体液の流出を統御し、抑制するよう促される。(3) 快楽を管理し、性的エネルギーを規制することが、男らしさを示すことなのだ。ペニスと女の乳首はどちらも勃起するし――この形状の同一性は当時、医学書の著者たちによってしばしば強調された――、構造的にも生理学的にも同じだが、それ以来異なる規制にさらされることになった。

自慰の規制

丈夫で自律的な市民になろうとする男は、守られ、節約された身体の主人でなければならない。ドイツでは、ヨアヒム＝ハインリヒ・カンペ〔一七四六―一八一八。教育学者〕と、彼の考えに同調する「教育学者」たちが熱心にこの論理を主張した。彼らは厳密な規律を推奨したのである。精液の喪失や、より一般的に男の精力の低下を避けるためには、身体が欲望に抵抗できるよう訓練するべきなのである。

しかし繰り返しになるが、この問題の歴史においてはすべてが複雑だ。実際、節制に依拠した性愛の観点に立ちながらも、臨床医や生理学者は同時に、禁欲の危険と悪影響を絶えず批判していた。そうした危険と悪影響を避けるため医師は、孤独な悪癖〔自慰のこと〕と性的不能の苦悶に脅かされる若者たちに、再び「女と付き合う」よう勧めた。とはいえこのように勧めたからといって、医師もまた精液の過度な喪失と、流出の管理の不十分さを非難したことに変わりはない。(4)

「生殖をもたらす体液」を重視するのは、あらためてオナニーを論じることにつながる。オナニーは今述べた規範に反し、精液の喪失と結びついた不安を引き起こすからである。ここ数年「孤独な悪癖」は多くの著作の対象になったので、ここではその歴史に立ち戻るまでもないだろう。ただし、何がオナニーの歴史と男らしさの歴史をつないでいるのか調べる必要はある。(5)十八世紀初頭に『オナニア』〔一七一〇年ロンドンで刊行された匿名の冊子で、自慰の悪影響を説く〕が出版され、(6)これが反自慰運動と、孤独の悪癖の苦悩をめぐる手紙での告白という流行の端緒になった。(7)この冊子が道徳神学に根差していることは、パトリック・サンジーがみごと示してくれたところである。一七六〇年に『オナニスム』を出版したスイスの医師ティソ〔一七二八―九七。当時全ヨーロッパ的な名声を博した医師〕は道徳神学とは距離を置き、「自然」の要請を守るというより広範囲の運動と結びつけて、この運動に新たな次元を付与した。[8]ティソの著作が成功した背景には、男の不安のさまざまな形態を調査できる書簡による診察という慣習が、当時大きく広まっていたという事情がある。実際、ティソは同時に事態をかなり深刻に見ている。自慰に関する彼の著作は恐るべき予言に満ちており、精液の流出によって人間が解体するさまを記述する医学的症例のリストを提示しているのだ。

この著作はきわめて大きな影響を及ぼした。出版から五十年経っても、それが若者たちにいまだによく読まれている、と数多くの学者が証言している。大多数の者からすればそれはためになることだが、なかにはそれを有害だと考える者もいた。[9]それと同時に、反自慰運動のおかげで自慰抑制器具の製造者が儲けたし、告解師、医者そして教育者たちは一致して、若者の健康と男らしさを損なう災厄と彼らが見なすものに闘いを挑んだ。

十九世紀後半になると、この運動の活発さにはばらつきが見られるようになる。後述するように、自慰にたいする闘いは新たな武器を手にするので、恐怖心が消えたと主張するのは行き過ぎだろう。それでも、オナニーは無害だという説がしだいに強くなる。一八七五年、ジェイムズ・パジェット[10]〔一八一四―九九。イギリスの外科医〕は、同じ年齢で同じ頻度で行なうならば、オナニーは規則的な性交と同じで危険はないとした。一八九九年、シャルル・フェレ[11]〔一八五二―一九〇七。フランスの医師でシャルコーの弟子〕もまた孤独な快楽の悪影響を相対化する。彼によれば、その悪影響は恒常的なものではなく、人によって異なる。ただしフェレは、習慣性や過度のオナニーには警告を発し、オナニーが精液喪失にともなう障害を引き起こすことはないが、その傾向のある人間の神経症を誘発する可能性があることは認めていた。この点について彼は、孤独な悪癖の習慣と青年期の狂気（破瓜病〔統合失調症の一つ〕)、さらには若者のヒステリー症例を関連づけた医学書の著者たちを引き合いに出している。自己色情について語るハヴロック・エリス〔一八五九—一九三九。イギリスの性科学者〕によれば、オナニーは不可避だから寛容な態度が望まれる。フェレは問題の位相をずらしたうえで、無害だからといって当然だとはかぎらないと指摘する。

そのうえで、十九世紀末に恐怖心が消えたわけではないことを多くの歴史家が示してくれた。一般の事典やフランスの啓蒙書を読むと、いずれ劣らずそのことが証明される。とりわけイギリスでは、反自慰運動が長く続いた。[12] 十九世紀最後の四半世紀の間きわめて活発だったこの運動は一九〇〇年頃一つの頂点に達し、一九一四年まで高い水準で維持され、両大戦間に後退する。その時まで、パブリックスクールやボーディングスクール〔全寮制の寄宿学校〕のなかでこれは喫緊の課題だった。不安はまずアッパークラスとミドルクラスに浸透した。しかも、この闘いは一連の社会純化運動の活動とつながっていた。

運動が心理的に洗練され、自己や身体や情動の感覚的な知覚が深化したことが、斬新な点である。そのうえで、性的体験の現実が影の部分をはらむという、本質的な問いは残される。その歴史は学者の言説や規範的な言説だけに依拠してはならない。そうした著作がどのように流布し、それがどのように消費され、個人がどの程度まで対処の自由を有していたか、今後はそれらの点を考慮しなければならないだろう。[13] この点については、書簡に記された告白と医学的症例に関する文献が膨大な資料をなすが、その大部分はまだ調査されていない。

精液漏の恐怖

ある疾病に関して、医学的症例の文献を活用しよう。夢精のことだが、これは疾病分類学のなかには存在しないが、しかし当人にとっては悲劇的なものである。精液漏に冒されていると思う者は、自分の男らしさの意識が脅かされていると感じる。この病は、「生殖をもたらす体液」が無制御に流出することが引き起こす苦悩の、いちばん上の段階に位置する。古代から批判され、十七世紀にトーヴリー〔一六六九―一七〇一。フランスの医師〕が、そして一七七二―八二年にヴァイスマンが論じた精液漏は、一八三六―一八四二年にラルマン教授が著わした三巻本が刊行されるまで、医師たちからもほとんど無視されていた。[14] この病は夜、そしてとりわけ日中でも精液の流出を制御できないという病であり、だからといって患者が何らかの快感を覚えるわけでもない。ラルマンはこの病を患う一五〇〇人の患者の症例を報告している。まずラルマンが、そしてその後はウィリアム・アクトンや他の専門家たちが正確に記述したこの病気の諸段階を、[15] ある青年が一八一五年から一八二一年にかけて、つまりサント＝マリー博士やラルマン教授の著作が出版されるよりはるか以前にすでに体験し、みずからすすんで病的な状態と認めた。この青年をこれからX氏と呼ぶことにする。この症例は、男らしさを無制御に喪失するかもしれないという展望が、個人にどれほど深い苦しみを引き起こしうるかをきわめて明瞭に示してくれる。[16]

X氏は地方在住である。父親はおそらく医師で、多くの科学書が所蔵された書庫を有している。ロワール川沿いに居を構える家族は裕福であり、おかげで病人は温泉町に滞在できたし、最終的にはモンペリエに赴いてラルマン教授に診察を仰ぐこともできた。誰かにそそのかされたわけでもなく、青年は十一歳で初めて自慰をした。

周囲から叱責されたので、すぐにこの習慣を捨てた。頑丈な体質だったし、明るい未来を約束されているように思われた。ところが一八一五年十月二十五日、十六歳の時に、目覚めてみると就寝中に夢精していたことが分かった。そしてこの運命的な目覚めから一週間続けて、同じような精液の流出が繰り返されたのである。

もう一度言うが、サント＝マリー博士が一八一七年に論じた病気のことをまったく知らずに、X氏は一人で、自分が病気に罹っていると想像した。その病気は彼の男らしさを危険にさらすだけではなかった。六年後、かれは回想記のなかで次のように打ち明けている。「自分の健康、幸福そして生命がこうして地に流れ出るのを目にした時、私は涙を抑えられなかった。頭から足の先まで冷や汗におおわれ、死の影がちらついた。実際、私は死を願ってさえいたのである」。

青年にとって、六年間の苦しみが始まる。この長い苦難の間、彼は誰にも秘密を打ち明けず、周囲の助けを求めることもなく、あらゆる治療法を試してみた。ペニスを冷水に突っ込み、包皮を紐で結わえ、自分の体を縛りあげた。夢精を避けるため彼は保護用器具や抑制器具を製作し、それを絶えず改良しようとした。治療法を見つけたい一心で学術書を読んだが、そこには死体解剖の報告書が含まれていた。無神論者だった青年は、治りたいので神に祈るようになる。治療のためのオナニーも実践する。しかし何をしても効果がなかった。そこで彼は民衆と接触しながら、精液漏を克服するのに必要な活力を得るためまず指物師に、次いで農民になった。だが肉体労働が引き起こす疲労に長い間耐えられない。あまりに冷たいロワール川での水浴と同様、含鉄鉱泉も効果がない。一時、X氏はさまざまな食餌療法を試す。そして精液を想起させるような、あるいは牛乳、卵、イチジクなど精液の製造を促すとされる食べ物を大量に口にするという、昔からの方法に立ち戻る。精力をつけるとされるワインもたくさん飲んだ。しかし、すべて無駄だった。X氏は自分の外見や「特徴」の変化を観察し、骨格の突き出た部分に触り、皺を数え、それを近づく死の徴候と見なした。自殺まで考えた。最終的に家族から離れて、一人になった。「薄暗い小部屋」に逃げ込んで泣き、死を願い、孤独のなかで「体を冷やしてくれる」本を読み耽った。

一八二一年、奇蹟が起こる。X氏が診察を受けたラルマン教授が彼の病の原因を回虫と同定し、それを駆除したのである。治ったX氏は医学を修め、見事な成績を収める。ラルマンの命令で、彼は六年間の「ひどい苦しみ」を正確に語る長い回想記を書いた。それがきわめて興味深い一種の体感分析であり、アミエルの日記の長いページにも比肩しうるということを認める点では、彼の師ラルマンに同調せざるをえない。アミエルもまた意識的であれ無意識的であれ、精液漏に悩んでいた。

注で触れたエレン・ベイユーク・ローゼンマンの論文のタイトルを借用するならば、「精液漏パニック」がヨーロッパで、一八三九年から一八六五―一八七五年の十年間に至る時期に広がっていた。フランスでは世紀末まで、もっとも一般的な事典のなかでそれが記述されているのを見ると[17]、さすがに驚かざるをえない。要するに、この疾病がいつ消滅したかを決定するのはきわめて困難なのだ。イギリスでは十九世紀末までそれが残っていた、と主張する者もいる。

エレン・ベイユーク・ローゼンマンはこの点に関して、男らしさの表象と認識の歴史という観点からなされる精緻な分析に取り組んだ。彼女に言わせれば、これは何よりもまず文化的現象であり、時代的に限定された特殊な不安の形態を具体化するために発明された病にほかならない。そしてこの不安の形態は性行動を医療化したいという意志や、科学的調査の欲求と結びついており、精液漏はその一つの機会を提供したのである。エレン・ベイユーク・ローゼンマンは、このパニックが男の性行動に関する全体的な不安を表わしていると考えているが、おそらくそれは正しい。当時の科学——そして世論——は、男のアイデンティティを、射精の力およびその量の多さと結びつけていた。主体の意志によって体液の流れを制御できないことの表れである精液漏は、男らしさを構成する自己支配が最大限に失敗したことを示すのだ。本書の観点からしてこの病が重要なのは、そのためである。ここで苦悩の中心に位置する精液は、男らしさの構成要素であると同時に、それを脅かすものなのだ。精液漏とは、尿や便に交じって体のすべての孔から精液が流出すること、内部が外部に向かって氾濫することであり、男らしさを損なう一連の亀裂を明らかにし、特徴づける。それは身体制御の喪失、自己支配の喪失、自信の喪失である。勃起をより力強くし、射精をより緩慢にするために、そして快楽を取り戻させるためにラルマンが施した治療、つまり尿道の焼灼は、男らしい弾力を十全に取り戻させるために、男の身体に加えられた一つの暴力と見なしうるのである。

性的不能

とはいえ最大の苦悩は男の性的不能に関係する。ペニスがもはや勃起しない、あるいはもはや射精できない、あるいはまた噴出の力を失ったわけだから、男らしさを全面的に否定されたことになるからである。それに加えて、「生殖能力」[18]の喪失、つまり不妊症が引き起こすもう一つの苦痛も場合によっては考慮しなければならない。不能は生来のもの、器質的なものという場合があるし、その場合は諦めざるをえないし、諦めるのも容易だろう。一八五二年、パラン゠トベール博士が男の老年に関して行なった醒めた考察は、それを示唆している。「繁殖能力が消滅するとすぐに、生命は少しずつ解体し、死が訪れるのも遅くない[19]」。当時患者を治療していた医師たちによれば、男の精力は肉体的な力のみならず、精神活動の豊かさまで決定づけるとされていたから、性的欠落はきわめて重大なことなのだ[20]。男の精力の喪失は「思考の低下」にほかならない。性的不能者にあっては魂が活力と、洞察力と、記憶と、判断力を失い[21]、人生の詩情と同じく昂揚感が弱まる。自分が不完全だと感じる男は憂鬱症に陥り、すべてが嫌になり、感受性が消滅する。十九世紀前半の医師たちが残した見取り図はこのようなものである[22]。

ところで、性的不能の苦悩の表象と、不妊症や、無性欲症や、冷感症によって引き起こされる苦しみの表象にはそれなりの歴史があり、その歴史は少なくとも近代初頭に始まる。十六世紀から、それが廃止される一六七七年まで、フランスでは「性的不能裁判[23]」が機能していた。この時代、性的失敗は呪いの領域や、悪魔がまじないをかけて男を不能にするという伝説の領域に属するものだった。それはまた聖書に読まれる堕罪という観点から捉えられる。聖アウグスティヌスによれば、この堕罪は主体の意志に人体の諸器官、とりわけ生殖器が従わないという状況によって明らかになった。この裁判は何よりも、妻が犠牲者となる夫婦間の不能を取り上げた。妻には、夫が彼女の性欲を鎮め、「勃起し、挿入し、濡らす」という表現に要約される行為を実行するよう求める権利があるからだ。それゆえ性的不能の男は裏切り、瀆神――結婚は秘蹟の一つである――、そして苦痛という三つの罪を犯していることになる。妻のほうは結婚市場で価値が下がるから、損害賠償を求めることができる。この場合、結婚が無垢な女にとって大きな苦痛になったので、妻は宗教裁判所（教区法務者［教会法の違反を裁く各教区で司教が代理権を委託する］）に訴えることができたのである。司法官は妻の処女膜を検査し、夫に勃起の証明、つまり男らしさを規定する「伸縮する弾力」の証明を課した。法廷がそれを必要と判断すれば、夫婦二人を集めた「会合」を開くことを決定し、夫が妻に挿入し射精するまで続けさせた。これは数時間も続く屈辱的な試練である。

　この性的不能の舞台は、男らしさの挫折がもたらす集団的苦悩が公に示される機会となる。「会合」は騒々しく宣伝され、通りはまるで村祭りのような様相を呈する。人々は法廷に押しかける。セヴィニェ侯爵夫人〔一六二六―九六。フランスの書簡作家〕のように、人々は馬車のなかで試練の結果を待ち、さらにそれがサロンで議論のまとになる。法廷での審議の間、聖職者と医師が一緒になって権力を行使する。哀れな夫のほうは、「群衆の好奇心の好餌となる孤独の奇妙な悲劇[24]」を生きることになる。その運命のせいで夫は、バロック時代に数多くいた神に見放された人々の長い列に加わるのである。
　十七、十八世紀に書かれた「小噺」や、回想記や、好色小説でも事情は変わらない。そこで述べられている、あるいは語られていることとは、先に見たようにスタンダールが後に『恋愛論』の一章を割くことになるあの一時的な性不能《フィアスコ》の領域に属する。そこで問題になるのは不意打ちと恥辱の瞬間、そしてまた真実の瞬間であり、それが今やいかなる偽装でも覆い隠せない主体の弱さを露呈させる。交接の試みは、現実の生身の人間が証人＝審問官を前にして一人でする行為だ。試練が終わった後、女性が不満ならば男の支配が失敗に終わったことを示し、侮蔑的な思い出を残す根拠となる。恐ろしい召喚状、交接行為をしろという督促、夫としての義務の命令などを重荷に感じて、男はみずからの男らしさの欠落を示してしまった。一時的な性不能、「しくじり」が外傷性疾患として認識され、記録され、一連の釈明を促し、男同士では苦々しい冗談の機会を提供することになるかもしれない。明らかに些細なことにすぎないこの身体上の小さな出来事は、本質的とされる価値観を揺るがすだけに主体を深く傷つけ、アイデンティティの指標さえ攻撃する。その重大性を測るためには、当時流布していた逞しさ、精力、激しさ、勇気といった男らしさの現象を考えるだけで十分だろう。自分の身体を一時的に統制できなくなるという事態が生じるだけで、苦悩が生じる。主体が認識するこの災難の意味は、男らしさをめぐるイデオロギーによって規定されているのだ。

フランスでは十九世紀前半に、性的不能が災難や一連の「しくじり」ではなくなる。当時の医師は長い間――そして喜んで――この疾病を研究した。彼らは人体の構造を精査し、病の肉体的徴候の一覧表を作成しようと試み、患者にたいして失敗がどのようにして起こったか、その時の感覚がどうであったかについて患者に長い問いかけをした。原因のリストを提示し、とりわけオナニーと、過度の性交と、長過ぎる禁欲を断罪する。数多くの治療法を発明し、患者に試みる。たとえば整形外科(人工ペニス)や器具――モンダ博士の有名な「充血促進器」――を活用する。患者の食べ物を規定し、催淫剤を処方し、水浴、性器を熱い蒸気に当てる、電気ベッドに横たわる、鞭で打つなどあらゆる種類の治療法と戦略を想像する。とりわけ今のテーマとの関連で言えば、医師たちは男らしさの欠落の被害を列挙する。告白の難しさを強調し、男たちが涙にくれる場面を報告し、自殺を試みる人までいると語る。後になると、パラン=トベールやスレーヌのような学者が、性的不能者の類型を作成しようと努めるだろう。そしてフェレはこの病を、変質に由来する体質に起因させる。

それと同時に、小説の領域で主題の大きな変化が起こる。[25] 一八二二年にデュラス夫人の『オリヴィエあるいは秘密』、そしてアストルフ・ド・キュスティーヌの『アロイスあるいはサン=ベルナール山の修道士』が刊行されて、「性的不能《バビラニスム》」を語る物語の端緒をつける。その後スタンダールが『アルマンス』〔一八二七〕で見事に分析した主題である。性的不能はこうして「亀裂を生じた身体のもっとも深い部分に刻印された、体質的で治癒しない呪いとなる」[26]。悲劇の題材になったのである。一時的な性不能の喜劇性が深刻なドラマに取って替わられ、災難が運命に変わる。性的不能は今や口に出して言えないこと、謎の領域に属するものであり、それに苦しむ個人には秘密と、苦しみを告白することの不可能性を課す。そういう人は「生き生きした人間とは男らしい人間」だと考えるから、「生命なき生」を強いられる。ここで挙げた小説では、主人公たちが回復する希望を断念してしまう。彼らの性的不能は運命となり、彼らの本質をなす。

これらの作品のなかで性的不能の場面が描かれていないのも、こうして理解できる。性的失敗は確実で、それが物語全体に浸透しているし、それより先に試みることさえできない主体には失敗が予想できるのだから、一時的な性不能を物語る必要さえない。ここで本質的なのは、潜在的な苦悩である。性的不能裁判が女の側からの要求にもとづいていたのに対し、これらの小説では女の要求は語られていない。女は一見したところ満足しているから、女の要求が明瞭に示されることはけっしてないのだ[27]。これ以降、結婚内部で欲望と愛の情念を調和させることができない、という点に問題は収束していく。

第三共和制が勝利した後、検閲は弱まるにもかかわらず、十九世紀末までこうした状況はほとんど変わらない。違いは、男のアイデンティティの危機を告げる前兆を決定づける新たな亀裂を調査することで、医師による性的不能の原因探究が進んだことである。男のアイデンティティの危機は歴史家によってしっかり見出されている[28]。

禁欲の効果

文化史は慣性と、ずれと、回復から成り立っている。こうして性の歴史でも、いまだよく解明されていない回帰現象が明らかになる。生理学の体液論と結びつくと考えられていたせいで十九世紀初頭に盛んに議論され、その後古くさいと見なされた一つの表象が、初期の性科学が芽生えた頃に再び注目されるようになった。精液が人体構造のなかに吸収され、このプロセスは男らしさを規定するあらゆる性質にとって役立つという確信である。一八一九年、この説を認めていたティソを批判したフルニエ教授は、精液のいわゆる体内流出や、それ以上に精液が有するとされた強精効果を嘲笑っていた。フルニエの言うところを信用すれば、それはいかなる直接的観察によっても確かめられたことがない。彼からすれば、思春期を決定づけるのは精液ではないし、精液が知性の強靭さを維持することもない[29]。

ところが十九世紀最後の三十年間に、こうした考え方が、禁欲は有害であるという確信が弱まったことと結びついて、医学的啓蒙の領域で再び勢いを得てくる。これは知識の普及における単なるずれ、いわば慣性という現象なのだろうか。この回帰は、若者の貞潔と精液の貯留を勧める道徳規範の影響に由来するのだろうか。それとも身体内部における体液の循環とその心理的影響の領域における、新たな知識を反映しているだけなのだろうか。後にフロイトが定式化する昇華作用と関連するこの最後の問いに答えられるのは、きわめて専門的な医学史家だけだろう。

いずれにしても、かつては臨床医によって、そしてとりわけ反教権主義者や、パリとモンペリエの生理学者によって断罪されていた禁欲から生じうる苦悩が、あらためて論争の的になった。一八六五年、ルイ・スレーヌ博士は次のように書いている。「みずからの人体構造のなかに精液を吸収する男は、強力な刺激剤の影響下にある。そのような男は、知性のために精液を節約した時ほど、重大な決断や高尚な思考に適している時はない[30]」。そのうえ、体内に広がっている精液は肉体的な力をもたらす。要するに、精液の浪費を回避できた者はみずからの男性的特質をいっそう高める。しばしば引用されるレヴェイエ＝パリーズ〔一七八二―一八五二。フランスの医師〕によれば、精液は「液体状態の生命」である。それは生殖の過程で明らかになるだけではない。実際アレクサンドル・

マイエールは、精液が生命を伝達すると同様、生命を維持すると力説し、次のように書いている。「受胎をもたらす体液の吸収は、つねに新たな活力と生命の延長に寄与する男らしさを人体構造の全体にもたらす[31]」。こうして精液は注意深く守らなければならない。まず、青年時代である。この年代では、それが「性の力を節約[32]」し、将来の精力を、したがって子孫の質を保存する方法である、とスレーヌ博士は書いている。タキトゥスの言うところによれば、若いゲルマン人は禁欲的だったから強靭だったのであり、中世の騎士についても同様だ、と専門家たちは繰り返し主張する。人々が喚起したように、ヒューフェラント〔一七六二―一八三六。ドイツの医師〕もかつてこの種の信念に賛同していたし、十八世紀以来、文明の発展と若者の活力の不吉な喪失の間にはつながりがあるという確信によって、その信念が強められていた。若者は力を浪費し、「その結果、彼らは本当の意味での男にはもはやなれない[33]」と、スレーヌ博士は書いている。こうなれば、第三共和制期に「柔弱な若者」にたいする弾劾の声が高くなったことも、驚くには当たらない。

経済的なモデルがこれらの確信を支えている。良き父親として精液を管理するのは、資本を守ることである。スレーヌは次のような忠告をする老臨床医を引用している。「二十五歳から三十六歳までは自分の収入で暮らしなさい。三十六歳から四十五歳までは貯金しなさい。四十五歳から死ぬまでは資本を大切に保存しなさい[34]」。このような格言は、性交においても「制限」を推奨するヴィクトリア朝時代のサングロ＝サクソン的規範と一致する。射精するのは消費することであり、だからこそ自己規制が必要になる。こうした考えは、ウィリアム・アクトン〔一八一三―七五。イギリスの医師〕の膨大な著作群にも見出される。男は三十五歳まで成長段階にある、とルイ・スレーヌは書く。彼によれば、その後の十年間は「男らしさの時期、あるいは安定状態の時期」であり、四十五歳を過ぎると「衰退」の時期が始まる[35]。

禁欲は体に悪いという考え方が当時しだいに否定されるようになったこと、イタリアのマンテガッツァ〔一八三一―一九一〇。パオロ・マンテガッツァ、イタリアの生理学者・人類学者〕も『愛の衛生学』[36]で主張したように、貞潔や処女性が無害だという確信、かつては精液の貯留と性的不能の間に結びつきがあるとされていたが、その考えが弱まったこと、それらが作用して、道徳神学を強化し引き継ぐ医学的な規範や、規則を定式化することが促進されたのだった。道徳神学の影響力は、当時衰えつつあったのだが。イギリスの学者に言及するならば、この点に関してセヴド・リビング――『性の衛生学とその道徳的結果』――や、L・S・ビールの著作を挙げることができるだろう。[37]ニュートン、パスカル、ライプニッツ、カント、ベートーベンらはスキピオ・アフリカヌス〔前二三六―前一八三。古代ローマの将軍〕やバヤール〔一四七六頃―一五二四。フランスの軍人〕など男らしさの模範ともいうべき偉大な武人と同様、禁欲的な生活を送った、と彼らは一様に述べる。この論理に従うならば、現代の医者は先行世代の医者たちのように若い患者に「女と付き合う」よう処方する必要はないし、それどころかむしろ、若い患者には精力を保存するよう命じるべきなのだ、とフェレは書いている。当時盛んになりつつあったスポーツが禁欲を促進すると考えられていたことを指摘しておこう。ある道徳協会の唱導者だったアヴリル・ド・サント＝クロワ夫人が、七人の息子を訓練とスポーツで教育したと自慢している。

男らしさを脅かすもの

次になすべきは、男らしさの表象、それがもたらす規範、そしてそれが引き起こした新たな不安のかたちに、変質《デジェネレサンス》の概念が及ぼしたしだいに高まる影響の結果を分析してみることだが、これはなかなか難しい。[38]ベネディクト＝オーギュスタン・モレルの著作〔『人類の肉体的、知的、精神的変質とこれらの病理を引き起こす原因に関する論考』、一般に『変質論』と呼ばれる〕が出版された一八五七年以降に展開した学術的な言説の悲劇性は、小説や医師の日常的治療という媒介があったものの、社会のなかにゆっくり浸透したにすぎない。したがって、その影響力を過大評価する危険性が大きい(39)。

素因という概念はきわめて重要である。これは「何かに感染する遺伝的傾向」、「体質的な欠陥」のことで、将来病気になるという脅威を植えつけ、償いの希望もない。変質の概念は祖先と関連し、彼らが罪深いことをしたという意味になる。それは「先天的な異常」の犠牲になっている家族が存在することを示唆し、そうした家族は奇形の家族と似たようなものなのだ。「素因」は、男らしさの基盤を損なう欠陥を生じさせる可能性がある。この病的影響は時に奇形となって露呈する。たとえば、アルフレッド・フルニエ〔一八三二－一九一四。フランスの医学者〕とその息子エドモンによって理論化された先天性梅毒がその例である。二人の学者が描く「先天性梅毒患者」の肖像は、ほとんど奇形学の記述に近い。アルフレッド・フルニエの言うところを信じるならば、不幸な患者には「未熟な睾丸(40)」しかない。このような変質の痕跡は、遺伝性アルコール中毒の犠牲者にも現われる。数多くの人々が何年にもわたって、自分の存在の奥底に病的遺伝の徴候が出現しているのではないかと探るようになる。イプセンは『幽霊』と題された戯曲で、この種の漠然とした脅威を扱っている。

感覚異常と、情動の病理の諸形態を論じた学術的な見取り図はもっと複雑である(41)。たとえばシャルル・フェレは、「性が解体しつつある」ことを示すさまざまな障害の一覧表を作成してみせる。一八九九年彼はその徴候として、快感をともなう射精に必要な残酷さと、オーガスムになかなか達しない時に女にたいして向けられる「激しい色情」を挙げている(42)。とはいえ、「感覚的な特異体質」のなかでもっとも頻繁に断罪されるのは「性欲の異常」

であり、初期の性科学が誕生したこの時代にそれが歴史的にどれほど重要なことかは、ミシェル・フーコーがかつて力説したところである[43]。ここでは、男らしさにたいする明白な侵害と見なされた異常に触れるだけにしておこう。

男の女性化は医学者の不安の種だった。シャルル・フェレはこの女性化をすべて断罪している。彼から見れば、教育と訓育の平準化が、男女それぞれの性的特徴の平準化をもたらしつつあった。同じくフェレによれば、ここで重要なのは「倒錯」の脅威であり、これはヴェストファルが一八七〇年、自分の著作『性感情の先天的倒錯、およびその現象の病的意識』のなかで定義したものである。フェレはこの倒錯を変質と密接に結びつけたうえで[44]、次のように書いている。「倒錯者はしばしば料理をしたり、編み物をしたり、刺繍したりするのが好きだ。宝石や、色と形が目立つ衣裳も好きだし、流行には卑屈に従う［中略］。ダンスを好み、男らしい気晴らしは嫌う。彼らの女性化の傾向はしばしば声の質に現われる［中略］。男の倒錯者の場合、口笛を吹けない[45]」。ところでかつて医師から見れば、自然に反する者〔同性愛者〕や男色家を規定していた器質的な特徴は、倒錯の場合には見られない。単なる性欲の異常なのである。女に触れたり、付き合ったりすることや、女の匂いに堪えられない者もいるので、倒錯者は苦しい思いをする。時には自殺の誘惑に駆られる、とヴェストファルは指摘する。要するに女性化——そして女の男っぽさ——の特徴は「心的人格の倒錯」と、味覚、遊び、身だしなみにおける異常であり、それは子ども時代から現われる。「異常な関係において、倒錯者は自分が女だと感じ、受け身的な役割を求める。肛門性交や素股では、男と交わる女の悪魔のようになる」。倒錯者はあらゆる努力をはらって「女のような外見になろうとする」し、「ウェストを細く見せることで胸と腰を強調するコルセットも厭わない」。そして「御者、肉屋、サーカスの曲馬師など、性的に目立つ相手を求める[46]」。

これ以上強調するまでもないだろう。それくらい、性欲の倒錯に関して当時書かれた数多くの学術書は、男らしさの表象と規範にたいする侵害を強調していたのである。とくにクラフト＝エービング〔一八四〇―一九〇二。ドイツの精神科医で、『性行動の精神病理』が有名〕が分析した性的な苦痛愛好症と、彼が一八八六年にマゾヒズムと形容した現象――ザッハー＝マゾッホにとっては迷惑千万な話だが――についても、同じことが言えよう。[47] 性の営みで受け身的な役割を演じ、屈辱的な暴力を振るってくれと女に要求することは、たちまち男らしさの衰弱を示す徴候と認識された。そしてこの「異常」に関する文献は膨大な量にのぼる。フェレはそこに先天的な素因の影響を認め、情動の病理の一つに加え、この問題における「受動的態度」の重要性を強調する。病人は「自分が愛する者から鞭打たれ、つねられ、殴られ、足で踏みつけられる。そして足を舐めたりする」。[48] ウィリアム・アクトンは、生殖器に異常を生じさせないよう、子どもを鞭で打ってはならないとしている。[49]

一八八七年にアルフレッド・ビネ〔一八五七―一九一一。フランスの心理学者〕が命名したフェティシズムも、男らしさの規範を侵害するものの一覧表に組み入れるべきだろうか。これら初期の性科学者の著作を読むかぎり、そう考えたくなる。[50] たとえばスイスのオーギュスト・フォレルは、女のハンカチ、手袋、短靴、毛髪、衣裳などを欲することが、男らしい行為の通常の遂行の代理物になっているという意味で、フェティシズムという行動を性欲の異常に分類している。[51] こうした行為は、女の裸体をまるごと見ることはできるが、性交にまで至ることは拒否するという態度の徴候として分析されるのである。一八八二年、マセ刑事はこれらの人々を女性化した男と見なす。[52] 同じく一八八二年、シャルコーとマニャンは彼らが同性愛者ではないかと「疑っていた」。[53] ポール・ローランは彼らを、愚かな儀式で定められた行動をする「欠落した怪物」、不能のオナニー常習者であると認識する。[54] クラフト＝エービングはこの病理を変質に帰し、ビネは特定の欲望の刺激形態や早期の性的固着に帰した。性的固着は、通常の愛の極限的なかたちへの移行を決定づけた何らかの心的外傷から生まれる。この時代に練り上げられた性的異常のリストを部分的に検証するのは、この辺でやめよう。いずれにしても、こうした異常のそれぞれが何らかのかたちで、当時支配的だった男らしさの規範にたいする侵害だったことを忘れてはならない。

男らしさの危機

繰り返しになるが、科学の言説が提供する情報に過度に依拠することなく、一群の歴史家が現時点ですでに男らしさの危機、あるいはジェンダー史の語彙を用いるならば男性性《マスキュリニテ》の危機を見出している。ここではより広く、この危機の根底にあるものは何かをあらためて問いかけるのがふさわしいだろう。最も明白なのは、女たちが引き起こす恐怖感が高まったということである。その理由は女たちがもたらす予期せぬ脅威、彼女たちが表現する新たな欲求や権利要求、かつては男同士だけで足を踏み入れていた場所に女もしだいに姿を見せるようになったこと、それまで禁じられていたものを見たり、読んだり、芝居を観たり、自由に歩き回ったり、姿を人目にさらしたりする自由、それゆえ堅気の女と娼婦の区別が曖昧になったこと、などである。

それまで高等教育、とりわけ大学と医学校の門戸が男だけに開かれていたのに対し、最初の女子学生が第二帝政期〔一八五二―七〇〕に登場する。それと並行してフェミニズム運動が展開され[55]、多くの男は当時、それを明らかな脅威と見なした。ずっと以前から医師たちは、愛の営みの間は女のほうが男よりも強いと強調してきた。この男の劣等性は、いかめしいピエール・ラルースの『十九世紀大百科事典』でも相変わらず指摘されている。そして性愛におけるこの脅威が、愛の営みにおける男の支配権を正当化するのに役立っていた。かつては精液を絞りとることによって、女は相手の男の死を早めると認識されていただけに、なおさらそうである。[56] そして今や、女が引き起こす性の恐怖は他の明白な事実にもとづくようになる。ヴィリエ・ド・リラダンの小説のタイトルを借用するならば、未来のイヴは、『創世記』に登場する男を誘惑し、堕落させるイヴというだけに留まらない。イヴが後に、聖母マリアや悔悛するマグダラのマリアによってその罪が償われるのは事実だが。今や多くの女たちが羞恥心という伝統的な規範を破って、自分の欲望を示すことを躊躇しない。新しい都市構造がこうした露呈を促す。新たな散策様式をもたらす大通りの道筋と混雑解消、店のテラス席の開放、夜の生活の発展、[57] あふれるばかりの照明、町中いたるところに貼られたポスターで女のそそるようなシルエットが再現されること、人々の注意を引き、さらには挑発する様式の刷新、そういったことが男女関係を変え、男たちに新たな警告を課すと同時に、新たな快楽をもたらす。離婚の制定、[58]「他者の肉体」[59] が及ぼす高まる魅惑、情痴犯罪の反響、売春婦の客引きの方法の変化、つまり娼館が新たに栄え、かつては金で買う女の裸体と、言うなりになる肉体を並べていた町の売春宿がそれに比して衰退したことなどのせいで、男は新たな方法で自分の魅力を証明しなければならなくなったのである。[60] 戯れの恋《フラート》が盛んになることで、男女の役割の区別と性的アイデンティティが薄れる。そこではイニシアティヴをとるのは男女双方であり、男の支配力は弱まり、男らしさの規範にもとづく諸規定がゆるみ、女の欲求が洗練され、表現されたからである。[61]

一八五五年に出版されたモンタルバン博士の『若夫婦の小聖書』がその例だが、[62] 医学的な啓蒙書を女も自由に読めるようになり、肉体的結合をはっきり語る小説を自由に、いくらでも堪能できるようになったこと、新婚旅行という慣習の発達、[63] 不倫と女の欲望を舞台化する劇作家の大胆さが、妻たちに新たな性愛の欲求を示唆した。あるいは少なくともそのおかげで、妻たちはそれまで羞恥心ゆえに拒絶していた愛撫を許容するようになった。

筆者はずっと以前に、道徳家がかつてより平等な結合にもとづく共和主義的な家族という模範を提示しようとした時に、夫婦関係の性愛化が起こったことを指摘した。[64] そのため多くの男が新たな勧告に、したがって新たな形の不安にさらされることになったのである。避妊の普及、保護してほしいという公然たる要求、運動家たちによって提案された子宮のストライキ[65]〔妊娠、出産を拒絶すること〕、人口増加論者の強力なキャンペーンにもかかわらず展開した中絶をめぐる議論は、男女の行動が大きく変化したことを暗々裏に証言しているのである。

その背景では、梅毒への恐怖が高まる。梅毒は悪夢を醸成し、数多くの文学の主題になる。[66] フェリシアン・ロップスの作品であれ、ユイスマンスのデ・ゼサント〔ユイスマンスの小説『さかしま』の主人公〕の悪夢であれ、[67] そこではこの新たな悲劇の象徴である女が災厄を具現している。劇場やオペラの舞台では、シャルコーがサルペトリエール病院で見世物にしたあのヒステリーの錯乱と、男にとって脅威と認識される女の「欠陥」と狂気が繰り広げられる。男を呑みこむ女スフィンクスの表現や、恋人を深海に連れ去る海の精セイレンの表現が象徴主義芸術にあふれる。[68] 木の葉や苔のベッドで裸体を見せる、あるいはよじる女、木の精ハマドリュアスの姿で木の幹から生まれ出る女、不吉な娘＝花の姿となって描かれる女、あるいは男の相手など必要ないかのように閉じた輪となって集う女――そのような女の表象は一般に、女が男に感じさせるしだいに高まる脅威を象徴しているのだ。そうした女に抗うためには、パルジファルのような男でなければならない。『毛皮のヴィーナス』〔ザッハー＝マゾッホの小説で、マゾヒズムの起源となる〕は省略してフランス文学だけに限定しても、マルセル・プレヴォーの《半処女》、ドーデのサッフォー、ジャン・ロランの《陶酔と象牙の王妃》、ペラダン殿下の『至高の悪徳』のヒロイン、ラシルドの「動物的な女」は、十九世紀初頭の男たちが交わした書簡に表現されていたような、男が平穏に支配力を振るった時代が遠く過ぎ去ったことを明瞭に示している。というのも、これらの作品の大部分は男が書いた作品なのだから。

以上のことから、この時代の男たちが感じた男らしさとは、何よりもまず不安を引き起こす一連の規定、そしてしばしば矛盾をはらむ一連の規定だったのではないか、と問いかけることができるだろう。欲動を制御することであれ、性的逞しさを猛烈に発揮することであれ、その規定には何らかのかたちで従わざるをえない。それは、自分の生物的、道徳的、心的そして感覚的アイデンティティに確信を抱くためであり、とりわけ、男らしい主体の意志にまさしく従属している逞しい生殖器をみごとに制御していることを、他人と自分自身に示すためである。要するに、聖アウグスティヌスから見れば人間の「堕罪」の不吉な結果であるものを消去するためなのである。

第2章

同性愛と男らしさ

レジス・ルヴナン
（寺田寅彦訳）

「同性愛 homosexualité」の語は一八六九年にドイツ語で考案されるが、[1] フランスにおいては一八九〇年代にならないと用いられず、またそれは学術用語で、本当に普及し広まり始めたのは第二次世界大戦後でしかない。十九世紀初めまで、「男色家 sodomite」や「自然に反する者 antiphysique」のようなよく用いられた語は博物学や宗教の暗示的な意味にまだ包まれている。「男色家《ペデラスト》 pédéraste」〔この語が用いられている場合にのみ、翻訳では「男色」にふり仮名をふり、sodomite と sodomite の「男色」には原則としてふり仮名をふらないこととする〕の名称は十九世紀以前には稀であって、十九世紀になってこの語は「同性愛者 homosexuel」を過度に意味するようになるが、一九五〇年代・一九六〇年代になるまで、フランスや西洋の他の国では日常よく使われた。「性的倒錯者 inverti」のような他の表現も同じように頻繁に使われた。これはおもにエリートたちが使ったもので、庶民層は隠語的で平俗な調子をもつ「おかま enculé」〔ケツを掘られた奴〕、「腰ぬけおかま lope」〔lopaillekem、lopaille の略形〕、「男色野郎 pédale」〔男色家 pédéraste からの連想〕、「おかまおばさん tante」〔おばさん〕、「おしゃべりおかま tapette」を気楽に用いた。また、とりわけ「ウラニアン」もしくは「ウラニスト」〔uranien、uraniste、いずれもカール・ハインリッヒ・ウルリヒス（Karl Henrich Ulrichs、一八二五—九五。ドイツの判事補・ジャーナリスト）が提唱した語彙〕、「疑似性愛 similisexuel」や、「単一性愛 unisexuel」のようなその他の形容語はフランスではあまり人気がなかった。[2] それでも当時は同性愛に関する語彙が極めて豊かな時代だった。

本章では、総称語の「同性愛」は、男同士の感情、愛、文化、社会そして／あるいは性においての関係の総体として理解されたい。男たち自身がそう自らを規定しているか否か、同性愛関係だけをもっているのか、あるいはたまにだけなのか、あるいは料金のきまっている性関係なのかそうでないのか、ということは関係ない。同性愛が非歴史的で普遍的なカテゴリーだということはまったくないが、[3] それでもこのようにすることで私の論をかなり軽くすることができる。

同性愛の抑圧

十八世紀にはまだ「男色」(非常に広い法律カテゴリーで肛門性愛関係を含みながらもずっと一般的に子作りを目的としない関係をいう)は、イギリスでは絞首刑、オランダでは溺死刑、ヨーロッパの他の国々では焚刑と死刑に罰せられる犯罪であった。それというのも男色家は神の摂理に反し、自然に背き、生殖の目的での性交を拒否する意味で背徳的だからである。男色家のアイデンティティは当時はおもに自然の摂理からの誤りだということからなりたっていて、ある種の性別の個人に好みがあるからということでなりたっているのではない[4]。この意味では男色家はアンシャン・レジームの基盤を覆している。しかし、罰が厳しすぎるという確信と、自然に反する関係が危険な宣伝をもたらしてしまうという確信があり、十八世紀の終わりには、おそらくは啓蒙の影響もあって、男色の非刑罰化の考えが広まった。

フランスでは、十八世紀に男色罪で六人の処刑があったが、これら受刑者の大半は殺人犯でもあった。パリではほとんどの場合、風紀警察は逮捕された男色家に説教をしたり、あるいは最大でも何日か拘留するだけだった[5]。一七九一年、革命と自由の権力であったフランスは、犠牲者がない罪であるということ、つまるところ想像上の罪にすぎない男色罪を、冒涜や妖術、異端や涜聖と同じであるとして、廃止するのである[6]。ヨーロッパの他の国でも、プロシアは一七九四年に新しい刑法を公布し、男色は禁固刑か笞刑、永久追放の刑に処すると決める。オーストリア゠ハンガリー帝国では、一七八七年の刑法で禁固刑、徒刑、笞刑を男色に課すことにする。オランダは自然に反する行為に対して一七三〇年までは特に罰則を設けてはいなかったが、この国は西ヨーロッパの中で十九世紀初頭になっても男色の処刑を最後まで行っていた国であった。ヨーロッパの法律は十八世紀末と十九世紀初めに大きく変革し、同性愛者の法的地位は明らかに変わっている。それでもナポレオンの領土拡大は、その結果としてフランス刑法を、オランダ、イタリア半島諸国家、ドイツ等々というヨーロッパのかなりの部分に広める効果があるのである。(7)

しかしながら、同性愛関係を軽犯罪扱いに移すことが十九世紀末になって実施された。統一されたドイツでは一八七一年に、イギリスでは一八八五年に、新しい刑法の法律で男色《ペデラスティー》を罰することになった。(8)

ここにはコンセンサス、一種の取引が十八世紀末から十九世紀を通してずっとあるとみなすことができる。それは同性愛を刑で処さないかわりに同性愛者が目立たないようにするというもので、言い換えれば同性愛者を見えないものとし、公の領域に現れないようにすることである。公的領域と私的領域の分離というこのブルジョワ的な着想は、女性にも同様に適用されたが、同性愛が現代化すると吹っ飛んでしまった。すなわち十九世紀末から西洋のおおむねいたるところで、同性愛の世界や同性愛者たちが街中につくった特別な地区が明らかなものとなったのだ。(9)

ただ、抑圧というものが監視や国家強制権（リストアップ、一斉検挙、訴訟）のみに限定されうるというわけではなく、同性愛の現実の検閲、自己検閲、隠蔽、消滅の試み、排斥、家族や社会からの追放、失職するのではないかという単なる不安、あるいは自分の体面を守ろうと注意をはらわずにはいられないことも、おそらくは同じぐらい、あるいはずっと、日常において抑圧的なものなのだ。しかし、パリ風紀警察は一八四〇年代・一八五〇年代から男色家《ペデラスト》の目録を計画的に作成している。手作りのリストアップは一八〇〇年代からパリや地方ですでに始まっていることがいくつかの史料で明らかになっているが、これはおそらくナポレオン一世が設立した国家警察のためであろう。男色が一七九一年からもはや罰せられなくなったからといって、司法官は男性同士のこの慣行を罰するために用いることができる刑法の法律を使うことをやめることはなかった。公然猥褻罪(刑法三三〇条)、風俗犯罪(刑法三三一条と三三二条)、未成年への非行教唆罪(刑法三三四条)を間接的に用いたのである。公然猥褻罪は、十九世紀の同性愛者においてもっとも広がっていた軽罪で、これは公の場で性行為を行うことだった。この時代には庶民層の住居には水入らずでいられる場所がなく、ほとんど誰も自分の住まいで人と会うことができなかったのだ。[10]フランスでは、第一審裁判所判事と現場にいる警察官は一八四〇年代から当局に同性愛を同性愛として罰するための特定の法律を要請している。[11]

しかしながら警察による監視、リストアップ、法的な処罰はフランスでは決して効率的ではなかったため、性的逸脱者への医療体制の発展が、男性同士の行為としてではなく、人格全体としての同性愛の「問題」に対する解決策となるのである。[12]

内なる女性

今や古典となったミシェル・フーコーの『性の歴史』の第一巻の一節に、フーコーは心理現象の科学によって現代的な同性愛者の像の発案を位置づけている。

ここで忘れてはならないのは、同性愛の心理学的・精神医学的・病理学的範疇が成立したのは、それが——一八七〇年のかの名高いウェストファールの「自然に反する性的感覚」に関する論文はまさに出生の日付としての価値をもちうるだろう——性的な関係のタイプによるのではなく、むしろ性的感受性のある種の質、自己の内部で男性的なるものと女性的なるものとを転倒させるある種のやり方によって定義された時である。同性愛はそれが男色の実践から、一種の内的な半陰陽、魂の両性具有へと変更させられた時に、性的欲望の様々な形象の一つとして立ち現れることになったのである。かつて男色家は性懲りもない異端者であった。今や同性愛者は一つの種類なのである。[13]

社会的監視員は、ミシェル・フーコーが喚起するこの「自己の内部で男性的なるものと女性的なるものとを転倒させるある種のやり方」、「一種の内的な半陰陽」、「魂の両性具有」にとても近くから興味をもつのである。また、おそらくは古代の頃からたしかに女性的な振舞が常に攻撃されていたとはいえ、女性的な振舞と男性の同性愛が暗に結びつけられるとみなされるのは十九世紀になってからであろう。[14] 十八世紀ではまだ女っぽい男は――生物学的に男と定義されていても「身体的にも精神的にも伝統的に女性に与えられる特徴[15]」を借りていて、それは時に戯画的になされたが――しばしば女性の影響下にあった特権階級の者、放蕩者、実は異性愛者（この語が不適切であっても[16]）であったのである。[17]

十七世紀と十八世紀においては、性別の境界線は、少なくとも特権階級においてはずっと曖昧なものなのである。まず、服飾の面では、一部の貴族はリボンをつけてポマードを塗って、神父たちは女装するのである。[18] もちろんシュヴァリエ・デオン〔一七二八―一八一〇。フランスの外交官・スパイでその女装で知られている〕のことに思いがいたる。

たとえば女装ホモ《フォル》 folle の姿に具体的にみられるような女っぽい振舞が、数世紀以来、いたるところで、同性愛文化あるいは前同性愛文化の根本的な反復の一つとなっていることを否定しているわけでもない。[19] しかし、なぜ、そしてどうやって、この（男性／女性という）ジェンダーと性的指向（この場合には同性愛）の結びつきの積み重なりが次第に形成されるようになったのだろうか？　いかにして女性的な振舞が男性同性愛の一般的な規範になったのだろうか？　歴史家で社会学者のミカエル・ポラックは、その著書『同性愛者たちとエイズ』の中で、ゲイ gay における女性的な振舞は同性愛者嫌いや同性愛反対者からの抑圧の結果であろうと示唆している。[20]もちろん一部の同性愛者の女らしさへの好みは（時には行き過ぎのこともあるものだが）実に古くからあるものであり、部分的には今日のゲイのアイデンティティの基礎をなすものに属している。[21]「女装ホモ《フォル》文化」が異性愛者社会の秩序に抵抗する一形式と理解され実践されているだけに、女性的な振舞が単なる同性愛嫌いの想像物の内化であるとまとめてしまえるわけではないだろう。いずれにしても同性愛はこの長い十九世紀を通じてずっとジェンダーの意味において考えられていたのであり、パートナーがそれぞれ異性愛者のモデルにしたがって「女」の役回りをしたり「男」の役回りをするというような性的指向の意味において考えられていたのではない。泣かない、自慰行為をしないというのは自分の感情を制御し、自分自身を制御することであり、アラン・コルバンが述べるようにそれは十九世紀における男らしさの第一の価値である。[22]ただ、男性同性愛者は、まさに涙や、少なくともある程度の感傷癖に結びつけられ、また少なくとも学者によって行われた観察においては自慰行為に結びつけられるものだ。西洋のほぼいずれの場所でも、女性的な振舞は十九世紀における同性愛者の「世界」の共通点をなしているのだろうか？[23]

　歴史家のランドルフ・トランバッハによれば、「マイナリティのゲイとその『サブカルチャー』ならびに［性的］役割」は北東ヨーロッパで一六九〇年代から一七二五年の頃に生まれた。そのもっとも特徴的であることは「女っぽい振舞の男性成人の支配的な役柄としての出現」である。したがってトランバッハは、主に女っぽい男たちからなる同性愛者の「マイナリティ」が出現したのは、十七世紀末から十八世紀初めのフランス、イギリスそしてオランダにおいてである、としている。十八世紀までは、ランドルフ・トランバッハによれば、典型的な男色家は放蕩者か道楽者で、(男性の)若者でも女でもおかまいなく挿入しようとする男だったようである。しかし、十八世紀中ごろに、「他の男との性的関係に身をゆだねる男はいかなる男も女性化した男であり、[男性と女性のあいだの]第三の中間的なジェンダーをなして、支配的な男性として扱われる権利を放棄して男娼からなるような者どもの一員として当然の軽蔑にさらされるのだ」と一般的に考えられるようになったようなのである。ランドルフ・トランバッハにとっては、このような考えは同性愛者の真の行動を反映していることになる。つまり近現代の男色家はこのように「不法な都会文化に足しげく通う女性化した男ども」であろうということなのである。[24]歴史家のランドルフ・トランバッハとリクトール・ノートンは、少なくとも一七二〇年代からこのような女性の振舞を真似し、またしばしば女性のあだ名をつける女性化した男色家の新しい文化がロンドンに存在することを証明している。[25]モーリス・ルヴェ、ジェフリー・メリック、ミッシェル・レ、ミカエル・シバリス、ウィリアム・ペニストンと私自身が、われわれの歴史研究においてこれと同じような女性化した男の「サブカルチャー」が十八世紀と十九世紀のパリにあったことを明らかにしている。[26]

しかしながら、社会学者のヘルト・ヘクマは「医学文献や大衆文学において同性愛の典型」が女っぽい振舞を強調していることは認めながらも、このイメージは過去の同性愛者の生活様式と嗜好、性的幻想の多様性を隠してしまうと自説で強調している。

十八世紀、十九世紀そして二十世紀に男性間の愛のさまざまな形が共存している。一つの特定の形が別のものに取って代わられるというわけではなく、異なる様式が他とは無関係にかつ同時に発展するのである。［…］だから、女っぽい女装男性に注意がいき、彼らの生活様式が同性愛者のサブカルチャーすべての手本となっていると結論づけるのは間違いであろう(27)。

I　医学と同性愛——女性化と男性同性愛との混同の出現

そうすると、同性愛の問題が十九世紀を通じて医学によって扱われる前に、同性愛や前同性愛の文化やアイデンティティでその主要な特徴が女性化であったであろうものは存在したのだろうか？

同じ用語が学者によって同じ現象をささないこともあって、十九世紀には同性愛についてのいくつものしばしば混乱した理論が流布している。この分野での先駆者は十九世紀前半の法医学者で、十九世紀後半には「同性愛の病」の遺伝や退化を強調する精神病医ならびにその他の精神科医と、性的倒錯が先天的特徴だと特に主張し、法的かつ社会的に正当化する配慮から性的倒錯を退化の概念から排除する「第三の性」の理論家が続いた。最後には、遺伝的・体質的な理由よりも親と子との関係からの説明を特に取り上げる同性愛の文化主義的説明をむしろ前面に出す精神分析学者が現れた(28)。

十八世紀には罪悪とみなされて（アンシャン・レジームの同性愛者の姿である自然に反する者というのは、生殖の計画に応じておらず、自然と神の意志に背くということで、それが、おぞましく、放埒で、醜怪だという意味の急激な広がりをみせる）、しばしば「男色」の法的カテゴリー（フランスでは一七九一年まで法的効力があった）に総括されて、以来、生殖計画のない性行為は変態性欲《ペルヴェルシオンセクシュエル》となる。学術記述の全ては、自然な考えの再利用のように、ある個人には必ずや別の性をもつ他人にひかれるという正常な性的本能があるはずだという考えの上になりたっている。

ジュリアン・シュヴァリエ〔一八六〇―一九四三。フランスの医師〕は名高いラカサーニュ博士〔一八四三―一九二四。アレクサンドル・ラカサーニュ、フランスの医師〕の生徒だが、同性愛についての初のフランス医学論文（一八八五年に公開論文審査、一八九三年に出版）を執筆した。軍医であり植民地医師でもあるシュヴァリエは、倒錯は先天的なものだと仮定したが、計算高い若者の怠惰（売春）による倒錯や、性病への恐怖による倒錯、あるいは女性の欠如による倒錯といった後天的な倒錯も完全には排除しなかった。シュヴァリエにとっては、正常な性本能は「嗅覚中枢から離れていない大脳皮質」にある性行動の一種の指揮と編成を司っている性中枢に依存しているということのようである。したがって、お互いに似ていないからこそ引き合うという仮定をもとに、倒錯とは両性の引力という自然の法則を妨げる異常だと認めていることになる。彼は三つの同性愛のタイプを区別しているが、まず一過性の不道徳な悪習すなわち性的倒錯である後天性倒錯、次に二番目の倒錯は稼業（売春、ゆすり）や生活の場（都市化、雑居生活、植民地化）により後天的に獲得されたもの、そして最後は先天性倒錯で、完全な異常ないしは病気で、一般的には子供のころからあって目につくものである[30]。しかしながらジュリアン・シュヴァリエのたてたピラミッド図は、すぐにわかるように、両性が引き合う力という一般的な法則に依拠しているのあり、この法則自体が生物学的な性によるものよりもジェンダーに影響を受けているのである。この意味では、（少なくとも一部の同性愛者において）女っぽい男は男らしい男を引きつけ、またはその反対もあるということが、さまざまな情報から本当らしいとされまた確認されたと認めるならば、同性愛体験の現実はこの法則に従いうるものだろう[31]。

フランスでは早くから出生率低下の問題があり、これは一八七〇年から一八七一年のプロシアに対するフランスの敗北とアルザス・モゼル地方の喪失があってからというものの国家間の敵対意識からこの問題に敏感になっていたのだが、この出生率低下の問題と一八三〇年と一八四八年の革命による階級間闘争によって混乱があり、またさらに道徳と衛生に関心が集中しているような社会においては、性的異常は医学界の専有物となって、これまでかつてなかった現象のような社会問題扱いされるのである。十九世紀半ばから同性愛は男性の性倒錯者の範列的人物像となる。数十年たったのちに、エミール・ゾラ〔一八四〇—一九〇二。フランスの小説家〕が、自分自身では出版する勇気がでず、ある若いイタリア貴族の同性愛者の自伝的打ち明け話を、フランス人医師のジョルジュ・サン＝ポール〔一八七〇—一九三七〕に託し、彼がロプツ博士の偽名で出版するのである。作家は作品の序に寄せて、自身の選択を明らかに説明する。

親愛なる先生、

私はむしろ、あなたが『ある同性愛者の小説』を出版されることになんら問題はないと思っているのです。私のような一介の小説家がやる勇気をまったく持たないようなことを、知識人としてあなたが成しえるということを、私はとてもうれしく思うのです。〔…〕その頃の私は文学の戦いのもっとも辛い時期にありました。批評家は毎日のように私のことをどんな悪徳でもいかなる不品行でもやってのける犯罪者のように扱っていました。そんな時期に私がこの『ある同性愛者の小説』の本を出す責任をとれると思われますか。まず、個人的な退廃からいろいろとかき集めて話を作りだしたにちがいないと私は非難されたことでしょう。それに、もっともおぞましい本能についての低劣な思惑しかこの事件にはないにちがいないとひどく決めつけられたことでしょう。［…］しかし、親愛なる先生、偶然のなせるわざか、あなたと一緒におしゃべりをした夜に、この性的倒錯の人間的・社会的悪についてお話をするにいたりました。そして、私の机の引き出しの一つに眠っていたあの書類を私はあなたにお渡ししたのです。誰もスキャンダルで非難しないような一人の医師、一人の知識人の手によってようやくこの書類は日の目を見ることができました。［…］[32]

法医学者からみた男色

法医学が当時まず最初に同性愛行為に興味をもったが、それは男色と強姦からくる問題のためであった。法の枠組みにおいて、取り調べを受けている被疑者が自然に反する関係を持ったかどうかを確認しうる科学的証拠を、身体に残った生理学的痕跡の有無から提示できるかどうかに論争の焦点は絞られている。肛門に向かう臀部の円錐形くぼみ、括約筋の筋緊張減退症の兆候、括約筋の外傷の兆候、直腸の漏斗状変形、感染症の兆候（とくに直腸部痔瘻）、「ウケ」の場合には肛門部に精液か血液の有無、「セメ」の場合には陰茎変形といったものである。サミュエル・ティソ〔一七二八―九七。スイスの医師〕の自慰についての研究の流れで、[33]法医学は同性愛によるものとされた身体的痕跡も強調したのであり、この新しい変態性欲の生理的あるいは心理的原因よりはそれほどには強調されなかった。

アンブロワーズ・タルデュー〔一八一八―七九。フランスの法医学者〕がいうように[34]男色《ペデラスティー》は犯罪の学校だと考えると、それが広まってしまうことと戦う効果的な方法を実施するべきだということになる。それで心理学的な説明はフランスでははやらないということになる。これはドイツとは反対で、法医学者のヨハン・カスパー〔一七九六―一八六四。ドイツの法医学者〕は[35]同性愛者の女性的な特徴を引き合いにだして、それを「精神の両性具有」と名づけたが、かの有名なカール・ウェストファール（一八六九年）〔一八三三―九〇。[36] ドイツの精神科医〕に先立つことと十年以上も前の一八五二年にすでに同性愛とは先天的なものであろうとする考えを示したことになる。反対に、タルデューが展開した器質的説明は、一八五〇年代から、ヨーロッパでの国家的敵対関係を背景とした同性愛問題についてのドイツの研究へのフランスの答となったが、この器質的説明は、ヨハン・カスパーが同性愛心理を強調するその一方で、生理学的特徴を懸命に述べようとするものだった。生理学、器質、神経から説明をしようとするのがフランスでは長らくのあいだ人気があり、心理学的な説明は事実上ドイツのものだとみなされたのだった。

　十九世紀は医学の権力と警察ならびに法的権力とが競合する世紀でもあった。フランス刑法（一七九一年の刑法と一八一〇年の刑法）から男色と同性愛行為は削除されたが、法医学が同性愛の問題を社会問題として検討した時期より数十年先立っていた。またこの時期と同じ頃にフランス第一審裁判所と高等裁判所が、異性愛関係と同性愛関係を（良俗）風俗犯罪の判定において区別し始めた。一八四三年から、フランス人医師のギヨーム＝アンドレ＝マリ・フェリュス〔一七八四―一八六一。フランスの精神科医〕、アシル＝ルイ・フォヴィル〔一七九九―一八七八。フランスの精神科医〕とアレクサンドル・ブリエール・ド・ボワモン〔一七九七―一八八一。フランスの精神科医〕が男色《ペデラスティー》の精神状態に興味を持つようになる。[37] その一方で一八四九年にフランスの精神病医クロード＝フランソワ・ミケア〔一八一五―八二〕が、ここでもカール・ウェストファールよりもずっと前に、「性欲の病的逸脱」に関する先駆的な論文を書いたが、[38] 当時はあまり注目されなかった。ミケアは彼自身が一八五〇年代にパリ警察の記録に男色家《ペデラスト》としてリストアップされているが、[39]「過度の空想」という考えをあまり信じていなかった。この「過度の空想」とは、サミュエル・ティソの研究以来、まだ十九世紀初頭にはよく引き合いに出された性的逸脱を説明する原因で、必然的に狂気へと陥り、苦しみながら死に至るというものなのである。

クロード＝フランソワ・ミケアにとっては、男色《ペデラスティー》の原因はなんらかの生理学的障害に求められるべきものなのである。彼によれば、異常な行動は変調をきたした器官の作用の結果でしかなかろうというのだ。たとえば自慰行為の場合がそうだと考えられていたが、倒錯した性行為を行っても脳がやられてとりかえしがつかなくなるわけではないだろう。ただ脳はもはや正常には働かなくなるだろうということなのだ。クロード＝フランソワ・ミケアは「少年愛好家《フィロペド》 philopèdes」という語を「男色家《ペデラスト》」という語よりも好んで使うが、彼が考えるにはこの「少年愛好家」は女性的な性質をもっていて、それにはたいへん簡単な理由があって、彼らの中には未発達の子宮をもっている者がいるというのだ。そこでまず彼は性的逸脱のずっと広い類型論にしたがって同性愛者を分類するが、その構成は以下の通りである。1．ギリシアの愛すなわち自分と同じ性をもつ別の個人への愛（彼によれば非常に広まっているものである）。2．獣姦（もう少し普及の程度が低い）。3．無生物に心ひかれること。4．人間の死体に心ひかれること。アンブロワーズ・タルデューはといえば、男色家《ペデラスト》の文化的特徴を引きあいに出している。あいまいな振舞（女性っぽい振舞……）、男色家であることを暴露してしまうような特殊な好み、特殊な服装、かわった行動、等々で、これで男色家《ペデラスト》だと容易にわかるというのである。器質的説明のみという状態から脱するにはあと二〇年待たねばならない。精神病医のポール・ファーブル（フランスの精神科医、一八四五―一九一九）は男性ヒステリーの論文（一八七五年）の中で、男性の身体に女性の脳があるという性の神経学的倒錯を提唱している。[40] ファーブルは同性への性的好みと女っぽい振舞とヒステリーとを混ぜ合わせているが、この取り合わせは医学文献には十九世紀後半にならないと現れないように思われる。またのちに当時世界的に君臨していたジャン＝マルタン・シャルコー（フランスの神経科医、一八二五―九三）がこの取り合わせを取り上げ、当時よく知られていた神経科医のヴィクトル・マニャンもやはりこれを取り上げた。ポール・ファーブルはオギュスト・クライン医師の博士論文の影響下で、[41]自身の説を見直し、女性化はすべてのヒステリーの男性にみられるものではないと考えている。[42]ただ、この説は長く生き延びた。

おそらくはジークムント・フロイト〔一八五六—一九三九。オーストリアの精神分析学者〕によってしか乗り越えられなかったこの時代の本質的な特徴の一つは、二つの大きな流れに分かれた科学的分析にある。一つは生物学の領域のもので、優勢なものであり、（同性愛も含む）すべての倒錯は退化の先天的な形であるとした。もう一方は軸を心理学の原理におき、後天的に獲得されるものを重視しているが、これは過度の空想や過度の欲望の結果に関する理論に関心をあまり寄せていないという理由でしばしば不信をかっているものである。ただ、この過度の空想や過度の欲望の結果に関する理論は、十八世紀の大「問題」であった自慰行為についての研究とあまりに結びつけられてしまっているのである。しかし、一方では後天的に獲得されたものを重視し、もう一方では生まれついたもの、あるいは先天的なものを重視するというそれらの着想のあいだにある境はきわめて微妙である。同性愛が刑法で抑圧されていた国で（とりわけマグヌス・ヒルシュフェルト〔一八六八—一九三五。ドイツの内科医・性科学者〕の「第三の性」についての研究があったドイツで）、先天的なものはしばしば同性愛を正当化する役割を担っていたからだ。

このような背景をもとに十九世紀末に「第三の性」の理論が出現するのである。これは生物的に男性の性をもつ個人として、女性には性的に興味を持たず、また両性の役割や両性のアイデンティティを逆転させて女性として故意に行動することを「決める」ならば、社会的観点からはその人は本当には男ではないという考えに基づいている。過去の理論との断絶、さらに正確にいえば過去の理論との並列は、その重心が性的行動やその社会的結果（とくに犯罪や非行でいうところの結果）だけにおかれるのではなく、これからは全人格の次元、とくにオノレ・ド・バルザック〔一七九九―一八五〇。フランスの小説家〕をはじめとしてフランス文学でみられるような規範に反する欲望も可能なものとする個人の人格の次元にもおかれるのだ。

同性愛の原因の探究

同性愛関係の原因に初めて興味をもったのはドイツ人学者たちである。ヨハン・カスパーの研究の流れで、法学者カール・ウルリヒスは[43]、自らの同性愛は（脳か睾丸にある）先天性の現象であると確信して、一八六四年から、男性の同性愛者は男の体に閉じ込められた女の魂を備えた存在だとする論を展開する。したがって彼らの欲望はごく自然に男たちへと向かうのであり、したがって抑圧されえない。このテーマはとくに文学に取り入れられて（たとえばマルセル・プルースト〔一八七一―一九二二。フランスの小説家〕の『失われた時を求めて』）、当時発展し、男性同性愛者は女っぽい振舞をする者たちに逆らいがたく惹かれる（そしてその逆もそうである）ということになった。その意味ではカール・ウルリヒスも同性愛者を「第三の性」としたのであるが、これは男でも女でも同じだった。彼はドイツにおいて自然に反する行為を処罰の対象から除外させる計画に結局は失敗するのだが、それでも彼の理論はたいへんな成功を博すことになる。それというのもウルリヒスが考案した「ウラニスム」という語をカール・ウェストファールは一八六九年に「逆の性本能または性感覚」と名づけ直すのだが、このウェストファールがこの先天性の現象についての研究は重要なものだとみなし、男同士の愛と性行為にむやみな警察と法の抑圧ではなく治療法が必要な精神疾患を見出すからだ。カール・ウェストファールは、同性愛者は彼らの欲動によって動かされているだけだと考えて、同性愛者に向けられた厳罰化に激しく抗議した。同じような順応の視点からドイツ精神科医のマグヌス・ヒルシュフェルト[44]は自身が同性愛者で同性愛者の権利のために戦い、カール・ウルリヒスが世に出した理論を十九世紀末から支持して、そのもっともすぐれた支持者になったが、彼は同じ性を持つ者同士の性行為が倒錯のようなものではないと考えてはいる。彼によれば、女性でも男性でも、両性具有者《ヘルマフロディート》、ふたなり《アンドロジヌ》、同性愛者、「トランスヴェスティスト」（異性装者と性転換者）のような、一連のさまざまな性のタイプがこの「第三の性」をなすのである。

　それからは、同性愛は正常な性本能の逆転に根差しているという理由で、異性愛に反するものとみなされる。リヒャルト・フォン・クラフト゠エービング〔一八四〇―一九〇二。オーストリア゠ハンガリー帝国の精神科医〕をはじめとして、多くの者が古典的には変態性欲《ペルヴェルシオン》（生物学的な基礎の上になりたち、それほど広まってはいないと考えられている）と性的異常《ペルヴェルシテ》（悪癖に近い、あまりに強い性欲で、非常に広く広まっていると判断されている）とに区別をしている。[45]古典的な死体性愛や小児愛、動物性愛、等々の中に、四つの種類の同性愛者が現れる。精神的両性具有者、真正同性愛者（性的異常におかされているために、みだらで、非常に多くの場合にセメで既婚者であるとされる）、女っぽい同性愛者（性的倒錯におかされているためにそれは病気なのであり、しばしばウケであり幼児期から少女のような行動で振る舞う）、そして「中間体質者《アンテルセクシュエ》」で、これは身体とホルモンの明らかな機能障害を呈していて、（顔の形や声、身体が）解剖学上女性に非常に近いとされるものである。[46]実際、リヒャルト・フォン・クラフト゠エービングは、明らかに同性愛を、精神病医ベネディクト・モレル〔一八〇九―七三。オーストリア出身のフランス精神科医〕が定義したような退化の病因学に結びつけている。[47]この理論はフランスにおいてジャン゠マルタン・シャルコーやヴィクトル・マニャン[48]によってふたたび取り上げられるのである。彼らは同性愛の原因が脳にあり、それは脳脊髄後部の障害の結果であると主張した。また、ジャン゠マルタン・シャルコーやヴィクトル・マニャンは、フランスではじめて性的倒錯という語を用いた人物である。したがって彼らはある意味でフランスにおける同性愛を精神分析化した先駆者であり、とくにフェティシズムと性的倒錯を結びつけるときにそうである。それから数年後、フェティッシュの現象はフランスの心理学者アルフレッド・ビネ〔一八五七―一九一一。フランスの心理学者〕によって分析され明らかにされた（一八八七年）。彼は同性愛とフェティッシュを区別する。あるいは少なくとも同性愛をさまざまなものの中のフェティッシュの性的倒錯として、これが後天的に獲得されたもので先天性のものではないと明らかに決めるのである。

イギリスの性科学者ハヴロック・エリス〔一八五九―一九三九。イギリスの性科学者・心理学者〕は[49]、彼自身は同性愛が先天的特徴をもつものだと考えたが、彼は同性愛者についての豊富で実証的な著作をはじめて提供し、現代性科学者の先駆者の一人であるとみなすことができる。エリスの主著『性心理研究』は一八九七年から一九〇六年にかけて数巻に分けて出され、精神分析を含む当時の性科学者の理論の多くに影響を与えた。

同性愛者に対する軽蔑――この同性愛者というのは女性的な男というカテゴリーのもとでなにもかもが一緒になってしまっているものだが――、この軽蔑は実際のところ女性と女性的とされる価値に対する深い軽蔑を示しているのである。性的倒錯者の女性的な振舞に対して述べられていることを通じて、おそらく医師の、ひいては社会全体の女性蔑視を読み取ることができよう。見かけが道徳的特徴に関係があるとみなされているので、女っぽい同性愛者は、度を越した神経過敏、おしゃべり、嫉妬、腰を揺らすこと、ファッションや宝飾品やとにかく光るものや香水やはたまた化粧への関心、独特の声、特殊な髪型、等々の女性の心理的欠点を全て継承しているのだ[50]。

男性同性愛についての医学理論は、かくして文学や新聞によって広められた。同性愛の表出のこの伝播の過程は、必然的に時間がかかり、十九世紀の最初の数十年にあった同性愛への医療体制の始まりからだいたい一世紀がかかっている。性の二類別化が、おそらく同性愛者にその特殊な社会グループとしての自覚を促した。それは三つの過程によるもので、「本質化」(同性愛が社会的には異常なものと考えられていても、自然なものだと考えて固定化すること)と「排除化」(異性愛/同性愛の二分化をつくりあげて強化すること)と「特殊化」(同性愛の人格をとくにジェンダーの意味において異性愛の人格と区別すること)だが、おそらくは学術的に述べられていることが幸いしているのだろうが、多くの場合アイデンティティに関する同性愛者の集団的な要求による解放運動のために、この過程は二十世紀になってその重要性を増しているのだ。この医学的分類学が、性とジェンダーのアイデンティティを固定させてしまったと考えられるが、まず間違いなくそのために同性愛の闘争運動が出現したのであり、そのおかげで関係する者がずっとたやすく自らのアイデンティティを決め、また自らのカテゴリーを決められるようになったのだ。

Ⅱ　文学と同性愛——問題となる男らしさ

マルク゠アンドレ・ラファロヴィチ〔一八六四—一九三四。フランスの文筆家〕というフランス人作家がいるが[51]、彼は自身が同性愛者でオスカー・ワイルド〔一八五四—一九〇〇。アイルランドの詩人・小説家〕の『ドリアン・グレイの肖像』のモデルであったジョン・グレイ〔一八六六—一九三四。イギリスの詩人・聖職者〕の連れ合いであった。彼は十九世紀の医師が女っぽい同性愛者についてしか言及や描写をせず、異性愛者の図式から性的にウケでいることと女性的な振舞をしばしば結びつけることに激しく抗議したが、彼のようなものは非常に少なかった。ラファロヴィッチは男らしい同性愛者を女っぽい男と区別していて、彼らの身体的概観だけでなく心もあるいはその態度も全く異なると述べた[52]。しかし、多くの医師は全ての同性愛者を「女性的な男」のカテゴリーにいれようとするものであって、それはまず女っぽい振舞——ジェンダーの性的倒錯としてだが——が一番ショックであるからだ。また、そういうことは「目につき」、見つけやすく、同性愛者を必ずや制御しようとする医師たちと、やはり同性愛者を監視する警察にとっては、結局はこのほうがおそらくより安心できるのだ。ラファロヴィッチは退化の理論に抵抗し、大部分の同性愛者は牢獄にも精神病院にも行ったことはなく、当時の同性愛者のほとんど、あるいはまったく代表的ではない臨床例のいくつかに医師は依拠していることを強調する。ラファロヴィッチは、女っぽい振舞と同性愛者は区別し、正常と異常のあいだや後天性と先天性のあいだや同性愛者と異性愛者のあいだの流動性という考えを擁護する。彼は単一性愛（彼が同性愛者や性的倒錯者や男色家《ペデラスティー》という語よりも好んで用いた用語）の教育と貞操を称賛するが、彼によると単一性愛者が異性愛者よりも生まれつき放蕩だということはないのである。彼は同じく女っぽい振舞という考えを拒否しているが、それはそこに一部の同性愛者の道徳と品位の欠如をみてとるからなのである。一八九六年に『ウラニスムと単一性愛』を書いて、「性的倒錯者や性的異常者《ペルヴェルティ》たちは精神病院や監獄に閉じこめなくてはならないだろうが、女たちを間接的にとおして彼らは世界に出て行き、そこを汚染の巣としている」と彼はいうのである[53]。

　マルク＝アンドレ・ラファロヴィッチは、その『ウラニスムと単一性愛』で性の平等を要求するが、それ以降は「性的倒錯」という語ではなく「同性愛」という語を用いるようになる。なぜならば「同性愛」はジェンダーの規範の転倒を指示することがなく、また違う性を指示すると同時に女らしい振舞という概念も一掃するからである。彼はアドルフ・ブラント〔一八七四—一九四五〕式に、男らしい同性愛を擁護したが、このアドルフ・ブラントとは、ドイツの作家、アナーキスト、同性愛の権利のための活動家で、一八九六年に同性愛者の雑誌としては初期のものの一つである『デア・アイゲネ *Der Eigene*』誌をマグヌス・ヒルシュフェルトと共同で創刊したが、ヒルシュフェルトから離れて男らしさの特質としての男性同士の愛、古代のモデルを主張しながらもスカウト運動のモデルをもとに体験された男性同士の愛のために戦うようになる。(54)

マルク＝アンドレ・ラファロヴィッチは、『犯罪人類学と正常・異常心理学記録』というアレクサンドル・ラカサーニュが出版した雑誌に、一八九四年から一九一三年の間連載欄をもっていた。その中の一つの記事でラファロヴィッチは「V……通り」について言及している。おそらくパリ中心地レ・アール〔市場〕近くのヴォヴィリエ通りのことだが(55)――パリの屠殺所全般が設置されているラ・ヴィレット〔パリの北にある地区〕のように――そこには男らしい同性愛があって、同性愛者が女っぽいとされている決まりきったものの見方のためにあまり目立たず、気づかれずにいるというのだ。(56)

明らかに目立つのは――そしてそれこそが説明するのが難しいことなのだが――筋骨隆々の男たちの世界でこの情熱が大流行しているのである。ヴィレットの肉屋、縁日の怪力男、とくに市場の力持ちたちのほとんど誰もがこの悪徳を実践しているのである。多くはセメだが、なかには多くのウケもいる。［…］よく考えられているのとは反対に［…］この情熱は貧弱な体質であるだとか神経が弱いとかのためなのではないのだ。あの男たちは全くの獣で、怪力男たちのようで、なによりも女を嫌悪していて同じように強い男を探し求めているのだ。なぜならばこの世界ではかわいい男の子や弱弱しい者は毛嫌いされるのだ。ユイスマンス〔一八四八―一九〇七。フランスの小説家〕のデ・ゼッサント〔ユイスマンスの代表作『さかしま』の病気がちな主人公〕は例外なのだ［…］。[57] レ・アール市場は逸脱した愛の巣窟で、その観点では、売りに出ている食料品しか目にしないゾラの『パリの腹』〔ゾラの小説の一つでレ・アール市場を舞台にしている〕など本当にくだらなくて、[58] まじめな研究にまったく欠けているのだ。[59]

ニコラ・エドム・レチフ・ド・ラ・ブルトンヌ〔一七三四―一八〇六。フランスの文筆家〕からアンドレ・ジッド〔一八六九―一九五一。フランスの小説家〕やマルセル・プルーストまで、同性愛の文学的表現は極めて多彩である。ニコラ・エドム・レチフ・ド・ラ・ブルトンヌは、パリの放蕩と悦楽を描写した『パリの夜あるいは夜の観察者』（一七八八年―一七九四年）で時に同性愛に言及する。女と同類になった軟弱で好色な存在のように女っぽい男たちを描くのである。彼の同時代の者のように、彼は悦楽をほめたたえ、女好みと少年好みを同列におくのである。[60] サド侯爵〔一七四〇―一八一四。フランスの文筆家〕はその『閨房の哲学』で、自ら認める放蕩者で札付きの男色家のドルマンセに、ウケの男色家（彼らが同性愛者であるとはいえないのだが）を身体的に女のすぐれた点をもっている者として紹介することを託している。

その男の形態を調べてみよう。あなたは、この好みをわかち合っていない他の男たちとのあいだに形態上の根本的な相違があることに気がつくだろう。彼のお尻は色がより白く、よりぽってりしているだろう。快楽の祭壇の周りには一本の毛も生えていないし、その内部はより繊細でより官能的で、くすぐったさを感じさせる膜が張り巡らされていて、女の玉門の内部と全く同じ類のものだろう。その男の性格も他の男たちと異なっていて、より柔軟でより融通性があり、あんたはその男の中に女特有の悪徳と美徳のほぼ全てを見出すはずだ。彼らに女の弱さをも見出すだろう。その男はなべて女のような性癖と、そして、女らしいいくつかの特性を備えているのだ。それでは、ある種の男を女同様に仕立ててしまった自然界は、その男が女のような趣味を持っていることに対して苛々することはないのだろうか？　他の階級とは違う男の階級なのだ。人間があまりにも増えることは自然界に対して害悪を与えることになるので、自然界は繁殖を食い止めるためにそうした種類の男たちを造ったのは明らかではないだろうか……ああ、可愛いウジェニー、皮から頭を剥出しにした大きな一物が毛際まで、陰嚢のところまで、お尻の中一杯に入り込み、激しく暴れ廻るとき、どんなに甘美な逸楽を味わうことか、あんたにもそれを分って欲しいよ。いやいや、これにまさる喜びは世界中どこにもないのだ。哲学者たちの喜び、英雄たちの喜びだ。この崇高な結合のために用いられる快楽の部分そのものが私たちが崇めなければならない唯一の神々だというのでなければ、それは神々の喜びでもあろうに。[61]

曖昧な登場人物たち

オノレ・ド・バルザックもその小説作品の中では、（同性愛と関係がある）女らしい振舞は中心的なものではないが、さまざまな姿での同性愛について述べている。『ルイ・ランベール』では曖昧なところのある中学校での交際、『ニュサンジャンの家』の幾人かの貴族と彼らの使用人との関係、ヴォートランという人物をめぐる牢獄での愛、あるいは『従兄ポンス』の性的な曖昧さ、である。オノレ・ド・バルザックは、キュスティーヌのスキャンダルの際に彼自身非難された男の愛について良いか悪いかなどという判断はしないでいるようだ。[62]彼はその愛について控えめに、あるいは直接的に、断固とした判断は出さずに述べるのである。バルザックは、同性愛と監獄の世界に結びつけられる売春とは一線を画した深い愛情の関係を描いた。ヴォートランは男色家の犯罪者という人物だが、ピエール＝フランソワ・ラスネール〔一八〇三―三六。フランスの犯罪者・詩人〕のようで、ヴィドック警察局長〔一七七五―一八五七。フランスの犯罪者・警察捜査局局長〕をモデルとしているが、ウジェーヌ・ド・ラスティニャック（『ペール・ゴリオ』）ととても近しい関係をもち、リュシアン・ド・リュバンプレ（一八三七年―一八四三年の『幻滅』と一八三四年―一八四七年の『娼婦の栄光と悲惨』）に実に特殊な愛情を抱いている。この「半分女の男」、「女のなり損ない[63]」は、情にもろく、軟弱で、意気地なしで、気取り屋であり、「気まぐれで女っぽい男」なのだ。文学作品から自殺まで、何をしようとしても全て失敗する。強力男に隷属した「おとこおんな」とみなされて、警察の記録ではこのような呼ばれ方に安易になぞらえられるのである[64]。この「第三の性」は、『人間喜劇』ではテオドール・カルヴィの姿でさらにはっきりと描かれる。この金髪碧眼の若者は、監獄で以前ヴォートランの相手をしていたのだが、女の格好をし、「マドレーヌ」のあだ名で知られ、「十八歳で十一の殺人のために終身刑を言い渡されたコルシカの若者」で、死刑にならなかったのは「高くついた保護のおかげだった[65]」ようなのである。この保護とはあの同性愛の「仲間意識」と関連づけられるもので、これはさまざまな記述にみられ、ベル・エポックの頃にはもっとはっきりと取沙汰されることになるのである[66]。

テオフィル・ゴーティエ〔一八一一―七二。フランスの詩人・小説家〕もこの「第三の性」の概念を『モーパン嬢』（一八三五年）で用いている。成功した小説で幾度か版を重ねているが、男に変装した冒険好きの女の話で、一人の若者が恋に落ちるのだが、彼は男を愛してしまったと考えて、そのような感情に彼は嫌悪を感じる。スタンダール〔一七八三―一八四二。フランスの小説家〕は『リュシアン・ルーヴェン』で同性愛にいくぶん控えめないくつかの暗示をしている。主人公は性格がいくぶん軟弱な若者で運命に甘んじている。彼は『アルマンス』（一八二七年）

のオクターヴという人物を思わせる。はっきりと同性愛者ではないにしても無力で女性を避ける若者の姿である。しかし性的な曖昧さが一八三〇年代の一部の小説作品ではあれほど特徴的である時代にどんな同性愛との関係があるだろうか(67)？

ベル・エポックでは古代の想像の産物がおぼろげによみがえり、美青年《エフェーブ》の波が押し寄せる。たとえばアシル・エスバック〔一八六八―一九三六。フランスの小説家〕の当たりをとった小説は少年同士の純潔な少年愛をみせている(68)。国粋主義者でジャーナリスト兼作家のジャン＝ギュスターヴ・ビネ＝ヴァルメールは〔一八七五―一九四〇。スイス出身のフランス小説家〕精神科医の息子だったが、一九一〇年に出版された『リュシアン』を書き、これは美青年だけにとくに的を絞ったわけではないが、女っぽい同性愛に対するもっとも厳しい非難文書である。

〔同性愛者は〕とても肌がしなやかで白く、まだらもしみもなく、体が丸みを帯びていて、胸はつるつるである――胸のあたりが少しふくよかで、肩が美しく、腰がくびれている、〔…〕そして装いは気取って上品で、膨らんだ旨、あのおどおどとしたわざとらしい振舞、椅子に斜に座るあの女らしい仕草、〔…〕そしてとりわけあの逃げるような視線、とがめるような視線(69)！

ここには性的倒錯についての学術的な特徴が大きな影響を与えている。

男らしさを求める文学

反対に一九〇二年に出た『背徳者』でアンドレ・ジッドは、主人公ミッシェルを通じて、自身の性愛の告白の必要に駆られたかのように、アルジェリアの青少年を眺めて感じた動揺を実に慎重に表現している。[70] あまり知られていない戯曲『サウル』は、フランス演劇初の明らかな同性愛戯曲作品とみなせよう。[71] 一八九六年に書かれたが上演はようやく一九二二年になってからで、この五幕物の芝居には一人の若い青年に夢中になった老人が登場し、二人の若者の間の愛も登場する。アンドレ・ジッドは同性愛関係における女らしさについてはいかなる考えも拒んでいて、反対に古代風の男色《ペデラスティー》――男らしい体つきの美青年――を賛美していたことに注目しなくてはならない。マルセル・プルースト、ジャン・ロラン〔一八五五―一九〇六。フランスの詩人・小説家〕、ジョリス＝カルル・ユイスマンスあるいはピエール・ロチ〔一八五〇―一九二三。フランスの小説家・軍人〕によって描かれ表現される性的倒錯者、女装する男、女っぽい男娼、その他の「おとこおんな」は拒絶されたのである。

　ジッドの同性愛はなによりも男らしい仲間づきあいである。[72] 古代にその源を汲み、たんに植民地的な背景をもとにしているだけではない。なぜなら実際、アンドレ・ジッドは『ぐうたら男』（一九〇七年）という短編小説を書いていて、友人で政治家・文筆家のウジェーヌ・ルアール〔一八七二―一九三六。フランスの政治家〕の使用人の息子とトゥールーズの田舎の別荘でもった同性愛関係をこの中で描いているからである。[73] 他の同性愛者で、作家のマルセル・プルーストのような者たちは、もっと「男らしい」男でずっと異性愛者的である軍人や労働者やごろつきに惹かれる女っぽい男や気取った男を描写することを好んだ。[74] この軍人や労働者やごろつきにベル・エポックの同性愛者、とりわけ有産階級の同性愛者は正真正銘の性的幻想を抱いていた。マルセル・プルーストの作品において、同性愛者とは、まちがいで男の体に宿った女の魂なのであり、このような考え方は性的倒錯についての医学的研究からじかに吹き込まれたものである。しかし原則として女っぽい男たちであるプルーストの男色家は男たちにおけるジェンダーの違いを探そうとするので、同性愛的愛はすぐに不可能なものとなってしまう。それというのも男の体に宿る女は男らしい男を求めるが、その男らしい男というのはその理屈からすれば真の女を愛するだろうからである。「すべてそうした要求の根底には、シャルリュス氏の内心に、いざとなれば野蛮な行為に訴えて証明して見せようとする、男らしさへの彼の夢のすべてがあった」[75]という『失われた時を求めて』の主人公は次のように付け加えるのである。「さらにまた、いま私にわかってきたことは、先ほどシャルリュス氏がヴィルパリジ夫人の戸口から出てきたところを私が目にしたとき、なぜ彼が女の姿に見えたかということである。さては女性の一人であったのだ！　彼はつぎのような種族の人間に属していたのだ――その気質が女性的であるというまさにそのために男性的であることを理想とする、そして実生活にあっては外見だけが他の男性に似ているといった、見かけにほどには矛盾のない人間である」[76]。

同性愛者は異性愛者の男たちに惹かれるこの「内なる女性」を抱えているために、実は真の意味では存在しえない。同性愛者は異性愛者だということであろうし、正真正銘の男を見つけられなかったために同性愛者が二人で互いを満足させることを時に余儀なくされるということをたとえマルセル・プルーストが認めていても、それはやはりそうなのであろう。「なるほど一人の雄を求める倒錯者たちが、しばしば自分とおなじほど女性化した一人の倒錯者で満足することは事実である。しかし、倒錯者たちは、女性に属していないというだけのことで、じつは自分のなかに、自分が使えない女性の胚珠をもっているのである」[77]。

つまり、この原理はかなりばかげているのである。そしてマルセル・プルーストは自分の作品全体において男性の同性愛の形の多様さを認めている。レズビアンも同性愛の唯一の本当の具現化であろう。なぜならば彼女たちは、ジェンダーの意味で似たものを探していて、同性愛者の男とは反対に、異性愛者の図式原理にしたがって、相手にジェンダーの違いを求めているということのようであるからだ[78]。

アルベール・ル・キュジア『失われた時を求めて』のゲルマント公爵夫人のモデルとされたグレフュール公爵夫人（一八六〇―一九五二）に下男として仕えたことのある男、?―?）が経営していた売春宿に第一次世界大戦中に警察の手入れが入った時の、おそらくは売春をしていた二人の軍人を同伴したマルセル・プルーストの足跡が見つかっている。

マリニィ館は同性愛者が隠れ家に使っている場所として通報があり、規定の時間を超えて飲食がなされているが、ここに手入れが行われた時に出合った人物のリストは以下のとおり。――酒宴［…］シャンペン一本にグラス四つ。マルセル・プルースト、四十六歳、金利生活者、オスマン大通り一〇二番地。レオン・ペルネ、一八九六年四月三日パリ生［…］第一四〇連隊一等歩兵［…］、アンドレ・ブルイエ、一八九五年三月五日ナンシオン（ドルドーニュ県）生［…］、第四〇八連隊伍長、住所アルカード通り一一番地。上記三人はル・キュジア（アルベール）と称する宿の経営者と同伴で飲食をしていた。(79)

Ⅲ　女っぽい振舞――当局にとってのすべての同性愛文化の共通項目?

その時のお決まりのものの見方次第で同性愛者があまり男らしくなかったり、あるいはまったく男らしくなかったりするが、そのような同性愛者で（警察および裁判所の）公的文書や研究書が満載なのはなぜなのかが分かってくる。結局のところ、当局にとっては女っぽい振舞はたやすく目安をつけ調べられるしるしなのだ。

一八二〇年代の治安警察の元局長だったルイ・カンレ（一七九七―一八六五）であれ、四十年ほどのちのフェリックス・カルリエ（一八六〇年代のパリ警視総監、?―?）であれ、第三共和政初期のギュスターヴ・マセ（治安警察局長、一八三五―一九〇四）であれ、警察関係者はその回想録で同性愛者の外見が女性的であることと、その多くがたやすく金が手に入るために売春をしていることを強調している。つまりこれはのらくらしていて熱意がないから売春しているのであって、これは十九世紀の男らしさの伝統的価値観に反するものなのだ。その中心にある考えは、同性愛は売春と犯罪の所産だということなのである。ギュスターヴ・マセは「[…] 女性的な身のこなしのために彼らを見つけるのはたやすい [……]。彼らの衣服は、体形にぴったりするようにカットされていて、のど元があらわになっていて、眉墨鉛筆を走らせて目を大きくしている。顔には白粉をはたいて遊歩者の注意を惹きつけている [……]。ほとんど全員、ひげがないかさっぱり剃っていて、二人連れで売春婦のように高笑いしながら歩いている[80]」。

そのころ、十九世紀初期の警察は、パリではとくに、女のあだ名がついた「おかまおばさん《タント》」と「男色家《ペデラスト》」をかなり明らかに区別していた。この男色家《ペデラスト》とは、女っぽい男のようには描写されず、むしろ放蕩者なのであって、時に有産階級の既婚者であったり、時に庶民階級出の独身だったりした。階級の基準がここでは最重要である。この男たちは、ずっと女性的とみなされている同性愛者と関係をもっているが、ときには男娼のもとに通い、だいたいにおいてセメであるため同性愛者とはみなされえない[81]。

法律欄論説員のアルベール・バタイユ〔一八五六―九九。フランスのジャーナリスト〕は、一八八六年にある同性愛の犯罪者の訴訟について「彼には同じような連中のもつ女っぽい振舞はない。ただ声に撫でるような抑揚があり、この髭面の少なからず無造作な人物像の中にブルドン大通りのかつての遊歩者の姿を見抜くことができる [……]。彼は女には関心がなかった[82]」と書いている。

フランスにおける同性愛の合法性にもかかわらず、この国で十九世紀の終わりにいくつかのスキャンダルが巻き起こった。とくにパンティエーヴル浴場事件は起訴されて大騒ぎになったばかりでなく、臆面もない報道合戦が巻き起こったのだ。(83) パリのパンティエーヴル通りにあった施設は一八八九年から一九〇五年にかけて、(84) また一九一七年に風紀警察によって監視を受けていた。(85) 一八九一年四月八日の手入れの前の最後の警察の報告書と、一八九一年五月二日のセーヌ県（パリ）軽罪裁判所第十一法廷の訴訟では、本当に何が起こったのかはかなり不明瞭である。それでも十八人の逮捕者があり、その中には浴場の経営者と二人の従業員が公然猥褻罪で逮捕されていたが、次のような記述がある。

この蒸し風呂浴場はデュピュイ氏によってパンティエーヴル通り三〇番地で経営され、猥褻な行為に没頭する男色家《ペデラスト》たちの出合いの場として通報を受けていました。このほど夜の三時から六時まで監視をいたしましたが、次のようなことが確認されました。十五人の客がいましたが、お互いに親しげに呼び合い、店の従業員にも親しげに呼びかけていました。店の従業員は彼らを全員知っていました。これらの男たちのうち、何人かは下男や使用人のように見えましたが、全員が男色家《ペデラスト》の振舞をしていました。彼らの言葉や服装から、また、裸体を見せようとしたり、彼らのあいだでやたらと「かわいこさん」とか「おじょうさん」とか「ひどい子」などという呼びかけを交わすことからも、この点では疑いようもありませんでした。蒸し風呂内では、この男たちは階段状の席に座り、みだらな愛撫を交わしたり、互いに手淫を行っていたりしました。いかなる男色《ペデラスティー》行為〔肛門性交〕も確認はできませんでしたが、これは風呂が暗かったため、何が起こっているのかはっきりとは分からなかったのです。従業員は客の策謀を周知していて、それを助長しているのです。二人のうち一人が「今日、私は足のお医者さんだから、マダムのうおのめを取ってさしあげましょう」と言い、客の一人の前に座を占めて取り始めたのでした。先だっての四月二十七日に第三課第一部門第二局の文書に応じて行われた、一八八九年五月十四日の日付の業務報告書の内容であるこの浴場での監視の期間中では、富裕層に属しているとみられる男は一人も見かけませんでした。

警察署長、治安警察局長(86)

記者はとくに被疑者が全員外国人であったことを強調している。十九世紀末に爆発的に増えた大衆紙によって、同性愛者は祖国の裏切り者だというテーマ一式は古典的なものになっていた。おしゃべりだから裏切り者というのは、性的倒錯者だから女であるというのと同じである。このような偏見は、一九〇七年と一九〇八年にドイツで起こった名高いオイレンブルク醜聞〔ドイツ皇帝ヴィルヘルム二世(一八五九―一九四一)とその側近だったフィリップ・ツー・オイレンブルク侯爵(一八四七―一九二一)の同性愛醜聞〕の時にもまだ残っている。これは貴族階級(ヴィルヘルム二世の側近たちもいる)とドイツ軍高官を巻き込んで、同性愛は「ドイツの悪癖」だという考えを起こさせたものである。またレドル醜聞でもこのような偏見があった。極めて野心的で優秀なアルフレッド・レドル連隊長(一八六四―一九一三)は、オーストリア＝ハンガリー帝国の秘密局の局長の一人だったが、とくにガリツィア(オーストリア＝ハンガリー帝国の地域)についての秘密文書をロシアに明かすことを余儀なくされる。これはレドルが同性愛者である若い士官と関係を持っていることを暴露するとロシア人に脅され、恐喝されたからなのである。オーストリア＝ハンガリー参謀本部は醜聞を避けようとし、一九一三年、ウィーンのホテルの一室でレドル連隊長は自殺をせざるをえなくなる。(87) 歴史家のアンドレ・ラウヒはその研究で、男らしさが十九世紀を通じてしだいに変化し構成される概念であることを論証した。大革命と第一帝政により、男らしさをとりわけ体現化した男である兵士の神話が出現した。兵士とは勇気、愛他心、名誉のことを意味し、力の証を、とりわけ女との性行為において示さなくてはならないのだ。だから革命的な時期の小冊子に「男らしく、力強い、夫婦愛の実践者」という愛国者の挿絵を見ることができるのだ。[88] そうではあっても幾人かの同性愛者は第一次世界大戦で輝かしく名をあげている。この戦争の試練を受ける（同性愛者の）英雄の姿は、同性愛反対のお決まりの考え方に対立するものなのである。これは、同性愛がしばしば警察の報告書において「怠惰で退廃した生活」を送り、「精神が脆弱で」、「神経衰弱」にかかり、「隔世遺伝の飲酒癖と若い時の過度の遊楽」の犠牲になって、結局は心身ともに「退化」した状態の男だとされるだけに、いよいよ驚きなのである。この意味では、同性愛者の人物像は、勇気、決意、規律正しさ、活力、名誉、心身の自己制御というような属性をもった「正真正銘の」男である兵士の人物像と完全に反しているようにみえる。[89] このような価値は、戦いの際には、辛くても耐え忍び、命をなげうつことも辞さない英雄に特有のものである。一九一五年の無名の手紙が「ブルス通り〔パリ中心地にある通り〕で未成年男子の集団と兵士の群が、このようなことはせずに国のために役立つ年齢でありながら［集まっている］男の売春宿」[90] を告発しているが、警察の同性愛についてのある長い文書が戦火によって同性愛者に名誉回復させることを提起している。

戦争はこの点についてすでにいくつかの心強い例を与えてくれている。つい最近、戦功章と戦労章を叙勲された若い兵士が逮捕された。動員される前に、この若者は男色《ペデラスティー》の世界に足しげく通っていたのだが、深みにはまりこんで、それを理由に逮捕され、四カ月の禁固刑と居住制限に処されたのだった。彼が不在のあいだに出された判決の名において彼はふたたび逮捕されたのだが、それは彼がパリに休暇で戻っているあいだのことだった。戦闘とその英雄的精神によって生まれ変わって、この若者の苦悩は深く真摯だった。彼を逮捕した警察は［…］その囚人に対してふだんよりもずっとまじめだった。彼が敵を前に生まれ変わっていたことと、司法自体も彼をここに留めておかないようにする義務があるだろうと理解したからである。(21)

戦争と戦いでの勇敢さはこのようにかつての「悪癖」を贖うこともあるようだ。このような感動的な例を超えて、パラダイムが残っている。良い兵士の模範の反例で、その「女のような」気質から後方勤務兵で臆病者である同性愛者は、しばしば本当のフランス人男性ではないとにらまれたのだ。それで第一次世界大戦のあいだパリにいた若い同性愛者たちは、国粋主義的な新聞の『一徹者』紙に「ドイツ人の子孫」とか「偽りのパリっ子」と呼ばれるのだった。(22)

第一次世界大戦は、男らしい仲間意識を生み、同性愛＝扇情的なレトリック（男らしい体、制服着用の戦士の男らしさ、筋肉隆々の裸体信仰、等々を前面に出した）を登場させることで男同志を近づけたが、若い労働者の性的空想の発展のしるしも示していた。この男らしい仲間意識は若者の運動の仲間意識を思い起こさせずにはいられない。

パンティエーヴルの浴場事件については、これは特別だった。なぜならばこの事件で、新聞全体が被告たちと同性愛一般に対して、ユダヤ人嫌いの常套句と同じく反同性愛者の常套句を用いて敵意を明らかに表すことができたからだ。つまり、ユダヤ人は金持ちで吝嗇だ、同性愛者は女々しくて堕落している、というわけである。社会階級をめぐる駆け引きもあって、ブルジョワや貴族たちが質素な出自の若者たちを悪の道に誘うという考えなのだ。

イギリスでは、女装したロンドンの若い男娼が男色の嫌疑をかけられた一八七一年の裁判（〔ステラ・クリントン夫人ことアーネスト・〕ボウルトン〔一八四八—一九〇四〕と〔ファニー・ウィニフレッド・パーク嬢ことフレデリック・〕パーク〔一八四八—八一〕）や、庶民層の若者たちと関係をもった名のある貴族階級の人々が巻きこまれたクリーヴランド・ストリート事件（一八八九年から一八九〇年）〔ロンドンのクリーヴランド通りの男娼売春宿摘発事件〕や、オスカー・ワイルド裁判（一八九五年）があるが、これらの事件に階級とジェンダーが重要なものとして取りざたされるイギリスの首都のいかがわしい場所と密接に関わりのある同性愛者の女っぽい振舞が登場したのである。支配階級による勤労階級の堕落とか、貴族階級の女っぽい仕草と退化だとか、怠惰、退廃、ダンディズム、奢侈好み、異世代間の性交渉等々、イギリス海峡を挟んだ両側で同じような混同があって、それが大衆紙によって広められていたことが分かる。

フランスでは作家・詩人のジャック・ダデルスワル゠フェルサン〔一八八〇年—一九二三年〕裁判のために青少年への嗜好が話題となった。ダデルスワル゠フェルサンは、フリートラント大通りの自分のアパルトマンで若者たちと乱痴気騒ぎを催し、公然猥褻罪と未成年への非行示唆罪の容疑を受け、一九〇三年に六カ月の禁固刑に処されたのだった。その数カ月前に、彼と性的関係をもっていたようである十五歳の若さの男娼の逮捕がきっかけでダデルスワル゠フェルサンはすでに警察の定期的な監視の対象となっていた。「フェルサン男爵と関係があったBの尋問の結果である［…］。さらに、Bが売春を行っていたホテルと、つまりは男色家《ペデラスト》のように思われるフェルサン男爵についての［…］調査を命じるべきであろうと考える」[93]。

Ⅳ　同性愛者が男らしいことはありうるか？　同性愛者の発言

パリ警視庁の文献は、性問題について――とくに一九一〇年代に――どれほど医学が警察及び司法機構に影響を与えているかを示している。『男色《ペデラスティー》についてのメモ』と題された、おそらくは一九一〇年代末の報告書があるが、医学的な分類法と結論を取り入れている。この文書では「したがって男色《ペデラスティー》は『ウケ』と『セメ』という二つの種類に分けられる」としている。[94] 一九〇七年六月六日の警察の報告書では「男色《ペデラスティー》の極めて特徴的な〔一つの〕タイプ」に言及されていたにもかかわらず、である。[95] 外国人排斥主義と国粋主義もここにはあり、「われわれの学校に通い、風俗壊乱と無関係であろうはずがないオリエントの家系の出自の若者」や「〔第一次世界大戦のあいだ〕パリに数多く居残ってなにやら怪しげなひどい世界を形成している外国人たち」を告発している。[96] この警察報告書は「道徳のゆるんだ傾向を与える」ような「家庭における雑居生活」にも言及し、「不健全な教養」を告発している。[97]「自慰や女との関係で恍惚を味わいその深みにはまって、青少年期を経てはじめて明らかになる悪癖に陥ることが定めになっているかのようである〔…〕。ウケの男色家《ペデラスト》〔…〕は、生まれつきかどうかは別にして、気取った態度で、女っぽい振舞である。その目は扇情的で、声は優しげである〔…〕。やたらと白粉と香水を使う。麻薬を使っている者もいる〔…〕。私見では、なによりも注意を促す必要があるのは、正真正銘の男色家《ペデラスト》とは「セメ」の男色家という一種類しかないことで、このような事例はむしろ医学や犯罪に属するもののように思われる。一方でウケの男色家《ペデラスト》は、だいたいにおいては非常に若く、セメの神経症がしみ込んでその狂気を共有するのだが〔…〕、狂気とはある種の精神に感染するものではないだろうか？」[98]

一部の同性愛者や男娼は女性のあだ名で呼ばれることを好む。フェリックス・カルリエはこのような現象を一八五〇年代から一八七〇年代においてすでに言及しており、またベル・エポックの警察の報告書にも頻繁にみられる。一八六六年三月の報告書は「[…]通称はこの通りである。[…]ジュール・ルノー、あだ名はリゴレット[…]、カレール、あだ名はおしゃべり女〔ラ・ピー〕、アシル・ダマン、あだ名はマントノン夫人、レオン・マルティノ、あだ名はレオンティーヌ、ラ・マルセイエーズ[…]、明けの明星[…]、ラ・アルマンディエール[…]、ラ・フランシスク[…]、ラ・ベベット(理髪店のボーイ)」[99]と書いていて、ある告発の手紙は「女のあだ名のいく人かの若者」が一八九五年の夏のあいだシャンゼリゼで「大声をあげ、破廉恥な身振りをして衆目を集めた」と述べている。[100]いくつかのあだ名は、性格の特徴や身体的欠陥を示している。他のものは地理的・社会的な出自を示している。小説や戯曲の登場人物を参照しているものも、犯した行為を参照しているものもある。たとえばジョルジュ・ギナールのあだ名は「泥棒女クララ」だったが[101]、彼は「腕利きの泥棒でゆすり屋」だったようである。[102]女性の特性のある形をまねるのは十九世紀の同性愛のサブカルチャーの特徴の一つだったように思われる。女性形で話し合い、女性形で自分のことを話すというのも、自らの違いを意識的に受け入れる一つの方法であるのだ。十八世紀にはまだ女っぽい振舞は同性愛の一般的な表現をなしていなかったように思われるだけに、この側面は特徴的である。おそらく自分がよく目につくように、よく目立つようにする一つの方法でもあるのだ。もっとも、この女性のあだ名の使用は、いくつかの男色の社交界において十八世紀にすでに認められていたものである。[103]

パリ警視庁の文書で、とくに「オカマ《ぺデ》」や「男色家《ぺデラスト》、その他」と題された記録[104]は、この観点ではパリの同性愛の日常生活や慣行や語彙についてのたぐい稀なる素材である。今日私たちが知っているようなアイデンティティになりつつあった行動についての描写や科学的仮定や理論が、さまざまな積み重なりのうえに作り上げられた時代に、警察官は自由に筆を走らせて同性愛の社会史の重要な側面を教えてくれるのである。一八五三年にすでに、数十年後にはウルリヒスの理論となる倒錯者の概念の核心が、風紀警察の警察官の筆によってはっきりと略さずに書かれているのである。

これは他にはないような種類の男色家《ペデラスト》で、男の形はしていても心では本当に女である男たちだ。陰口たたきの「おかまおばさん《タント》」の名で呼ばれていて（他の男色家《ペデラスト》は尻軽男《ピュタン》と呼んでいる）、子供のころから女性と同じ好みをもっている。女の装いをし、青少年期に女との関係を避けている。大人になっても自然に反する愛よりほかのものは知らず、女との性的関係を考えただけで胸が悪くなるのである。「ウケ〔バック好き《バケール》〕のパパはダンディなおかまおばさん《タント》、洒落者《ガン・ジョンヌ》のおかまおばさん《タント》、ファッションの粋なおかまおばさん《タント》ですごいウケ《エマンシェ》」。とても美男子な尻軽男《ピュタン》である。実際、大変な美男である。[105]

ここでよくわかることだが、「第三の性」の定義そのものである「男の体に女の心」をこの風紀警察は別の言い方で述べているのである。警察官たちはこの人物描写において、女っぽい男の幼少時代、つまり医学関係者と精神医学がとくに注目をした時代のことを強調している。ベル・エポックにはベンジャマン・タルノフスキィ博士〔一八三七―一九〇六。ロシアの性科学者・性病学者〕が、この「悪癖」に対し、画期的な教育方法を提案する。女っぽい男たちにおける「嬌態や女らしさの発露全てを抑圧する」ために、「しかるべき時に青少年が抑制され、初期の女っぽい真似が嘲弄されれば[106]」、すぐひとりでにその「悪癖」から遠ざかると結論づけるのである。こういった次第で、男性の青少年同士の同性愛への手ほどきは男らしさに背かないばかりか、おそらくは男らしさの規範を学ぶことによるものなのだ。また、あまりに早すぎる異性愛は、若い娘はまだ相手ができないので、十九世紀には奨励されていなかったが、同性愛への手ほどきは早すぎる異性愛を避けさせてもいた。この時代には変態性欲の統制といっても法的なものは（医学的なものすら）ほとんどなかった。庶民層においてはとくにそうであって、社会的信望や社会的威厳といった義務に縛られていたブルジョワ階級よりもおそらくずっと自由であった。

同性愛のステレオタイプ化

反対に、非常によくあると考えられている徒刑囚の男性同性愛は、軍医のルネ・ジュード(107)やシャルル・ペリエ博士〔一八六二―一九三八。フランスの医師〕(108)の観察が証明するように「男性優位」の様式で営まれている。性的役割はここでは明らかに決められていて、（男性／女性という）伝統的なジェンダーの図式にのっとって役割分担されている。女役（「ウケ」）はしばしば公然猥褻罪で投獄された若い男娼によってなされる。「セメ」の役割、つまり「男」役は、これは同性愛者とはみなされず、この役は年上の男、すなわちもっと「男らしい」男に回ってくる。このような同性愛関係の「カリカチュア」は、男らしさの高揚がその頂点に達している女たちへの深い軽蔑が示されうる単性的環境ではなかなか意義深い。「ウケ」は、価値も名誉も引き下げられてしまうということを意味する「女」役を背負いこんで、この性行為の末に弱くなるのである。男は必然的にセメであり、女は必然的にウケである。男は与え、女は受けるからである。それは性的・社会的規範が不安定になる可能性を意味し、それを明らかにしている。それというのも、もしも男が「女の役をする」ことに同意するのならば、同じように主人が下男の支配下になりうることがあって、社会的序列がひっくり返ってしまうのだ。だから十九世紀を通じてずっとあちらこちらに警察がいるのであって、（性的な）混乱にただちに（政治的な）秩序を再確立するべく、階級の壁を乗り越えることについてくどくどと執着するのである。

そのうえ、一部の同性愛者が性的役割とアイデンティティの区分に与していたのは確からしいことである。それでもなお、ときには男性同士の関係は平等なやりかたでなされたこともあり、またときにはジェンダーの伝統的な決まりにしたがってなされていて、同性愛者のいずれかが女性的で「ウケ」の役割を、セメの男とウケの女という伝統的な方程式にしたがってこなしているのだ。(109) ただ、先天的に同性愛を生むであろうものは、「女らしい」といわれる生理学的かつ／ないし心理学的特徴というよりは、むしろ、文化的にその（先天的であるかそうでないかは関係なく）特徴が同性愛に同一視されること、少なくともそれ自体が同性愛的傾向と結びつけられる性倒錯と同一視されることだ。そして、社会的環境によっては、そのときに効力のある同性愛のモデルに適応しようとして、これらの特徴を誇張する人もある（たとえば十九世紀中ごろからは女っぽい振舞であったが、のちには一九七〇年代になって同性愛者が男らしくなる）。科学は常に、男と女という二分法にしたがって、カップルにおける見かけのジェンダーを性的役割に、あるいは社会的役割にすら結びつけた。しかしながら、学術界でいわれているのとは反対に、同性愛者は性行為においていつも同じ決まった役割をもっているわけではないことを記録が示している。「ル・ダンという名の男は［…］店の従業員だが［…］一九〇三年一月二十四日の真夜中ごろ、イタリア人大通りで自然に反する客引きをしているところを逮捕された。ル・ダンはすでに二回同じ理由で捕まっているが、二つの役割を果たしていたと述べた(110)」。

実のところ、十九世紀の終わりから、ステレオタイプはあまりに強固なので、ドイツにおける同性愛の脱犯罪化を狙った策であったマグナス・ヒルシュフェルトの「第三の性」という理論ですら、「おとこおんな」というものの提示を助長してしまい、女っぽい同性愛者という常套句を長いあいだ定着させたのである。

歴史家ジル・ミハエリの研究が証明しているように、十九世紀を通じて、ひげのない顔というのが、男らしくないということ、ひいては潜在的な同性愛者だということの疑いのしるしである。[111] 幼少時代（無毛の顔）から大人の年齢への移行を示すひげ（口ひげ、あごひげ）は、さらに性の区別も可能にしている。ひげは性的な力、生殖力、可能なものとしての父性も象徴する。この境界線を乱すのは、社会の柱の一つをあらためて問題にするということだ。こうして一九〇五年の警察のある報告書が「市役所河岸一六番地にある飲み屋の客の大半は［…］という名の男の同郷人たちだったが［…］、彼らはその多くが使用人（下僕、御者、等々）で、仕事のために顔のひげをそっていたため、口にできないような品行の男たちが目の前にいるのだと近所の人たちに推測させてしまったのだった」[112]と述べる。

同じように、一九〇四年の警察の報告書は、パリにあるホテル・ド・カンは「プロヴァンス通りにあるホテルの中では一番よく経営されていてホテルの一つだ。だからカフェのボーイの何人かがそこに居を構えているにもかかわらず、男色《ペデラスティー》の観点からは何も異常なことが確認されなかった」[113]と結論づけている。医学的な常套句がここでは繰り返されているのであるが、これは同性愛のことについてばかりではない。科学によって全てが類型化されていた。たとえば一九〇七年には、ジャフ博士を仮名として名乗るジャン・フォコネ〔一九〇一年から一九五〇年の間に性に関する著作を発表したフランスの文筆家、一八??―一九??〕が「同性愛の問題」について多く研究をして、「大きな鼻を持つ男たちは大きな陰茎も持ち、他の男よりもずっと勇敢でたくましいが、ずっと粗忽で愚劣でもある」[114]と書いている。ベル・エポックの同性愛者が自分につけたあだ名に、やはり陰茎を強調するものもみられる。

一九〇四年に起こったモンパルナス大通り八三番地の事件は、少々驚きの「結婚というよりは婚礼もどきのパーティ」を一般大衆に見せつけたのだった。新聞がつまびらかに語ったこのできごととは、一九人の同性愛者が『新婚夫婦』のヒュメナイオス〔結婚の神〕をおそらくは祝う」ために集まったのである。彼らの中の一人である若い十六歳のレオン・スピルカは、警察の報告書では「とてもきれいなかわいい花形」と描写されていて、彼がまずまちがいなく女役、つまり古代の男色《ペデラスティー》の図にのっとって「新妻」の役を演じていたのだった。(115) いかなる法的な価値もないとはいえ、この結婚は、一部の同性愛者たちが異性愛・家父長制社会の秩序の柱である結婚の制度をどれほど自分のものにしたがっていたかを示している。おそらく、社会的標準化の意欲と区別をなくすことへの希望ということで、これは意義深いことであり、当局が同性愛者を他とは別の存在と区分したのとは逆なのである。作家のエドワード・I・プライム＝スティーヴンソン〔アメリカ人文筆家、一八五八年―一九四二年〕は、ベル・エポックの時代に「たしかにもっとも幸せなのは社会からも、自分自身の自我からも逃げようとしないウラニストたちだ。彼らは自分たちが何者であるかを知っている。彼らの同性愛者としての状況の生来の性向と精神の力を理解している。たとえその権利が自分たちの住む国では与えられていなくても、自分たちの権利の正当性を確信している。それなりに平和な暮らしをし、他の人から尊重され、彼ら自身も自らを尊重し、個人の自由を享受したり、その本来の性向にちょうどよい自制心を与える機会をもっている(116)」と書いた。

モンパルナス大通り八三番地の事件も興味深いのは、美男子、アパッシュ族（若いごろつき）、軍人というベル・エポックの同性愛の趣味と性的幻想を明らかにしてくれるからである。民間のものであろうと軍隊のものであろうと制服への愛着はまさに注目に値する。このパーティへの招待者のほとんど全員が各々のジェンダーに従った装いをしていた。もっとも「男らしい」者たちはホースガーズ〔英国近衛騎兵〕、看護人、アルジェリア人歩兵、ハイランダー〔スコットランド高地連隊兵〕、アラブ人、「ごろつき（青色作業ズボンと青色作業服）」に扮装し、もっとも若い者たちはとても「女らしい」服装で、何人かはドレスをまとっていた(117)。つまりベル・エポックは古代と男らしい美青年の古代的な姿を当世風にしたのであり、ヴィルヘルム・フォン・グレーデン男爵〔一八五六年――一九三一年〕にとって大切な青少年の体を引き立てたのだ(118)。

性とジェンダーのアイデンティティ

（十九世紀からの）近現代の同性愛は性的異常とか性的逸脱というような医学的あるいは精神医学的な厳然たる「考案」というよりも、実のところ、男性個人間の関係がとりうる古くからの形（古代の男色《ペデラスティー》、男らしい友情、男色）と新しい形（女っぽい振舞、性的倒錯、同性愛）の重なりあいなのである。すなわち、結局のところ、同性愛者を性的倒錯者としてみせ、そのいかなる男らしい振舞も否定し、女らしさの規範をわがものとすらしてみせる新しい医学研究と、それぞれの時代のもっとも男らしい規範と価値が一緒になって逆説的な積み重なりを形成しているのである。かくして、十九世紀末には、同性愛者であることが、また／あるいは公に「同性愛」的とされる振舞――つまり女っぽい男や気取り屋がそうであるように世間のいうところでの男らしさの伝統的規範に反している振舞――を必ずしも見せずに同性愛関係をもつことができたのだった。それまでの世紀における肛門性交男色家《ソドミト》や男色家《ペデラスト》が多くの場合は結婚していて一家の長であり、今のわれわれならばある種の内密な形、さらには偽善とみなした生活をしていたが、近現代の同性愛者の生活はずっと家庭生活や結婚と両立しがたいものとなっていて、これは少なくとも二十世紀末に起こった最近の社会的激変まではそうだった。だからといって、同性愛者が十九世紀を通じて陰から光の当たる場所に出て、同性愛についての医学理論が到来して大量に広まってから、全員女っぽくなってしまったというわけではない。そうではなく、その長い十九世紀のあいだずっと、実のところ、性とジェンダーのアイデンティティとカテゴリーとは流動的で揺れ動くものだという（ほとんどユートピア的とみなされた）ジュディス・バトラーにとって重要な考えが公的領域において一つの現実となったのである。[119]『コリドン』（私家版初版一九一一年、公刊一九二四年）でアンドレ・ジッドが、当時の同性愛の紋切型を片っ端から告発するが、その一つは女っぽい振舞である。[120] 実のところ、この本でジッドは自然の中に組み入れられた男らしい男色《ペデラスティー》を擁護しているのであり、それは流行していた医学理論に多大なるヒントを得たマルセル・プルースト流の女っぽい性的倒錯に対立するものだった。アンドレ・ジッドは当時同性愛を公的な場に出したとして糾弾されたが、（男性）同性愛が存在するのは、そういうものなのであって、おそらくだれも同性愛を根絶しようとは真剣に考えていないだろう。ただ、同性愛は逆説的ではあるが気づかれないようなものでなくてはならず、したがって、絶対に女性的なものであってはならないのである。

Jules Monge 1894

結論

第一次世界大戦と男らしさの歴史

ステファヌ・オードワン＝ルゾー
（小倉孝誠訳）

西洋の歴史、とりわけヨーロッパの歴史において第一次世界大戦がどのような亀裂をもたらしたかは、よく知られている。男らしさの歴史においても、同様だろうか。当初は、一九一四年夏の大量動員が、十九世紀に、男らしさの基準を西洋社会の戦闘的気質《エトス》とますます密接に結びつけたあの「男のイメージ」の緩やかな確立を完成させたように見える。青年たちがしだいに広範囲にわたって軍事化され、いくつかの国では彼らがすべて兵役の義務を負ったし（フランスでは一九〇五年の法律以降）、それと並行して軍事教練が社会的にますます評価されるようになったことが、この点で決定的な役割を果たした。「徴兵制が広まると、国民社会が徴兵年齢の青年たちに課す試練が避けがたい通過点、男らしさを示す優れた特質になった[1]」とアンドレ・ローシュが書いているのは正しい。この軍事的義務に、祖国のために死ぬという義務が加わる。これは「戦争の要素をともなう比較的新しい理想」で、ジョージ・モッセはそれがヨーロッパでは十八世紀末に現われたとしている。「死、犠牲、祖国がいまや三位一体を形成し、男らしさを示す最初の試練として維持されることになる[2]」とモッセは書いている。さらに「男をめぐる紋切型表現のなかに救世主的な要素が入りこみ、両者はけっして完全に分離することはなかった[3]」とも指摘する。実際それが一九一四年夏、ヨーロッパ社会の大変動のなかで問題になったことである。その間、血税を払うことは、それがたんに議論の余地もなくなっただけに、議論の対象にもならなかった。その意味で、十九世紀末に「穏やかな男性性《マスキュリニテ》[4]」がしだいに確立したにしても、一九一四年夏のヨーロッパにおける巨大な動員に際しては、戦時の男らしさという規範がすべてに優先されるようになった。フランソワーズ・テボーが書いているように、「男女をそれぞれの役割に戻す戦争はこうして国民を再生し、あらためて男らしくし、女には《真の性質》を自覚させるよう求められる[5]」。

戦時の男らしさの否定

しかしながら近代戦争は、一九一四年夏がいわばその頂点をなすこのような軍事的男らしさのモデルを再検討に付す要素を数多くはらんでいた。このモデルと密接に結びついた戦争気質そのものが、砲火の新たな有効性と、その展開が引き起こした長期におよぶ恐怖心のせいで、根本的に揺らいだのである。実際その一世紀前であれば、西洋の兵士は戦場で「直立した状態で(6)」、垂直的な姿勢で戦っていた。これは、戦いの技術的な必要性から兵士が取らざるをえない姿勢であり、当事者からしてもきわめて有効で、自分の価値を高めてくれる姿勢だった。集団内部で入念に教えこまれる男らしい慣習行動《ハビトゥス》がこうして、砲弾にたいして身を守ろうとする態度を断罪した。戦いの場では勇気の特徴である冷静さを発揮して、銃弾の壁に立ったまま立ち向かうべきであった。軍服の美学は、かぶった軍帽の大きさで引き立った男の身体を価値づけようとしながら、危険のなかでもできるかぎり目立とうとする配慮を雄弁に語っていた。第一次世界大戦の戦闘は、こうした戦時の男らしさの演出を数週間の戦いで、かつ決定的に打ち壊したのである。直立の身体という反射運動に、横たわる身体という反射運動が取って替わる。近代の軍備が作りだした金属の壁を前にして、兵士たちは時には何時間も地面に身を伏せ、体を縮めているしか策はなかったからである。軍服の美学など、明らかにもはや論外だった。一九一五年以降、軍服に残っていた派手な色彩の最後の痕跡は消え、きらきら輝く大砲や、戦士の姿を美しく見せるような軍帽もなくなる。陣地戦に駆り出される兵士は今や、激しい砲火を前にして自分が無力だと自覚し、みずからの恐怖心に耐えなければならない。近代戦争を特徴づける相手を選ばない盲目的な砲火にたいして、訓練と経験から生まれた技量や肉体的な勇気から得た手段は、もはやほとんど意味がない。何よりもまず耐え忍び、生き延びた多くの体験者がもちいることになる言葉を借用するならば、「殺戮」や「畜殺場」を生き延びなければならないのだ。

こうして一九三〇年、ガブリエル・シュヴァリエ〔フランスの作家、一八九五―六九。『恐怖』は前線での体験を語った代表作〕は『恐怖』のなかで、近代の爆撃戦がもたらす自己毀損の特殊なかたちを特徴的な言葉で語ってみせた。

それまで笑っていた兵士たちはもはや追われる獲物か、骨が本能的に動くだけの惨めな動物にすぎなかった。戦友たちは青ざめ、目が血走り、一人では死にたくないので互いに寄り集まり、折り重なっていた。恐怖のためにはっとして操り人形のように震え、地面にへばりつき、顔を埋めていた。[7]

もっと先では最後のベールを剝ぎ取って、著者は近代戦争に特有の自尊心の崩壊をさらに詳しく描写する。

最もおぞましいのは〔中略〕、恐怖心に駆られても人間には判断力が残るということだ。人間は卑しさの極限にまで至り、立ち直れず、自分にたいして自己正当化できない。

私はそういう段階である……

私は自分自身の深淵の底に、魂の最も深い秘密が隠されている地下牢の底に転げ落ちた。それは汚らわしい下水渠、ねばりつく闇だ。そうと知らないまま、私はそうなっていたし、今でもそうなのだ。恐れている人間だ。恐怖心はどうにもならず、誰かに哀願したいほど怖く、それに押し潰される……殴られて追い出されないかぎり、私が隠れ家から出ることはない。しかし思うに、行軍せずにすむためならば、ここで死ぬことさえ私は厭わない……あまりに怖くて、もはや生きることさえ執着がない。しかも自分を軽蔑している。自尊心があれば自分を支えられると思っていたが、それも失った〔中略〕。私は病んだ獣、這いまわる獣同然であり、それが恥ずかしい。しかし気力はすべて萎えてしまった。汚らわしいほど怖いし、自分に向かって唾を吐きたいくらいだ。(8)

戦時の男らしさという紋切型表現は、西洋社会が軍事化した一世紀に作られたわけだが、戦場の現実はそうした紋切型表現を徹底的に脱神話化するような性質のものだった。一九二〇年代初頭、戦争に敗れたワイマール共和国のドイツで、オットー・ディクス〔一八九一―一九六九。ドイツの画家〕の作品は、このような価値低下の極限的な例を示してくれる。一九二〇年に描かれた《マッチ売り》の例を取ろう〔口絵参照〕。歩道の地面の上に、重篤な傷痍軍人がいる。腕も脚もない人間の胴体だけで、切断された四肢の残りの部分からは骨が突き出ている。あえて人間と呼ぶなら、この「人間」はそこに置かれている。首にマッチの箱をぶらさげ、通行人はこの不幸な男が生きていくのに必要なお金を、その箱のなかに投げ入れることになっている。通行人は脚しか見えない。急いでいて、男には無関心なのだろう。きわめて残酷なことに、その脚のなかに一人の女の脚もあり、その女もまた永久に手が届かないようだ。いずれにしても傷痍軍人には見えない、盲目だから。犬が彼に小便を引っかける。すぐ近くの側溝には、何かはっきりしないがごみが見える。これが、大戦争に加わり、近代の砲撃の作用で体を粉々にされた老兵のなれの果てである。オットー・ディクスがみずから志願兵となって前線に向かった戦争初期に描かれた、兵士としての自画像からはかけ離れた作品になっている。元の志願兵において、軍事的な男らしさの神話をこれ以上完膚なきまでに破壊することは想像できない。

兵士の身体

男らしさの否定が問題になるとすれば、実際それは、たとえば女の新たな地位や、家庭内での男の役割の変化と結びついたジェンダーの境界の再編成よりも、むしろまず兵士たちの身体にこそ探し求められるべきであろう。というのも、歴史家ジョアンナ・バークの巧みな表現を借りるならば、第一次世界大戦はまさしく「男たちを解体《デマンブレ》した」からである。[9] 言葉の本来の意味で「デマンブレ」した〔デマンブレ démembrer は本来、四肢を切断するという意味〕、つまり腕と脚をばらばらにし、戦場ですでに剝き出しのまま四肢切断がなされていない場合には、復員後でも四肢切断しか手段が残されていなかったということである。戦争末期、フランスには重症の傷痍軍人が十万人いたし、イギリスには四万一千人いた。イギリスの場合、そのうち六十九パーセントは脚を一本失い、二十八パーセントは腕を一本失い、三パーセントは両方失っていた。[10] そうは言っても、男――しかも若い男、男らしい兵士――の姿がこのように大規模に損なわれたことが、交戦国の社会に生じさせた視覚的な衝撃を無視するならば、こうした数字は、現実感はあっても抽象的に見えるだろう。視覚的な衝撃とは、たとえば一九一七年のブライトンでは次のようなものだった。

> キャロライン・プレインは事後になって次のように記した。数百人の男が松葉杖をついて集団で通りすぎる。彼らの多くは脚を一本失い、二本失った者も少なくない。そうした男たちを見た人たちは嫌悪と恐怖を覚えた。これほど多くの若く逞しい男たちが四肢を失った状態で家に連れ戻されるというのは、恐ろしいことだっ

た。(11)

誰の目にも分かる四肢切断が、男らしさに及ぼす象徴的な侵害のほかに、時には、こちらは人の目には触れないが、文字どおり去勢の悲劇が加わることがある。医師ジョルジュ・デュアメル〔一八八四―一九六六。フランスの作家、医師〕は、そのような喪失の様子をあえて描いた数少ない証人の一人である。

私は担架運搬作業を終え、けがをした兵士たちに近づいた［中略］。そのうちの一人がとりわけ私を動揺させた。柔らかい口ひげを生やした、小柄な金髪の若い軍曹だった。手で顔を覆って泣き、その絶望ぶりは恥辱に似ていた。苦しいのかと私は尋ねたが、ほとんど答えがない。そこで彼の毛布をそっと持ち上げてみると、散弾のせいで局部がひどく損なわれていた。彼の若さと涙に、私は深い同情を禁じえなかった。(12)

確かに、戦争が引き起こした、男の精神的な「減退」を示す形態はそれ以上に多い。とはいえ近代戦争の歴史において、こうした減退が一九一四―一九一八年の時代ほど劇的な身体的結果を引き起こしたことはない。兵士たちは無言症になり、聾者になり、盲目になった。体中が絶えず震えるようになった者、歩行能力を失ったせいで真っ直ぐの姿勢や座位を保てない者がいた。直立できずに、体を屈めないと動けない者もいたし、さらには、神経的損傷はまったくないのに、たんに体が麻痺した者までいた。(13) フランスのある在郷軍人の証言は、減退――あるいは性的不能？――という男の感覚をきわめて特徴的に伝えてくれる。この在郷軍人は突然どうにもならない不安感にとらわれるが、それが民間人、つまり女の前でも生じるだけにいっそう苦しい不安なのである。

突然、体中の力が抜けるように感じて、話すのをやめた。背中に不快感を覚え、頬が窪むのを感じた。目がすわり、震えが再び始まり、それと同時に途方もなく居心地が悪くなった。路面電車や地下鉄では、人に見られているように感じ、それがひどく苦しい。彼らが私を憐れんでいるように感じるのだ。ある女は私に座席を譲ってくれるだろうし、私はとても感動する。しかし彼らは私を見るが、何も言わない。私のことをどう思っているのだろう。[14]

一九二三年に上演されたあるイギリスの戯曲の一場面で、いまは玩具の製造に携わっている一人の重篤な傷痍軍人が、最もあからさまなやり方で自分の損傷から教訓を引き出す。「われわれの器官の半分と手足の半分が無くなった現在、われわれはもはや人間ではないのだ[15]」。

戦争と新たな男らしさの神話

しかしながら、オットー・ディクスが一九一四―一九一八年の在郷軍人に向けたまなざしが、戦争による兵士の男らしさの否定という現在のわれわれの認識とどれほど近くても、それが戦争を経験した同時代人の大多数の認識と同じかどうかは定かではない。一九一九年六月二十八日、ドイツの全権使節がヴェルサイユ条約の調印を強いられたテーブルの後ろに、クレマンソーが臨席させた「顔面負傷兵」の代表団、そして一九一九年七月十四日の軍事パレードに先立って、シャン゠ゼリゼ大通りを行進した二千人の重篤な傷痍軍人たちにしても、すぐに男らしさの神話の崩壊を証言していたわけではない。それどころか、彼らはその神話の部分的に新しい、異なるヴァージョンを体現しえたのであり、これは神話が柔軟だというしるしである。いまや苦痛をはらんだ、しかし無傷の男らしさが問題なのであり、これは多くの戦没者記念碑によって再現されていくことになる。裸のまま、おそらく盲目になり、無傷の戦友によってかろうじて支えられている兵士や、手押し車に乗せられて進む兵士など、最前線から帰還した重い負傷兵たちを描いた図が、一九一八年九月にイギリスの新聞に発表されるが、その説明文は「撃たれたが、勝利を収めた」というものだった[16]。重要なのはまさにそこなのだ。傷や四肢切断はまず、勇気と愛国心のしるしと見なされたのである。勲章と同じくこれらもまた、いったん塹壕仲間という限られた集団から出てしまえば目につかなくなるもの、つまり戦時の男らしさの中心的な基準である戦場での勇気を人々の目に見えるようにしてくれる。一九一七年六月二十七日付の『リヴァプール新聞』が主張するように、負傷した兵士といえども「やはり人間であり、人間以上の存在である[17]」。

こうしてイギリスでは戦時中に、戦争志願を促すために傷痍軍人のパレードが利用された。二本の脚を失いながら、カメラのレンズを誇り高い様子で、いくらか冷やかすように見つめる青年たちの写真は、憐れみではなく称賛の念を生じさせるためだった。傷痍軍人たちのために催されたスポーツ競技会もまったく同じで、その様子が映画に残されている。まったく時代錯誤的な反応かもしれないが、現在それを見れば胸がむかつくような映像である。「四肢切断が規範化された」とジョアンナ・バークが書いているのも、理由のないことではないのだ[18]。こうしてあらゆる交戦国において、戦士の男らしさという神話に、傷痍軍人との結婚に女たちが共感を示すだろうという神話が呼応する。戦争の同時代人が示しえた否定感情のなかに、軍事的な男らしさの神話はおそらく多くの力を汲み取ったのである。

それゆえ、これもまたドイツで描かれた第一次世界大戦に関係するもう一枚の画像が、オットー・ディクスの《マッチ売り》とあらゆる点で対比できるだろう。ディクスの作品より三年前に画家フリッツ・エルラー〔一八六八―一九四〇。ドイツの画家、版画家〕が描いたもので、一九一七年にどうしても財政的成功を収めなければならなかった第六次戦時公債の募集ポスターの図柄である〔口絵参照〕。この公債募集が成功したのはポスターの文言のおかげではなく（「戦争に勝てるよう援助してほしい！　戦時公債に応募してほしい」）、その画像のおかげなのだ。まるで幽霊のように、兵士は枠から飛び出てくるように見える。戦争初期に使われていた尖頭帽に取って替わったあの有名な鋼鉄製の兜をかぶり、ガスマスクを首から下げ、肩に掛けた布袋には手榴弾をしのばせている。確かに最前線の兵士であり、おそらく突撃部隊の兵士だろう。少し後ろに無人地帯の有刺鉄線で示される戦争という背景から、若い戦士は解放されているように見える。肉感的な口で、整った顔立ちは地平線に向けられている――ドイツの勝利という地平線か、死の地平線か、それは分からない。大きく見開かれた澄んだ目は、兜の庇の影で文字どおりきらきら輝き、まなざしにほとんど恍惚とした光を付与している。これがまさに、一九一六年の激しい物質戦という溶鉱炉で鋳造され、戦争を生き延びた「鉄の男」の姿にほかならない。たんなる男ではなく、変貌した男、超人あるいはほとんどそれに近い男であり、戦時の男らしさという神話を、第一次世界大戦前にはけっして到達したことのない頂点にまで高めたのである。いわば、後にファシズムが唱えた「新たな人間」である。フリッツ・エルラーがヒトラーお気に入りの画家の一人となり、彼の肖像を描いたと知っても驚くには当たらない。

こうして戦時中のドイツでは、軍事的な男らしさの神話が驚くべきリセットの対象になった――神聖な再充電と言うべきだろうか。おそらくそれが戦場の新たな現実の否定だっただけに、いっそう過激なリセットだった。

とはいえ、この否定の遂行的な次元を過小評価してはならない。一九一八年三月―七月にイギリス軍やフランス軍の塹壕を攻撃したドイツ軍部隊は、フリッツ・エルラーが描いた聖像にあざやかに具現されていた男らしさの神話に、じつによく合致していたからである。それは同じく一九一八年の夏から秋にかけて、ますます絶望的な状況のなかで戦った兵士たちにも言えることだ。しかもこの神話は、敗戦後も遊撃隊のなかで生き残る。敗れたドイツ帝国の東部国境で戦いを継続し、国内では革命家たちと戦い、一九一九―一九二〇年に彼らを虐殺したあの遊撃隊である。同じ神話は、ナチの男らしさの理想にも断絶なく組み入れられていく。

第一次世界大戦よりはるか以前に確立されていた「男らしさの軍事化」は、こうして少なくとも長期的な観点からすれば、この大戦の経験によって損なわれたように思われる。しかし四年間の紛争によって逆説的に再構成された場合を除いても、男らしさの軍事化が大戦によって消滅することはなかった。歴史家ジョージ・モッセが述べたように、「男の理想の社会的役割は揺るぐことなく、むしろ第一次世界大戦とその余波によって強化された。［中略］紋切型の思考が形成される時はいつでもそうだが、じつは重要だったのは神話であり、現実ではなかった」[19]。実際、そのとおりだろう。残されているのは、二十世紀全体と二十一世紀初頭の軍事活動において、この神話がどのような予期せぬ流れを辿ったかを明らかにすることである[20]。

(6) ここではもちろん、ジョルジュ・ヴィガレロの表現を借用している。Georges Vigarello, *Le Corps redressé. Histoire d'un pouvoir pédagogique*, Paris, Jean-Pierre Delarge, 1978. この点については、次の拙論も参照していただきたい。Stéphane Audoin-Rouzeau, « Massacres. Le corps et la guerre », in Jean-Jacques Courtine (dir.), *Histoire du corps*, t. III, *Les Mutations du regard. Le XXe siècle*, Paris, Seuil, 2006, p. 281-320.

(7) Gabriel Chevallier, *La Peur*, Paris, Stock, 1930, p. 54.

(8) *Ibid.*, p. 228-229.

(9) Joanna Bourke, *Dismembering the Male. Men's Bodies, Britain and the Great War*, Londres, Reaktion Books, 1996.

(10) *Ibid.*, p. 33.

(11) *Ibid.*, p. 34-35.

(12) Georges Duhamel, *Civilisation, 1914-1917*, Paris, Mercure de France, 1918, p. 38.

(13) Sophie Delaporte, « Névroses de guerre », in Stéphane Audoin-Rouzeau et Jean-Jacques Becker (dir.), *Encyclopédie de la Grande Guerre, op. cit.*, p. 357-365.

(14) Bruno Cabanes, « Démobilisations et retour des hommes », in Stéphane Audoin-Rouzeau et Jean-Jacques Becker (dir.), *Encyclopédie de la Grande Guerre, op. cit.*, p. 1060.

(15) M. Creach-Henry et D. Marten, *The Unknown Warrior*, Londres, 1923. Cité par Joanna Bourke, *Dismembering the Male, op. cit.*, p. 75.

(16) この図は1918年9月『天球』紙に掲載された。ジョアンナ・バークがこの図を紹介している。Joanna Bourke, *ibid.*, p. 32.

(17) *Ibid.*, p. 58.

(18) *Ibid.*, p. 60.

(19) George Mosse, *L'Image de l'homme, op. cit.*, p. 109.

(20) この点については、『男らしさの歴史』第3巻に収められている拙論を参照していただきたい。Stéphane Audoin-Rouzeau, « Armées et guerres aux XXe et XXIe siècles: une brèche au cœur du modèle viril ? », in Jean-Jacques Courtine (dir.), *Histoire de la virilité*, t. III, p. 201-203.

(111) Gil Mihaely, « L'émergence du modèle militaro-viril: pratiques et représentations masculines en France au XIXe siècle », thèse de doctorat d'histoire, EHESS, 2004. 自身の研究のなかで未出版の資料、とくにひげの部分についてみせてくださったジル・ミハエリ氏にこの場を借りて感謝したい。同じ執筆者の次の論文も見よ。« Un poil de différence: masculinités dans le monde du travail (années 1870-1900) », in Régis Revenin (dir.), *Hommes et masculinités, de 1789 à nos jours, op. cit.*, p. 128-145; et George L. Mosse, *L'Image de l'homme, op. cit.*, p. 92-106.

(112) APP, série BM2, n° 15, rapport de police du 16 mai 1905.

(113) APP, série BM2, n° 59, rapport de police du 2 juin 1904.

(114) Dr Jaf, *Sécurité des deux sexes en amour. Hygiène des sexes. La stérilité vaincue. L'infécondité volontaire. Étude médicale...*, Paris, De Porter, 1907, p. 96.

(115) APP, série BA 1690, rapport de police du 21 mars 1904.

(116) Edward I. Prime-Stevenson, *Du similisexualisme dans les armées et de la prostitution homosexuelle (militaire et civile) à la Belle Époque* [1909-1910], Paris, Quintes-Feuilles, 2003, p. 196-197. これは1909年と1910年に125部だけが英語のみで Xavier Mayne の偽名で出版された *The Intersexes. A History of similisexualism as a Problem in Social Life* の第8章と第10章の翻訳である。

(117) APP, série BA 1690, rapport de police du 21 mars 1904.

(118) Roger Peyrefitte, *Les Amours singulières. La Maîtresse de piano. Le Baron de Gloeden*, Paris, Vigneau, 1949, rééd, « Textes gais », 2008.

(119) Judith Butler, *Trouble dans le genre* [1990], Paris, La Découverte, 2005 (ジュディス・バトラー『ジェンダー・トラブル――フェミニズムとアイデンティティの攪乱』竹村和子訳、青土社、1999年). 以下も見よ。J.-P. Gaudillière, « On ne naît pas homme... À propos de la construction biologique du masculin », *Mouvements*, 31, 2004, p. 15-23; Ilana Löwy, *L'Emprise du genre. Masculinité, féminité, inégalité*, Paris, La Dispute, 2006.

(120) André Gide, *Corydon* [1911; 1924], Paris, Gallimard, 1993 (『ジイド全集　第8 コリドン (他)』伊吹武彦 (他) 訳、角川書店、1958年).

結 論　第一次世界大戦と男らしさの歴史

(1) André Rauch, *Le Premier Sexe. Mutations et crise de l'identité masculine*, Paris, Hachette littératures, 2000, p. 255.

(2) George Mosse, *L'Image de l'homme. L'invention de la virilité moderne* [1996], Paris, Abbeville, 1997 [1996], p. 58 〔邦訳はジョージ・モッセ『男のイメージ　男性性の創造と近代社会』細谷実・小玉亮子・海妻径子訳、作品社、2005年〕.

(3) *Ibid.*, p. 50.

(4) Anne-Marie Sohn, « *Sois un homme!* » *La construction de la masculinité au XIXe siècle*, Paris, Seuil, 2009.

(5) Françoise Thébaud, « Femmes et genre dans la guerre », in Stéphane Audoin-Rouzeau et Jean-Jacques Becker (dir.), *Encyclopédie de la Grande Guerre. 1914-1918*, Paris, Bayard, 2004, p. 619.

［1924］, Paris, Desjonquères, 1992.

(88) André Rauch, *Histoire du premier sexe. De la Révolution à nos jours* ［2000］, Paris, Hachette Littératures, 2006.

(89) George L. Mosse, *L'Image de l'homme. L'invention de la virilité moderne* ［1996］, Paris, Abbeville, 1997, p. 117（ジョージ・L・モッセ『男のイメージ——男性性の創造と近代社会』細谷実・小玉亮子・海妻径子訳、作品社、2005年）.

(90) APP, série BM2, n° 16, Lettre anonyme reçue le 9 mars 1915 en préfecture de police.

(91) APP, série BA 1690, « notes sur la pédérastie »（年代表記がないが、まずまちがいなく1910年代終わりのもの）.

(92) *L'Intransigeant*, 9 janvier 1918, « Boulevardiers suspects ».

(93) APP, série BM2, n° 61, note de police du 6 avril 1903.

(94) APP, série BA 1690, « Notes sur la pédérastie ».

(95) APP, série BM2, n° 57, rapport de police du 6 juin 1907 concernant l'établissement de bains du 160, rue Oberkampf（11e arrondissement）.

(96) APP, série BA 1690 « Notes sur la pédérastie ».

(97) *Ibid.*

(98) *Ibid.*

(99) APP, série BM2, n° 37, rapport de police du 8 mars 1866.

(100) APP, série BM2, n° 60, lettre anonyme sans date（probablement août 1895）.

(101) APP, série BM2, n° 15, rapport de police du 20 novembre 1893.

(102) APP, série BM2, n° 15, rapport de police du 3 novembre 1893.

(103) Maurice Lever, *Les Bûchers de Sodome, op. cit.*; Michel Rey, « Police et sodomie à Paris au XVIIIe siècle... », *op. cit.*; Jeffrey Merrick, « Sodomitical Inclinations in Early Eighteenth-Century Paris », *op. cit.*; *id.*, « Commissioner Foucault, Inspector Noël and the Pederasts of Paris, 1780-1783 », *op. cit.*; *id.*, « Nocturnal Birds in the Champs-Élysées... », *op. cit.*; Michael D. Sibalis, « High-heels or Hiking boots ?... », *op. cit.*

(104) この「オカマ《ペデ》 Pédés」（BB4と BB5）や「男色家《ペデラスト》、その他Pédérastes et divers」（BB6）と題された三つの記録文書は、19世紀初期全体をカバーするパリ警視庁記録保管所の「娼婦と同性愛者 Femmes galantes et homosexuels」の通し番号の一部をなすものである。

(105) APP, série BB5, registre « Pédés », n293, juin 1853. 以下を見よ。Laure Murat, « La tante, le policier et l'écrivain... », *op. cit.* 以下も見よ。*Id.*, *La Loi du genre. Une histoire culturelle du « troisième sexe »*, *op. cit.*

(106) Benjamin Tarnowksy, *L'Instinct sexuel et ses manifestations morbides au double point de vue de la jurisprudence et de la psychiatrie* ［1898］, Paris, Carrington, 1904, p. 31.

(107) René Jude, *Les Dégénérés dans les bataillons d'Afrique*, Vannes, Le Beau, 1907, p. 66.

(108) Charles Perrier, *Les Criminels. Étude concernant 859 condamnés*, t. II, Paris, Maloine, 1905, p. 203-207. この問題については以下を見よ。Dominique Kalifa, *Biribi. Les bagnes coloniaux de l'armée française*, Paris, Perrin, 2009, p. 242-263.

(109) Régis Revenin, *Homosexualité et prostitution masculines à Paris. 1870-1918, op. cit.*

(110) APP, série BM2, n° 38, extrait du dossier n° 599. 621, 1903.

もっとあやしまれることがない、というのは、その結社は、もともと嗜好、欲求、習慣、危険、修練、知識、取引、語彙などの同一性にもとづいてつくられるものであるから、その会員たちは、たがいに知りあうことを願わなくても、自然なまたは暗黙の動作、無意志的なまたは有意の動作で、ただちにそれと認めあう〔…〕」(Paris, Gallimard, 1969, p. 21)〔マルセル・プルースト『ソドムとゴモラ』井上究一郎訳、筑摩書房、1986年〕。

(67) Deborah Gutermann, « Mal du siècle et mal du "sexe": les identités sexuées romantiques aux prises avec le réel », *Sociétés et représentations*, 24, 2007, p. 195-210. 次も見よ。Michael Lucey, *Les Ratés de la famille, op. cit.*

(68) Achille Essebac, *Dédé*, Paris, Ambert, 1901; *id.*, *Luc*, Paris, Ambert, 1902; *id.*, *L'Élu*, Paris, Ambert, 1903.

(69) Jean-Gustave Binet-Valmer, *Lucien*, Paris, Ollendorff, 1910, p. 31.

(70) André Gide, *L'Immoraliste* [1902], Paris, Mercure de France, 1970〔アンドレ・ジッド『背徳者』石川淳訳、新潮社、1989年〕.

(71) *Id.*, *Saül* [1896], Paris, Gallimard, 1922.

(72) *Id.*, *Si le grain ne meurt* [1920-1926], Paris, Gallimard, 1972, p. 348〔アンドレ・ジイド『一粒の麦もし死なずば』根津憲三訳、角川文庫、1968年〕.

(73) *Id.*, *Le Ramier* [1907], Paris, Gallimard, 2002.

(74) マルセル・プルーストはこのベル・エポックの上流社会の同性愛者と若い労働階級の男たちの雑多な集団について述べている。「そのような時代がかった、猟奇的な生活にあっては、大使が徒刑囚の友人であったり、大公が〔…〕貴族の教育が身についた人間の〔…〕闊達なあゆみをはこびながら、さかり場へ無頼漢《アパッシュ》とひざをまじえに出かけていったりする」(Marcel Proust, *Sodome et Gomorrhe, op. cit.*, p. 21)〔マルセル・プルースト『ソドムとゴモラ』井上究一郎訳、前掲書〕。

(75) *Id.*, *Le Temps retrouvé* [1927], Paris, Gallimard, 1987, p. 190〔マルセル・プルースト『見出された時』井上究一郎訳、筑摩書房、1989年〕. 若い水夫がシャルリュス男爵を鞭打つ場面は159頁。

(76) *Id.*, *Sodome et Gomorrhe, op. cit.*, p. 18〔マルセル・プルースト『ソドムとゴモラ』井上究一郎訳、前掲書〕.

(77) *Ibid.*, p. 33〔同上〕.

(78) Élisabeth Ladenson, *Proust lesbien* [1999], Paris, EPEL, 2004.

(79) APP, série BM2, n° 43, rapport de police du 19 janvier 1918.

(80) Gustave Macé, *Mes lundis en prison*, Paris, Charpentier, 1889, p. 160-161.

(81) APP, série BB4 et BB5, registres « Pédés ».

(82) Albert Bataille, « Affaire Mielle dit la Belle Nana », *Causes criminelles et mondaines 1885*, Paris, Dentu, 1886, p. 57-75.

(83) 特に以下を見よ。*La Gazette des tribunaux*, 25 avril, 2 et 3 mai 1891.

(84) APP, série BM2, n° 65.

(85) APP, série BA 1690.

(86) APP, série BM2, n° 65, rapport de police du 11 novembre 1890.

(87) Egon Erwin Kisch, *La Chute du colonel Redl. Enquête sur la fin de l'Autriche-Hongrie*

(53) Marc-André Raffalovich, *Uranisme et unisexualité, op. cit.*, p. 18.

(54) Harry Oosterhuis et Hubert Kennedy, *Homosexuality and Male Bonding in Pre-Nazi Germany. The Youth Movement, the Gay Movement, and Male Bonding Before Hitler's Rise*, Londres/new York, Routledge, 1991.

(55) Marc-André Raffalovich, « Les groupes uranistes à Paris et à Berlin », *op. cit.*, p. 926.

(56) *Ibid.*, p. 926. 反対にラ・ヴィレットは通し番号BM2では「男色家《ペデラスト》が通っている」という記述がない。書類は作成されている（APP, série BM2, n° 37）。

(57) Joris-Karl Huysmans, *À rebours* [1884], Paris, Flammarion, « GF », 1978. 主人公デ・ゼッサント公爵は、ダンディの人物である（J・K・ユイスマンス『さかしま』澁澤龍彦訳、光風社、1984年）。

(58) Émile Zola, *Le Ventre de Paris* [1873], Paris, Grasset & Fasquelle, 1973（エミール・ゾラ『パリの胃袋』朝比奈弘治訳、藤原書店、2003年）.

(59) Marc-André Raffalovich, « Les groupes uranistes à Paris et à Berlin », *op. cit.*, p. 927-928.

(60) Nicolas Edme Restif de la Bretonne, *Les Nuits de Paris ou le spectateur nocturne* [1788-1794], Paris, Gallimard, 1986, p. 71-74（レチフ・ド・ラ・ブルトンヌ『パリの夜——革命下の民衆』植田祐次編訳、岩波書店、1988年）.

(61) Sade, *La Philosophie dans le boudoir ou les Instituteurs immoraux* [1795], Paris, Gallimard, 1988, V^e^ dialogue〔マルキ・ド・サド『閨房の哲学』佐藤晴夫訳、未知谷、1992年〕.

(62) Michael Lucey, *Les Ratés de la famille. Balzac et les formes sociales de la sexualité* [2003], Paris, Fayard, 2008, p. 142-155.

(63) Philippe Berthier, « Balzac du côté de Sodome », *Année balzacienne*, 1979, p. 160. オノレ・ド・バルザックの研究としてはじめて性的倒錯にふれたものである（147頁から177頁）。

(64) Michael Lucey, *Les Ratés de la famille, op. cit.*, p. 143.

(65) Honoré de Balzac, *Splendeurs et misères des courtisanes, La Comédie humaine*, t. VI, Paris, Gallimard, « Bibliothèque de la Pléiade », p. 814-815（オノレ・ド・バルザック『娼婦の栄光と悲惨』（バルザック「人間喜劇」セレクション8・9）飯島耕一訳、藤原書店、2000年）. 次の論文に引用されている。Laure Murat, « La tante, le policier et l'écrivain: pour une proto-sexologie de commissariats et de romans », *Revue d'histoire des sciences humaines*, 17, 2007, p. 47-59.

(66) このころに同性愛「共犯」説が出現する。かくして、（しばしば女っぽい振舞と結びつけられて）同性愛が目につくことが批判されるその一方で、その目に見えないことからは逆説的に同性愛者が秘密のミニネットワークを形成していると思われるようになるのだ。このミニネットワークはユダヤ人のやりかたと同じだとみなされて、秘密裏に活動していると思われていた。同性愛者とユダヤ人は時代の社会不安のスケープゴートである。「信徒団体」「セクト」「組合」という語が頻繁に用いられた。この問題については次を見よ。Régis Revenin, « Le complot homosexuel », *Homosexualité et prostitution masculines à Paris. 1870-1918, op. cit.*, p. 99-102. マルセル・プルーストは『ソドムとゴモラ』でこう書いた。「そんな素質をもった彼らは、一つの秘密結社を形づくるのであるが、それはあのロージュと呼ばれる秘密集会所をもつフリーメースン団よりも、もっと広凡で、もっと能率的で、

(39) Archives de la préfecture de police de Paris (désormais APP), fonds BB5, « Pédés ».

(40) Paul Fabre, « De l'hystérie chez l'homme », *Annales médico-psychologiques*, 5e série, t. XIII, p. 354-373.

(41) Auguste Klein, *De l'hystérie chez l'homme*, Paris, Derenne, 1880.

(42) Paul Fabre, « De l'hystérie chez l'homme », *Gazette médicale de Paris*, 6e série, t. III, p. 654-657, p. 687-688, p. 734-735.

(43) Karl Ulrichs, *Forschungen über das Räthsel der mann-männlichen Liebe* [1864-1879], Berlin, Verlag Rosa Winkel, 1994.

(44) Magnus Hirschfeld, *Die Homosexualität des Mannes und des Weibes* [1914], Berlin, Walter de Gruyter, 1984.

(45) Richard von Krafft-Ebing, *Psychopathia sexualis* [1886], Paris, Carré, 1895, p. 78 (クラフト・エービング『変態性慾心理』松戸淳訳、紫書房、1951年).

(46) *Ibid.*, p. 293-472.

(47) Bénédict Morel, *Traité des dégénérescences physiques intellectuelles et morales de l'espèce humaine et des causes qui produisent ces variétés maladives*, Paris, Baillière, 1857.

(48) Jean-Martin Charcot et Victor Magnan, « Inversion du sens génital », *Archives de neurologie*, 3, p. 53-60, p. 296-322.

(49) Havelock Ellis, *Études de psychologie sexuelle*, t. II, *L'Inversion sexuelle* [1897], Paris, Mercure de France, 1909 (ハヴロック・エリス『性的心理大観』矢口達訳、天佑社、1921年).

(50) 次を見よ。Ambroise Tardieu, *Étude médico-légale sur les attentats aux mœurs, op. cit.*, p. 137-139; Félix Carlier, *Les Deux Prostitutions*, Paris, Dentu, 1887, p. 315-352; Julien Chevalier, *L'Inversion sexuelle, op. cit.*, p. 190-195; Paul-Émile Garnier, *Les Fétichistes, pervertis et invertis sexuels. Observations médico-légales*, Paris, Baillière, 1896; Georges Saint-Paul, *Tares et poisons…, op. cit.*, p. 191-192; Léon-Henri Thoinot, *Attentats aux mœurs et perversion du sens génital*, Paris, Douin, 1898, leçon XIV: « L'inversion du sens génital », p. 304-337; Charles Féré, *L'Instinct sexuel. Évolution et dissolution*, Paris, Alcan, 1899, chap. viii.

(51) マルク＝アンドレ・ラファロヴィチについては以下を見よ。Patrick Cardon, *Discours littéraires et scientifiques fin-de-siècle. Autour de Marc-André Raffalovich*, Paris, L'Harmattan Orizons, 2008.

(52) Marc-André Raffalovich, « Quelques observations sur l'inversion », *Archives d'anthropologie criminelle* (désormais *AAC*), t. IX, 1894, p. 216-218; *id.*, « L'éducation des invertis », *ibid.*, p. 738-740; *id.*, « À propos du *Roman d'un inverti* et de quelques travaux récents sur l'inversion sexuelle », *AAC*, t. X, 1895, p. 333-336; *id.*, « L'affaire Oscar Wilde », *AAC*, t. X, 1895, p. 445-477; *id.*, « Homosexualité et hétérosexualité. Trois confessions », *AAC*, t. X, 1895, p. 748-758; *Uranisme et unisexualité*, Paris, Masson, 1896; *id.*, « Affaire du Prince de Bragance », *AAC*, t. XVIII, 1903, p. 159-161; *id.*, « Les groupes uranistes à Paris et à Berlin », *AAC*, t. XIX, 1904, p. 926-936; *id.*, *AAC*, t. XX, 1905, p. 182-185, p. 411-414; *id.*, « À propos du syndicat des uranistes », *AAC*, t. XX, 1905, p. 283-286; *id.*, « Des mariages entre hommes », *AAC*, t. XXII, 1907, p. 267-268; *id.*, « Chronique de l'unisexualité », *AAC*, t. XXII, 1907, p. 606-632, p. 767-786.

Others. Urban Culture and Sexual Identity in Nineteenth Century Paris, New York, Harrington Park Press, 2004.

(27) Gert Hekma, « Homosexual Behavior in the Nineteenth-Century Dutch Army », in John C. Fout (dir.), *Forbidden History. The State, Society and the Regulation of Sexuality in Modern Europe*, Chicago, The University of Chicago Press, 1992, p. 237-239. Traduction de la citation en français, Michael D. Sibalis.

(28) Régis Revenin, « Conceptions et théories savantes de l'homosexualité masculine en France, de la monarchie de Juillet à la Première Guerre mondiale », *Revue d'histoire des sciences humaines*, 17, 2007, p. 23-45; Vernon A. Rosario, *L'Irrésistible Ascension du pervers. Entre littérature et psychiatrie* [1997], Paris, EPEL, 2000; Sylvie Chaperon, *Les Origines de la sexologie (1850-1900)*, Paris, Louis Audibert, 2007; Christian Bonello, « Discours médical sur l'homosexualité en France au XIXe siècle », thèse de doctorat de troisième cycle sous la direction de Michelle Perrot, 1984, Université Paris VII; André Béjin, *Le Nouveau Tempérament sexuel. Essai sur la rationalisation et la démocratisation de la sexualité*, Paris, Kimé, 1990; Laurent-Paul Sueur, « Le message médical français concernant les identités de genre: seconde moitié du XIXe-fin du XXe siècle », *Déviance et société*, 4, 1999, p. 359-374.

(29) アレクサンドル・ラカサーニュはフランスにおける犯罪人類学の創設者であり、リヨン学派（実のところ犯罪人類学のフランス学派をなす）の父である。法医学の正教授の資格をもつ。

(30) Julien Chevalier, *L'Inversion sexuelle*, Paris, Masson, 1893.

(31) たとえば以下を見よ。Benjamin Ball, *La Folie érotique*, Paris, Baillière, 1888, p. 151; Georges Saint-Paul (Dr Laupts), *Tares et poisons. Perversion et perversité sexuelles. Une enquête médicale sur l'inversion*, Paris, Carré, 1896, p. 20. Voir également les archives de police cités par Régis Revenin, *Homosexualité et prostitution masculines à Paris. 1870-1918, op. cit.*

(32) Georges Saint-Paul, *Tares et poisons…, op. cit.* 1895年6月のゾラの手紙は（本書の序文で）、1頁から4頁にあり、打ち明け話である「ある生まれついての性的倒錯者の物語」は一章をなして公開されており、46頁から103頁にある〔ゾラの書簡兼序文については以下を見よ。エミール・ゾラ『書簡集 1858-1902』小倉孝誠・有富智世・高井奈緒・寺田寅彦訳、藤原書店、2012年〕。

(33) Thomas W. Laqueur, *Le Sexe en solitaire. Contribution à l'histoire culturelle de la sexualité* [2003], Paris, Gallimard, 2005.

(34) Ambroise Tardieu, *Étude médico-légale sur les attentats aux mœurs*, Paris, Baillière, 1857, p. 120.

(35) Johann Ludwig Casper, *Traité pratique de médecine légale* [1852], t. I, Paris, Baillière, 1883.

(36) Karl Westphal, « Die conträre Sexualempfindung, Symptom eines neuropathischen (psychopathischen) Zustandes », *Archiv für Neurologie*, 2, 1869, p. 73-108.

(37) Guillaume Ferrus, Achille-Louis Foville, Alexandre Brierre de Boismont, « Attentats aux mœurs », *Annales médico-psychologiques*, 1, 1843, p. 289-299.

(38) Claude-François Michéa, « Des déviations maladives de l'appétit vénérien », *Union médicale*, 3, 1849, p. 338-339.

pratiques, Paris, EPEL, 2009.

(17) Sylvie Steinberg, *La Confusion des sexes. Le travestissement de la Renaissance à la Révolution*, Paris, Fayard, 2001.

(18) Michel Delon, *Le Savoir-vivre libertin*, Paris, Hachette Littératures, 2000（ミシェル・ドゥロン『享楽と放蕩の時代——18世紀フランスを風靡した背徳者たちの夢想世界』稲松三千野訳、原書房、2002年）. 同じ作者の次の論文も見よ。« Dentelles, perruques, chaussures à boucles: la confusion des genres », *L'Histoire*, 297, avril 2005, p. 50-51.

(19) Jean-Yves Le Talec, *Folles de France. Repenser l'homosexualité masculine*, Paris, La Découverte, 2008.

(20) Michael Pollak, *Les Homosexuels et le Sida. Sociologie d'une épidémie*, Paris, Métailié, 1988 p. 45-47.

(21) David M. Halperin, *How to Do the History of Homosexuality, op. cit.*

(22) Alain Corbin, *L'Harmonie des plaisirs. Les manières de jouir du siècle des Lumières à l'avènement de la sexologie*, Paris, Perrin, 2008, p. 367（アラン・コルバン『快楽の歴史』尾河直哉訳、藤原書店、2011年）.

(23) 以下の定義を見よ。Michael D. Sibalis, « Une *subculture* d'efféminés ? L'homosexualité masculine sous Napoléon Ier », in Régis Revenin (dir.), *Hommes et masculinités, de 1789 à nos jours. Contributions à l'histoire du genre et de la sexualité en France*, Paris, Autrement, 2007, p. 77.「サブカルチャー」の語（これに「世界」の語も付け加えるが）は「支配的な文化のまさにその内部にあるマージナルな文化で、しかしその文化とは異なり、生活様式や社会的慣行や、存在のあり方や周辺社会のそれとはときおり矛盾する特別な価値」を参照するものである。

(24) Randolph Trumbach, « Gender and the Homosexual Role in Modern Western Culture: The 18th and 19th Centuries Compared », in Dennis Altmann, Theo van der Meer et Anja van Kooten Niekerk (dir.), *Homosexuality, which Homosexuality ? International Conference on Gay and Lesbian History*, Londres, GMP, 1989, p. 149-169. Traduction de la citation en français, Michael D. Sibalis.

(25) Randolph Trumbach, « London's Sodomites: Homosexual Behavior and Western Culturein the 18th Century », *Journal of Social History*, 11, 1977-1978, p. 1-33; Rictor Norton, *Mother Clap's Molly House. The Gay Subculture in England, 1700-1830*, Londres, GMP, 1992. Traduction de la citation en français, Michael D. Sibalis.

(26) Maurice Lever, *Les Bûchers de Sodome, op. cit.*; Michel Rey, « Police et sodomie à Paris au XVIIIe siècle... », *op. cit.*, p. 113-124; Jeffrey Merrick, « Sodomitical Inclinations in Early Eighteenth-Century Paris », *op. cit*; *id.*, « Commissioner Foucault, Inspector Noël and the Pederasts of Paris, 1780-1783 », *op. cit.*; *id.*, « Nocturnal Birds in the Champs-Élysées... », *op. cit.*; Michael D. Sibalis, « High-heels or Hiking Boots? Masculinity, Effeminacy and Male Homosexuals in Modern France », in Christopher E. Forth et Bertrand Taithe (dir.), *French Masculinities, History, Culture and Politics*, new York, Palgrave MacMillan, 2007, p. 172-189; Michael D. Sibalis, « Une *subculture* d'efféminés ?... », *op. cit.*; Régis Revenin, *Homosexualité et prostitution masculines à Paris. 1870-1918, op. cit.*; William A. Peniston, *Pederasts and*

深く感謝する。Claude Courouve, *Vocabulaire de l'homosexualité masculine*, Paris, Payot, 1985.

(2) *Ibid.*

(3) David M. Halperin, *How to do the History of Homosexuality*, Chicago, The University of Chicago Press, 2002.

(4) Élisabeth Roudinesco, *La Part obscure de nous-mêmes. Une histoire des pervers*, Paris, Albin Michel, 2007.

(5) Maurice Lever, *Les Bûchers de Sodome*, Paris, Fayard, 1985; Michel Rey, « Police et sodomie à Paris au XVIIIe siècle: du péché au désordre », *Revue d'histoire moderne et contemporaine*, 29, 1982, p. 113-124; Jeffrey Merrick, « Sodomitical Inclinations in Early Eighteenth-Century Paris », *Eighteenth-Century Studies*, 30, 1997, p. 289-295; *id.*, « Commissioner Foucault, Inspector Noël and the Pederasts of Paris, 1780-1783 », *Journal of Social History*, 32, 1998, p. 287-307; *id.*, « Nocturnal Birds in the Champs-Élysées: Police and Pederasty in Prerevolutionary Paris », *GLQ. A Journal of Lesbian and Gay Studies*, 8, 2002, p. 425-431.

(6) Michael D. Sibalis, « The Regulation of Male Homosexuality in Revolutionary and Napoleonic France, 1789-1815 », in Jeffrey Merrick, Bryant T. Ragan (dir.), *Homosexuality in Modern France*, New York, Oxford University Press, 1996, p. 80-101.

(7) Michael D. Sibalis, « L'homosexualité masculine à l'époque des Lumières et des révolutions, 1680-1850 », in Robert Aldrich (dir.), *Une histoire de l'homosexualité*, Paris, Seuil, 2006, p. 103-123 (ロバート・オールドリッチ編『同性愛の歴史』田中英史、田口孝夫訳、東洋書林、2009年).

(8) Florence Tamagne, « L'âge de l'homosexualité, 1870-1940 », in Robert Aldrich (dir.), *Une histoire de l'homosexualité, op. cit.*, p. 186.

(9) パリについては以下を見よ。Régis Revenin, *Homosexualité et prostitution masculines à Paris. 1870-1918*, Paris, L'Harmattan, 2005. ニューヨークについては以下を見よ。George Chauncey, *Gay New York* (*1890-1940*) [1995], Paris, Fayard, 2003. ロンドンについては以下を見よ。Matt Cook, London and the Culture of Homosexuality. 1885-1914, Londres, Cambridge University Press, 2003; David Higgs (dir.), *Queer Sites. Gay Urban Histories Since 1600*, Londres. New York, Routledge, 1999.

(10) Régis Revenin, *Homosexualité et prostitution masculines à Paris. 1870-1918, op. cit.*

(11) *Ibid.*

(12) *Ibid.*

(13) Michel Foucault, *Histoire de la sexualité*, t. I, *La Volonté de savoir*, Paris, Gallimard, 1976, p. 59〔ミシェル・フーコー『性の歴史　1 知への意志』渡辺守章訳、新潮社、1986年〕.

(14) *Id.*, *Histoire de la sexualité*, t. II, *L'Usage des plaisirs*, Paris, Gallimard, 1984〔ミシェル・フーコー『性の歴史　2 快楽の活用』田村俶訳、新潮社、1986年〕.

(15) 以下の定義による。*Le Petit Robert de la langue française*, Paris, Le Robert, 2009.

(16) Jonathan Ned Katz, *L'Invention de l'hétérosexualité* [1996], Paris, EPEL, 2001; Alain Giami, « Cent ans d'hétérosexualité », *Actes de la recherche en sciences sociales*, 128, 1999, p. 38-45; Louis-Georges Tin, *L'Invention de la culture hétérosexuelle*, Paris, Autrement, 2008; Catherine Deschamps, Laurent Gaissad et Christelle Taraud (dir.), *Hétéros. Discours, lieux,*

psychologie expérimentale, 1888. この点については次も見よ。Paul Laurent, *Fétichistes et érotomanes*, Paris, Vigot, 1905; et Dr Paul Garnier, *Les Fétichistes. Pervertis et invertis sexuels*, Paris, J.-B. Baillière et fils, 1896 この問題の要点は、かつて次の著作で整理された。Emily Apter, *Feminizing the Fetish. Psychoanalysis and Narrative Obsession in Turn-of-the-Century France*, Ithaca, Cornell University Press, 1991.

(51) Auguste Forel, *La Question sexuelle exposée aux adultes cultivés*, Paris, G. Steinheil, 1906, p. 263.

(52) Gustave Macé, *La Police parisienne. Un joli monde*, Paris, Charpentier, 1887.

(53) これらの諸点については次を見よ。Charles Féré, *L'Instinct sexuel…*, *op. cit.*

(54) Paul Laurent, *Fétichistes et érotomanes, op. cit.*, cité par Emily Apter, *Feminizing the Fetish, op. cit.*, p. 17.

(55) Cf. Florence Rochefort, Laurence Klejman, *L'Égalité en marche. Le féminisme sous la Troisième République*, Paris, Presses de la Fondation nationale des sciences politiques, 1989.

(56) Alain Corbin, *L'Harmonie des plaisirs…, op cit., passim.*

(57) Simone Delattre, *Les Douze Heures noires. La nuit à Paris au XIXe siècle*, Paris, Albin Michel, 2000.

(58) この点に関しては、フランシス・ロンサンの著作全体を参照のこと。

(59) Joëlle Guillais, *La Chair de l'autre. Le crime passionnel au XIXe siècle*, Paris, Olivier Orban, 1986. 20世紀に関しては次を参照のこと。André Rauch, *L'Amour à la lumière du crime. 1936-2007*, Paris, Hachette littératures, 2009.

(60) Alain Corbin, *Les Filles de noce. Misère sexuelle et prostitution au XIXe siècle*, Paris, Aubier, 1978, rééd., Flammarion, « Champs », 1982.

(61) Fabienne Casta-Rosaz, « Le flirt. Pratique et représentations en France (1870-1968) », thèse, université Paris I, 2009.

(62) Dr Montalban (Charles Thomas Caraman), *La Petite Bible des jeunes époux*, Paris, Marpon/Flammarion, 1885, rééd., Grenoble, Jérôme Millon, 2008.

(63) Sylvain Venayre, « Le temps du voyage de noces », *L'Histoire*, n° 321, juin 2007.

(64) Philippe Ariès, Georges Duby (dir.), *Histoire de la vie privée*, t. IV, Michelle Perrot (dir.), *De la Révolution à la Grande Guerre*, Paris, Seuil, 1987, p. 547-548.

(65) Francis Ronsin, *La Grève des ventres. Propagande néo-malthusienne et baisse de la natalité en France. XIXe - XXe siècle*, Paris, Aubier-Montaigne, « Collection historique », 1980.

(66) Patrick Wald Lasowski, *Syphilis. Essai sur la littérature française du XIXe siècle*, Paris, Gallimard, 1982.

(67) Joris-Karl Huysmans, *À rebours*, Paris, Charpentier, 1884.

(68) 以下の点については、とくに次の著作を参照のこと。Bram Dijkstra, *Les Idoles de la perversité. Figures de la femme fatale dans la culture fin-de-siècle*, Paris, Seuil, 1992〔邦訳はブラム・ダイクストラ『倒錯の偶像——世紀末幻想としての女性悪』富士川義之ほか訳、パピルス、1994年〕.

第2章　同性愛と男らしさ

(1) 本章はミカエル・D・シバリスとクリステル・タローによるところが大きい。

についても、事情は同じである。

(28) Cf. Annelise Maugue, *L'Identité masculine en crise au tournant du siècle*, Marseille, Rivages, « Histoire », 1987; André Rauch, *Le Premier Sexe. Mutations et crise de l'identité masculine*, Paris, Hachette littératures, 2000, rééd., « Pluriel », 2001.

(29) Fournier et Bégin, « Masturbation », in *Dictionnaire des sciences médicales*, Paris, C. L. F. Panckoucke, 1819, p. 122-125.

(30) Dr Louis Seraine, *De la santé des gens mariés ou physiologie de la génération de l'homme et hygiène philosophique du mariage, op. cit.*, p. 231. 強調は引用者。

(31) Alexandre Mayer, *Des rapports conjugaux..., op. cit.*, p. 367. 強調は引用者。

(32) Dr Louis Seraine, *De la santé des gens mariés..., op. cit.*, p. 23.

(33) *Ibid.*, p. 24.

(34) *Ibid.*, p. 71.

(35) *Ibid.*, p. 82.

(36) Paolo Mantegazza, *Hygiène de l'amour*, Paris, J. Tallandier, 1900.

(37) Dr Seved Ribbing, *L'Hygiène sexuelle et ses conséquences morales, op. cit.*

(38) 変質の概念、その普及と影響については数多くの研究があるが、特に次を見よ。Jean-Christophe Coffin, *La Transmission de la folie. 1850-1914*, Paris, L'Harmattan, « L'histoire du social », 2003. 奇形家族に関しては、Charles Féré, *La Famille névropathique. Théorie tératologique de l'hérédité et de la prédisposition morbide de la dégénérescence*, 2e éd., Paris, Félix Alcan, 1898; そしてきわめて示唆に富む次の著作も参照。Jean Borie, *Le Tyran timide. Le naturalisme de la femme au XIXe siècle*, Paris, Klincksieck, « Publications de l'université d'Orléans », n° 3, 1973.

(39) Jean-Christophe Coffin, *La Transmission de la folie, op. cit.*, et Robert A. Nye (dir.), *Masculinity and Male Code of Honour in Modern France*, New York / Oxford, Oxford University Press, 1993.

(40) Cf. Alain Corbin, « L'hérédosyphilis ou l'impossible rédemption », *Le Temps, le désir et l'horreur*, Paris, Flammarion, « Champs », 1991.

(41) シャルル・フェレの主著の一つのタイトルを借りた。

(42) Charles Féré, *L'Instinct sexuel..., op. cit.*, p. 209, 134 et 213.

(43) Michel Foucault, *Histoire de la sexualité*, t. I, *La Volonté de savoir*, Paris, Gallimard, 1976.

(44)「倒錯」に関する問題の総括は次を見よ。Alain Corbin (dir.), *Histoire du corps*, t. II, *De la Révolution à la Grande Guerre*, Paris, Seuil, 2005, p. 198-202.

(45) Charles Féré, *L'Instinct sexuel..., op. cit.*, p. 158.

(46) 以上の引用は *ibid.*, p. 168-169. J. Chevalier, *L'Inversion de l'instinct sexuel au point de vue médico-légal*, Lyon, 1885. この対象に関する要点は次を参照せよ。Christian Bonnello, « Discours médical sur l'homosexualité en France à la fin du XIXe siècle. Des années 1870 aux années 1900 », thèse, université Paris VII, 1979.

(47) Richard von Krafft-Ebing, *Psychopathia sexualis*, Paris, Climats, 1990.

(48) Charles Féré, *L'Instinct sexuel..., op. cit.*, p. 138.

(49) William Acton, *Fonctions et désordres des organes de la génération, op. cit.*

(50) Alfred Binet, « Le fétichisme dans l'amour », *Revue philosophique*, 1887, et *Études de*

1992, p. 371.

(13) Cf. Franz X. Eder, « Discourse and Sexual Desire: German Language Discourse on Masturbation in the Late 18th Century », *Journal of the History of Sexuality*, vol. 13, n° 4, octobre 2004. 同じ趣旨の考察としては、Karen Harvey, « The Century of Sex? Gender, Bodies and Sexuality in the Long Eigteenth Century », *The Historical Journal*, vol. 45, n° 4, décembre 2002, p. 915.

(14) Claude François Lallemand, *Des pertes séminales involontaires*, Paris, Béchet jeune, 1836-1842, 3 vol. 精液漏については、cf. Alain Corbin, *L'Harmonie des plaisirs..., op. cit.*, p. 172-181. ラルマンの著作の第1巻と同じ年に刊行された次の書物も無視すべきではない。F. b. Courtenay, *A Practical Essay on the Debilities of the Generation System. Their Variety, Causes, Treatment, and Cure*, Londres, 1839.

(15) Voir William Acton, *Fonctions et désordres des organes de la génération*, Paris, V. Masson, 1863. この病を論じたアングロサクソン系の医師としては、次の2人を挙げておこう。Marris Wilson, « Contributions to the physiology, pathology and treatment of spermatorrhoea », *The Lancet*, vol. 68, n° 1737, 1856, p. 215; John Laws Milton, *On Spermatorrhea. Its pathology, Results and Complications*, Londres, 1875.

(16) この症例に関しては、cf. Alain Corbin, article à paraître. X氏の文章はラルマン教授の著作に収録されている。Lallemand, *Des pertes séminales involontaires..., op. cit.*, t. I, p. 291-309.

(17)『図説新ラルース事典』ではそのようになっている。Claude Augé (dir.), *Dictionnaire universel illustré encyclopédique*, article « Spermatorrhée ».

(18) 例としてアレクサンドル・マイエール博士が使用した表現である。Alexandre Mayer, *Des rapports conjugaux..., op. cit.*, p. 109.

(19) Dr Parent-Auber, *Almanach des mystères de l'amour conjugal et de l'hygiène du mariage*, Paris, chez l'auteur, 1852, p. 19.

(20) Dr Francis Devay, *Hygiène des familles*, Paris, Labé, 1858, p. 299.

(21) これは言及した医学書から明らかになることである。

(22) Cf. Alain Corbin, *L'Harmonie des plaisirs..., op. cit.*, chap. VI: « Impuissance et anaphrodisie », p. 191-211.

(23) Pierre Darmon, *Le Tribunal de l'impuissance*, Paris, Seuil, 1979, *passim*〔邦訳はピエール・ダルモン『性的不能者裁判』辻由美訳、新評論、1990年〕.

(24) *Ibid.*

(25) この問題はイヴ・シトンの優れた著作でみごとに分析されている。Yves Citton, *Impuissances. Défaillances masculines et pouvoir politique de Montaigne à Stendhal*, Paris, Aubier, 1994. この主題については次も見よ。Margaret Waller, *The Male Malady. Fictions of Impotence in French Romantic Novels*, New Brunswick, Rutgers University Press, 1993 et Deborah Gutermann, « Le désir et l'entrave. L'impuissance dans la construction de l'identité masculine romantique », in R. Revenin (dir.), *Hommes et masculinités de 1789 à nos jours*, Paris, Autrement, 2007, p. 55-75.

(26) Yves Citton, *Impuissances..., op. cit.*, p. 300-366.

(27) バルザックの小説『老嬢』でデュブスケ=ラボルドリー夫人となるコルモン嬢

第VI部　男らしさという重荷

第1章　男らしさの要請、不安と苦悩の源

(1) フェルネルの格言は以下の著作で引用されている。Alexandre Mayer, *Des rapports conjugaux*, Paris, J.-B. Baillière, 1860, p. 367; le Dr Louis Seraine, *De la santé des gens mariés ou physiologie de la génération de l'homme et hygiène philosophique du mariage*, Paris, F. Savy, 1865, p. 70; Ellen Bayuk Rosenman, « Body Doubles: the Spermatorrhea Panic », *Journal of the History of Sexuality*, t. XII, juillet 2003, p. 370.

(2) この点、および以下については、cf. Simon Richter, « Wet-Nursing, Onanism, and the Breast in 18th Century Germany », *Journal of the History of Sexuality*, t. VII, n° 1, juillet 1996; Barbara Duden, *The Woman beneath the Skin*, cité *ibid*〔邦訳はバーバラ・ドゥーデン『女の皮膚の下』井上茂子訳、藤原書店、1994年〕.

(3) Anne Vincent-buffault, *Histoire des larmes. XVIIIe-XXe siècle*, Paris, Rivages, « Histoire », 1986〔邦訳はアンヌ・ヴァンサン＝ビュフォー『涙の歴史』持田明子訳、藤原書店、1994年〕.

(4) これら一連の確認事項については、cf. Alain Corbin, *L'Harmonie des plaisirs. Les manières de jouir du siècle des Lumières à l'avènement de la sexologie*, Paris, Perrin, 2007, p. 117-190.

(5) これらの研究の総括は2008年になされている。*ibid.*

(6) Patrick Singy, « Friction of the Genitals and Secularization of Morality », *Journal of the History of Sexuality*, t. XII, n° 3, juillet 2003; 同じ著者によるトマス・ラカーの著作（Thomas Laqueur, *Le Sexe solitaire*, Paris, Gallimard, 2003）の書評も見よ。*Critique*, 2006. さらに、この点については次の考察もある。Theodor Taczylo, *Sexe et liberté au siècle des Lumières*, Paris, Presses de la Renaissance, 1983, p. 110.

(7) この問題の現状は次の論考で解説されている。Michaël Stolberg, « Self-Pollution, Moral Reform, and the Venereal Trade: Notes on the Sources and Historical Context of Onania (1716) », *Journal of the History of Sexuality*, vol. 9, janvier-avril 2000, p. 37-62.

(8) Cf. Vincent Barras, Micheline Louis-Courvoisier (dir.), *La Médecine des Lumières. Tout autour de Tissot*, Genève, Georg, 2001.

(9) Cf. Alain Corbin, *L'Harmonie des plaisirs...*, *op. cit.*, p. 153-154.

(10) James Paget, *Clinical Lectures and Essays*, Londres, Longmans, Green and Co., 1875, p. 284.

(11) Charles Féré, *L'Instinct sexuel. Évolution et dissolution*, Paris, Félix Alcan, 1899, p. 299 et 300. この著作で（p. 303-304）、シャルル・フェレは次の著作を引用しながら、禁欲の効果に関する議論の状況を報告している。Seved Ribbing, *L'Hygiène sexuelle et ses conséquences morales*, Paris, Félix Alcan, 1895.

(12) ピーター・ゲイに続いて、次のような論考がある。　Cf. Alan Hunt, « The Great Masturbation Panic and the Discourses of Moral Regulation in 19th and Early 20th Century Britain », *Journal of the History of Sexuality*, vol. 8, n° 4, avril 1998, p. 575-615 et Lesley Hall, « Forbidden by God, Despised by Men: Masturbation Medical Warning, Moral Panic, and Manhood in Great Britain, 1850-1950 », *Journal of the History of Sexuality*, vol. 2,

（ホッテントット）〔南アフリカ共和国やナミビアに住む民族〕は南アフリカのブッシュマン〔砂漠に住む狩猟民族でサン族ともいう〕と対比させられ、フツ族〔ブルンジとルワンダに住む最大民族集団〕はツチ族〔同じくルワンダやブルンジに住むが、少数派で間接統治者としてフツ族に対する支配的地位にいた〕と対比させられた。

(60) 黒人も同じようなステレオタイプの対象となっている。この問題についてはとくに以下を見よ。Serge Bilé, *La Légende du sexe surdimensionné des Noirs*, Paris, Éditions du Rocher, « Essai/Document », 2005.

(61) Dr Jacobus, *L'Art d'aimer aux colonies*, Paris, Éditions G. Anquetil, 1927, p. 170.

(62) Joseph Maire, *Souvenirs d'Alger*, Challamel aîné, Paris, 1884, p. 45. 多くの文筆家が、白人女性の「生れつきの」強姦者だとアラブ人をみなしていることを指摘しておかなくてはならない。ただ、この考えはフランス植民地帝国にとどまらないものである。

(63) F. Leblanc de Prébois, *Algérie. De la nécessité de substituer le gouvernement civil au gouvernement militaire pour le succès de la colonisation d'Alger*, Paris, 1840, p. 7.

(64) Franck Proschan, « "Syphilis, Opiomania, and Pederasty" », *op. cit.*, p 634.

(65) ロラン・バルト〔フランスの哲学者・批評家、1915-1980〕は「ボーイ」とは「ニグロのイメージとして唯一大いに安心できるもの」で、うまく飼いならされることで「手なずけられた野蛮人」「ニグロたちの中のマルチーズ」のステイタスに到達できることに注意を向けている。以下を見よ。Roland Barthes, *Mythologies*, Paris, Seuil, 1970, p. 66（ロラン・バルト『現代社会の神話——1957』下澤和義訳、みすず書房、2005年）.

(66) この問題については以下を見よ。Christelle Taraud, « Le rêve masculin des femmes dominées et soumises », in Driss El Yazami, Yvan Gastaut et Naïma Yahi (dir.), *Un siècle d'histoire culturelle des Maghrébins en France*, Paris, Gallimard, 2000, p. 63 – 68.

(67) Maurice d'Irisson, Hérisson, *La Chasse à l'homme. Guerres d'Algérie*, Paris, Ollendorf, 1891, p. 281.

(68) Émile Zola, *La Terre*, Paris, Gallimard, « Folio », 2002, p. 96〔エミール・ゾラ『大地』小田光雄訳、2005年〕).

(69) 以下の本からこの語を借りた。Catherine Coquery-Vidrovitch, *L'Afrique occidentale aux temps des Français: colonisateurs et colonisés, 1860-1960*, Paris, La Découverte, 1992, p. 89. フランス領西アフリカ総督のジョスト・ヴァン・ヴォーレンホーヴェン〔オランダから帰化したフランス軍人、1877-1918〕は20世紀初頭にこのような現象の例を明らかにしていた。「［フランス領西アフリカでは］首長たちは個人的な権力はまったく有していない。此の地域にフランス人と土着民という二つの権力はないからだ。それは一つでしかなく、フランスの司令官が唯一の法的な責任者である。土着民の首長は道具、補助的なものでしかないのだから」。

(70) ポルトガル語の chicote が由来で、体罰に用いる鞭や棒や道具を指す。

(71) Félicien Challaye, *Un livre noir du colonialisme. Souvenirs sur la colonisation*, Paris, Les Nuits rouges, 2003, p. 45.

(47) この問題については以下を見よ。Claudine Guiard, *Des Européennes en situation coloniale. Algérie 1830-1939*, Aix-en-Provence, Publications de l'université de Provence, 2009.

(48) これはヨーロッパ人に特徴的なことではないことに留意しなくてはならない。実際、植民地期の前の時代ではイスラムの皇子のハーレムにヨーロッパ女性が数多くいた。この問題については以下を見よ。Christelle Taraud, *La Prostitution coloniale. Algérie, Tunisie, Maroc, 1830-1962*, Paris, Payot, 2003.

(49) たとえばオランダ領インドでは（オランダ東インド会社の高級幹部以外は）入植してから少なくとも最初の10年間はすべての入植者に現地の女性と結婚することを禁じられていた。

(50) Amandine Lauro, *Coloniaux, ménagères et prostituées au Congo belge* (*1885-1930*), Bruxelles, Labor, 2005.

(51) Stéphanie Loriaux, « Anges et démons: les femmes colons, indigènes et métisses à l'épreuve des mœurs sexuelles dans la société coloniale des Indes néerlandaises », Laurent Gaissad et Christelle Taraud (dir.), *Hétérotopies sexuelles. Formes et pratiques du désir d'ailleurs*, Bruxelles, ULB, 2008.

(52) インドシナではフランス人はトンキンの女に「横たわる辞書」を見出したのだった。この問題については以下を見よ。Isabelle Tracol, « La prostitution dans le Tonkin colonial » (thèse en cours).

(53) 混血児の問題については以下を見よ。Emmanuelle Saada, *Les Enfants de la colonie. Les métis de l'Empire français entre sujétion et citoyenneté*, Paris, La Découverte, « Espace de l'histoire », 2007.

(54) 1909年にクルー通達（イギリス植民地大臣であった初代クルー侯爵〔イギリスの貴族・政治家、1854-1945〕にちなんだ名前である）が発布されて、イギリス行政官の現地人女性とのつきあいは禁止された。以下を見よ。Henry Wesseling, *Les Empires coloniaux européens, op. cit.*, p. 60. また、同じく、ドイツ人はドイツ領南西アフリカの領内における異人種との結婚に反対したが、「人種の健全さ」に反するというのがその言い訳だった。

(55) この問題の詳細については以下を見よ。Christelle Taraud, « Genre, classe et "race" en contexte colonial et post-colonial: une approche par la mixité sexuelle », in Pascale bonnemère et Irène Théry (dir), *Ce que le genre fait aux personnes*, Paris, Éditions de l'EHESS, « Enquête », 2008, p. 157-171.

(56) フランス帝国の別の地域との比較については以下を見よ。Frank Proschan, « "Syphilis, Opiomania, and Pederasty": Colonial Construction of Vietnamese (and French) Social Diseases », *Journal of the History of Sexuality*, vol. 11, n°4, octobre 2002, p. 610-636.

(57) この考え方は20世紀初頭に以下の本にまとめられることになる。G. Lacapère, *La Syphilis arabe*, Paris, Droin, 1923.

(58) レオン・ガリベールはムーア人が「無気力で残酷で、女々しくてエゴイストだ」と乱雑に述べている。L. Galibert, *L'Algérie ancienne et moderne*, Paris, Furne & Compagnie, 1844, p. 71.

(59) 帝国の他の地域でも同じことがいえる。たとえばニューカレドニアのカナック族はタヒチのヴァヒネと対比させられる。他の帝国的状況では、コイコイ人たちはこのことをよく知っているはずである。この問題については以下を見よ。Dominique Kalifa, *Biribi. Les bagnes coloniaux de l'armée française*, Paris, Perrin, 2009.

(31) ドイツ軍によるカメルーンの征服のおりに、このような競争があったのは明らかで、それもまさに男らしいやり方でなされていた。「最初のころは軍隊があまりしっかりしていなかった。警察軍《ポリツァイトルッペン》で編成されていて、彼らはあまり有能ではなく、またあまり信頼がおけなかった。抵抗運動が頻発したので、1895年に本当の植民地軍がカメルーンに到着した。この防衛軍《シュッツトルッペン》はその同僚である警察軍を女々しい《ヴァイバー》兵隊《ゾルダーテン》と称して軽蔑していた」。Henry Wesseling, *Les Empires coloniaux européens, op. cit.*, p. 315.

(32) *Ibid.*, p. 80.

(33) Nigel Barley, *Un Rajah blanc à Bornéo. La vie de Sir James Brooke*, Paris, Payot, « Petite bibliothèque des voyageurs », 2009.

(34) この問題については以下を見よ。Oliver Le Cour Grandmaison, « La Coloniale contre la Sociale », *Coloniser. Exterminer, op. cit.*, p. 277-334.

(35) 以下に引用。Pierre Darmon, *Un siècle de passions algériennes, op. cit.*, p. 170.

(36) Jean-Luc Einaudi, *Un rêve algérien. Histoire de Lisette Vincent, une femme d'Algérie*, Paris, Dagorno, 1994.

(37) Jean-Baptiste Piolet, *La France hors la France*, Paris, Ferdinand Alcan, 1900, p. 85.

(38) 東洋と西洋の融合の結果として新しい人びとをつくりだすことを目的とした、異なる人種間での結婚の一般化をいう。

(39) なぜ植民地空間において、ヨーロッパ人の危険な階級と現地人との間で共同戦線をはることができなかったのかという疑問をなげかけることもできよう。簡単な答としては、以下を見よ。Fanny Colonna et Christelle Taraud, « La minorité européenne d'Algérie (1830-1962): inégalités entre "nationalités", résistances à la francisation et conséquences sur les relations avec la "majorité musulmane" », colloque d'histoire franco-algérienne, Article en ligne sur le site de l'École normale supérieure de Lyon.

(40) Albert Paluel-Marmont, *Bugeaud, op. cit.*, p. 53.

(41) この問題については以下を見よ。Germaine Tillion, *Le Harem et les Cousins*, Paris, Seuil, « Point Essais », 1982〔ジェルメーヌ・ティヨン『イトコたちの共和国——地中海社会の親族関係と女性の抑圧』宮治美江子訳、みすず書房、2012年〕.

(42) 当時この語の使用は不適切であるが、関係する人たちをよりたやすく対象とするには好都合である。

(43) 以下に引用。Pierre Darmon, *Un siècle de passions algériennes, op. cit.*, p. 475.

(44) これらヨーロッパ人全体をフランス人化させようとするフランスの意向はここから生まれている。彼らの男らしい力を利用し、国の役に立てようとしたのである。それで1889年に法律が制定され、アルジェリアにおいて外国籍の両親から生まれた子どもはすべて自動的にフランスに帰化されることになるのである。この子どもたちは第一次世界大戦にはドイツ人と戦うために本国に出発することになる。

(45) J. Saint-Germès, *Economie algérienne*, Alger, La Maison des livres, 1950, p. 34.

(46) Dominique Kalifa, *Biribi, op. cit.*

(15) 帝国におけるこの手のもう一つの例は、フランス軍クルシー将軍〔フランスの軍人、1827-1887〕——1885年に遠征を指揮する——によるフエ〔ベトナム中部の都市〕奪取のおりに、象徴的なことだが、安南皇帝の王刀をとりあげて陸軍大臣に贈り物としたことである。Henry Wesseling, *Les Empires coloniaux européens, 1815-1919*, Paris, Gallimard, « Folio histoire », 2009, p. 415.

(16) Jean Toussaint Merle, *Anecdotes historiques et politiques pour servir à l'histoire de la conquête d'Alger en 1830*, Paris, 1831, p. 114 *sq*.

(17) Armand de Saint-Arnaud, *Lettres du maréchal de Saint-Arnaud. 1832-1854*, t. I, Paris, 1858, p. 336-337.

(18) ピエール・ダルモン〔フランスの歴史学者、1939-〕が、「1840年に227人の兵士が名誉の地に倒れる。しかし病院では9567人が死ぬのだ。実に42倍である！6万1264人の全人員のなかで、遠征軍の15.6パーセントが病死するのである。兵士7人につき1人である！〔…〕アフリカの軍兵の平均余命は戦火での死者を考慮にいれないでもおおよそ12年であろう。」と述べている。Pierre Darmon, *Un siècle de passions algériennes, op. cit.*, p. 86.

(19) *Ibid.*, p. 98.

(20) Alexis de Tocqueville, *Sur l'Algérie. Lettre sur L'Algérie, 1837. Notes du voyage en Algérie, 1841. Travail sur l'Algérie, 1841. Rapports sur l'Algérie, 1847*, Paris, Flammarion, « GF », 2003.

(21) 征服戦争と植民地については、以下の本が興味深い異なる視点を与えてくれる。Henri Vermeren et Patrice Vermeren, *Un gendarme aux colonies. Madagascar, Indochine, 1895-1907*, Paris, Albin Michel, 2003.

(22) パンジャーブ〔インド北西部からパキスタン北東部にまたがる地域〕の戦い（1845-1846）とそれによる1849年のパンジャーブの領土併合。

(23) 1904年のアフリカ南西部ドイツ領のヘレロ族の戦い。ロタール・フォン・トロータ〔ドイツの軍人、1848-1920〕が絶滅を命じた指令により1906年に8万人のうち6万人が死んだ。

(24) コンゴ征服戦争により、1908年まで国王レオポルド2世の私領地となるコンゴ自由国が誕生した〔コンゴ自由国では残虐な圧政が行われていた〕。

(25) スマトラ島でのアチェ〔スマトラ島北に位置する地方で当時は王国〕の戦い（1873-1903）は、ヨーロッパ植民地勢力が進めた戦争の中でももっとも長く残虐なものの一つだった。

(26) この問題については以下を見よ。Anne Marie Sohn, « *Sois un homme* ! » *La construction de la masculinité au XIX*[e] *siècle*, Paris, Seuil, 2009.

(27) Albert Paluel-Marmont, *Bugeaud. Premier Français d'Algérie*, Paris, Mame, « Découvertes. Exploits héroïques », 1944.

(28) この語は以下の文献から借りた。Gil Mihaely: « L'émergence du modèle militaro-viril. Représentations masculines en France au XIXe siècle », thèse, EHESS, 2004.

(29) A. Villacrose, *Vingt Ans en Algérie ou Tribulations d'un colon racontées par lui-même*, Paris, 1875, p. 310-311.

(30) アフリカで一様にビリビ〔フランス囚人部隊のこと〕と呼ばれていた受刑者

alpinisme, 1874-1919. Un genre de compromis, Paris, L'Harmattan, 2006; J. Vajda, « Paris: rendez-vous cosmopolite. Du voyage élitaire à l'industrie touristique, 1855-1937 », thèse d'histoire et civilisations sous la dir. de C. Prochasson, EHESS, 2005, p. 160.

第2章　十八世紀終わりから第一次世界大戦までの植民地状況における男らしさ

(1) 以下に引用。Edward W. Said, *L'Orientalisme. L'Orient créée par l'Occident*, Paris, Seuil, « La Couleur des idées », 1997, p. 251〔エドワード・W・サイード『オリエンタリズム』今沢紀子訳、平凡社、1986年〕.

(2) Alfred Rambaud, « Préface », *L'Expansion de l'Angleterre*, p. xxxii. Cité par Olivier Le Cour-Grandmaison, *La République impériale. Politique et racisme d'État*, Paris, Fayard, 2009, p. 227.

(3) この語は以下の書物から借りた。Fabrice Virgili, *La France virile*, Paris, Payot, 2002.

(4) アルベール・サロー〔フランスの政治家、1872-1962〕が1931年に次のように書いている。「当初、植民地化は文明の行為ではなく力の行為であった」。Albert Sarraut, *Grandeurs et servitudes coloniales*, Paris, Éditions du Sagittaire, 1931, p. 29 et 107.

(5) Nicolas Bancel, Pascal Blanchard, Françoise Vergès, *La République coloniale*, Paris, Hachette Littératures, 2007, p. 86 et 87〔N・バンセル、P・ブランシャール、F・ヴェルジェス『植民地共和国フランス』平野千果子・菊池恵介訳、岩波書店、2011年〕.

(6) Paul Leroy-Beaulieu, *De la colonisation chez les peuples modernes*, Paris, Guillaumin, 1874.

(7) この問題については以下を見よ。Olivier Le Cour Grandmaison, « De l'espace vital impérial », *La République impériale, op. cit.*, p. 282-296.

(8) 1882年12月6日のドイツ植民地協会ことドイチャー・コロニアル・ファイライン設立に続いたもの。1885年、この協会には1万272人の会員がいて、実業家、商人、学者、大学教授、士官、探検家、記者、ジャーナリスト、亡命者、労働者がいた。1884年1月に機関紙『ドイツ植民地新聞』を出している。

(9) 近年出版された次の本が参考になる。Jacques Frémeaux, *De quoi fut fait l'Empire. Les guerres coloniales au XIXe siècle*, Paris, CNRS Éditions, 2010.

(10) この語は以下の書物から借りた。Olivier Le Cour Grandmaison, *Coloniser. Exterminer. Sur la guerre et l'État colonial*, Paris, Fayard, 2005.

(11) 1830年から1870年にフランス支配下にあったのは植民地前線だけで、すなわちおおまかにはフランス領アルジェリアの大都市と国内の周辺地域だった。

(12) Eugène Pellissier de Reynaud, *Annales algériennes*, t. II, Paris, Anselin, 1836, p. 249-250〔フランス国立図書館サイトで検索できるものは1854年の第二版だが、初版と比べて異同が多く、初版の方が率直な記述が多い〕.

(13) 1832年4月、ウフィアス部族はロヴィゴ公爵の命令により虐殺された。その首長であったエル・ラビアは軍法会議の決定により処刑されるが、それはフランスに忠誠を尽くしたとされるアラブ人代議士がこの部族によって暗殺されたとされ、その報復なのである。よく知られていることだが部族は無実で、ロヴィゴ公爵はそのことを知らされていたが、フランス軍によりあっという間に部族はほぼ壊滅状態にされたのである。

(14) Eugène Pellissier de Reynaud, *Annales algériennes, op. cit.*, p. 27.

(45) *Ibid.*

(46) *Ibid.*

(47) C. Simond, *Les Exploratrices au XIXe siècle*, Paris, Lecène et Oudin, 1886, p. 7-8.

(48) 以下を見よ。È. et J. Gran-Aymerich, *Jane Dieulafoy...*, *op. cit.*; M. Irvine, *Pour suivre un époux...*, *op. cit.*, p. 86.

(49) 以下を見よ。N. Doiron, *L'Art de voyager. Le déplacement à l'époque classique*, Paris/Sainte Foy, Presses de l'Université Laval/Klincksieck, 1995; D. Roche, *Humeurs vagabondes. De la circulation des hommes et de l'utilité des voyages*, Paris, Fayard, 2003.

(50) P. Cabanel, *Le Tour de la nation par des enfants. Romans scolaires et espaces nationaux* (*XIXe-XXe siècle*), Paris, Belin, 2007.

(51) S. Venayre, *La Gloire de l'aventure. Genèse d'une mystique moderne, 1850-1940*, Paris, Aubier, 2002, p. 61-99.

(52) Mme de Flesselles, *Les Jeunes Voyageurs en France. Histoire amusante, destinée à l'instruction de la jeunesse, contenant ce que la France présente de plus curieux*, Paris, Lehuby, 1834.

(53) C.-H. de Mirval, *Ernest et Fortunat ou les Jeunes Voyageurs en Italie*, Paris, Lehuby, 1837.

(54) G.-B. Depping, *Les Jeunes Voyageurs en France ou Lettres sur les départements*, Paris, Ledoux, 1821.

(55) C.-H. de Mirval, *Ernest et Fortunat...*, *op. cit.*, p. 12.

(56) *Ibid.*

(57) J. Verne, *L'Île mystérieuse* [1874], Paris, Hachette, 1977, p. 12〔ジュール・ヴェルヌ『神秘の島』大友徳明訳、偕成社、2004年〕.

(58) G. Aimard, *Le Grand Chef des Aucas*, t. I, Paris, Amyot, 1858, p. 24.

(59) J. Verne, *Un capitaine de quinze ans* [1878], Paris, Hachette, 1978, p. 320.

(60) A. C. Doyle, *Ma vie aventureuse*, trad. L. Labat, Paris, Albin Michel, 1932, p. 73〔コナン・ドイル『わが思い出と冒険』延原謙訳、新潮社、1965年〕.

(61) 教育的な苦しみについては以下を見よ。D. Le Breton, *Anthropologie de la douleur*, Paris, Métailié, 1995, p. 190 – 197.

(62) A. Daudet, *Les Aventures prodigieuses de Tartarin de Tarascon* [1872], Paris, Pocket, 1994, p. 42〔アルフォンス・ドーデ『陽気なタルタラン』小川泰一訳、岩波書店、1950年〕.

(63) C. Canivet, « Mayne-Reid. Sa vie, ses œuvres », in Capitaine T. Mayne-Reid, *Aventures de chasse et de voyages*, Paris, Hetzel, « Bibliothèque d'éducation et de récréation », 1863, p.VII.

(64) L. Febvre, « L'Homme et l'Aventure », in L.-H. Parias (dir.), *Histoire universelle des explorations*, t. I, Paris, Nouvelle librairie de France, 1950, p. 10.

(65) この点については以下を見よ。M. Green, *The Adventurous Male. Chapters in the History of the White Male Mind*, Penn State University Press, University Park, 1993.

(66) 以下を見よ。S. Venayre, « La virilité ambiguë de l'aventurier », *op. cit.*

(67) S. Venayre, « Le Temps du voyage de noces », *L'Histoire*, n° 321, juin 2007, p. 56-61.

(68) 以下を見よ。W. Walton, « Des enseignantes en voyage: les rapports des boursières Albert Kahn sur la France et les États-unis, 1898-1930 », in N. Bourguinat (dir.), *Le Voyage au féminin. Perspectives historiques et littéraires* (*XVIIIe-XXe siècle*), Strasbourg, Presses universitaires de Strasbourg, 2008, p. 131-149; C. Ottogalli-Mazzacavallo, *Femmes et*

mars 1998, p. 65-91.

(23) Dr P. Topinard, *Instructions anthropométriques pour les voyageurs*, Paris, Masson, 1885, p. 3.

(24) A.-G. Weber, *A beau mentir qui vient de loin. Savants, voyageurs et romanciers au XIXe siècle*, Paris, Honoré Champion, 2004.

(25) 以下に引用。M. Irvine, *Pour suivre un époux…*, *op. cit.*, p. 22.

(26) *Ibid.*, p. 16-37. これらの表現についてはとくに以下を見よ。T. W. Laqueur, *La Fabrique du sexe. Essai sur le corps et le genre en Occident*, trad. M. Gautier, Paris, Gallimard, 1992; A. Corbin, J.-J. Courtine et G. Vigarello (dir.), *Histoire du corps*, Paris, Seuil, 2005-2006, 3 vol〔G・ヴィガレロ、アラン・コルバン、J-J・クルティーヌ編『身体の歴史Ⅰ、Ⅱ、Ⅲ』鷲見洋一、小倉孝誠、岑村傑監訳、藤原書店、2010年〕.

(27) Dr P. Topinard, *Instructions anthropométriques…*, *op. cit.*, p. 3.

(28) 以下を見よ。P. Lejeune, *Le Moi des demoiselles. Enquête sur le journal de jeune fille*, Paris, Seuil, 1993; C. Planté (dir.), *L'Épistolaire, un genre féminin ?*, Paris, Honoré Champion, 1998.

(29) A. Chevalier, « Ida Pfeiffer », in *Les Voyageuses au XIXe siècle*, Tours, Mame, 1888.

(30) *Ibid.*

(31) G. Sand, *Lettres d'un voyageur* [1837], Paris, Flammarion, « GF », 1971, p. 271.

(32) 以下に引用。M. Irvine, *Pour suivre un époux…*, *op. cit.*, p. 106.

(33) R. Sauvé, *De l'éloge à l'exclusion. Les femmes auteurs et leurs préfaciers au XIXe siècle*, Saint-Denis, Presses universitaires de Vincennes, 2000.

(34) S. Venayre, « Au-delà du baobab de Madame Livingstone. Réflexions sur le genre du voyage dans la France du XIXe siècle », *Clio. Histoire, femmes et sociétés*, n° 28, 2008, p. 99-120.

(35) R. Cortambert, *Les Illustres Voyageuses*, Paris, Maillet, 1866, préface.

(36) M. Dronsart, *Les Grandes Voyageuses*, Paris, Hachette, 1894, p. 4.

(37) T. Gautier, *Caprices et zigzags*, Paris, Victor Lecou, 1852, p. 122.

(38) È. et J. Gran-Aymerich, *Jane Dieulafoy. Une vie d'homme*, Paris, Perrin, 1990.

(39) 複製図版資料については以下を見よ。M. Irvine, *Pour suivre un époux…*, *op. cit.*, p. 236.

(40) H. M. Stanley, *Comment j'ai retrouvé Livingstone. Voyages, aventures et découvertes dans le centre de l'Afrique*, trad. H. Loreau, 4e éd., Paris, Hachette, 1884, p. 549〔ヘンリー＝モートン・スタンリー『リビングストン発見隊』山口進訳、講談社、1997年〕.

(41) I. Surun, « Les figures de l'explorateur dans la presse du XIXe siècle », *Le Temps des médias*, n° 8, automne 2007, p. 57-74.

(42) F. Driver, *Geography Militant. Cultures of Exploration and Empire*, Malden, Blackwell Publishers, 2001.

(43) E. Berenson, « Charisma and the Making of Imperial Heroes in Britain and France, 1880-1914 », in E. Berenson et E. Giloi (dir.), *Constructing Charisma. Fame, Celebrity and Power in 19th Century Europe*, New York, Berghahn Books, 2009.

(44) P. Vidal de La Blache et M. Dubois, *Annales de géographie*, t. I, octobre 1891-juillet 1892, « Avis au lecteur ».

(2) A. Picon, *L'Invention de l'ingénieur moderne. L'École des Ponts et Chaussées, 1747-1851*, Paris, Presses de l'ENPC, 1992.

(3) F. Héritier, *Masculin/féminin*, t. I, *La pensée de la différence*, Paris, Odile Jacob, 1996.

(4) A. Corbin, *L'Harmonie des plaisirs. Les manières de jouir du siècle des Lumières à l'avènement de la sexologie*, Paris, Perrin, 2007, p. 350-356〔アラン・コルバン『快楽の歴史』尾河直哉訳、藤原書店、2011年〕.

(5) J.-P.-R. Cuisin, *L'Amour au grand trot ou la Gaudriole en diligence. Manuel portatif et guide très précieux pour les voyageurs, par M. Vélocifère, grand amateur de messageries*, Paris, chez les principaux libraires du Palais-Royal, 1820, p. 10.

(6) C. Studeny, *L'Invention de la vitesse. France, XVIIIe-XXe siècle*, Paris, Gallimard, 1995.

(7) M. Alhoy, *Physiologie du voyageur*, Paris, Aubert et Cie, « Chemins de fer », s.d. [1841].

(8) モーパッサンがこの性的幻想を1882年に出版された『モランの豚野郎』で短編小説にしたことが知られている〔ギ・ド・モーパッサン『ペルル嬢――他七篇』杉捷夫訳、岩波書店、1955年〕。

(9) N. Richard, « Grottes et voyages dans le temps: un lieu commun renouvelé au XIXe siècle? », *Les Cahiers du XIXe siècle*, n°5, Ed. Nota bene, Québec (Canada), 2010.

(10) M. Lagrée, « Les répliques de la grotte de Lourdes. Suggestions pour une enquête », in *Homo religiosus. Autour de Jean Delumeau*, Paris, Fayard, 1997, p. 25-33.

(11) このテーマについては以下をみよ。Le catalogue de l'exposition *Les Marins font la mode*, Paris, Musée national de la Marine/Gallimard, 2009.

(12) S. Sauget, *À la recherche des pas perdus. Une histoire des gares parisiennes*, Paris, Tallandier, 2009.

(13) *Guide du voyageur à Saint-Cloud*, Paris/Saint-Cloud, chez l'auteur, 1826.

(14) 以下に引用。M. Desportes, *Paysages en mouvement...*, *op. cit.*, p. 126.

(15) M. Yourcenar, *Archives du Nord* [1977], Paris, Gallimard, « Folio », 1990, p. 116〔マルグリット・ユルスナール『北の古文書』小倉孝誠訳、白水社、2011年〕.

(16) A. Picon, *Les Saint-Simoniens. Raison, imaginaire et utopie*, Paris, Belin, 2002, p. 153-156.

(17) J. Verne, *Le Tour du monde en quatre-vingts jours* [1873], Paris, Jean-Claude Lattès, 1995〔ジュール・ヴェルヌ『八十日間世界一周』鈴木啓二訳、岩波書店、2001年〕.

(18) F. Wolfzettel, *Ce désir de vagabondage cosmopolite. Wege und Entwicklung des französischen Reiseberichts im 19. Jahrhundert*, Tübingen, Max Niemeyer Verlag, 1986.

(19) M.-N. Bourguet, « L'Explorateur », in M. Vovelle (dir.), *L'Homme des Lumières*, Paris, Seuil, 1996, p. 285-345.

(20) 本書第3巻であらためてこのことを検討する。以下を見よ。S. Venayre, « La virilité ambiguë de l'aventurier », in J.-J. Courtine (dir.), *Histoire de la virilité*, t. III, Paris, Seuil, 2011, p. 327 – 350.

(21) M. Irvine, *Pour suivre un époux. Les récits de voyages des couples au XIXe siècle*, Québec, Éditions nota bene, 2008, p. 73-92 notamment.

(22) 以下を見よ。S. Collini et A. Vannoni, *Les Instructions scientifiques pour les voyageurs, XVIIIe- XIXe siècle*, Paris, L'Harmattan, 2005; L. Kury, « Les instructions de voyage dans les expéditions scientifiques françaises (1750-1830) », *Revue d'histoire des sciences*, t. LI, janvier-

Paris, Odile Jacob, 1999; André Rauch, *Vacances en France de 1830 à nos jours*, Paris, Hachette, 1996, p. 43 *sq.*

(112) Guy de Maupassant, *Pierre et Jean*, préface P. Ollendorff, 1888.

(113) *Le Triboulet*, 18 juin 1882, p 12, cité par Georges Vigarello, « Le temps du sport », *op. cit.*, p. 196.

(114) Armand Chêne, *Au bord de l'eau. La pêche à la ligne, conseils pratiques d'un vieux pêcheur*, Château-Thierry, Impr. moderne, 1903, p. 123, cité par Alain Corbin, « Les balbutiements d'un temps pour soi », in Alain Corbin (dir.), *L'Avènement des loisirs, op. cit.*, p. 325［アラン・コルバン編『レジャーの誕生』、前掲書］.

(115) Jean-Pierre Chaline, *Sociabilité et érudition. Les sociétés savantes en France XIXe-XXe siècle*, Paris, CTHS, 1995, chap. vi, p. 221-270; Alain Corbin, « Paris-province », in Pierre Nora (dir.), *Les Lieux de mémoire*, t. III, vol. 1, *Conflits et partages*, p. 777-823［アラン・コルバン「パリと地方」工藤光一訳、ピエール・ノラ編『記憶の場』第1巻、前掲書］.

(116) Benoît Lecoq, « Le café », in Pierre Nora (dir.), *Les Lieux de mémoire*, t. III, vol. 2, *op. cit.*, p. 870 *sq.*

(117) Georges Vigarello, « Le temps du sport », *op. cit.*, p. 209.

(118) André Rauch, *Histoire du premier sexe de la Révolution à nos jours*, Paris, Hachette, « Pluriel », 2006, p. 215-251.

(119) Max Parnet, *Ma semaine de gymnastique. Méthode de culture physique rationnelle. Quinze minutes d'exercices par jour*, Paris, Nilsson, 1912, p. 35.

(120) Auguste Clause, *L'Art de devenir fort et bien portant*, Paris, Berger-Levrault, 1910, p. 157.

(121) Albert Surier, *La Force pour tous. Santé, force, beauté. Traité pratique de culture physique rationnelle*, Librairie athlétique, 1907, p. 68.

(122) Bernarr A. Macfadden, *Méthode d'éducation physique pour le développement de la santé, de la force et de la beauté avec illustrations*, trad. française, s.l., 1899, p. 22; voir Georges Vigarello, « S'entraîner », in J.-J. Courtine (dir.), *Histoire du corps*, t. III, *Le XXe Siècle. Les Mutations du regard*, Paris, Seuil, 2006, p. 173-174［ジョルジュ・ヴィガレロ「トレーニングする」喜田浩平訳、J-J・クルティーヌ編『身体の歴史 III』岑村傑監訳、藤原書店、2010年］.

(123) Georges Rouhet, *Revenons à la nature et régénérons-nous*, Paris, Berger-Levrault, 1913, p. 43.

(124) Albert Surier, *Comment on devient beau et fort, traité pratique et élémentaire de culture physique*, 2e éd., Paris, Chaponet, 1905, p. 21.

(125) Willibald Gebhardt, *Die Pflege der persönlichen Erscheinung. Eine praktische Anleitung nach den modernen amerikanischen Methoden*, Leipzig, Modern-Medizin Verlag, 1902, p. 2.

第V部　男らしさを訓練する異国の舞台

第1章　旅の男らしい価値

(1) M. Desportes, *Paysages en mouvement. Transports et perception de l'espace, XVIIIe-XXe siècle*, Paris, Gallimard, 2005, p. 29.

(88) « M.Poincaré à Reims », *L'Illustration*, n° 3687, 25 octobre 1913, p. 307.

(89) Michel Psichari, « Parmi les athlètes », *L'Illustration*, n° 3682, 20 septembre 1913, p. 215.

(90) *L'Illustration*, n° 2454, 8 mars 1890, p. 209; voir Pierre Arnaud, *Les Athlètes de la République. Gymnastique, sport et idéologie républicaine* (*1870-1914*), Paris, Privat, 1987, p. 223 *sq*.

(91) Gustave de Lafreté, « L'assaut de Charlemont », *La Vie au grand air*, n° 32, 23 avril 1899, p. 379.

(92) André Foucault, « Les Midinettes au Parc des Princes. Trottins... trottant! », *La Vie au grand air*, n° 270, 13 novembre 1903, p. 836.

(93) *Ibid.*, p. 837.

(94) Saint-Hubert, « Bulletin du sport et du *high life* », *L'Illustration*, n° 2187, 24 janvier 1885, p. 66.

(95) Rémy Saint-Maurice, « La lutte et les lutteurs », *op. cit.*, p. 106.

(96) *Ibid.*, p. 107.

(97) *Ibid.*, p. 106.

(98) *La Vie au grand air*, n° 741, 30 novembre 1912, p. 912.

(99) Simone Delattre, *Les Douze Heures noires. La nuit à Paris au XIXe siècle*, Paris, Albin Michel, 2000, p. 522-530.

(100) Léon Sée, *La Boxe et les Boxeurs*, n° 13, 2 mars 1910, p. 297.

(101) Victor Breyer, « Une tournée sportive en Amérique. La boxe », *La Vie au grand air*, n° 77, 4 mars 1900, p. 312.

(102) *L'Auto*, 24 février 1910.

(103) « Un match de boxe », *L'Illustration*, n° 2958, 4 novembre 1899, p. 296-297.

(104) *L'Auto*, 15 avril 1909; voir André Rauch, *Boxe, op. cit.*, 1992, p. 47-50.

(105) Robert Coquelle, « Le Nègre volant Major Taylor », *La Vie au grand air*, n° 130, 10 mars 1901, p. 131.

(106) Alain Corbin, « La rencontre des corps », in Alain Corbin (dir.), *Histoire du corps*, t. II, *De la Révolution à la Grande Guerre*, Paris, Seuil, 2005, p. 196-197 [アラン・コルバン「身体の遭遇」小倉孝誠訳、アラン・コルバン編『身体の歴史 II』小倉孝誠監訳、藤原書店、2010年].

(107) « Les miracles de l'air, de la neige et du soleil », *L'Illustration*, n° 3599, 17 février 1912, p. 135.

(108) Géo Lefèvre, « Le cross national », *La Vie au grand air*, 7 mars 1903, p. 149.

(109) *L'Illustration*, « Le sport nautique », 3 mai 1873, cité par Georges Vigarello, « Le temps du sport », in Alain Corbin (dir.), *L'Avènement des loisirs. 1850-1950*, Paris, Flammarion, 1995, p. 198-199 [アラン・コルバン編『レジャーの誕生』渡辺響子訳、藤原書店、2000年]; *id.*, « Le corps travaillé. Gymnastes et sportifs au XIXe siècle », in Alain Corbin (dir.), *Histoire du corps*, t. II, *op. cit.*, p. 375 [「鍛えられた身体——十九世紀の体操・運動選手」築山和也訳、アラン・コルバン編『身体の歴史 II』、前掲書].

(110) *Annuaire du Club alpin français*, 1880, p. xiv.

(111) Catherine Bertho Lavenir, *La Roue et le Stylo. Comment nous sommes devenus touristes*,

クシングとフェンシングを教授する。

(68) 1912年10月、シャンベリー劇場にてボクシングの夜間興業が催される(*L'Auto*, 16 octobre 1912)。

(69) 1909年10月、モンペリエのジャン・ルイ・フェンシング・サークルの指導者たちがボクシング講座を開設する。

(70) 1913年3月8日、ルベーのカジノ・パレスにて、ジョルジュ・カルパンティエはスクートと3分、10ラウンドの対戦をする。

(71) 1913年3月30日の日曜日、カルパンティエ兄弟の1人アルベールが経営するランのワンダーランドがボクシングの夜間興業を催す。

(72) リールの競馬場では、1913年11月14日の土曜日、フランス人アドリアン・オガーンとイギリスのボクサー、ピーター・ブラウンが試合をする。

(73) シャルルヴィル体育館で夜間興業が催される(*L'Auto*, 16 octobre 1912)。

(74) *L'Auto*, 4 janvier 1912.

(75) *L'Auto*, 8 avril 1914.

(76) Rémy Saint-Maurice « La lutte et les lutteurs », *op. cit.*, p. 106.

(77) *Ibid.*

(78) Paul Field, « Le foot-ball rugby », *La Vie au grand air*, 11 février 1899, p. 263.

(79) ドイツ系アメリカ人のビリー・パプキーは1886年9月16日にイリノイ州スプリング・ヴァレーに生まれた。彼はミドル級の世界タイトルをかけてスタンレー・ケチェルと3度闘ったことから、「イリノイの雷」という異名を付けられた。1911年にヨーロッパにやってきた彼は2シーズンにわたってボクシングの試合をした。

(80) *L'Auto*, 17 octobre 1912.

(81) Ionel, « Le cross-country », *L'Illustration*, n° 2875, 2 avril 1898, p. 239; voir Georges Vigarello, *Passion sport. Histoire d'une culture*, Paris, Textuel, 2000, p. 112 *sq.*

(82) Ionel « Le cross-country », *op. cit.*, p. 239.

(83) フランツ・レシェル(1870～1932)が、フランスにおける初期のスポーツを活発にした、あの偉大で、精力的なブルジョワの名を有名にした。彼はスポーツ愛好家、指導者、新聞記者として、スポーツ文化の重要な三つの地位に就いていた。新聞記者という職業柄、彼はさまざまの論争や決定の中心にいた。『アスレティック・スポーツ』、『シークル』、『パリ・ペダル』、『マタン』、『ビシクレット』という初期のスポーツ新聞に記事を書き、また『オート』、『スポーティング』、『アヴニール』、『アミ・デュ・プープル』、『アミ・デ・スポール』にも寄稿するようになる(Voir André Rauch, *Boxe. Violence du XXe siècle*, Paris, Aubier, 1992, p. 319)。

(84) Gustave de Lafreté, « Boxe », *La Vie au grand air*, n° 67, 24 décembre 1899, p. 190.

(85) Paul Field, « le foot-ball rugby », *op. cit.*, p. 262.

(86) *Ibid.*, p. 262; voir aussi Alfred Wahl, « Football et idéologie au début du XXe siècle », in Pierre Arnaud et Jean Camy, *La Naissance du mouvement sportif associatif en France*, Limoges, PUL, 1986, p. 299-307; Alfred Wahl, *Les Archives du football. Sport et société (1880-1980)*, Paris, Gallimard, 1989, p. 57 *sq.*

(87) Jules Simon « L'éducation athlétique », *L'Illustration*, n° 2364, 16 juin 1888, p. 467; voir Thierry Terret, *Histoire du sport*, Paris, PUF, 2007, p. 36 *sq.*

décembre 1900, p. 825.

(55) ボクシング協会フランス連盟（Fédération Française des Sociétés de Boxe）の決定による地方選手権試合の創設は1909年12月13日と29日にさかのぼる（*L'Auto*, 7 janvier 1910)。1911年のアマチュア地方選手権試合は2月26日リール、リヨン、ポワティエ、トゥールーズで、3月5日にディジョン（リール対リヨン戦）、ボルドー（ポワティエ対トゥールーズ戦）で、3月13日にはパリのワグラム・ホールで、地方選手権の最終戦が開催される。3月15日水曜のフランス選手権では、パリジャン同士が地方選手権をかけて、ワグラム・ホールで対戦する予定（*L'Auto*, 10 novembre 1910)。

(56) 1910年6月24日の戦争省決定に基づいて、FFSBは戦闘力の準備・向上のための連盟と認められ（*L'Auto*, 5 juillet 1910)、軍隊内の選手権は1910年10月23日の省決定によって認可される。 1913年のフランス軍選手権試合は1月22日にパリのワグラム・ホールで行われた。予選が午後、決勝は夜の開催となった。

(57) Rémy Saint-Maurice, « La lutte et les lutteurs », *op. cit.*, p. 106.

(58) *L'Auto*, 13 octobre 1908.

(59) *L'Auto*, 28 janvier 1914.

(60) *L'Auto*, 13 octobre 1908.

(61)「マルセイユ兄弟はプロヴァンスのパリュドという小さな町の出身であった。また今はスバルのように輝くスターたちがいる。王中の王である、世界チャンピオンのポール・ポンスはソルグ（ヴォークリューズ県）生まれだ。その後に続くのはロビネ。彼は何人もの大陸の最強の男たちを倒した。ボーケール［南仏ガール県の一都市］人ローランは堂々として、陽気なアスリートだ。ヴァランス［ドローム県の県都］のライオン、ペイルーズはラテン型巨人の典型だ。さらにエマブル・ド・ラ・カルメット、またドーマはピック=プランクという通称で、キュクロペのような肩をし、片目が潰れている」(Rémy Saint-Maurice, « La lutte et les lutteurs », *op. cit.*, p. 106)。

(62) « Les lutteurs de la salle Montesquieu », *L'Illustration*, n° 473, vol. XIX, 20 mars 1852, p. 192.

(63) アイデンティティを「定着させる」ために言語が持っている重要性については下記を見よ—— Mona Ozouf, *Composition française. Retour sur une enfance bretonne*, Paris, Gallimard, 2009, p. 45 *sq*.

(64) 1909年に、本拠がリール市サント=カトリーヌ通り93番地にある、リール・スポーティング・クラブによって、新人選手権試合が開催される（*L'Auto*, 7 novembre 1909)。

(65) マルセイユ・プルミエランドがマルセイユのヴァリエテ・カジノにおいて夜間興業を開催（*L'Auto*, 30 mai 1913)、マルセイユ・ワンダーランドの方はパレ・ド・クリスタルで開催（*L'Auto*, 28 septembre 1913)。

(66) モーリス・テリエがルーアンのリミット通り35番地でボクシングの講義とトレーニングを主宰する（*L'Auto*, 18 mai 1914)。

(67) ベルフォールでは、毎週火曜と金曜の（午後）8時から10時まで、大通り4番地にあるテオ・ホールにて、ジム・バレイ、アレクス・アルフレッド両師範がボティは130回で、そのうちオーベルニュ人の最大のコミュニティ、後の「ブーニャ」［俗語でオーベルニュ人］が居住している11区だけで26回を数えた（Claude Dubois, *La Bastoche, op. cit.*, p. 56）。

（44）Martin Nadaud, *Mémoires de Léonard, op. cit.*, p. 134［マルタン・ナド『ある出稼ぎ石工の回想』、前掲書］; Louis Chevalier, *Classes laborieuses et classes dangereuses à Paris, pendant la première moitié du XIXe siècle*, Paris, Le Livre de Poche, 1978, p. 699［ルイ・シュヴァリエ『労働階級と危険な階級』喜安・木下・相良訳、1993年、みすず書房］.

（45）Martin Nadaud, *Mémoires de Léonard, op. cit.*, p. 145［マルタン・ナド、前掲書］.

（46）*Ibid.*, p. 138［マルタン・ナド、同上書］.

（47）Pascal Duret, *Sociologie de la compétition*, Paris, Armand Colin, 2009, p. 51 *sq*. Voir aussi Isabelle Queval, *S'accomplir ou se dépasser. Essai sur le sport contemporain*, Paris, Gallimard, 2004.

（48）体操やボディビルに関する器具については下記を見よ―― André Rauch, *Le Corps en éducation physique. Histoire et principes de l'entraînement*, Paris, PUF, 1983, p. 57-75.

（49）Michel Brousse, *Le Judo. Son histoire, ses succès*, Genève, Liber, 1996, p. 42-46.

（50）Jacqueline Lalouette, « Les débits de boisson en France. 1871-1919 », thèse, université de Paris I, juin1979; *id.*, « Débits de boissons urbains de 1880 à 1914 », *Ethnologie française*, juin 1982. Voir aussi Henry-Melchior de Langle, *Le Petit Monde des cafés et débits parisiens au XIXe siècle. Évolution de la sociabilité citadine*, Paris, PUF, 1990.

（51）*L'Auto*, 28 mars 1905.

（52）*L'Auto*, 05 juin 1908.

（53）この異彩を放つ人物については下記を見よ――「著名な剣術師範ポンスの葬儀が先週シャトゥー［パリ西方のイヴリーヌ県の町］で、かつての教え子やパリの主だったフェンシングの指導者たちをあふれんばかりに多数集めて行われた。ド・グランデッフル氏が弔辞を述べて、感動的なことばで惜しまれる氏の印象的な面影を再現した。ポンスはおよそ半世紀ものあいだ、ピラミッド通り［パリ1区］で、有名なフェンシング・アカデミーを主宰した。始めは1820年頃王国軍第五連隊の剣術師範をいずこかで務めた。最初に自分の師であるフィギエールを相手に対決して、肩に深い一太刀を浴びせた。闘い方は非常に模範的で、長年のパートナーであるベルトランやロゼ兄弟の兄との闘いでは観衆をうならせた。ベルトランを攻撃した時、彼は腿をフルーレで刺され、その尖端が折れてしまったのだが、その日の彼は恐るべき相手に三倍もの突きを決めて栄誉を手にした。別の時にはイギリスで剣に貫通されたこともあった。彼の弟子には、ド・ラングル・ボーマヌワール侯爵、ド・ロヴィゴ公爵、ポトキ伯爵、ド・ヴィブレ伯爵、H・ド・ペーヌ、ド・ボールガール侯爵、ド・ボンヌヴァル伯爵、デルシャンジャン公爵、Ch・ル・ロワ等々が名を連ねる。レジオン・ドヌール勲章シュヴァリエ佩用者であった彼は、1865年にオフィシエ十字賞に推挙された。だがナポレオン3世は、それはできない。彼はあまりにも優雅で、あまりにも戦闘的だから、と述べた。何という誉めことばだろう、彼はその時70歳を数えていたのである」（Saint-Hubert, « Bulletin du sport et du *high life* », *L'Illustration*, n° 2133, 12 janvier 1884, p. 30）。

（54）Marcel Viollette, « Nos lutteurs à l'entraînement », *La Vie au grand air*, n° 117, 9

(26) *Ibid.*, p. 573.
(27) *Ibid.*, p. 573-574.
(28) Saint-Hubert, « Bulletin du sport et du *high life* », *L'Illustration*, n° 2080, 6 janvier 1883, p. 14.
(29) Rémy Saint-Maurice, « La lutte et les lutteurs », *L'Illustration*, n° 2921, 18 février 1899, p. 110.
(30) L. Faucher, « La colonie des Savoyards à Paris », *La Revue des deux mondes*, novembre 1834, p. 319.
(31) Martin Nadaud, *Mémoires de Léonard, ancien garçon maçon*, éd. Maurice Agulhon, Paris, Hachette, 1976, p. 82-91［マルタン・ナド『ある出稼ぎ石工の回想』喜安朗訳、岩波文庫、1997年］.
(32) Jacques et Mona Ozouf, « *Le Tour de la France par deux enfants*; le petit livre rouge de la République », in Pierre Nora (dir.), *Les Lieux de mémoire*, t. I, *La République*, Paris, Gallimard, 1984, p. 291-321［ジャック／モナ・オズーフ『二人の子供のフランス巡歴』共和国の小さな赤い本」平野千果子訳、「ピエール・ノラ編『記憶の場』第2巻、谷川稔監訳、岩波書店、2003年］.
(33) Georges Vigarello, « Le Tour de France », in Pierre Nora (dir.), *Les Lieux de mémoire*, t. III, *Les France*, vol. 2, *Traditions*, Paris, Gallimard, 1992, p. 885-925［ジョルジュ・ヴィガレロ「ツール・ド・フランス」杉本淑彦訳『記憶の場』第3巻、前掲書］.
(34) Victor Breyer, « À propos du Paris-Roubaix », *La Vie au grand air*, n° 3, 1er mai 1898, p. 34.
(35) *Ibid.*「ペンを引き抜いて紙にサインを書き付ける際の検問所における混雑や、恐るべきライバルが先行し、その優位を確保するために全エネルギーを集中させているのか、それとも後ろに遅れていて、先を走る自分を急追しているのか定かでない状況と、そのどれもがこの熱狂的なロードレースを特徴づけるエピソードだ。そのためこのレースは、不安と危険のあるせいで、いつも熱狂的なファンを引きつけるだろう」。
(36)「陸上競技フランス協会連合」(Union des Sociétés Françaises de Sports Athlétiques) は、1896年「フランス陸上協会連盟」(Fédération des Sociétés Athléthiques de France) になる。
(37) *L'Auto*, 28 juillet 1926.
(38) André Rauch et Jean-Claude Richez, « Paris-Strasbourg: la marche vers les provinces reconquises (1926-1996) », « La marche, la vie », *Autrement*, mai 1997, p. 141 *sq*.
(39) Victor breyer, « À propos du Paris-Roubaix », *op. cit.*, p. 34.
(40) Pascal Duret, *Les Jeunes et l'Identité masculine*, Paris, PUF, 1999, p. 36.
(41) Claude Dubois, *La Bastoche. Bal musette, plaisir et crime. 1750-1939*, Paris, Éditions du Félin, 1997, p. 38. パリ移民の居住地については下記を見よ―― Louis Chevalier, *La Formation de la population parisienne au XIXe siècle*, Paris, PUF, 1950, p. 171-214.
(42) Eugène Buret, *De la misère des classes laborieuses en Angleterre et en France*, Paris, Chez Paulin, 1840, t. II, p. 298.
(43) 警察のある報告によると、1879年にパリの全20区で行われた大衆ダンスパーとについて、あるいは公的、私的な出来事について、もう1人の市民が述べる意見を検閲することが可能になったとしたら、発言の自由はどうなるのか。

――そこで問う、自由とは何なのか。それは絶対的かつ排他的な法の支配である。次に決闘とは何か。それは力と、技巧と、策略の支配である。そこで諸君は自由と決闘を、また革命と名誉問題とをどのようにして両立させようと言うのか」（Cité par Martin Monestier, *Duels, op. cit.*, p. 222）。

（12）Jean-Noël Jeanneney, *Le Duel. Une passion française. 1789-1914*, Paris, Seuil, 2004, p. 103 et 203.

（13）*Ibid.*, p. 147.

（14）ルージエ゠ドルシエールは合計すると自らが決闘者として20回闘い、192回乱闘指揮をしたらしい（Voir *ibid.*, p. 135）.

（15）訴訟は1878年2月21日にブッシュ゠デュ゠ローヌ県の重罪院に対して起こされる（Baron de Vaux, *Les Duels célèbres*, Paris, É. Rouveyre et G. Blond, 1884, p. 145-149, cité par François Guillet, *La Mort en face, op. cit.*, p. 333）。

（16）Louis Perrée, « Le duel au sabre », *La Vie au grand air*, n° 5, 1er juin 1898, p. 58.

（17）*Id.*, « Les poules à l'épée », *La Vie au grand air*, n° 8, 15 juillet 1898, p. 94.

（18）ピエール・ラカーズによれば、この訓練の重要性を理解したフランス軍は、1873年にジョワンヴィル校にフェンシング部門を開設した（*En garde. Du duel à l'escrime*, Paris, Gallimard, 1991, p. 70）。

（19）Louis Perrée, « Les poules à l'épée », *op. cit*, p. 94.

（20）Saint-Hubert, « Bulletin du sport et du *high life* », *L'Illustration*, n° 2019, 5 novembre 1881, p. 310.

（21）*L'Auto*, 1er novembre 1906 et 18 décembre 1907.

（22）Pierre Lacaze, *En garde, op. cit.*, p. 76.

（23）それは『イリュストラシヨン』誌のある記者の記事が証言していることである――「アンジュー通りのフェンシング・サークルで、日曜日の午後2時から興味深い競技会が開催される予定になっている。次の土曜日3月19日には、夜の8時30分より技芸連合クラブの祭典ホールにおいて、このフェンシング・サークルの年次大会が行われることも覚えておこう。この決闘愛好会は以前サン・マラト男爵を称えて競技会を開催したことがある。［…］わたしはどちらに軍配が挙がったのかはっきりさせることができないが、シチリア人はそのエレガントで軽快なクーペ［相手の剣先の上に自分の剣先を外すこと］によって、ラルジュはその凝ったフレーズ［一連の動き］によって、ガイヤールはその正確で適切な払いによって喝采を浴びた。結局はみんなそれぞれにやるべきことをやったのである。だがどの剣士からも先革による明確な証明を引き出すことはだんだんと困難になってきている。したがって剣先をインク壺のなかに浸したらどうかという提案がなされている」（Saint-Hubert, « Bulletin du sport et du *high life* », *L'Illustration*, n° 1986, 19 mars 1881, p. 190.）。

（24）*Ibid.*, « Bulletin du sport et du *high life* », *L'Illustration*, n° 2051, 17 juin 1882, p. 406.

（25）Louis Perrée, « L'escrime en plein air », *La Vie au grand air*, n° 48, 13 août 1899, p. 573-574.

Roger, *André Malraux, entretiens et précisions*, Paris, Gallimard, 1984, p. 144)。

(2) Philippe Contamine, « Mourir pour la patrie », in Pierre Nora, *Les Lieux de mémoire. La Nation*, Paris, Gallimard, p. 12-43［フィリップ・コンタミーヌ「祖国のために死ぬこと」和田光司訳、ピエール・ノラ編『記憶の場』第3巻、谷川稔監訳、岩波書店、2003年］.

(3) Cf. *supra* le chapitre de Jean-Paul Bertaud, « L'armée et le brevet de virilité », p. 63［ジャン＝ピエール・ベルトー「軍隊と男らしさの証明」、本書第II部3章参照］.

(4) 19世紀末に持ち上がる兵役に対する矛盾については下記の優れた研究を見られたい。—— Odile Roynette, « *Bons pour le service* ». *L'expérience de la caserne en France à la fin du XIX*[e] *siècle*, Paris, belin, 2000, p. 17-18.

(5) モルヴァン［ブルゴーニュ地方ディジョンの西方60キロにある山岳地帯で、マッシフ・サントラルの北東部の一角を構成する］の話 ——「新兵が日常の遊興における決心の十分な固さを示した後は、仕上げとして仲間の目の前で決闘をしなければならない。闘いか、すくなくとも喧嘩がなければ、良き擲弾兵ではない。それ故名誉をかけて実行するのである（*Revue napoléonienne*, cité par Martin Monestier, *Duels. Histoire, techniques et bizarreries du combat singulier. Des origines à nos jours*, Paris, Le Cherche-Midi, 2005, p. 229)。

(6) Marcel Baldet, *La Vie quotidienne dans les armées de Napoléon*, Paris, Hachette, 1964, p. 218. クレベール、ジュノー、マルモン、ネー、それと大部分の佐官たちが、熾烈な決闘者伝統の跡を若い頃に残している。ネーは18歳の王国軍伍長の時、キャンプ内でサーベルの名手として称えられた。

(7) もっともよく知られた者のなかには以下の名が含まれる——メンヌヴァル、ブラーズ、ゴンヌヴィル、コワニェ、デュピュイ、ビュジョー、ブラント。

(8)「1814年4月8日のフランス破毀院［最高裁判所］刑事部門判決では、決闘には常に双方の契約と意思、攻撃と防御の相互性と同時性が存在すると認められた。裁判所はまた、決闘の思想は戦闘条件の実行時における公正性、ならびに機会の平等性が存在しなければ、完全でないことを想起している」(Cité par Martin Monestier, *Duels, op. cit*, p. 237)。.

(9) Cf. *supra* le chapitre de François Guillet, « Le duel et la défense de l'honneur viril », p. 83.

(10) Raymond Duplantier, « Les duels à Poitiers et dans le Vienne », *Bulletin de la Société des antiquaires de l'Ouest*, premier trimestre 1950, p. 282, cité par François Guillet, *La Mort en face. Histoire du duel de la Révolution à nos jours*, Paris, Aubier, 2008, p. 81.

(11) エリゼ・ルスタロは1789年末にある論文を発表し、それが反響を呼ぶ。「わたしは愛国的なすべてのフランス人に言いたい、諸君は自由になりたいか、と。おそらくそうだろう。ならば、どのような自由とも相容れない決闘を諦めよ。［…］
——共和国の最良の擁護者を決闘で闘わせて、彼らを国民から奪ってしまうようなことがあれば、共和国の自由はどうなるのか。

——著述家が、歪曲があると、逸脱していると、対峙する検閲官から指摘されないように、一行一句を細心の注意を払って書かねばならないとしたら、出版の自由はどうなるのか。

——ある市民が手に剣を持つことを許されて、自分のことについて、第三者のこ

Louvain-la-neuve/Paris, Presses universitaires de Louvain/Cerf, 2001, p. 339-368; Robert Muchembled, *La Société policée. Politique et politesse en France du XVIe au XXe siècle*, Paris, Seuil, 1998, p. 189-296.

(32) *Louis Espanet, séminariste-soldat, op. cit.*, p. 15; Abbé C. Vallier, « Les séminaristes en vacances. La colonie de vacances des séminaristes de Lyon » また、Abbé Cetty, « Le prêtre dans une paroisse ouvrière. Saint-Joseph de Mulhouse », in *Prêtres de France à la ville et aux champs, op. cit.*, p. 313-314, 319-320, 51-52, 72.

(33) *La Virilité de caractère et le collège chrétien. Discours prononcé à la distribution des prix par M. l'abbé V. Jacques, Directeur du collège de la Malgrange le mercredi 2 août 1899*, Nancy, Imprimerie-Librairie R. Vagner, 1899, p. 13.

(34) *Souvenirs d'un écolier en 1815 ou vingt ans après, par M. l'abbé Bainvel, ancien curé de Sèvres, précédés de quelques aperçus sur la vie de l'auteur par M. l'abbé Dolla, vicaire de Sèvres*, Paris, E. Plon et Cie, 1874; *Just de Lalaubie, élève du Séminaire Pontifical Français, ancien élève de l'école Polytechnique*, s.l.n.d., [1909?, 1910?]; Henri Congnet, *Soldat et prêtre, op. cit.*; *Mémoires de l'abbé Bertrand de Chaumont, op. cit.*; Charles Morancé, *Un régiment de l'armée de la Loire, op. cit.*

(35) *Dix mois de caserne, par un séminariste soldat*, La Chapelle Montligeon, Imprimerie de l'Œuvre expiatoire, 1894; R. Gaël, *Soutane noire et culottes rouges. Récits d'un séminariste-soldat*, Paris, Maison de la Bonne Presse, 1897; *Pierre Jouan. Séminariste-Soldat en 1911, né à Plaintel* (*Côtes d'Armor*). *9 octobre 1911-25 septembre 1913*, transcription et documentation, Jean-Pierre Cotte, s.l., association Bretagne, 1914-1918, rééd., Amicale Laïque de Plaintel (Activité Histoire et Généalogie), 1996; Odile Roynette, « *Bons pour le service* ». *L'expérience de la caserne en France à la fin du XIXe siècle*, Paris, Belin, 2000.

(36) R. Gaël, *Soutane noire et culottes rouges, op. cit.*, p. 226-235, 224-225.

(37) *Ibid.*, p. 238.

(38) J. Le Rohellec, « Le Séminaire », *Bulletin de la Congrégation* [du Saint-Esprit], 325, mars 1914, p. 550; Abbé Marchal, *Souvenirs d'un missionnaire, op. cit.*, p. 48.

(39) Abbé Bordron, « L'œuvre d'un curé dans une paroisse révolutionnaire », in *Prêtres de France à la ville et aux champs, op. cit.*, p. 31 (p. 10-12).

(40) Abbé Sève, *Souvenirs d'un aumônier militaire, op. cit.*, p. 322-323; « Nouvelles ecclésiastiques. Paris », *L'Ami de la religion*, 20 janvier 1838, p. 132; Philippe Boutry, *Prêtres et paroisses au pays du curé d'Ars, op. cit.*, p. 585 (1871年に、からすの鳴き声を真似して司教を揶揄した兵士を、大男の司教がこらしめる); Abbé Desgranges, *Carnets intimes*, t. I, *Journal d'un conférencier populaire*, avant-propos Denise Aimé-Azan, Paris / Genève, La Palatine, 1960, p. 66.

第4章　スポーツの挑戦と男らしさの体験

(1) アンドレ・マルローが名言を吐いている、「ナポレオンは出自を消してしまった。これが表していたものは非常に根深かった。それまで人間はこの出自によって保証された所有制度の上で生きてきたからである。だがそれに代えて、ナポレオンは市民の平等によって領土取得を揺るぎないものにさせた」と（Stéphane

(22) P. Garnier, *Célibat et célibataires. Caractères, dangers et hygiène chez lez deux sexes*, Paris, Garnier Frères, 1887, p. 293, 294, 319.

(23) Augustin Chevalier, « Le vicaire de province », in *Les Français peints par eux-mêmes. Encyclopédie morale du XIXe siècle. Province*, Paris, L. Curmer, 1841, p. 97, 99-100; Ferdinand Fabre, *Ma vocation, op. cit.*, p. 433-434; Philippe Boutry, *Prêtres et paroisses au pays du curé d'Ars, op. cit.*, p. 433-447, 584-585; Jean Faury, *Cléricalisme et anticléricalisme dans le Tarn. 1848-1900*, Toulouse, Publications de l'université Toulouse-Le Mirail, 1980, p. 265-281.

(24) Léo Taxil, *L'Album anti-clérical*, dessins de Pépin, Paris, Librairie anticléricale, sd, [p. 7].

(25) しかしながら、神学生を批判する1870年のタルンの新聞 « Le Patriote » 誌のような言及もある。「ならば彼らが、衣を開いてみせる勇気を持つがいい。なかから男があらわれるのか、それともふたなりなのか見えるように。」次からの引用。Jean Faury, *Cléricalisme et anticléricalisme dans le Tarn, op. cit.*, p. 272.

(26) Abbé Mugnier, *Journal* (*1879-1939*), *op. cit.*, p. 59, p. 61; Augustin Chevalier, « Le vicaire de province », *op. cit.*, p99-100; Yves Le Gallo, *Clergé, religion et société en Basse-Bretagne..., op. cit.*, t. II, p. 921-927; Thomas A. Kselmann, « The Perraud Affair. Clergy, Church, and Sexual Politics in Fin-de-Siècle France », *The Journal of Modern History*, 70/3, septembre 1998, p. 609-610.

(27) とくに次を参照。Hector France, *Le Roman du curé* [1877], Paris, Henry Oriol et Cie, 1884, p. 15-18.

(28) Abbé X..., *La Messe d'amour*, Paris, Dentu, 1889, p. 96-144. 小説のそれ以外の部分も調子は同じである。

(29) この点については、次を参照。*ibid.*, p. 185-186; Taxil のケースについては、次。Archives de la préfecture de police de Paris, BA 1127 et 1128 (pièces de 1881-1884 et 1885); Theodore Zeldin, *Conflicts in French Society*, t. II, *Anticlericalism, Education, and Morals in the Nineteenth Century*, Londres, 1970, p. 13-50; Philippe Boutry, *Prêtres et paroisses au pays du curé d'Ars, op. cit.*, p. 377-452 (433-447); Alain Corbin, *Les Filles de noce. Misère sexuelle et prostitution* (*XIXe siècle*), Paris, Flammarion, 1989, p. 285-300〔アラン・コルバン『娼婦』〈新版〉(上下2巻) 杉村和子・内村瑠美子・国領苑子・門田真知子・岩本篤子訳、藤原書店、2010年〕; Robert Muchembled, *L'Orgasme et l'Occident. Une histoire du plaisir du XVIe siècle à nos jours*, Paris, Seuil, 2005, p. 190-193, 230-269; Marie-Véronique Gauthier, *Chanson, sociabilité et grivoiserie au XIXe siècle*, Paris, Aubier, 1992, p. 235-252; Philippe Laroch, *Petits-Maîtres et Roués. Évolution de la notion de libertinage dans le roman français du XVIIIe siècle*, Québec, Presses de l'Université Laval, 1979, p 210-220; Claude Langlois, *Le Crime d'Onan, op. cit.*, p. 341-356.

(30) *Mémoires de l'abbé Morellet de l'Académie française sur le XVIIIe siècle et sur la Révolution*, introduction et notes Jean-Pierre Giuicciardi, Paris, Mercure de France, 1988, p. 130.

(31) *Mémoires de l'abbé Baston chanoine de Rouen, op. cit.*, t. I, p. 162-168, 256-259; Henri Congnet, *Soldat et prêtre, op. cit.*, p. 166; Philippe Boutry, *Prêtres et paroisses au pays du curé d'Ars, op. cit.*, p. 209-217; Philippe Rocher, « Une nouvelle chevalerie catholique contre le néo-paganisme du sport moderne: l'Église catholique et le vélo », in Louis van Ypersele, Anne-Dolorès Marcelis (dir.), *Rêves de chrétienté, réalités du monde. Imaginaires catholiques,*

G. Clément, *M. l'abbé Guillomet. Souvenirs de Notre-Dame de Montluçon. Derniers moments. Lettres*, Montluçon, Imprimerie Prot, 1869, p. 9-10; Abbé Boileau, « L'action populaire chrétienne au Mont-Notre-Dame », in *Prêtres de France à la ville et aux champs. Œuvres sociales*, Abbeville/Reims, F. Paillart/L'Action populaire, [1906?], p. 196; Lynn Hunt, *Le Roman familial de la Révolution française*, préface Jacques Revel, Paris, Albin Michel, 1995.

(15) Ferdinand Fabre, *Ma vocation, op. cit.*, p. 301-303; *Mémoires de l'abbé Bertrand de Chaumont, op. cit.*, p. 75-76; *Mémoires d'un vicaire de campagne, op. cit.*, p. 54, 79-80, 87; Abbé Sève, *Souvenirs d'un aumônier militaire, op. cit.*, p. 161, 202.

(16) *Louis Espanet, séminariste-soldat, op. cit.*, p. 47; Abbé Mugnier, *Journal (1879-1939)* [1985], éd. Marcel Billot, préface Ghislainde Diesbach, notes Jean d'Hendecourt, Paris, Mercure de France, 2003, p. 84; Octave Mirbeau, *L'Abbé Jules*, préface Pierre Michel, Éditions du boucher, Société Octave Mirbeau, 2003 <http:// www.leboucher.com>; Anne Vincent-Buffault, *Histoire des larmes*, Paris, Rivages, 1986〔A・ヴァンサン＝ビュフォー『涙の歴史』持田明子訳、藤原書店、1994年〕; *id.*, « Constitution des rôles masculins et féminins au XIXe siècle: la voie des larmes », *Annales. Économies, Sociétés, Civilisations*, 42/4, 1987, p. 925-954.

(17) Arthur Rimbaud, *Un cœur sous une soutane*, éd. Steve Murphy, Charleville-Mézières, Musée-bibliothèque Arthur Rimbaud, 1991; *Louis Espanet, séminariste-soldat, op. cit.*; Gabrielle Houbre, *La Discipline de l'amour. L'éducation sentimentale des filles et des garçons à l'âge du romantisme*, Paris, Plon, 1997, p. 124-153; *id.*, « Prémices d'une éducation sentimentale: l'intimité masculine dans les collèges (1815-1848) », *Romantisme*, 20/68, 1990, p. 9-22; Deborah Gutermann, « Mal du siècle et mal du "sexe" dans la première moitié du XIXe siècle. Les identités sexuées romantiques aux prises avec le réel », *Sociétés et représentations*, 24, février 2007, p. 195-210.

(18) Eric Wenzel, « Persistance des déviances dans le clergé paroissial bourguignon au XVIIIe siècle », in Benoît Garnot (dir.), *Le Clergé délinquant, op. cit.*, p. 97-118; Yves Le Gallo, *Clergé, religion et société en Basse-Bretagne de la fin de l'Ancien Régime à 1840*, Paris, Éditions ouvrières, 1991, t. I, p. 317-336, 419-422, t. II, p. 968-970; Jacques Lafon, *Les Prêtres, les fidèles et l'État. Le ménage à trois du XIXe siècle*, Paris, Beauchesne, 1987, p. 97-98; Jean Maurain, *La Politique ecclésiastique du Second Empire de 1852 à 1869*, Paris, Alcan, 1930, p. 435-444, 533-540.

(19) Jacqueline Chammas, « Le clergé et l'inceste spirituel dans trois romans du XVIIIe siècle: *Le Portier des Chartreux, Thérèse philosophe* et *Margot la ravaudeuse* », *Eighteenth-Century Fiction*, « Fiction and Religion », 15/3-4, avril-juillet 2003, p. 687-704.

(20) たとえば次を参照。*Discours prononcé dans l'Assemblée électorale du district de Paris, le 9 mai 1793, l'an deuxième de la République, par le citoyen Aubert, premier vicaire de Sainte-Marguerite, et le premier marié des prêtres fonctionnaires de Paris, lors de sa proclamation à la cure de S. Augustin*, Paris, Imprimerie Chemin, [1793], p. 1-2.

(21) Virey, « Vigueur », *Dictionnaire des sciences médicales, par une société de médecins et de chirurgiens*, Paris, C. L. F. Panckoucke, t. LVIII, 1822, p. 50; Paul-Louis Courier, *Réponse aux anonymes qui ont écrit des lettres à Paul-Louis Courier, vigneron*, Bruxelles, chez Demat, 1822.

l'exposé des actions et des sentiments de l'abbé Timothée Marprez, ancien secrétaire d'état-major à l'armée d'Italie, curé-archidiacre de Château-Thierry, chanoine grand-chantre, doyen du chapitre de la basilique et église cathédrale de Soissons, directeur-trésorier diocésain de l'Œuvre de la Propagation de la Foi, chevalier de la Légion d'honneur, Paris, Parmantier, Périsse frères, 1860; Abbé Marchal, *Souvenirs d'un missionnaire, op. cit.*, p. 45.

(7) Alain Corbin, *L'Harmonie des plaisirs. Jouir du siècle des Lumières à l'avènement de la sexologie*, Paris, Perrin, 2007, p. 291-334〔コルバン『快楽の歴史』尾河直哉訳、藤原書店、2011年〕; Claude Langlois, *Le Crime d'Onan. Le discours catholique sur la limitation des naissances (1816-1930)*, Paris, Les Belles Lettres, 2005, p. 348-352.

(8) *L'Abbé Félix Vaissière. Sa vie. Ses écrits intimes*, Montauban, Imprimerie et Lithographie Forestié, 1877, p. 138; Gilles Deregnaucourt, « Les déviances ecclésiastiques dans les anciens diocèses des Pays-Bas méridionaux aux XVIe, XVIIe et XVIIIe siècles: répression, ecclésiologie et pastorale », in Benoît Garnot (dir.), *Le Clergé délinquant (XIIIe- XVIIIe siècles)*, Dijon, Éditions universitaires de Dijon, 1995, p. 65-95; Charles Berthelot du Chesnay, *Les prêtres séculiers en Haute-Bretagne au XVIIIe siècle*, Presses unversitaires de Rennes, 1984, p. 454-463; Philippe Boutry, *Prêtres et paroisses au pays du curé d'Ars*, Paris, Cerf, 1986, p. 217-222, 226-230; Marcel Launay, *Le Bon Prêtre, op. cit.*, p. 131-132; Pierre Pierrard, *La Vie quotidienne du prêtre..., op. cit.*, p. 180, 455-456.

(9) *Les Funestes Effets de la vertu de chasteté dans les prêtres, ou Mémoire de M. Blanchet, curé de cours, près la Réole, en Guyenne, avec les Observations médicales; suivis d'une Adresse envoyée à l'Assemblée nationale, le 12 juin1790*, Paris, Imprimerie de l'Abbé de S. Pierre, 1791; Ferdinand Fabre, *Ma vocation*, Paris, Alphonse Lemerre, 1889, p. 214-229, 264-293, 327-335, 341-361, 433-434.

(10) *Mémoires de l'abbé Baston, chanoine de Rouen*, t. I, *1741-1792*, Paris, Alphonse Picard et fils, 1897, p. 65-66; Ferdinand Fabre, *L'Abbé Tigrane. Candidat à la papauté* [1873], Paris, Bibliothèque Charpentier, 1893, p. 5-9.

(11) *Mémoires de l'abbé Baston, chanoine de Rouen*, t. I, *op. cit.*, p. 156-157, 225, t. II, p. 175; Abbé E. C., *L'Abbé Macchiavelli, chanoine honoraire de Paris, curé de Saint-Ouen. Notes, impressions, souvenirs*, Paris, Librairie Devarenne, [1906], p. 58.

(12) *Mémoires d'un vicaire de campagne, op. cit.*, p. 87; Abbé Sève, *Souvenirs d'un aumônier militaire. 1826-1850*, Lyon, Girard et Josserand, 1851, p. 336; Abbé E. C., *L'Abbé Macchiavelli..., op. cit.*, p. 85.

(13) *Louis Espanet, séminariste-soldat. Mallemort, 9 janvier 1878-Toulon, 4 septembre 1900*, Aix, Imprimerie, J. Nicot, 1902, p. 19 (voir aussi p. 27); *Mémoires de l'abbé Bertrand de Chaumont. Ses études classiques, ses voyages, sa carrière pastorale, sa retraite au château Bayard. Dédiés à ses neveux*, Grenoble, Imprimerie Baratier et Dardelet, 1880, p. 242-243. グレゴリウス教会改革との関連については次を参照。Maureen C. Miller, « Masculinity, Reform and Clerical Culture: narratives of Episcopal Holiness in the Gregorian Era », *Church History*, 72/1, mars 2003, p. 25-52.

(14) Abbé C. Morancé, *Un régiment de l'armée de la Loire. Notes et souvenirs publiés au profit des soldats blessés*, 3e éd, Paris/Le Mans, Victor Palmé/Leguicheux-Gallienne, 1878, p. 188; Abbé

(255) A. Boyer, *Le Tour de France...*, *op. cit.*, p. 229.

(256) A. Rauch, *Histoire du premier sexe. De la Révolution à nos jours*, Paris, Hachette littératures, 2006, p. 217.

(257) A. Corbin, *L'Harmonie des plaisirs...*, *op. cit.*, p. 12［『快楽の歴史』、前掲書］.

(258) A.-M. Sohn, « *Sois un homme*! »..., *op. cit.*, p. 393-394 et 408.

第3章　カトリック司祭の男らしさ――確かにあるのか、疑わしいのか？

(1) *Mémoires de l'abbé Baston, chanoine de Rouen, t.* II, *Années d'exil. 1792-1803*, éd. M. l'abbé Julien Loth また、M. C. Verger, Paris, Alphonse Picard et fils, 1897, p. 224-225, 275-276 (p. 161-164も).

(2) おびただしい関連文献のなかから次を挙げよう。Dominique Julia, « Le prêtre », in Michel Vovelle (dir.), *L'Homme des Lumières*, Paris, Seuil, 1996, p. 391-430; Michel Lagrée, Nicole Lemaître, Luc Perrin, Catherine Vincent, *Histoire des curés*, Paris, Fayard, 2002; Yves Krumenacher, *L'École française de spiritualité. Des mystiques, des fondateurs, des courants et leurs interprètes*, Paris, Cerf, 1998; Marcel Launay, *Le Bon Prêtre. Le clergé rural au XIXe siècle*, Paris, Aubier, 1986; *id.*, *Les Séminaires français aux XIXe et XXe siècles*, Paris, Cerf, 2003; Pierre Pierrard, *La Vie quotidienne du prêtre au xixe siècle*, Paris, Hachette, 1986; Paul Airiau, « La formation sacerdotale en France au XIXe siècle », *Archives de sciences sociales des religions*, 133, janvier-mars 2006, p. 27-44.

(3) Abbé Marchal, *Souvenirs d'un missionnaire*, Genève/Paris, Cherbuliez, Sandoz et Fischbacher, Imprimerie Vérésoff / Garrigues et Cie, 1874, p. 21; *Les Trois Procès de Contrafatto, prêtre sicilien, de Sieffrid, curé de Benfeld, en Alsace, et de Molitor, prêtre allemand*, Paris, Imprimerie de Fain, 1827, p. 60, 69; Armand Fouquier, *Causes célèbres de tous les peuples*, Paris, Lebrun et Cie, 1865-1867, p. 11; Albert Bataille, *Causes criminelles et mondaines de 1889*, Paris, Dentu, 1890, p. 402; Christian Estève, « L'affaire Andral ou la montagne des <dévoyées> », *Ruralia*, juin 2000 <http://ruralia.revues.org/document137.html>; Louis Trichet, *Le Vêtement du clergé*, Paris, Cerf, 1986; François Boisjoly, Jean-Luc Pinol, Serge Chassagne, site « Histoire de la photo-carte de visite » <http://photocarte. ish-lyon. cnrs. fr/ index. php>.

(4) Abbé Tiron, *Souvenirs d'un vieux Picard, ou particularités et anecdotes concernant la cathédrale, le clergé et plusieurs personnages importants de la ville d'Amiens, de 1771 à 1781*, Amiens, Imprimerie de Lenoel-Herouart, 1864, p. 24; Abbé Lamb..., *Mémoires de famille, historiques, littéraires et religieux*, Paris, Charles Painparré, 1822, p. 112; Bernard Plongeron, *La Vie quotidienne du clergé français au XVIIIe siècle* [1969], Paris, Hachette, 1988, p. 79-81.

(5) Erica-Marie Benabou, *La Prostitution et la Police des mœurs au XVIIIe siècle*, présentation Pierre Goubert, Paris, Perrin, 1987, p. 120-155; *Mémoires d'un vicaire de campagne, écrits par lui-même*, Paris, A. Royer, 1844, p. 73; Abbé Mercier, *Vie du R. P. Lataste des frères-prêcheurs. Fondateur de l'œuvre des Réhabilitées*, Paris, Bureaux de l'Année dominicaine, 1890, p. 11-27; Jean-Marie Gueulette, « *Ces femmes qui étaient mes sœurs...* » *Vie du père Lataste, apôtre des prisons* (*1832-1869*), Paris, Cerf, 2008, p. 24-27.

(6) Henri Congnet, *Soldat et prêtre ou le modèle de la vie sacerdotale et militaire dans le récit et*

(225) A. Corbin, *Les Filles de noce..., op. cit* [『娼婦』、前掲書].

(226) P. Pierrard, *La Vie ouvrière à Lille sous le Second Empire*, Paris, Bloud et Gay, 1965, p. 124.

(227) A. Perdiguier, *Mémoires..., op. cit.*, p. 211.

(228) G. Noiriel, *Longwy. Immigrés et prolétaires, 1880-1980*, Paris, PUF, 1984.

(229) A.-M. Sohn, *Chrysalides..., op. cit.*, p. 80 et 758.

(230) A. Tardieu, *Les Attentats aux mœurs* [1857, p. 160], texte présenté par G. Vigarello, Grenoble, Jérôme Millon, 1995, p. 9.

(231) N. Truquin, *Mémoires et aventures d'un prolétaire, 1833-1887*, Paris, L'Harmattan, 2004, p. 30.

(232) M. Sibalis, « Une subculture d'efféminés? L'homosexualité masculine sous Napoléon Ier », in R. Revenin (dir.), *Hommes et masculinités..., op. cit.*, p. 94.

(233) R. Revenin, « Paris Gay, 1870-1918 », in R. Revenin (dir.), *Hommes et masculinités..., op. cit.*, p. 37.

(234) A.-M. Sohn, *Du premier baiser..., op. cit.*, p. 101.

(235) A. Corbin, *L'Harmonie des plaisirs..., op. cit.*, p. 379 [『快楽の歴史』、前掲書].

(236) A.-M. Sohn, *Chrysalides..., op. cit.*, p. 771.

(237) *Id., Du premier baiser..., op. cit.*, p. 237.

(238) L.-R. Villermé, *Tableau..., op. cit.*, p. 103.

(239) *Ibid.*, p. 103.

(240) *Ibid.*, p. 269.

(241) J. Michelet, *Le Peuple, op. cit.*, p. 100-101 [『民衆』、前掲書].

(242) A. Boyer, *Le Tour de France..., op. cit.*, p. 65.

(243) S. Guicheteau, *La Révolution des ouvriers nantais. Mutation économique, identité sociale et dynamique révolutionnaire, 1740-1815*, Rennes, PUR, 2008, p. 132.

(244) C. Chatelard, *Crime et criminalité..., op. cit.*, p. 86.

(245) A.-M. Sohn, *Du premier baiser..., op. cit.*, p. 295.

(246) *Ibid.*, p. 296.

(247) *Le Père Peinard*, 25 juin 1893.

(248) *La Bataille syndicaliste*, 14 mai 1913.

(249) 仕事ぶりが「不満足」だと指摘して、3人の装飾係を解雇したことが原因で、プノーは女工によく「領主特権」を行使していると言われて、みんなから毛嫌いされていた（Voir J. M. Merriman, *Limoges, la ville rouge. Portrait d'une ville révolutionnaire*, trad. J.-P. Bardos, Paris, Belin, 1990, p. 356）。

(250) A.-M. Sohn, *Du premier baiser..., op. cit.*, p. 296.

(251) M.-V. Louis, *Le Droit de cuissage. France, 1860-1930*, Paris, Éd. de l'Atelier/ Éditions ouvrières, 1994, p. 158.

(252) ジョゼフ・アルベール、通称リベルタ（1875 ～ 1908）は無政府主義の闘士、反軍同盟の創立者で、演説の才能を評価されまた好んで身体による対決を選んだ。

(253) S. Kerignard, « Les femmes, les mal entendues... », *op. cit.*, p. 314.

(254) *Ibid.*, p. 337.

(195) A. Faure, « Enfance ouvrière... », *op. cit.*, p. 13.
(196) J. Zanotto, « Simon Parvery... », *op. cit.*, p. 131-132.
(197) A. Sylvère, *Toinou. Le cri d'un enfant auvergnat* (*pays d'Ambert*), Paris, Plon, 1993, p. 300.
(198) J.-B. Dumay, *Mémoires d'un militant ouvrier du Creusot*, Paris/Grenoble, François Maspero/Presses universitaires de Grenoble, 1976, p. 86-87.
(199) C. Regnard-Drouot, *Marseille la violente...*, *op. cit.*, p. 293-299.
(200) C. Chatelard, *Crime et criminalité...*, *op. cit.*, p. 154, 173.
(201) 19世紀後半に暴力行為の「選ばれた地」であるマルセイユでは、1890年代からもっとも貧しい地域に火器が登場したことが窺われる (Voir C. Regnard-Drouot, *Marseille la violente...*, *op. cit.*, p. 270-275)。
(202) C. Marck, « Sur les routes... », *op. cit.*, p. 76-77.
(203) だがA.-M. ソーンは典拠にバイアスがかかっていないか怪しんでいる (*Chrysalides...*, *op. cit.*, p. 701)。
(204) Cité par A. Maugue, *L'Identité masculine en crise au tournant du siècle, 1871-1914*, Paris, Payot, 2001, p. 90.
(205) D. Poulot, *Le Sublime...*, *op. cit* [『崇高なる者』、前掲書].
(206) J.-P. Navailles, *La Famille ouvrière...*, *op. cit.*, p. 260.
(207) G. Jacquemet, *Belleville au XIX*e *siècle. Du faubourg à la ville*, Paris, EHESS/Jean Touzot, 1984.
(208) L. Chevalier, *Classes laborieuses et classes dangereuses à Paris pendant la première moitié du xixe siècle*, Paris, Plon, 1958 [ルイ・シュヴァリエ『労働階級と危険な階級』喜安・木下・相良訳、1993年、みすず書房].
(209) A. Boscus, *Économie et société dans le bassin industriel nord-aveyronnais, 1900-1950*, Montreuil-sous-Bois, ICGTHS, 1997, p. 299.
(210) G. Vigarello, *Histoire du viol. XVI*e*-XX*e *siècle*, Paris, Seuil, 1998, p. 141.
(211) A.-M. Sohn, *Du premier baiser...*, *op. cit.*, p. 305.
(212) *Gazette des Tribunaux*, 17 mars 1844.
(213) O. Schwartz, « Zones d'instabilité dans la culture ouvrière », *Autrement*, n° 126, janvier 1992, p. 131.
(214) F. Barret-Ducrocq, *L'Amour sous Victoria...*, *op. cit.*, p. 54.
(215) A.-M. Sohn, *Du premier baiser...*, *op. cit.*, p. 258.
(216) *Id.*, *Chrysalides...*, *op. cit.*, p. 88.
(217) *Ibid.*, p. 98.
(218) *Ibid.*, p. 388.
(219) A.-C. Rebreyend, « Sur les traces des pratiques sexuelles... », *op. cit.*
(220) L.-R. Villermé, *Tableau...*, *op. cit.*, p. 134.
(221) *Ibid.*, p. 269.
(222) A. Faure, « Classe malpropre... », *op. cit.*, p. 85.
(223) J.-P. Navailles, *La Famille ouvrière...*, *op. cit.*, p. 53.
(224) A.-M. Sohn, *Du premier baiser...*, *op. cit.*, p. 214.

(165) 港湾組合連合はその2年後に方針転換をする。.

(166) *Compte rendu du 18e congrès national corporatif...*, *op. cit.*, p. 138-139.

(167) *L'Ouvrier de l'Est*, 30 novembre 1901.

(168) Intervention de Réaux, *Compte rendu du 17e congrès national corporatif* (*11e de la CGT*). *Toulouse, 3-10 octobre 1910*, Toulouse, Imprimerie ouvrière, 1911, p. 56.

(169) Rapport du comité des fédérations, *ibid.*, p. 13.

(170) Intervention d'Yvetot, *ibid.*, p. 73.

(171) Intervention de Godefroy au congrès de Marseille (1879) citée par M. Perrot, « L'éloge de la ménagère... », *op. cit.*, p. 108.

(172) 多数あるなかの一例—— Motion proposée par Pelloutier et votée au congrès ouvrier de l'Ouest, tenu à Tours les 3-5 mai 1892.

(173) Intervention au 9e congrès de la Fédération du livre, Lyon, 5-10 juin 1905.

(174) Intervention au 8e congrès de la Fédération du livre, Paris, 27 août-1er septembre 1900.

(175) S. Kerignard, « Les femmes, les mal entendues... », *op. cit.*, p. 325-335.

(176) É. Pataud et É. Pouget, *Comment nous ferons la Révolution*, Paris, Jules Tallandier, 1909.

(177) *La Voix du peuple*, 1er mai 1912.

(178) Fédération des métaux, *La Semaine anglaise. Diminuons nos heures de travail. Revendiquons la semaine anglaise*, Paris, Maison des fédérations, s.d., cité par M. Perrot, « L'éloge de la ménagère... », *op. cit.*, p. 120.

(179) M. Nadaud, *Mémoires de Léonard...*, *op. cit.*, p. 68 [『ある出稼ぎ石工の回想』、前掲書].

(180) C. Marck, « Sur les routes... », *op. cit.*, p. 40.

(181) G. Crossick, *An Artisan Elite in Victorian Society. Kentish London, 1840-1880*, Londres, Croom Helm, 1978.

(182) Cité par J. Kuczynski, *Les Origines de la classe ouvrière*, trad. J. Peltier, Paris, Hachette, 1967, p. 106.

(183) C. Marck, « Sur les routes... », *op. cit.*, p. 12.

(184) L.-R. Villermé, *Tableau...*, *op. cit.*, p. 387.

(185) *Ibid.*, p. 106.

(186) M.-V. Gauthier, *Chanson, sociabilité et grivoiserie au XIXe siècle*, Paris, Aubier, 1992, p. 45.

(187) W. H. Sewell, *Gens de métier...*, *op. cit.*, p. 226.

(188) F. Gasnault, *Guinguettes et lorettes. Bals publics et danse sociale à Paris entre 1830 et 1870*, Paris, Aubier, 1986.

(189) C. Marck, « Sur les routes... », *op. cit.*, p. 9.

(190) P. Bourdieu, *La Domination masculine*, Paris, Seuil, 1998, p. 56-57.

(191) C. Marck, « Sur les routes... », *op. cit.*, p. 5.

(192) A.-M. Sohn, « *Sois un homme* ! »..., *op. cit.*, p. 200; C. Regnard-Drouot, *Marseille la violente. Criminalité, industrialisation et société, 1851-1914*, Rennes, PUR, 2009, p. 236-237.

(193) C. Marck, « Sur les routes... », *op. cit.*, p. 9.

(194) *Ibid.*, p. 4.

書].

(139) L. Reybaud, *Le Fer…*, *op. cit.*

(140) A. Faure, « Enfance ouvrière… », *op. cit.*, p. 34.

(141) D. Kalifa, *L'Encre et le Sang. Récits de crimes et société à la Belle Époque*, Paris, Fayard, 1995.

(142) J.-P. Burdy, M. Dubesset, M. Zancarini-Fournel, « Rôles, travaux et métiers de femmes… », *op. cit.*, p. 43.

(143) Cité par M.-H. Zylberberg-Hocquard, *Femmes et féminisme dans le mouvement ouvrier français*, Paris, Éd. ouvrières, 1981, p. 177.

(144) *L'Ouvrier de l'Est*, 28 décembre 1901.

(145) Intervention au congrès ouvrier de Marseille (1879) citée par M. Perrot, « L'éloge de la ménagère… », *op. cit.*, p. 112.

(146) Citée par F. Chaignaud, *L'Affaire Berger-Levrault. Le féminisme à l'épreuve, 1897-1905*, Rennes, PUR, 2009, p. 143.

(147) F. Tristan, *Le Tour de France, état actuel de la classe ouvrière sous l'aspect moral, intellectuel et matériel. Journal 1843-1844*, t. II, Paris, François Maspero, 1980, p. 71.

(148) C. Cockburn, *Brothers. Male Dominance and Technological Change*, Londres, Pluto, 1983.

(149) J.-M.Lahy, « Les conflits du travail. Hommes et femmes typographes », *La Revue socialiste*, n° 292, avril 1909, p. 295.

(150) *Ibid.*, p. 296.

(151) F. Jarrige, « Le mauvais genre de la machine. Les ouvriers du livre et la composition mécanique (France, Angleterre, 1840-1880) », *Revue d'histoire moderne et contemporaine*, n° 54-1, janvier-mars 2007, p. 205, 212-213.

(152) M. Rebérioux, *Les Ouvriers du livre et leur fédération. Un centenaire, 1881-1981*, Paris, Temps actuels, 1981, p. 25.

(153) F. Jarrige, « Le mauvais genre de la machine… », *op. cit.*, p. 200 et 207.

(154) Cité par M.-H. Zylberberg-Hocquard, « L'ouvrière », *Historiens et géographes*, n° 350, octobre 1995, p. 267.

(155) 2e congrès de la Fédération nationale des ouvriers métallurgistes, novembre 1892.

(156) M. Pigenet, *Les Ouvriers du Cher…*, *op. cit.*, p. 203.

(157) *Ibid.*, p. 113.

(158) *Bulletin officiel de la Bourse du travail de Bourges*, octobre 1908.

(159)「わたしたちはみんな13から20歳までの若い娘なんだし、そこに出入りするのに陽気さの外にどんなものが必要だというの」と、ある弁護ー嘆願書の中で彼女たちのなかの50人ばかりが答えている(Petition d'ouvrières d'une usine vierzonnaise datée du 21 octobre 1910).

(160) *L'Écho de la fabrique*, 5 février 1832.

(161) *L'Écho de la fabrique*, 14 juillet 1833.

(162) *L'Écho de la fabrique*, 24 juin 1833.

(163) Cité par M.-H. Zylberberg-Hocquard, *Femmes et féminisme…*, *op. cit.*, p. 179.

(164) J.-P. Navailles, *La Famille ouvrière…*, *op. cit.*, p. 260.

(115) A.-M. Sohn, *Chrysalides. Femmes dans la vie privée, XIXe-XXe siècle*, Paris, Publications de la Sorbonne, 1996, p. 98.

(116) L.-R. Villermé, *Tableau...*, *op. cit.*, p. 428.

(117) Voir A. Perdiguier, *Mémoires d'un compagnon*, Paris, UGE, « 10/18 », 1964, p. 10.

(118) J.-C. Caron, *À l'école de la violence. Châtiments et sévices dans l'institution scolaire au XIXe siècle*, Paris, Aubier, 1999, p. 90-91.

(119) A. Boyer, *Le Tour de France d'un compagnon du devoir*, Paris, Imprimerie du compagnonnage, 1957, p. 43.

(120) L. Reybaud, *Études sur le régime des manufactures. Condition des ouvriers en soie*, Paris, Michel Lévy frères, 1859, p. 160.

(121) *L'Humanité*, 19 décembre 1912.

(122) A.-M. Sohn, *Chrysalides...*, *op. cit.*, p. 440-441.

(123) S. Kerignard, « Les femmes, les mal entendues du discours libertaire? De la fin du XIXe siècle à la Grande Guerre », thèse d'histoire, université Paris VIII, 2004, p. 278.

(124) A.-M. Sohn, « *Sois un homme*! »..., *op. cit.*, p. 379.

(125) *Le Réveil social du Centre*, 27 février 1886. この新聞はそこでアヴェイロン炭坑精錬会社の技師で非妥協的な副社長であったジュール・ワトランを例にして、将来の企業幹部向けの養成法を非難する。新聞記事に取りあげられたワトランは、1886年1月26日にドゥカズヴィルでストライキ中の炭鉱労働者の示威行進の際窓から投げ出されて死んだ。ストライキの方は一時中断されたが再開され、その後何カ月も続くとともに、広範な連帯運動を巻きおこした。ワトラン殺害に関して1人の女性を含む10人が訴追され、そのうち6人は無罪釈放、4人は8年の強制労働から5年の禁固労働という有罪判決を受けるにいたる。

(126) P. Pelpel et V. Troger, *Histoire de l'enseignement technique*, Paris, L'Harmattan, 2001, p. 51-52.

(127) C. R. Day, *Les Écoles d'Arts et Métiers. L'enseignement technique en France, XIXe-XXe siècle*, trad. J.-P. Bardos, Paris, Belin, 1991.

(128) G. Brucy, *Histoire des diplômes de l'enseignement technique et professionnel, 1880-1965. L'État, l'école, les entreprises et la certification des compétences*, Paris, Belin, 1998, p. 23.

(129) M. Pigenet, « L'ENP de Vierzon et le problème de la formation professionnelle dans une ville ouvrière, années 1880-1914 », *Revue historique*, n° 572, 1989, p. 370.

(130) Rapport de M. Gérard, AN F22 505.

(131) *La Voix du peuple*, 1er mai 1913.

(132) P. Pelpel et V. Troger, *Histoire de l'enseignement technique, op. cit.*, p. 57.

(133) Enquête sur le travail agricole et industriel, 1848, AN C 949.

(134) J. W. Scott, *Les Verriers...*, *op. cit.*, p. 80.

(135) *La Voix des verriers*, 5 mars 1913.

(136) A. Faure, « Enfance ouvrière, enfance coupable: essai sur la délinquance des enfants à Paris au début du XXe siècle », *Les Révoltes logiques*, n° 13, 1980-1981, p. 33.

(137) L.-R. Villermé, *Tableau...*, *op. cit.*, p. 426.

(138) M. Nadaud, *Mémoires de Léonard...*, *op. cit.*, p. 60 [『ある出稼ぎ石工の回想』、前掲

Michel Lévy frères, 1863, p. 34.

(89) O. Schwartz, *Le Monde privé des ouvriers. Hommes et femmes du Nord*, Paris, PUF, 1990, p. 294.

(90) M. Nadaud, *Mémoires de Léonard…, op. cit.* [『ある出稼ぎ石工の回想』、前掲書].

(91) A. Finkielkraut, « La nostalgie de l'épreuve », *Le Genre humain*, n° 10, 1993, p. 59.

(92) A. Cottereau, « Usure au travail, destins masculins et destins féminins dans les cultures ouvrières, en France, au XIXe siècle », *Le Mouvement social*, n° 124, juillet-septembre 1983, p. 95.

(93) L.-R. Villermé, *Tableau…, op. cit.*, p. 387.

(94) *Ibid.*, p. 103.

(95) P. Larousse, *Grand Dictionnaire universel…, op. cit.*, t. XV, p. 1106.

(96) A.-M. Sohn, « *Sois un homme*! » *La construction de la masculinité au XIXe siècle*, Paris, Seuil, 2009.

(97) Cité par R. Trempé, « Travail à la mine et vieillissement des mineurs au XIXe siècle », *Le Mouvement social*, n° 124, juillet-septembre 1983, p. 131-132.

(98) Réponse d'un porcelainier de Mehun-sur-Yèvre (Cher). Enquête parlementaire de 1884. Archives nationales, AN C 3340.

(99) E. Buret, *De la misère…, op. cit.*, p. 350.

(100) A. Faure, « Classe malpropre, classe dangereuse? Quelques remarques à propos des chiffonniers parisiens au XIXe siècle et de leurs cités », *Recherches*, n° 29, décembre 1977, p. 85.

(101) A.-M. Sohn, « *Sois un homme*! »…, *op. cit.*, p. 155 et 383.

(102) Rapport de l'inspecteur de l'enseignement primaire pour 1842-1843, Archives départementales du Cher, AdC 1 T 90.

(103) Rapport de l'inspecteur de l'enseignement primaire pour 1853, AdC 1 T 94.

(104) M. Perrot, « La jeunesse ouvrière: de l'atelier à l'usine » in G. Levi et J.-Cl. Schmitt (dir.), *Histoire des jeunes en Occident*, t. II, *L'Époque contemporaine*, Paris, Seuil, 1996, p. 106 *sq.*

(105) Rapport de M. Gérard, AN F22 505.

(106) Rapport de M. Campredon, AN F22 505.

(107) カルモーでは、ガラス吹き工の支配する労働組合がまったくの「少年」でしかなくても現に瓶吹きをしていたと認めている (Voir J. W. Scott, *Les Verriers…, op. cit.*, p. 76)。

(108) A. Cottereau, « Méconnue, la vie des enfants d'ouvriers au XIXe siècle », *Autrement*, n° 10, septembre 1977.

(109) W. H. Sewell, *Gens de métier et révolutions. Le langage du travail, de l'Ancien Régime à 1848*, trad. J.-M. Denis, Paris, Aubier/Montaigne, 1983, p. 80-81 et 83.

(110) A.-M. Sohn, « *Sois un homme*! »…, *op. cit.*, p. 164.

(111) J. Turgan, *Les Grandes Usines…, op. cit.*, t. VI, 1866, p. 144.

(112) *L'Écho de la fabrique*, 24 juin 1833.

(113) *La Voix des verriers*, 5 mars 1913.

(114) P. Pelletier, *Les Verriers…, op. cit.*, p. 231-232.

ドニ・プロは、こうした労働者たちの生彩に富んだ一覧表を著書のなかで作成し、彼らのメンタリティーを嘆いた。その著作がよく知られているのは、エミール・ゾラが『居酒屋』を書く際、それから着想を得たからである（Voir D. Poulot, *Le Sublime ou le Travailleur comme il est en 1870 et ce qu'il peut être* [1870], Paris, François Maspero, 1980［『崇高なる者』見富尚人訳、岩波文庫、1990年］）。

(69) ベン［ベンジャミン］・ティレット（1860〜1943）、ロンドン港の紅茶倉庫労働者。1889年イギリスの首都で発生した数千人の港湾労働者による大規模ストライキをトム・マン、ジョン・バーンズとともに勝利に導いた指導者。1910年イギリス運輸労働者同盟の創立メンバーとして、1922年にはそれをイギリスでもっとも有力な組合組織である運輸一般労働組合（TGWU）として発展解消させることに貢献した。社会主義者で、国際紛争ではゼネラルストライキに好意的であったが、1917年には戦争準備を支持し、代議士に選出された。1917〜1924年、ついで1929〜1931年に下院で議席を占めた（Voir J. Schneer, *Ben Tillett. Portrait of a Labour Leader*, Londres, Croom Helm, 1982）。

(70) *La Bataille syndicaliste*, 23 juillet 1911.

(71) L. et M. Bonneff, *La Vie tragique des travailleurs* [1908], Paris, EDI, 1984, p. 159.

(72) F. Pelloutier, « L'œuvre des Bourses du travail », *Revue politique et parlementaire*, 10 juin 1899.

(73) Tract du comité d'action des syndicats du bâtiment, 1er mai 1906.

(74) *La Bataille syndicaliste*, 9 février 1913.

(75) Selon la Fédération des syndicats du Havre, *La Voix du peuple*, 9 novembre 1902.

(76) M. Offerlé, « Illégitimité et légitimation du personnel politique ouvrier en France avant 1914 », *Annales ESC*, n° 4, juillet-août 1984.

(77) J. Howorth, *Édouard Vaillant. La création de l'unité socialiste en France, la politique de l'action totale*, Paris, EDI/Syros, 1982, p. 134.

(78) *L'Écho de la fabrique*, 1er janvier 1832.

(79) P. Hervier, « Quarante Ans de vie militante. Recueil d'écrits », *L'Émancipateur*, 1937.

(80) *La Bataille syndicaliste*, 16 juin 1912.

(81) A. Merrheim, préface à *La Métallurgie, son origine et son développement*, Paris, Fédération des métaux, 1913, préface.

(82) D. Cooper-Richet, *Le Peuple de la nuit. Mines et mineurs en France, XIXe-XXe siècle*, Paris, Perrin, 2002.

(83) M. Peroni, J. Roux, « La validité documentaire de la photographie. Le travail au fond de la mine », in N. Gérôme (dir.), *Archives sensibles. Images et objets du monde industriel et ouvrier*, Cachan, Éd. de l'ENS-Cachan, 1995, p. 38-57.

(84) L. Reybaud, *Le Fer et la Houille*, Paris, Lévy, 1874, p. 18-22.

(85) J. Zanotto, « Simon Parvery... », *op. cit.*, p. 139.

(86) P. Pelletier, *Les Verriers dans le Lyonnais et le Forez*, Paris, chez l'auteur, 1897, p. 145.

(87) C. Moriceau, « Les douleurs de l'industrie. L'hygiénisme industriel en France, 1860-1914 », thèse d'histoire, EHESS, 2002, p. 441.

(88) J. Turgan, *Les Grandes Usines. Études industrielles en France et à l'étranger*, t. III, Paris,

(47) A. Faure, « Aspects de la "vie de quartier" dans le Paris populaire de la fin du XIXe siècle », *Recherches contemporaines*, n° 6, 2000-2001, p. 286.

(48) M. Perrot, *Histoire de chambre*, Paris, Seuil, 2009.

(49) Voir l'article « Viril », in P. Larousse, *Grand Dictionnaire universel du XIXe siècle*, t. XV, Paris, Larousse, 1866-1876, rééd. Genève/Paris, Slatkine, 1982, p. 1106.

(50) Cité à la notice « Virilité », *Encyclopédie universel du XXe siècle*, t. XII, Paris, Librairie nationale, 1912, p. 554.

(51) O. Roynette, « La construction du masculin de la fin du XIXe siècle aux années 1930 », *Vingtième Siècle*, n° 75, juillet-sptembre 2002, p. 91.

(52) Cité par M. Perrot, « L'éloge de la ménagère dans le discours des ouvriers français au XIXe siècle », *Romantisme*, n° 13-14, 1976, p. 105.

(53) M. Nadaud, *Mémoire de Léonarad, ancien garçon maçon*, éd. M. Agulhon, Saint-Paul, Lucien Souny, 1998［マルタン・ナド『ある出稼ぎ石工の回想』喜安朗訳、岩波文庫、1997年］.

(54) D. Welzer-Lang, *Les Hommes et le Masculin*［2003］, Paris, Payot, 2008, p. 257.

(55) G. Mihaely, « Un poil de différence. Masculinités dans le monde du travail, années 1870-1900 », in R. Revenin（dir.）, *Hommes et masuculinités..., op. cit.*, p. 128-145.

(56) H.-A. Frégier, *Des classes dangereuses..., op. cit.*, p. 192-193.

(57) J.-P. Burdy, M. Dubesset, M. Zancarini-Fournel, « Rôles, travaux et métiers de femmes dans une ville industrielle: Saint-Étienne, 1900-1950 », *Le Mouvement social,* n° 140, juillet-septembre 1987, p. 36-37.

(58) M. Pigenet, « Identité professionnelle et masculinité. Une approche historique des rapports sociaux sexués dans les ports français aux XIXe et XXe siècles », *Le Mouvement social*, n° 198, janvier-février 2002, p. 66.

(59) C. Chatelard, *Crime et criminalité dans l'arrondissement de Saint-Étienne au XIXe siècle*, Saint-Étienne, Centre d'études foréziennes, 1981, p. 174.

(60) E. Jolant, *Usines de Torteron. Histoire de la métallurgie en Berry*, Bourges, 1926, p. 121-128.

(61) J.-P. Burdy, M. Dubesset, M. Zancarini-Fournel, « Rôles, travaux et métiers... », *op. cit.*, p. 31.

(62) *Ibid.*, p. 44.

(63) Selon L. de Seilhac cité par J. W. Scott, *Les Verriers de Carmaux. La naissance d'un syndicalisme*, trad. T. Arminjon, Paris, Flammarion, 1982, p. 36.

(64) M. Pigenet, *Les Ouvriers du Cher, fin XVIIIe siècle-1914. Travail, espace et conscience sociale*, Montreuil-sous-Bois, ICGTHS, 1990, p. 77-115.

(65) *La Voix du peuple*, 18 février 1912.

(66) *Le Travailleur de la terre*, octobre 1907.

(67) J. W. Scott, *Les Verriers de Carmaux..., op. cit.*, p. 117.

(68) 1860–1870年代のパリで、「シュブリーム」というのは、雇用者や支配的規範に対して精神的独立性を表す上で比肩するものが存在しないほど高みにある労働者のことを指し示す称号であった。機械工場主で、著名な共和主義者であった

Paris, Pierre Roger et Cie, 1912, p. 23, 122, 139-140.

（21） Voir F. Jarrige, « Au temps des "tueuses de bras"... », *op. cit.*, p. 412.

（22） F. Barret-Ducrocq, *L'Amour sous Victoria. Sexualité et classes populaires à Londres au XIXe siècle*, Paris, Plon, 1989, p. 110.

（23） A.-M. Sohn, *Du premier baiser à l'alcove. La sexualité des Français au quotidien, 1850-1950*, Paris, Aubier, 1996, p. 27.

（24） *Ibid.*, p. 17.

（25） J. Rancière, *La Nuit des prolétaires. Archives du rêve ouvrier*, Paris, Fayard, 1981.

（26） P. Bourdieu, *La Distinction. Critique sociale du jugement*, Paris, Minuit, 1979, p. 91-92［P・ブルデュー『ディスタンクシオン　社会的判断力批判』Ⅰ・Ⅱ、石井洋二郎訳、藤原書店、1990年］.

（27） É. Guillaumin, *Le Syndicat de Baugignoux,* Paris, Fasquelle, 1912, p. 38-39.

（28） J.-É. Bédé, *Un ouvrier en 1820. Manuscrit inédit*, introd. et notes de R. Gossez, Paris, PUF, 1984, p. 95.

（29） A.-C. Rebreyend, « Sur les traces des pratiques sexuelles des individus "ordinaires". France, 1920-1970 », *Le Mouvement social*, n° 207, avril-juin 2004, p. 57.

（30） C. Marck, « Sur les routes que j'ai parcourues », mss dactylographié conservé au Musée social, p. 6.

（31） *Ibid.*, p. 22.

（32） J.-É. Bédé, *Un ouvrier en 1820..., op. cit.*, p. 129-130.

（33） H. Tolain, *La Tribune ouvrière*, 18 juin 1865.

（34） M. Lyons, « La culture littéraire des taravailleurs. Autobiographies ouvrières dans l'Europe du XIXe siècle », *Annales HSS*, n° 4-5, juillet-octobre 2001, p. 935-936.

（35） L.-R. Villermé, *Tableau..., op. cit.*, p. 319.

（36） A. Cuvillier, *Un journal d'ouvriers, « L'Atelier », 1840-1850*, Paris, Félix Alcan, 1914, p. 83.

（37） Cité par L. Devance, « Femme, famille, travail et morale sexuelle dans l'idéologie de 1848 », *Romantisme*, n° 13-14, 1976, p. 96.

（38） A. Corbin, *L'Harmonie des plaisirs. Les manière de jouir du siècle des Lumières à l'avènement de la sexologie*, Paris, Perrin, 2007, p. 118［A・コルバン『快楽の歴史』尾河直哉訳、藤原書店、2011年］.

（39） *La Bataille syndicaliste,* 24 mai 1911.

（40） *L'Écho de la fabrique*, 24 mars 1833.

（41） Déclaration d'un militant du sydicat des terrassiers de la Seine, 22 septembre 1912.

（42） Intervention de Bousquet, *Compte rendu du 18e* congrès national corporatif（12e de la CGT）. Le Havre, 16-23 septembre 1912, Le Havre, imprimerie de l'Union, sd, p. 186.

（43） *L'Écho de la fabrique*, 31 mars 1833.

（44） C. Marck, « Sur les routes... », *op. cit..*, p. 41-42.

（45） *Ibid.*, p. 54.

（46） A. Corbin, *Les Filles de noce. Misère sexuelle et prostitution, XIXe et XXe siècles*, Paris, Aubier, 1978［A・コルバン『娼婦』杉村和子監訳、藤原書店、1991年］.

(130) Maupassant, *Bel-Ami*, Paris, Gallimard, « Folio », p. 29.

第2章　労働者の男らしさ

(1) J. Zanotto, « Simon Parvery, ouvrier des fors (1869-1945) », *Le Mouvement social*, n° 125, octobre-décembre 1983, p. 125-146.

(2) Voir Hobsbawm, « Sexe, symbles, vêtement etr socialisme », *Actes de la recherche en sciences sociales*, n° 23, 1978, p. 2-18; M. Agulhon, « Propos sur l'allégorie politique, en réponse à Eric Hobsbawm », *Actes de la recherche en sciences sociales*, n° 28, 1979, p. 27-32.

(3) Revenin, « Paris Gay, 1870-1918 », in R. Revenin (dir.), *Hommes et masculinités, de 1789 à nos jours. Contributions à l'histoire du genre et de la sexulaité en France*, Paris, Autrement, 2007.

(4) J.-H. Réveillé-Parise, *Physiologie et hygiène des hommes livrés aux travaux de l'esprit ou Recherches sur le physique et le moral, les habitudes, les maladies et le régime des gens de lettres, artistes, savans, hommes d'État, juris-consultes, administrateurs, etc.*, Paris, G.-A. Dentu, 1834.

(5) V. Gélu, *Marseille au XIXe siéle*, Paris, Plon, 1971.

(6) H.-A. Taine, *Notes sur l'Angleterre*, Paris, Hachette, 1872, p. 52.

(7) L.-R. Villermé, *Tableau de l'état physique et moral des ouvriers employés dans les manufactures de coton, de laine et de soie* [1840], rééd. Paris, EDI, 1989, p. 126.

(8) Description reprise de Villeneuve-Bargemont, *ibid.*, p. 132.

(9) E. Buret, *De la misère des classes laborieuses en Angleterre et en France. De la nature de la misère, de son existence, de ses effets, de ses causes et de l'insuffisance des remèdes qu'on lui a opposés jusqu'ici; avec l'indication des moyens propres à en affranchir les sociétés*, Paris, Paulin, 1840, p. 68.

(10) H.-A. Frégier, *Des classes dangereuses de la population dnas les grandes villes et des moyens de les rendre meilleures* [1840], Genève, Slatkine, 1977, p. 140.

(11) *Le Petit Parisien*, 2 octobre 1893.

(12) J. Michelet, *Le Peuple*, Paris, Comptoir des imprimeurs unis, 1846, p. 72 [J・ミシュレ『民衆』大野一道訳、みすず書房、1977年].

(13) J.-P. Navailles, *La Famille ouvrière dans l'Angleterre victorienne*, Seyssel, Champ Vallon, 1983, p. 162.

(14) J. F. Wagniart, *Le Vagabond à la fin du XIXe siècle*, Paris, Belin, 1999.

(15) ラカサーニュ（1899年）の常套表現による［*Ibid.*, p. 42]。

(16) A. Cabantous, *Les Citoyens du large. Les identités maritimes en France, XVIIe-XIXe siècle*, Paris, Aubier, 1995, p. 51-56.

(17) E. Buret, *De la misère..., op. cit.*, p. 363.

(18) L. Faucher, *Revue du Lyonnais*, t. I, 1835, p. 52-57, cité par F. Jarrige, « Au temps des "tueuses de bras". Les bris de machines et la genèse de la société industirielle (France, Angleterre, Belgique, 1780-1860) », thèse d'histoiire, université Paris I, 2007, p. 657.

(19) M. Pigenet, « Les travailleurs de la manutention portuaire ou les métamorphses du modèle corporatiste », in S. Kaplan, P. Minard (dir.), *La France, malade du corporatisme? XVIIIe-XXe siècle*, Paris, Belin, 2004, p. 265-280.

(20) M. A. Hérubel, *La France au travail. En suivant les côtes, de Dunkerque à Saint-Nazaire*,

(105) Émile Zola, *La Débâcle*, Paris, Le Livre de Poche, 2003, p. 653.

(106) Paul Gerbod, « L'éthique héroïque en France, 1870-1914 », *Revue historique*, octobre 1982, p. 409-429.

(107) André Rauch, *Histoire du premier sexe de la Révolution à nos jours, op. cit.*, p. 253 *sq.*

(108) Guy de Maupassant, *Le Lit 29*, Paris, Gallimard, « bibliothèque de la Pléiade », t. II, 1979, p. 174 *sq*〔モーパッサン「二十九号の寝台」『モーパッサン短編集 III』青柳瑞穂訳、新潮文庫、1971年〕.

(109) François Robichon, *L'Armée française vue par les peintres. 1870-1914*, introduction de R. Girardet, Paris, Detalle, 1998.

(110) Raoul Girardet, *La Société militaire dans la France contemporaine. 1815-1939*, Paris, Plon, 1953, p. 161 *sq.*

(111) Docteur Volcleroy の演説を参照。以下に引用。 O. Roynette, *« Bons pour le service »..., op. cit.*, p. 156.

(112) H.Lyautey, « Le rôle social de l'officier », *La Revue des deux mondes*, 15 mars 1891.

(113) Ct. Ebener, *Conférences sur le rôle social de l'officier faites aux élèves de l'École spéciale militaire*, Paris, Lavauzelle, 1901, p. 48.

(114) D. Ehrenberg, *Le Corps militaire..., op. cit.*, p. 138.

(115) A. Forrest, *The Legacy of the French Revolutionary Wars. The Nation-in-Arms in French Republican Memory*, Cambridge, Cambridge University Press, 2009, p. 141 *sq.* et p. 177 *sq.*

(116) Ct. Ebener, *Conférences..., op. cit.*, p. 25-32 ; G. Duruy, *L'Officier, éducateur national*, conférence faite à l'école Polytechnique en 1904, bordeaux, 1905.

(117) Général Thoumas, *Les Vertus guerrières. Le livre du soldat*, Paris, berger-Levrault, 1892.

(118) E. Coralys, *L'Éducation morale du soldat*, Paris, Lavauzelle, 1891, p. 8 et 22.

(119) G. L. Mosse, *L'Image de l'homme..., op. cit.*, p. 64 *sq.*

(120) Général Gallieni, « Instructions du 22 mai 1898 », citées par R. Girardet, *La Société militaire..., op. cit.*, p. 299.

(121) E. Psichari, *L'Appel des armes*, Paris, Conard, rééd. 1948, p. 113 *sq.*

(122) R. Girardet, *La Société militaire, op. cit.*, p. 306.

(123) 以下の諸巻を参照。 A. Hermant, *Le Cavalier Miserey*, Paris, Charpentier, 1887, p. 36 ; L. Descaves, *Sous-Offs*, Paris, 1892, p. 18 ; G. Darien, *L'Épaulette*, Paris, Fasquelle, 1901, rééd. Martineau, 1971, p. 136 ; *id.*, *Biribi*, Paris, Albert Savine, 1890, rééd. « 10/18 », 1966, p. 143 ; H. Fèvre, *Au port d'arme. Mœurs militaires*, Paris, Charpentier, 1887, p. 209.

(124) 以下に引用。M. Rebérioux, Introduction à J. Jaurès, *L'Armée nouvelle*, Paris, « 10/18 », 1969.

(125) J. Vivent, *Les Inspirations et l'Art de Courteline*, Paris, Maison française de l'édition, 1921, p. 28 *sq.*

(126) G. Courteline, *Œuvres complètes*, t. I, Paris, Flammarion, 1975, p. 277.

(127) J. Vivent, *Les Inspirations..., op. cit.*, p. 29-30.

(128) J et Ch. Rittaud, *Dictionnaire des cinématographes en France. 1896-1897*, Paris, Champion, 1999.

(129) D. Kalifa, *Biribi. Les bagnes coloniaux*, Paris, Perrin, 2009.

(78) Gérard de Puymège, *Chauvin, le soldat-laboureur. Contribution à l'étude du nationalisme.* Paris, Gallimard, 1993.
(79) Franconi, *Le Soldat laboureur*, Paris, Fages, 1819, p. 11.
(80) Cogniard frères, *La Cocarde tricolore*, Paris, Impr. Jules Didot, 1831, p. 73.
(81) Gérard de Puymège, *Chauvin, op. cit.*, p. 48.
(82) *Ibid.*, p. 53.
(83) Annie Crépin, *Défendre la France. Les Français, la guerre et le service militaire de la guerre de Sept Ans à Verdun*, Rennes, Presses universitaires de Rennes, 2005, p. 90.
(84) Henri Martin, *De la France, de son génie et de ses destinées*, Paris, Fume, 1847, p. 318.
(85) Gérard de Puymège, *Chauvin, op. cit.*, p. 217.
(86) *Ibid.*, p. 209.
(87) Abbé Augustin Devoille, *Lettre d'un vieux paysan aux laboureurs ses frères*, Paris, 1852, p. 206. 以下に引用。 Gérard de Puymège, *Chauvin, op. cit.*, p. 215.
(88) Arsène Alexandre, *Histoire de la peinture militaire en France*, Paris, H. Laurens, 1889, p. 274.
(89) J.-M. Humbert, L. Dumarche et M. Pierron, *Photographies anciennes, 1848-1918. Regard sur le soldat et la société*, Paris, Musée de l'Armée, 1985.
(90) Honoré de Balzac, *Les Paysans*, Paris, Gallimard, « Folio », 1975, p. 112.
(91) L. Bergès, « Conscription et insoumission dans *La Comédie humaine* », in P. Viallaneix et J. Ehrard (dir.), *La Bataille, l'armée, La gloire, op. cit.*, p. 354.
(92) 以下に引用。 O. Roynette, *« Bons pour le service ». L'expérience de la caserne en France à la fin du XIXe siècle*, Paris, Belin, 2000, p. 63.
(93) Discours du 28 octobre 1848. 以下に引用。 O. Roynette, *« Bons pour le service », op. cit.*, p. 44.
(94) 1855年に兵役代理に代わって兵役免除が実施された。もはや1人の人間を買うのではなく、国家が兵士を準備するための基金に金を支払うのである。1868年には再び兵役代理が復活した。
(95) 以下に引用。 Annie Crépin, *Défendre la France, op. cit.*, p. 292.
(96) *Ibid.*, p. 305-307.
(97) Capitaine F. Durand, *Des tendances pacifiques de la société européenne et du rôle des armées dans l'avenir*, Paris, Bocquet, 1841, p. 231 *sq.*
(98) *Ibid.*, p. 305.
(99) J. Walch, « Michel Chevalier, économiste saint-simonien, 1806-1879 », thèse, université de Lille III, 1973, p. 328.
(100) C. Pecqueur, *Des armées dans leurs rapports avec l'industrie, la morale, la liberté ou les devoirs civique des militaires*, Paris, Capelle, 1842.
(101) P. J. Proudhon, *La Guerre et la Paix. Recherches sur le principe et la constitution du droit des gens*, bruxelles, Hetzel, t. I, 1861, p. 89.
(102) 以下に引用。 O. Roynette, *« Bons pour le service »..., op. cit.*, p. 82.
(103) Félicien Champsaur, *L'Abattoir*, Paris, L'Ermitage, 1910, p. 127.
(104) F. de Julliot, *Terre de France*, Paris, Calmann-Lévy, 1885, p. 299.

(52) Bruno Foucart, « Peinture militaire et idéologie à l'époque impériale », in Jacques-Olivier Boudon (dir.), *Armée, guerre et société à l'époque napoléonienne*, Paris, SPM, 2004, p. 219.

(53) Bulletin de Police du 28 mai 1807, Archives nationale, AFIV 1500.

(54) Pierre Chaussard, *Le Pausanias français ou Description du salon de 1806*, Paris, 1806, p. 70.

(55) 以下に引用。Yveline Cantarel-Besson, « Les morts exemplaires dans la peinture militaire », *Revue de l'Institut Napoléon*, n° 133, 1977, p. 97.

(56) *Correspondance de Napoléon Ier*, C21, août 1807.

(57) 前出の「軍隊と男らしさの証明」、p. 91を参照。

(58) M. J. Hughes, « Making Frenchmen into Warriors ; Martial Masculinity in Napoleonic France », in C. E. Forth and B. Tarth, *French Masculinities. History, Culture and Politics*, London, Rowe, 2007, p. 60.

(59) *Le Chansonnier de la Grande Armée ou Choix de chansons militaires dédiées aux braves*, Paris, Marchand, 1809, p. 4-5.

(60) *Ibid.*, « Le retour », p. 37.

(61) *Hommage à la Grande Armée du Caveau moderne, chanté à Tivoli pendant le dîner donné par la ville de Paris aux Braves qui ont traversé la capitale dans le courant de septembre 1808*, Paris, 1809, p. 12.

(62) *Le Chansonnier de la Grand Armée, op. cit.*, p. 95.

(63) Emmanuel Maffre-Baugé, *Superbe et généreux Jean Maffre. Mémoires d'un baroudeur, 1785-1834*, Paris, Fayard, 1982, p. 164.

(64) Elzéar Blaze, *La Vie militaire sous le Premier Empire*, Paris, Garnier, 1888, p. 393.

(65) *Souvenirs militaires du baron de Gonneville*, publiés par la comtesse de Mirabeau, sa fille, Paris, Didier, 1875, p. 199. 以下も参照。*Journal du maréchal de Castellane*, Paris, Plon, 1895 ou le *Journal du général Fantin des Odoards*, Paris, Plon, 1895.

(66) André Rauch, *Histoire du premier sexe de la Révolution à nos jours*, Paris, Hachette, « Pluriel », 2006, p. 70 *sq.*

(67) Paul Viallaneix, « Mal du siècle et métier des armes », in P. Viallaneix et J. Ehrard (dir.), *La Bataille, l'armée, la gloire, 1745-1871*, Actes du colloque international de Clermont-Ferrand, t. II, Clermont-Ferrand, Presses universitaires de l'université Blaise-Pascal, 1985, p. 379-390.

(68) Alfred de Vigny, *Servitude et grandeur militaires*, Paris, Garnier, 1965, p. 15.

(69) *Ibid.*, p. 127.

(70) Paul Viallaneix, « Mal du siècle... », *op. cit.*, p. 383.

(71) Alfred de Vigny, *Servitude, op. cit.*, p. 9.

(72) Stendhal, *Lucien Leuwen*, Paris, Gallimard, « bibliothèque de la Pléiade », 1952, p. 781-782.

(73) Alfred de Vigny, *Servitude, op. cit.*, p. 20.

(74) Paul Viallaneix, « Mal du siècle... », *op. cit.*, p. 386.

(75) Alfred de Vigny, *Servitude, op. cit.*, p. 64.

(76) 以下に引用。P. Viallaneix, « Mal du siècle... », *op. cit.*, p. 390.

(77) *Ibid.*, p. 389.

(25) Jean-Paul Bertaud, *La Révolution armée, op. cit.*, p. 198.

(26) *Recueil d'hymnes patriotiques chantés aux séances du conseil général de la commune par les citoyens de la première réquisition*, Paris, 1794.

(27) Jean-Paul Bertaud, *La Révolution armée, op. cit.*, p. 206.

(28) Archives parlementaires, Paris, 1980, p. 316.

(29) バラとヴィアラのために作曲された賛歌はわざわざそのことに言及している。

(30) Philippe Goujard, « une notion-concept en construction, l'héroïsme révolutionnaire », in *Dictionnaire des usages sociopolitiques* (*1770-1815*), Paris, Klincksieck, 1987, p. 9 *sq.*

(31) Lt Cl. Priard, « Les juges militaires sous la Révolution », *Commission française d'histoire militaire comparée*, Paris, Vincennes, 1969, p. 12.

(32) *Ibid.*

(33) Lucien Bonaparte, *Discours prononcé dans le temple de Mars, le 25 messidor an VIII, pour fêter le 14 juillet*, Paris, Imprimerie de la République, 1800.

(34) Jean-Paul Sartre, *L'Idiot de la famille*, Paris, Gallimard, « bibliothèque de la Pléiade », t. III, p. 561〔ジャン=ポール・サルトル『家の馬鹿息子』平井啓之他訳、人文書院、1982年〜〕.

(35) Archives parlementaires, séance du corps législatif, 19 mai 1802.

(36) *Ibid.*, 15 mai 1802.

(37) Léger, *Éloge funèbre du citoyen Latour d'Auvergne, premier grenadier de la République, prononcé dans le temple de la commune de Passy*, Paris, Pougers, an VIII, p. 8.

(38) D. Cubières, *Les Regrets d'un Français sur la mort de Latour d'Auvergne-Corret, premier grenadier de la République, ou le Modèle des guerriers*, Paris, an VIII, p. 37.

(39) Léger, *Éloge funèbre..., op. cit.*, p. 22.

(40) J. Debry, *Rapport au Tribunat au nom d'une commission spéciale sur les honneurs à rendre à Latour d'Auvergne*, 2 thermidor an VIII., 21 juillet 1800.

(41) *Vie politique de Latour d'Auvergne, descendant du grand Turenne*, Paris, Renaudières, an VIII, p. 5 et 11.

(42) I. L. Landry, *Discours sur l'esprit de l'éducation publique prononcé à l'occasion de la distribution des prix du lycée impérial de Paris, le 18 août 1807*, Paris, Gilles fils, 1807.

(43) Jean-Pierre Costard, *L'École du monde ouverte à la jeunesse*, Paris, Hubert, 1805.

(44) 上記注（8）を参照。

(45) P. Crouzet, *Discours sur l'honneur prononcé à la distribution des prix du Prytanée militaire français, le 14 août 1806*, Paris, Firmin-Didot, 1806, p. 10.

(46) P. Crouzet, *Dialogue en vers*, Paris, Gillé, 1802.

(47) Jean-Paul Bertaud, *Quand les enfants parlaient de gloire. L'armée au cœur de la France napoléonienne*, Paris, Aubier, 2007, p. 191 et p. 263.

(48) Alfred de Vigny, *Œuvres complètes*, Paris, Gallimard, 1993, « bibliothèque de la Pléiade », t.II, p. 522.

(49) Jean-Paul Bertaud, *Quand les enfants..., op. cit.*, p. 229 *sq.*

(50) *Ibid.*, p. 271.

(51) *Le Moniteur*, 8 janvier 1806.

(146) *Ibid.*, 26 novembre 1850, t. II, p. 139 et le 29 juin 1863. ミシュレはいたわりの欠如につながるやり過ぎを悔いている。

(147) *Ibid.* この配慮はしばしば日記に出てくる。たとえば1862年9月1日。

(148) *Ibid.*, t. II, 26 septembre 1858.

(149) Cf. *supra.*

第IV部　男らしさの表象の社会的変動

第1章　軍人の男らしさ

(1) J.-P. Bertaud, *La Révolution armée. Les soldats citoyens et la Révolution française*, Paris, Robert Laffont, 1979, p. 290 *sq.*

(2) 2. N. Petiteau, *Lendemains d'Empire. Les soldats de Napoléon dans la France du* XIX*e siècle*, Paris, La Boutique de l'histoire, 2003, p. 111 *sq.*

(3) 以下に引用。 Charles Dejob, « Le soldat dans la littérature française du XVIIIe siècle », *Revue politique et littéraire*, n° 15, 7 octobre 1899, p. 451.

(4) *Ibid.*, p. 457.

(5) Armand (fils), *Les Moyens d'être heureux ou les Bienfaisants*, Paris, 1773.

(6) André Corvisier (dir.) *Histoire militaire de la France*, Paris, PUF, 1992, chap. v, p. 119 *sq.*; Jean Chagniot, *Guerre et Société à l'époque moderne*, Paris, PUF, 2000, p. 236 *sq.*

(7) Samuel F. Scott, *The Response of Royal Army to the French Revolution. The Role and Development of the Line Army, 1787-1793*, Oxford, Clarendon, 1978, p. 4 *sq.*

(8) Zimmermann, colonel d'infanterie, *Essais de principe d'une morale militaire*, Amsterdam, 1765, p. 25.

(9) *Ibid.*, p. 82.

(10) Armand (fils), *Le Moyen d'être heureux ou les Bienfaisants, op. cit.*, p. 62.

(11) *Le Militaire en solitude ou le Philosophe chrétien*, par M. de XXX, chevalier de l'ordre militaire de Saint-Louis, Ire partie, p. 177-178.

(12) Zimmermann, *Essai..., op. cit.*, p. 45.

(13) *Le Militaire en solitude..., op. cit.*, p. 178.

(14) Jean Chagniot, *Guerre et société..., op. cit.*, p. 238-239.

(15) Joseph Servan, *Le Soldat citoyen..., op. cit.*, p. 157 *sq.*

(16) *Ibid.*, p. 104 *sq.*

(17) *Ibid.*, p. 233.

(18) Samuel F. Scott, *The Response of the Royal Army..., op. cit.*, p. 46 *sq.*

(19) George L. Mosse, *L'Image de l'homme. L'invention de la virilité moderne*, Paris, Pocket, « Agora », 1997, p. 63.

(20) Jean-Paul Bertaud, *La Révolution armée, op. cit.*, p. 201.

(21) Archives de la Guerre, Xw 98.

(22) J.-P. Bertaud, *La Révolution armée, op. cit.*, p. 201.

(23) *Ibid.*, p. 203.

(24) *Le Camp de Grandpré ou le triomphe de la République*, musique de Gossec, Paris, 1793.

(116) Stendhal, *Œuvres intimes, op. cit.*, t. I « Journal », p. 936 et 1574.
(117) George Sand, *Correspondance*, Paris, Garnier, t. II, p. 568-569.
(118) *Ibid.*, t. III, p. 734 et 790.
(119) Stendhal, *De l'amour, op. cit.*, p. 245.
(120) Cf. Xavier Darcos, *Mérimée*, Paris, Flammarion, « Grandes biographies », 1998. この著作には、メリメの性行動に関する情報が満載である。
(121) Stendhal, *Œuvres intimes, op. cit.*, t. I « Journal », p. 475.
(122) *Ibid.*, p770.
(123) Nathalie Bajos, Michel Bozon, *Enquête sur la sexualité en France. Pratiques, genre et santé*, Paris, La Découverte, 2008.
(124) 肉欲の罪を正確に記録することについては、cf. Alain Corbin, *L'Harmonie des plaisirs...*, *op. cit.*, p. 309-334.
(125) リニャックの忠告に関しては *Ibid.*, p. 91 *sq.* ミシュレに関しては、Michelet, *Journal*, Paris, Gallimard, t. III, p. 20, 24 juin 1862.
(126) Jules Michelet, *Journal, op. cit.*, t. II, 24 septembre 1857, p. 55.
(127) アテナイスの痔症（hémorroïdes）のこと。
(128) *Ibid.*, t. III, p. 237, 277 et 365.
(129) *Ibid.*, t. III, 7 août 1866, p. 407.
(130) Stendhal, *Journal, op. cit.*, p. 126 et 1077, p. 185 et 1109.
(131) *Ibid.*, p. 663. スタンダールは部分的に英語でこれらの記述をしている。
(132) これら一連の引用はミシュレの日記からの抜粋である。Michelet, *Journal, op. cit.*, t. III, p. 259, 260, 267, 269, 286. 1863年以降、ミシュレはインドの性愛に興味を抱き、時々言及している。
(133) 以下のアルフレッド・ド・ヴィニーからの引用文は、次の著作に収められている1838年の手記からの抜粋である。*Correspondance d'Alfred de Vigny, op. cit.* t. III.
(134) *Ibid.*, « Journal », *op. cit.*
(135) Jules Michelet, *Journal, op. cit.*, t. III, 17 novembre 1862, p. 155.
(136) *Correspondance d'Alfred de Vigny*, agenda cité.
(137) Stendhal, *Œuvres intimes, op. cit.*, t. I, « Journal », 10 juillet 1807, p. 483.
(138) 歴史家の関心はこれらの著作に集中してきた。しかし日記もきわめて興味深い。ジュール・ミシュレについては次の近著を見よ。Paule Petitier, *Michelet. L'homme histoire*, Paris, Grasset, 2006.
(139) Jules Michelet, *Journal, op. cit.*, 22 mai 1857, t. II, p. 327.
(140) *Ibid.*, 4 juillet 1857, t. II, p. 335-336.
(141) *Ibid.*, 8 juillet 1865, t. III, p. 298.
(142) Stendhal, *Œuvres intimes, op. cit.*, t. I « Journal », p. 709.
(143) 1834年5月10日、土曜日の手紙。次の著作で引用されている。Frank Lestringant, *Alfred de Musset, op. cit.*
(144) ミシュレの日記におけるライトモチーフ。これは「愛情のほとばしり」にも関係する。cf. *ibid.*, 11 octobre 1858, t. III, p. 430.
(145) *Ibid.*, 5 mars 1856, t. II, p. 99.

du 15 juin 1796 (p. 451-452).
(91) *Ibid.*, t. I, p. 228.
(92) « Lettre à Marie Dorval, 7 janvier 1833 », *Correspondance d'Alfred de Vigny*, t. II, Paris, PUF, 1989. マリ・ドルヴァルはこの手紙をお守り代わりに枕の下に入れて置いた。
(93) Simone Delattre, « Un amour en coulisses », mémoire de maîtrise, université Paris I, 1991.
(94) « Lettre à Louise Colet, 9 août 1846 », Gustave Flaubert, *Correspondance, op. cit.*, t. I, p. 290.
(95) « Lettre à Louise Colet, 15août 1846 », *ibid.*, p. 301.
(96) « Lettre à Louise Colet, 23août 1846 », *ibid.*, p. 309.
(97) Paula Cossart (dir.), *Vingt-Cinq Ans d'amours adultères. Correspondance sentimentale d'Adèle Schunck et d'Aimé Guyet de Fernex* (*1824-1849*), Paris, Fayard, 2005, p. 344.
(98) *Ibid.*, lettres du 12 septembre 1826, du 16 septembre 1826 et du 13 septembre 1837, p. 209, 216 et 473.
(99) *Ibid.*, lettre du 18 septembre 1829, p. 312.
(100) « Lettres de Marie Mattei à Théophile Gautier, janvier 1850 », Théophile Gautier, *Correspondance générale, op. cit.*, t. IV, p. 104 et 105.
(101) « Lettre de Marie Dorval à Alfred de Vigny », *Correspondance d'Alfred de Vigny*, t. III, *op. cit.*, 11 janvier 1837. レオン・セシェの注釈は第II巻、1833年6月7日の手紙の後に付いている。
(102) 日記に関する研究文献は今では数多い。最近のものとしていくつか挙げておく。Béatrice Didier, *Le Journal intime*, Paris, PUF, « Littératures modernes », 2002; Pierre Pachet, *Les Baromètres de l'âme. Naissance du journal intime*, Paris, Hachette, « Pluriel », 2001. およびフィリップ・ルジュンヌの著作全体。
(103) Benjamin Constant, *Œuvres*, Paris, Gallimard, « Bibliothèque de la Pléiade », 1957, « Journaux intimes », p. 430-431.
(104) 以上の引用については、*ibid.*, p. 432-434.
(105) *Ibid.*, p. 468.
(106) *Ibid.*, p. 406.
(107) *Ibid.*, p. 214.
(108) Eugène Delacroix, *Journal. 1822-1863*, Paris, Plon, 1980, p. 87-88.
(109) Stendhal, *Œuvres intimes, op. cit.*, t. I « Journal », p. 486.
(110) Cf. A. Parent-Duchâtelet, *La Prostitution à Paris au XIXe siècle. Extraits*, présenté par Alain Corbin, Paris, Seuil, 1981. 聖アウグスティヌスの『秩序について』のなかの娼婦に関する一節は p. 204に見える。
(111) Benjamin Constant, *Œuvres, op. cit.*, p. 664.
(112) Eugène Delacroix, *Journal, op. cit.*, 3 mars 1824, p. 54.
(113) Gustave Flaubert, *Correspondance, op. cit., passim.* 特に次の手紙。lettre à Alfred Le Poittevin, 26 mai 1845, t. I, p. 35.
(114) Benjamin Constant, *Œuvres, op. cit.*, p. 708-710.
(115) « Lettre d'Alfred Le Poittevin à Flaubert », Gustave Flaubert, *Correspondance, op. cit.*, t. I, p. 956. ただし今度は、手紙のなかで表明された計画である。

(65) Cité *ibid.*, p. 102.

(66) フロベールの書簡集を読んだ時に感じられる一連のことがらである。とりわけ次の手紙を見よ。« Lettre à Louise Colet, 1er juin 1853 », Gustave Flaubert, *Correspondance, op. cit.*, t. II, p. 340.

(67) スタンダールはこの点に関してロマン・ダリアンの例を強調している。*Œuvres intimes, op. cit.*, t. I, 28 mars 1805, p. 1009-1110.

(68) Krafft-Ebing, *Psychopathia Sexualis*, Paris, Climats, 1990.

(69) Émile Zola, *Pot-Bouille*〔邦訳はゾラ『ごった煮』小田光雄訳、論創社、2004年〕.

(70) Cf. Alain Corbin, « La mauvaise éducation de la prostituée au XIXe siècle », *Le Temps, le désir et l'horreur...*, Paris, Aubier, 1991, p. 107-115〔邦訳はアラン・コルバン『時間・欲望・恐怖』小倉孝誠・野村正人・小倉和子訳、藤原書店、1993年〕.

(71) Alain Corbin, *L'Harmonie des plaisirs..., op. cit.*, p. 350sq.

(72) たとえばフロベールはエジプト旅行に際して、娼館の住所や料金に興味を示している。cf. Gustave Flaubert, *Voyage en Égypte*, Paris, Grasset, 1991, présenté par Pierre-Marc de Biasi, p. 73. また本文の次の部分については、Théophile Gautier, *Correspondance générale, op. cit.*, t. I, p. 58.

(73) Cf. Claude Pichois et Michel Brix, *Gérard de Nerval*, Paris, Fayard, 1995, p. 113.

(74) Alfred de Musset, *Correspondance*, lettre 35-22, p. 163; lettre à Stendhal, 30 avril 1835, cité par Frank Lestringant, *Alfred de Musset, op. cit.*, p. 307.

(75) メリメからスタンダール宛の手紙。Stendhal, *Correspondance générale, op. cit.*, t. V, 30 avril 1835.

(76) *Ibid.*

(77) Prosper Mérimée, *Correspondance générale, op. cit.*, t. II, p. 46.

(78) *Ibid.*, t. I, p. 429.

(79) *Ibid.*, t. I, p. 338 et t. II, p. 45.

(80) Théophile Gautier, *Correspondance générale, op. cit.*, t. IV, p. 250.

(81) Gustave Flaubert, *Correspondance, op. cit.*, t. I, p. 760 et 761.

(82) Stendhal, *Œuvres intimes, op. cit.*, t. I, « Journal », p. 383 et 387.

(83) *Ibid.*, t. II, « Souvenirs d'égotisme », p. 444-445.

(84) Gustave Flaubert, cité par Pierre-Marc de Biasi, *Voyage en Égypte, op. cit.*, p. 25.

(85) *Ibid.*, p. 31.

(86) « Lettre à Louis Bouilhet, 14 novembre 1850 », Gustave Flaubert, *Correspondance, op. cit.*, t. I, p. 707.

(87) Théophile Gautier, *Correspondance générale, op. cit.*, t. IV, p. 246-247.

(88) *Correspondance générale de Sainte-Beuve*, éd. Jean Bormerot, Paris, Stock, 1935, t. I, p. 281-282.

(89) « Lettre à Louise Colet, 24 avril 1852 », Gustave Flaubert, *Correspondance, op. cit.*, t. II, p. 80.

(90) Napoléon Bonaparte, *Correspondance générale*, t. I, *Les Apprentissages, 1784-1797*, éd. Thierry Lentz (dir.), Paris, Fayard, 2004. 愛撫のことは次の手紙で言及されている。lettres du 7 avril 1796 (p. 327), du 24 avril 1796 (p. 359-360), du 23 mai 1796 (p. 414),

1887, t. I (1851-1861), p. 240〔邦訳は『ゴンクールの日記』(上・下)、斎藤一郎編訳、岩波文庫、2010年〕.

(39) Stendhal, *Correspondance, op. cit.*, t. IV, « Lettre de Prosper Mérimée à Stendhal » (fin octobre 1832), p. 529; Prosper Mérimée, *Correspondance générale, op. cit.*, t. I, p. 246.

(40) Alfred Le Poittevin, lettre citée, in Flaubert, *Correspondance, op. cit.*, t. I, p. 832.

(41) Prosper Mérimée, *Correspondance générale, op. cit.*, t. I, 20 octobre 1832.

(42) Théophile Gautier, *Correspondance générale*, Genève, Droz, 1985, t. I, p. 73.

(43) Prosper Mérimée, *Correspondance générale, op. cit.*, t. I, p. 316.

(44) たとえば Stendhal, *Œuvres intimes, op. cit.*, « Journal, 2 mars 1806 », p. 393.

(45) 次で引用されている。Frank Lestringant, *Alfred de Musset*, Paris, Flammarion, « Grandes biographies », 1998, p. 746, n. 6.

(46) Stendhal, *Œuvres intimes, op. cit.*, t. II, « Souvenirs d'égotisme », p. 455.

(47) Prosper Mérimée, *Correspondance générale, op. cit.*, t. I, p. 215.

(48) Stendhal, *Œuvres intimes, op. cit.*, t. I, « Journal », p. 20-21.

(49) Maxime Du Camp, Lettre à Gustave Flaubert, fin août-début septembre 1851, *in* Gustave Flaubert, *Correspondance, op. cit.*, t. II, p. 860.

(50) « Lettre à Louis Bouilhet, 8 décembre 1853 », Gustave Flaubert, *Correspondance, op. cit.*, t. II, p. 475.

(51) Théophile Gautier, *Correspondance générale, op. cit.*, t. I, p. 58.

(52) Prosper Mérimée, *Correspondance générale, op. cit.*, t. I, 26 octobre 1831.

(53) Alfred Le Poittevin, « Lettre à Gustave Flaubert, 28 mars 1843 », in Gustave Flaubert, *Correspondance, op. cit.*, t. I, p. 832. ただしアルフレッド・ル・ポワットヴァンは「何という茶番!」と付け加えている。

(54) *Correspondance d'Eugène Fromentin*, éd. Barbara Wright, Paris, CNRS Éditions, 1997, t. I, *1839-1858*, 4 janvier 1842.

(55) « Lettre à Louis Bouilhet, 20 août 1850 », Gustave Flaubert, *Correspondance, op. cit.*, t. I, p. 664.

(56) « Lettre à Louis Bouilhet, 13 mars 1850 », Gustave Flaubert, *ibid.*, p. 606.

(57) Prosper Mérimée, *Correspondance générale, op. cit.*, t. I, p. 122.

(58) Lettre de Prosper Mérimée à Stendhal, in Stendhal, *Correspondance, op. cit.*, t. IV, 25-28 mai 1832.

(59) Théophile Gautier, *Correspondance générale, op. cit.*, t. 7, p. 168-169.

(60) Edmond et Jules de Goncourt, *Journal..., op. cit.*, t. I, p. 138. (22 juillet 1856).

(61) Prosper Mérimée, *Correspondance générale, op. cit.*, t. I, p. 431.

(62) Lettre de Prosper Mérimée à Stendhal, in Stendhal, *Correspondance, op. cit.*, t. IV, fin octobre 1832, p. 529.

(63) « Lettre à Louis Bouilhet, 19 décembre 1850 », Gustave Flaubert, *Correspondance, op. cit.*, t. I, p. 729. 他方ギュスターヴは、「ギリシアとアルメニアの娼婦」はまあまあだと考える。

(64) 以下の点については次を参照せよ。Frank Lestringant, *Alfred de Musset, op. cit.*, *passim.*

386.

(20) Cf. Gérard de Puymège, *Chauvin, le soldat-laboureur. Contribution à l'étude des nationalismes*, Paris, Gallimard, « Bibliothèque des histoires », 1993, *passim*.

(21) 以上の表現は主として、アルフレッド・デルヴォーの『現代好色辞典』から抜粋したものだが、本章全体で言及している資料にも見出される。

(22) この点については次を参照せよ。Georges Vigarello, *Histoire du viol. XVI*ᵉ-XXᵉ siècle, Paris, Seuil, « L'Univers historique », 1998〔邦訳はジョルジュ・ヴィガレロ『強姦の歴史』藤田真利子訳、作品社、1999年〕.

(23) この点で、男のセックスのしかたと、職人的な仕事を関連づけている点が興味深い。これは次の著作においてとりわけ明瞭に示されている。*Art de foutre en quarante manières*, 1833, rééd., présenté par Michel Delon, Paris, Fayard, 2005.

(24) マリオ・プラーツの本（Mario Praz, *La Chair, la Mort et le Diable dans la littérature du XIX*ᵉ *siècle. Le romantisme noir*［1966］, Paris, Denoël, 1977〔邦訳はマリオ・プラーツ『肉体と死と悪魔』倉智恒夫ほか訳、国書刊行会、1986年〕）が刊行されて以降、この欲望の新たな表現を扱った著作は数多い。詳細については次を参照。Alain Corbin, *L'Harmonie des plaisirs..., op. cit.*, p. 442-447.

(25) Cf. Pierre Laforgue, *L'Éros romantique. Représentations de l'amour en 1830*, Pais, PUF, 1998.

(26) Pierre Larousse, *Dictionnaire universel du XIX*ᵉ *siècle*, cité dans Alain Corbin (dir.), *Histoire du corps*, t. II, *De la Révolution à la Grande Guerre*, Paris, Seuil, 2005, p. 160.

(27) Alfred Delvau, *Dictionnaire érotique moderne, op. cit.*, p. 104 et 197.

(28) *Ibid.*, p. 231.

(29) この点はすでに18世紀の好色文学で強調されている。cf. Michel Delon, *Le Savoir-vivre libertin, op. cit.*, p. 109.

(30) Stendhal, *Œuvres intimes*, Paris, Gallimard, « Bibliothèque de la Pléiade », 1981, t. I, « Journal », p. 726-727.

(31) これはあらゆる作家の書簡集に言えることである。Cf. Roger Chartier (dir.) *La Correspondance. Les usages de la lettre au XIX*ᵉ *siècle*, Paris, Fayard, « Nouvelles études historiques », 1991.

(32) Cf. Jean Borie, *Le Tyran timide. Le naturalisme de la femme au XIX*ᵉ *siècle*, Paris, Klincksieck, 1973.

(33) Prosper Mérimée, *Correspondance générale*, t. I, *1822-1835*, 3 juin 1829; 24 décembre 1833（強調は引用者）.

(34) Gustave Flaubert, *Correspondance, op. cit.*, t. II, « Lettre à Louise Colet, 29 novembre 1853 », p. 471.

(35) *Ibid.*, « Lettre à Louise Colet, 27mars 1853 », p. 285.

(36) Stendhal, *De l'amour*, éd. V. del Litto, Paris, Gallimard, « Folio », 1980, p. 149〔邦訳はスタンダール『恋愛論』（上・下）、杉本圭子訳、岩波文庫、2015-2016年〕.

(37) 例として Gustave Flaubert « Lettre à Alfred Le Poittevin, 17 juin 1845 », *Correspondance, op. cit.*, t. I, p. 241.

(38) Edmond et Jules de Goncourt, *Journal. Mémoires de la vie littéraire*, Paris, Charpentier,

(208) この点については、次を参照。K. Polanyi, *La Grande Transformation. Aux origines politiques et économiques de notre temps* [1944], trad. C. Malamoud et M. Angeno, Paris, Gallimard, 1983.

(209) M. Foucault, *Surveiller et punir. Naissance de la prison*, Paris, Gallimard, 1975, とくに p. 18-23〔フーコー『監獄の誕生』田村俶訳、新潮社、1977年、16-21頁〕.

(210) U. Frevert, « Mœurs bourgeoises et sens de l'honneur. L'évolution du duel en Angleterre et en Allemagne », in J. Kocka (dir.), *Les Bourgeoisies européennes au XIX*[e] *siècle*, Paris, Belin, 1997, p. 203-243.

(211) 次によって示されている。A. de Baecque, *La Cérémonie du pouvoir. Les duels sur la scène politique française de la Révolution à nos jours*, Paris, Grasset, 2002.

第2章　性的エネルギーを示す必然性

(1) Mathilde Larrère, « La garde nationale de Paris sous la monarchie de Juillet », thèse, Université Paris I, 2000, p. 455-457.

(2) この点については次の基本文献を参照せよ。Marie-Véronique Gauthier, *Chanson, sociabilité et grivoiserie au XIX*[e] *siècle*, Paris, Aubier, 1992.

(3) Alfred Delvau, *Dictionnaire érotique moderne*, Paris, 1864; rééd., Paris, 10/18, 1997.

(4) 上記参照のこと。

(5) Alfred Delvau, *Dictionnaire érotique moderne, op. cit.*, p. 447, 448 et 33.

(6) Cf. Agnès Walch, *La Spiritualité conjugale dans le catholicisme français, XVI*[e]*-XIX*[e] *siècle*, Paris, Cerf, 2002.

(7) Alfred Delvau, *Dictionnaire érotique moderne, op. cit.*, p. 408.

(8) Cf. Antoine de Baecque, *Le Corps de l'histoire. Métaphores et politique, 1770-1800*, Paris, Calmann-Lévy, 1993. フランス革命初期におけるヘラクレス像については、次の見事な論考を参照せよ。Lynn Hunt, « Hercules and the radical image in the French Revolution », *Représentations*, n° 2, 1983, p. 95-117.

(9) Marie-Véronique Gauthier, *Chanson, sociabilité..., op. cit.*, p. 236.

(10) Alfred Delvau, *Dictionnaire érotique moderne, op. cit.*, p. 267. 次に続く短い引用文もこの著作からの抜粋である。

(11) Cf. Michel Delon, *Le Savoir-vivre libertin*, Paris, Hachette-littératures, 2000, *passim*.

(12) Alain Corbin, *L'Harmonie des plaisirs. Les manières de jouir du siècle des Lumières à l'avènement de la sexologie*, Paris, Perrin, 2007.〔邦訳はアラン・コルバン『快楽の歴史』尾河直哉訳、藤原書店、2011年〕

(13) Alfred Delvau, *Dictionnaire érotique moderne, op. cit.*, p. 422.

(14) Alain Corbin, *L'Harmonie des plaisirs..., passim*.

(15) *Ibid.* et Dr Ch. Montalban, *La Petite Bible des jeunes époux*, rééd. Grenoble, Jérôme Millon, 2009.

(16) Alain Corbin, *L'Harmonie des plaisirs..., op. cit.*, p. 434-438.

(17) Alfred Delvau, *Dictionnaire érotique moderne, op. cit.*, p. 456, 484 et 100.

(18) *Ibid.*, p. 137.

(19) これらの隠喩については、cf. Alain Corbin, *L'Harmonie des plaisirs..., op. cit.*, p. 384-

(185) この主題は、とくに次のなかで詳述されている。S.-A. Tissot, *Essai sur les maladies des gens du monde*, Paris, Didot, 1771.

(186) たとえば次。Dr J. Chevalier, *Une maladie de la personnalité*..., *op. cit.*, p. 37.

(187) G. de Maupassant, « Mademoiselle Fifi », *Boule de suif et autres récits de guerre*, Paris, Flammarion, « GF », 1991, p. 87-101.

(188) E. Terraillon, « L'honneur, sentiment et principe moral », thèse pour le doctorat ès lettres, Paris, Félix Alcan, 1912, p. 178.

(189) *Ibid.*, p. 178.

(190) C. Bard, « La virilisation des femmes et l'égalité des sexes », in C. Bard (dir.), *Madeleine Pelletier. Logique et infortunes d'un combat pour l'égalité*, Paris, Côté-Femmes, 1992, p. 93.

(191) この点については、次を参照。A. Mansker, « The Pistol Virgin. Feminism, Sexuality and Honor in belle Époque France », PhD Thesis, Los Angeles, University of California, 2003.

(192) G. Massol, « Une enquête chez les fines lames de Paris », *Le Siècle*, 1er septembre 1911.

(193) たとえば J. Misme は、リの立場と考えに反対している。1911年9月17日号の週刊誌 *La Française* の « La femme et le duel » を参照。

(194) L. Prévost-Paradol, *La France nouvelle*, Paris, Michel Lévy, 1868.

(195) 事件全体が、日を追って、1872年2月の *Gazette des tribunaux* のなかで報告されている。次の重要な著作にも詳細な分析がある。R. Nye, *Masculinity and Male Codes of Honor in Modern France*, Berkeley, University of California Press, 1998, p. 178-180.

(196) *Gazette des tribunaux*, 3 février 1872.

(197) É. de Beaumont, *L'Épée et les Femmes*, Paris, Librairie des Bibliophiles, 1881, avertissement, p. IV-V.

(198) この現象はとくに次によって研究されている。A. Maugue, *L'Identité masculine en crise. Au tournant du siècle, 1871-1914*, Paris, Rivages, 1987.

(199) 次によって強調されている。R. Revenin, « Paris Gay, 1870-1918 », *Hommes et masculinités*..., *op. cit.*, p. 37.

(200) 次によって示されている。C. E. Forth, *The Dreyfus Affair and the Crisis of French Manhood*, Baltimore/Londres, Johns Hopkins University Press, 2004.

(201) A. de Saint-Albin (A. Vigeant), *À travers les salles d'armes*, Paris, Librairie illustrée, s. d., p. 40.

(202) *Ibid.*, p. 42.

(203) F. Guillet, *La Mort en face*..., *op. cit.*, p. 305.

(204) Abbé C.-I. Castel de Saint-Pierre, *Addition au mémoire sur le duel*, s.l., 1717.

(205) C. von Clausewitz, *De la guerre*, Paris, Minuit, 1955, p. 39.

(206) G.-P. Cluseret, *Proposition de loi contre le duel, présentée par M. Cluseret*, Paris, Motteroz, 1890, p. 3.

(207) とくに次を参照。A. E. Simpson, « Dandelions on the Field of Honor... », *op. cit.*; R. B. Shoemaker, « The Taming of the Duel... », *op. cit.*; D. T. Andrew, « The Code of Honour an its Critics: the Opposition to Duelling in England, 1700-1850 », *Social History*, n°5, octobre 1980, p. 409-434.

Spierenburg (dir.), *Men and Violence. Gender, Honor and Rituals in Modern Europe and America*, Colombus, Ohio State University, 1998, p. 75.

(166) この点にかんしては、次の中で挙げられている数字を参照。C. Vidallet, « Le duel dans la société civile française... », *op. cit.*, p. 39-40.

(167) たとえば次もその一例。E. de Goncourt, *Journal. Mémoires de la vie littéraire*, t. III, Paris, Robert Laffont, « Bouquins », 1989, p. 463.

(168) この点については、次の集大成的論考を参照。F. Ploux, « L'homicide en France », *op. cit.*, *passim*, また、次も。 J.-C. Chesnais, *Histoire de la violence*, Paris, Robert Laffont, 1981, p. 74.

(169) とりわけ次のもの。A. Corbin, *Le Village des cannibales*, Paris, Aubier, 1990, chap. IV〔コルバン『人喰いの村』石井洋二郎・石井啓子訳、1997年〕. また次も。*id.*, « Le corps supplicié » in A. Corbin (dir.), *Histoire du corps*, t. II, Paris, Seuil, 2005, p. 227-238〔A・コルバン編『身体の歴史 II』小倉孝誠監訳、藤原書店、2010年〕.

(170) 次によって強調されている。R. B. Shoemaker, « The Taming of the Duel... », *op. cit.*, p. 410.

(171) F. Ploux, *Guerres paysannes en Quercy...*, *op. cit.*, p. 310 *sq.*; A.-M. Sohn, « *Sois un homme!* »..., *op. cit.*, chap. IX.

(172) ここでは次にもとづく。A. Corbin dans son *Histoire du corps*, t. II, *op. cit.*, とくに、p. 224-225〔『身体の歴史 II』268-269頁〕.

(173) この点については、次の箇所を参照。C. Charle, *Histoire sociale de la France au XIXe siècle*, Paris, Seuil, 1991, p. 228-275.

(174) G. Vigarello et R. Holt, « Le corps travaillé », in A. Corbin (dir.), *Histoire du corps*, t. II, *op. cit.*, p. 318-319〔『身体の歴史 II』373-374頁〕.

(175) この仮説は次による。R. Muchembled, *Une histoire de la violence*, Paris, Seuil, 2008, p. 284-285.

(176) この点については、次の分析を参照。A. E. Simpson, « Dandelions on the Field of Honor... », *op. cit.*; R. b. Shoemaker, « The Taming of the Duel... », *op. cit.*, *passim*.

(177) É.-L. Bruneau de Laborie, *Les Lois du duel*, Paris, Manzi, Joyant et Cie, 1906. この書物ははじめ抜粋が1903年1月に『フィガロ』誌に掲載された。

(178) A. Croabbon, *La Science du point d'honneur...*, *op. cit.*, p. 10-11.

(179) Comte Estève, *Le Duel devant les idées modernes*, Paris, Société française d'imprimerie et de librairie, 1908, p. 207.

(180) B.-A. Morel, *Traité des dégénérescences physiques, intellectuelles et morales de l'espèce humaine et des causes qui produisent ces variétés maladives*, Paris, Jean-Baptiste Baillière, 1857.

(181) Dr J. Chevalier, *De l'inversion de l'instinct sexuel au point de vue médico-légal*, Paris, Octave Doin, 1885. ここでは、次の分析にもとづく。S. Chaperon, *Les Origines de la sexologie, 1850-1900*, Paris, Louis Audibert, 2007.

(182) L. Jeudon, *La Morale de l'honneur, op. cit.*, p. 74.

(183) G. Palante, « L'embourgeoisement du sentiment de l'honneur », *op. cit.*, p. 769-777.

(184) Dr J. Chevalier, *Une maladie de la personnalité. L'inversion sexuelle*, Lyon/Paris, Storck/Masson, 1893, p. XIII.

ト『公共性の喪失』北山克彦・高階悟訳、晶文社、1991年〕.

(145) R. B. Shoemaker, « The Taming of the Duel: Masculinity, Honour and Ritual Violence in London, 1600-1800 », *The Historical Journal*, n°45, septembre 2002, p. 525-545.

(146) 次によって示されている。F. Rouvillois, *Histoire de la politesse...*, *op. cit.*

(147) *Ibid.*, p. 253.

(148) A. Croabbon, *La Science du point d'honneur, commentaire raisonné sur l'offense. Le duel, ses usages et sa législation en Europe, la responsabilité civile, pénale, religieuse des adversaires et des témoins, avec des pièces justificatives*, Paris, Librairies-imprimeries réunies, 1894, p. 10.

(149) *Gazette des tribunaux*, 2 juin 1842, p. 908.

(150) An BB18 1054, rapport du procureur général près la cour royale de Caen au ministre de la Justice, 24 août 1819.

(151) Dr J.-B. Descuret, *La Médecine des passions ou les Passions considérées dans leurs rapports avec les maladies, les lois et la religion*, Paris, Béchet et Labé, 1841, p. 706-707.

(152) この主題についての文献は数多い。歴史家、とくに次によって研究されている。É. Claverie, « L' "honneur": une société de défis au XIXe siècle », *Annales ESC*, n°4, juillet-août 1979, p. 744-759 また、*id.*, « De la difficulté de faire un citoyen: les "acquittements scandaleux" du jury dans la France provinciale du début du XIXe siècle », *Études rurales*, n°95-96, juillet-décembre 1984, p. 143-166. この主題については次も。F. Ploux, *Guerres paysannes en Quercy...*, *op. cit.*, *passim.*

(153) Archives de Paris, Cour d'assises de la Seine, acte d'accusation contre Joseph Gastin, 23 janvier 1880.

(154) 正確には1856年1月11日のラ・ヴェルニュ判決まで。次を参照。É. Garçon, *Code pénal annoté*, t. II, Paris, Sirey, 1956, p. 18.

(155) AN BB20 95, dossier 2, cour d'assises du Calvados, 2e trimestre 1838, audience du 21 mai 1838. 次も参照。G. Lavalley, *Les Duellistes de Caen...*, *op. cit.*, p. 109.

(156) なかでも堕胎を攻撃していることで名高い法律である。

(157) A. E. Simpson, « Dandelions on the Field of Honor: Dueling, the Middle Classes and the Law in nineteenth-Century England », *Criminal Justice History*, n° 9, 1988, p. 123.

(158) AN BB18 1054, rapport du procureur général près la cour royale de Nancy au ministre de la Justice, 1819.

(159) AN BB20 96, cour royale de Grenoble, département de la Drôme, 1er trimestre 1838, audience du 28 février 1838.

(160) *Gazette des tribunaux*, 18 mai 1834.

(161) AN BB20 97, cour d'assises de la Meuse, 3e trimestre 1838, audience du 5 juillet 1838.

(162) 次から引用。É. Claverie, « De la difficulté de faire un citoyen... », *op. cit.*, p. 156.

(163) Ferréus の *Annuaire du duel* 以外にも、フランスにおける決闘の頻度についての論考はある。統計学者による次のものをとくに参照。L.-F. Benoiston de Châteauneuf, « Essai sur la mortalité dans l'infanterie française », *Annales d'hygiène publique et de médecine légale*, t. X, 1833, p. 16-316.

(164) A. E. Simpson, « Dandelions on the Field of Honor... », *op. cit.*, p. 106-107.

(165) S. Hughes, « Men of Steel: Dueling, Honor and Politics in Liberal Italy », in P.

(122) A. Farge, *Vivre dans la rue...*, *op. cit.*, p. 102.

(123) G. Lavalley, *Les Duellistes de Caen de l'an IV à 1848 et le bretteur Alexis Dumesnil*, Caen, Louis Jouan, 1914, p. 13.

(124) A. Perdiguier, *Mémoires d'un compagnon*, Paris, Imprimerie nationale, 1992, p. 200.

(125) F. Ploux, *Guerres paysannes en Quercy...*, *op. cit.*, p. 88.

(126) N. Castan, *Justice et répression...*, *op. cit.*, p. 57.

(127) AD Moselle, 3 U 25.

(128) A. Perdiguier, *Mémoires d'un compagnon*, *op. cit.*, p. 368-370.

(129) M. Nadaud, *Mémoires de Léonard, ancien garçon maçon*, Saint-Paul, Lucien Souny, 1998, p. 137.

(130) A. Dumas, *Filles, lorettes et courtisanes*, Paris, Flammarion, 2000, p. 32-37.

(131) Archives de Paris. Cour d'assises de la Seine, acte d'accusation contre Joseph Gastin, 23 janvier 1880.

(132) 次によって強調されている。J. Pitt-Rivers, *Anthropologie de l'honneur. La mésaventure de Sichem*, Paris, Sycomore, 1977, p. 24.

(133) 1810年の刑法375条では、「明確な事実にもとづいておらず、特定の悪行に帰すことのできる」侮辱や侮蔑表現を罪とみなしている。刑罰は、それが発せられた場が公共のものか私的なものかによって異なる。王政復古下、この措置は撤廃される。1881年7月29日法では、侮辱の定義は、より明確になり、中傷と区別される。次を参照。F. Rouvillois, *Histoire de la politesse...*, *op. cit.*, p. 240.

(134) J. Pitt-Rivers, *Anthropologie de l'honneur...*, *op. cit.*, p. 32.

(135) 次の分析。F. Ploux, *Guerres paysannes en Quercy...*, *op. cit.*, p. 64-65.

(136) Comte de Chatauvillard, *Essai sur le duel*, Paris, Bohaire, 1836, p. 9-12.

(137) 頭部をねらう長い伝統がある。16世紀にピカルディーの田園地域で作成された、剣による負傷のリストによると、頭部の負傷が目立って多いという。次による。I. Paresys, *Aux marges du royaume. Violence, justice et société en Picardie sous François Ier*, Paris, Publications de la Sorbonne, 1998.

(138) *Procès criminel de Lemaire, pour cause de son duel avec Huet ou Recueil complet des débats de la cour d'assises du département du Nord, séante à Douai, pendant ses deux audiences du 25 novembre 1828, sténographiés par M. Aimé Paris*, Lille, Bronner-Bauwens, 1829, p. 25.

(139) A. de Vigny, *Servitude et grandeur militaires...*, *op. cit.*, p. 211.

(140) 次にみられる、カビールの社会についての指摘にも関連している。P. Bourdieu, « Le sens de l'honneur », *Esquisse d'une théorie de la pratique*, Paris, Seuil, 2000, p. 24-26.

(141) 次から引用。C. Vidallet, « Le duel dans la société civile française à la fin du XIXe siècle (1880-1899) », mémoire de maîtrise sous la dir. de C. Charle, Université Paris I, 2003, p. 18-24.

(142) P. Maine de Biran, *Journal*, t. I, Neuchâtel, La Baconnière, 1954-1957, p. 160; A. de Tocqueville, *De la démocratie en Amérique*, t. II, Paris, Gallimard, 1951, p. 146-147.

(143) G. Simmel, *Philosophie de la modernité*, Paris, Payot, 2004, p. 175.

(144) R. Sennett, *Les Tyrannies de l'intimité*, Paris, Seuil, 1979, p. 128〔リチャード・セネッ

照。F. Ploux, « L'homicide en France », in L. Mucchielli et P. Spierenburg (dir.), *Histoire de l'homicide en Europe. De la fin du Moyen Âge à nos jours*, Paris, La Découverte, 2009, p. 86.

(102) *Id.*, *Guerres paysannes en Quercy. Violences, conciliations et répression pénale dans les campagnes du Lot (1810-1860)*, Sèvres, Boutique de l'histoire, 2002, p. 160-162, p. 176-179.

(103) 医師でもある、次の著者による。A. Brierre de Boismont, *De l'ennui*, Paris, L. Martinet, 1850.

(104) Stendhal, *Le Rouge et le Noir*, Paris, Gallimard, « Folio », 2000, p. 421〔スタンダール『赤と黒』上、桑島武夫・生島遼一訳、岩波文庫、135頁〕.

(105) J. Vallès, *Le Bachelier, op. cit.*, p. 158.

(106) バルザックの、とくに『ラブイユーズ』や『ゴリオ爺さん』にみられる主題。

(107) J. Vallès, *Le Bachelier, op. cit.*, p. 353-374.

(108) P. Larousse, *Grand Dictionnaire universel du XIXe siècle*, t. VI, Paris, Larousse, 1866-1876, rééd. Genève/Paris, Slatkine, 1982, p. 1347.

(109) A. Goujon, *Manuel de l'homme de bon ton ou Cérémonial de la bonne société*, Paris, Parmantier et Audin, 1821, p. 141-142.

(110) *Duel suivi de mort entre M. Rosemond de Beauvallon et M. Dujarrier. Accusation d'homicide volontaire*, Paris, Moquet, 1846.

(111) F. Billacois, *Le Duel dans la société française des XVIe- XVIIe siècles*, Paris, EHESS, 1986, p. 208-209.

(112) 次によって強調されている。F. Rouvillois, *Histoire de la politesse. De 1789 à nos jours*, Paris, Flammarion, 2006, p. 52.

(113) この点については、次の拙論を参照。F. Guillet, *La Mort en face..., op. cit.*, p. 214-224.

(114) AN F7 3874, *Bulletin de la préfecture de police de Paris*, 23 juin 1819.

(115) この点については、次の見解を参照。J. McCormick, *Popular Theatres in Nineteenth Century France*, Londres / New York, Routledge, 1993, p. 79.

(116) G. Mihaely, « Un poil de différence: masculinités dans le monde du travail, 1870-1900 », in R. Revenin (dir.), *Hommes et masculinités de 1789 à nos jours. Contributions à l'histoire du genre et de la sexualité en France*, Paris, Autrement, 2007, p. 128-145.

(117) 次によって強調されている。P. Bourdieu, *La Domination masculine*, Paris, Seuil, 1998, p. 66.〔ピエール・ブルデュー『男性支配』坂本さやか・坂本浩也訳、藤原書店、2017年〕

(118) A. Farge, *Vivre dans la rue à Paris au XVIIIe siècle*, Paris, Gallimard, 1979, p. 100.

(119) N. Castan, *Justice et répression en Languedoc à l'époque des Lumières*, Paris, Flammarion, 1980, p. 57.

(120) J.-F. Simon, « Les armes de la violence paysanne. Faux et penn-baz: usages anciens et représentations contemporaines », in J.-Y. Carluer (dir.), *Violence et société en Bretagne et dans les pays celtiques*, colloque international de Brest, 18-20 mars 1999, Brest, Centre de recherche bretonne et celtique/université de Bretagne occidentale, 2000, p. 151-152.

(121) 次による注記。F. Ploux, « L'homicide en France », *op. cit.*, p. 86.

début du XIXe siècle », *Revue d'histoire du XIXe siècle*, n°34, 2007/1, p. 21-37.

(82) AN F7 6867, dossier 5055.

(83) 次の分析による。G. Mihaely, « L'émergence du modèle militaro-viril... », *op. cit.*, *passim*.

(84) SHAT 1 M 2036. 次から引用。A. Crépin, « Les <Lumières dans le camp>. De l'honneur à la vertu citoyenne, de la civilisation à la régénération », in X. Boniface (dir.), *Du sentiment de l'honneur à la Légion d'honneur, op. cit.*, p. 97.

(85) A. Crépin et O. Roynette, « Jeunes hommes, jeunesse et service militaire au XIXe siècle », in L. Bantigny; I. Jablonka (dir.), *Jeunesse oblige. Histoire des jeunes en France, XIXe - XXe siècle*, Paris, PUF, 2009, p. 74-75.

(86) J.-J. Rousseau, *Émile ou De l'éducation*, Paris, Flammarion, « GF », 1966, とくに p. 285-286〔ルソー『エミール』(ルソー選集、第8-10巻) 樋口謹一訳、白水社、1986年〕.

(87) 次によって強調されている。J.-C. Caron, « La jeunesse dans la France des notables. Sur la construction politique d'une catégorie sociale (1815-1870) », in L. Bantigny et I. Jablonka (dir.), *Jeunesse oblige..., op. cit*, p. 21-35.

(88) A. de Musset, *La Confession d'un enfant du siècle* [1836], Paris, LGF, 2003, p. 65.

(89) この点に関しては次を参照。A. Blanqui, « Souvenirs d'un lycéen de 1814 », *Revue de Paris*, n°134, 1er mai 1916, p. 97-118.

(90) A. B. Spitzer, *The French Generation of 1820*, Princeton, Princeton University Press, 1987.

(91) 次の著作がその象徴。J. Fazy, *De la gérontocratie ou Abus de la sagesse des vieillards dans le gouvernement de la France*, Paris, Delaforest, 1828.

(92) この点については次を参照。A.-C. Thibaudeau, *Biographie. Mémoires avant ma nomination à la Convention, 1765-1792*, Paris, Champion, 1875, p. 61-62.

(93) 次の中に数多くの例がある。A.-M. Sohn « *Sois un homme!* » *La construction de la masculinité au XIXe siècle*, Paris, Seuil, 2009.

(94) A. Corbin, « L'agitation dans les théâtres de province sous la Révolution », *Le Temps, le Désir et l'Horreur*, Paris, Flammarion, 1998, p. 53-79.

(95) E. Scribe et H. Dupin, *Le Combat des montagnes ou la Folie-Beaujon. Folie vaudeville en un acte*, théâtre des Variétés, 12 juillet 1817.

(96) これらの点については、次を参照。G. Mihaely, « L'émergence du modèle militaro-viril... », *op. cit.*, p. 274-276.

(97) R. Duplantier, « Les duels à Poitiers et dans la Vienne au cours de la première moitié du XIXe siècle », *Bulletin de la Société des antiquaires de l'Ouest*, 1er trimestre 1950, p. 276.

(98) AN F7 6860 A, *Bulletin de la préfecture de police de Paris*, 13 août 1819.

(99) *Gazette des tribunaux*, 16 juin 1840, p. 785.

(100) AN BB18 1054, rapport du procureur près la cour royale de Grenoble au ministre de la Justice, 1819.

(101) 次によって強調されている。B. Desmars, « La violence et les rôles sociaux. Lesacteurs de l'affrontement dans la société rurale de la première moitié du XIXe siècle », in F. Chauvaud et J.-L. Mayaud (dir.), *Les Violences rurales au quotidien*, actes du 21e congrès de l'Association des ruralistes français, Sèvres, Boutique de l'histoire, 2005, p. 155-156. 次も参

(64) 国立古文書館保存になる、セール伯爵が、決闘の抑制に関する1819年の法案のため王室検事にたいして命じた調査を参照。また、Ferréus の偽名で新聞で行われた É. Dujardin による次の調査も参照。*Annuaire du duel*, Paris, Perrin, 1891.

(65) *Le Moniteur universel*, 14 mars 1829. Intervention du duc de Raguse, p. 334.

(66) Dr L. Véron, *Mémoires d'un bourgeois de Paris*, t. V, Paris, Gabriel de Gonet, 1856, p. 319. 次からの引用であり、分析も参照した。M. Agulhon, *Le Cercle dans la France bourgeoise*, Paris, Armand Colin, 1977.

(67) *Archives parlementaires de 1787 à 1860*, t. XX, Paris, Dupont, 1878, p. 420.

(68) この点については、次の分析を参照。J. B. Freeman, *Affairs of Honor. National Politics in the New Republic*, New Haven/Londres, Yale University Press, 2001, p. 159-198.

(69) G. Palante, « L'embourgeoisement du sentiment de l'honneur », *La Plume*, n° 317, 1er juillet 1902, p. 777.

(70) J.-N. Jeanneney, *Le Duel. Une passion française, 1789-1914*, Paris, Seuil, 2004, p. 148. この著作に負うものが大であることを強調しておきたい。

(71) M.-È. Thérenty, *Mosaïques. Être écrivain entre presse et roman*, Paris, Champion, 2003, p. 192-193.

(72) 次によって示されている。C. Delporte, *Les Journalistes en France, 1880-1950*, Paris, Seuil, 1999, p. 53-54.

(73) G. Mihaely, « L'émergence du modèle militaro-viril. Pratiques et représentations masculines en France au XIXe siècle », thèse de doctorat sous la dir. de C. Prochasson, EHESS, 2004.

(74) N. Hampson, « The French Revolution and the nationalisation of Honor », in M. R. D. Foot, *War and Society*, Londres, Paul Elek, 1973, p. 207; G. Best, *War and Society in Revolutionary Europe, 1770-1870*, Leicester, Leicester University Press/Fontana Paperbacks, 1982.

(75) この点については次を参照。J.-P. Bertaud, « Napoléon's officers », *Past and Present*, n°112, août 1986, p. 91-111.

(76)「名誉を持たない兵士はありえない。持たないような兵士は、もはや特権的な強盗にすぎないだろう」と、A. Desbordiers は次のなかで述べている。*Morale militaire*, Paris, Dumaine, 1844, p. 98.

(77) この点については次を参照。N. Petiteau, *Lendemains d'Empire. Les soldats de Napoléon dans la France du XIXe siècle*, Sèvres, boutique de l'histoire, 2003.

(78) An BB18 1054, rapport du procureur près la cour royale de Nancy au ministre de la Justice, 1819.

(79) N. Petiteau, *Lendemains d'Empire...*, *op. cit.*, p. 150.

(80) F. Dupetit-Méré et J.-b. Dubois, *Fanfan la Tulipe ou En avant! Pièce en un acte mêlée de vaudevilles*, théâtre de la Gaîté, 1er août 1820, Paris, Quoy, 1820. 次からの引用。G. Mihaely, « L'émergence du modèle militaro-viril... », *op. cit.*, p. 152-153.

(81) 次の主張である。S. Maza, *The Myth of the French Bourgeoisie. An Essay on the Social Imaginary, 1750-1850*, Cambridge Massachusetts/Londres, Harvard University Press, 2003. *Id.*, « Construire et déconstruire la bourgeoisie: discours politique et imaginaire social au

les processus de socialisation de l'homme moderne, actes du colloque international de Rouen, 13-15 octobre 1988, IRED/Université de Rouen, Paris, Messidor, 1989.

(48) J.-L. Vergnaud, « Les sourires de la raison ou l'honneur en clair-obscur: le tribunal des maréchaux de France au siècle des Lumières », in X. Boniface (dir.), *Du sentiment de l'honneur à la Légion d'honneur*, colloque de Boulogne-sur-Mer, 17-18 mai 2004, *La Phalère, revue européenne d'histoire des ordres et décorations*, n°5, 2004, p. 29-30. この主題については次も。 J. B. Landes, *Women and the Public Sphere...*, *op. cit.*, p. 17-38.

(49) J.-B. Sirey, *Recueil général des lois et des arrêts*, Paris, Sirey, 1868, arrêt du 3 janvier 1868. 次からの引用。 N. Arnaud-Duc, « Les contradictions du droit », in G. Fraisse et M. Perrot (dir.), *Histoire des femmes en Occident*, t. IV, *Le XIXe siècle*, Paris, Perrin, 2002, p. 122.

(50) 次のなかで、このような事例について発表した。F. Guillet, *La Mort en face...*, *op. cit.*, p. 330-332.

(51) とりわけ次の論考。F. Héritier, *Masculin/féminin*, t. I, *La pensée de la différence*, Paris, Odile Jacob, 1996, p. 15; J. S. Goldstein, *War and Gender. How Gender shapes the War System and vice versa*, Cambridge, Cambridge University Press, 2001.

(52) *Correspondance de George Sand*, textes réunis, classés et annotés par G. Lubin, t. III, Paris, Garnier, 1967, 1835, 116/1013 à Adolphe Guéroult.

(53) 次によって強調されている。M. Perrot, « Drames et conflits familiaux », in P. Ariès et G. Duby (dir.), *Histoire de la vie privée*, t. IV, *De la Révolution à la Grande Guerre*, Paris, Seuil, 1987, p. 266.

(54) この点に関しては、次の見解を参照。L. Hunt et M. Perrot, *Histoire de la vie privée, op. cit.*, p. 17-51 および 93-103.

(55) L. Jeudon, *La Morale de l'honneur*, Paris, Félix Alcan, 1911, p. 124.

(56) A. Valette, « Rapport sur le duel », *Revue critique de législation et de jurisprudence*, t. XI, 1857, p. 427.

(57) A. Signol, *Apologie du duel ou Quelques mots sur le nouveau projet de loi*, Paris, Chaumerot, 1829, p. 22.

(58) C. Habib, *Galanterie française*, Paris, Gallimard, 2006.

(59) Affaire Sirey, in G. Fraisse et M. Perrot (dir.), *Histoire des femmes en Occident...*, *op. cit.*, p. 109〔G・デュビィ・M・ペロー監修『女の歴史』(全5巻10冊別巻2冊) 杉村和子・志賀亮一監訳、藤原書店、1994-2001年〕.

(60) AN BB18 1054, rapport du procureur près la cour royale d'Agen au ministre de la Justice, 1819.

(61) AN BB18 1054, rapport du procureur près la cour royale de Nancy au ministre de la Justice, 1819.

(62) Archives de la préfecture de police de Paris, mains courantes Q 86, registre 21, 16 novembre 1903.

(63) たとえば、フランス軍のギリシア人将校コンタンタン・スッツォとルーマニア人のニコラ・ギカが、前者の妻のことで対決した事件。決闘になり、ギカが死亡し、スッツォは4年の刑に処せられる。次に詳細な経緯がある。Baron de Vaux, *Les Duels célèbres*, Paris, É. Rouveyre et G. Blond, 1884, p. 122-130.

(30) 次から引用。E. Cauchy, *Du duel considéré dans ses origines et dans l'état actuel des mœurs*, Paris, Charles Hingray, 1846, p. 328.

(31) C. de Rémusat, *Mémoires de ma vie*, Paris, Plon, 1958-1967, t. IV, p. 12.

(32) A. de Vigny, *Journal d'un poète, op. cit.*, p. 94, 86.

(33) 同業者と決闘し、弾丸を受けたとき、司祭の臨席をかたくなに拒んだ外交員が、1819年、ボルドー大司教によって教会による埋葬を禁じられた例がある。次に詳しい記述がある。F. Guillet, *La Mort en face. Histoire du duel de la Révolution à nos jours*, Paris, Aubier, 2008, p. 326.

(34) J. Michelet, *L'Étudiant*, Paris, Calmann Lévy, 1885, p. 121-122〔ミシュレ『学生よ——1848年革命前夜の講義録』大野一道訳、藤原書店、1995年〕.

(35) 自由へのこのこだわりは、次によって強調されている。J.-B. Duroselle, *Clemenceau*, Paris, Fayard, 1990, p. 190.

(36) この点についてはA. Crépinの、とくに次を参照。*La Conscription en débat ou Le Triple Apprentissage de la nation, de la citoyenneté, de la République, 1798-1889*, Arras, Artois presses université, 1998.

(37) 次から引用。J. Thibault, *L'Influence du mouvement sportif sur l'évolution de l'éducation physique dans l'enseignement secondaire français*, Paris, Vrin, 2002, p. 70.

(38) O. Weininger, *Sexe et caractère*［1903］, trad. D. Renaud, Lausanne, L'Âge d'homme, 1975, p. 68-69. 次に引用。C. Bard et N. Pellegrin, introd. à « Femmes travesties: un "mauvais" genre », *Clio, histoire, femmes et société*, n°10, 1999, p. 3.

(39) P.-A. Grouvelle, *Adresse des habitants du ci-devant bailliage de... à M. de ***, leur député à l'Assemblée nationale. Sur son duel et sur le préjugé du point d'honneur*, Paris, Desenne, 1790, p. 14.

(40) 再生という概念の重要性については、次によるところが大きい。M. Ozouf, « Régénération » in F. Furet et M. Ozouf, *Dictionnaire critique de la Révolution française*［1989］, t. IV, *Idées*, Paris, Flammarion, 1992, p. 373-389.

(41) この分析は次による。A. de Baecque, *Le Corps de l'histoire. Métaphores et politique (1770-1800)*, Paris, Calmann-Lévy, 1993.

(42) P.-A. Grouvelle, *Adresse des habitants..., op. cit.*, p. 15.

(43) G. Tarde, « Le duel », *Études pénales et sociales*, Paris, Masson, 1892, p. 61-62.

(44) たとえば、E. Blaze, *Souvenirs d'un officier de la Grande Armée. La vie militaire sous le Premier Empire*, Paris, Fayard, 1906.

(45) この主題については多くの論考がある。最近のものでは、O. Hufton, *Women and the Limits of Citizenship in the French Revolution*, Toronto, university of Toronto Press, 1992; A. Verjus, *Le Cens de la famille. Les femmes et le vote, 1789-1848*, Paris, Belin, 2002; L. E. Talamante, *Les Marseillaises. Women and Political Change during the French Revolution*, Berkeley, University of California, 2003.

(46) 次によって証明されている。T. Lacqueur, *La Fabrique du sexe..., op. cit.*, p. 225-229.

(47) 次によって示されている。J. B. Landes, *Women and the Public Sphere in the Age of the French Revolution*, Ithaca/Londres, Cornell University Press, 1988; L. Hunt, « L'axe féminin/masculin dans le discours révolutionnaire », in C. Mazauric (dir.), *La Révolution française et*

historique, religieux et moral, Strasbourg, Berger-Levrault, 1851.

(8) F.-V. Toussaint, *Les Mœurs*, s. l., 1755, p. 278.

(9) Voltaire, *Le Siècle de Louis XIV, Œuvres historiques*, Paris, Gallimard, 1957, p. 972.

(10) J.-J. Rousseau, *Julie ou La Nouvelle Héloïse*, Paris, Garnier, 1960, lettre LVII, p. 128〔ルソー『新エロイーズ』(1)、安士正夫訳、岩波文庫、257-258頁〕.

(11) 解釈自体そもそも誤っているのだが、モンテスキューに応えるかたちで、ヴォルテールは、名誉が最も少ないのは宮廷においてだと主張し、オルレアン公フィリップの例を挙げ、ある種の貴族について次のように述べる。「彼は完璧な宮廷人だった。諧謔も名誉も持たないのだから。」Voltaire, « Honneur », *Questions sur l'Encyclopédie*, t. III, Genève, Cramer, 1774, p. 438.

(12) *Carnets de P.-J. Proudhon, op. cit.*, p. 149.

(13) *Ibid.*, p. 150.

(14) *Ibid.*, p. 156. この決闘については、次も参照。P. Haubtmann, *Pierre-Joseph Proudhon. Sa vie et sa pensée, 1809-1849*, t. I, Paris, Beauchesne, 1982, p. 970-975.

(15) 唯一の例は、バルザックの『名うてのゴディサール』である。しかし演劇においてもこの主題は頻繁に用いられる。ウジェーヌ・ラビッシュによる『ペリション氏の旅行記』が典型。

(16) *Carnets de P.-J. Proudhon, op. cit*, p. 151-152.

(17) ヴァレスは、このように自分の思い出から題材を得ている。1856年にジャーナリスト、ププァール゠ダヴィルを相手に彼がした決闘が、『学士さま』のなかで、ジャック・ヴァントラースが、逆境をともにした友人ルグランと一戦交える前に抱く煩悶を描写するのに用いられている。次を参照。J. Vallès, *Le Bachelier*, Paris, LGF, 1985, p. 356-368.

(18) A. Ranc, *Le Matin*, 5 août 1887.

(19) *Carnets de P.-J. Proudhon, op. cit.*, p. 155.

(20) 次の古典的文献によって説明されている。T. Lacqueur, *La Fabrique du sexe. Essai sur le corps et le genre en Occident* [1990], trad. M. Gautier, Paris, Gallimard, 1992.

(21) P.-J.-G. Cabanis, *Rapports du physique et du moral de l'homme*, Paris, Crapart / Caille et Ravier, 1802, rééd. Paris, Béchet jeune, 1824, p. 224.

(22) 次に引用されている、1816年、2人の医学生のあいだで起きた、モンルージュの事件の例がある。J.-C. Caron, *Générations romantiques. Les étudiants de Paris et le Quartier latin, 1814-1851*, Paris, Armand Colin, 1990, p. 183.

(23) A. de Vigny, *Servitude et grandeur militaires. Souvenirs de servitude militaire*, Paris, Jean de Bonnot, 1972, p. 212.

(24) G. Simmel, *Sociologie. Études sur les formes de la socialisation*, Paris, PUF, 1999, p. 528.

(25) P. Bourdieu, « Sur le pouvoir symbolique », *Annales*, n°3, mai-juin 1977, p. 405-411.

(26) AN F 7 6693, rapport du préfet de l'Oise au ministre de l'Intérieur, 17 juillet 1823.

(27) P.-A. Merlin, *Recueil alphabétique des questions de droit qui se présentent le plus fréquemment dans les tribunaux*, 3e éd., t. III, Paris, Garnery et Roret, 1828, p. 553.

(28) *Le Moniteur universel*, 14 mars 1829, p. 334.

(29) ジンメルも強調している。次を参照。 G. Simmel, *Sociologie..., op. cit.*, p. 528.

siècle, Paris, Flammarion, 1998, p. 23〔A・コルバン『時間・欲望・恐怖——歴史学と感覚の人類学』小倉孝誠他訳、藤原書店、1993年〕.

(48) G. Mihaely, « L'effacement de la cantinière ou la virilisation de l'armée française au XIXe siècle », *Revue d'histoire du XIXe siècle*, n° 30, 2005, p. 23 *sq*.

(49) Dr J. Colombier, *Préceptes..., op. cit.*, p. 130.

(50) J.-P. Bertaud, *Valmy. La démocratie en armes* [1970], Paris, Gallimard, 1989, p. 243.

(51) *Ibid.*, p. 153.

(52) *Id.*, *La Vie quotidienne des soldats..., op. cit.*, p. 158-159.

(53) M.-S. Hardy, *De la morale au moral des troupes ou L'Histoire des BMC, 1918-2004*, Panazol, Lavauzelle, 2004, p. 16.

(54) Dr J. Colombier, *Préceptes..., op. cit.*, p. 380 ; Dr H. Mireur, *La Syphilis et la Prostitution. Dans leurs rapports avec l'hygiène, la morale et la loi*, Paris, Masson, 1875, p. 82.

(55) M.-S. Hardy, *De la morale..., op. cit.*, p. 28.

(56) 野戦部隊用売春宿（Bordels militaires de campagne）。

(57) Dr F. Jacquot, « Des aberrations de l'appétit génésique », in *Mélanges médico-littéraires. Études médicales sur l'Italie, etc.*, Paris, Masson, 1854, p. 219.

(58) Dr J. Chevalier, *Une maladie de la personnalité. L'inversion sexuelle*, Lyon, Storck, 1893, p. 207.

(59) A. Hamon, *Psychologie du militaire professionnel*, Bruxelles, Rosez, 1894, p. 157.

(60) *Ibid.*, p. 159.

(61) 以下に引用。 Général Thoumas, *Le Livre du soldat. Vertus guerrières*, Paris, Berger-Levrault, 1891, p. 243.

第III部　男らしさを誇示する絶好の機会

第1章　決闘、そして男らしさの名誉を守ること

(1) *Gazette des tribunaux*, vendredi 26 mars 1885, p. 221.

(2) A. de Vigny, *Journal d'un poète*, Paris, Calmann Lévy, 1882, p. 96.

(3) F.-R. de Chateaubriand, *Mémoires de ma vie, Mémoires d'outre-tombe*, Paris, Garnier, 1989, p. 51-54.

(4) C.-A. Sainte-Beuve, *Volupté*, t. II, Paris, Renduel, 1834, p. 2.

(5) この点に関しては1834年12月29、30日の *Le Réformateur* を参照。

(6) *Carnets de P.-J. Proudhon*, texte établi par P. Haubtmann, t. III, Paris, Marcel Rivière, 1968, p. 149-156.

(7) 16世紀に決闘が行われるようになったときから、教会は決闘を断罪しているが、トリエント公会議のときとくに非難が激しくなる。19世紀については、ベネディクトゥス14世が1752年に出した勅書『デテスタビレム』、および、1851年のピウス9世の勅書『アド・アポストリカエ・セディス』が、断固として、決闘を禁止するよう改めて定めている。新教についてはは、次を挙げておこう。J. Basnage, *Dissertation historique sur les duels et les ordres de chevalerie*, Amsterdam, Pierre Brunel, 1720, とくに序文が重要。次も。P. Gaches, *Essai sur le duel, considéré du point au point de vue*

(27) A. Rauch, *Histoire du premier sexe..., op. cit.*, p. 76 ; F. Guillet, *La Mort en face. Histoire du duel de la Révolution à nos jours*, Paris, Aubier, 2008, p. 187 *sq*.

(28) A.-M. Sohn, « *Sois un homme!* ». *La construction de la masculinité au XIX*e *siècle*, Paris, Seuil, 2009, p. 226.

(29) 後出の「軍人の男らしさ」、p. 211を見よ。

(30) 女性の性器と臀部のこと。以下を見よ。 J.-M. Cassagne, *Le Grand Dictionnaire de l'argot militaire*, Paris, Little Big Man, 2008.

(31) 大革命期以降、軍隊幹部は自分たちの命令を理解させるために辞書を受け取った。アンヴァリッド博物館の大革命の部屋のフランス=ブルトン語辞典を見よ。

(32) O. Roynette, « *Bons pour le service* »..., *op. cit.*, p. 376 *sq*.

(33) *Ibid.*, p. 380.

(34) J.-P. Bertaud, *Quand les enfants parlaient de gloire. L'armée au cœur de la France de Napoléon*, Paris, Aubier, p. 136-137.

(35) *Règlement de l'infanterie pour l'année 1791*. 以下に引用。J.-P. Bertaud, *La Vie quotidienne des soldats..., op. cit.*, p. 120.

(36) M. Spivak, *Les Origines militaires de l'éducation physique française, 1774-1848*, Montpellier, Université Paul-Valéry, 1975 ; G.Vigarello, « Le gymnaste et la nation armée », in A. Corbin (dir.), *Histoire du corps*, Paris, Seuil, t. II, 2005, p. 366 *sq*〔G・ヴィガレロ「体操選手と武装国家」、A・コルバン編『身体の歴史 II』藤原書店、2010年所収〕.

(37) 後出の「軍人の男らしさ」、p. 211を見よ。

(38) プロイセン兵に課せられた身体的訓練で、武器の操作と戦闘行為を反射的に行えるようにすることを目的とした。

(39) T. X, p. 661. この論文は軍隊について詳しかった彼の弟子のボワソーによって補完されている。

(40) M. Reinhard, « Nostalgie et service militaire pendant la Révolution », *Annales historiques de la Révolution française*, 1953, p. 2. 以下も見よ。 O. Roynette, « Signes et traces de la souffrance masculine pendant le service militaire », in A.-M. Sohn et F. Thélamon (dir.), *L'Histoire sans les femmes est-elle possible?*, Paris, Perrin, 1998, p. 265 *sq*.

(41) Dr J. Colombier, *Code de médecine militaire pour le service de terre*, Paris, J.-P. Costard, 1772, p. 149-150.

(42) M. Reinhard, « Nostalgie et service militaire... », *op. cit.*, p. 7.

(43) L.-F. Céline, *Casse-Pipe..., op. cit.*, p. 122.

(44) A. Jacquemart, *Momus à la caserne. Chansons, romances, etc.*, Paris, Hubert, 1825. 以下も見よ。 L. Wado, *Les Chansons de la caserne. Recueil sur des airs connus mais variés*, Lyon, J.-b. Porte, 1863.

(45) Ch. Guieysse, *De la lutte contre l'alcoolisme dans l'armée et par l'armée*, Paris, Noizette, 1900, p. 5.

(46) B. Mottez, « Réflexions sur quelques limites structurelles de la propagande et de la lutte anti-alcoolique à l'armée », *Actes de la recherche en sciences sociales*, n° 1, janvier 1975, p. 98-102.

(47) A. Corbin, « Le grand siècle du linge », in *Le Temps, le Désir et l'Horreur. Essais sur le XIX*e

(3) P. Legrand, *Physiologie du conseil de révision*, Lille, Lefebvre, 1851, p. 75.

(4) G. Lagneau, « Du recrutement de l'armée sous le rapport anthropologique », *La Gazette hebdomadaire de médecine et de chirurgie*, 19 avril 1867.

(5) J. Valserres, *Journal d'agriculture*, 5 avril 1867.

(6) Dr J. Colombier, *Préceptes sur la santé des gens de guerre ou Hygiène militaire*, Paris, Lacombe, 1775, p. 165 *sq*. 彼はまた1777年に現れた軍事医学法の作者でもある。

(7) A. Corvisier, *L'Armée*..., *op. cit.*, p. 652.

(8) G.-L. Leclerc, comte de buffon, *Histoire naturelle de l'homme*, Paris, bonnot, 1989, p. 58.

(9) Dr Vincent, « Du choix du soldat », in *Recueil de mémoires de médecine, de chirurgie et de pharmacie militaires*, Paris, Victor Rozier, 1861, t. VI, p. 273-274.

(10) *Ibid.*, p. 30.

(11) H. Berriat, *Législation militaire ou Recueil méthodique des lois, décrets et règlements militaires*..., t. I, Paris, Louis Capriolo, 1812, p. 87.

(12) Dr Vincent, « Du choix du soldat », *op. cit.*, p. 30.

(13) O. Roynette, « Les représentations de la masculinité chez les médecins militaires du XIXe siècle », in J.-P. Bardet (dir.), *Lorsque l'enfant grandit. Entre dépendance et autonomie*, Paris, PUPS, 2003, p. 289.

(14) M. Cureau de La Chambre, *L'Art de connoistre les hommes*, Paris, P. Rocolet, 1659, p. 45.

(15) F. Gils, *Le Médecin militaire*, Paris, Maloine, 1896, p. 56 *sq*.

(16) J. Waquet, « Réflexions sur les émotions populaires et le recrutement militaire de1789 à 1831 », *Actes du 91e congrès national des sociétés savantes, Rennes, 1966*, Paris, Bibliothèque nationale, 1969.

(17) M. Bozon, *Les Conscrits*, Paris, Berger-Levrault, 1981, p. 103 *sq* ; J. Maurin, *Armée, guerre, société. Le conscrit languedocien, 1889-1919*, Paris, Publications de la Sorbonne, 1982, p. 271 *sq*.

(18) A. Rauch, *Histoire du premier sexe. De la Révolution à nos jours* [2000], Paris, Hachette Littératures, « Pluriel », 2006, p. 52.

(19) A. Rebelliar, *Vauban*, Paris, Fayard, 1962, p. 225 ; J.-P. Bertaud, *La Vie quotidienne des soldats de la Révolution*, Paris, Hachette, 1985, p. 54.

(20) Archives de la guerre, MR 1160/72, 12 nivôse an II [6 février 1794].

(21) J. Chevillet, trompette au 8e chasseurs à cheval, *Ma vie militaire, 1800-1810*, Paris, Hachette, 1906, p. 55 ; A. Canel, *Histoire de la barbe et des cheveux en Normandie*, Saint-Germain, Eugène Heutte et Cie, 1874, p. 85 *sq*.

(22) J. Dulaure, *Pogonologie ou Histoire philosophique de la barbe*, Paris, Le Jay, 1786, p. 182.

(23) *Souvenirs militaires d'un jeune abbé* [Cognet]. *Soldat de la République (1793-1801), publiés par le baron Ernouf*, Paris, Didier et Cie, 1881, p. 7, 15, 166, 182 et 232.

(24) L.-F. Céline, *Casse-Pipe* suivi du *Carnet du cuirassier Destouches*, Paris, Gallimard, 1951, p. 10.

(25) O. Roynette, *« Bons pour le service ». L'expérience de la caserne en France à la fin du XIXe siècle*. Paris, Belin, 2000, p. 263 *sq*.

(26) J.-P. Bertaud, *La Vie quotidienne des soldats*..., *op. cit.*, p. 147.

(95) L. Gravière, « De l'éducation sexuelle », thèse de doctorat en médecine, Paris, Jouve, 1924, p. 11.

(96) L. Baudry de Saunier, *Le Mécanisme sexuel* (*éducation sexuelle*), *41 illustrations*, Paris, Flammarion, 1930, p. 9.

(97) A. Calmette, *Simple causerie pour l'éducation sexuelle des jeunes garçons de quinze ans*, Paris, Masson, 1920, p. 8.

(98) R. P. de Ganay, Dr Henri Abrand, abbé J. Viollet, *Les Initiations nécessaires*, 26e éd., Paris, Association du mariage chrétien/Éditions familiales de France, 1938, p. 31-32.

(99) G. Flaubert, *L'Éducation sentimentale. Histoire d'un jeune homme*, vol. 2, Paris, Lévy frères, 1870, p. 330-331〔フローベール『感情教育』下、生島遼一訳、岩波文庫、305頁〕.

(100) L. Ollé-Laprune, *De la virilité intellectuelle. Discours prononcé à Lyon le 20 mars 1896*, Paris, Belin, 1896, p. 26.

(101) S. Venayre, *La Gloire de l'aventure. Genèse d'une mystique moderne, 1850-1940*, Paris, Aubier, 2002, p. 61-80.

(102) T. Mayne-Reid, *En mer. Récit pour les jeunes garçons*, Tours, Mame, 1887.

(103) E. Domergue, *Les Voyages célèbres, aventures et découvertes des grands explorateurs*, 1873, *passim*, とくに p. 2.

(104) S. Venayre, *La Gloire de l'aventure*..., *op. cit.*, p. 80.

(105) P. du Chaillu, *L'Afrique occidentale. Nouvelles aventures de chasse et de voyage chez les sauvages*, Paris, Lévy frères, 1875, *passim*, なかでも p. 188, 192.

(106) J.-F. Brunet, « Les jeunes aventuriers de la Floride », *Magasin d'éducation et de récréation. Journal de toute la famille*, 26e année, 1890, vol. 1, *passim*, とくに p. 27, 370, 389.

(107) J. Verne, *Les Enfants du capitaine Grant*, vol. 1, Paris, Hachette, 1930, p. 128 *sq.*, 255.

(108) L. du Cauzé, *Au Collège. Récit pour les jeunes garçons*, Toulouse, Société des publications morales et religieuses, 1905, *passim*, とくに p. 24-25, 35, 151, 220-221.

(109) M. Rosenthal, *The Character Factory. Baden-Powell and the Origins of the Boy Scout Movement*, Londres, Horace Cox, 1981, p. 181. 次を参照。R. Baden-Powell, *Scouting for boys*, Londres, Windsor House, 1908; *Pour devenir un homme*, Neuchâtel/Paris, Delachaux et Niestlé, 1938. 次も参照。A. Baubérot, *L'Invention d'un scoutisme chrétien. Les éclaireurs unionistes de 1911 à 1921*, Paris, Les Bergers et les Mages, 1997.

(110) 次からの引用。C. Bonnamaux, *Le Garçon à l'âge ingrat et son éducation par le scoutisme. Exposé fait à l'agape d'octobre de « Coude-à-coude »*, Supplément du *Coude-à-coude* de novembre (n°59), Fontainebleau, 1925, p. 13.

(111) *Ibid.*, p. 1.

第2章　軍隊と男らしさの証明

(1) J.-P. Aron, P. Dumont et E. Le Roy Ladurie, *Anthropologie du conscrit français d'après les comptes numériques et sommaires du recrutement de l'armée, 1819-1826*, Paris, EHESS, 1972, p. 190 *sq.*

(2) A. Corvisier, *L'Armée française de la fin du XVIIe siècle au ministère de Choiseul. Le soldat*, Paris, PUF, t. II, 1964, p. 637 *sq.*

に創設された林間学校にも同様の問題があった（次を参照。L. Downs, *Histoire des colonies de vacances de 1880 à nos jours*, Paris, Perrin, 2009）。

(78) M. de La Baume, *Des colonies pénitentiaires agricoles. Mettray, Les Matelles*, Montpellier, Gras, 1859, p. 9.

(79) A. Vandelet, *De l'éducation physique rationnelle chez les jeunes détenus, op. cit.*, p. 20.

(80) S. Stall, *Ce que tout jeune garçon devrait savoir. Vingt et une causeries dédiées aux garçons et à leurs parents*, « Sexe séries, pureté et vérité », 2e éd., Paris, Fischbacher, 1910, p. 79, 129.

(81) W. Acton, *Fonctions et désordres des organes de la génération chez l'enfant, le jeune homme, l'adulte et le vieillard, sous le rapport physiologique, social et moral*, Paris, Masson, 1863, p. 48-49. 次を参照。T. Laqueur, *Le Sexe en solitaire. Contribution à l'histoire culturelle de la sexualité*, Paris, Gallimard, 2005. より広く概観するには次を参照。A. Corbin, *L'Harmonie des plaisirs. Les manières de jouir du siècle des Lumières à l'avènement de la sexologie*, Paris, Perrin, 2008.

(82) *Le Conservateur de l'enfance et de la jeunesse, ou Principes à suivre dans la manière d'élever les enfants depuis leur naissance jusqu'à l'âge de puberté*, Paris, Delaunay, 1825, p. 40-41.

(83) Dr Royer, *Manuel des mères de famille, ou Règles et principes à suivre pour l'éducation physique des enfants depuis la naissance jusqu'à l'âge de la puberté*, Valenciennes, 1851, p. 99.

(84) W. Acton, *Fonctions et désordres des organes de la génération chez l'enfant..., op. cit.*, p. 9.

(85) F. Gall, *Sur les fonctions du cerveau et sur celles de chacune de ses parties* [...], vol. 3, *Influence du cerveau sur la forme du crâne* [...], Paris, Baillière, 1825, p. 261.

(86) Dr É. Laurent, *La Criminalité infantile*, Paris, Maloine, 1906, p. 60, 68, 72. 次も参照。Dr A. Rodiet, *L'Alcoolisme chez l'enfant, ses causes et ses effets en pathologie mentale*, Paris, Carré et Naud, 1897.

(87) F. Pélofi, « De la précocité et des perversions de l'instinct sexuel chez les enfants », thèse pour le doctorat en médecine, Bordeaux, Imprimerie du Midi / Cassignol, 1897, p. 45.

(88) C. Feré, *Contribution à l'étude de la descendance des invertis*, Évreux, Hérissey, 1898, p. 7-8.

(89) Abbé M. Aubert, *L'Ami des écoliers chrétiens ou Instructions sur les devoirs des jeunes gens pour sanctifier leurs études, avec des traits historiques*, Châtillon-sur-Seine, Cornillac, 1855, p. 154 *sq.*

(90) É. Clément, *Guide des parents pour la santé et l'éducation morale et intellectuelle des enfants*, Sens, Clément, 1871, p. 107-108.

(91) *ABC du bonheur, recette contre l'ennui. Conseils d'un père à son fils sur le moyen d'être heureux et de conserver la santé, par un Parisien*, Paris/Genève, Fischbacher/Stapelmohr, 1890, p. 6, 8. 次も参照。P. Barbet, *La Préparation du jeune homme au mariage par la chasteté*, Paris, Baillière et fils, 1930.

(92) A. Bidart, *Les Parents éducateurs. Conseils pratiques pour assurer aux enfants bonne santé et bon caractère*, Tarbes, Bidart, 1890, p. 352.

(93) *L'Entrée dans le monde, ou Conseils à un jeune homme quittant l'école pour choisir un état*, Versailles, Beau Jeune, 1864, p. 24-25.

(94) Dr H. Fischer, *De l'éducation sexuelle*, Paris, Ollier-Henry, 1903, p. 4, 27.

(59) *Les Jeux des jeunes garçons représentés en 25 gravures à l'aqua-tinta* [...], Paris, Lehuby, 1839, p. 112, 131. 次も参照。E. Collin, *Petit Manuel de la longue paume*, Paris, Delagrave, 1891.

(60) C. de Nadaillac, J. Rousseau, *Les Jeux de collège*, Paris, Delalain, 1875, p. V.

(61) A. Baudry, *L'Escrime pratique au XIXe siècle*, Paris, chez l'auteur, 1893, p. 5.

(62) L.-L. Vallée, *L'Éducation domestique de l'enfant et de l'adulte..., op. cit.*, p. 161. しかしながら、婦人用の乗馬の手引きも数多くある。

(63) J.-b.-C., *Notions de politesse et de savoir-vivre..., op. cit.*, p. 101.

(64) P.-F. Martin-Dupont, *Mes impressions (1803-1876)*, Paris, Sandoz et Fischbacher, 1878, p. 217-218, 230. マルタン=デュポンは、サント-フォアのプロテスタントの農業少年院長である。

(65) R. Allier, *Études sur le système pénitentiaire et les sociétés de patronage*, Paris, Marc-Aurel frères, 1842, p. 237.

(66) *Le Chansonnier du jeune âge. Chansons et romances choisies avec le plus grand soin. Recueil spécialement destiné à la jeunesse des pensionnats, ateliers, fermes-écoles, colonies agricoles, etc.* [...], Cîteaux, Imprimerie de la colonie de Cîteaux, 1876, p. 17.

(67) *Annales d'hygiène publique et de médecine légale*, janvier-avril 1832, p. 220.

(68) F. Cantagrel, *Mettray et Ostwald. Études sur ces deux colonies agricoles*, Paris, Librairie de l'école sociétaire, 1842, p. 21.

(69) *Annales du Sénat et du Corps législatif*, t. VII, Paris, À l'administration du Moniteur universel, 1865, p. 131.

(70) *Bulletin de la Société générale des prisons* (*BSGP*), mai 1888, p. 628.

(71) *BSGP*, mai 1884, p. 291. メトレについては、とくに次を参照。É. Pierre, « F.-A. Demetz et la colonie agricole de Mettray entre réformisme "romantique" et injonctions administratives », *Paedagogica Historica*, vol. 38, n°2-3, 2002, p. 451-466; J. Bourquin, É. Pierre, « Une visite à Mettray par l'image: l'album de gravures de 1844 », *Sociétés et Représentations*, n°18, 2004, p. 207-216; L. Forlivesi, G.-F. Pottier, S. Chassat (dir.), *Éduquer et punir. La colonie agricole pénitentiaire de Mettray (1839-1937)*, Rennes, PUR, 2005.

(72) A. Vandelet, *De l'éducation physique rationnelle chez les jeunes détenus*, Paris, Larose, 1896, p. 12, 20.

(73) E. Picard, *Une visite à la colonie agricole et pénitentiaire de La Motte-Beuvron*, Orléans, Puget et Cie, 1875, p. 34.

(74) L.-C. Michel, *Colonie de Cîteaux, sa fondation, son développement et ses progrès, son état actuel*, Dijon/Paris, Manière/Bray et Retaux, 1873, p. 17.

(75) *BSGP*, avril 1880, p. 425.

(76) P. Bucquet, *Tableau de la situation morale et matérielle en France des jeunes détenus et des jeunes libérés* [...], Paris, Dupont, 1853, p. 32.

(77) Ligue française pour l'éducation en plein air, *Premier congrès international des écoles de plein air en la Faculté de médecine de Paris (24-28 juin 1922)*, Paris, Maloine et fils, 1925, p. 92. 次を参照。A.-M. Châtelet, D. Lerch, J.-N. Luc (dir.), *L'École de plein air. Une expérience pédagogique et architecturale dans l'Europe du XXe siècle*, Paris, Recherches, 2003. 19世紀末

élémentaires de politesse, de savoir-vivre et de correspondance [...], Paris, Charles Lavauzelle, 1928, p. 29.

(41) 次 を 参 照。N. Elias, *La Civilisation des mœurs*, Paris, Calmann-Lévy, Pocket, 1975 [1939].

(42) M. du Camp, *Mémoires d'un suicidé*, Paris, Girard et boitte, 1890, p. 50-56.

(43) F. Lefeuvre, *Souvenirs nantais. L'éducation des garçons au temps passé*, Nantes, Forest-Grimaud, 1886, p. 15-16.

(44) L.-L. Vallée, *L'Éducation domestique de l'enfant et de l'adulte, ou L'Art de corriger les défauts et les vices et d'exciter les qualités et les vertus*, Paris, Hachette, 1858, p. 85-88.

(45) A. Bidart, *Les Parents éducateurs. Conseils pratiques pour assurer aux enfants bonne santé et bon caractère*, Tarbes, Bidart, 1890, p. 186.

(46) J.-C. Caron, *À l'école de la violence. Châtiments et sévices dans l'institution scolaire au XIXe siècle*, Paris, Aubier, 1999, p. 82 *sq*.

(47) Abbé A. Lefebvre, *Pour nos enfants. Entretiens sur l'éducation offerts à tous les parents chrétiens* [...], Paris, Amat, 1902, p. 49, 77-82.

(48) Dr L. O'Followell, *Des punitions chez les enfants*, Avize, Waris-Debret, 1911, p. 7.

(49) 次のものを参照。 A. Bourzac, *Les Bataillons scolaires, 1880-1891. L'éducation militaire à l'école de la République*, Paris, L'Harmattan, 2004; J.-F. Chanet, « Pour la patrie, par l'école ou par l'épée? L'école face au tournant nationaliste », *Mil neuf cent*, n°19, 2001, p. 127-144; *id.*, « La fabrique des héros. Pédagogie républicaine et culte des grands hommes de Sedan à Vichy », *Vingtième siècle. Revue d'histoire*, n°65, janvier-mars 2000, p. 20-21.

(50) C. Lhomme, *Code manuel des bataillons scolaires*, Paris, Picard-bernheim, 1885, p. 9.

(51) *Le Livre universel. Revue populaire illustrée* [...], second semestre 1883, t. I, n°7, p. 3.

(52) A. Garçon, *L'Éducation militaire à l'école*, Paris, Charles Lavauzelle, 1886, p. 13.

(53) C. About, *L'Éducation militaire à l'école*, in C. Lhomme, *Code manuel des bataillons scolaires, op. cit.*, p. IX-XI.

(54) 次の文献からの引用。P. Arnaud, « Le geste et la parole. Mobilisation conscriptive et célébration de la République. Lyon, 1879-1889 », *Mots*, 1991, vol. 29, n° 1, p. 11.

(55) 次 を 参 照。 G. L. Mosse, *L'Image de l'homme. L'invention de la virilité moderne*, Paris, Abbeville, 1996; さらに、フランスについては次を参照。P. Arnaud (dir.), *Les Athlètes de la République. Gymnastique, sport et idéologie républicaine, 1870-1914*, Toulouse, Privat, 1987; *Le Militaire, l'écolier, le gymnaste. Naissance de l'éducation physique en France, 1869-1889*, Lyon, Presses universitaires de Lyon, 1991.

(56) C. Pilat, A. Gosselet, *Catéchisme d'hygiène à l'usage des enfants*, Lille, Lefebvre-Ducrocq, 1850, p. 17.

(57) J.-b. Fonssagrives, *L'Éducation physique des garçons, ou Avis aux familles et aux instituteurs sur l'art de diriger leur santé et leur développement*, Paris, Delagrave, 1870, *passim*, とくに p. 56, 61, 64, 76.

(58) P.-M. Le Guénec, *Manuel de gymnastique théorique et pédagogique comprenant la gymnastique sans appareils et avec appareils, les exercices militaires, la natation, le bâton, la boxe, l'escrime à l'épée, etc.*, Paris, Delalain, 1886, p. XIV.

る特定の点についてだが、次も参照。F. Guillet, *La Mort en face. Histoire du duel de la Révolution à nos jours*, Paris, Aubier, 2008.

(23) Abbé V. Jacques, *La Virilité de caractère et le Collège chrétien. Discours prononcé à la distribution des prix*, Nancy, Vagner, 1899, p. 5-9.

(24) L. Désers, *Lettre à un jeune bachelier sur la virilité chrétienne du caractère*, Paris, Poussielgue, 1904, p. 8-10.

(25) O. Bordage, *Sois un homme! Sermon pour la première communion des garçons, prêché au Petit-Temple le 2 juin 1901*, Nîmes, Chastanier, 1901, p. 12.

(26) A. Thomas, *Sois un homme! Sermon prononcé à Saint-Pierre le 5 février 1905 pour la consécration de M. Henry Mottu*, Genève, Robert, 1905, p. 15.

(27) A. Coquerel, *Sois un homme! Appel à la jeunesse française d'aujourd'hui, prononcé le 5 mai 1872, à la salle Saint-André*, Paris, Sandoz et Fischbacher, 1872, p. 46.

(28) *Manuel républicain. Ouvrage destiné à l'éducation des enfants de l'un et de l'autre sexe, et à leur inspirer le goût du travail et des vertus républicaines*, Paris, Debarle, an II [1793-1794], p. 85. フランス革命の諸価値の男性化については、次を参照。L. Hunt, *Le Roman familial de la Révolution française*, Paris, Albin Michel, 1995〔リン・ハント『フランス革命と家族ロマンス』西川長夫・天野知恵子・平野千果子訳、平凡社、1999年〕.

(29) J. Le Peyre, *Livret d'éducation morale pour les garçons. Opuscule du maître*, Paris, Armand Colin, 1896, p. 34.

(30) A. Sicard, *Manuel d'éducation morale et d'instruction civique*, 2e éd., Paris, Oudin, 1888, p. 163.

(31) C. Boniface, *Éducation morale et pratique dans les écoles de garçons. Pour le commencement de la classe (garçons), 200 lectures morales quotidiennes*, Paris, Armand Colin, 1896, p. 41, 44.

(32) H. Baudrillart, *Manuel d'éducation morale et d'instruction civique*, Paris, Lecène et Oudin, 1885, p. 3, 182.

(33) P. Cabanel, *Le Tour de la nation par des enfants. Romans scolaires et espaces nationaux (XIXe-XXe siècle)*, Paris, Belin, 2007, p 194-195, 862. 次の特集号も参照。 *Romantisme*, n°100, « Le grand homme », 1998 (とくに C. Amalvi, « L'exemple des grands hommes de l'histoire de France à l'école et au foyer (1814-1914) », p. 91-103).

(34) G. Bruno, *Le Tour de la France par deux enfants. Devoir et patrie*, 128e éd., Paris, belin, 1884 [1877], *passim*, とくに p. 5, 8, 15-17, 68, 72, 201, 206-207.

(35) S. Pellico, *Des Devoirs des hommes, discours à un jeune homme*, Paris, Chamerot et Renouard, 1893 [1834], p. 70.

(36) J.-B.-C., *Notions de politesse et de savoir-vivre recueillies par un grand-père pour ses petits-enfants*, Paris, Bloud et Barral, 1882, p. 107.

(37) J.-E. Defranoux, *Le Petit Livre du devoir, ou École de morale et de savoir-vivre des fils de l'ouvrier, soit de la terre, soit du marteau*, Paris, Humbert, 1862, p. 35, 53.

(38) M. Salva, *Le Savoir-vivre pour les jeunes gens*, Paris, Bloud et Barral, 1898, p. 74.

(39) T. Bénard, *Nouveau Manuel de civilité chrétienne, contenant un choix d'anecdotes historiques à l'usage des institutions et des maisons religieuses d'éducation*, Paris, Belin, 1851, p. 51.

(40) Commandant N., *Conseils d'un ancien à un jeune gendarme. Petit recueil des règles*

septembre 2003, p. 449-463.

(6) C. Berville, *Le Premier Livre des petits garçons. Scènes enfantines. Morale tirée des exemples. Qualités à acquérir. Défauts à éviter*, Paris, Larousse, 1906, p. 113.

(7) A. de Savignac, *Enfants d'après nature. Les petits garçons*, Paris, Eymery, « Bibliothèque d'éducation », 1836, p. 4-6.

(8) « Le petit boudeur » et « Monsieur Coup de poing », in E. Blondeau, *La Chanson à l'école et dans la famille. Ouvrage destiné aux écoles maternelles, aux cours préparatoires et élémentaires des écoles primaires*, Paris, Molouan, 1901, p. 12-13, 37.

(9) *Abécédaire des petits garçons, avec des leçons tirées de leurs jeux et de leurs occupations ordinaires*, 16e éd., Paris, Duverger, 1846, p. 57-60.

(10) *Ibid.*, p. 62.

(11) J. Michel, *Le Livre des petits garçons, ou Les Délassements du cœur et de l'esprit*, Limoges, Ardant, 1884, p. 18-23. より一般的なものとしては、次を参照のこと。M. Manson, « La poupée et le tambour, ou de l'histoire du jouet en France du XVIe siècle au XIXe siècle », in E. Becchi, D. Julia (dir.), *Histoire de l'enfance en Occident*, t. I, Paris, Seuil, 1998, p. 432-464.

(12) C. Berville, *Le Premier Livre des petits garçons..., op. cit.*, p. 77-78.

(13) B. C. Faust, *À l'Assemblée nationale, sur un vêtement libre, uniforme et national, à l'usage des enfants ou Réclamation solennelle des droits des enfants*, s. l., 1792, p. 45.

(14) Klemm, *Traité pratique de l'habillement, enseignant la préparation et l'exécution de tous les patrons concernant la toilette des dames et des enfants*, Paris, Firmin-Didot, 1878, p. 99-100, 115-116. しかし、「4–15歳の少女向けのズボン」もある (*ibid.*, p. 141)。

(15) M. Dessault, *Traité pratique de la coupe et de la confection des vêtements pour dames et enfants*, Paris, Garnier frères, 1896, とくに p. 501-502.

(16) E. Teyssier, *Méthode pour apprendre à couper la confection de dames, corsages de robes et jupes* [...], *précédée d'un système de coupe spécial pour fillettes et petits garçons*, Paris, chez l'auteur, 1879, p. 69.

(17) Klemm, *Traité pratique de l'habillement..., op. cit.*, p. 20.

(18) J. Petit, *La Coupe des vêtements d'hommes et de garçonnets*, Paris, Chiron, 1922, p. 59-61.

(19) P. Bonhomme, *Le Premier Pantalon. Monologue pour jeune garçon*, Paris, Librairie théâtrale, 1887, p. 3-5. 古典主義時代における子どもの服装については、次を参照。P. Ariès, *L'Enfant et la vie familiale sous l'Ancien Régime*, Paris, Plon, 1960〔フィリップ・アリエス『〈子ども〉の誕生——アンシァン・レジーム期の子供と家族生活』杉山光信・杉山恵美子訳、みすず書房、1981年〕; C. Bard, *Une histoire politique du pantalon*, Paris Seuil, 2010.

(20) *Exemples aux jeunes garçons ou vies et morts chrétiennes*, Paris, Risler, 1834, p. 61.

(21) J. Cauvière, *Les Devoirs du jeune homme au sortir du collège, discours prononcé à l'École Saint-François-de-Sales, à Dijon*, Marseille, Imprimerie marseillaise, 1890, p. 2.

(22) 次を参照。 A.-M. Sohn, « *Sois un homme !* ». *La construction de la masculinité au XIXe siècle*, Paris, Seuil, 2009; F. Chauvaud, *Les Passions villageoises au XIXe siècle. Les émotions rurales dans les pays de Beauce, du Hurepoix et du Mantois*, Paris, Publisud, 1995; また、あ

Paris, Armand Colin, 2004.

(39) 以下の点に関する最新の総合的研究は次の著作である。Agnès Walch, *Histoire de l'adultère. XVIe-XIXe siècle*, Paris, Perrin, 2009.

(40) Cf. Alain Corbin (dir.), *Histoire du corps*, t.II, *De la Révolution à la Grande Guerre*, Paris, Seuil, 2005, p. 66〔邦訳はアラン・コルバン監修『身体の歴史 II』小倉孝誠監訳、藤原書店、2010年〕.

(41) Agnès Walch, *Histoire de l'adultère, op. cit.*, p. 348.

(42) *Ibid.*, p. 287-289. からの引用。

(43) 特に次の研究を参照せよ。Alain Corbin, *Les Filles de noce. Misère sexuelle et prostitution (XIXe siècle)*, Paris, Aubier, 1978, rééd., Flammarion, « Champs », 1982;〔邦訳はアラン・コルバン『娼婦』杉村和子監訳、藤原書店、1991年〕Jill Harsin, *Policing Prostitution in XIXth Century Paris*, Princeton, Princeton university Press, 1985; Jean-Marc Berlière, *La Police des mœurs sous la IIIe République*, Paris, Seuil, 1992; Laure Adler, *La Vie quotidienne dans les maisons closes. 1830-1930*, Paris, Hachette, 1990; Jacques Solé, *L'Âge d'or de la prostitution. De 1870 à nos jours*, Paris, Plon, 1993; さらに地方の例については次を見よ。Jacques Termeau, *Maisons closes de province*, Le Mans, Éditions Cenomane, 1986.

(44) Cf. Alain Corbin, « Présentation », in Alexandre Parent-Duchâtelet, *La Prostitution à Paris au XIXe siècle*, Paris, Seuil, 1981, rééd., « Points », 2009〔邦訳はパラン=デュシャトレ『十九世紀パリの売春』小杉隆芳訳、法政大学出版局、1992年〕.

(45) ただし、「公娼」のうちかなりの者が娼館以外にも自宅で売春していたことを指摘しておこう。その場合でも「もぐりの売春婦」と異なり、彼女たちは監視を逃れられなかった。

(46) *Le Livre des courtisanes. Archives secrètes de la police des mœurs*, présenté par Gabrielle Houbre, Paris, Tallandier, 2006.

第II部　男らしさの規範――教化の制度と方法

第1章　「男らしさへの旅」としての子ども時代

(1) « Virilité », in P. Larousse, *Grand Dictionnaire universel du XIXe siècle*, t. XV, 2e partie, Genève/Paris, Slatkine, 1982 [Paris, 1866-1879], p. 1106.

(2) P. Lhande, *Jeunesse. L'âge tendre. L'âge critique. L'âge viril. Petit code d'éducation au foyer, d'après Clément d'Alexandrie*, Paris, Beauchesne, 1923, p. 12.

(3) P. Kergomard, *L'Éducation maternelle dans l'école*, vol. 1, Paris, Hachette, 1886, p. 37.

(4) M. Koenig, A. Durand, *Jeux et Travaux enfantins à l'usage des écoles maternelles, des classes enfantines* [...], vol. 1, *Le Monde en papier*, Paris, Jeandé, 1889, p. VIII.

(5) N. Laisné, *La Gymnastique à l'école maternelle*, Paris, Picard-Bernheim, 1882, p. 8-9. より一般的なものとしては、次を参照のこと。J.-N. Luc, *L'Invention du jeune enfant au XIXe siècle. De la salle d'asile à l'école maternelle*, Paris, Belin, 1997; I. Jablonka, « L'âme des écoles maternelles, Pauline Kergomard (1838-1925) et l'éveil du jeune enfant sous la IIIe République », *Bulletin de la Société de l'histoire du protestantisme français*, t. CXLIX, juillet-

d'observation, Paris, J.-B. Baillière, 1837, t.I, p. 377.

(16) Buffon, *Œuvres, op. cit.*, p. 168.

(17) 次 の 例 を 見 よ。Dr Louis Seraine, *De la Santé des gens mariés ou Physiologie de la génération de l'homme et hygiène philosophique du mariage*, Paris, F. Savy, 1865, p. 82.

(18) Alain Corbin, *L'Harmonie des plaisirs…, op. cit., passim.*

(19) *Ibid.*, p. 198-199.

(20) Michel Delon, *Le Savoir vivre libertin*, Paris, Hachette Littératures, 2000, p. 402〔邦訳はミシェル・ドゥロン『享楽と放蕩の時代』稲松三千野訳、原書房、2002年〕.

(21) この作品は次の著作に収められている。*Romanciers libertins du XVIIIe siècle*, éd. P. Wald Lasowski, Paris, Gallimard, « Bibliothèque de la Pléiade », 1998.

(22) Antoine de Baecque, *Le Corps de l'histoire. Métaphores et politique., 1770-1800*, Paris, Calmann-Lévy, 1993.

(23) 下記の記述を参照のこと。

(24) Cf. Alain Corbin, *L'Harmonie des plaisirs…, op. cit.*, p. 400.

(25) *Ibid.*, p. 68-74.

(26) これはすでにビュフォンが述べた忠告である。Buffon, *Œuvres, op. cit.*, p. 259.

(27) たとえばモンタルバン博士の著作。Montalban, *La Petite Bible des jeunes époux*, 1885; rééd., Grenoble, Jérôme Millon, 2008.

(28) 体質の問題はあけすけなガリア気質や実体験と対比すべきである。これについては後述する。

(29) 次の著作からの引用。Jacques-Louis Moreau de la Sarthe, *Histoire naturelle de la femme…*, Paris, L. Duprat, 1803, t. II, p. 283.

(30) De Lignac, *De l'homme et de la femme considérés physiquement dans l'état du mariage*, Lille, Heurey, t.II, p. 139. 後述の点については cf. Alain Corbin, *L'Harmonie des plaisirs…, op. cit.*, p. 54 *sq.* および当時の神学については同書の p. 247-337.

(31) Paul Payan, *Joseph. Une image de la paternité dans l'Occident médiéval*, Paris, Aubier, « Collection historique », 2006. 著者は19世紀まで研究対象を広げている。

(32) Dr Charles Menville de Ponsan, *Histoire philosophique et médicale de la femme considérée dans toutes les époques principales de la vie*［1846］, Paris, Baillière, 1858, t.I, p. 333.

(33) この二つの現象については、現在進行中のアンヌ・キャロルの研究を参照のこと。

(34) これはサミュエル=オーギュスト・ティソの文通相手たちにとって大きな関心事だった。この点については次の共著に収められた諸章を参照せよ。V. Barras et M. Louis-Courvoisier (dir.), *La Médecine des Lumières. Tout autour de Tissot*, Genève, Georg, 2001.

(35) 本書の第Ⅲ部第2章を見よ。

(36) Thomas d'Aquin, *Somme contre les gentils. Livre sur la vérité de la foi catholique contre les erreurs des infidèles*, Paris, Flammarion, « GF », 1999, t.III, p. 121 et 124.

(37) Agnès Walch, *La Spiritualité conjugale dans le catholicisme français. XVIe-XIXe siècle*, Paris, Cerf, 2002.

(38) Maurice Daumas, *Le Ménage amoureux. Histoire du lien conjugal sous l'Ancien Régime*,

原　注

第Ⅰ部　自然主義をとおして見た男らしさ

(1) ビュフォンのこのテクストは次の著作で読める。Buffon, *Œuvres*, Paris, Gallimard, 2007, « Bibliothèque de la Pléiade », p. 302-306.

(2) この表現は、後にジャン＝ポール・サルトルが『存在と無』のなかで愛撫を論じたページを予告している。

(3) 同様にビュフォンは、ロマン主義的な愛の誕生において視線の交差がはらむ重要性を予告している。強調はコルバン。

(4) Buffon, *Œuvres, op. cit.*, p. 848.

(5) *Ibid.*, p. 236.

(6) *Ibid.*, p. 219.

(7) この点については次の著作を見よ。Thomas Laqueur, *La Fabrique du sexe. Essai sur le corps et le genre en Occident*, Paris, Gallimard, 1992〔邦訳はトマス・ラカー『セックスの発明』高井宏子・細谷博訳、工作舎、1998年〕. および、こうした信念がいつ頃消滅したかをめぐる議論も参照願いたい。

(8) ジャン・ムニルは正当にも、すでに17世紀半ばから男女の性的二形性が好色文学を構造づけると考えている。 Jean Menil, *Dans les règles du plaisir... Théorie de la différence dans le discours obscène, romanesque et médical de l'Ancien Régime*, Paris, Kimé, 1996.

(9) この点、および後続の議論については次を見よ。 Alain Corbin, *L'Harmonie des plaisirs. Les manières de jouir du siècle des Lumières à l'avènement de la sexologie*, Paris, Perrin, 2007, p. 26-33〔邦訳はアラン・コルバン『快楽の歴史』尾河直哉訳、藤原書店、2011年〕.

(10) Cf. Edward Shorter, *Le Corps des femmes*, Paris, Seuil, 1984〔邦訳はエドワード・ショーター『女の体の歴史』池上千寿子・太田英樹訳、勁草書房、1992年〕.

(11) とはいえ、当時男性の歴史家たちが書いた著作もきわめて重要だということをあらためて強調しておこう。cf. Jean Ehrard, *L'Idée de nature en France dans la première moitié du XVIIIe siècle*, Paris, Sevpen, 1963, rééd. Paris, Albin Michel, 1994; Paul Hoffmann, *La Femme dans la pensée des Lumières*, Paris, Ophys, 1977; Jacques Roger, *Les Sciences de la vie dans la pensée française du XVIIIe siècle. La génération des animaux de Descartes à l'Encyclopédie*, Paris, Armand Colin, 1963.

(12) Article « Virilité ».

(13) 例として「冷感症」の項目を見よ。Julien-Joseph Virey, article « Frigidité », in *Dictionnaire des sciences médicales*, Paris, C.L.F. Panckoucke, 1818, p. 185. この肖像に関しては、cf. Alain Corbin, *L'Harmonie des plaisirs..., op. cit.*, p. 193-194.

(14) 本書第Ⅲ部、フランソワ・ギエ「決闘、そして男らしさの名誉を守ること」を参照のこと。

(15) ブルダッハの表現。Cf. C.F. Burdach, *Traité de physiologie considérée comme science*

監訳者解説

小倉孝誠

本シリーズ『男らしさの歴史』全三巻（原著は二〇一一年）は、すでに藤原書店から邦訳刊行された『身体の歴史』全三巻（原著は二〇〇五―二〇〇六年）と同じ三人の監修者によって編まれた企画である。『身体の歴史』が好評を博したことに後押しされて、同じスイユ社が放った第二の叢書である。男女両性の身体の表象を分析した著作に、男らしさをめぐる価値観と規範の歴史を析出させる試みが続いた。身体が男らしさを構成する重要な要素のひとつであることを考えるならば、ふたつのシリーズの連続性は明らかである。相互補完的なシリーズとして読み比べてみるのも、興味深いだろう。

監修者であり著者でもある三人、アラン・コルバン、ジョルジュ・ヴィガレロ、ジャン＝ジャック・クルティーヌを除けば、ふたつのシリーズに共通する寄稿者はごく少数であり、多様な執筆陣を揃えた野心的な企画だということは疑いの余地がない。本シリーズもまた前作に劣らず高い評価を獲得し、フランスでは現在廉価版が流布している。身体や男らしさに関する基本的な文献として、今後長きにわたって参照される著作になるだろう。

『男らしさの歴史』第Ⅱ巻にあたる本書は、フランス革命期から第一次世界大戦まで、フランス史では一般に十九世紀と規定される時代を対象にしている。監修者アラン・コルバンが「第Ⅱ巻序文」で指摘しているように、男らしさという価値観が十九世紀にはかつてないほど、そしておそらく二十世紀や現代以上に強い影響力をふるった。

生理学者は医学的な観点から、教師は教育的な観点から、政治家は軍事的な観点から、それぞれ男らしさの重要性を唱えた。家庭、性生活、学校、寄宿舎、スポーツ、軍隊、衛兵詰所、酒場、政治集会、仕事場など、あらゆる私的、社会的空間で男性たちには男らしさを発揮することが要請されたのである。男の権威と支配力が圧倒的に大きな当時の社会は、男らしい言動とは何かをめぐって複雑な表象体系を創りあげ、価値と規範のシステムを確立しようとした。その体系とシステムを多くの男たちが内面化し、ときには文字どおり身体化せざるをえなかった。男らしさとは生得的な属性ではなく、社会的、文化的に獲得される特質にほかならない。だがもちろん、そのような男らしさの規範と価値観を誰もが容易に受け入れたわけではないし、受け入れられない者たちにとって、男らしさとは精神的な苦痛でしかなかった。こうして本書は革命後の民主化と、産業化と、近代性の時代である十九世紀のフランス（そして西洋社会）において、男らしさの規範がどのような領域と社会空間で、どのように構築され、どのように表出されたかを鮮やかに示してくれる。

なぜ「男らしさ」の歴史なのか

社会と文化のあらゆる領域がそうであるように、歴史学もジェンダー中立的な学問として営まれてきたわけでないことは、今やあらためて指摘するまでもないだろう。十九世紀西洋で、国民国家の成立・発展と軌を一にするようにして樹立された歴史学という学問は、国民や民族の起源を問いかける政治史、あるいは国家の成り立ちを叙述する制度史として出発し、産業革命の進展につれて経済史の視点を獲得し、さらには文化史、社会史へと研究のフィールドを広げていった。しかし政治、経済、文化の表舞台に立ってきたのが、歴史的にみれば長いあいだ男だったこともあって、歴史は基本的に男のまなざしで捉えられ、記述されてきた。

人類の半分を占める女はどこにいるのか？　歴史のなかで女はどのような位置にあったのか？　女たちは何をしてきたのか、そして何を妨げられてきたのか？　そうした問いかけがなされるようになったのは第二次世界大戦後、日本ではようやく二十世紀最後の四半世紀に入ってからのことにすぎない。いわゆる「女性史」研究が市民権を得たのは一九七〇年代であり、この女性史はその後、女を歴史に規定されるだけの受動的存在と認識するのではなく、歴史経験の能動的な主体と捉え、女の視点を導入し、家庭、私的領域、労働、学校などさまざまな分野における女たちの輪郭を明らかにした。

さらに一九八〇年代以降には、上野千鶴子、『ジェンダーと歴史学』（一九八九）のジョーン・スコット、『ジェンダー・トラブル』（一九九〇）のジュディス・バトラーらの理論的考察を背景に、女性史からジェンダー史にシフトしていく。女性史が特殊で個別的な女の歴史に限定される傾向が強いという反省をうけて、男女の性差は社会的、文化的につくられるものだというジェンダー概念に依拠して、男女の差異化の過程を解き明かし、それが政治、経済、法律、制度によってどのように再生産されてきたか（そして現在もされているか）を分析するのがジェンダー史である。

もともと女の歴史的な可視性に正当な市民権を付与することを目的に体系化されたジェンダー史は、当然のことながら女の状況と体験を跡づける点で大きな成果をあげた。フランスでいえば、藤原書店から邦訳が出ているデュビィ／ペロー監修『女の歴史』(原著は全五巻別巻一、一九九一―九二年刊行。邦訳は一九九四―二〇〇一年）がその代表であろうし、日本では鶴見和子ほか監修『女と男の時空』(全六巻別巻一、藤原書店、一九九五―一九九八年、新版として全一三巻、二〇〇〇―二〇〇一年）が顕著な仕事になっている。

しかし他方で、これは歴史学に限られたことではないが、ジェンダー概念は男や男性性について再考をうながすことにもつながった。ジェンダー史は、男と女の関係性のあり方と、その変遷を分析する歴史学である。とりわけ男の研究者は、ジェンダー概念の浸透によって、みずからの性的アイデンティティが歴史の刻印を押されていることを自覚したのである。社会学、人類学、ジェンダー研究で「男性学」が生まれ、歴史学の領域で「男性史」が書かれる所以である。女性性や女らしさが歴史的考察の対象だったように、男性性や男らしさもまたジェンダー研究の俎上に載せられた。西欧近代の「男性性」を政治的なものと結びつけて分析した、ジョージ・モッセの『男のイメージ　男性性の創造と近代社会』(一九九六、邦訳は二〇〇五）が見事な例証になっている。わが国では、明治維新から現代までの日本を扱った阿部恒久ほか編『男性史』全三巻（二〇〇六）がその成果のひとつである。女らしさが社会と文化によって創られるように、男らしさもまた歴史的に構築されてきたのだ、という認識が共有されるようになった。ひとは男に生まれるのではない、男になるのだ。フランスで二〇一一年に出版された本書『男らしさの歴史』もまた、このような歴史学の潮流に位置づけられる。

ただし、留意すべき点がふたつある。

まず、本書は「男の歴史」ではなく『男らしさの歴史』と銘打たれており、先に触れたデュビィ／ペロー監修『女の歴史』と対をなすシリーズではない。一般史のひとつの分野として男の歴史を跡づけるのではなく、歴史における男たちの日常性や体験を再現するのでもなく、あくまで文化的、社会的に構築されてきた男らしさを、その表象と神話をあぶり出そうとする試みである。長いあいだ、人間一般の名においてじつは「男の歴史」が語られてきたという事実を斟酌するならば、「女の歴史」に対抗する形で、あるいはそれを補完する形で「男の歴史」を綴ることは偽善的な反復に堕しかねない、あるいは旧来のジェンダーバイアスを温存した男性史に回収されてしまう危険がある。本シリーズの監修者たちは、そのあたりの事情を明瞭に意識していたにちがいない。

第二に、本書で分析されている「男らしさ」はフランス語の virilité の訳語であり、「男性性 masculinité」とは区別されている。後者は、生物学的な規定が本来の意味で、要するに生物である人間の雄としての属性であり、フランス語としては学問（科学）用語として使用されることが多く、それ自体としては何らの価値付けもされていない。その反対語は「女性性 féminité」である。他方 virilité は、masculinité と同じように男性の身体的特徴を指し示すこともあるが（生物学的な含意）、それ以上に頑強、活力、行動性、勇気など伝統的に男の属性とみなされてきたものを意味し、さらに十九世紀では、とりわけ性的な逞しさや生殖能力を示すことが多い。本書で問題になっているのは、後者の社会的、文化的な意味付けのほうである。「男らしさ」が稀薄な者でも、「男性性」まで疑問視されることはなかったし、そもそも十九世紀フランスでこの「男性性 masculinité」という言葉が社会的な文脈で使用されたことはほとんどないのだ。

ちなみに管見の限りでは、アングロサクソン圏では、マスキュリニティー masculinity がフランス語の

virilitéとmasculinitéを同時に含意することが多いという印象を受ける。なおféminitéのほうは、生物的な「女性性」と、社会的、文化的に創られる「女らしさ」の両方を含意する。フランス語で「男らしさ」と「男性性」が異なる語で担われるのに対し、「女らしさ」と「女性性」が同一の語に包摂されるという事実は興味深い。

本シリーズに通底するもの

本シリーズは古代ギリシアから現代までを対象に、「男らしさ」の価値と規範がどのように形成され、どのように変貌してきたかを跡づける集大成である。第I巻は古代―十八世紀、本書第II巻は十九世紀、そして第III巻は二十世紀―現代をあつかう。それぞれ一巻をあてられている十九、二十世紀が特権的な位置を占めているのは否定できないが、全体としてみれば西洋文明のあらゆる時代をカバーする壮大な通史になっている。そこでは時代を超えて通底するいくつかのテーマが際立ってくる。

まず性愛の領域との関係。前述したようにフランス語の男らしさvirilitéという語には、女性や妻との関係における男性の性的(生殖)能力が含意されている。古代や中世の西洋人、ラブレーやモンテーニュといったルネサンス期の作家、近代のブルジョワジー、そして二十世紀の男たちにとって、男らしさはある程度までベッドの上での性的パフォーマンスによって保障されていたようだ。性的二形性という概念のもとでは、男らしさは女らしさと対概念になるから、性的含意としての男らしさはおもに女を相手に発揮される。そとはいえ同性愛者の男らしさも閑却されてはおらず、本シリーズの各巻でその推移が叙述されている。そもそも「同性愛」が科学用語として市民権を獲得したのは、つまり「異性愛」とは異なる、あるいはそこから逸脱した性愛として正式に認知されるようになったのは、十九世紀半ば以降のことである。キリスト教以前の古代ギリシア・ローマでは、同性愛が現象としては存在しても、概念としては存在しなかったことを忘れてはならない。

性的な意味での男らしさは、いつでも順調に発揮されるわけではないだろう。ことの性質上、公然と語られることではないが、日記、回想録、手紙など私的なエクリチュールのなかで、男たちはさまざまな不安を綴ってきた。男らしさは社会における男性支配の根拠となる一方で、その衰弱や、欠落や、逸脱が人知れず男としてのアイデンティティの危機を引き起こしてきたのである。欠落や逸脱となれば、それは男らしさの機能不全とみなされ、したがってそこに医学が介入する余地が生まれる。機能不全はその原因を解明し、正常さを回復しなければならない。これがシリーズ全体に共通する第二のテーマである。ミシェル・フーコーに言及するまでもなく、とりわけ十八世紀以降、身体と性をめぐって医学の言説が大きな影響力をふるったという事情がそこに関与している。

男らしさは創られ、その規範は変化しながら社会によって継承されていく。こうして全巻に通底する第三の要素として、男らしさが形成される社会的な場や制度の力学について問いかけがなされる。具体的には軍隊、戦場、スポーツである。本巻の第Ⅲ部第1章で論じられている決闘は、男の名誉を守る高貴な（そしてしばしば無謀な）行為として特殊な、きわめて十九世紀的な男らしさの発現形態であろう。また本巻の最後「第一次世界大戦と男らしさの歴史」、そして次の第Ⅲ巻、第Ⅱ部第3章が示すように、武器や戦略が途方もない規模で殺戮を引き起こすという理由で、二十世紀の戦争は戦場における男らしさのイメージを根底から変えてしまった。現在では軍隊に女性もいるし、スポーツにいたっては男女がともに実践するから、これらは男だけに限定された空間ではないが、かつてであればもっぱら男が活躍する空間だった。今でもある種のスポーツが濃厚にマッチョな雰囲気を漂わせ、男くさい世界を現出していることは否定できない。

この点と関連して、シリーズ三巻をつうじて指摘されている興味深い第四の論点は、西洋の男たちにとって、男らしさをあらためて自覚し、ときにはその新たな輪郭を描くために他の文明圏との遭遇が必要だったことだ。十五—十七世紀には、新たな大陸や土地で発見された「未開人」が、男らしさの模範ないしは鏡になりえた。他方、十九世紀に入ってアフリカやアジアへの植民地政策が拡大すると、その構図が変わる。武力、暴力、経済的な簒奪が植民地征服の根幹にあったとはいえ（これはあらゆる国に共通する）、フランス人は植民地という新しいフランスの領土に根を下ろすことで、身体的な力、闘争嗜好、自己制御、そして仲間どうしの連帯意識などの男らしさの規範を再定義した。植民地の征服者として、新たな、若々しい男らしさを体現したということである。風土の厳しい異国の地が、男らしさを再生させる空間として価値づけられた。

そして第五に、男らしさがとりわけ重要な価値づけをされる社会階層として、民衆（第I巻）や労働者（第II、第III巻）に一章まるごと割かれている点が注意をひく。貴族、聖職者、ブルジョワジー以上に、労働者（農民、漁民、職人、工場労働者）にあっては身体的な胆力、抵抗力、逞しさなど目につきやすい指標が男らしさの規範として同化されやすい。ときには露骨な暴力や喧嘩——したがって犯罪すれすれの言動——さえも、庶民の男らしさを表現するものとみなされた。

他方で、時代によって変貌する側面も無視できない。

たとえば、男らしさの価値体系と規範を特権的な形でになう人物像は時代によって変わる。中世には騎士や英雄であり、絶対王政期には国王（たとえばルイ十四世）であり、十九世紀には軍隊の将軍だが、二十世紀に入ればそれが冒険者やスポーツマンとなる。軍事的なものから遊戯的なものへ、政治的なものから私的なものへの移行――歴史の長いスパンでみれば、それが典型的な男らしさを体現する人物の変化であろう。

男らしさの価値体系と規範を表現する媒体と方法も時代によって異なり、それは本シリーズで取り上げられている表象の分野にはっきりと示されている。第Ⅰ巻では演劇と絵画が特権化され、第Ⅱ巻では作家たちの回想録、日記、手紙がしばしば引用され、第Ⅲ巻では青少年向けの文学があつかわれ、ポルノグラフィックな絵画と写真、そして映画が重要な表現形式として分析されている。男らしさの問題に限ったことではないが、表現媒体の変遷と多様化は、男らしさを外在化し、可視化する方法を変えると同時に、その内容にまで変更を迫っていく。

各巻をつうじて明瞭になるのは、男らしさの規範が時代によって変遷してきたこと、男らしさという一見普遍的な価値観が、歴史をつうじて何度も「危機」にさらされ、解体の淵にまで追い込まれ、そして新たな社会と文化の基盤のうえで刷新された形で再生してきたということである。危機と再生と変貌――それが男らしさの歴史を特徴づける。

本巻の概要

「男らしさの勝利」という副題をもつ本巻は、全体としてみれば、十九世紀という革命後の転換期、民主化と産業革命の時代に男らしさがどのように涵養され、教えこまれたか、そうして獲得された男らしさは、いかなる機会と空間において発揮されることが期待されていたか、そして社会集団によって男らしさがどのように差異化されていたかを論じている。以下、内容をかいつまんで要約してみよう。

第Ⅰ部では、哲学、医学、生理学、行政、司法など科学的、社会的な言説が規定した男らしさが問題となる。十八世紀の博物学者ビュフォンに代表される哲学上の立場としての自然主義によれば、男とは何よりもまず人類の「雄《おす》」であり、動物界のヒエラルキーの頂点に位置する。男の身体は雄ライオンのように逞しさ、強さ、威厳を具えていなければならない。その後の医者、生理学者たちは、男性器が外部にあって目につきやすいという特徴は、男が社会のなかで勇敢に活動し、決断力を示し、社会の動乱に敢然と立ち向かう性格に呼応すると主張した。逞しさと自制心は夫婦の性生活にも求められた。夫は妻を性的に満足させるよう要請されると同時に、過度の営みを慎んで、射精をきちんと管理しなければならない。男や夫の性的能力を維持し、さらには高めるために、交接行為は雰囲気、時刻、リズム、体位などに配慮するよう、医学者たちは忠告を怠らなかった。そして男らしさとは優越性、外部性、精力、活動性、権威であるという表象システムが、民法のなかでも具体化された。

第Ⅱ部「男らしさの規範——教化の制度と方法」を構成するふたつの章では、子どもと兵士がそれぞれどのようにして男らしさを身につけたかが論じられる。

遊戯、体操、衣服、礼儀作法をつうじて、早くから男子は女子とジェンダー的な差異を自覚するよう促された。自尊心、強靭な意志、正義感、忍耐心などの精神的、道徳的価値もまた男子が会得すべきものとして、学校（当時は男女別学）の道徳の授業や、歴史の読本で語られる実例にそくして教えこまれた。身体の教化についても同様である。学校は男子に規律と力をもたらすため、体操術、フェンシング、乗馬を推奨し、祖国愛をはぐくむため軍事教練を教育プログラムの一環として制度化した。反抗的な、あるいは怠惰な子どもには矯正という名目で体罰が加えられる。この矯正という思考が生み出したのが、七月王政以降に発達した「農業少年院」で、収容した非行少年たちに農作業と野外活動を課し、無軌道で危険な男らしさを有益で秩序ある男らしさに変えることをめざした。

思春期は性欲が目覚める時期であり、この時期に性欲をうまくコントロールし、鎮めなければ、健全な男らしさが育たないと考えられた。こうして過度のオナニー、同性愛の誘惑、性的異常は断罪され、健康的な活動をつうじて性を浄化することが求められた。その観点からすれば、ジュール・ヴェルヌに代表される冒険文学は、少年が成長し、男らしさを獲得するプロセスを語る教育的な物語にほかならない（第1章）。

軍隊は男の世界である。徴兵検査で重視されたのは身長、逞しさ、広い胸、適度の肉付きなどで、その基準から極端に外れると、虚弱、不能、同性愛を疑われるほどだった。荒々しい侮辱、いじめ、決闘のまねごとなどの暴力は、新兵を鍛えるための通過儀礼として許容され、それが軍隊という集団への帰属意識を高めるとみなされた。男らしい身体の調教は、軍隊教育の優先事項である。歩行や進行のリズム、背筋を伸ばす姿勢の維持はバレエと体操術にもとづいて習得された。性は管理された。軍隊が公式に認めた相手は、軍隊に従軍して食糧と酒を売っていた女商人 vivandière で、彼女たちは軍の栄光に寄与すると同時に、娼婦の役割を果たしていた。軍隊での男らしさの教育は、新兵たちに時には耐えがたい心理的苦痛を味わわせ、実際の戦場での過酷な体験は兵士の精神を蝕んだ。軍隊ではうつ病やアルコール中毒が稀でなかったということを忘れてはならない（第2章）。

第Ⅲ部では、「男らしさを誇示する絶好の機会」として決闘とセクシュアリティが取り上げられている。決闘は法で禁じられ、理性や宗教道徳に反するとして糾弾されたにもかかわらず、十九世紀をつうじて続いた。その根底にあったのは名誉心であり、恥辱をすすぐという感情である。侮辱されたのに決闘にうったえないのは臆病とみなされ、男らしさを欠く態度だった。サークル、クラブなど女を排除した男だけの社交空間が形成され、そこで男の名誉という観念が醸成された。決闘したのは、もちろん男である。十九世紀初頭には兵隊くずれや王党派の人間が多かった。軍人や元軍人にあっては、祖国愛と名誉心が決闘をほとんど習慣化していた。一八三〇年代以降の特徴として、政治家やジャーナリストが紛争解決の手段としてしばしば決闘にうったえたことが指摘できる。発展した新聞・雑誌が、名誉棄損や侮辱などの筆禍事件を誘発し、それへの反応として決闘が増えたのである。青年や学生集団は恋人をめぐるいざこざを解決するため、仲間の面子を守るため、そしてみずからの男らしさを発現するため決闘にうったえた。

名誉回復の行為である決闘には、しかるべき規則があった。シャトーブリアン伯爵は『決闘論』（一八三六）のなかで決闘の作法を規定しているが、それによれば挑発や侮辱から決闘まで一定の時間をおく、当事者二人のチャンスが平等になるよう配慮する、使用する武器の適正さを確認する、ことなどが推奨されている。武器としては剣、ステッキ、短銃はふさわしいが、拳銃は臆病者の武器として排されている。しかるべき手続きを踏んで行なわれた決闘にたいしては、たとえ一方が死に至っても、司法当局は相手の罪を問わないことが多かったという。とはいえ十九世紀後半になると、決闘の件数も、その死亡者数も減少していく。短銃の使用によって流血の事態が減少し、決闘がいっそう厳かで儀礼化されたものになり、社会の上層に限定されるようになったからである。ノルベルト・エリアスのいう「文明化の過程」が進行したのだ。そして二十世紀に入れば、決闘はもはや時代錯誤的な因習の列に加えられた（第1章）。

決闘が、男らしさを誇示するきわめて十九世紀的な慣習だったとすれば、他方、セクシュアリティの領域と男らしさの結びつきは普遍的な現象である。フランス語の男らしさ virilité に性的ニュアンスが強いことは、すでに指摘した。アラン・コルバンが執筆した第2章は、ロマン主義文学が恋愛における魂の昂揚と、女の非身体化された透明な存在を称賛する一方で、同時代の卑猥な大衆歌謡やエロティックな辞典の作者たちは、性的な男らしさの規範をあからさまに提示していたことを明らかにする。交接行為における男の逞しさとエネルギーが強調され、男の激しい愛撫で女は快楽に至るという紋切型が繰りかえされるのだが、そこには女が本質的に淫乱で、快楽に貪欲だという俗信が刷りこまれていた。頻繁に引用されるアルフレッド・デルヴォーの『現代好色辞典』は、性愛を男による女の「征服」とみなし、狩猟、戦い、火山の噴火といった闘争と矯激さを示唆する隠喩に満ちている。

スタンダール、メリメ、ヴィニー、ミシュレ、ゴーチエ、フロベールなど十九世紀を代表する大作家たちの手紙、日記、手記では、露骨な性愛と欲望の充足が男らしさの証明としてこれみよがしに描かれる。男どうしの手紙では、女の征服譚や、ものにした女の数や、性戯の細部が臆面もなく述べられ、恋人に宛てた手紙のなかでは、交わした激しい愛撫や共有した悦楽を、相手の同意をあらためて求めるかのようにしばしば淫らな言葉で想起する。日記作者は自分の性的男らしさを確信するかのように、女の征服に要した時間や、性交の回数や、性交の時刻、場所、体位や、さらには相手の女がオーガスムに達した回数までも、おそらくは多少の誇張をこめて入念に書き留める。それは反面、彼らが男らしさの減退を恐れていたことの裏返しであり、十九世紀の男たちがまるで強迫観念のように性的逞しさの妄想に取り憑かれていたことを証言している（第2章）。

第Ⅳ部は、さまざまな職業集団によって男らしさの規範と形成が異なるさまを明らかにしてくれる。男の勇気がもっともよく示される場は、長いあいだ戦場とみなされてきた。フランス革命時代、周囲のヨーロッパ諸国と交戦状態に入ったフランスでは、市民の身体が兵士の身体に変えられる。男たちは身体を鍛え、忍耐を学び、自己犠牲と祖国への献身を美徳とした。ナポレオン帝政期にもその傾向は続き、愛国的な軍人の男らしさが称揚され、それが絵画や、石碑や、演劇などによって可視化される。「農民兵士」という男らしい軍人が、植民地支配を可能にする典型的な軍人として理想化された。一八七〇年の普仏戦争の敗北は、フランスの軟弱さと軍隊の不備に原因があったとされたので、その後の第三共和政は軍隊を浄化し、兵士の身体を教化し、性格を堅固にし、愛国心を高めることに努めた。もちろん他方で、徴兵制は若い健全な青年たちを損ない、兵営と戦場は非人間的だとして糾弾する声も大きかったのであるが……（第1章）。

肉体を用いる労働者は一般に、男の性と結びついている諸能力を他の職業集団以上に誇示する傾向が強い。過酷な労働に耐えられるのは、確固たる生殖能力の証しというわけである。しかし、それは負の側面と表裏一体でもあった。熱、騒音、危険などの試練に耐えうるのは、典型的に男らしい身体だが（たとえば鉱山労働者）、劣悪な労働環境は身体を消耗させ、衰弱と老化を早める。厳しい職業訓練は、荒々しい男らしさの理想と合致することはあるが、他方で、子どもや見習工への暴力となって現れた。また女性が作業場や工場に進出し、産業革命が機械化を加速させると、労働現場における男らしさの特権性は減少していく。ここでもまた、男らしさの危機が自覚されていた（第2章）。

聖職者には、一般男性とは異なるさまざまな拘束が課された。性欲や情念を管理し、黒いスータンによって衣服を統制し、民衆的な余暇を断念しなければならない。自己を抑制することによって、彼らは精神的な男らしさを内面化する。このような司祭の男らしさの規範には、疑問が呈されることもあった。十九世紀後半の医師は、過度の性的禁欲は自然の摂理に反すると批判する。しかし逆説的なことに、性を抑圧することを義務づけられた聖職者は、しばしば物腰が洗練され、上品だったせいで、まさにその「脱男性性」ゆえに信者の女たちから慕われ、時には愛と欲望を向けられた。司祭に女色は禁じられていたが、女におよぼす魅力は否定しがたい（この主題は、たとえばゾラの小説にみられる）。反教権主義者は、みずからの性的男らしさを隠蔽しながら、女たちの性を操作し、女を誘惑する司祭というイメージを流布させた（第3章）。

二十世紀以前、スポーツはほとんど男にのみ許された活動であり、男らしさと、男どうしの連帯を示すパフォーマンスだった。フェンシングは決闘に活用される洗練されたスポーツであり、貴族的な価値観と身体技法を継承するものとして評価された。他方で競歩、自転車ロードレース、ボクシングは、男らしさを誇示することに役立った。地方から出てきて首都パリに根づいた労働者たちは、職能ごと、出身地ごとに団結し、他の集団とスポーツ（とりわけ格闘技）によって競うことで自分たちのアイデンティティを涵養した。腕を磨くための訓練施設が作られ、二十世紀初頭には国内、国際的レベルでの競技会が催されるまでになる。近代オリンピックの誕生は、そうした歴史の流れに位置づけられる。男たちはリングやマットに上り、格闘する身体によって男らしさを示したのだった。

しかしそれだけではない。草創期のスポーツ競技は、軍隊での訓練を下敷きにしているものが少なくない。スポーツと戦争に共通する要素は団結心や集団的勇気であり、どちらも男らしさを鍛錬し、愛国心を高める。こうしてスポーツによる鍛錬は、十九世紀末の強迫観念である、フランス民族が衰退に向かっているのではないかという「変質」理論から、個人と社会を守るよう期待されたのだった。しかも運動する身体は、ジェンダー性を刻印されていた。スポーツは男らしさを強めてくれるが、女の場合は身体に混乱を引き起こす、つまり「女らしさ」を壊すとみなされたのである。このように政治的、イデオロギー的な意味づけと無縁でなかったスポーツだが、世紀が改まって二十世紀初頭になると位置づけが変わる。上流階級の人々にとって、自由時間にスポーツを実践することがひとつのステイタスシンボルとなる。ヨット、テニス、サイクリングが好まれ、そのためのクラブや施設が作られて、男たちの社交場になっていった。娯楽化したとはいえ、スポーツと男らしさの結びつきは依然として明瞭だった（第4章）。

第V部は、空間の移動と男らしさの関係を問うふたつの章で構成されている。

産業革命の象徴とも言える蒸気機関は、船舶と鉄道に応用されて輸送手段を大きく変え、旅の可能性を飛躍的に広げた。列車と蒸気船による航行は、進歩に向かって前進する男たちの英雄的な姿と重ねあわされ、人類をひとつにまとめ、国家や文明の距離を縮めてくれるかに見えた。交通革命は男らしさの新たな発現媒体になったのである。旅する者はしばしば記録を残す。ルネサンス期以来、旅とは未知の地方や国を訪問し、現地の風土と習俗を観察し、報告するのを目的のひとつにしていた。十九世紀に流布した探検や学術調査の成果を語る旅行記は、その点で典型的な旅の物語だ。男たちが組織した機関によって派遣された男の学者によって綴られた旅行記は、計測と、記録と、サンプル収集の物語で、それを実現する過程で経験したさまざまな苦難と障害を克服したことが誇らしげに語られる。他方、学者に同行した女たち（かなり稀）の旅行記は、個人の主観的な印象とピクチャレスクな風景を描くことに終始する。世紀末になると、とくにイギリス人女性の学術探検家が出現するが、やはり例外にとどまる。探検と学術調査は男の仕事であり、その記録にも男女のジェンダー的二元性が露呈する。

ことはフィクションの世界でも変わらない。旅は若者を涵養すると言われるが、その若者とは男を指す。『ロビンソン・クルーソー』に触発された一連の冒険物語や、フランスのジュール・ヴェルヌの『驚異の旅』シリーズや、十九世紀末から二十世紀初頭にかけて小学校の副読本として広く使用されたブリュノ夫人著『二人の子どものフランス巡歴』（一八七七）など、旅をテーマにした空想物語の主人公はつねに少年や青年であり、女は排除されているか、あるいはせいぜい副次的な役割しか演じない。そして現実の探検記がそうだったように、ここでも冒険と旅は男の事業であり、少年を大人に成長させる契機として機能する。ヴェルヌ作品の主人公が「男になれ！」と促されるのは、そのためである。それに対して女の旅は、聖地への巡礼、健康のための保養地への旅、そして新婚旅行という形をとる（第1章）。

探検、学術調査、そして虚構の冒険は、しばしば植民地を舞台にする。実際十九世紀はヨーロッパ列強がアフリカ、中近東、アジアに植民地を拡大した時代にほかならない。男らしさの歴史という視座にたつ時、そこでは何が起こっていたのか。植民地主義の基盤のひとつは、フランスを脅かす衰退と軟弱さの危険を払拭するために、アフリカやアジアに国民（＝男）を送りこんで、フランス男性の男らしさを回復させ、国家の繁栄に奉仕させることにあった。武力による新天地の征服は、本国における国民の名誉と領土の保全に資する男らしさを確認する機会でもあった。とりわけ普仏戦争の敗北後は、植民地政策が男らしさをあらためて鍛えあげる場として規定される。たとえば北アフリカでは、軍人の男らしさが身体的な力、合理的な戦術、強固な連帯心、闘争嗜好などによって可視化された。男らしい価値観にもとづいて植民地社会を築くこと、植民地という異邦のフランスに根を下ろすことで、新しい、若返った男らしさを創りだすことが問題だったのである。

エドワード・サイードの『オリエンタリズム』を引用するまでもなく、植民地主義はヨーロッパが未開の地を「文明化」するという大義名分のもとで進められたが、それはまた男の原理である西洋が、女の原理であるオリエントを征服するというジェンダー的な構図とも重なる。だからこそ、ヨーロッパ人が現地人の抵抗に遭遇した際、彼らを屈服させるために、ジェンダー的な議論を持ちだした。風土・気候の不健全さ、習俗の頽廃、怠惰、性的な腐敗、そうしたものが現地人の「男らしさ」を奪っているとされたのだ。男らしさの欠落した社会が男の原理を体現する西洋文明に従属するのは当然である、という暗黙の了解がそこに潜んでいた（第2章）。

男らしさが勝利した時代とはいえ、十九世紀の男たちが皆みずからの男らしさに確信を抱いていたわけではない。第Ⅵ部では、性的な男らしさを危機に陥れるふたつの事象が問題となる。

まず、性的な逞しさを意味する男らしさが揺らぐ諸相が分析される。第Ⅰ部、第Ⅲ第2章で述べられていたように、男たちは射精の頻度と性エネルギーを管理し、快楽を調整することで性的な男らしさを維持できると考えられていた。その性エネルギーの管理を阻害するのは、過度のオナニーであり、長すぎる禁欲である。どちらも病理的状態とされ、男の生殖機能を損なうとされた。同じように、精液漏やあまりに頻繁な夢精も男に深刻な不安をもたらす。最大のトラウマは、一時的であれ永続的であれ、性的不能である。婚姻を完遂できないので宗教的にも大問題であり、かつては裁判事由にもなったほどだ。原因としてはオナニー、性交過多などが指摘されたほか、医師によっては「変質」に由来する先天的な体質に帰した。

対策としては、催淫剤のような薬や、補助器具が処方された。愛する女を前にしたときの不能への不安は、男たちのアイデンティティを脅かす病理として、当時の小説（たとえばスタンダールの『アルマンス』）でも婉曲的に描写されている。

女性化とフェティシズムもまた、性倒錯としてやはり男らしさの対極に位置づけられた。そのような身体現象に加えて、十九世紀後半には女たちが教育、芸術、労働などそれまで禁じられていた領域に登場してきたせいで、力だけに依拠する単純な男らしさは発現の場が狭まっていく。世紀末を特徴づける「女性嫌悪《ミソジニー》」とは、男らしさの危機の裏面にほかならない（第1章）。

医学者と生理学者によって性倒錯のひとつと規定された同性愛は、別の意味で従来の男らしさに疑問を投げかけた。ドイツの医学者ウルリヒスは同性愛が先天的な現象であり、男の同性愛者とは男のからだのなかに女の魂が宿っている存在だ、と定義した。したがって彼らの欲望はごく自然に男に向かい、抑圧できない。当時の同性愛者への差別や軽蔑は、女性的とされる言動への差別や軽蔑と結びついていた。男の同性愛者の女っぽいところが嘲笑されたのであり、それは医学と社会の偏見のしるしである。実際、現実には性的に「ウケ」であることと、女性的な振舞いをすることは切り離されていた。バルザック、ゴーチエ、スタンダールらの文学においても、同性愛は女っぽさと結びつくのではなく、男たちの友愛の世界へと通じる。ジッドやプルーストの作品では、同性愛者は男らしい男、古代風の雄々しいからだつきの美青年に魅かれる。同性愛とは男らしさの否定ではなく、異なる形の男らしさなのだ。

しかし、医学界と司法当局はそう考えなかった。彼らからすれば、同性愛はあくまで逸脱であり、性の倒錯にほかならない。治安当局は、男の同性愛が売買春と犯罪の温床になりうるとして警戒を怠らなかった。戦争のような非常事態のもとで、女っぽい同性愛者、とりわけ「ウケ」の男は、国民の勇気と力を減殺する危険な存在とされた。男らしさの規範を流布させた社会的言説は、さまざまな紋切型のイメージを同性愛に押しつけることによって、同性愛者を性的倒錯者というカテゴリーに組みいれ、その異質な男らしさを否定したのだった（第2章）。

最後の「結論」では、ふたたび軍隊と戦場が話題になるが、それは男らしさの決定的な変貌を確認するためである。十九世紀において、勇気、力、冷静、自己抑制など男らしい特質がもっともよく発揮されるのは軍隊であり、戦場だった。兵士と将校はしばしば人目につく軍服や装備を身につけ、直立の姿勢で戦いに臨んだ。そしてそれが、戦場での男らしさを可視的な神話にすることに貢献したのだった。第一次世界大戦がそのような男らしさの神話を粉砕してしまう。近代テクノロジーを駆使した殺傷力の高い武器の使用、全ヨーロッパを巻きこんだ全面戦争、長引く塹壕戦は、兵士個人の武勇などまったく意味のないものにした。戦場での兵士は地面や塹壕の中に這いつくばり、虫けらのように大地にしがみついて身をよじる。そして砲弾によって腕や脚を吹き飛ばされる。かつては頑健な身体によって男らしさを誇示できた軍人は、まさにその身体において男らしさを無化された。

しかしそれは、男らしさの神話が解体したということではない。戦時中イギリス、ドイツ、フランスの当局は、凱旋という口実で傷痍軍人の身体を意図的に人目にさらし、憐れみではなく称賛を誘発しようとした。これが祖国のためにみずからを捧げた「男らしい」男たちなのだ、と。傷んだ身体は勇気、愛国心、犠牲の精神を文字どおり可視化するスペクタクルとして利用されたのである。このテーマは同じ著者によって、第Ⅲ巻でさらに深められることになるだろう。

『男らしさの歴史』の周辺

重要なテーマをめぐる大きな学術書の企画がしばしばそうであるように、本書は男らしさの諸相について、そのエッセンスを凝縮させた論考の集大成という様相を呈している。巻末の「著者紹介」を読んでいただければ分かるように、監修者のコルバンをはじめとして、それぞれの著者は自分が担当したテーマについて、あるいはその近接領域で、すでに実質的な著作を発表してきた人たちである。

コルバンは『快楽の歴史』(邦訳は藤原書店)で、男の性的快楽のあり様とその医学的、宗教的な束縛を論じ、イヴァン・ジャブロンカは近代において青少年が社会にどのように統合されてきたかを研究している。ジャン゠ポール・ベルトーは軍事史の、ミシェル・ピジュネは労働運動史の、ポール・エリオーは宗教史の、クリステル・タローは植民地主義、とりわけ北アフリカにおける植民地主義の歴史の、レジス・ルヴナンはジェンダーと性現象の、そしてステファヌ・オードワン゠ルゾーはとくに第一次世界大戦史の、それぞれ注目される専門家である。フランソワ・ギエには『決闘の歴史』(二〇〇八、邦訳なし)という興味深い著作があるし、アンドレ・ローシュはスポーツのほか、ヴァカンス、父性、愛と犯罪など多方面にわたる主題に関する業績を残している。シルヴァン・ヴネールも知的射程の広い歴史家で、近代の冒険心、旅の文化史、十九世紀の歴史学の生成と発展などについて精力的に研究を発表し続けている。

フランスの歴史に限定して、本書のテーマとより密接に関係するところで、先行するいくつかの著作を挙げておこう。アメリカの歴史家ロバート・ナイは、早くも一九九三年に出版された『近代フランスにおける男性性と男らしい名誉の規範』において、男性性の規範から外れることが個人としての逸脱や欠陥であるのみならず、社会と国家にとって危険になりうると認識されていたことを示そうとした。

アンドレ・ローシュの二冊の書物も逸するわけにはいかない。フランス革命期から二十世紀初頭までを対象とする『第一の性　男のアイデンティティの変貌と危機』（二〇〇〇）と、二十世紀をカバーする『女の影に隠れた男のアイデンティティ』（二〇〇四）である。この二冊は男らしさよりも、むしろ男性性《マスキュリニテ》の形成と変貌を跡づけようとする。革命、人権宣言、民主化、「市民」の誕生、産業革命などが社会と人々の精神に根本的な変化をもたらした時代に、肉体的な力や逞しさだけでは男性性を確立するのに十分ではない。ブルジョワ社会の到来は、社会的な野心と、職業的な成功を価値ある男性の指標とみなし、そのために男性たちは学校、軍隊、職場において試練に耐え、自己抑制する術を習得していった。その経緯をローシュは、同時代の回想録、日記、書簡集、そして小説などを丹念に読み解きながら浮き彫りにしていく。

二十世紀に起こった二度の世界大戦は、銃後を守る女たちを否応なく労働と社会空間のなかに投げ込み、後半になれば政治と経済の場にも男と同じく十全な「市民」として、女たちを参加させる。父親や夫の保護権から解放された女たちを前にして、男たちはもはや「男の支配」の正当性を主張することなどできず、彼女たちとの共存のなかでみずからのアイデンティティを構築せざるをえない。ローシュはこうして、現代における男性性の困難さ、その脆弱さに読者のまなざしを向けさせてくれる。

同じく本書の執筆者の一人レジス・ルヴナンが監修した『一七八九年から現代に至る男性と男性性《マスキュリニテ》』（二〇〇七）は、十九、二十世紀を対象にして、ジェンダー史とセクシュアリティの歴史の臨界点に位置しながら、この問題を多角的に分析した論文集になっている。「セクシュアリティ」、「労働」、「戦争」、「宗教」、

「人種」という五つのセクションに分かれているが、この見出しだけでも『男らしさの歴史』の調査領域と密接に関連していることが分かる。男性性と男らしさの歴史学の現状を総括し、研究の未来を展望する「序論」は有益である。

やはり『男らしさの歴史』より数年前に刊行されたアンヌ＝マリー・ソーンの『男たれ！ 十九世紀における男性性の構築』（二〇〇九）も、男らしさではなく男性性を論じている。とりわけ家庭や学校での子どもたち、職場や軍隊や居酒屋での青少年が、どのようにして男性的な言動と儀式を学んだかが説得的に示される。ソーンが強調するのは、モデルであり、導き手であり、ときには監視者だった父親の役割の大きさである。十九世紀をつうじて、腕力や、勇気や、名誉心にもとづく男性性がしだいに後退し、穏やかで知的な男性性が優位を占めるようになる、というのがソーンの主張である。彼女の著作は、男らしさをめぐる歴史であると同時に、父と息子をめぐる家族の文化史にもなっている。

わが国では、高岡尚子の『摩擦する「母」と「女」の物語――フランス近代小説にみる「女」と「男らしさ」のセクシュアリティ』（二〇一四）、とくにその第Ⅱ部が興味深い。文学研究書だが、上述のモッセ、ソーンの著作、さらには『一七八九年から現代に至る男性と男性性《マスキュリニテ》』への目配りが行き届いており、歴史研究の蓄積をないがしろにしていない。高岡はジェンダー批評の立場を踏まえながら、スタンダール、バルザック、ジョルジュ・サンド、フロベールなど、十九世紀フランスを代表する小説家たちの作品に見られる男と女の多面的な関係を緻密に読み解いていく。従来は文学史的、思想史的に捉えられてきた「世紀病」、「憂鬱」、「倦怠感」などのテーマも、ジェンダー的な力学で解釈できるだろう。そこに見えてくるのは、年上の女や立場の弱い女に、母親あるいは天使のイメージを投射することによって、かろうじて男らしさを保持する脆弱な男たちの物語にほかならない。

現代の日本の読者、とりわけ若い世代の読者は、過去の西洋人が構築し、内面化した男らしさのイメージには違和感を覚えるだろうし、時には苦笑を禁じえないかもしれない。原則的に男女の平等が唱えられ、学校でも、職場でも、レジャーの場でも男女が普通に混じりあっている現代で、かつてのような家父長的で、マッチョ的な男らしさは時代錯誤でしかないだろう。とはいえ、男らしさや男性性という概念、あるいはイメージが消滅したわけではない（それは「女らしさ」や「女性性」についても同じである）。社会の価値観や、男女関係のあり方の変遷にともなって、男らしさ、女らしさの輪郭が描き変えられていくだけの話である。

『男らしさの歴史』の原著が三冊同時に刊行されたのは、二〇一一年十月のことだった。前シリーズ『身体の歴史』と同じ監修者による価値あるシリーズということで、その後まもなく邦訳の企画が立ち上がった。邦訳の各巻の監訳者も同じ顔ぶれである。この第Ⅱ巻について言えば、監訳者の小倉以外の訳者の皆さんは早くに原稿を提出してくださった。作業の進行が遅れたのは、ひとえに小倉の責任である。共訳者の方々にはこの場を借りてお詫びするとともに、本シリーズの邦訳刊行を実現してくださった藤原良雄氏と、編集を担当してくださった小枝冬実さんに、心から謝意を表する次第である。

二〇一七年一月　　訳者を代表して

監訳者紹介

小倉孝誠（おぐら・こうせい）

［日本の読者へ、序文、第Ⅱ巻序文、第Ⅰ部、第Ⅲ部第2章、第Ⅵ部第1章］

1956年青森県生。1987年、パリ第4大学文学博士。慶應義塾大学文学部教授。近代フランスの文学と文化史。著書に『犯罪者の自伝を読む』（平凡社新書、2010年）、『愛の情景』（中央公論新社、2011年）、『革命と反動の図像学』（白水社、2014年）、『写真家ナダール』（中央公論新社、2016年）など。また訳書にコルバン『音の風景』（藤原書店、1997年）、フローベール『紋切型辞典』（岩波文庫、2000年）など。

訳者紹介

寺田寅彦（てらだ・とらひこ）　［第Ⅴ部第1章、第2章、第Ⅵ部第2章］

1966年兵庫県生。パリ第7大学第三課程博士号取得。東京大学総合文化研究科教授。19世紀フランス文学。テクストとイメージ論。訳書にゾラ『書簡集 1858-1902』（共訳、藤原書店、2012年）、論文に「ゾラ歿後十年と日本近代文学」（『比較文学研究』第100号、東大比較文学会、2015年）など。

寺田光德（てらだ・みつのり）　［第Ⅳ部第2章、第4章］

1947年静岡県生。大阪市立大学大学院文学研究科博士課程単位取得退学。熊本大学文学部名誉教授。19世紀フランス文学。著書に『欲望する機械――ゾラの「ルーゴン＝マッカール叢書」』（藤原書店、20 13年）、訳書にE・ゾラ『獣人』(藤原書店、2004年）など。

真野倫平（まの・りんぺい）　［第Ⅱ部第2章、第Ⅳ部第1章］

1965年愛知県生。パリ第8大学博士課程修了（文学博士）。南山大学外国語学部教授。19世紀フランス文学、フランス歴史学。著書に『死の歴史学――ミシュレ「フランス史」を読む』（藤原書店、2008年）、編訳書に『グラン＝ギニョル傑作選　ベル・エポックの恐怖演劇』（水声社、2010年）など。

和田光昌 (わだ・みつまさ)　［第Ⅱ部第1章、第Ⅲ部第1章、第Ⅳ部第3章］

1962年岐阜県生。早稲田大学大学院博士課程単位取得退学。D.L.（パリ第8大学）。西南学院大学教授。19世紀フランス文学。著訳書に、『文学作品が生まれるとき』（共著、京都大学出版会、2010年）、Éditer le chantier documentaire de Bouvard et Pécuchet（共著、Andrea Lipplis Editore）、『身体の歴史Ⅱ』（共訳、藤原書店、2010年）など。

「同性愛」、セックスツアー（1830-1962）』（2012 年）など、多くの著作がある。

レジス・ルヴナン（Régis Revenin）　［第VI部第 2 章］

パリ第 1（パンテオン=ソルボンヌ）大学博士課程、20 世紀社会史センター準研究員。現在、「ヴィシー時代と栄光の 30 年時代のフランスにおける若者、愛、性」に関する博士論文を執筆中。2010 年までリール第 3 大学で教育学の教育・研究実習生。多くの論文と 3 冊の著書がある。『パリにおける男性の同性愛と売買春、1870-1918 年』（2005 年）、『男性と男性性』（2007 年）、『若者と性』（2010 年、ヴェロニック・ブランシャール、ジャン=ジャック・イヴォレルとの共著）。雑誌『ジェンダー、性、社会』の創刊者でもある。

ステファヌ・オードワン=ルゾー（Stéphane Audoin-Rouzeau）　［結論］

社会科学高等研究院の研究指導員、「第一次世界大戦史の国際研究センター」所長。主要な専門分野は第一次世界大戦の歴史で、多くの著作を刊行。そのうちの一冊が、アネット・ベッケールとの共著『1914-1918 年、戦争の再発見』（2000 年）である。現在はとりわけ、戦場における暴力の問題を中心として、近代の戦争に関する歴史人類学に取り組んでいる。近著として『闘う。近代戦争（19-21 世紀）の歴史人類学』（2008 年）、『武器と肉体。1914-1918 年における三つの死のオブジェ』（2009 年）がある。

著者紹介

イヴァン・ジャブロンカ（Ivan Jablonka）　　［第Ⅱ部第 1 章］

高等師範学校卒業、メーヌ大学近代史准教授、CERHIO メンバー、コレージュ・ド・フランスのサイト「思想の生命」編集主幹。子ども、青年、国家、共和主義を研究対象とする。近著に『子どもの亡命。レユニオン島の孤児たちの本国移送（1963-1982）』（2007 年）、『共和国の子どもたち。1789 年から現代までの若者たちの同化』（2010 年）。

ジャン＝ポール・ベルトー（Jean-Paul Bertaud）　　［第Ⅱ部第 2 章、第Ⅳ部第 1 章］

フランス革命期の兵士に関する国家博士論文を提出。大学名誉教授であり、パリ第 1（パンテオン＝ソルボンヌ）大学で教鞭を執った。革命と第一帝政の歴史について 25 冊の著作がある。そのうちの 1 冊で、王党派の新聞に関する著作は、アカデミー・フランセーズによって表彰された。ウィリアム・セルマンとの共著に、『新フランス軍事史』（1998 年）がある。また近著として『ショデルロ・ド・ラクロ』（2003 年）、『子どもたちが栄光を語った時代。ナポレオン時代のフランスと軍隊』（2006 年）、『王党派とナポレオン』（2010 年、ナポレオン財団大賞）がある。

フランソワ・ギエ（François Guillet）　　［第Ⅲ第 1 章］

歴史学教授資格者、近代史学博士。主な著書に『ノルマンディー地方の誕生、フランスの一地方のイメージの起源と開花、1750-1850』（2000 年）、『死と向き合う。フランス革命期から現代までの決闘の歴史』（2008 年）がある。現在は 18-19 世紀の転換期における金銭の問題を研究している。

ミシェル・ピジュネ（Michel Pigenet）　　［第Ⅳ部第 2 章］

パリ第 1（パンテオン＝ソルボンヌ）大学教授、20 世紀社会史センター所長。研究対象は労働史および民衆史。主著として『シェール県の労働者（18 世紀末～ 1914 年）。労働、空間、社会意識』（1990 年）、『リッジウェイ将軍への抗議デモ』（1992 年）がある。また『西欧におけるサンディカリズムの絶頂期、1960-1985 年』（2005 年）、『パリにおける労働の記憶』（2008 年）を監修した。

ポール・エリオー（Paul Airiau）］　　［第Ⅳ部第 3 章］

大学教授資格者、歴史学博士、政治学研究所卒業、中学校教員（パリ）。近代の政治・宗教史の研究を行なう。主著として『19、20 世紀におけるカトリックの反ユダヤ主義』（2002 年）、『フランス世俗性 (ライシテ) の百年』（2005 年）がある。

アンドレ・ローシュ（André Rauch）　　［第Ⅳ部第 4 章］

ストラスブール大学名誉教授、パリ第 1（パンテオン＝ソルボンヌ）大学 ISOR 研究所研究員。スポーツとレジャーに関心を抱き、1992 年に『ボクシング。20 世紀の暴力』を出版。男性性の歴史に関しては『フランス革命期から現代までの第一の性の歴史』（2006 年）、『父親の今昔。家庭の父から DNA の父へ』（2007 年）、情念の歴史に関しては『犯罪に照らし出される愛、1936-2007 年』（2009 年）を刊行した。

シルヴァン・ヴネール（Sylvain Venayre）　　［第Ⅴ部第 1 章］

パリ第 1（パンテオン＝ソルボンヌ）大学准教授。旅の歴史、空間と時間の表象史を研究対象とする。主著は『冒険の栄光。近代の神話の起源、1850-1940 年』（2002 年）。

クリステル・タロー（Christelle Taraud）　　［第Ⅴ部第 2 章］

ニューヨーク大学とコロンビア大学のパリ・コースで教鞭を執る。19 世紀史研究センター（パリ第 1 大学、パリ第 4 大学）のメンバー。『植民地の売買春。アルジェリア、チュニジア、モロッコ、1830-1962 年』（2003 年）、『性と植民地。マグレブ地方における男らしさ、

監修者紹介

アラン・コルバン（Alain Corbin）

→編者紹介を参照。

ジャン゠ジャック・クルティーヌ（Jean-Jacques Courtine）　［序文］

1946年アルジェ（アルジェリア）生。15年間アメリカ合衆国で、とりわけカリフォルニア大学サンタ・バーバラ校で教える。パリ第3大学（新ソルボンヌ）文化人類学教授を経て名誉教授。言語学・スピーチ分析、身体の歴史人類学。著書に『政治スピーチの分析』（1981年）『表情の歴史——16世紀から19世紀初頭まで、おのれの感情を表出し隠蔽すること』（クロディーヌ・クロッシュと共著、1988年初版、1994年再版）。現在は奇形人間の見せ物について研究し、エルネスト・マルタンの『奇形の歴史』（1880年）を復刊（2002年）、また以下の著作を準備中。『奇形の黄昏——16世紀から20世紀までの学者、見物人、野次馬』（スイユ社より刊行予定）。監修した『身体の歴史』（全3巻）のうち『Ⅲ——20世紀　まなざしの変容』（藤原書店）を編集。

ジョルジュ・ヴィガレロ（Georges Vigarello）　［序文］

1941年モナコ生。パリ第5大学教授、社会科学高等研究院局長。身体表象にかんする著作があるが、とりわけ『矯正された身体』（1978年）『清潔（きれい）になる「私」——身体管理の文化史』（1985年、邦訳、同文館出版、1994年）『健全と不健全——中世以前の健康と改善』（1993年）『強姦の歴史』（1998年、邦訳、作品社、1999年）『スポーツ熱』（2000年）『古代競技からスポーツ・ショウまで』（2002年）『美人の歴史』（2004年、邦訳、藤原書店、2012年）『太目の変容。肥満の歴史』（2010年）監修した『身体の歴史』（全3巻）のうち『Ⅰ——16-18世紀　ルネサンスから啓蒙時代まで』（藤原書店）を編集。

第II巻　編者紹介

アラン・コルバン（Alain Corbin）

［日本の読者へ、序文、第II巻序文、第I部、第III部第2章、第VI部第1章］

1936年フランス・オルヌ県生。カーン大学卒業後、歴史の教授資格取得（1959年）。リモージュのリセで教えた後、トゥールのフランソワ・ラブレー大学教授として現代史を担当（1972-1986）。1987年よりパリ第1大学（パンテオン=ソルボンヌ）教授として、モーリス・アギュロンの跡を継いで19世紀史の講座を担当。著書に『娼婦』（邦訳、1991年、新版、2010年）『においの歴史』（邦訳、新評論1998年、新版、1990年）『浜辺の誕生』（邦訳、1992年）『人喰いの村』（邦訳、1997年）『音の風景』（邦訳、1997年）『記録を残さなかった男の歴史』（邦訳、1999年）『感性の歴史家アラン・コルバン』（邦訳、2001年）『風景と人間』（邦訳、2002年）『空と海』（邦訳、2007年）『レジャーの誕生』（邦訳、2000年、新版、2010年）『快楽の歴史』（邦訳、2011年）『英雄はいかに作られてきたか』（邦訳、2014年）『知識欲の誕生』（邦訳、2014年）『処女崇拝の歴史』（邦訳近刊）など。編著として『キリスト教の歴史』（邦訳、2010年）（以上いずれも藤原書店）。監修した『身体の歴史』（全3巻）のうち『II——19世紀　フランス革命から第1次世界大戦まで』（藤原書店）を編集。

男《おとこ》らしさの歴史《れきし》　II　（全3巻）

男《おとこ》らしさの勝利《しょうり》——19世紀《せいき》　〈第2回配本〉

2017年4月10日　初版第1刷発行©

監訳者　小　倉　孝　誠

発行者　藤　原　良　雄

発行所　株式会社　藤　原　書　店

〒162-0041　東京都新宿区早稲田鶴巻町523

電　話　03（5272）0301

ＦＡＸ　03（5272）0450

振　替　00160 - 4 - 17013

info@fujiwara-shoten.co.jp

印刷・製本　中央精版印刷

Printed in Japan

ISBN978-4-86578-120-5

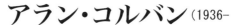

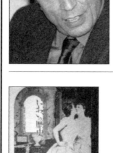

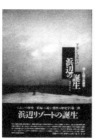

「群衆の暴力」に迫る

人喰いの村

A・コルバン
石井洋二郎・石井啓子訳

十九世紀フランスの片田舎。定期市の群衆に突然とらえられた一人の青年貴族が二時間にわたる拷問を受けたあげく、村の広場で火あぶりにされた……。感性の歴史家がこの「人喰いの村」の事件を「集合的感性の変遷」という主題をたてて精密に読みとく異色作。

四六上製　二七二頁　二八〇〇円
（一九九七年五月刊）
◇978-4-89434-069-5

LE VILLAGE DES CANNIBALES
Alain CORBIN

世界初の成果

感性の歴史

L・フェーヴル、G・デュビィ、A・コルバン
小倉孝誠編
大久保康明・小倉孝誠・坂口哲啓訳

アナール派の三巨人が「感性の歴史」の方法と対象を示す、世界初の成果。「歴史学と心理学」「感性と歴史」「社会史と心性史」「感性の歴史の系譜」「魔術」「恐怖」「死」「電気と文化」「涙」「恋愛と文学」等。

四六上製　三三六頁　三六〇〇円
（一九九七年六月刊）
◇978-4-89434-070-1

「社会史」への挑戦状

記録を残さなかった男の歴史

（ある木靴職人の世界1798-1876）

A・コルバン
渡辺響子訳

一切の痕跡を残さず死んでいった普通の人に個人性は与えられるか。古い戸籍の中から無作為に選ばれた、記録を残さなかった男の人生と、彼を取り巻く十九世紀フランス農村の日常生活世界を現代に甦らせた、歴史叙述の革命。

四六上製　四三二頁　三六〇〇円
（一九九九年九月刊）
◇978-4-89434-148-7

LE MONDE RETROUVÉ DE LOUIS-FRANÇOIS PINAGOT
Alain CORBIN

コルバンが全てを語りおろす

感性の歴史家アラン・コルバン

A・コルバン
小倉和子訳

飛翔する想像力と徹底した史料批判の心をあわせもつコルバンが、「感性の歴史」を切り拓いてきたその足跡を、『娼婦』『においの歴史』から『記録を残さなかった男の歴史』までの成立秘話を交え、初めて語りおろす。

四六上製　三〇四頁　二八〇〇円
（二〇〇一年一一月刊）
◇978-4-89434-259-0

HISTORIEN DU SENSIBLE
Alain CORBIN

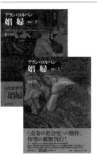

啓蒙の世紀から性科学の誕生まで

快楽の歴史

A・コルバン
尾河直哉訳

フロイト、フーコーの「性（セクシュアリテ）」概念に囚われずに、性科学が誕生する以前の言語空間の中で、医学・宗教・ポルノ文学の史料を丹念に読み解き、当時の性的快楽のありようと変遷を甦らせる、「感性の歴史家」アラン・コルバン初の〝性〟の歴史、完訳決定版！

口絵八頁
A5上製　六〇八頁　六八〇〇円
（二〇一一年一〇月刊）
◇978-4-89434-824-0
L'HARMONIE DES PLAISIRS　Alain CORBIN

歴史家コルバンが初めて子どもに語る歴史物語

英雄はいかに作られてきたか
（フランスの歴史から見る）

A・コルバン　小倉孝誠監訳
梅澤礼・小池美穂訳

〝感性の歴史家〟アラン・コルバンが、フランスの古代から現代にいたる三三人の歴史的人物について、どのようにして英雄や偉人と見なされるようになり、そのイメージが時代によってどう変遷したかを論じる。

四六変上製　二五六頁　二二〇〇円
（二〇一四年三月刊）
◇978-4-89434-957-5
LES HÉROS DE L'HISTOIRE DE FRANCE EXPLIQUÉS À MON FILS　Alain CORBIN

資料のない歴史を書くことができるのか？

知識欲の誕生
（ある小さな村の講演会 1895-96）

A・コルバン
築山和也訳

ラジオやテレビのない、フランスの小村に暮らす農民や手工業者たちは、どのようにして地理・歴史・科学の知見を得、道徳や公共心を学んでいたか。一人の教師が行なった講演記録のない講演会を口調まで克明に甦らせる画期的問題作。

四六変上製　二〇八頁　二〇〇〇円
（二〇一四年一〇月刊）
◇978-4-89434-993-3
LES CONFÉRENCES DE MORTEROLLES, HIVER 1895-1896　Alain CORBIN

「物語」のように読める通史の決定版

キリスト教の歴史
（現代をよりよく理解するために）

A・コルバン編
浜名優美監訳　藤本拓也・渡辺優訳

イエスは実在したのか？　教会はいつ誕生したのか？　「正統」と「異端」とは何か？　キリスト教はどのように広がり、時代と共にどう変容したのか？……コルバンが約六〇名の第一級の専門家の協力を得て、キリスト教の全史を一般向けに編集した決定版通史。

A5上製　五三六頁　四八〇〇円
（二〇一〇年五月刊）
◇978-4-89434-742-7
HISTOIRE DU CHRISTIANISME sous la direction de Alain CORBIN